Clara Schumann im Alter von 38 Jahren, Photographie von Hanfstaengl, 1857. Robert-Schumann-Haus, Zwickau.

Nancy B. Reich

Clara Schumann
Romantik als Schicksal

Eine Biographie

Deutsch von Irmgard Andrae

Wunderlich

1. Auflage September 1991

Die Originalausgabe erschien 1985 unter dem Titel
«Clara Schumann. The Artist and the Woman»
bei der Cornell University Press, Ithaca und London.

Umschlag- und Einbandgestaltung
Britta Lembke
Gesetzt aus der Garamond (Linotronic 500)
Gesamtherstellung Clausen & Bosse, Leck
Printed in Germany
ISBN 3 8052 0475 2

In Erinnerung an
Haskell A. Reich
1926–1983

Inhalt

Vorwort		9

TEIL I

Kapitel 1	Die Familie Wieck in Leipzig	15
Kapitel 2	Die junge Pianistin	37
Kapitel 3	Robert Schumann und die Familie Wieck	59
Kapitel 4	Der Bruch mit dem Vater	89
Kapitel 5	Ehejahre	124
Kapitel 6	Die Zeit in Dresden	153
Kapitel 7	Düsseldorf. Robert Schumanns Tod	169
Kapitel 8	Die Künstlerin	196

TEIL II

Kapitel 9	Clara Schumann und Johannes Brahms	241
Kapitel 10	Freunde und Zeitgenossen Franz Liszt – Richard Wagner – Felix Mendelssohn Bartholdy – Joseph Joachim – Julius Stockhausen – Pauline García-Viardot	271
Kapitel 11	Clara Schumann als Komponistin und Herausgeberin	294
Kapitel 12	Die Konzertkünstlerin	343
Kapitel 13	Clara Schumann als Lernende und Lehrende	385

ANHANG

Werkverzeichnis 399

Abkürzungsverzeichnis 411

Anmerkungen 413

Bibliographie 439

Danksagung 449

Register 452

Vorwort

Soviel auch über Clara Schumann geschrieben worden ist: was wir heute, mehr als 170 Jahre nach ihrer Geburt, über die große Musikerin wissen, ist uns aus ihrer eigenen Zeit, dem 19. Jahrhundert, überliefert. Zumeist wird sie noch heute so dargestellt, wie ihre Zeitgenossen sie wahrgenommen haben – als eine Art Heilige oder «Priesterin», als aufopferungsvolle Gattin und Mutter, als Dienerin der Kunst. Ich habe mich ihr unter modernen Fragestellungen zu nähern, sie aus dem Blickwinkel unserer Zeit zu verstehen gesucht; dazu mußten neue Quellen durchgesehen und die alten von neuem geprüft werden. Diese Studien haben mir nicht nur ein tieferes Verständnis der Frau und Künstlerin eröffnet, sondern mich auch davon überzeugt, daß sie eine objektive, kritische Würdigung verdient hat. Um Clara Schumann gerecht zu werden, bedarf es des Handwerkszeugs der Musikwissenschaft und der Einsichten der modernen Psychologie, und schließlich muß man sich auch die historische Situation der Frauen im 19. Jahrhundert und ihre Bedeutung in der Musikgeschichte vergegenwärtigen können.

Neuere und neueste Biographien sind in englischer, deutscher, französischer, dänischer und anderen Sprachen erschienen und beweisen das überall vorhandene Interesse an Clara Schumann. Sie alle stützen sich auf das zwischen 1902 und 1908 erschienene dreibändige Werk von Berthold Litzmann, *Clara Schumann. Ein Künstlerleben*, sowie auf Claras Briefwechsel mit Johannes Brahms, den Litzmann 1927 herausgeben konnte.

Litzmanns ausführliche, von Clara Schumanns Nachkommen autorisierte Biographie entstand unter der Oberaufsicht ihrer ältesten Tochter Marie. Diese Darstellung, eine der wichtigsten Quellen zur Musikgeschichte des 19. Jahrhunderts, ist auch der Ausgangspunkt meiner Untersuchung. Der Autor, Literaturwissenschaftler und mit der Familie Schumann befreundet, wertete Tausende von Briefen und sämtliche Tagebücher von Robert und Clara Schumann sowie Gerichtsakten, Reisenotizen, Haushaltbücher, Konzertprogramme und Notenmanuskripte aus, darunter all die Papiere, die Robert Schumann mit peinlicher Sorgfalt gesammelt und aufbewahrt hatte. Litzmann, und nur ihm, waren auch die Briefe zugänglich, die Clara Schumann und Johannes Brahms in den Jahren 1853 bis 1896 miteinander wechselten; seine zweibändige Edition der Briefe ist und bleibt ein unschätzbares Dokument für die Lebensgeschichte dieser beiden bedeutenden Künstler. Die Gründlichkeit und Ausführlichkeit, mit der Litzmann seinen Auftrag erfüllte, taten seiner Objektivität, seinem Feingefühl und seiner Diskretion keinen Abbruch.

Untersucht man die von Litzmann benutzten Primärquellen von neuem, so ergeben sich allerdings viele Details, die von ihm nicht beachtet wurden. Er sah über so manche Einzelheit hinweg, entweder weil er sie für unwichtig hielt oder um die beteiligten Personen zu schützen. Sowohl die Biographie wie die Schumann-Brahms-Briefe wurden schon bald in vorzüglich übersetzten, leider stark gekürzten Ausgaben auch in der englischsprechenden Welt bekannt.

Die Braut- und Ehebriefe von Clara und Robert Schumann sind in zahllosen populären Ausgaben verbreitet. Ich war in der glücklichen Lage, den gerade erschienenen ersten Band (1832–1838) der von Eva Weissweiler besorgten wissenschaftlichen Edition benutzen zu können; zur vorliegenden deutschen Ausgabe meines Buches stand auch schon der zweite Band mit den Briefen des Jahres 1839 zur Verfügung. Ich habe mich soweit wie möglich auf diesen korrekten und ungekürzten Text statt auf die z. T. bruchstückhaften Zitate in Litzmanns Biographie gestützt. Der dritte Band von E. Weissweilers Briefedition steht noch aus; da es mir nicht möglich war, die erhaltenen Autographen einzusehen, mußte ich mich für die ab 1840 geschriebenen Briefe mit aller gebotenen Vorsicht auf Litzmann und auf Wolfgang Boettichers Sammlung *Robert Schumann in seinen Schriften und Briefen* stützen.

Aus dem Archiv im Robert-Schumann-Haus in Zwickau ist seit 1971 eine beträchtliche Anzahl fachwissenschaftlicher Publikationen hervorgegangen. Die dort mit aller kritischen Sorgfalt edierten Dokumente haben der Schumann-Forschung neuen Auftrieb gegeben, da sie nun nicht mehr allein auf einseitige, durch Parteinahme des Autors oder Rücksichten auf noch lebende Familienmitglieder bestimmte Veröffentlichungen angewiesen ist. Dank des Entgegenkommens der Direktoren des Robert-Schumann-Hauses, Martin Schoppe und Gerd Nauhaus, war es mir möglich, solche Dokumente wie die «Haushaltbücher» und das «Ehetagebuch» schon vor der Veröffentlichung zu benutzen und noch weitere Unterlagen auszuwerten, darunter das Tagebuch von Clara Wieck und die Wieckschen und Schumannschen Familienpapiere, die erst in künftigen Jahren publiziert werden können. Außerdem habe ich Hunderte von Briefen in europäischen und amerikanischen Archiven und in den relevanten gedruckten Briefwechselausgaben durchgesehen. Im Laufe der Arbeit wuchs mein Respekt vor der Leistung von Litzmann, zugleich eröffnete sich mir eine neue Dimension des Verständnisses für diese Frau, die Künstlerin, Ehefrau, Mutter, Musikpädagogin und Herausgeberin in einer Person und schließlich auch die kreative Partnerin von Friedrich Wieck, Robert Schumann und Johannes Brahms war.

Clara Schumanns Lebensgeschichte läßt sich in chronologischer Folge bei Litzmann nachlesen. Insofern erschien eine Wiederholung wenig sinnvoll, noch war es notwendig, alle Anekdoten und Legenden der Schumann-Literatur nachzuerzählen. Zwar ist der erste Teil meines Buches chronologisch angelegt, doch konzentrieren sich die einzelnen Kapitel auf die Schlüsselmotive in Clara Schumanns Leben: die enge Bindung an den Vater, die Beziehung zur Mutter, ihre Ausbildung und die Entwicklung ihrer einzigartigen Karriere, ihr verzweifelter Kampf um die Loslösung vom Elternhaus, die Notwendigkeit, sich im Konfliktfeld von Familie und Beruf zu entscheiden, ihre Situation als Mutter, die wechselnden Schwerpunkte in ihrem Privatleben, ihre Strategien im Umgang mit Krankheit, Selbstmordversuch und Hospitalisierung ihres Mannes. Nach seinem Tod baute sie in den verbleibenden vierzig Jahren ihres Lebens europaweit eine Karriere auf, die ihresgleichen suchte. Die vier großen Themen ihres Lebens in dieser Zeit kommen im zweiten Teil zur Sprache: Freundschaften, kompositorisches Schaffen, Konzert- und Lehrtätigkeit. Die entsprechenden Kapitel stellen Clara Schumann in den zeitbedingten Rahmen des 19. Jahrhunderts, versuchen Antworten auf die vielen Fragen nach Rezeption und Wirkung, die sich dem Musikhistoriker stellen, und kommen zu neuen, bisher unbekannten Ergebnissen. Wen es überrascht, nur ein einziges Kapitel über das Verhältnis zu Brahms vorzufinden, möge nachlesen, daß diese Beziehung zwar ein wichtiges Kapitel in Claras Leben bildet, aber doch nicht, wie oft angenommen wird, den alles beherrschenden Mittelpunkt.

Das Interesse an dieser Biographie verdanke ich einem Zufall: 1973 stieß ich auf den unveröffentlichten Briefwechsel (1858–1896) zwischen Clara Schumann und Ernst Rudorff, der kurze Zeit ihr Schüler war und später der Lehrer ihrer Tochter Eugenie wurde. Es gab viele Berührungspunkte zwischen Clara und dem zwanzig Jahre Jüngeren. Rudorff gehörte als Leiter der Klavierabteilung der Berliner Hochschule für Musik in den engeren Kreis von Musikern, denen sie freundschaftlich verbunden war. Von den Briefen an Rudorff ausgehend, machte ich mich auf die Suche nach weiterem Material. Ich fand in zahlreichen weiteren gedruckten und ungedruckten Briefen Ansatzpunkte zum Verständnis von Clara Schumanns Persönlichkeit, die von Litzmann übersehen worden waren.

Die wichtigsten Grundlagen dieses Buches sind in der Bibliographie aufgeführt, doch verdienen einige teils veröffentlichte, teils unveröffentlichte Quellen hier besondere Erwähnung. Alle Unterlagen und Papiere im Robert-Schumann-Haus, Zwickau, ganz besonders aber die unveröffentlichten Tagebücher von Clara Wieck, enthalten eine Fülle von bislang unbekannten Informationen – über Personen, Orte, Daten – und eröffnen eine neue Sicht auf Charakter und Persönlichkeit von Clara und ihrem Vater Friedrich Wieck. Dessen Briefe, von Käthe Walch-Schumann 1968 herausgegeben und bis dahin nicht vollständig greifbar, zeichnen ein deutlicheres Bild dieses Mannes, der von Litzmann in ziemlich ungünstigem Licht und sicher nicht zutreffend geschildert wird. Joseph Joachims Briefwechsel mit Brahms, Rudorff und Clara Schumann, die Joachimschen und Schumannschen Familienbriefe, die Korrespondenz Ferdinand Hillers und der Briefwechsel zwischen Clara Schumann und Ernst Rudorff geben Aufschluß sowohl über das Musik- und Konzertleben des 19. Jahrhunderts wie über die persönlichen Beziehungen aller Beteiligten.

Einige mir besonders wichtige Briefe fanden sich in verstaubten deutschen Musikperiodika, so z. B. die Briefe von Clara Schumann an Emilie Steffens (Kap. 6) oder ihr Schreiben an Selmar Bagge (Kap. 10). Andere längst bekannte Texte waren von den früheren Biographen übersehen worden, wie etwa Hedwig Salomons Beschreibung ihres Besuches bei Clara 1854 (Kap. 7), Claras Bericht an Emilie List über die Feier ihres sechzehnten Geburtstags (Kap. 4), ihre entrüsteten Äußerungen gegenüber Hiller über die Zumutungen in Düsseldorf (Kap. 7), ein klatschsüchtiger Brief an Joseph Joachim von seiner Frau Amalie 1872 (Kap. 8) sowie die Auszüge aus Ruppert Beckers Tagebuch (Kap. 7), Texte, die Clara Schumann von der privaten, menschlichen Seite zeigen und sie uns durch das Medium ihrer eigenen Äußerungen näherbringen.

Wer mit feministischen Fragestellungen an die Geschichte herangeht, weiß nur zu gut, daß weiblicher Einfluß sogar im Leben großer Frauen meistens verschwiegen wird; in der Clara-Schumann-Forschung ist dies bisher mit Sicherheit der Fall gewesen. In den meisten Biographien von Clara, gleich ob von männlichen oder weiblichen Autoren verfaßt, spielt Robert Schumann die alles überragende Rolle. Die Bedeutung von Clara Wiecks Mutter Marianne und die Rolle, die sie im Leben der jungen Pianistin spielte, ist bislang nicht untersucht worden. Von Litzmann wird Marianne mehr oder weniger ignoriert, und zwar von dem Moment an, da sie den Mann und die kleinen Kinder verläßt. Vielleicht wurde die Scheidung der Wiecks in der Familie – und damit auch von Litzmann – als Skandal empfunden. Ich hoffe, es ist mir gelungen, Marianne Bargiel ihren verdienten Platz in der Lebensgeschichte ihrer Tochter zu verschaffen. In diesem Bemühen wurde ich von Herma Stamm-Bargiel unterstützt, die mich freundlicherweise in Familiendokumente und Fotografien Einblick nehmen ließ.

Relativ große Schwierigkeiten bereitete es, die Kompositionen von Clara Schumann aufzuspüren. Unschätzbares Material fand sich auch hier wieder im Bestand des Robert-Schumann-Hauses. Die Entdeckung ihrer im Anhang behandelten handschriftlichen Liedersammlung und des letzten Satzes ihres Klavierkonzerts in der Orchestrierung von Robert Schumann, beides in der Staatsbibliothek in Berlin, ermöglichten mir die Datierung ihrer Werke und die

Erstellung eines Werkkatalogs von bisher nicht erreichter Vollständigkeit.

Die Notenbeispiele des 11. Kapitels sind den Erstausgaben von Clara Schumanns Werken und dem Dover-Nachdruck (1972) von *Robert Schumanns Werke*, hrsg. v. Clara Schumann (Leipzig, Breitkopf & Härtel 1879–1893), entnommen. Beispiel 5 stammt aus *Johannes Brahms, Sämtliche Werke*, hrsg. für die Gesellschaft der Musikfreunde, Wien, von Hans Gál und Eusebius Mandyczewski (Leipzig, Breitkopf & Härtel 1926–1928). Die Beispiele 6 und 7 stammen aus Robert Schumann, *Impromptus*, hrsg. v. H. J. Köhler (Leipzig, Peters 1979), S. 29.

Die Schreibweise von Personennamen und Titeln von Musikstücken war im 19. Jahrhundert nicht einheitlich. Clara Schumann schrieb sich z. B. mit C, während Robert Schumann den Namen seiner Frau entweder mit C oder mit K beginnen ließ. In den Zitaten folgt die Orthographie der jeweils zitierten Quelle.

Auf der Suche nach Frauen von historischer Bedeutung hat sich auch die Frauenforschung mit Clara Schumann beschäftigt. Es bleibt jedoch eine Tatsache, daß sie keine Feministin im modernen Sinne war. An der deutschen Frauenbewegung, die in der Mitte des 19. Jahrhunderts die ersten tastenden Schritte unternahm, war sie nicht beteiligt, ja sie interessierte sich nicht einmal dafür. Sie hatte genug damit zu tun, ihre Karriere zu fördern, ihren vielfachen Aufgaben gerecht zu werden und die Konflikte durchzustehen, die sich allein schon dadurch ergaben, daß sie als Frau die von den Konventionen ihrer Zeit gesetzten Grenzen nicht eingehalten hatte.

Clara Schumann war jenseits aller Rollendefinitionen in erster Linie sie selbst; sie fühlte sich, ungeteilt, als Künstlerin und Frau, und fand bei allen Tragödien und Triumphen ihres Lebens Trost und Erfüllung in der Musik.

Hastings-on-Hudson, N.Y. NANCY B. REICH

TEIL I

KAPITEL 1

Die Familie Wieck in Leipzig

Am 9. Januar 1838 erschien in der *Wiener Zeitschrift für Kunst* ein Gedicht von Franz Grillparzer: «Clara Wieck und Beethoven».[1] Der Dichter, Österreichs führender Dramatiker, huldigte darin sowohl dem großen Komponisten wie auch der jungen Frau, die soeben mit nur achtzehn Jahren schon ihr drittes Konzert in Wien gegeben hatte. Seine Bewunderung für ihren Vortrag von Beethovens Klaviersonate op. 57, der *Appassionata*, war um nichts geringer als der stürmische Beifall des Publikums, mit dem die junge Pianistin in Wien gefeiert wurde.

Clara Wieck war mit ihrem Vater Friedrich Wieck aus Leipzig in die Donaustadt gekommen. Von ihrem ersten Auftreten am 14. Dezember 1837 im Musikvereinssaal bis zum letzten Konzert, als sie vor dem Kaiser in der Hofburg spielte, wurde ihr die begeisterte Aufnahme zuteil, die die Wiener sonst nur Virtuosen vom Range eines Niccolò Paganini oder Sigismund Thalberg schenkten.[2] Die Musikenthusiasten prügelten sich um die Eintrittskarten zu den überfüllten Konzertsälen, in denen sie auftrat, während die Kritiker einander mit Lobeshymnen überboten. Bei ihrem vierten Konzert rief das begeisterte Publikum sie dreizehnmal heraus. Sie wurde zum Vorspielen in die Fürsten- und Adelspaläste eingeladen und dafür mit Schmuck und wertvollen Andenken belohnt. Die Kaiserin drückte ihre allerhöchste Zufriedenheit durch ein Geschenk von fünfzig Dukaten aus.[3] «Kein Wunderkind – und doch noch ein Kind und schon ein Wunder...», schreibt Eduard Hanslick, der Wiener Musikhistoriker und Kritiker.[4]

Am 15. März 1838 empfing Clara die höchste Ehrung, die Österreich zu vergeben hatte: sie wurde zur «K. k. Kammervirtuosin» ernannt, eine unerhörte Auszeichnung für eine Achtzehnjährige, die noch dazu Ausländerin und überdies protestantisch war. Der Kaiser hatte für Clara Wieck eine Ausnahme von den Regeln gestattet. Am 21. März redete er sie persönlich als «Wundermädchen» an und versicherte, es sei ihm eine Freude gewesen, ihr die Auszeichnung zu verleihen.[5]

Wer war Clara Wieck? Wie war dem zierlichen Mädchen mit den oval geschnittenen Augen, der Tochter eines unbekannten Leipziger Klavierlehrers und Instrumentenhändlers, solch künstlerischer Höhenflug gelungen? Die Frage ist berechtigt, besonders wenn man bedenkt, daß dieses Mädchen – das in einer Zeit aufwuchs, in der musikalisches Talent bei weiblichen Wesen nur als eine Art Aktivposten auf dem Heiratsmarkt galt – noch eine glanzvolle künstlerische Laufbahn vor sich hatte, eine sechzig Jahre währende Karriere als Pianistin, die das Konzert- und Musikleben des neunzehnten Jahrhunderts entscheidend beeinflussen sollte. Sie war eine Vollblutkünstlerin, die in einem Atemzug mit Franz Liszt, Thalberg und Anton Rubinstein genannt wird, und gleichzeitig eine berufstätige Ehefrau und Mutter, die mit Haushalt, Ehemann und Kindern vielfältige Probleme zu bewältigen hatte. Mit einundzwanzig wurde sie die Frau eines bedeutenden Komponisten; mit siebenunddreißig, als Witwe und Mutter von sieben Kindern, stand sie am Beginn einer lebenslangen Freundschaft mit einem anderen großen Komponisten. Außerdem komponierte sie selbst (ein veröffentlichtes Œuvre von 23 Opusnummern), gab Unterricht und stellte die maßgebliche Gesamtausgabe der Werke von Robert Schumann zusammen.

Diese ungewöhnliche Frau war die künstlerische Weggefährtin dreier Männer: Friedrich Wieck, Robert Schumann und Johannes Brahms. Der erste, ihr Vater und alleiniger Lehrer – der später heftig angegriffen wurde wegen der Rolle, die er bei der Liebesgeschichte zwischen seiner Tochter und Robert Schumann spielte – war ein krankhaft ehrgeiziger Mann, ein musikalischer Autodidakt, der sich aus eigener Kraft auch finanziell hochgearbeitet hatte. Mit seiner Überzeugung, daß beim Wettstreit um künstlerische Leistung das Geschlecht eines Menschen keine Rolle spiele, verhalf er Clara zu der Klavierausbildung und der Musikalität, die sie weit über den Rang eines bloßen Talents erheben und ihr einen Platz unter den großen Virtuosen des neunzehnten Jahrhunderts sichern sollten. Seine Strenge und sein Stolz auf ihre Leistungen förderten bei ihr die Nüchternheit und die psychische Stabilität, die ihr später halfen, persönliche und künstlerische Krisen zu meistern. Wieck war überzeugt, einzig und allein seinem pädagogischen Genie sei es zu verdanken, daß dieses junge Mädchen 1838 in Wien als Pianistin derartig Furore machen konnte. Was er dabei völlig übersah, waren der Anteil von Claras Mutter, die außergewöhnlichen Talente seiner Tochter und die ganz besonderen Umstände – tragische, glückliche, zufällige und vorhersehbare –, die aus Clara die «Königin des Clavierspiels» machten. Zu Anfang war natürlich Wieck die dominierende Figur in ihrem Leben, aber schon bald wuchs Clara über ihn hinaus, und schließlich sonnte er sich nur noch im geborgten Glanze ihres Ruhms.

FRIEDRICH WIECK, 1785–1873

Friedrich Wieck wurde 1785 in Pretzsch geboren, einer Kleinstadt an der Elbe zwischen Torgau und Wittenberg. Er war der jüngste Sohn einer Kaufmannsfamilie, die im Abstieg begriffen war und in der man wenig Sinn für die Musik hatte. Der Junge zeigte schon früh großen Lerneifer.[6] Mit dreizehn Jahren bekam er die Gelegenheit, die Thomasschule in Leipzig zu besuchen, wurde aber schon nach sechs Wochen wegen einer Erkrankung nach Hause geschickt. Der schwache und kränkliche Junge blieb in Pretzsch, bis er im Jahre 1800 in das Gymnasium von Torgau aufgenommen wurde, um sich auf das Theologiestudium und sein Berufsziel, das geistliche Amt, vorzubereiten. Seine musikalische Ausbildung in Torgau und später an der Universität Wittenberg, wo er sich 1803 immatrikulierte, war völlig unsystematisch. Sein einziger regulärer Klavierunterricht bestand aus etwa sechs Stunden bei Johann Peter Milchmeyer, der sich kurze Zeit in Torgau aufhielt, um Frau und Kindern eines wohlhabenden Bürgers Unterricht zu geben.*

Als Wieck sein Studium abgeschlossen und die obligatorische Probepredigt in Dresden gehalten hatte, gab er die Theologie auf und wandte sich der traditionellen Beschäftigung eines Universitätsabsolventen zu, der weder Geld noch die nötigen Verbindungen hatte: er wurde Hauslehrer bei einer wohlhabenden Familie. Die nächsten neun Jahre verbrachte er so bei mehreren Adelsfamilien in Thüringen. Seine erste Stellung fand er bei einem Baron von Seckendorff in Querfurth, wo er mit Adolph Bargiel, dem Musiklehrer der Seckendorff-Kinder, Freundschaft schloß. Beider Wege sollten sich übrigens später, an einem kritischen Punkt in Wiecks Leben, noch einmal kreuzen.

Wieck war gewissenhaft, aufmerksam und intelligent – ein guter Lehrer. Er hatte die fortschrittlichen Erziehungslehren (die damals von Rousseaus *Émile* und von Pädagogen wie Basedow und Pestalozzi bestimmt waren) in sich aufgenommen und wandte sie mit Erfolg bei seinen Schülern an. Der junge Erzieher machte sich Gedanken über Konzepte wie zum Beispiel individuelles Lernen und die Bedeutung der Motivation im Unterricht. Und ebenso wie andere fortschrittliche Pädagogen seiner Zeit legte er großen Wert auf regelmäßige körperliche Ertüchtigung an der frischen Luft. Seine pädagogischen Studien und Erfahrungen kamen ihm später zugute, als er 1824 mit der musikalischen Erziehung seiner kleinen Tochter begann.

* Diese Begegnung war für Wieck ein Glücksfall: Einen Mann wie Milchmeyer (1750–1813) in Torgau anzutreffen war ungewöhnlich. Der Pianist und Klavierbauer war auch Herausgeber einer Sammlung von Klavierstücken und hatte eine 1797 veröffentlichte Abhandlung verfaßt, *Die wahre Art, das Pianoforte zu spielen.* Für seine Erfindung eines speziell konstruierten Klaviers war ihm vom bayrischen Kurfürsten der Titel eines *Hofmechanikus* verliehen worden; s. Ernst Ludwig Gerber, *Neues historisch-biographisches Lexikon der Tonkünstler*, Bd. 1–4, (Leipzig 1812–1814), Bd. 3, S. 428f.

In Übereinstimmung mit dem Rationalismus der Zeit vertrat der junge Lehrer den Standpunkt, das Ziel der moralischen Erziehung müsse darin bestehen, das Kind zu einem guten Menschen zu machen. Religion sollte keine Sache des Verstandes sein, schrieb er, sondern aus dem Herzen kommen. Ganz besonders beschäftigte ihn der «Ehrtrieb» und wie dieser vom Lehrer als positive Kraft genutzt werden könne. Allerdings müsse streng darauf geachtet werden, daß der «Ehrtrieb» nicht zu bloßem Ehrgeiz verkomme, zu Ruhmesstreben, Eitelkeit, Prahlerei und boshaftem Vergnügen an der Herabsetzung anderer. Konsequenz im eigenen Denken und Handeln gehörte jedoch nicht zu Wiecks Stärken. Seine spätere Konzentration auf die musikalische Unterweisung seiner Tochter und sein bitterer Zorn über sie legen nahe, daß sein eigener «Ehrtrieb» nicht von Ehrgeiz frei war.

Wieck kam erst spät zur Musik. Während seiner Zeit als Hauslehrer war es ihm kaum möglich, am Musikleben teilzunehmen. Seine Erfahrungen beschränkten sich auf Kleinstadtmusiker und Kirchenchöre; manchmal bot sich aber auch ein Anlaß, die Kapelle eines der umliegenden Fürstenhöfe spielen zu hören. Wieck war bereits weit über zwanzig, als er zum erstenmal ein großes öffentliches Konzert miterlebte.

Da Anfang des neunzehnten Jahrhunderts Sinfonien und Chorwerke nur in wenigen großen deutschen Städten aufgeführt wurden, gab es in der Provinz, wo Wieck arbeitete, einfach keine Gelegenheit, etwa eine Beethoven-Sinfonie oder ein Oratorium von Haydn anzuhören. Ein von der Familie aufbewahrtes Programmheft belegt seinen Besuch beim Zweiten Deutschen Musikfest 1811, einem zweitägigen Festival, bei dem Künstler aus verschiedenen thüringischen Städten zusammenkamen, um große Werke aufzuführen.[7] Hier hörte der junge Lehrer – wahrscheinlich zum erstenmal im Leben – Orchesterwerke von Beethoven, Louis Spohr und Mozart sowie *Die Schöpfung* von Haydn.

Wann und wo Wieck genügend Theorie lernte, um komponieren zu können, und die notwendige Technik, um sich als Klavierlehrer selbständig zu machen, ist bis heute nicht geklärt. Jedenfalls hatte er Selbstvertrauen genug, um 1815 Carl Maria von Weber einige selbstkomponierte Lieder zu widmen und zuzusenden. Zu seiner

Leipziger Marktplatz. Sammlung der Autorin.

großen Freude nahm der Komponist sich die Zeit zu einer ausführlichen Kritik der Stücke.[8] Nach ihrer Veröffentlichung wurden Wiecks Lieder dann in der Leipziger *Allgemeinen musikalischen Zeitung* besprochen.[9] Dabei kamen auch einige Mängel zur Sprache, und Wieck wurde geraten, Gesang zu studieren, da seine Gesangspartien «unnatürlich» und «schwer zu singen» seien. Allerdings fand der Kritiker in Wiecks Liedern einige «erfreuliche Beweise von Talent und Gefühl». Für Wieck war es sicherlich eine große Genugtuung, daß seine Arbeit ernst genommen wurde und eine Berufslaufbahn im Bereich der Musik möglich erschien.

Wieck gab seine Stellung als Hauslehrer auf und nutzte seinen scharfen Verstand und seinen großen Ehrgeiz, seine Energie und musikalische Begabung, um sich mit dreißig Jahren einem neuen Betätigungsfeld zuzuwenden. Er ließ sich – mit finanzieller Unterstützung eines Freundes – noch vor 1815 als Klavierlehrer und Inhaber einer Klavier- und Musikwarenhandlung in Leipzig nieder.

Wann genau er nach Leipzig zog, ist nicht bekannt, es muß jedoch einige Zeit vor dem 19. April 1815 gewesen sein, denn da wird er in der Beilage der *Allgemeinen musikalischen Zeitung* als beliebter Leipziger Musiklehrer erwähnt. Wiecks Firma – die er bis zu seinem Umzug nach Dresden im Jahre 1840 führte – trug den Namen *Piano-Fabrik*, war in Wirklichkeit aber kein Klavierbaubetrieb, sondern ein Laden, in dem er Klaviere vermietete und verkaufte, stimmte und reparierte. Die Bezeichnung *Fabrik* ließ sich jedenfalls teilweise durch seine Erklärung rechtfertigen, er stehe hinter jedem Klavier, das er verkaufe.[10]

Leipzig war die richtige Umgebung für einen ehrgeizigen jungen Mann. Schön war die Stadt nicht, aber ihre Lage am Kreuzungspunkt zweier alter Handelsstraßen machte sie seit ihrer Gründung im zwölften Jahrhundert zu einem bedeutenden Wirtschafts- und Kulturzentrum. Leipzig unterstand zwar dem sächsischen Landesherren, wurde aber von einem Rat alteingesessener Bürger regiert, also vorwiegend von Kaufleuten und Fabrikanten, die relativ große politische und finanzielle Unabhängigkeit besaßen. Die halbjährlich stattfindenden Handelsmessen, die seit mehr als fünfhundert Jahren Käufer und Anbieter aus ganz Europa anzogen, gaben der Stadt ein kosmopolitisches Gepräge und brachten ihr internationales Ansehen. Während der Messe hatten die Leipziger Musiker immer besonders viel zu tun, denn für die Besucher bedeutete die Musik eine willkommene Abwechslung zu den Geschäften. Die Gründung der Universität 1409 und die Entwicklung des Buchdrucks seit etwa 1480 trugen zur Bedeutung der Stadt als einem geistigen und kulturellen Zentrum bei.

Für seinen Umzug nach Leipzig 1815 hatte Wieck die richtige Zeit und den richtigen Ort gewählt. Die Stadt war nicht nur eine Handelsmetropole mit einem soliden Mittelstand; sie hatte auch schon immer ein besonderes Verhältnis zur Musik und zu ihren Musikern gepflegt. 1841 schrieb ein Leipziger Bürger, in seiner Stadt werde die Musik als die Kunst, die allen menschlichen Gefühlen Ausdruck gibt, besonders geschätzt und gepflegt.[11]

Das rege Musikleben in Leipzig ist seit dem dreizehnten Jahrhundert belegt. Weltliche, für festliche Anlässe eigens komponierte und von Stadtmusikern aufgeführte Musik wird schon im 15. Jahrhundert erwähnt, und im siebzehnten Jahrhundert fanden sich Bürger und Studenten zu einem privaten *Collegium musicum* zusammen, einem der ersten in Deutschland. Es gab also bereits eine reiche Musikkultur, als Johann Sebastian Bach 1723 vom Rat der Stadt als Thomaskantor eingestellt wurde. Anders als im nahegelegenen Dresden, der Residenzstadt mit ihrer höfischen Musiktradition und den vom Hof finanzierten musikalischen Veranstaltungen, war in der Handelsstadt Leipzig das Musikleben eine Sache des Bürgertums.

Das ungewöhnlich breite Interesse an Kirchenmusik, die mit der Universität (an der seit der Gründung Musik gelehrt worden war) verbundene Tradition und die musikalischen Neigungen des Bürgertums förderten das Entstehen solcher Einrichtungen wie das *Große Concert*, eine 1743 von Kaufleuten geschaffene Konzertvereinigung, und später die – 1781 gegründeten – Gewandhauskonzerte. Das Gewandhaus*, in dem Clara Wieck häufiger als jeder andere Clavierist auftreten sollte, wurde von einem Direktorium geleitet, dem zwölf Bürger der Stadt angehörten, sechs Professoren und sechs Kaufleute. Zu einer Zeit, als die meisten europäischen Musiker als Bedienstete einem adligen Haushalt angehörten und für ihre Herren und deren geladene Gäste spielten, war die Einrichtung eines Konzertsaals in einem Zunfthaus und die Verwaltung der Konzertorganisation durch eine Gruppe von Bürgern schon eine Art Vorwegnahme dessen, was sich erst im folgenden Jahrhundert durchsetzen sollte: daß jedermann ins Konzert gehen konnte, sofern er genug Geld für die Eintrittskarte hatte. Seit seiner Gründung war das Gewandhaus Leipzigs führende musikalische Instanz. Natürlich traten auch andere Musikgruppen in der Stadt auf, doch die Gewandhauskonzerte waren und blieben das Markenzeichen der Stadt.

* Wie Alfred Dörffel in seiner *Geschichte der Gewandhausconcerte zu Leipzig vom 25. November 1781 bis zum 25. November 1881*, Leipzig 1884, erläutert, geht der Name des Hauses, in dem die Konzerte stattfanden, darauf zurück, daß dort manchmal auch Stoffe (Gewand) gelagert wurden; tatsächlich handelte es sich jedoch um ein Mehrzweckgebäude, das unter anderem auch die städtische Bibliothek mit ihrer wertvollen Manuskriptsammlung beherbergte.

Das Drama und die Oper florierten in der bürgerlichen Leipziger Gesellschaft nie in dem Maße wie in den Residenzstädten Dresden und Weimar. Es gab aber Gastspiele von Dresdner Ensembles, und 1817 wurde schließlich das Leipziger Stadttheater gegründet, in dem Schauspiele und Opern aufgeführt wurden. Wieck ging regelmäßig ins Theater und sorgte dafür, daß seine Tochter die großen Bühnenwerke von Lessing, Goethe und Schiller kennenlernte und natürlich auch die populären Opern der Zeit. Das junge Mädchen lernte erstaunlich viele Opern kennen; mit zwölf Jahren hatte sie fast jedes Stück gesehen, das in Leipzig aufgeführt wurde, darunter Opernwerke von Mozart, Beethoven, Weber und Rossini.*

Druckwerkstätten gab es in Leipzig seit Erfindung der Buchdruckerkunst. Ende des achtzehnten Jahrhunderts zeugten achtzehn Druckerpressen mit jeweils siebzig bis achtzig Beschäftigten vom hohen Alphabetisierungs- und Bildungsstand in dieser Region.[12] Das Gutenbergfest am 24. Juni 1840, das Clara miterlebte, war ein großes Ereignis: Leipzig beging die IV. Säcularfeier der Erfindung der beweglichen Lettern mit Reden, Musik (von Felix Mendelssohn), Umzügen, Feuerwerk, einem Festessen für dreitausend Menschen und der Enthüllung eines Gutenberg-Denkmals. Trinksprüche wurden ausgebracht, während man die Druckerpressen, die auf dem Marktplatz aufgestellt worden waren, beim Druck von Partituren beobachten konnte.[13]

Als Wieck 1815 nach Leipzig kam, war die Stadt mit ihren damals 35 000 Einwohnern gerade dabei, sich von den Kriegswirren zu erholen. Sachsen hatte unter der Besetzung durch Napoleon gelitten, bis in der Völkerschlacht vor den Toren der Stadt die Franzosen geschlagen und vertrieben wurden. Es herrschten wieder friedliche Zustände, und das Geschäftsleben kam wieder in Gang.

In Leipzig standen den wohlhabenden Musikfreunden bereits

* Aus den Eintragungen in Claras Tagebuch geht hervor, daß sie 1827 unter anderem Webers *Oberon*, Mozarts *Zauberflöte* und Cherubinis *Wasserträger*, 1828 Spohrs *Faust* und 1831 Beethovens *Fidelio*, drei Rossini-Opern sowie Opern von Hummel und Mozart sah.

mehrere Lieferanten zur Verfügung, doch für einen ehrgeizigen Kaufmann bot die Stadt immer noch Platz. Wieck nutzte sein Geschäft in der Hohen Lilie (auf dem Neumarkt) nicht nur als Verkaufsladen, sondern auch als Unterrichtsraum und von 1818 bis 1821 sogar als Wohnung.* Der auch als Geschäftsmann einfallsreiche Wieck verkaufte und verlieh Musikalien, Musikbücher und Zeitschriften. Außer Klavieren verkaufte er nicht nur ein Tasteninstrument, das man Physharmonika nannte, sondern auch alle möglichen musikalischen Marterwerkzeuge wie Handleiter, Fingerspanner und Trillermaschinen, lauter Geräte, die die musikalische Ausbildung beschleunigen und der großen Zahl von lerneifrigen Amateuren die korrekte Handhabung der Tastatur beibringen sollten.

Von 1820 an reiste Wieck regelmäßig nach Wien, um Klaviere einzukaufen. Er freundete sich mit den Klavierbauern Conrad Graf und Andreas Stein an, korrespondierte mit dem Pianisten Carl Czerny und machte die Bekanntschaft von Beethoven.[14] Wieck beeindruckte die Leipziger mit seiner Tatkraft und seinem Ehrgeiz, und man rechnete allgemein damit, daß er es noch weit bringen würde.

Was Wunder, daß Johann Gottlob Friedrich Wieck mit dem ihm eigenen Selbstvertrauen und seiner optimistischen Einstellung am 23. Juni 1816 eine für ihn sehr vorteilhafte Ehe schloß. Die Braut war seine Schülerin Marianne Tromlitz, die temperamentvolle neunzehnjährige Tochter von Christiana Friederike, geborene Carl, und Georg Christian Gotthold Tromlitz (1765–1825), dem Kantor von Plauen im Vogtland. Mariannes Großvater Johann George Tromlitz, ein Flötist, Komponist, Musiklehrer und Holzblasinstrumentenbauer, hatte im *Großen Concert* Flöte gespielt und war in Leipzig und anderen deutschen Musikzentren wohlbekannt.[15]

* Das 1695 erbaute Haus, ursprünglich ein Gasthaus, beherbergte später eine Weinhandlung namens «Reiche'sche Weinstube in der Lilie». Vor dem Zweiten Weltkrieg stand es noch, doch mittlerweile existiert es nicht mehr.

MARIANNE TROMLITZ-WIECK-BARGIEL, 1797–1872

Marianne Tromlitz war sicherlich eine ungewöhnlich begabte junge Frau. Im ersten Jahr ihrer Ehe sang Madame Wieck Solopartien in den wöchentlich stattfindenden Gewandhauskonzerten. Ein Kritiker der Aufführung von Mozarts Requiem am 15. Dezember 1816 erwähnte die Sopranistin Madame Wieck als die «junge Gattin eines hiesigen Klavierlehrers» und lobte ihre Stimme, ihren Vortrag und ihre persönliche Ausstrahlung. Am 13. März 1817 sang sie den Sopran bei einer Gewandhaus-Aufführung der Beethoven-Messe in C-Dur; am 27. März und am 6. April folgten weitere Auftritte als Solistin.[16] Schon jetzt begann Wieck, sich im Glanze der Talente eines Familienmitglieds selbst einen Namen zu machen. Sein Ansehen als Geschäftsmann und Klavierlehrer wuchs mit jeder Vorstellung, die Marianne gab.

Wenn sie ihren Erfolg ausbauen und festigen wollte, durfte Marianne das Klavierspiel nicht vernachlässigen. Sie nahm auch weiterhin Unterricht (möglicherweise bei dem gemeinsamen Freund Adolph Bargiel), kümmerte sich um den Haushalt und gab wie ihr Mann Gesang- und Klavierstunden. Da sie besser Klavier spielte als er, unterrichtete sie die fortgeschrittenen Schüler. Zwischen Haushalts- und Konzertverpflichtungen (sie war die erste von Wiecks Schülerinnen und Schülern, die im Gewandhaus auftrat)[17], brachte sie fünf Kinder zur Welt. Das erste, Adelheid, wurde 1817 geboren, wenige Monate nach Mariannes erstem Gewandhausauftritt. Clara, ihr zweites Kind, wurde am 13. September 1819 geboren, nicht lange nach Adelheids Tod in Plauen. Marianne setzte ihre Tätigkeit auch nach Claras Geburt fort; am 18. Oktober 1821 trat sie wieder mit dem Gewandhausorchester auf, diesmal aber als Pianistin in einem Konzert von Ferdinand Ries. Auch die Ankunft zweier weiterer Kinder (Alwin, geboren am 27. August 1821, und Gustav, geboren am 31. Januar 1823) bedeuteten keine Unterbrechung. Im Oktober 1822 und im November und Dezember 1823 trat sie wiederum im Gewandhaus auf. Das Gewandhauskonzert vom November – John Fields Zweites Klavierkonzert – wurde im darauffolgenden Juli in der *Allgemeinen musikalischen Zeitung* besprochen.[18] Als die Kritik erschien, hatte Madame Wieck inzwischen ein fünftes Kind zur Welt gebracht – Victor, geboren am 22. Februar 1824 – und sich von Friedrich Wieck getrennt.

Am 12. Mai 1824 kehrte Marianne nach Plauen in ihr Elternhaus zurück. Ihren drei Monate alten Säugling (der nicht einmal drei Jahre alt werden sollte) und ihre viereinhalbjährige Tochter Clara nahm sie mit. Nach sächsischem Recht gehörten die drei ältesten Kinder in die Obhut des Vaters; juristisch galten sie als sein Eigentum.[19] Wieck erlaubte Marianne, Clara bis zu ihrem fünften Geburtstag bei sich zu behalten, doch vier Tage nach diesem Datum, am 17. September, mußte das Mädchen seinem Vater zurückgegeben werden. Die Bitte der untröstlichen Mutter, die Wieck angefleht hatte, sich im September mit ihr zu treffen, damit Clara «aus meinen Händen in deine» übergeben werden könne, wurde ignoriert.* Johanna Strobel, Friedrichs Haushälterin, wurde losgeschickt, um das Kind in Altenburg abzuholen, auf halbem Weg zwischen Plauen und Leipzig. Eine schluchzende Mutter und Großmutter begleiteten Clara nach Altenburg, und dort sagten sie einander Lebewohl.

Marianne wurde am 22. Januar 1825 von Friedrich Wieck geschieden; wenige Monate später wurde sie die Ehefrau von Adolph Bargiel, dem Klavierlehrer, der gemeinsam mit Wieck die Seckendorffschen Kinder unterrichtet hatte. Daß Marianne all die Jahre hindurch mit Bargiel in Kontakt gestanden hatte, geht sehr deutlich aus einem Brief ihres Vaters an Wieck hervor.[20] Tromlitz räumt darin zwar ein, daß seine Tochter sich unehrenhaft betragen habe, tadelt Wieck aber gleichzeitig dafür, daß er Marianne so oft mit Bargiel allein gelassen habe. Wiecks maßloser Ehrgeiz, seine Eitelkeit und das ausbeuterische Verhältnis zu seiner jungen Frau kamen dagegen nie zur Sprache.

* Der bei Litzmann (Bd. 1, S. 3 f.) abgedruckte Brief ist mit den Unterlagen im RSH identisch, bis auf ein paar – hier kursiv wiedergegebene – Worte, die aus unbekannten Gründen ausgelassen wurden. Die Mutter schrieb: «Du bestehst darauf die Clara jetzt zu haben, nun sei es, in Gottesnamen, ich habe Alles versucht dich zu erweichen, *mag das Herz mir brechen*, Du sollst sie haben; jedoch meiner Mutterrechte begebe ich mich nicht.»

Marianne Tomlitz kurz vor ihrer Heirat.
Die Zeichnung ist einem Cousin gewidmet.
Mit freundlicher Genehmigung von Herma Stamm-Bargiel

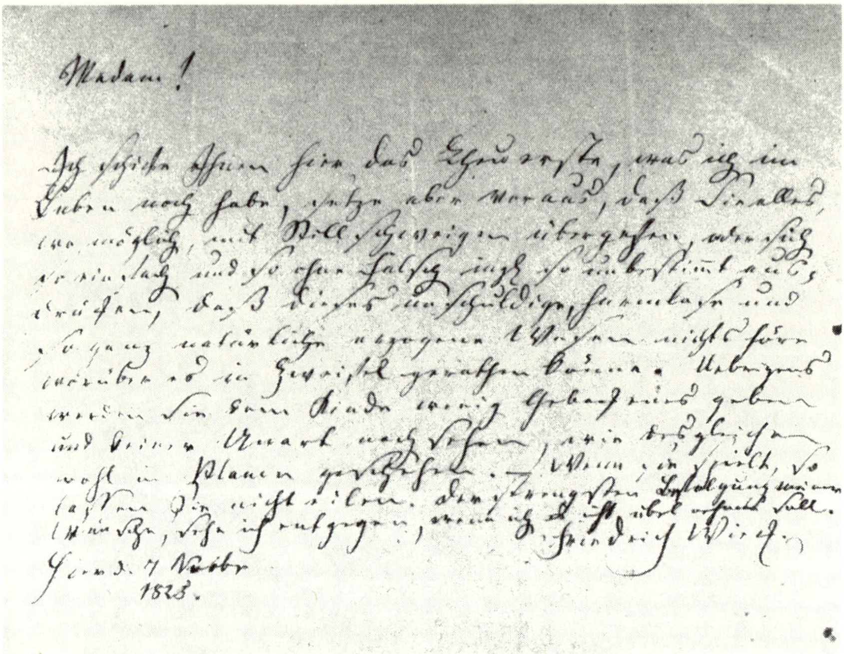

Friedrich Wiecks Brief an Marianne Wieck,
Robert-Schumann-Haus, Zwickau

Nach ihrer Heirat blieben die Bargiels noch mehr als ein Jahr in der Nähe von Leipzig wohnen, und Marianne durfte ihre Kinder regelmäßig sehen. Clara spielte bereits eine dominierende Rolle in der Familie; in dem mürrischen Brief, den Wieck an die Mutter seiner Kinder richtete, werden die beiden Brüder nicht einmal erwähnt:

Madam! Ich schicke Ihnen hier das Theuerste, was ich im Leben noch habe, setze aber voraus, das Sie alles, womöglich, mit Stillschweigen übergehen, oder sich so einfach und so ohne Falsch, ingleichen so unbestimmt auszudrücken, daß dieses unschuldige, harmlose und so ganz natürlich erzogene Wesen nichts höre, worüber es in Zweifel gerathen könne. Übrigens werden Sie dem Kinde wenig Gebackenes geben und keine Unart nachsehen... Wenn sie spielt, so lassen Sie sie nicht eilen. Der strengsten Befolgung meiner Wünsche sehe ich entgegen, wenn ich es nicht Übel nehmen soll. 7. November 1825[21]

Kurze Zeit später zogen die Bargiels nach Berlin, wo Adolph eine Klavierschule übernahm, das Logier-Institut, gegründet von dem Klavierpädagogen Johann Bernhard Logier, der in Berlin eine Zeitlang äußerst populär und einflußreich gewesen war. Der Umzug nach Berlin schränkte Mariannes Kontakt zu Clara und ihren beiden Brüdern noch mehr ein. Im Dezember 1825 mußte sich Clara mit einer weiteren Trennung abfinden: Wieck entließ Johanna Strobel, das Kindermädchen, das schon vor Claras Geburt zur Familie gehört hatte, und stellte eine neue Haushälterin ein. Damit verlor die Fünfjährige innerhalb eines Jahres die beiden Frauen, die ihr am nächsten standen. Wieck äußerte sich immer wieder abfällig über die beiden. Wenn Clara sich schlecht betrug, war seiner Meinung nach der von ihrer Mutter ererbte und von Johanna verstärkte «Widerspruchsgeist» daran schuld.[22]

Clara korrespondierte mit ihrer «Mutter in Berlin» und traf auch von Zeit zu Zeit mit ihr zusammen, im allgemeinen dann, wenn Marianne auf der Reise nach Plauen in Leipzig Station machte.* Frau Bargiel hatte kein leichtes Leben: eine Ehescheidung war damals durchaus unüblich und warf immer ein schlechtes Licht auf die Frau. Die junge Mutter hatte gewußt, daß sie ihre Kinder verlieren würde, wenn sie Wieck verließe, aber in ihrer verzweifelten Lage war ihr keine andere Wahl geblieben; die Belastungen im Zusammenleben mit Wieck müssen unerträglich gewesen sein. Obwohl es nur wenige schriftliche Zeugnisse für Spannungen oder Disharmonien in dieser Ehe gibt, läßt sich nach dem, was wir über Wieck wissen, unschwer rekonstruieren, in welcher Lage sich seine junge Frau befunden haben muß. In den sieben Jahren ihrer Ehe brachte sie fünf Kinder zur Welt, übte unter seiner Anleitung, trat berufsmäßig als Sängerin und Pianistin auf, half ihm beim Klavierunterricht und im Geschäft und kümmerte sich um seine Freunde und Geschäftspartner. Trotz seiner rationalistischen Erziehungsgrundsätze siegten bei Wieck selbst die Gefühle häufig über die Vernunft. Er war ein

* Bisher gingen alle Biographen davon aus, daß Clara ihre Mutter endgültig verlor, als sie zu ihrem Vater zurückkehrte. Aus den Tagebucheintragungen geht jedoch hervor, daß der Kontakt bestehen blieb.

schroffer, starrsinniger Mensch, der die Seinen beherrschte, kontrollierte und ausnutzte. Seine Kunden und Schüler schätzten sein Wesen und seine Fähigkeiten, und er war ja auch ein Mensch mit ungewöhnlichem Verstand und Talent. Bei ihrer Heirat im Jahre 1816 muß es wohl eine Liebesbeziehung zwischen der neunzehnjährigen Marianne und Wieck gegeben haben, aber seine Forderungen und Erwartungen, verbunden mit Rücksichtslosigkeit, Grobheit und Jähzorn, trieben die junge Frau schließlich in die Flucht. Ein Porträt der jungen Marianne, das die Zeiten überdauert hat, zeigt eine Frau mit Zügen von Stärke und Festigkeit – Eigenschaften, die sie ihrer Tochter Clara vererbte.

Adolph Bargiel, zu dem Marianne sich flüchtete, war ganz anders als Wieck: ein sanftmütiger, liebevoller Mann, der offenbar keine Ansprüche an sie stellte.* Obwohl er eine bessere und gründlichere musikalische Ausbildung als Wieck genossen hatte, besaß er nicht dessen Geschäftssinn; in Berlin erlebte er eine Reihe von Fehlschlägen. Das florierende Logier-Institut mußte er 1830 wegen einer Choleraepidemie schließen, weil alle Schüler die Stadt verließen. Kurz darauf erlitt er einen Schlaganfall, von dem er sich nie mehr richtig erholte. Er starb 1841; Marianne blieb mit den vier gemeinsamen Kindern zurück. Sie konnte ihre Familie nur dadurch ernähren, daß sie nach seinem Tod Klavierunterricht gab und zusätzlich Hilfe von Freunden in Anspruch nahm (zu denjenigen, die sie in jener schweren Zeit unterstützten, gehörte auch Robert Schumann). Eins ihrer Kinder aus zweiter Ehe brachte es ebenfalls zu musikalischen Ehren: Woldemar Bargiel, Komponist, Pianist und Dirigent, wurde in späteren Jahren zu einem engen Freund und Vertrauten seiner Halbschwester Clara.

Clara kam ihrer Mutter erst wieder näher, als sie 1839 mit ihrem Vater brach. Robert Schumann, der ein enges Verhältnis zu seiner eigenen Mutter gehabt hatte, stellte den Kontakt mit Marianne Bargiel her. Clara war zwanzig Jahre alt, als sie ihre Mutter wiederent-

* August Adolph Bargiel wurde am 1. November 1783 in Schlesien geboren. Für Informationen über ihn und seine Familie bin ich Herma Stamm-Bargiel zu Dank verpflichtet.

deckte. Damals wohnte sie bei der Schwester ihrer Mutter, wenn sie in Leipzig war, und bei ihrer Mutter, wenn sie nach Berlin kam. Seit dieser Zeit wandte sie sich in allen Krisen an ihre Mutter, und Marianne reagierte stets warmherzig, spontan und selbstlos.*

CLARA: DIE ERSTEN JAHRE

Als Clara im September 1819 zur Welt kam, bestimmte der Vater ihren Namen. Er erwartete, daß aus Clara – wörtlich die Lichte, Strahlende – eine große Virtuosin werden würde, natürlich unter seiner Anleitung, die schon ganz früh beginnen sollte. Und tatsächlich begünstigten bei ihr Erbanlagen und Milieu eine solche Entwicklung. Bei den Wiecks war ständig Klaviermusik zu hören, wenn Kunden die Instrumente im Laden ausprobierten. Klavierschüler kamen und gingen, und Marianne verbrachte Stunden damit, sich auf ihre Konzerte vorzubereiten.

Zur täglichen Routine im Hause Wieck gehörte ein mehrstündiger Spaziergang, an dem Clara teilnahm, sobald sie drei war. Wieck hielt es für selbstverständlich, daß seine Tochter mit den Erwachsenen Schritt hielt; glücklicherweise war das Kind robust genug dafür. Es war eine Tradition, die Clara liebte und die sie ihr Leben lang beibehielt; in späteren Jahren führte sie ihre Gesundheit und Kraft auf diese regelmäßige Angewohnheit zurück.

Abgesehen von den musikalischen Aktivitäten der Eltern Wieck und den täglichen Spaziergängen ist über Claras erste fünf Lebensjahre nur wenig bekannt; einiges mehr läßt sich jedoch erschließen. Eine Eintragung in ihrem Tagebuch, das ihr Vater für sie begann, als sie sieben war, vermerkt die ungewöhnliche Tatsache, daß sie nicht sprach – nicht ein einziges Wort –, bis sie über vier Jahre alt war. Ihr Vater hielt auch fest, daß sie nur sehr wenig verstand. Selbst als sie

* Daß Clara die Tragödie ihrer Mutter nachträglich begriff, zeigt die Haltung, die sie als erwachsene Frau dem Scheidungs- und Sorgerecht gegenüber einnahm. Im Mai 1895 berichtete sie brieflich an Brahms, eine kürzlich geschiedene Bekannte habe das Land verlassen, um ihren ältesten Sohn behalten zu können, ein Schritt, den Clara billigte. (Schumann-Brahms-Briefe 2, S. 583)

schließlich zu sprechen begann, glaubten die Eltern, daß sie schwerhörig sei, weil sie soviel mit sich selbst beschäftigt war und sich anscheinend nicht für das interessierte, was um sie herum vorging. Zu dieser Zeit kam in Leipzig das Gerücht auf, sie sei taub und «langsam», ein Gerücht, das sich lange und hartnäckig hielt.[23]

In dem Frühjahr, bevor ihre Mutter sie nach Plauen mitnahm, um sie noch ein paar Monate bei sich zu haben, begann Wieck damit, sie trotz der angeblichen Taubheit ein paar Stücke nach dem Gehör spielen zu lassen. Clara lernte die Melodien mühelos: was sie nicht hören konnte, waren gesprochene Worte. Kurz nachdem sie zu ihrem Vater zurückgekehrt war, begann Wieck, ihr zusammen mit zwei gleichaltrigen Mädchen regelmäßig Klavierunterricht zu geben. Zu dieser Zeit sprach sie auch ihre ersten vollständigen Sätze. Aber die «Taubheit» verschwand erst völlig, als sie acht Jahre alt war.*

Wir müssen annehmen, daß Clara in ihren ersten Lebensjahren häufig Zeugin von Streitgesprächen war oder feindseliges Schweigen miterlebte. Wieck hielt nichts von Selbstbeherrschung. Er sah sich selbst als beißenden Spötter und bildete sich viel auf sein «ungalantes» Benehmen ein.[24] Gustav und Alwin gegenüber zeigte er sich oft grausam und gewalttätig.[25] Als Clara es wagte, einen eigenen Willen zu zeigen, reagierte er mit maßlosem Zorn. 1840, als sie sich weigerte, ihre Heiratspläne mit Robert Schumann aufzugeben, rächte sich Wieck, indem er kurz vor ihren Auftritten in Berlin und Hamburg verleumderische Briefe dorthin gehen ließ, die unter einflußreichen Musikern und Musikliebhabern kursierten; darin beschrieb Wieck seine eigene Tochter als «demoralisiertes Mädchen ohne Schaam, das sich auf so unnatürliche und empörende Weise ihrem Vater entgegenstellt», und warnte andere Mädchen vor ihrem Einfluß, auf daß sie nicht von ihr «vergiftet» würden.[26] Und seine Bemühungen, Robert Schumann in den Schmutz zu ziehen, setzte er selbst dann noch fort, als Clara schon Schumanns Namen trug.

* In Anbetracht der Fähigkeiten, die Clara später entwickelte, könnte es sich um das gehandelt haben, was Dr. Anna Burton als «selektiven Mutismus» bezeichnet, eine durch emotionale Konflikte verursachte Sprachstörung.

In Anbetracht dessen, wie Wieck seine Kinder behandelte, ist anzunehmen, daß auch Marianne unter seinem Zorn zu leiden hatte, wenn sie seinen Erwartungen nicht entsprach. Und seine Erwartungen waren hoch: seine Frau sollte Künstlerin und Lehrerin sein, zugleich aber auch Ehefrau und Mutter, und sie sollte sich in jeder Hinsicht seinem Willen unterwerfen. Wieck war so autoritär und übte so viel Druck auf seine Frau aus, daß ein normaler, freundlicher Umgangston zwischen den beiden in den acht Jahren ihrer Ehe wohl kaum die Regel gewesen sein dürfte. Und Johanna Strobel, die Haushälterin, die Claras Kindermädchen wurde und zu der sie eine enge Bindung entwickelte, wurde von Wieck selbst einmal als «nicht sprachselig» bezeichnet.[27] Vermutlich wurde im Hause Wieck also nicht viel geredet – keine gute Voraussetzung für ein Kind, selbst sprechen zu lernen. Und aller Wahrscheinlichkeit nach war ihre Mutter nicht nur überfordert mit ihren vielen Aufgaben, sondern auch zu verbittert, um die Geduld im Umgang mit ihrer Tochter aufzubringen, die deren Sprachentwicklung gefördert hätte. Die «Taubheit» und die ständige Beschäftigung mit sich selbst mögen für Clara als eine Art Puffer gegen die ständigen Spannungen im Haus gedient haben. Es war bestimmt angenehmer, Worte ganz von sich fernzuhalten, als Disharmonie und Dissonanzen an sich heranzulassen. Musik dagegen bedeutete weder Zorn noch Bedrohung. Musik war etwas Sicheres. Ihr ganzes Leben lang sollte Musik für Clara ein Trost sein, eine Hilfe, Kummer und Schmerzen leichter zu ertragen.

Als Wieck dann schließlich ohne Frau dastand, machte er seine fünfjährige Tochter zum Werkzeug seiner musikalischen Ambitionen. Sie sollte der Welt zeigen, was Friedrich Wieck zu leisten imstande war. Und Clara kam seinen Erwartungen nach.

Wieck ging nicht sofort eine zweite Ehe ein. Vier Jahre lang lebten die Kinder in einem Haus ohne Mutter. Unter der Anleitung ihres Vaters entwickelte Clara sich rasch zu einer Art Wunderkind. Ihre Brüder hatten weder ihre Begabung noch ihr Pflichtbewußtsein und blieben weitgehend unbeachtet, während Clara, das älteste Kind und die einzige Tochter, die häusliche Szene beherrschte. Clara war neun, als ihr Vater beschloß, sich wieder zu verheiraten. Die Hochzeit zwischen Friedrich Wieck und Clementine Fechner,

Marie Wieck, Claras Halbschwester.
Aus: Marie Wieck, *Aus dem Kreise Wieck-Schumann*
(Dresden, 1914)

der dreiundzwanzigjährigen Tochter des Pfarrers Samuel Traugott Fechner, fand am 3. Juli 1828 im Beisein der drei Kinder Wiecks statt.[28] Drei Tage später, sozusagen in den Flitterwochen, reiste Wieck mit Clementine und Clara nach Dresden, wo er das Kind bei einigen privaten Musikveranstaltungen auftreten ließ.

Als Wieck zum zweitenmal heiratete, war sein Musikgeschäft bereits gut etabliert, und dank seiner Tochter (und seiner ersten Frau) hatte er sich auch schon einen Namen als Klavierlehrer gemacht. Clementine Wieck sah sich einer einflußreichen Gegnerin in Gestalt ihrer neunjährigen Stieftochter gegenüber. Den beiden Jungen war die neue Mutter sicherlich willkommen, für Clara aber bedeutete sie eine Rivalin, und größtenteils eine erfolglose. Clementine war in keiner beneidenswerten Lage. Clara verzichtete nie auf ihre herausragende Position. Clementine blieb mit den anderen Kindern zu Haus und führte Wiecks Geschäft, während er mit Clara auf Tournee ging. Wieck konzentrierte all seine Energie und praktische Begabung auf seine Tochter, das begabteste der drei überlebenden Kinder aus der Ehe mit Marianne. Jahrelang drehte sich im Hause alles um sie und ihre Bedürfnisse: die Seidenkleider, die sie für ihre Konzerte brauchte, ein eigenes Zimmer, Klaviere, die eigens für sie aus Wien herbeigeschafft wurden. Alle Erwartungen des Vaters richteten sich auf Clara. Die beiden Jungen, die ihre Mutter schließlich schon mit ein und drei Jahren verloren hatten, wurden mehr oder weniger vor die Tür gesetzt, sobald sie alt genug waren, auf eigenen Füßen zu stehen.

Drei Kinder entsprossen der Ehe zwischen Clementine und Friedrich Wieck. Marie, 1832 geboren, sollte nach dem Willen ihres Vaters in Claras Fußstapfen treten. Auch sie spielte im Gewandhaus und wurde recht erfolgreich als Pianistin, was ihr den Titel einer *Fürstlich-Hohenzollernschen Hof- und Kammervirtuosin* eintrug, doch sie brachte es nie zu dem Ruhm ihrer älteren Halbschwester. In dem Buch *Aus dem Kreise Wieck-Schumann*, das sie nach Claras Tod schrieb, lassen sich deutliche Hinweise auf ihre Eifersucht und feindseligen Gefühle Clara gegenüber finden. Marie Wieck hat nie geheiratet. Ihr Vater war ihr bewundertes Vorbild, und anders als ihre Halbschwester entzog sie ihm nie ihre Loyalität. Die beiden anderen Kinder aus Wiecks zweiter Ehe starben in jungen Jahren.

Clementine Wieck war keine Musikerin, und sie hatte eine schier unerschöpfliche Geduld – zwei Faktoren, die zweifellos zum Erfolg dieser immerhin fünfundvierzig Jahre währenden Ehe beitrugen. Dagegen blieb die Beziehung zwischen ihr und ihrer Stieftochter verständlicherweise immer gespannt. Bei Clementine lebte Clara Gefühle aus, die sie ihrem Vater gegenüber unter Kontrolle behielt. (Im Tagebuch von Friedrich und Clara wird Clementine kaum erwähnt, und wenn ihr Name doch einmal erscheint, dann nicht immer in einem schmeichelhaften Zusammenhang. So äußerte Clara sich beispielsweise am 24. Oktober 1833: «Meine kleine Schwester Marie scheint zur Sängerin geboren zu seyn, indem sie, wenn die Mutter, welche doch sehr unrein singt, schreit, und wenn ich singe lacht und gerne zuhört.») Die Briefe, die Wieck 1830 auf der ersten der vielen oft monatelangen Konzertreisen mit Clara an seine Frau schrieb, lassen darauf schließen, daß Clementine Wieck eine intelligente, kultivierte und tüchtige Frau war. Sie leitete während seiner Abwesenheit das Klaviergeschäft, führte die Korrespondenz und blieb ihm vor allen Dingen stets gehorsam.

Aber die Briefe bringen noch eine andere Seite von Wieck ans Licht: er hatte Humor und durchaus keine Hemmungen, zuweilen drastisch oder gar derb zu werden. Dieser Humor, sein Temperament und gesunder Menschenverstand, verbunden mit seinem Selbstbewußtsein und anerkannten Talent als Lehrer, machen verständlich, wieso dieser sonst so einschüchternde Mann die musikalischen Zirkel von Leipzig faszinieren und ihre Achtung gewinnen konnte. Seine pädagogischen Prinzipien, 1853 in dem kleinen Buch *Clavier und Gesang* veröffentlicht, fanden bei seiner sanftmütigen und willigen Schülerin Clara erfolgreiche Anwendung und verschafften ihm weltweiten Ruhm.

KAPITEL 2

Die junge Pianistin

Die Kindheitstagebücher von Clara Wieck sind eine beispiellose Informationsquelle hinsichtlich ihrer Erziehung, ihres Werdeganges und ihres musikalischen Umfelds. Am interessantesten ist jedoch, was sie über Friedrich Wieck und das Wesen der Beziehung zwischen Vater und Tochter berichten. Bis zu ihrem neunzehnten Lebensjahr wurde fast jede einzelne Eintragung von ihrem Vater geschrieben oder begutachtet. Auf dem Titelblatt steht: «Mein Tagebuch / Angefangen von meinem *Vater* d. 7. Juni 1827, und *fortzusetzen / von / Clara Josephine Wieck.*»* Clara war also sieben Jahre alt, als das Tagebuch begonnen wurde, das ihre «theuerste Lebensgefährtin» werden sollte.[1] Das Tagebuch ist ein sicht-

* Litzmann gibt ein falsches Datum an (7. Mai 1827) und erwähnt auch nicht die weiteren Eintragungen auf diesem Blatt. Auf derselben Seite weiter unten steht: «Heft 1–6 meiner Tochter Clara Schumann von mir geschenkt und ihr gehörig / Dresden im März 1859. Friedrich Wieck.» Auf der Rückseite des Titelblattes steht in Claras Handschrift: «Wenn ich sterbe, so wünsche ich, daß meine Tochter Marie meine Tagebücher alle erhalte, da sie die aelteste der Geschwister ist, und mir die treueste Pflegerin und Freundin allezeit war. / Clara Schumann Frankfurt am / Main / d. 6. Juni 1889.

barer Beweis für Wiecks bevormundende Haltung.* Am 24. Mai 1831 schrieb er in Claras Namen: «Von nun an werde ich mein Tagebuch selbst schreiben, wenn ich nur irgend Zeit habe.» Doch er sorgte dafür, daß sie sehr wenig Zeit hatte. Die Passagen, die Clara selbst schrieb, wurden von ihrem Vater kontrolliert und häufig auch korrigiert oder mit Randbemerkungen versehen. Zahlreiche Eintragungen von ihrer Hand sind sorgfältige Abschriften der bitterbösen Briefe, die er Kollegen, Freunden und Feinden zukommen ließ, Briefe, in denen er Forderungen stellte, drohte, kritisierte, diffamierte und denunzierte. Clara kopierte auch wütende Briefe, in denen es um ihre Gage im Gewandhaus ging, um Konzertkritiken, um Schulden und ausstehende Beträge.

Wieck nutzte die Tagebücher als eine Form der Kommunikation mit seiner Tochter und als Erziehungsmittel zugleich, indem er predigte und philosophierte. Mitteilungen, Lob und Tadel, Vorwürfe und Ermahnungen stehen da in seiner charakteristischen, festen Handschrift. Was an diesen Tagebüchern besonders auffällt, ist die Art und Weise, wie er sich Claras Identität bemächtigte: er ging so weit, fast ausschließlich in der Ich-Form zu schreiben, als wäre Clara die Verfasserin, und sich selbst nur in der dritten Person als «der Vater» zu bezeichnen.

Eine aufschlußreiche Eintragung von Wieck am 17. Juni 1834 in Dresden lautet: «Abends 7 Uhr kam der Vater mit Eilpost... ich flog in seine Arme und brachte ihn gleich (ins Hotel) in die St. Frankfurt.» Am 28. Februar 1833, notierte er, «spielte ich im 18. Abonnement-Concert Herz' Bravour-Variationen ohne Probe... Es wurde alles mit allgemeinem Beifall aufgenommen.» Zwei Monate später, am 29. April 1833, lesen wir: «Eigenes Concert im Gewandhause... Ich fand außerordentlichen Beifall.» Clara war damals fast vierzehn Jahre alt. Wenn Wieck, was selten geschah, von sich selbst in der ersten Person schrieb, bezeichnete er seine Tochter als «meine Clara».

Erst als Clara mit neunzehn Jahren das väterliche Haus verließ,

* Obwohl Litzmanns Biographie auf den Tagebüchern basiert, unterscheidet er nur selten zwischen Wiecks und Claras Eintragungen.

Der Konzertflügel (Andreas Stein), auf dem Clara Wieck bei ihrem ersten Gewandhauskonzert am 20. Oktober 1828 spielte. Robert-Schumann-Haus, Zwickau

konnte sie tatsächlich ihr eigenes Tagebuch führen. Dieses Buch, das mit einer Eintragung vom 23. April 1838 beginnt, begleitete sie auf ihrer ersten selbständigen Konzertreise nach Paris; es endet am 12. September 1840, dem Tag ihrer Hochzeit. Ihre früheren Tagebücher blieben bis zum März 1859 in Wiecks Besitz. Als er es endlich fertigbrachte, sich von der Chronik ihrer Jugendjahre zu trennen, war sie schon fast vierzig, eine Witwe mit sieben Kindern. Diese Art von Tagebuchführung hatte auch einen nicht unbeabsichtigten belehrenden Effekt: indem Clara Wiecks Briefe abschrieb und seine Eintragungen und Anmerkungen las, lernte sie, Korrespondenzen zu führen und Konzerttourneen zu organisieren. Was sie darüber hinaus mit Augen, Ohren und schreibender Hand aufnahm, waren Wiecks Haltung gegenüber Geld und Erfolg und einiges von seiner konkurrenzorientierten, kämpferischen Grundeinstellung.

Das Tagebuch aus den Jahren 1838–40 ist schon deswegen einzigartig, weil es eine ganz persönliche Aufzeichnung ihrer Gedanken ohne die Einmischung ihres Vaters darstellt. Von ihrer Heirat an bis zum Jahre 1844 führte Clara mit Robert Schumann ein gemeinsames Tagebuch, das erhalten geblieben ist. Claras spätere Tagebücher aus den Jahren 1844–96 sind, obwohl sie diese als einen Teil ihrer selbst ansah – als Kommunikationsmittel, Beichtstuhl und Ventil zugleich – heute unauffindbar.*

In einem Brief an seine Frau aus dem Jahre 1831, während Claras erster großer Tournee, beschrieb Wieck eine Auseinandersetzung mit einer Frau Schmidt, der einflußreichen Gattin eines Weimarer Regierungsbeamten. Sie habe ihm Vorwürfe gemacht, weil er Clara erlaubte, so viel zu musizieren, ihr aber keine Zeit ließ, mit anderen Kindern zu spielen, und er habe ihr geantwortet: «25 Jahre hätte ich über Erziehung nachgedacht und praktisch geübt – jetzt lebe ich seit 7 Jahren allein nur der Erziehung meiner Tochter. – Brauche ich nun aber noch einen Rath, so wollte ich mir denselben zu seiner Zeit erbitten – bis dahin müßte ich mir aber alles verbitten.» [2]

Wieck war zu Recht stolz auf seine Erziehungsmethode. Die pädagogischen Theorien, die er während seiner Tätigkeit als Hauslehrer entwickelt hatte, wandte er nun auf Clara an. Er entwarf ein Programm, das ihren gesamten Tagesablauf bestimmte und sie keinen Augenblick ohne Aufsicht ließ. Von der Stunde an, da Clara ins Haus ihres Vaters zurückgebracht worden war, also wenige Tage nach ihrem fünften Geburtstag, befand sie sich in der Ausbildung.

Im Frühjahr 1825 begann Wieck, mit ihr allein zu arbeiten. Im ersten Unterrichtsjahr brauchte sie nicht nach Noten zu spielen, (obwohl sie die Noten erlernte). Kleine Musikstücke, die er extra für sie schrieb, erleichterten es ihr, sich ganz auf Haltung, Phrasierung und einen «singenden» Ton zu konzentrieren. Die Fingerfer-

* Martin Schoppe, der ehemalige Leiter des Robert-Schumann-Hauses in Zwickau, nimmt an, daß die späteren Tagebücher vermutlich auf Anweisung von Marie Schumann vernichtet wurden, nachdem Litzmann sie ausgewertet hatte.

tigkeit und spielerische Leichtigkeit, die sie sich in dieser Zeit aneignete, blieb ihr bis ans Lebensende erhalten. Mit sieben Jahren verbrachte sie täglich drei Stunden am Klavier – eine Stunde beim Unterricht und zwei Stunden mit Üben.

Claras außermusikalischer Unterricht beschränkte sich auf die Stunden zwischen Klavierspiel und dem täglichen Spaziergang. Von Januar 1825 an besuchte sie sechs Monate lang eine Grundschule in der Nachbarschaft, die von einer Demoiselle Marbach geleitet wurde; anschließend schickte Wieck sie für ein weiteres Jahr ins Noack-Institut, eine größere Lehranstalt. Clara ging also nur anderthalb Jahre zur Schule, und selbst in dieser Zeit gab der Vater ihr frühmorgens eine Stunde Klavierunterricht und oft noch eine zweite am Nachmittag. Darüber, daß sie unter diesen Umständen keine Möglichkeit zu normalem Umgang mit Gleichaltrigen hatte, machte Wieck sich anscheinend keine Gedanken.

In *Clavier und Gesang*, der Abhandlung, die Wieck 1853 verfaßte, erläuterte er sein Unterrichtsprogramm:

> Meine Töchter haben stets einen besonderen Hauslehrer, mit dem ich vereint unterrichte, damit auch bei *weniger* Stunden des Tags ihre *wissenschaftliche* Bildung gleichen Schritt halte mit der *künstlerischen*, und auch noch Zeit übrig bleibe, in der freien Natur sich zu ergehen und ihre Körper zu kräftigen, während andere Kinder auf den Bänken in Schulen und Instituten 9 Stunden des Tages schwitzen müssen – und dies mit dem Verlust ihrer Gesundheit und einer frohen Jugend bezahlen.[3]

Wieck hatte es sich zum Ziel gesetzt, eine Virtuosin zu erschaffen, und um dieses Ziel zu erreichen, schrieb er, «muß... die ganze Erziehung von frühester Jugend an darauf angelegt sein».[4]* Clara lernte, was nach Ansicht ihres Vaters wichtig war – Lesen und Schreiben und – bei Hauslehrern – Französisch und Englisch, die für eine internationale Karriere erforderlichen Sprachen, denn

* Aus dem unveröffentlichten Tagebuch geht im einzelnen hervor, daß sie ab 1831 (damals war sie elf) in Partiturlesen und Instrumentierung unterrichtet wurde; der Geigenunterricht bei einem Herrn Prinz begann etwa zur gleichen Zeit. Vom 20. Juni 1832 an lernte sie zwei Stunden pro Woche Kontrapunkt bei Heinrich Dorn, und im April 1833 begann sie mit täglich einer Viertelstunde Gesangsunterricht bei ihrem Vater.

Wieck plante bereits Konzerttourneen mit ihr. Zusätzlich nahm sie Privatunterricht in Musiktheorie und Harmonielehre bei Christian Theodor Weinlig, dem Kantor der Thomaskirche, und in Komposition bei Heinrich Dorn, dem Leiter der Leipziger Oper; wenn sie in anderen Städten Konzerte gab, wurde sie auch dort von hervorragenden Lehrern unterrichtet; zum Beispiel lernte sie Kontrapunkt bei Siegfried Dehn in Berlin. Nach Dresden wurde sie geschickt, um bei dem Hofkapellmeister Carl Reißiger Orchestrierung und bei dem berühmten Gesangslehrer Johann Aloys Miksch Gesang zu studieren. In Leipzig lernte sie Geige und Partiturlesen und bekam ein paar Stunden Religionsunterricht zur Vorbereitung auf ihre Konfirmation mit vierzehn Jahren. Ihre Ausbildung verlief genau nach Wiecks Vorstellungen. Zwar hatte sie nie so viel Zeit zum Spielen und Lesen wie andere Kinder, dafür ging Wieck aber regelmäßig mit ihr in die Oper, sobald sie sechs war, und später auch ins Konzert und ins Theater. Clara sah fast jede Oper, die in Leipzig gegeben wurde. Darüber hinaus plante Wieck bei ihren Konzertreisen Opernbesuche in den verschiedenen Städten mit ein. Vor jeder Vorstellung ging Clara die Partitur mit ihrem Vater durch.

Noch ehe Clara neun wurde, gehörte sie schon zu dem musikalischen Zirkel, der sich regelmäßig bei den Wiecks traf.[5] 1828 waren unter anderem mit dabei: die Musikverleger Friedrich Hofmeister und Heinrich Probst, der Komponist Heinrich Marschner, Dr. Ernst August Carus, ein Arzt und Musikliebhaber, und Gottfried Fink, der Herausgeber der *Allgemeinen musikalischen Zeitung*. Ein Besucher erinnerte sich viele Jahre später: «Wiecks Haus war immer noch der Sammelplatz von einheimischen wie fremden Musikern und Musikfreunden. Jeder Componist und Virtuos, der nach Leipzig kam, fand dort in Vormittags- oder Abendunterhaltungen die beste Gelegenheit, sich hören zulassen und selbst Neues zu sehen... Die Seele des Ganzen war aber Vater Wieck, der, wenn er guter Laune war, vor Humor übersprudelte.»[6] Auch Robert Schumann schloß sich, als er 1830 nach Leipzig zurückkam, dem Wieckschen Kreis an und sah die Familie fast jeden Tag.

Frau Wieck beteiligte sich nicht an den Hauskonzerten; Clara jedoch, die bereits besser Klavier spielte als ihr Vater, trat dort regelmäßig in Erscheinung, teils mit alten, teils mit zeitgenössischen

Werken. Der Maler und Musikautor Johann Lyser, ein Freund von Schumann, erinnerte sich: «Was aber glich jenen Abenden, wo Francilla Pixis [eine Sängerin und Tochter des Komponisten Johann Pixis] und das Wundermädchen Clara zusammen spielten und sangen!»[7]

Wieck hütete sich davor, seine Tochter zu früh in der Öffentlichkeit auftreten zu lassen. Clara spielte mit Berufsmusikern, aber ihre ersten Vorstellungen fanden zu Hause statt, vor Freunden aus Leipzig und Dresden.

Claras erster Auftritt im Gewandhaus am 20. Oktober 1828 bestätigte den guten Namen, den Wieck sich mit seiner jungen Frau Marianne gemacht hatte. Obwohl sie in diesem Konzert nur ein Duett mit Emilie Reichhold – einer anderen Wieck-Schülerin – spielte, fanden sie und ihr Vater in der Kritik der *Allgemeinen musikalischen Zeitung* besondere Erwähnung:

> In demselben Concerte war es uns noch besonders angenehm, die erst neunjährige, mit vielen Musikanlagen ausgestattete Clara Wiek [sic!]... vierhändige Variationen über einen Marsch aus Moses, von Kalkbrenner, mit allgemeinem und verdientem Beifalle vortragen zu hören. Unter der Leitung ihres musikerfahrenen, die Kunst des Pianofortespiels wohl verstehenden und dafür mit Liebe sehr thätigen Vaters, dürfen wir von ihr die größten Hoffnungen hegen.[8]

Claras erste größere Auftritte fanden zwischen dem 6. März und dem 7. April 1830 in Dresden statt. Den eigentlichen Zweck dieser Reise machte Wieck in mehreren Briefen an seine Frau deutlich: er wollte versuchen, die nötigen Kontakte herzustellen, um mit Clara am Dresdner Hof aufzutreten und darüber hinaus Anschluß an die Kreise zu finden, die ihm Einladungen zu den größeren und bedeutenderen Höfen von Berlin und Wien vermitteln könnten.

Vater und Tochter machten ihre Sache hervorragend: Clara bezauberte die Dresdener, und Wieck wurde bestürmt, Klavierunterricht zu geben und die Geheimnisse seines Erfolges zu verraten. Und wie er seiner Frau schrieb, fanden es die Kenner der Musikszene sehr «nobel» von ihm, daß er Angebote für öffentliche Konzerte ausschlug. Wieck überstürzte nichts; er wartete, bis die Zeit reif war.

Clara wurde überallhin eingeladen; junge und alte Damen der

Gesellschaft überboten sich gegenseitig mit teuren Geschenken für die Zehnjährige und kamen sogar, um ihr das Haar zu frisieren. Wieck achtete darauf, daß ihr die vielen Komplimente nicht den Kopf verdrehten. «Merke ich etwas nachteiliges, so reise ich gleich ab, damit sie wieder in die bürgerliche Ordnung komme. Denn ich bin zu stolz auf ihre Anspruchslosigkeit und verkaufe dieselbe um keine Ehren der Welt.»[9]

Die Reise verlief so erfolgreich, daß Wieck ernstlich erwog, nach Dresden zu ziehen; er glaubte, dort mehr Anerkennung für seine Talente zu finden. Am 19. März 1830 schrieb er an seine Frau:

Es ist nicht zu beschreiben, welches Aufsehen die beiden Affen aus der Leipziger Menagerie hier machen. In Leipzig ist man freilich zu verblüfft und zu boshaft, als daß eine einzige Gans unter so vielen Gänsen jemals begreifen könnte, welch' ein außerordentliches Kind die Klara ist, und noch weniger, daß dein Fritze aus Pretzsch dieselbe besitzen und bilden könnte. Man versichert uns, daß deine beiden Affen das allgemeine Hof und Stadtgespräch sind. Auf Klara wirkt es aber durchaus nur vorteilhaft, denn sie spielt mit einem Selbstvertrauen, wie nie und ist und bleibt übrigens die Alte.[10]

Der Sommer 1830 verging mit Vorbereitungen auf Claras erstes Solokonzert in Leipzig, aber die politischen Ereignisse durchkreuzten mehr als einmal alle Pläne. Die Auswirkungen der Pariser Julirevolution, der Aufstände in Polen und der anschließenden Unruhen in Dresden machten sich schließlich auch in Leipzig bemerkbar; Claras ursprünglich auf September angesetztes Konzert wurde auf November verschoben. Ein Ereignis ganz anderer Art hatte allerdings weitreichendere Folgen für Clara: im Oktober zog der neue Schüler Robert Schumann ins Wiecksche Haus ein. Schumann kam gerade aus Heidelberg zurück, wo er kurze Zeit halbherzig Jura studiert hatte, um sich nun ganz auf die Musik zu konzentrieren.

Mehr als die politischen Ereignisse und der gutaussehende neue Schüler beschäftigte die Gemüter allerdings Claras erstes Solokonzert, das am 8. November 1830 im Gewandhaus stattfand. Wieck gab dem Leipziger Publikum, was es von einem Virtuosenkonzert erwartete, und sicherte sich damit die erhofften Einnahmen und Kritiken. Clara, die «elfjährige Tochter des hiesigen Hrn. Pianoforte- (und Physharmonica-)- Händlers und erfahrenen Lehrers des

Clara Wieck im Alter von 13 Jahren in Paris.
Porträt von Eduard Fechner, 1832.
Robert-Schumann-Haus, Zwickau

Pianoforte», wurde ihres Talentes, ihres Fleißes und ihrer guten Ausbildung wegen bejubelt.[11]

Der Erfolg des Gewandhauskonzerts und weiterer Auftritte in Dresden spornten Wieck noch mehr an. Aus seiner Überzeugung heraus, daß Clara nun reif war für Paris, den Mittelpunkt der damaligen Musikwelt, beschloß er, seine schwangere Frau, die anderen Kinder, seine Schüler und das Geschäft sich selbst zu überlassen und alle Energie auf Claras Karriere zu konzentrieren.

Seine Tochter war sofort bereit, neue Werke einzustudieren und Französisch zu lernen, um sich auf die große Konzertreise vorzubereiten, die sie nach Paris und, so hoffte ihr Vater, zu internationalem Ansehen bringen würde. Ende September 1831 brachen Vater und Tochter auf. Tag und Nacht (denn Wieck war nicht bereit, auch nur einen Groschen für ein wenig mehr Bequemlichkeit zu opfern) holperten sie mit der Kutsche durch Thüringen nach Kassel und Frankfurt und von dort aus über Darmstadt und Mainz nach Paris. Erst im darauffolgenden Mai kamen sie nach Leipzig zurück.

Ihr erster Aufenthalt – nur eine Tagesreise von Leipzig entfernt – war in Weimar, wo Clara dank der Bemühungen eines musikbegeisterten Regierungsbeamten Gelegenheit hatte, in Privathäusern zu spielen, und auch der alte Herr von Goethe auf sie aufmerksam wurde. Der Dichter, der in seinem Leben schon so viele Wunderkinder gehört hatte, zeigte sich sehr angetan von Clara und bedachte sie mit einer Auszeichnung, auf die selbst Wieck nicht zu hoffen gewagt hatte: einer Medaille mit seinem Porträt und der eingravierten Inschrift «Der kunstreichen Clara Wieck». Aber er würdigte auch Wiecks Talente. In einer schriftlichen Widmung dankte Goethe ihm für seine «meisterlich musikalische Unterhaltung».[12]

Wieck glaubte, kein Musiker wäre von Goethe je so hoch geehrt worden (offenbar wußte er nicht, wie beeindruckt der Dichter etwa zehn Jahre früher von dem damals zwölfjährigen Mendelssohn gewesen war) und bat seine Frau, dem Musikverleger Friedrich Hofmeister zu erzählen, daß Clara am Hof von Weimar und *zweimal* vor Goethe gespielt habe. Immer wieder erinnerte er Clementine daran, wie notwendig es sei, daß die Zeitungen etwas über

Claras Erfolge brachten, und verlangte, Hofmeister und Robert Schumann (der damals bereits für Musikzeitschriften schrieb) sollten alles nur Mögliche tun, um Clara bekannt zu machen.

Ihre Bemühungen hatten Erfolg. Im März 1832 brachte die *Allgemeine musikalische Zeitung* folgende Kritik von ihrem Weimarer Korrespondenten:

> Die noch so junge Künstlerin erntete schon in dem ersten Stücke den rauschendsten Beyfall, der in den folgenden bis zum Enthusiasmus stieg. Und wirklich ist die große Fertigkeit, Sicherheit und Kraft, mit der sie auch die schwierigsten Sätze leicht und spielend vorträgt, weit mehr aber noch das Geist- und Gefühlvolle ihres Vortrags, der kaum etwas zu wünschen übrig lässt, höchst bewundernswürdig.[13]

Ihre Reise führte sie weiter nach Erfurt, Arnstadt und Gotha. Nicht überall lief es so gut wie in Weimar. In einigen Städten fanden sie geeignete Konzertsäle, gute Klaviere, ein begeisterungsfähiges und sachkundiges Publikum; in anderen waren die Bedingungen weniger günstig. Aber in jeder neuen Stadt erwarteten Wieck dieselben Aufgaben: er mußte eine Unterkunft finden, Mahlzeiten für sich und das Kind bestellen, mögliche Gönner für sich einnehmen, die richtigen Kontakte knüpfen, ein passendes Programm zusammenstellen, das Konzert ankündigen und das Geld einkassieren. Und in jeder Stadt saß Clara über ihrem Tagebuch und schrieb Wiecks Briefe an Freunde und Feinde ab, in denen er sich heftig über das provinzielle Publikum und die unzugänglichen Mäzene beschwerte oder sich kritisch zu den Gagen, Freikarten, Programmen und Musikinstrumenten äußerte. Dabei lernte sie viel über die Organisation von Konzerttourneen – eine praktische Ausbildung, die es ihr möglich machte, diese Aufgaben später selbst zu übernehmen.

Wieck, ehrgeizig auch für sich, nutzte seine freie Zeit, um zu schreiben. Er war überzeugt davon, daß er nach zwanzig Jahren Studium etwas über Klavierkompositionen zu sagen habe, und verfaßte – angeregt durch Schumanns Arbeiten – eine Kritik zu Frédéric Chopins opus 2, den Variationen über «Là ci darem la mano».[14]

Dieses im Frühjahr 1830 veröffentlichte Jugendwerk Chopins, das am 27. Oktober 1831 von Julius Knorr, einem Zeitgenossen und Freund Schumanns, zum erstenmal im Gewandhaus aufgeführt wurde, war auch Gegenstand von Schumanns erster Musikrezension und vielleicht sein bekanntester literarischer Text.[15] Als Wieck dieses Stück zum erstenmal hörte, erkannte er sofort, welches Potential darin für Claras Karriere steckte, und gab es ihr im Sommer vor ihrer großen Tournee zum Einstudieren. Es sollte zu einem der wichtigsten Stücke in Claras Repertoire werden. In einer Anfang Juni 1831 von Wieck verfaßten Tagebucheintragung heißt es: «Chopins Var. O. 2, welche ich in 8 Tagen einstudirte, ist das schwerste Musikstück, was ich bis jetzt gesehen und gespielt habe. Diese originelle geistreiche Composition ist noch so wenig erkannt, daß sie fast alle Klavierspieler und Lehrer für unverständlich u. unspielbar halten.»

Von Frankfurt aus schickte Wieck seine Kritik an Clementines Bruder Eduard Fechner, der sich in Paris als Maler etabliert hatte, und bat ihn, damit zu Chopin zu gehen.* Chopin habe seine Einwilligung, schrieb er, den Aufsatz zu bearbeiten, zu übersetzen und an François-Joseph Fétis, den einflußreichen Herausgeber der *Revue Musicale*, weiterzureichen. Wieck glaubte, mit diesem Essay würde er sich in Paris schon vorab einen Namen machen.[16] Stolz nannte er seine in einem hochtrabenden Stil verfaßte Kritik (ob er damit unbewußt Schumann nachahmte?) eine «Rhapsodie» und «Phantasie». (Er schickte auch eine Kopie an seine Frau mit der Bemerkung: «Schumann mag meine Phantasie lesen und sagen, ob's so recht ist. Sie wird zwar nicht so poetisch seyn, als die seinige, aber klar, kräftig, u. grob...»[17]) Chopin war jedoch überhaupt nicht angetan, was aus seinem Brief an einen Freund hervorgeht: «Sterben könnte man bei dieser Phantasie des Deutschen, der sich darauf versteift, daß sein Schwager dies an Fétis übergebe, für die Revue Musicale, wovor mich der gute Hiller... mit Mühe bewahrt hat indem er diesem Herrn Schwager sagte, dies sei nicht sehr klug, im Gegenteil, sehr dumm.»[18]

In Frankfurt erfuhren die Wiecks, daß Clementine am 17. Januar 1832 ein Mädchen zur Welt gebracht hatte. Der frischgebackene Vater erkundigte sich gleich nach dem Namen des Kindes (Marie) und vergaß auch nicht, seine Sorge um die Gesundheit von Mutter

* Litzmann bezeichnete Fechner irrtümlicherweise als Wiecks Cousin.

und Kind in ein paar zärtlichen Sätzen zum Ausdruck zu bringen. Der Hauptteil seines Briefs jedoch handelte von Claras Triumph beim Museumskonzert, der führenden Frankfurter Konzertvereinigung. Es war der sechzehnte große Auftritt dieser Reise. Sie spielte so wunderschön, schrieb er, daß ihr selbst die Orchestermusiker applaudierten, indem sie nach der Probe mit den Bogen klopften – eine große Ehre, die der jungen Clara dort von ihren erwachsenen Kollegen zuteil wurde.

Obgleich Wieck, den die Strapazen der langen Reise spürbar mitnahmen, sich immer wieder ausführlich darüber beklagte, wie spärlich doch die Anerkennung für sein zwölfjähriges Wunderkind ausfiel, wurde Clara in Wirklichkeit bei fast jedem ihrer Auftritte stürmisch gefeiert. Trotz aller Anstrengungen schien sie regelrecht aufzublühen. Die Reise wurde also fortgesetzt.

Auf dem langen Weg nach Paris übte Clara, studierte neue Stücke ein, trat auf, komponierte, machte jeden Tag ihren Spaziergang und schrieb fleißig Wiecks Briefe in ihr Tagebuch, angeblich um ihre Handschrift zu verbessern. Sie lernte Französisch, um für Paris gerüstet zu sein, aber sie war kein Kind mehr – und war im herkömmlichen Sinne vielleicht nie eines gewesen.

Der Stolz, mit dem Wieck Frau Schmidt erzählte, Clara habe keine Zeit, mit Puppen oder mit anderen Kindern zu spielen, spiegelte seine ehrliche Überzeugung wider: er glaubte, Clara mit seiner Erziehung etwas viel Besseres als die üblichen Freuden der Kindheit zu bieten. Obwohl er immer betonte, wie sehr ihm ihre Kindlichkeit, ihre Natürlichkeit und Unschuld am Herzen lagen, beutete er ihre musikalischen Talente aus, indem er sie als Berufsmusikerin behandelte. Schon in ihren ersten Konzerten spielte Clara mit der Haltung und dem musikalischen Verständnis einer reifen Künstlerin.

Den Eindruck, den sie auf einen Beobachter in Weimar machte, faßte der Hauslehrer des Herzogs in einem Brief in den folgenden Worten zusammen:

Wir haben die kleine Wieck aus Leipzig gehört, sie ist ein wahres Wunder; zum ersten Male in meinem Leben überrasche ich mich dabei, über ein frühreifes Talent in Begeisterung auszubrechen: vollendete Ausführung, makelloser Takt, Kraft, Klarheit, und Schwierigkeiten aller Art mit Glück gemeistert – das nenne ich eine Seltenheit bei Virtuosen jedes Alters. Dennoch kommt dergleichen heutzutage gelegentlich vor, und hätte die kleine Clara nicht mehr geboten als das, so hätte ich sie eine sehr beachtliche Spielmaschine genannt, und wäre dabei kalt geblieben wie ein Marmorbild. Aber sie ist eine Musikerin, sie fühlt, was sie spielt, und weiß es auszudrükken; unter ihren Fingern erlangt das Klavier Farbe und Leben; man wird von ihr unwillkürlich gefesselt, und fällt sie nicht vorzeitig irgendeinem Gemütsleiden anheim, so wird sie keiner besonderen Schönheit bedürfen, um eine verlockende Sirene zu werden. Das arme Kind! sie sieht so unglücklich und leidend aus, daß es mich betrübt; doch vielleicht verdankt sie ja dieser Neigung zur Melancholie einen Teil ihres schönen Talentes: schaut man von nahem in das Antlitz der Musen, so wird man immer die Spuren von Tränen finden.[19]

Claras Porträt, eine Lithographie von Fechner, die 1832 in Paris entstand, zeigt ein Kind mit schmalem Gesicht, kleinem Kinn und riesigen dunklen Augen. Das Haar ist zu einer Art Chignon hochgesteckt und mit einer breiten, flatternden Schleife geschmückt. Ihr leicht seitwärts geneigter Kopf mit den großen Ohrgehängen sieht fast zu klein aus für das üppige schulterfreie Kleid mit den großen gebauschten Ärmeln. Hauchdünner Tüll bedeckt das Dekolleté, ein gerüschter Kragen betont den Hals und die schmalen, abfallenden Schultern. Die Taille ist mit einem breiten Gürtel eingeschnürt. Am auffälligsten jedoch sind der wehmütige Ausdruck um ihren Mund und die ungewöhnlichen, leicht exotischen Augen. Das kleine spitze Kinn verrät ihr kindliches Alter.

Kaum ein Jahr nach ihrer Rückkehr erschien ein Bericht über Clara in der Hamburger Zeitschrift *Caecilia*, die von Johann Peter Lyser herausgegeben wurde. Einer der wichtigsten Artikel in diesem kurzlebigen Unternehmen war ein sechs Seiten langer Aufsatz über Clara Wieck. Ob die folgende Beschreibung darin von Lyser selbst stammt oder aber, wie Wieck vermutete, auf einem Brief von Heinrich Heine basiert, ist nicht bekannt. Daß sie von einem guten Beobachter verfaßt wurde, steht jedenfalls fest.

Z. B. könnte man Clara… beim ersten Blick für ein ganz liebenswürdiges dreizehnjähriges Mädchen – und weiter nichts halten – aber beobachtet man sie genauer – da zeigt sich alles anders! Das feine, hübsche Gesichtchen mit den etwas fremdartig geschnittenen Augen, der freundliche Mund mit dem sentimentalen Zug, der dann und wann etwas spöttisch oder schmerzlich – besonders, wenn sie antwortet, sich verzieht, dazu das Graziös-Nachlässige in ihren Bewegungen – nicht studirt, aber weit über ihre Jahre hinausgehend –! Das alles – ich gesteh es offen! – als ich es sah, erregte in mir ein ganz eigenthümliches Gefühl, das ich nicht besser zu bezeichnen weiß, als durch: «ein Echo des spöttisch-schmerzlichen Lächelns der Clara». – Es ist, als wisse das Kind eine lange, aus Luft und Schmerz gewobene Geschichte zu erzählen, und dennoch – was weiß sie? – Musik.[20]

Wieck freute sich darüber, wie immer, wenn seine Tochter in die Zeitungen kam. Die deutlichen Anspielungen auf Claras Schwermut, Schmerz und Tränen muß er wohl ignoriert haben.

Der Aufenthalt in Paris vom 15. Februar bis zum 13. April 1832 verschaffte Clara wichtige Konzerterfahrungen und brachte sie in Kontakt mit neuer Musik und neuen Ideen, die sie still in sich aufnahm. Allerdings gelang es ihr nicht, in der Pariser Musikszene den Eindruck zu machen, den ihr Vater offenbar erhofft hatte. Obwohl Clara (zusammen mit einer Französin) sofort die notwendigen neuen Kleider und Hüte kaufen ging, konnte das ernsthafte Mädchen mit seinem schwierigen, aggressiven Vater die elegante Hauptstadt Frankreichs nicht erobern. Wieck schrieb seiner Frau:

Mich solltest du in den Soireen mit gelben Handschuhen und weißem Halstuch, den Hut fortwährend in der Hand haltend, halb deutsch und halb französisch und halb verzweifelnd, von Abends 10 Uhr bis Nachts 2 Uhr herumschwenken sehen, stets die Ohren spitzend, damit ich nichts verhören will. Kind, du erkenntest Deinen Friedrich nicht wieder, denn einen interessanteren Lohnbediensteten hast du nie gesehen.[21]

Wieck war fest entschlossen, Claras Talente vorzuführen, und bereit, die Strapazen und finanziellen Belastungen des Aufenthaltes in Paris auf sich zu nehmen. Doch selbst der resolute Friedrich Wieck zitterte bei dem Gedanken, sich auf französisch verständlich machen zu müssen. In all seinen Briefen schwingt mit, daß er sich inmitten der glanzvollen, charmanten Pariser Gesellschaft ausgesprochen unwohl fühlte.

«Unser Französisch hilft uns gar nichts, un pauvre allemand ne comprend pas un mot à Paris», klagte er. «Alles anders, man schläft anders, ißt, trinkt – kurz alles ist anders.» Am schlimmsten sei es gewesen, daß er auf der Fahrt nach Paris in seiner Kutsche vier Tage lang nicht habe rauchen dürfen und auch nach seiner Ankunft nur auf seinem Zimmer rauchen konnte. «Was ich aber für Clara thue, das kann sie nicht wieder gut machen.»[22] Diese Klagen waren wohl nicht ganz ernst gemeint – zumindest soweit sie das Rauchen betrafen –, aber sie bildeten ein Motiv, das von nun an in seinem Verhältnis zu Clara immer wieder auftauchte.

Wieck kritisierte, daß in Paris alles nur auf Äußerlichkeiten abziele, auf den schönen Schein. Clara mußte ganz in Weiß gekleidet sein und bei jedem Auftritt ein neues Kleid tragen – aber auf Sauberkeit legten die Pariser keinen großen Wert. «Man giebt die ganze Woche über eine kleine Serviette u. jeden Morgen 1 Glas Wasser zum waschen». Und – ein deutlicher Hinweis darauf, daß er mit einem halbwüchsigen Mädchen unterwegs war – «das ist der Clara eben recht». Er fühlte sich der französischen Lebensart nicht gewachsen, seine Feder streikte, und er versprach, daß er viel erzählen werde, wenn er nach Leipzig zurückkäme. «Du solltest dieses Leben hier sehen. Ce n'est pas dire!»[23]

Ohne Eduard Fechner hätten die Wiecks einen schweren Stand gehabt. Er verschaffte Clara erste Auftritte in den Salons von zwei reichen, musikbegeisterten Pariserinnen, Madame Valentin und Madame Leo.[24] Letztere, eine Gönnerin vieler Musiker, machte die Wiecks mit einer Reihe berühmter Komponisten bekannt, die sich in diesem Winter in Paris aufhielten. Giacomo Meyerbeer überreichte ihnen Karten für seinen spektakulären Publikumserfolg an der Oper, *Robert le Diable*. Felix Mendelssohn, der später ein guter Freund von Clara werden sollte, war mit seinen zweiundzwanzig Jahren bereits ein weltkluger, weitgereister junger Mann und von ganz anderem Format als die beiden Provinzler aus Sachsen. Der Komponist und Pianist Friedrich Kalkbrenner bewunderte Claras meisterhaftes Spiel, legte sich aber mit ihrem streitsüchtigen Vater an. Die Wiecks fanden nur mühsam den Kontakt zu Chopin (sie wußten nichts von dem Brief, in dem er sich über die «dumme» Kritik geäußert hatte). Die Komponisten Johann Pixis und Heinrich Herz, deren Werke Clara spielte, waren liebenswürdig, aber distanziert; nur Niccolò Paganini, der die Wiecks noch aus Leipzig kannte, und der Klavierbauer Pierre Erard zeigten sich freundlicher und hilfsbereiter.

In Paris war es üblich, zunächst bei Soireen in den luxuriösen

Häusern von Aristokraten oder wohlhabenden Musikliebhabern aufzutreten, eine günstige Erwähnung in der Presse abzuwarten und erst dann, im rechten Moment, ein Konzert anzusetzen. Leider kam für die Wiecks dieser rechte Moment nie. Erst wurde ein Paganini-Konzert, in dem Clara die Klavierbegleitung übernehmen sollte, wegen Krankheit des Geigers abgesagt. Das Konzert in der Musikschule ihres Freundes Franz Stoepel am 19. März war ein Erfolg, aber ein großes, für den 9. April im Hôtel de Ville geplantes Konzert mußte wegen einer Choleraepidemie in Stoepels kleines Auditorium verlegt werden, und dort erschienen nur wenige Leute. Die beiden Wiecks verließen Paris fast unmittelbar nach dem letzten Konzert und trafen am 1. Mai 1832 in Leipzig ein.

DIE JUNGE KÜNSTLERIN

Friedrich Wieck bereitete Claras Auftritte stets mit großer Sorgfalt vor. Obwohl er die reine Kunst hochhielt, war er doch auch Geschäftsmann genug, aus dem öffentlichen Interesse an seiner Tochter Kapital zu schlagen. Bei ihren Konzerten verkaufte er Drucke ihres von Fechner geschaffenen Porträts. Die Bilder verkauften sich gut und mußten schon im August 1832 nachbestellt werden (Clara erwähnt in ihrem Tagebuch, daß auch je ein Exemplar an Robert Schumann und ihre Mutter in Berlin geschickt wurden).

Wieck vergaß nie, in welcher Armut er groß geworden war, und ließ sich keine Gelegenheit entgehen, ein paar Taler extra zu verdienen. Geld war für ihn gleichbedeutend mit Sicherheit. Er versuchte früh, Clara von der Wichtigkeit finanzieller Erfolge zu überzeugen, und er vermittelte ihr in vielerlei Hinsicht, daß Geld mit Liebe gleichzusetzen war. Von früh an bekam Clara Geld als Belohnung für gutes Klavierspiel und schnelles Lernen. Wieck notierte sämtliche Einnahmen aus Konzerten in ihrem Tagebuch; selbst die Kosten für Geschenke, die er ihr machte, wurden dort penibel vermerkt, wie beispielsweise eine Eintragung vom 24. April 1834 zeigte: «[Heute] kaufte mir der Vater bei Herrn Struve eine große goldene Kette für 45 rt [Reichstaler]. Sie hat 32 rt. Goldwerth.»

Wiecks Interesse an Geld war in ganz Leipzig bekannt. (Schumann titulierte ihn «Meister Allesgeld».) In der Geschäftswelt schätzte man seinen kaufmännischen Verstand. Er machte gern Tauschgeschäfte: beispielsweise tauschte er Stunden in Französisch oder Musiktheorie für Clara als Gegenleistung für das Verleihen einer Gitarre oder eines Klaviers aus seinem Geschäft ein. Wieck hielt nichts davon, wenn seine Tochter für ihre künstlerischen Leistungen mit Schmuck belohnt wurde; solche Geschenke wurden sofort zum Schätzen gegeben und zu Bargeld gemacht. Diejenigen Mäzene, die die versprochenen Gagen nicht pünktlich zahlten, bekamen Schmähbriefe, die das Kind vorher in sein Tagebuch abschreiben mußte.

Das Geld, das Clara bei Konzerten verdiente, wurde von Wieck eingenommen (buchstäblich in die Hand genommen – oft stand er selbst an der Tür zum Konzertsaal), in Wertpapieren angelegt und vermutlich auch in sein eigenes Geschäft investiert. Die finanziellen Belohnungen, die Clara erhielt, wenn sie besonders gut spielte, stammten aus diesen Einnahmen. Nach einem Konzert gab es beispielsweise acht Groschen – gerade genug für einen Besuch im Café. Wenn Wieck keinen Tauschhandel mit einem anderen Lehrer arrangieren konnte, mußte Clara selbst für ihren Unterricht aufkommen. Wieck war der Ansicht, daß er als ihr Vater, Lehrer und Konzertbetreuer Anspruch auf das Geld habe, das sie verdiente, und vertrat diesen Standpunkt auch energisch, als Clara Jahre später ausbezahlt werden wollte. Juristisch gesehen, gehörte das Geld ihm; die soziale und ökonomische Diskriminierung von Frauen hielt sich in Deutschland länger als in den meisten anderen westlichen Ländern.[25] Außerdem behauptete Wieck, er habe ein moralisches Anrecht auf dieses Geld, da er – wie er in den Tagebucheintragungen und den Briefabschriften argumentiert – die Erziehung ihrer Geschwister vernachlässigt und seine übrigen Unterrichtsverpflichtungen aufgegeben habe, um sich ganz auf ihre Ausbildung und Karriere zu konzentrieren. Obwohl Clara sicherlich manchmal an Schuldgefühlen litt, wenn sie daran dachte, wie sehr ihre Brüder benachteiligt wurden, brachte Wieck sie dazu, ihre Position als ganz normal und natürlich zu empfinden. Die vielen Aufmerksamkeiten, die Vorzugsbehandlung durch ihren Vater, der Beifall des Publikums taten ihr gut. Daß sie vielleicht einfach ausgebeutet worden war, fiel ihr erst 1839 auf, als der Vater, dem sie Liebe und Vertrauen entgegengebracht hatte, ihr die Tausende von Talern verweigerte, die sie mit ihrer Hände Arbeit verdient hatte und die in der Zwischenzeit angelegt und investiert worden waren. Als sie darauf bestand, Robert Schumann zu heiraten, ließ Wieck sie wissen, daß sie ihm sogar Geld für ihre Ausbildung schuldete. Außerdem verlangte er, sie solle ihre Einkünfte mit ihren Brüdern und den anderen Familienmitgliedern teilen. Während dieser schweren Auseinandersetzung erzählte sie Robert verbittert, daß sie «keine Stecknadel» von den Eltern bekommen habe; ihre Stiefmutter habe ihr nie etwas, nicht einmal eine Kirsche oder Pflaume, geschenkt. Sie bekam als Kind immer zu hören, daß sie schließlich ihr eigenes Geld hätte.[26] Selbst als ihre Heirat per Gerichtsbeschluß genehmigt und das Aufgebot bestellt worden war, gab Wieck die Einnahmen aus ihren Konzerten nicht heraus. Clara war gezwungen, Klage einzureichen, um das Geld zurückzubekommen, aber zu einer Gerichtsverhandlung kam es nie. Nach ihrer Heirat wurde die ganze Angelegenheit schließlich mit Hilfe eines Vermittlers beigelegt.[27]

Was Clara in ihrer Kindheit hatte durchmachen müssen, kam äußerlich nur in ihrem wehmütigen, «spöttisch-schmerzlichen» Lächeln zum Ausdruck. Gelegentlich zeigte sich das sonst so folgsame Mädchen widerspenstig – ein Verhalten, für das Wieck stets ihrer Mutter oder der Haushälterin Hanne die Schuld gab. (Auf diese Weise verurteilte er die beiden einzigen Bezugspersonen, die sie als Kleinkind gehabt hatte, gleich mit.) Aber er wußte, wie er Clara zu nehmen hatte. Dieses Kind, dem Musik und Klavierspiel über alles gingen – und vielleicht die fehlende Mutterliebe ersetzten –, litt furchtbar, wenn ihm das Spielen oder Üben verboten wurde. Wieck bestrafte unbotmäßiges Verhalten damit, daß er Clara den Unterricht oder das Spielen ihrer Lieblingsstücke strich. Die folgende Tagebucheintragung stammt vom 29. Oktober 1828, neun Tage nach ihrem ersten öffentlichen Auftritt im Gewandhaus:

Mein Vater, der längst schon vergebens auf eine Sinnesänderung von meiner Seite gehofft hatte, bemerkte heute nochmals, daß ich immer noch so faul, nachlässig, unordentlich, eigensinnig, unfolgsam etc. sey, daß ich dies namentlich auch im Klavierspiel und im Studieren desselben sey und weil ich Hüntens neue Variationen Op. 26 in seiner Gegenwart so schlecht spielte und nicht einmal den ersten Theil der ersten Variationen wiederholte, so zerriß er das Exemplar vor meinen Augen und von heute an will er mir keine Stunde mehr geben und ich darf nichts weiter spielen als die Tonleitern, Cramer Etüden L. 1 und Czerny Trillerübungen.

Nachdem das «faule und eigensinnige» Kind feierlich versprochen hatte, sich zu bessern, wurde der Unterricht am 5. November wiederaufgenommen.

Vielleicht ließ Wieck sich nur deshalb nicht dazu hinreißen, sie genauso wie ihre Brüder zu mißhandeln, weil sie ein Mädchen war und Geld verdienen konnte. Robert Schumann, der in seiner eigenen Familie liebevolle Zuwendung erfahren hatte, beschrieb in seinem Tagebuch am 21. August 1831 folgenden Vorfall:

Ich sah gestern einen Auftritt, dessen Eindruck unauslöschlich seyn wird. Meister Raro [Wieck] ist doch ein böser Mensch; Allwin hatte nicht ordentlich gespielt: «Du Bösewicht, Bösewicht, ist das die Freude, die du Deinem Vater machen solltest [»] – wie er ihn auf den Boden warf, bey den Haaren zaußte, selber zitterte und schwankte, stille saß, um auszuruhen zu neuen Thaten, auf seinen Beinen kaum mehr stehen konnte u. deshalb seine Beute niederwarf, wie der Kleine bat und flehte, er solle ihm die Violine geben, er wolle spielen, er wolle spielen, – kann ich nicht sagen – u. zu allen diesen – lächelte Zilia [Clara] u. setzte sich mit einer Weber'schen Sonate ruhig an's Clavier.

Schaudernd fügte er hinzu: «Bin ich unter Menschen?»[28]

Es entging Schumann, der die Verhältnisse im Hause Wieck sehr genau kannte, auch nicht, was sich zwischen Tochter, Stiefmutter und Vater abspielte. Als Clara fast zwölf war, schrieb er, daß er «einen Zug von Verdrießlichkeit, Launen u. sogar Schein von Böswilligkeit... im Benehmen g[e]gen ihre Stiefmutter» zu sehen glaubte. Und ein Jahr später notierte er:

Clara zeigt großen Eigensinn gegen ihre Stiefmutter die gewiß die achtungswertheste Frau ist. Der Alte verwies Clara – er wird jedoch nach u. nach unter den Pantoffel Clara's [be]kommen, die schon wie eine *Sennora* befiehlt – aber sie kann auch bitten, wie ein Kind u. schmeicheln.[29]

Mit fünfzehn begann Clara, sich ihrem Vater aktiv zu widersetzen. Auf einer Konzertreise nach Magdeburg, Hannover und anderen norddeutschen Städten zwischen 1834 und 1835 hatte es der verblüffte Vater plötzlich mit einer rebellischen Tochter zu tun:

Clara ist jetzt sehr oft so unbesonnen, herrisch, voller unvernünftigem Widerspruch, nachlässig, im höchsten Grade unfolgsam, grob, eckig, ungeschliffen, ungeheuer faul, eigensinnig eitel auf Lumpen (an andere Eitelkeit ist gar nicht mehr zu denken denn sie hat nicht das geringste Interesse mehr für die Kunst, und Zeit zum studieren gar nicht, da sie erst um 9 Uhr aufsteht halb 11 fertig ist, dann Besuche kommen, Mittag zu Tische gebeten ist u. Nachmittag aufs höchste unglücklich ist, wenn sie spielen soll, weil sie dann nur an das Theater denkt u. – an die Herren) kurz, was aus ihr werden soll, weiß Gott – zu Hause bleiben kann sie auch nicht. Den letzten Rest meines Lebens ärgere ich mich ab, und selten kann ich mich über sie freuen – ohne Betrübnis. Es vergeht kein Tag, wo sie mich nicht durch obige Eigenschaften kränkt. Wenn ich nicht wäre, würde sie kein einziges Stück vollendet spielen – denn sie ist so zerstreut, daß sie in der Regel nicht weiß, ob sie spielt, und der Eigensinn dabei verzerrt ihr Gesicht. Den Flügel werde ich nicht verkaufen können, da sie ja so unbesonnen ist, ihn immerwährend zu tadeln, sich gegen andere Leute über dessen schwere Spielart zu beklagen u. ihn so in üblen Ruf bringt.[30]

Der Vater kann einem fast leid tun – so völlig überrascht war er von der Launenhaftigkeit und Aufsässigkeit der jungen Dame. Clara war nicht nur sein sprichwörtlicher Augapfel gewesen; sie hatte auch die gesamte Familie beherrscht, und das aus gutem Grund: Ihre Konzerte erzielten beträchtliche Einnahmen, ihre Arbeit brachte ihm Schüler und bedeutete Reklame für sein Geschäft. Ihre Talente verliehen ihm Status und Prestige, die Chance zu großen Reisen und Kontakten mit berühmten Musikern, mit den Reichen und der Aristokratie. Ihre Konzerte waren seine Konzerte, ihre Kritiken seine. Er hatte unmittelbaren Anteil an der Aufregung, den Erfolgen und Mißerfolgen, dem Applaus. Ein Brief, den er seiner Frau aus Magdeburg schrieb, verrät seine Ängste:

Höre, daß mich gestern Abend die Angst und der Ärger nicht ums Leben gebracht hat – ist ein Wunder. Denke dir, es waren wieder 600 Menschen und unerhört voll der Clara wegen; das Instrument fängt an im ersten Theile (im Finale von Chopins Concert) in den Tasten zu stocken, doch es geht glücklich unter tausend Angst u. von Schweisse triefend vorüber. In der Pause muß ich vor dem ganzen Publikum die Klaviatur herausnehmen u. die Tasten machen. Es geht auch – nun kommt im 2ten Theile staccato Variationen, jetzt stockt der ganze Dämpfer und auch 10 der einzelnen. Was soll ich thun? Clara spielt, darf den Dämpfer nicht heben (weil er nicht wieder nieder fällt) und ich drücke vor dem ganzen Publikum viele 100 mal die einzelnen

Dämpfer während des Spiels immer wieder nieder. – Clara spielte ja doch wie ein Gott mit unerhörtem Applaus u. einstimmigem Bravo. Ich war in Schweiß gebadet u. mußte sogleich fort im Galopp, ½ Stunde weit nach Hause, um mich umzuziehen. Ist es nicht schrecklich, so etwas erleben zu müssen, da ich diesen Kunstfreund beschworen habe, alles so zu machen wie bei C. Graf und Bayer [zwei bekannte Klavierbauer]?[31]

Es war kein geringer Schock für Wieck auf dieser Reise, zu sehen, daß Claras Sexualität sich entwickelte. Er hatte den jungen Leipziger Komponisten und Gesangslehrer Carl Banck als Reisebegleiter engagiert, vorgeblich, weil er aus Magdeburg stammte und ihm bei der Organisation der Konzerte helfen sollte. Hauptsächlich ging es Wieck jedoch darum, Claras Gedanken von Robert Schumann abzulenken, an dem sie unmißverständliches Interesse zeigte. Der Köder war gut gewählt: Clara flirtete mit Banck und mit jedem anderen jungen Mann, der ihr über den Weg lief. Zum ersten und wahrscheinlich einzigen Mal in ihrem Leben gab sie sich kokett. Das Mädchen, dessen Porträt in Hannover gemalt wurde, hat ein spitzbübisches Funkeln in den Augen – sie sieht uns an, als wäre sie sich ihrer Macht bewußt. In Halberstadt eröffnete sie einen Ball. Einen Tag vorher schrieb sie vergnügt in ihr Tagebuch, daß zwei Männer sich um ihre Gunst stritten.

Trotz Wiecks überreizten Nerven ging die Konzertreise noch mehrere Monate weiter. Erst im April kehrten Vater und Tochter nach Hause zurück, um sich für neue Herausforderungen zu rüsten.

KAPITEL 3

Robert Schumann und die Familie Wieck

Als **Clara und Friedrich Wieck** 1832 aus Paris heimkehrten, wurden sie nicht nur sehnsüchtig von Clementine, Alwin und Gustav erwartet, sondern sie fanden auch den vier Monate alten Säugling vor, den der Vater noch nicht gesehen hatte, und den früheren Schüler und Hausgenossen Robert Schumann. Der junge Komponist berichtet in seinem Tagebuch, daß Alwin und Gustav als erstes zu ihm liefen, um ihm Claras und des Vaters Ankunft zu melden.[1] Von da an erscheint Claras Name in seinem Tagebuch immer häufiger.

Robert war in Zwickau, einer Stadt von damals etwa 4000 Einwohnern, zur Welt gekommen und als jüngstes Kind und verwöhnter Nachkömmling der Familie aufgewachsen. Sein Vater August Schumann stammte aus einem ländlichen Pfarrhaus; er hatte sich als Buchhändler, Schriftsteller, Verleger, Übersetzer und Herausgeber von Handbüchern eine geachtete Stellung in der Stadt verschafft. Seine Frau, die Tochter eines Chirurgen, verhätschelte den kleinen Robert. Da er schon früh einiges musikalisches Talent zeigte, bekam er Unterricht bei einem ortsansässigen Klavierlehrer, Johann Gottfried Kuntsch, der den Knaben förderte und ermutigte, so gut er es verstand. Bald hatte Robert alles gelernt, was Kuntsch ihn lehren konnte; nun bildete er sich auf eigene Faust weiter, komponierte Lieder und Klavierstücke, dirigierte, improvisierte, unterhielt die Familie und Freunde damit und erwarb sich bei den Zwickauern den Ruf eines musikalischen Tausendsassas.

Als Robert sechzehn war, starb sein Vater, der seine musikalischen und literarischen Neigungen begrüßt und immer unterstützt hatte. Obwohl es drei ältere Brüder gab – Eduard und Julius, die die Firma des Vaters in Zwickau weiterführten, sowie Carl, der im nahen Schneeberg einen Verlag und eine Druckerei betrieb –, wurde ein befreundeter Zwickauer Kaufmann, Gottlob Rudel, zu seinem Vormund bestimmt. Er sollte Roberts Anteil am Familienbesitz verwalten und Frau Schumann im Hinblick auf seine Zukunft beraten.* Beide waren sich darin einig, daß nur ein «Brotberuf» auf der Grundlage eines Jurastudiums in Frage kam.

Bald nach seinem Abitur am Zwickauer Lyzeum – wo er ein vorzüglicher Schüler war, dessen Fleiß und Geistesgaben hoch gelobt wurden – reiste Robert nach Leipzig, um sich an der Universität einzuschreiben und ein Quartier zu finden. Allerdings war das Jurastudium nur eine Art Alibi für das, was Schumann viel mehr beschäftigte: die Musik und die Literatur. Freunde wußten zu berichten, daß er sich nur selten ins juristische Kolleg bequemte. Er verbrachte seine Zeit lieber mit Musik – mit Klavierspiel und Improvisation und dem Studium von Schubert und Beethoven –, beim Spaziergang mit Freunden oder mit gemeinsamer Lektüre.

In Leipzig verkehrte Schumann bald bei mehreren Familien, so auch im Hause von Dr. Ernst August Carus, einem Arzt, den er schon kennengelernt hatte, als Carus noch Leiter einer Nervenheilanstalt im nahegelegenen Colditz war. Vermutlich wurde Robert bei einer musikalischen Soiree in Carus' Haus Friedrich Wieck vorgestellt, hier erlebte er zum erstenmal Clara beim Klavierspiel. Er

* Eine ältere Schwester, Emilie, war 1796 geboren worden. Sie starb, wie der Totenschein bei den Familienpapieren im Robert-Schumann-Haus in Zwickau ausweist, 1825 an einem «Nervenschlag». Es ist jedoch bekannt, daß sie gemütskrank war und sich in Wahrheit selbst das Leben genommen hatte.

war so beeindruckt von Claras Musikalität und meisterhafter Technik, daß er Wieck um Klavierunterricht bat und bis zum nächsten Jahr bei ihm Stunden nahm. Das Carussche Haus blieb aber weiterhin für ihn der musikalische und gesellige Lebensmittelpunkt. Die Dame des Hauses, Agnes Carus, war eine anziehende junge Frau, mit der Robert häufig musizierte und in die er sicherlich zeitweise verliebt war. Allerdings war Robert mit seinen achtzehn Jahren verliebt in jede hübsche Frau, die ihm vor Augen kam, seine drei Schwägerinnen nicht ausgenommen. Aus den Briefen und Tagebüchern, die alle Höhen und Tiefen des Gefühls in leidenschaftlichen Worten äußern, spricht seine jugendliche Begeisterung für Frauen, Dichtung und Musik.* Er trank und rauchte viel (manchmal im Übermaß) und war – um keine Jugendsünde auszulassen – ziemlich bedenkenlos im Umgang mit Geld. In den Briefen an Mutter und Brüder mußte er immer wieder einmal um Geld bitten – ganz der sprichwörtlich leichtsinnige Student, der dauernd blank ist.

Nach zwei Semestern überzeugte Robert seine Mutter, daß er in Heidelberg mehr vom Studium profitieren werde als im platten, häßlichen, prosaischen Leipzig; aber auch dort beschäftigte er sich mehr mit der Musik als mit der Rechtsgelehrsamkeit. Zwei Jahre lang betrieb der gutaussehende, gesellige, begabte, verwöhnte Robert sein Studium ohne rechten Ernst, erst dann entschied er sich endgültig, sich ausschließlich der Musik zu widmen. Dazu bedurfte er freilich der Zustimmung seiner Mutter. In einem wohldurchdachten Brief legt er seine Gründe dar:

> Mein *ganzes Leben* war ein *zwanzigjähriger Kampf* zwischen Poesie und Prosa oder nenne es Musik und Jus … Jetzt stehe ich am Kreuzwege und ich erschrecke bei der Frage: Wohin? – Folg ich meinem Genius, so weist er mich zur Kunst, und ich glaube, zum rechten Weg.[2]

* Eugenie Schumann zitiert Robert aus einem seiner Briefe: «Das erste, was ich mir in Heidelberg suche, ist eine Geliebte.» (*Robert Schumann. Ein Lebensbild meines Vaters*, S. 91)

Mutter Schumann zögerte und stimmte erst zu, nachdem sie, auf Roberts eigenen Vorschlag hin, sich brieflich an seinen ehemaligen Klavierlehrer in Leipzig gewandt und seinen fachkundigen Rat erbeten hatte. Sie erkundigte sich bei ihm nach Roberts Zukunftsaussichten als Pianist:

Aufgefordert von meinem Sohn Robert Schumann, bin ich so frei mich an Sie wegen der Zukunft dieses von mir so geliebten Sohnes zu wenden. Mit Zittern und innerer Angst setze ich mich her, um Sie zu fragen, wie Ihnen der Plan gefällt, den sich Robert gemacht hat, und wovon Ihnen inliegender Brief Aufklärung gibt. Meine Ansichten sind es nicht, und ich bekenne Ihnen offen, daß mir für Roberts Zukunft sehr bange ist. Es gehört *sehr viel* dazu, sich in dieser Kunst *auszuzeichnen*, so ist und bleibt es noch immer ungewiß, ob er Beifall erhält, und er sich einer gesicherten Zukunft erfreuen kann –.

Beinahe *drei* Jahre hat er nun studirt und viel, sehr viel gebraucht – jetzt, wo ich glaubte, daß er balde am Ziel steht, sehe ich ihn wieder einen Schritt thun, wo er wieder anfängt, sehe, wenn die Zeit errungen ist, wo er sich zeigen kann, daß sein ganzes unbedeutendes Vermögen dahin ist, und er dann immer noch von Menschen abhängt, und ob er Beifall erhält – Ach! ich kann Ihnen nicht beschreiben, wie niedergedrückt, und wie traurig ich bin, wenn ich mir die Zukunft des Robert denke, er ist ein guter Mensch, die Natur gab ihm Geistesgaben, was Viele mit Mühe erringen müssen, kein unangenehmes Aeußere, – so viel Capital, ohne Sorgen sein Studium zu verfolgen, wovon noch, ehe er sich selbst erhalten konnte, so viel bleiben konnte, daß er anständig leben konnte, und jetzt will er auf einmal in ein Fach einschlagen, was er vor 10 Jahren hätte anfangen sollen. – Wenn Sie Verehrter! selbst Vater sind, werden Sie fühlen, daß ich wohl recht habe, und mein Kummer nicht ohne Ursache ist – Meine andern drei Söhne sind unzufrieden darüber, und wollen durchaus, daß ich es nicht zugeben soll – allein ich bin nicht davon, ihn zu zwingen, wenn sein eigenes Gefühl ihn nicht leitet – denn wahrlich Ehre ist es nicht, nach drei verschwendeten Jahren – wieder als Lehrling anzufangen, und seine paar Thaler auf's *Ungewisse* hinaus zu spielen .

Auf Ihrem Ausspruch beruht *Alles*, die Ruhe einer *liebenden Mutter, das ganze Lebensglück* eines jungen unerfahrenen Menschen, der blos in höheren Sphären lebet, und nicht in's praktische Leben eingehen will. Ich weiß, daß Sie die Musik lieben – lassen Sie das Gefühl nicht für Roberten sprechen, sondern beurtheilen seine Jahre, sein Vermögen, seine Kräfte und seine Zukunft. Ich bitte, ich beschwöre Sie als Gatte, Vater und Freund meines Sohnes, handeln Sie als redlicher Mann! und sagen sie unumwunden Ihre Ansichten, was er zu fürchten – oder zu hoffen hat –

Entschuldigen Sie die Zerstreutheit meines Briefes, ich bin aber von Allem so ergriffen, daß ich mich seelenkrank fühle, und mir *nie* ein Brief so schwer wurde, als dieser.[3]

Wiecks spätere Einschätzung von Schumanns Persönlichkeit, als er sich um Claras Hand bemühte, war sicherlich nicht unbeeinflußt von den von Frau Schumann geäußerten Besorgnissen. Vorerst aber benutzte er die Gelegenheit, seine eigenen Unterrichtsmethoden herauszustreichen, sich mit seiner Tochter zu brüsten und Frau Schumann zu versichern, daß er ihren Sohn binnen drei Jahren «zu einem der größten jetzt lebenden Klavierspieler» ausbilden könne. Der gestrenge Lehrer war sich über die Schwächen des jungen Mannes sehr wohl im klaren und stellte deshalb einige Bedingungen für den Fall, daß er ihn als Schüler annehme. Vor allem müsse Robert sich seinen Ratschlägen hinsichtlich der nötigen Übungen beugen. Er erwähnte die Klavierstunden, die Robert bereits bei ihm genommen hatte, in denen es Wieck nur «nach harten Kämpfen» gelungen war, «ihn von der Wichtigkeit eines reinlichen, präcisen, egalen, deutlichen u. rhythmisch bezeichnenden u. endlich eleganten Spiels zu überzeugen». Er beklagte sich über die Unregelmäßigkeit des Unterrichts und die vielen Ausreden, mit denen Robert sich entschuldigt habe. «Wird unser liebenswürdiger Robert jetzt anders, besonnener – fester – kräftiger und darf ich's sagen – kälter und männlicher sein?» fragte er. «Aus seinen Briefen scheint dies eben nicht hervorzugehen.»

Robert werde sich entschließen müssen, ein Jahr lang so gut wie jeden Tag eine Stunde Unterricht zu nehmen. Wieck wies darauf hin, daß es damit seine Schwierigkeit haben werde, da er der auswärtigen Konzerte seiner Tochter wegen häufig verreisen müsse. Würde Robert auch allein weiterarbeiten können? Wieck schien es im Hinblick auf Roberts früher gezeigten Mangel an Selbstdisziplin zu bezweifeln.

Wieck stellte überdies klar, daß auch ein Virtuose sein Einkommen aufbessern muß, indem er Schüler annimmt, und daß er sogar Clara auf diese Notwendigkeit vorbereitete. Würde Robert zu solcher Lehrtätigkeit bereit sein?

Könne Robert sich entschließen, fragte er, die «trockene kalte Theorie» zwei Jahre lang zu studieren, und werde er einige Stunden täglich mit Etüden zubringen, wie Clara es tat? Zugegeben, einer Phantasie wie derjenigen, welcher Robert sich erfreute, boten die Fingerübungen wenig Nahrung, aber er besaß ja ziemlich viel davon.

Falls Robert Wiecks Rat nicht in allem befolge, könne er nichts garantieren. Wenn es ihm aber gelänge, Wiecks Zweifel zu zerstreuen – dafür wolle er ihm sechs Monate Zeit geben –, dann sollte er wenigstens sein Glück versuchen dürfen.[4]

Aus welchem Grunde mag ein so vielbeschäftigter und ehrgeiziger Mann wie Wieck sich auf einen Schüler mit so zweifelhaftem Charakter eingelassen haben? Möglich, daß der Ältere den Jüngeren bewunderte, vielleicht sogar beneidete. Der erfahrene alte Lehrer erkannte wohl Schumanns Talent, und anscheinend verlockte es ihn trotz aller Vorbehalte, mit dem begabten Schüler zu arbeiten; und das nicht nur des Honorars wegen oder um sein Ansehen als Lehrer noch mehr zu erhöhen, sondern wohl auch, weil er spürte, wie sehr der junge Mann mit seinem musikalischen Genie, seiner spielerischen Phantasie sich von dem pedantischen Hauslehrer unterschied, der er selbst im gleichen Alter gewesen war. Selbst später noch, während der ersten Auseinandersetzungen um Clara, als die beiden Männer sich schon feindlich gegenüberstanden, schätzte Wieck den jungen Komponisten und seine Begabung hoch ein, wenn er ihn auch nicht zum Schwiegersohn haben wollte.

Im Herbst 1830 kehrte Robert voll hochfliegender Erwartungen nach Leipzig zurück. Er ging auf alles ein, was von ihm verlangt wurde, und bezog zwei Zimmer im Hause der Wiecks, die ihn ganz in die Familie aufnahmen. Während der folgenden acht oder neun Monate hatte er ebenso wie die elfjährige Clara täglich eine Stunde Unterricht. Beide übten sie intensiv, Clara, um sich auf ihr Debüt als Solistin im Gewandhaus vorzubereiten, und Robert, um eine Laufbahn als Pianist anzusteuern. Eugenie Schumann beschreibt in dem von ihr verfaßten Lebensbild ihres Vaters diese Herbsttage, wie ihre Mutter sie so lebhaft in Erinnerung hatte:

Nun beginnt ein herrliches Leben. Der Vormittag gehört der Arbeit, dem ernsten Studium meist unter Wiecks Leitung... Aber am schönsten war's abends. Da holte Robert die Kinder, Klara und ihre beiden Brüder Alwin und Gustav, auf sein Zimmer, und hier wurde er mit den Kindern wieder zum Kinde. Er erzählt ihnen die schönsten selbsterfundenen Märchen und gibt ihnen Charaden auf; er neckt und tollt, läßt die kleinen Knirpse, die Brüder, abwechselnd auf einem Bein stehen – wer es am längsten aushält, bekommt eine Belohnung. Oder er erscheint ihnen als Gespenst verkleidet, so daß sie schreiend davonlaufen – erzählt der furchtsamen Klara vom Doppelgänger und von dem Pistol, welches er immer bei sich trage. Und sie ist so eine, die ihm alles glaubt... So war Robert das größte Kind von allen und brachte etwas von dem Sonnenschein der Kindheit auch in das ernste Leben seiner kleinen Freundin. Man kann denken, wie lieb sie ihn hatte.[5]

Aber schon bald war Robert mit Wiecks Unterricht nicht mehr zufrieden. Er schrieb seiner Mutter, er wolle nach Weimar zu Johann Nepomuk Hummel gehen. Es war dies keineswegs nur eine plötzliche Laune; Hummel – Schüler von Mozart und Konkurrent von Beethoven, Hofkapellmeister in Weimar von 1819–37 – spielte damals in der Musikwelt eine führende Rolle. Sicherlich fühlte Schumann sich vom Ruhm dieses Meisters angelockt, außerdem war er enttäuscht von Wiecks Methode und vor allem darüber, daß er bei Wieck Fingerübungen machen sollte «wie ein Anfänger».[6] Noch schlimmer war es für ihn, Tag für Tag mit anzusehen, wie der kleinen Virtuosin der Fortschritt anscheinend mühelos in den Schoß fiel. Er verglich sein Spiel mit dem ihren: «Des Morgens ging Alles miserabel – ganz miserablinski – Nachmittag bei Wieck – sehr teilnehmend gegen mich – ich würfe die Herzischen Variationen wie einen Hund hin – bei Clären kommt es von innen heraus.»[7] Und als er seinen «Plan wegen Hummel» Wieck gegenüber «leicht und sorglos» erwähnte, fühlte dieser sich gekränkt und brach einen Streit vom Zaun.[8] Zwar berichtete Robert seiner Mutter schon bald, sie hätten sich wieder vertragen, doch liest es sich in seinem Tagebuch ganz anders. Die Weimarer Pläne waren zerronnen, doch die Verstimmung war auf beiden Seiten geblieben. Schumann verhielt sich Wieck gegenüber respektvoll, wie bisher; er arbeitete mit ihm, akzeptierte seinen Rat und seine Gastfreundschaft, aber seine wahren Gefühle verriet er nur seinem Tagebuch. Hier wird deutlich, daß er Wieck oft schwer ertrug: «Meister Allesgeld ist nun wirklich seit 14 Tagen mit Zilia in die Welt. Die Briefe an seine Frau stehen wohl in der höchsten Potenz der Arroganz.» Er äußerte seinen Abscheu über die Art, wie Wieck seinen Sohn mißhandelte, und bei einer anderen Gelegenheit schrieb er: «Wiek [sic!] kommt mir täglich matter, fader, arroganter vor.»[9]

Schumanns Beziehung zu Wieck war von Anfang an ambivalent. Der Meister war ihm mehr als nur eine Vaterfigur; in Roberts Augen erschien er fast übermenschlich, und er gab sich verzweifelte Mühe, die Billigung und Zuneigung dieses Mannes zu gewinnen. Aus Heidelberg schrieb er ihm schon bald nach der Ankunft empfindsame, lange Briefe über sich selbst, seine Musik und seine Ideale (Franz Schubert und der Dichter Jean Paul) und bat ihn, möglichst bald zu antworten. Als er endlich die Einwilligung seiner Mutter hatte, das Studium aufzugeben und ganz auf die Musik umzusatteln, richtete er an Wieck Worte voll schwärmerischer Ehrerbietung: «Verehrtester! Nehmen Sie meine Hand und führen Sie mich – ich folge, wohin Sie wollen... Vertrauen Sie denn auf mich: ich will den Namen, Ihr Schüler zu sein, verdienen.»[10] Und als Clara und ihr Vater im Jahr 1832 von Leipzig aus auf Konzertreise gingen, schrieb Robert: «Sie glauben kaum, wie ich mich nach ihr und Ihnen zurücksehne; ich muß mich immer von einigen Menschen mit hinaufziehen lassen; unter Leuten meines Gleichen oder gar solchen denen ich kein Urtheil über mich gestatten kann, werd' ich leicht stolz und ironisch.» Im Juni 1832 hieß es: «Jeder Tag, an dem ich Sie oder Clara nicht sprechen kann, macht eine Lücke in meinem Leipziger Lebensbuch.»[11]

Jahre später, auf dem Höhepunkt des Streites um Clara, schrieb Robert seiner Liebsten einen Brief, in dem er gestand, daß er «fürchterliche Stunden» durchmache, «wo mich selbst Dein Bild verlaßen will – wo ich mir Vorwürfe mache, ob ich mein Leben so weise angewandt, als ich es hätte sollen... und daran, an solchen Fragen hat wohl das Benehmen Deines Vaters gegen mich Schuld». Von ihm «werde ich nun zurückgewiesen, beleidigt und verläumdet», aber «ich liebe und achte Deinen Vater seiner vielen großen und herrlichen Seiten wegen, wie, Dich ausgenommen, ihn sonst Niemand hochhalten kann; es ist eine ursprünglich angeborene Anhänglichkeit in mir, ein Gehorsam wie vor allen energischen Naturen, den ich vor ihm habe».[12]

Wenn Robert noch 1838, nun schon als selbständiger, anerkannter Kritiker, Herausgeber und Komponist, solche Worte äußern konnte, dann muß seine innere Bindung an Wieck im Jahr 1831 um vieles stärker gewesen sein. Mit einundzwanzig Jahren war Robert noch auf der Suche nach seiner Identität. Noch hingen ihm jugendliche Unentschlossenheit und Unrast an, andererseits waren die Vorboten der aus heiterem Himmel ausbrechenden zyklischen Verstimmungen, die ihn bis zum Ende seines Lebens begleiten sollten, schon zu spüren. Hin und her gerissen zwischen der Neigung, zu komponieren, zu dirigieren oder zu schreiben, und dem Wunsch, als Pianist berühmt zu werden – hinsichtlich dessen aber durch den Leistungsvergleich mit Clara ständig an seinen Nachteil als Spätanfänger erinnert –, verließ er sich im Hinblick auf Geld, materielle Sicherheit und seelische Unterstützung noch immer auf seine Mutter. Als er erwog, seine Ausbildung bei Hummel fortzusetzen, machte er ihr allen Ernstes den Vorschlag, sie solle Zwickau, das heißt ihre anderen Kinder und die Enkel, verlassen und mit ihm nach Weimar ziehen.[13]

Während dieser Zeit litt er an einer geheimnisvollen «Wunde». Ob es sich dabei um die Fingerverletzung handelte, die ihn schließlich zwang, auf die Pianistenlaufbahn zu verzichten, oder irgendeine andere Krankheit, ist nicht eindeutig festzustellen.[14] Robert war oft erschöpft und überreizt. Im September 1831 schrieb er seinem Bruder Julius, er sei «in der fatalsten Unruhe und Unentschlossenheit», so daß er sich am liebsten eine Kugel durch den Kopf schießen würde. Er fühlte sich krank aus Angst vor der Cholera, die damals in Europa umging; in einem besonders hypochondrischen Augenblick teilte er der Mutter, die sich schon genug Sorgen um ihn machte, mit, er habe soeben sein Testament gemacht. Am nächsten Tag spielte er die Sache herunter: «Im Grunde macht' ich's nur Deinetwegen.»[15]

Dieses ganze ereignisreiche Jahr hindurch beschäftigte Schumann sich mit Komponieren. Die ersten ernstgemeinten Versuche hatte er schon in Zwickau und Heidelberg unternommen, obwohl er bis dahin so gut wie keine Ausbildung auf diesem Gebiet genossen hatte. Im Juli 1831 begann er, bei Heinrich Dorn, dem nur sechs Jahre älteren Direktor der Leipziger Oper, Kontrapunkt und Generalbaß zu studieren – grundlegende Techniken, um die er bis dahin aus Angst, sie könnten seine musikalische Phantasie erschlagen, einen Bogen gemacht hatte. (Nur wenig später, 1832, nahm Clara mit ihren zwölf Jahren ebenfalls den Unterricht bei Dorn auf.) Das «trockene Studium» erforderte mehr Selbstdisziplin, als Robert je für irgend etwas aufgebracht hatte. Wenn es auch manchmal mit Champagner angefeuchtet wurde, wie Dorn berichtet, so konnte Robert sich doch nicht auf die Dauer damit befreunden: «Mit Dorn werd' ich nie näher zusammenkommen; er hat kein Gefühl und obendrein den Ostpreußenton.» Erst später gab er zu, daß die theoretischen Studien ihn innerlich weitergebracht hatten.[16] Dorn seinerseits erinnerte sich nachmals an Schumann als einen unverdrossenen Arbeiter, der immer mehr Beispiele produzierte, als man ihm aufgegeben hatte. Robert war bestürzt, als Dorn den Unterricht abbrach, setzte dann aber das theoretische Studium auf eigene Faust fort.

Die Publikation von Schumanns ersten Kompositionen verstärkte seine Beziehungen zu dem kleinen Mädchen. Als Wieck mit der Tochter aus Paris zurückkam, brachte Robert ihm seine zweite veröffentlichte Arbeit, die *Papillons*; Wieck fand sie geistreich und originell und gab sie der Zwölfjährigen zum Einstudieren. Beim ersten Anhören war Schumann eher enttäuscht; Clara beherrschte die Noten nicht ganz, ihr Spiel schien ihm unsicher zu sein und ohne Verständnis. Obwohl er ihren Vortrag «seelenvoll» und «gesund schwärmerisch» nannte, vermißte er eine gewisse «Zartheit». Schließlich aber, am 27. Mai, schrieb er: «So wie heute hab' ich Clara noch nie spielen hören – da war alles meisterlich u. auch alles schön.»[17]

An seinem zweiundzwanzigsten Geburtstag, am 8. Juni, spielte Clara zwei seiner Paganini-Capricen (op. 3) für ihn und überreichte ihm ein kleines Geschenk, das sie aus Paris mitgebracht hatte. Er freute sich über die Aufmerksamkeit, mehr aber noch über ihr Spiel, denn als die *Papillons* gedruckt waren, hatte Robert schon alle Hoffnung auf eine Konzertlaufbahn aufgegeben und sich für das Komponieren entschieden; nun hoffte er, durch Clara seine Werke zur Aufführung zu bringen.

Von da an war sie die wichtigste Interpretin seines Klavierwerkes. Ein Brief, den er ihr einige Jahre später aus Wien schrieb, legte davon ein rührende Zeugnis ab:

Unglücklich fühle ich mich manchmal, und hier gerade, daß ich eine leidende Hand habe. Und Dir will ich's sagen, es wird immer schlimmer. Oft hab' ich's dem Himmel geklagt und gefragt «Gott, warum hast Du *mir* gerade dieses gethan». Es wäre mir hier von so großem Nutzen; es steht alle Musik so fertig und lebendig in mir, daß ich es hinhauchen müßte. Und nun kann ich es nur zur Noth herausbringen, stolpere mit einem Finger über den Anderen. Das ist gar erschrecklich und hat mir schon viele Schmerzen gemacht. Nun ich habe ja meine rechte Hand an Dir, und Du, schone Dich ja recht, daß Dir nichts widerfährt. Die glücklichen Stunden, die Du mir bereiten wirst durch Deine Kunst, ich denke oft daran.[18]

Im Unterschied zu Clara, die in einem Hauswesen mit regelmäßigem Tageslauf und einer planvollen Ordnung aufwuchs und sich auf die Karriere konzentrierte, die ihr Vater so sorgfältig für sie vorgezeichnet hatte, änderte der neun Jahre ältere Robert mehrfach seinen Lebensplan; er mußte, körperlich sowohl wie geistig, Krisenzeiten überwinden, die Clara zeitlebens erspart blieben. Er wurde schon früh von der Angst gequält, den Verstand zu verlieren; er litt an einer Höhenphobie, so daß er sein Zimmer im vierten Stockwerk aufgeben und bei einem Freund im ersten Stock Unterschlupf suchen mußte; nachts mußte jemand bei ihm schlafen, weil er nicht allein sein konnte. Der Tod seines Bruders Julius und kurz danach der seiner Schwägerin Rosalie verstärkten seine Ängste; am schlimmsten litt er in der Nacht vom 17. auf den 18. Oktober 1833, die er als «die fürchterlichste meines Lebens» bezeichnete.[19]

Um den Dezember herum war die Seelenangst fast verschwunden, vielleicht dank der neuen, engen Freundschaft mit Ludwig Schunke. Das neue Jahr 1834, das Schumann «das bedeutendste meines Lebens» nannte[20], begann mit Plänen für eine neue Musikzeitschrift, in die er seine musikalischen wie seine schriftstellerischen Interessen einbringen konnte. Zusammen mit einer Gruppe von Freunden, die sich die «Davidsbündler»* nannten,

* Der Name enthält eine Anspielung auf den David der Bibel. Der *Davidsbund* vereinigte mehrere Freunde und Kollegen von Schumann sowie die erfundenen Figuren Florestan, Eusebius und Meister Raro, die schon seinen Aufsatz über Chopin von 1834 bevölkert hatten. Sie verkörperten verschiedene Seiten von Schumanns Persönlichkeit: Florestan war kühn und impulsiv, Eusebius sanft und verträumt, Meister Raro reif und nachdenklich. Der letztere Name, der sich vielleicht aus Cl*ara*

gründete er die *Neue Zeitschrift für Musik*, eine Wochenzeitung, die sich gegen die «Philister», die Konservativen in der Musikwelt, und den reaktionären Einfluß der *Allgemeinen musikalischen Zeitung* richtete. Im ersten Jahr war Schumann zwar nur einer von mehreren Herausgebern (die anderen waren Julius Knorr, Ludwig Schunke, Wieck und der Verleger Christian Ferdinand Hartmann), engagierte sich jedoch am meisten von allen, übernahm größtenteils die Korrespondenz, gewann Autoren für die Mitarbeit, redigierte die Artikel, schrieb Kritiken, plante und verhandelte. Trotz der Arbeitslast beschäftigten ihn weitere Kompositionen. Ein neuer Lebensabschnitt begann, als er sich entschloß, die Zeitschrift ganz zu übernehmen und sie allein zu leiten. (Schunke war im Dezember 1834 gestorben, mit Knorr und Hartmann hatte er sich entzweit, nur Wieck blieb der Zeitschrift noch mehrere Jahre lang treu.) Nach langem Hin und Her wurde Schumann 1835 alleiniger Eigentümer und Redakteur der Zeitschrift, die er zehn Jahre lang herausgab.[21]

Während dieser arbeitsreichen Jahre war Schumann eine kurze Zeit lang verlobt. Die Ankunft der jungen Dame, die nach Leipzig gekommen war, um Unterricht bei Wieck zu nehmen, schilderte er seiner Mutter in einem Brief vom 2. Juli 1834: «Dazu sind noch in unseren Kreis zwei herrliche weibliche Wesen gekommen; die eine... die sechzehnjährige Tochter des amerikanischen Konsuls List, Emilie*, eine Engländerin [sic!] durch und durch, mit scharfem, leuchtendem Auge, dunklem Haar, festem Schritt, voll Geist, Haltung und Leben – die andere Ernestine...»[22]

Als Ernestine von Fricken im April 1834 in Leipzig eintraf, um bei Wieck Unterricht und Wohnung zu nehmen, freute Clara sich

und *Ro*bert zusammensetzt, bezeichnete auch beider Lehrer, Wieck. Viele andere *Davidsbündler* kamen unter verschiedenen Pseudonymen in den von Schumann verfaßten Aufsätzen und Kritiken vor, Clara zum Beispiel als Zilia, Chiara oder Chiarina; F. Meritis stand für Felix Mendelssohn, und Jeanquirit war der Komponist Stephen Heller, der Pariser Korrespondent der Zeitschrift.

* Emilie List war ein Jahr älter als Clara. Ihr Vater war Friedrich List, der deutsche Nationalökonom, der aus politischen Gründen mit seiner Familie in die Vereinigten Staaten von Amerika emigriert war. Dort wurde er amerikanischer Staatsbürger, kehrte 1833 nach Deutschland zurück und wurde amerikanischer Konsul in Leipzig.

darauf, eine gleichaltrige Freundin zu bekommen.* Wieck hatte jedoch schon einige Monate zuvor in Hinblick auf die geplante großartige Karriere seiner Tochter beschlossen, sie demnächst nach Dresden zu schicken; dort sollte sie Englisch und Französisch lernen, bei Kapellmeister Carl Reißiger die Regeln der Instrumentation studieren und bei Johann Aloys Miksch Gesangstunden nehmen. Für Clara bedeutete dies die Verbannung aus Leipzig und dem Kreis ihrer Lieben. Der Brief, den sie Robert zum Geburtstag schrieb, verrät ihr Heimweh:

...Ist das aber erlaubt H. Schumann, so wenig Aufmerksamkeit für eine Freundin zu haben, und ihr nicht einmal zu schreiben? Jedesmal bei Ankunft der Post, hoffte ich ein Briefchen von einem gewissen Herrn – Schwärmerer zu bekommen, aber Ach! ich war getäuscht. Ich tröstete mich damit, daß Sie doch wenigstens hierher kämen, aber eben schreibt mir der Vater, daß Sie nicht kommen würden, da Knorr krank sei.[23]

Als sie Ende Juli zur Taufe ihrer Halbschwester Cäcilie nach Hause kam, sah sie Robert und Ernestine zusammen und begriff, daß da etwas im Gange war. Eine (von Wieck eingetragene) Notiz in ihrem Tagebuch vom 24. Juli 1834 erwähnt lediglich zwei junge Männer, die sie in Leipzig kennengelernt hatte. Einer von ihnen war Carl Banck, ein «höchst gebildeter Musiker und Gesangskomponist und Lehrer, der mir meinen Aufenthalt sehr angenehm macht». Robert war es nicht entgangen, daß sie, wie er in seinem Tagebuch festhielt, «traurig wieder fort»gegangen war.[24]

Vier Jahre später schrieb sie an Robert: «Als ich aber nach Leipzig zurück kam ward ich aus meinem Himmel gerissen! Ernestine war sehr kleinsylbig gegen mich, mißtrauisch, was sie wahrhaft bei mir nicht Ursache hatte, die Mutter sagte mir von einem wunderschönen Brief, den Du Ihr am Tauftag der Cäcilie geschrieben, und zuletzt hört ich, Ihr seid verlobt.»[25]

Robert glaubte wohl wirklich, Ernestine von Fricken zu lieben;

* Beide Mädchen hatten im September Geburtstag. Zwar wurde Ernestine in jenem Jahr schon achtzehn und Clara erst fünfzehn, doch hatten Claras Reisen und Auftritte im Konzertsaal ihre Entwicklung beschleunigt und sie relativ früh reif gemacht.

sie soll eine Schönheit gewesen sein, von lebhaftem Temperament, aber geistig unbedeutend.[26] Eine etwas ältere, verheiratete Frau aus seinem Bekanntenkreis, Henriette Voigt, die sich offenbar gern in der Rolle der Heiratsvermittlerin sah, half ein wenig nach, und so bekam er schon bald die Gelegenheit, Ernestine seine Neigung zu gestehen. Ihr Vater hörte in seinem böhmischen Wohnort Asch gerüchtweise von der Sache und fragte erschrocken bei Wieck an, was denn da vor sich gehe. Wiecks Antwortbrief veranlaßte den Baron von Fricken, sich unverzüglich nach Leipzig zu begeben und auf einer Erklärung zu bestehen. Als Ernestine am 6. September mit ihrem Vater, der inzwischen erkrankt war, nach Hause zurückkehrte, war es kein Geheimnis mehr, daß sich etwas angebahnt hatte; in Leipzig hielt man die beiden allgemein für heimlich verlobt. Clara sah sie ohne Bedauern scheiden.

Die jüngste der Schumann-Töchter, Eugenie, berichtet von einer handschriftlichen Randbemerkung ihrer Mutter in dem 1882 erschienenem Buch von Philipp Spitta «Robert Schumann. Ein Lebensbild». Dort heißt es: «So weit wir unterrichtet sind, trat eine Herzensneigung [zwischen Robert und Clara] im Frühjahr 1836 zum erstenmal ganz entschieden hervor.» Clara bemerkt dazu: «Schon 1833».[27] Im nachhinein würde man heute, im Hinblick auf Claras Jungmädchenschwärmerei, das Datum womöglich noch früher ansetzen.

Claras Beziehung zu Robert, den sie mit neun Jahren kennengelernt hatte, war vielschichtig. Da war die kindliche Lust an Spaß und Unsinn, wenn er seine Geschichten erzählte, das gemeinsame Musizieren, oft auch Improvisieren, die vielen gemeinsamen Erlebnisse, einerseits mütterliche Besorgnis und andererseits mädchenhafte Koketterie. Sie war elf, als Robert in ihrem Elternhaus einzog mitsamt seiner Zuwendung zu den Kindern, mit seinen Späßen und all den Spielen, die er mit ihr und den Brüdern trieb – Kindheitswonnen, die sie bis dahin nicht gekannt hatte. Sie setzte seinen Namen auf die Liste derjenigen, die ihr 1831 gedrucktes erstes Opus erhalten sollten. Ihr Opus Nr. 3 widmete sie ihm (sicherlich mit Erlaubnis ihres Vaters) und schickte es ihm mit einem witzigen Billett:

Sosehr, wie ich es bereue, Ihnen beifolgende Kleinigkeit dedicirt zu haben, und sosehr wie ich wünschte, diese Variationen nicht gedruckt zu sehn, so ist das Unheil doch nun einmal geschehen, und ist folglich nicht zu ändern. Deshalb bitte ich um Verzeihung wegen des Beifolgenden. Ihre so geistreiche Bearbeitung dieses kleinen musikalischen Gedankens soll die Meinige schlechte wieder gut machen,* und somit ersuche ich Sie denn um dieselbe, da ich dessen nähere Bekanntschaft kaum erwarten kann.[28]

Als Robert 1832 zu Besuch in Zwickau weilte, berichtete Clara ihm die Neuigkeiten aus dem Leipziger Musikleben mit der Begründung: «Ich wollte Sie bloß neugierig machen, damit Sie sich nach Leipzig sehnen sollen.» Es machte ihr offenbar Spaß, ihn ein wenig zu reizen: «Hören Sie, Herr Wagner hat Sie überflügelt; es wurde eine Sinfonie von ihm ausgeführt die aufs Haar wie die A dur Sinfonie von Beethoven ausgesehen haben soll.» Dann neckte sie ihn, weil er seine Wäsche in der Kutsche liegengelassen hatte, und versprach, ihm ein Stück vom Weihnachtsstollen aufzuheben, der allerdings noch nicht gebacken sei. Sie unterschrieb mit «Ihre Freundin Clara Wieck».[29]

Ein kindlicher Brief? Vielleicht. Aber dieses Kind scherzte und stichelte, weil es beachtet werden wollte. Die Anspielung auf Wagners Erfolge, zumal wenn sie von Claras Seite kam, traf Robert an einer empfindlichen Stelle. Aber konnte man das Mädchen denn ernst nehmen? Es war schließlich erst dreizehn.

Zu der Zeit, als Ernestine von Fricken in Leipzig auftauchte, betrachtete Clara Robert als ihren besten Freund. Als ihr klar wurde, welche Art von Beziehung zwischen Robert und Ernestine bestand, reagierte sie typisch altersgemäß: sie flirtete mit Banck, während gleichzeitig ihr Vater überall herumerzählte, sie habe sich in einen Magdeburger Cellisten verliebt. Sie konnte darauf rechnen, daß auch Schumann davon erfahren werde. Seine Beziehung zu Ernestine kühlte sich bald ab, und im Sommer 1835 betrachtete Robert die Verlobung, die niemals förmlich bestanden hatte, als gelöst. Seit dem Frühjahr, als die Bindung sich schon gelockert hatte, war er wieder täglich mit Clara zusammengewesen. Es scheint, daß Ro-

* Schumann hatte ein Motiv von ihr übernommen und in seinem op. 5. verwendet. Mehr über ihr op. 3 siehe in Kapitel 11.

bert sich eine Zeitlang nicht entscheiden konnte und Zuneigung zu beiden jungen Damen empfand. Nachdem er von Clara ein Geburtstagsgeschenk entgegengenommen hatte, machte er sich auf die Reise nach Zwickau und zu Ernestines Elternhaus in Asch.

Im September 1835 wurde Claras sechzehnter Geburtstag gefeiert. Freunde und Bekannte ihres Vaters kamen zum Gratulieren, darunter zu ihrer Freude eine ganze Reihe junger Männer. In einem Brief an Emilie List zählt sie die vielen Geschenke auf (darunter «von Herrn Schumann die ganzen Werke von Bulwer») und beschreibt den Ablauf des Tages:

Also frühmorgens um halb sieben Uhr bekam ich meine Sachen, und als ich das besehen hatte, trieb ich meinen Vater an, daß wir fortgehen wollten, sonst würde es zu spät. (Wir hatten uns nämlich vorgenommen, in den kleinen Kuchengarten zu gehen.) Doch der Vater sagte: «Warte nur noch ein wenig. Die anderen Herren wollen noch kommen, um mit uns zu gehn.» ... Doch eben will ich auf den Saal gehen, als ein Mädchen kommt. Sie hatte einen schönen Kranz auf einem gläsernen Teller. Ich, welche sie als Schumanns Mädchen erkannte, nehm ihr den Teller ab, doch ich sehe hinein und denke Dir den Schreck, finde darin ein Körbchen mit einem Henkel von Porzellan und in dem Körbchen eine *goldene Zylinderuhr*. Mein Erstaunen kannst Du Dir nicht vorstellen sowie auch meine Freude. Doch wirst Du gewiß wie ich auch denken, die Uhr kann doch nicht von Schumann allein sein? Nun, das war auch nicht der Fall. Sie war nämlich von Schumann, Reuter, Ulex, Rackemann, Wenzel und Pfund. Wir gingen gleich darauf – ich mit der goldnen Uhr – in den Kuchengarten, und da waren Stegmeyers und hatten einen großen Blumenstrauß auf den Tisch gestellt. Wir saßen nicht lange, so kamen die eben erwähnten Uhrgeber mit Brennender Liebe* geschmückt an. Meine Verlegenheit kannst Du Dir denken. Ich konnte kein Wort hervorbringen, ... (Das erwähnte Körbchen von Porzellan war von Herrn Schumann allein.)

– Um zwölf Uhr kamen die sechs Herren wieder, sowie auch Felix Mendelssohn, welche bei uns aßen. Nun denke Dir meinen Heldenmut, nämlich als es beim Champagner war, stand ich auf mit dem Glase in der Hand. Alles staunt, und ich fange an und sage: «Meine Herren, ich kann nicht umhin, Ihnen meinen verbindlichsten Dank für das schöne Geschenk zu spenden.» ... Ich mag auch gut dumm ausgesehen haben. Nach Tisch spielte ich Mendelssohn viel vor und auch er spielte. Um fünf Uhr nachmit-

* eine Gartenblume

tags entfernte sich alles, doch um sechs Uhr kam Herr Dr. Reuter und Schumann sowie auch der Vater, um uns zum Spazierengehen abzuholen. Doch es wurde getanzt bis acht Uhr und dann gingen wir spazieren.

Dies war der berühmte 16. Geburtstag. Oh Emilie, wärst Du nur hier gewesen. Es war prächtig. Ich vergesse diesen Tag nicht wieder. Wir haben noch eine Nachfeier verspart, bis Du und H. Bank wieder da seid.[30]

Die Gäste waren, mit Ausnahme von Felix Mendelssohn, der gerade die Leitung des Gewandhausorchesters übernommen hatte, alte Freunde von Wieck oder Schumann aus dem Umkreis der *Neuen Zeitschrift für Musik*. Vermutlich war Frau Schumann als Gastgeberin anwesend, doch wird sie wie gewöhnlich nicht erwähnt. Anscheinend fiel es Clara, obwohl sie so viel mit Erwachsenen zusammen war – Freunde und Schüler ihres Vaters und Begleiter auf den gemeinsamen Spaziergängen –, noch immer leichter, sich anderen durch das Klavier mitzuteilen als durch Sprechen.* Wenn man diese besondere Art von Schüchternheit in Betracht zieht, versteht man, warum sie so stolz darauf war, den Herren mit höflichen Worten gedankt zu haben.

Bald nach diesem Geburtstag gab Schumann alle Zurückhaltung auf: er versicherte Clara, mit ihm und Ernestine sei es aus, Ernestine sei mit jemand anders verlobt (was nicht stimmte). Die Erinnerung an diese Monate hielt er einige Jahre später in seinem Tagebuch fest:

Klara's Geburtstag am 13ten September... Klara's Augen u. ihre Liebe... Der erste Kuß im November... Dann ihre Reise nach Zwickau Ende November – Mein Nachkommen – Vereinigung – ...Mit Ernestine gebrochen... Klara's Rückkunft nach Leipzig – Der arme Rakemann [ein anderer Bewerber um Claras Hand]. – Schöne Stunden in ihren Armen des Abends in Wieks Hause – Der Weihnachtsabend 1835 – Der Neujahrstag 1836 – Bruch mit Wiek – ... Völlige Trennung von Ernestinen –[31]

* Bei den genannten Gästen fällt auf, daß es nur Männer waren, vermutlich diejenigen, die ihr Vater eingeladen hatte. Auch zu ihrem vierzehnten und fünfzehnten Geburtstag kamen hauptsächlich Männer, Freunde von Wieck, zum Gratulieren. Clara durfte nicht einmal bei ihrer Geburtstagsparty selbst bestimmen.

Clara Wieck im Alter von 16 Jahren in Hannover. Auf dem Klavier der dritte Satz ihres Konzertes op. 7. Lithographie von J. Giere, 1835. Robert-Schumann-Haus, Zwickau

Clara schwamm in Glückseligkeit. «Als Du mir den ersten Kuß gabst, da glaubt' ich mich einer Ohnmacht nahe, vor meinen Augen wurde es schwarz, das Licht, das Dir leuchten sollte, hielt ich kaum», schrieb sie ihm später.[32]

Als sie im Dezember in Zwickau bei einer Konzertreise, die Wieck organisiert hatte, zusammentrafen, wurde weitergeküßt. Die Verlobung mit Ernestine war zu Ende, auch wenn Ernestine davon erst im Januar 1836 informiert wurde. (Sie heiratete 1838 einen Baron von Zedtwitz, was Robert und Clara mit Erleichterung aufnahmen; sie war großmütig und später sogar so hilfsbereit, in Roberts Prozeß gegen Wieck für ihn einzutreten.) Wieck hatte zunächst keinerlei Argwohn, glaubte er doch Robert an Ernestine gebunden; als ihm schließlich klar wurde, was da vor sich ging, entfernte er seine Tochter schleunigst aus Leipzig. Er fuhr mit ihr am 14. Januar nach Dresden und hielt sich dort mit ihr bis zum 7. Februar auf. Zwar zwangen ihn dann seine Geschäfte zur Heimreise (er betrieb noch immer seinen Klavierhandel), doch ließ er Clara bei einer befreundeten Familie zurück.

Robert in seinem Liebesglück glaubte, Wieck werde ihrer Verbindung zustimmen. Da Wieck seine Kompositionen schätzte, ihn als Freund behandelte und an der *Zeitschrift* mit ihm zusammenarbeitete, erwartete er, als Schwiegersohn freudig akzeptiert zu werden. Er verstieg sich sogar zu der Annahme, Wieck habe ihn schon vor vielen Jahren als Mann für Clara «ausgelesen» und erzogen.[33] Normalerweise war Robert sensibel und einfühlsam, beides in einem außergewöhnlichen Maß, in dieser Situation jedoch beurteilte er Wiecks Einstellung völlig falsch. Er vergaß, wenn er nicht die Erinnerung verdrängte, Wiecks Neigung zu Zornesausbrüchen und unterschätzte seine tyrannische, eifersüchtige Liebe. Zwischen dem 7. und 11. Februar hatte Robert mit seinem Freund Wilhelm Ulex Clara in Dresden besucht; Briefe waren hin- und hergegangen, Treueschwüre ausgesprochen worden. Als Wieck davon erfuhr, reagierte er mit einem Wutanfall, der Robert überraschte und verletzte. Er war damals gerade nach Zwickau, wo seine Mutter am 4. Februar gestorben war, unterwegs, um sich um ihre Hinterlassenschaft zu kümmern. (An ihrer Beerdigung teilzunehmen, hatte er nicht vermocht, statt dessen war er zu Clara gefahren.)

Der Streit um Clara zwischen Wieck und Robert, der mit diesem Vorfall begann, wurde kompliziert dadurch, daß sowohl Clara wie Robert zu dieser Zeit innerlich von Wieck abhängig waren. Schumann wollte von seinem Lehrmeister als Sohn und Schwiegersohn anerkannt werden. Er suchte im Grunde die innige, stabile Beziehung zu Wieck und war erschüttert, als sich herausstellte, daß er sie opfern mußte, wenn er Clara haben wollte. Clara ihrerseits liebte Robert, aber sie kannte ihren Vater gut genug, um nichts davon in ihrem Tagebuch mitzuteilen. Roberts Name wird in den nächsten Monaten nur selten und eher beiläufig erwähnt. Ihr Leben drehte sich weiterhin um die Musik, ihre Karriere und um die von ihrem Vater organisierten Alltagsereignisse. Nur zögernd tat sie innerhalb der nächsten beiden Jahre die ersten tastenden Schritte in die Selbständigkeit. Wieck hingegen, egoistisch, zornig und rücksichtslos wie eh und je, bereitete mit immer neuen Temperamentsausbrüchen die Entzweiung vor, die sein Leben so sehr verbittern sollte.

Jetzt, im Februar 1836, richtete sein Zorn sich zum erstenmal gegen die eigene Tochter. Er kündigte an, Schumann zu erschießen, falls er ihm vor Augen käme. In Claras Tagebuch beklagte er sich, daß sie ihn getäuscht habe. Alle die Beleidigungen, Drohungen und Zornesworte, mit denen er in ihrer Gegenwart ihre Brüder (und vielleicht, in ihrer frühesten Kindheit, ihre Mutter) überschüttet hatte, ergossen sich nun über sie selbst. Aus der heißgeliebten Schülerin, dem Wundermädchen, der Quelle aller seiner persönlichen und beruflichen Erfolgserlebnisse, war plötzlich eine Abtrünnige geworden.

Wieck stellte sofort eine lange Konzerttournee zusammen, die sie von Leipzig fernhalten sollte. Auf der Reise, die von Februar bis April nach Dresden, Görlitz und Breslau führte, hatte Clara außer ihm und einer Zofe keine anderen Begleiter. Auf dieser Tournee ging von Anfang an alles schief, und Wieck war entsprechend übel gelaunt. In Claras Tagebuch entrüstet er sich über das geizige Dresdner Publikum, die schlechten Pianos, unfähigen Orchester und schmutzigen Unterkünfte.[34] An Schumann schrieb er beleidigende Briefe, in denen er sich jede weitere Beziehung zum Hause Wieck verbat. Fast ein Jahr lang hatten Robert und Clara, die sich zuzeiten fast täglich gesehen hatten, keine Gelegenheit, einander zu sprechen oder zu schreiben. Freunde hielten ihn auf dem laufenden, wo Clara sich gerade aufhielt und wie es ihr ging. Johann Peter Lyser, der treue Freund, berichtete ihm von einem Konzert, das er in Dresden besucht hatte:

24. Februar 1836. Über Claras letztes Concert kann ich Dir weiter nichts schreiben, als was sich erwarten ließ: es war drückend voll, Beethovens Ouverture leitete das Concert ein, dann trat Clara vor – stürmischer Empfang – Nun spielte sie, «Lá ci darem la mano – – Du weißt wie! Lieder ohne Worte von Felix – (gieb ihm drei Küsse dafür). Eine Etude von Bach – – u. Var. von Herz.

Das Publikum hat sich die Hände wundgeklatscht, der Alte hat eine volle Casse, Clara läßt sich die Cour machen...[35]

Wie es in Claras Seele aussah, können wir nicht wissen, da ihr Tagebuch immer noch auch von ihrem Vater geführt wurde. Mit ihm als ständigem Begleiter, auf den endlosen Reisen tagelang in einer Kutsche oder in kalten Proberäumen eingesperrt, in der Enge der bescheidenen Gasthäuser, wo sie logierten, mußte sie sich dauernd seine Schmähreden über Robert anhören, und das zu einem Zeitpunkt, da eine langgehegte, heimlich ersehnte Liebe endlich erwidert wurde. Trotzdem erwartete Wieck von seiner Tochter, daß sie als Pianistin genauso funktionierte wie bisher – und sie fügte sich. Ihr einziger Kontakt zu Robert bestand in seiner Musik: sie spielte seine Tokkata und die (ungedruckte) Klaviersonate Nr. 1 vor kleinen musikalischen Privatzirkeln in Dresden und Breslau. Dagegen hatte Wieck anscheinend nichts einzuwennden.

Während dieser ersten langen Trennung stürzte Schumann sich in Arbeit – Komponieren, Studieren, Schreiben – und in lebhafte Geselligkeit. Zu seinen engeren Freunden, mit denen er häufig zusammentraf, zählten Mendelssohn, Ferdinand David (der Konzertmeister des Gewandhausorchesters), die wohlhabende musikliebende Familie Voigt, Dr. Moritz Reuter, der Musikpädagoge Wilhelm Ulex und der allgemein bewunderte englische Pianist und Komponist William Sterndale Bennett, der Ende Oktober 1836 in Leipzig eintraf. Ganz Leipzig und Umgegend wußte über Roberts Liebeskummer Bescheid. Seiner Schwägerin Therese schrieb er: «... komm nur bald und sei mir eine gute Schwester; ich habe ja gar nichts Weibliches mehr zum Schutz.» Dann informierte er sie kurz, was sich zwischen der Familie Wieck und ihm selbst zur Zeit abspielte. «... ich bin in einer kritischen Lage, aus der mich herauszuziehen Ruhe und klarer Blick fehlt. Doch steht es so, daß ich entweder nie mit ihr mehr sprechen kann, oder daß sie ganz mein Eigen wird.» Neben all seinen Männerfreundschaften fehlte ihm ein weibliches Wesen. «Ach, bleibe mir gut!» schrieb er im Dezember 1836 an Therese. «In einer tödtlichen Herzensangst, die mich manchmal befällt, hab' ich Niemanden, als Dich, die mich ordentlich wie im Arm zu halten und zu schützen scheint.»[36]

In diesen Jahren schuf Schumann seine bekanntesten Werke, jene leidenschaftlich bewegten Klavierstücke, zu denen die *Davidsbündlertänze*, die *Phantasiestücke*, die *Phantasie in C-Dur* und die drei Klaviersonaten gehören. Im Mai 1836 schickte er Clara ein gedrucktes Exemplar seiner Sonate in fis-Moll, «Clara zugeeignet von Florestan und Eusebius». Wieck erlaubte ihr nicht, sich zu bedanken, und wenig später bestand er sogar darauf, daß sie Robert alle seine Briefe zurückschickte. Sie gehorchte.

Claras siebzehnter Geburtstag im September 1836 war, im Gegensatz zu dem Freudentag ein Jahr zuvor, von trüben Wolken überschattet. Es war der erste Geburtstag seit vielen Jahren ohne Robert. Eine große Konzertreise nach Berlin und weiter durch Norddeutschland war für das Frühjahr 1837 geplant, bis dahin trat sie in den nahegelegenen kleineren Städten Naumburg, Jena und Weimar auf. Zu Hause stand sie unter der Fuchtel von Vater und Stiefmutter.

Die Reise nach Norden, die als ein Vorspiel zu längeren, internationalen Tourneen gedacht war, führte zunächst am 7. Februar 1837 nach Berlin, wo Claras Mutter Marianne Bargiel wohnte. Kaum angekommen, suchte Wieck sie mit Clara auf. Mit den Worten: «Hier Madame, bringe ich Ihnen Ihre Tochter» trat er bei ihr ein.[37] Die Tatsache, daß er selbst die Szene mit diesen Worten in Claras Tagebuch festhält, verrät einiges über Wieck als Mann und Vater: offensichtlich sonnte er sich in seiner Großzügigkeit, das Wiedersehen von Mutter und Tochter gestattet zu haben.

Die beiden Wiecks trafen noch mehrmals mit Marianne und ihrem kränkelnden Mann zusammen. Adolf Bargiel wird nur kurz erwähnt, Wiecks Mißbilligung und Verachtung galten Marianne allein. Sie sei, berichtet er im Tagebuch ihrer Tochter, «weit roher, gemeiner, lügenhafter, kleinlicher und stolzer geworden als sie sonst war». Außerdem hatte sie, was wohl ganz unverzeihlich war, versucht, sich «in meine [d. i. Claras] Concertangelegenheiten zu mischen».[38]

Obwohl Wiecks schriftliche Äußerungen zu dieser Zeit keinerlei Aufschluß geben über Claras Empfindungen oder ihr Verhalten gegenüber ihrer Mutter (so wenig wie über ihre Beziehungen zu anderen Menschen), muß Clara doch damals eine Zeit der inneren Auseinandersetzung und Neuorientierung erlebt haben. Mit ihrer Mutter war sie während all der Jahre zwar hin und wieder kurz zusammengetroffen, dann aber immer wieder zu ihrem Vater und unter seinen Einfluß zurückgekehrt. Nun, da sie selbst fast erwachsen und mit ihrem Vater uneins war, wurde ihr verständlich, was sich damals im Jahre 1824 in Leipzig abgespielt haben mochte und wieso Marianne sich gezwungen gesehen hatte, ihre Kinder zu verlassen. Dieser Besuch in Berlin gab ihr Gelegenheit, ihre Mutter gleichsam wiederzuentdecken. Von nun an entwickelten die beiden Frauen eine innige Beziehung zueinander, die sich im Laufe der nächsten Jahre so vertiefte, daß Clara sich in schwierigen Situationen bei ihrer Mutter Rat und Zuspruch holen konnte.

Wiecks Briefe an seine zweite Frau enthalten vieles über die Strapazen des Reisens in den dreißiger Jahren des 19. Jahrhunderts, so manches auch über Wieck selber, aber nur sehr wenig über Clara.[39] Der Klagen waren viele: die Mahlzeiten unterwegs kosteten viel Geld (aus diesem Grund gab es oft nur trockene Brötchen zum Frühstück, die Nanny, die Zofe, vom Bäcker holen mußte und die sie dann in ihrem teuren Hotelzimmer verzehrten); die Berliner Kritiker verlangten unverschämt viele Freikarten, er selbst aber bekam für sich und Clara nur schlechte Plätze im Theater; die Probleme mit der Polizei und der Zensurbehörde nahmen kein Ende; die Berliner Dienstboten waren mürrisch und ungezogen; die an Claras Konzerten beteiligten Musiker wollten nicht auf seine Bedingungen eingehen; und schließlich – das Briefporto war viel zu teuer!

Wieck zeigt sich in diesen Briefen ganz von seiner ungeistigen, vulgären Seite. Clara sollte Unterrichtsstunden bei Siegfried Wilhelm Dehn bekommen, «einem fürchterlichen Kontrapunktisten (ich habe so einen Kerl lange gesucht), ... worin er sie bis zum Circelcanon bringen will, also mit einem Worte: wenn sie nach 12 Lektionen ausspuckt, giebt sie allemal eine Fuge von sich.» Er empörte sich über die Musiker, die mit Clara zusammen auftraten – so über Carl Möser (den königlichen Kapellmeister) «und sein verfluchtes Quartett», die so unverschämt waren, 15 Freibillette zu verlangen –, und war nicht wenig stolz auf die Art, wie er dies Ansinnen abgeschmettert hatte. Seinetwegen konnte ganz Berlin erfahren, «wie ich auf Möser u. diese... Scheißkünstler gewirkt u. ihnen imponiert habe.»

Das auffälligste an Wiecks Äußerungen ist seine Einstellung zu Clara: er spricht von ihr, als sei sie ein zerbrechliches Museumsobjekt. Er war sehr besorgt um ihre Gesundheit, hauptsächlich im Hinblick darauf, daß es sehr ärgerlich gewesen wäre, einen Auftritt absagen zu müssen. Nach ihrem letzten Berliner Konzert vor ausverkauftem Saal berichtet er am anderen Morgen seiner Frau von dem großartigen Erfolg, nicht ohne sarkastisch zu bemerken «... früh halb 7 – Die Königin schläft natürlich noch.»

Es war Wiecks größte Freude, über seine «Feinde» zu triumphieren – manchmal war ihm dies wichtiger als Claras Kunst. Natürlich war er stolz auf ihre Virtuosität und auf ihr Kompositionstalent. Er teilte Clementine mit, daß die Veröffentlichung ihrer «Gesammelten Werke» in der Zeitung angekündigt werde; drei Verleger hätten sich um ihre Variationen (op. 3) bemüht; Clementine solle bei dem Leipziger Verleger Friedrich Hofmeister, mit dem er befreundet war, anfragen, wieviel denn dieser bieten wolle; der berühmte Berliner Generalmusikdirektor Gasparo Spontini hatte Clara nicht nur zum Musizieren in sein Privathaus eingeladen, sondern auch ihre Bellini-Variationen «das größte und schönste Musikstück der Bravoura der neuesten Zeit» genannt. Die Hauptsache war aber wohl für Wieck, daß Claras künstlerische Leistung ihm eine Möglichkeit bot, sich als der Sieger zu fühlen, der wieder einmal das Feld behauptet hatte.

Wieder und wieder verkündet er: «Triumph!» – Triumph über alle, die gegen ihn intrigiert hatten, Triumph über die eifersüchtigen Berliner «Lumpen» (mochten auch «einzelne noch krächzen»), über die giftigen Kritiker, die Claras Genie zu bezweifeln wagten. Die Schimpfworte über die «Feinde und Neider» vermischen sich auf das seltsamste mit Lobeshymnen auf die eigene Tochter: «Clara ist das Tagesgespräch und die Künstler rennen aus Verzweiflung mit den Köpfen gegen einander.» Nach ihrem ersten Konzert am 24. Februar brüstet er sich: «Triumph, Triumph, Clara hat gestern Abend Furore gemacht. Ein 1 ½ stündiger Donner und furchtbares Bravissimo hat Claras herrliches Meisterspiel belohnt u. alle Kabalen sind vernichtet... das Publikum hat entschieden u. wie? Solchen Beifall hat Paganini nicht gehabt.»

Was Wieck dazu beigetragen hatte, war die gesamte äußere Organisation. Er machte die nötigen Besuche, um wichtige Leute anzusprechen, er besorgte die polizeiliche Genehmigung, mietete einen geeigneten Saal, beschaffte die Klaviere für Proben und Aufführungen, ließ Plakate und Programme drucken, kümmerte sich um die Berichterstattung in den Lokalzeitungen; bei alledem fand er noch Zeit, Madame Mendelssohn, Felix' Mutter, seine Aufwartung zu machen. «Meine Arbeit ist furchtbar», schrieb er, vergaß aber nicht zu erwähnen, daß er auch Beziehungen knüpfte, die ihm geschäftlich zugute kommen konnten, da die Kritiker ja meistens, zugleich mit Claras Auftritten, auch seinen Instrumentenhandel lobend erwähnten. «Berlin wird eine Goldgrube für uns – ach u. mein Geschäft!!»

Weiter ging es nach Hamburg, wo die «herrliche Clara» schon begierig erwartet wurde. Am Ende der Tournee, die schließlich nach Bremen führte, waren beide erschöpft. Am 3. Mai trafen die müden Reisenden wieder in der Heimat ein, wo ihnen die Stiefmutter und Carl Banck bis vor die Tore von Leipzig entgegenkamen.

Bancks häufiger Umgang mit Clara und ihrer Familie, dazu das fortgesetzte Schweigen des geliebten Mädchens, belasteten Schumann schwer. Im Herbst 1836 fühlte er sich verunsichert und mutlos. In einem Brief an seine Schwägerin Therese hieß es: «C. liebt mich noch so warm wie sonst, doch habe ich völlig resignirt.»[40] Während des folgenden Jahres schwankte seine Seelenlage beängstigend zwischen Höhen und Tiefen. An Clara schrieb er im Januar 1838:

Eben fällt mir ein – die dunkelste Zeit, wo ich gar nichts von Dir wußte und Dich mit Gewalt vergeßen wollte, war ohngefähr jetzt vor einem Jahr bis Februar. Dachtest Du da nicht mehr an mich? wir müßten um jene Zeit uns fremd gewesen sein. Ich hatte resignirt. Aber dann brach der alte Schmerz wieder auf – da rang ich die Hände – da sagte ich des Nachts zu Gott «nur das Eine laß gnädig vorüber gehen, ohne daß ich wahnsinnig werde» ... da zog es mich am Nacken zu Boden, daß ich laut schrie – dann wollte ich mich heilen, mich mit Gewalt in eine Frau verlieben, die mich auch schon halb in ihren Netzen hatte ...[41]

Wer diese Frau war, darüber haben sich verschiedene Autoren den Kopf zerbrochen. Es könnte eine Musikerin gewesen sein (zum Beispiel die englische Pianistin Robena Laidlaw, die zu der Zeit auf der Durchreise in Leipzig war), vielleicht war es aber auch jene Christel, auch Charitas genannt, deren Besuch in seiner Wohnung fast täglich in seinem Tagebuch erwähnt wird. Eine Heirat mit ihr hat Robert sicherlich niemals erwogen, aber vermutlich fand er bei ihr die menschliche und sexuelle Befriedigung, nach der er sich sehnte, zumal in dieser Zeit der Trennung und Entfremdung von der Frau, die er liebte.

Bancks Anwesenheit im Wieckschen Haus und Wiecks ständige Kritik an Robert hätten fast einen Keil zwischen die Liebenden getrieben. Der eifersüchtige Vater nahm allerdings nun selbst Anstoß an Bancks freundschaftlichem Umgang mit Clara und warf ihn eines Tages, unbeherrscht und zorneswütig wie immer, aus dem Haus. Bald darauf verließ Banck Leipzig ganz. In Roberts Tagebuch heißt es: «Knapp's (= Bancks) Fortgang vorher – heitere Stimmung.»[42] In den nun folgenden Monaten nahmen Clara und Robert ihre Verbindung heimlich wieder auf.

Diesmal ging die Initiative von Clara aus. Sie hatte während ihres Sommeraufenthaltes bei einer befreundeten Familie in der Nähe von Dresden im Jahr 1837 die Mitteilung erhalten, daß ihr Vater ein Konzert für den 13. August in Leipzig angesetzt hatte. Nur wenige Tage später traf sie mit Ernestine von Fricken zusammen, die in der Gegend zu Besuch weilte; im Gespräch mit ihr wurden anscheinend die Zweifel ausgeräumt, die Clara hinsichtlich des Verhältnisses zwischen Robert und Ernestine noch verunsichert hatten. Clara stimmte dem geplanten Konzert zu, bestand aber darauf, drei von

Schumanns Symphonischen Etüden in das Programm aufzunehmen.* Dann faßte sie sich ein Herz und brach das anderthalbjährige erzwungene Schweigen, indem sie einen gemeinsamen Freund und Bewunderer von Schumanns Musik, Ernst Adolph Becker, bat, Robert eine Nachricht zu überbringen. Von da an gingen leidenschaftliche Briefe hin und her. Am 13. August, dem Tag des Konzerts, schrieb Robert:

Sind Sie noch treu und fest?** So unerschütterlich ich an Sie glaube, so wird doch auch der stärkste Muth an sich irre, wenn man gar nichts von dem hört, was Einem das Liebste auf der Welt. Und das sind Sie mir. Tausendmal habe ich mir alles überlegt und Alles sagt uns: es muß werden, wenn wir wollen und handeln. Schreiben Sie mir nur ein einfaches Ja, ob Sie ihrem Vater gerade an Ihrem Geburtstag [zum 13ten Sept.] einen Brief von mir selbst geben wollen. Er ist jetzt gut gegen mich gesinnt und wird mich nicht verstoßen, wenn Sie noch für mich bitten.[43]

Claras inniges, schlichtes Ja besiegelte ihren Bund. Ihr ganzes weiteres Leben lang betrachteten sie den folgenden Tag, den 14. August, als Verlobungstag. In Roberts Tagebuch steht: «Vereinigung auf ewig».[44]

Clara Wieck hatte damit die Entscheidung gegen ihren Vater und für den Mann, den sie heiraten wollte, getroffen. Aber sie hatte noch schwere Kämpfe mit ihrem Vater und nicht weniger mit sich selbst zu bestehen.

Von nun an gab es einen heimlichen Briefaustausch und hin und wieder ein verstohlenes Wiedersehen. Zunächst setzten sie ihre Hoffnung auf den förmlichen schriftlichen Heiratsantrag, den Robert mit Ernst Adolph Beckers Hilfe zu Papier gebracht hatte und der Wieck an Claras achtzehntem Geburtstag unterbreitet werden sollte. In diesem Schreiben bat Schumann seinen Lehrer um eine Unterredung und legte ein paar Zeilen sowohl an Frau Wieck wie an Clara bei. Die Unterredung wurde gewährt, doch das Briefchen an Clara nicht ausgehändigt. Mit zu Herzen gehenden Worten bat Robert in aller Form um Claras Hand und flehte Wieck an, «mit dem

* Litzmann nennt hier irrtümlich die Sonate Nr. 1 in fis-Moll.

** Die beiden Liebenden redeten einander noch bis zum Oktober des Jahres mit «Sie» an. Erst dann taucht das «Du» in den Briefen auf.

tiefsten Ausdruck, dessen ein geängstigtes liebendes Herz fähig ist... Seyn Sie segnend, einem Ihrer ältesten Freunde wieder Freund und dem besten Kinde der beste Vater!»[45]

Roberts Selbstbewußtsein war durch Claras Gelöbnis gestärkt worden, und die Bewunderung und das Wohlwollen seiner vielen Freunde machten ihm Mut. Als er sich bei Becker nach dem Stand der Dinge erkundigte, antwortete dieser:

...ich wüßte auch nicht, wem ich lieber meine Tochter verlobte, als einem Manne, bei dem es unterm linken Knopfloche so richtig ist, als bei Ihnen, und der solche Etüden schreiben kann; Ich erhielt sie gestern, also zum Sonntage früh. Schöner konnte sichs nicht treffen, denn ich habe darin schwelgen können bis Abend ungestöhrt. Sie sind Beethoven II... An Hoheit und Großartigkeit der Gedanken wüßte ich Ihnen jetzt Niemanden lebendes an die Seite zu stellen.[46]

Mochte Becker noch so zuversichtlich sein – an ihrem Geburtstag zerfloß Clara wieder einmal in Tränen, und Roberts Gespräch mit Wieck wurde ein schlimmes, erniedrigendes Erlebnis für ihn. «Diese Kälte, dieser böse Willen, diese Verworrenheit, diese Widersprüche – er hat eine neue Art zu vernichten, er stößt einem das Messer mit dem Griff ins Herz», schrieb er an Clara.[47]

Robert war der Meinung, Wiecks Weigerung habe vor allem mit seiner Geldgier zu tun. Soviel wir heute von Wieck wissen, gibt es keinen Zweifel, daß er Clara als seine Haupteinkommensquelle betrachtete; aber man muß wohl gerechterweise zugeben, daß bei seinem Widerstand gegen die Heirat auch objektiv begründete Einwände eine Rolle spielten, die wohl jeder verantwortungsbewußte Vater geltend gemacht hätte. Erst allmählich wurde es Schumann klar, daß er sich auf eine langwierige Fehde einrichten mußte. «Am Ende muß er sich doch einmal in den Gedanken fügen, Sie zu verlieren. Sein Trotz scheitert an unserer Liebe... Benehmen Sie nur Ihrem V. seine vielen schiefen Ansichten.»[48]

Wieck hätte wohl verschiedene Möglichkeiten gehabt, auf die Situation zu reagieren; seltsamerweise verlegte er sich darauf, vage, an den Haaren herbeigezogene Verleumdungen zu verbreiten und damit viele der gemeinsamen Freunde vor den Kopf zu stoßen, die alle für die jungen Liebenden Partei ergriffen. Seine einzige Verbündete war seine Frau. Zwar war Schumann nicht besonders vermögend, doch hatte er eine kleine Erbschaft gemacht, sich einen ständig wachsenden Ruf als Komponist errungen und war Eigentümer und Herausgeber einer florierenden Musikzeitschrift; er war nicht nur intellektuell begabt, sondern zweifellos ein musikalisches Genie und als solches von vielen Menschen geachtet und geliebt. Wieck wußte dies alles recht gut und schätzte Roberts musikalische Begabung und schöpferische Originalität vielleicht höher ein als mancher andere Musiker aus seiner Generation. Doch hat er sich wohl auch den besorgten Brief von Roberts Mutter in Erinnerung gerufen; vielleicht hatte er Roberts ungestüme Jünglingszeit vor Augen, die Neigung zum Trinken und zum Schuldenmachen; sicherlich wußte er gerüchtweise von Roberts Erfahrungen mit Mädchen – Leipzig war ja damals nur eine Kleinstadt –, und die Neigung zu Depressionen wie auch der entsprechende Familienhintergrund waren ihm nicht verborgen geblieben.* In dem Streit um Clara jedoch verlegte er sich auf lächerliche Kleinigkeiten (schlechte Handschrift, leise Stimme, Ungeselligkeit) und den Vorwurf der Unmäßigkeit beim Trinken, der in früheren Jahren ja noch angebracht gewesen wäre, jetzt aber nicht mehr zutraf. Wieck brachte immer wieder vor, Robert habe nicht genügend Geld, um Clara den Lebensstil zu bieten, an den sie gewöhnt sei, und die Heirat werde das Ende ihrer Künstlerlaufbahn bedeuten. Der letztere Einwand blieb nicht ohne Eindruck auf Clara und weckte Ängste, die ihr in den nächsten beiden Jahren hin und wieder zu schaffen machten. Zunächst jedoch freute sie sich ihrer Liebe und verschloß vor den Bedenken ihres Vaters die Ohren.

Die Briefe, die die beiden Liebenden in den nächsten Wochen tauschten, gehören zu den schönsten der Weltliteratur. Clara, später in ihrer Korrespondenz so prosaisch, äußert sich hier zärtlich,

* In «Schumann's Hand Injury», *The Musical Times* 112 (1971), S. 1156–1159, unterstellt Eric Sams, Wieck habe von einer Syphilis-Behandlung, der Schumann sich unterzogen habe, gewußt, und dies sei der hauptsächliche, wenn auch unausgesprochene Grund für seinen Widerstand gegen die Heirat gewesen. Im Hinblick auf Wiecks Persönlichkeit und die sonstigen Schritte, die er unternahm, um die Heirat zu verhindern, ist es höchst unwahrscheinlich, daß er die Krankheit nicht beim Namen genannt hätte, falls er nur den leisesten Verdacht in dieser Richtung gehabt hätte.

warmherzig und voll tiefer Empfindung. Robert, dessen Briefe sämtlich sehr lesenswert sind, findet unvergleichliche Worte für die Gefühle, die ihn bewegen. Beide geloben einander unverbrüchliche Treue, während Wieck schon alle Vorbereitungen trifft, um Clara nach Wien und neuen Triumphen im Konzertsaal entgegenzuführen.

KAPITEL 4

Der Bruch mit dem Vater

Nach all den Mißhelligkeiten der Reisen nach Paris, Dresden und Berlin waren die Erfolge in Wien um so schöner. Wieck hatte nur wenig zu vermelden über Kabalen und Intrigen, und wenn er auch hin und wieder Anlaß hatte, Scherereien oder «Feinde» in der Donaustadt zu verwünschen, so enthielten seine Briefe alles in allem doch weniger Ärger und Aggressionen als die aus Berlin. Mochte der wienerische Charme den alten Herrn besänftigt haben, dann doch jedenfalls nicht in Hinsicht auf das, was er von Robert hielt. Für die Zeit der Tournee hatte er Clara zwar erlaubt, Briefe mit Robert zu wechseln; da sie aber fürchtete, der Vater werde die Briefe lesen, kritzelte sie meist nur spätabends, nach den langen anstrengenden Konzerten, im Stehen ein paar heimliche Zeilen.

Die Achtzehnjährige war sich ihrer Liebe zu Robert ganz sicher, obwohl sie emotional, in finanzieller Hinsicht und vor allem künstlerisch noch völlig von ihrem Vater abhing. Jeder Versuch, sich vom Vater frei zu machen, löste schwere Ängste in ihr aus. Die Situation zu ertragen erforderte eine Kraftanstrengung ohnegleichen, wie später noch so manche Krisenzeit in ihrem immer wieder von unglücklichen Ereignissen überschatteten Leben; vielleicht hat die Erfahrung sie für die Notzeiten und tragischen Momente, die noch kommen sollten, gestählt. Der Konflikt zwischen ihrem Vater und ihrem Liebsten existierte ja nicht nur bis zum Vorabend ihrer Hochzeit, sondern schwelte noch lange danach weiter.

Friedrich Wieck, der an dem praktisch mutterlosen Kind Vater- und Mutterstelle versah, hatte sie am Klavier ausgebildet und ihr die positive Selbsteinschätzung vermittelt, ohne die ein ausübender Künstler nicht bestehen kann. Mitten in einer Zeit, da alle Bürgerstöchter ein wenig auf dem Klavier klimperten, gerade so viel, um einen Ehegatten zu erfreuen, aber keinesfalls um damit in der Öffentlichkeit aufzutreten – in einer solchen Zeit faßte Wieck für seine Tochter eine große Zukunft als Musikerin, als Solo-Pianistin, ins Auge; und er war fest davon überzeugt, sie könne ebensoviel leisten wie ein Junge – und auf jeden Fall mehr als ihre Brüder. Er pflegte sich gern auf das zu berufen, was Goethe über Clara gesagt hatte: «Das Mädchen hat mehr Kraft als sechs Knaben zusammen.» [1]

Nunmehr, während des Aufenthalts in Wien, schien sich bei Clara eine seelische Loslösung vom Vater anzubahnen. Robert drängte sie in diese Richtung, sie hatte sich durch ihr Versprechen und ihren Ring an ihn gebunden. Die Wiener Presse und das Publikum schenkten ihr mehr Lob und Anerkennung, als sie je zuvor erhalten hatte, und wenn auch Wiecks Briefe immer noch von «unserem Konzert» und «unseren» Aussichten zu berichten wußten, so war Clara doch dabei, langsam selbständig zu werden. Wenn sie sich wegen ihrer und Roberts gemeinsamen Zukunft etwa noch Sorgen machte, dann ließ sie sich jedenfalls diese ruhmreichen Tage in Wien im Winter 1837/38 dadurch nicht verderben.

Wieck betrachtete die Wienreise als seinen größten musikalischen und finanziellen Triumph. Claras Erfolg beim Publikum übertraf seine kühnsten Träume. Sie war dermaßen bekannt und beliebt, daß Wieck deswegen schlaflose Nächte durchmachte: Würde Clara es schaffen, das Niveau zu halten, oder würde die hysterische Begeisterung des Publikums irgendwann in Enttäuschung umschlagen? «Ganz Wien sagt», schrieb er an seine Frau, «daß hier nie ein Künstler solche Sensation gemacht.» [2] Er war überwältigt von dem Tempo, mit dem das Geld anrollte. An der Konzertkasse gab es ein solches Gedränge, daß die Polizei kommen und Ordnung schaffen mußte. Die Zeitungen berichteten von einer neuen Konditorspezialität, worüber Clara sich in einem Brief an Robert vom 30. Januar amüsiert: «Doch denk Dir in den Wirthshäusern hat man ‹Torte à la Wieck› und alle Enthusiasten von mir gehen dahin und essen von der Torte. Neulich war diese Torte in der Theaterzeitung angezeigt mit der Bemerkung, es sey dieß eine ätherisch hingehauchte Mehlspeise die sich den Essern von selbst in den Mund spiele. Ist das nicht zum Todtlachen?»[3]

Wieck jubelte, wie es nun einmal seine Art war, über die Niederlage, die der berühmte Sigismund Thalberg und andere bekannte Virtuosen einstecken mußten. Die triumphierende Clara, berichtete er, weckte die wütende Eifersucht der anderen Künstler und der Klavierpädagogen, die vor Ärger über ihre (seine?) Triumphe in die Luft gingen. «Wir haben unerkannt u. unbekannt, in Demuth und Vergessenheit nur vegetiert, in Leipzig...», heißt es in dem Brief an seine Frau, mit dem er ihr das Gedicht von Grillparzer «Clara Wieck und Beethoven» schickt, «jetzt kommt der Lohn, nun soll aber auch die ganze Welt wissen, daß es nur eine Clara gibt, der ganz Wien zu Füßen liegt.»

Die Einladungen und Ehrungen trafen in solchen Mengen ein, daß der entzückte Briefschreiber kaum nachkam. An Abreisen war nicht zu denken, «Wien soll weinen, wenn wir es thun.» Die Aussicht auf eine jahrelange glanzvolle Zukunft war erregend, doch spürt man, daß Wieck unter der Anstrengung zu leiden begann. Während er noch auf die Mitteilung wartete, ob Clara die Ernennung zur Kammervirtuosin zuteil werden würde, verfiel er überraschend in eine pessimistische Stimmung und dachte darüber nach, daß Clara nicht viel davon haben werde, weil dies seine letzte Konzertreise mit ihr sei. Seine durch die vielen Strapazen angegriffene Gesundheit, die Verpflichtung, den Aufenthalt so lange auszudehnen, wie noch Geld dabei zu verdienen war, Claras Trotz und Widerspenstigkeit, die mit den Konzerten zusammenhängenden endlosen Sorgen und Unbequemlichkeiten – lange würde er all dies nicht mehr ertragen können.

Sowie aber Clara die ersehnten Auszeichnungen erhalten hatte, war Wieck im siebenten Himmel und fühlte sich für alle Mühe reich belohnt:

Welch' ein Empfehlungsschreiben ist das. Mehr Lection für unsere pp Klavierneider, die mein ganzes schönes Streben, woran ich mein Leben gehangen, an den Pranger gestellt? In Demuth haben wir es ertragen u. immerfort gestrebt – hier ist der Lohn... Habe ich nicht mit Recht immer die Clara beruhigt – und «gedulde dich»? Sie hat den höchsten Titel, es ist der höchste Schutzbrief für ganz Europa. Sie wird selbst fühlen, wessen Standhaftigkeit daran schuld ist. Wären wir in Wien, wenn ich nicht viele Knoten zerhauen?

Nicht nur von den Majestäten, sondern auch von der Musikwelt wurde Clara mit Ehren überhäuft. Sie erhielt das Autograph von Schuberts «Erlkönig» als Geschenk von einem Freund des Komponisten. Andere Pianisten widmeten ihr ihre Editionen.[4] Die Musikverlage rissen sich um Claras Kompositionen, und die angesehene *Gesellschaft der Musikfreunde* nahm sie als Ehrenmitglied auf.[5]

Der Wiener Aufenthalt bot Wieck so viel Genugtuung, daß er ungewöhnlich milde gestimmt war und es weniger als sonst an Teilnahme für seine Familie fehlen ließ: er fand scherzhafte, zärtliche Worte für Clementine und schickte seinen Kindern Küsse. Die verbesserten Einkünfte veranlaßten ihn, Clementine mit der Suche nach einer größeren Wohnung zu beauftragen. Natürlich sollte Clara in dem neuen Domizil ein eigenes Zimmer bekommen; für den Fußboden sollte ein Teppich beschafft werden, damit die Kinder es schön warm hätten. Damit meinte er allerdings nur seine beiden kleinen Töchter, die Kinder aus der zweiten Ehe. Aus Alwin und Gustav war nichts geworden, sagte er, sie würden ausziehen müssen. Er jedenfalls würde sie nicht länger unterhalten, soviel war klar. Gustav, der eben fünfzehn geworden war, sollte bei einem Klavierbauer in die Lehre gehen, und Alwin, falls er sich nicht noch besserte, zu einem Instrumentenmacher in Preßburg geschickt werden. Und wenn die Buben «den geringsten dummen Streich» machten, würden sie selbst in Österreich sofort im Gefängnis landen, auch wenn sie eine Kaiserlich-Königliche Kammervirtuosin zur Schwester hätten.

Was diese mißratenen Knaben eigentlich verbrochen hatten, wird niemals deutlich gesagt, aber soviel steht fest, daß sie im Gegensatz zu der gutverdienenden Clara eine finanzielle Belastung darstellten. Deshalb bekam Clementine in bezug auf Alwin strengen Befehl:

«Das Schicksal ist unwiderruflich – er muß fort – benutze die erste Gelegenheit u. wenn es in der ersten Messwoche seyn kann. Sein älterliches Haus soll er auch nie wieder sehen, bis er ein brauchbarer Mensch geworden.» Was Gustav anging, so sollte Clementine einen alten Koffer oder Ranzen zurechtmachen, damit er seines Weges gehen konnte – «das väterliche Haus darf für diese schlechten Buben nicht mehr existiren».*

Auch über Robert machte Wieck sich seine Gedanken, und zwar darüber, wie sich seine Tätigkeiten als Verleger, Herausgeber und Komponist am besten für Clara ausnutzen ließen. Es war wichtig, mit der Leipziger Musikwelt in Verbindung zu bleiben, deshalb verlangte er jedes Wort zu erfahren, das in Schumanns *Zeitschrift* über Clara erschien. Clementine sollte Robert auffordern, die Wiener Kritiken nachzudrucken, das Gedicht von Grillparzer zu veröffentlichen, von beiden Sonderdrucke herzustellen und diese dann wiederum an Wieck, zur Weitergabe an die Wiener Presse, zu schikken. Gegen Ende der Reise fiel ihm ein, daß eine biographische Skizze über Clara einen guten Eindruck machen würde, also verlangte er (über Clementine), Robert solle solch einen Aufsatz schreiben und drucken und ihm fünfzig Exemplare zur Verteilung an Musikinteressierte zuschicken. Ja, es kränkte ihn, daß Robert nicht von selbst auf den Gedanken gekommen war.

Ganz allgemein fand Wieck, Robert schreibe nicht genug über Clara, obgleich sie seine Werke spielte und damit zu seinem Ansehen beitrug. «Sein Carneval ist bei uns aufgeführt worden vor großen Kennern u. hat furore gemacht u. weil man hier viel spricht, klatscht, erzählt, läuft, besucht, so ist sein Name als Komponist schnell bekannt geworden. Die Sonate (fis-moll op. 11) hat Clara auch vorgespielt, wurde aber natürlich nicht so allgemein verstanden.»

Obwohl Wieck auf dieser Reise anscheinend mit Clara zufrieden war, äußerte er sich mit keinem Wort über ihre Stimmung oder ihr

* Gustav hielt die Lehre durch und wurde von Beruf Instrumentenmacher. Alwin wurde schließlich Orchestermusiker, fand als Geiger in Reval und St. Petersburg Beschäftigung und ließ sich 1859 in Dresden nieder.

Verhalten. Sie funktionierte, sie diente seinen Zwecken, und was ihn anbetraf: der Triumph war sein.

Währenddessen betrachteten Clara und Robert sich als miteinander verlobt und setzten ihren heimlichen Briefwechsel fort. Ein ausgeklügelter Plan sollte sicherstellen, daß sie seine Briefe auch erhielt. Um Wiecks Schnüffelei zu entgehen, mußte Robert seine Briefe unter einem Phantasienamen – mal «BCDE», mal «Herr Kraus» – an gemeinsame Freunde schicken, die sie dann in einem neuen Umschlag an Clara adressierten, da Wieck Roberts Handschrift erkannt hätte. Die treue Nanny holte die Briefe vom Postamt ab. Als Robert nicht recht verstehen konnte, warum Clara nicht öfter schrieb, machte sie ihm klar, daß sie nur spätabends, halbtot vor Müdigkeit, dazu Gelegenheit hatte. Wieck wäre fuchsteufelswild geworden, wenn sie sich tagsüber eingeschlossen hätte.

Für die Zukunft schmiedeten sie ständig neue Pläne. Robert baute gern Luftschlösser, und die praktische, nüchterne Clara mußte ihn wieder auf die Erde zurückholen:

Viel Spaß hat mir die Stelle in Deinem Brief gemacht wo Du schreibst «und so zögen wir beladen mit Schätzen wieder in unser Häuschen ein.» Ach, mein Gott, was denkst Du, Schätze sind mit der Instrumentalkunst *jetzt* nicht mehr zu erlangen. Wieviel muß man thun, um ein paar Thaler aus einer Stadt mitzunehmen. Wenn Du um 10 Uhr Abends bei Poppe [ein Leipziger Kaffeehaus, A. d. A.] sitzest oder nach Hause gehst, muß ich Aermste erst in die Gesellschaften und den Leuten für ein paar schöne Worte und eine Tasse warm Wasser vorspielen, komme um 11–12 Uhr todtmüde nach Haus, trinke einen Schluck Wasser, lege mich nieder und denke, was ist ein Künstler viel mehr als ein Bettler?

«Und doch», fuhr sie fort, mit einem eindrucksvollen Bekenntnis zur Musik als Lebensinhalt für eine so junge Frau – einem Bekenntnis, das zum Leitmotiv ihres Lebens werden sollte –,

die Kunst ist eine schöne Gabe! was ist wohl schöner als seine Gefühle in Töne kleiden; welcher Trost in trüben Stunden, welcher Genuß, welch schönes Gefühl so Manchem eine heitere Stunde dadurch zu verschaffen! Und welch erhabenes Gefühl, die Kunst so zu treiben, daß man sein Leben dafür läßt! [6]

Natürlich schlug sich der seelische Konflikt, der Clara belastete, auch in ihren Briefen nieder. Daß sie keine konkreten Schritte unternahm, quälte Schumann und verunsicherte ihn immer wieder. Einmal ließ sie Robert wissen, daß sie sogar Mitleid mit ihrem Vater empfand. «Mein Gemüth ist jetzt sehr bewegt, den Vater zu sehen wie er unglücklich ist wenn er daran denkt mich einmal zu verlieren – ich fühle Pflichten gegen ihn und muß Dich doch so unendlich lieben.» Andererseits bekam sie während dieser ganzen Zeit von ihrem Vater ständig die Drohung zu hören, er werde sie enterben, und blieb davon nicht unberührt: «Meinen Vater hab ich gar nicht mehr so lieb, ach Gott, ich kann nicht so recht von Herzen zärtlich sein und möchte doch so gern, – es ist ja mein Vater, dem ich Alles danke.»[7]

Viele ihrer Briefe lassen den Einfluß spüren, den der Vater immer noch auf sie ausübt. So, wenn sie schreibt:

Auch ich hab über die Zukunft nachgedacht und das *recht ernstlich*. Das Eine muß ich Dir doch sagen, daß ich nicht eher die Deine werden kann, ehe sich die Verhältnisse noch ganz anders gestalten... Ich brauche viel und sehe ein, daß zu einem anständigen Leben viel gehört. Also Robert, prüfe Dich, ob Du im Stande bist mich in eine sorgenfreie Lage zu versetzen. Bedenke daß, so einfach ich erzogen, ich doch nie eine Sorge gehabt und nun sollt ich meine Kunst vergraben müssen! die Liebe ist sehr schön, aber, aber – – –.[8]

Robert geriet außer sich, schaffte es aber doch, ruhig und vernünftig zu entgegnen, sie hätte diese Bedenken lieber schon äußern sollen, bevor er um ihre Hand anhielt. Der Geist ihres Vaters sprach aus ihren Worten, und das kränkte ihn.

Und nun auch, daß Du gar so wenig von meinem Ring hältst – seit gestern hab ich Deinen auch gar nicht lieb mehr u. trag ihn auch nicht mehr. Mir träumte, ich ging an einem tiefen Waßer vorbei, da fuhr mir's durch den Sinn und ich warf den Ring hinein – da hatte ich unendliche Sehnsucht, daß ich mich nachstürzte.[9]

Es war, als enthielten diese trüben Gedanken eine Vorahnung: als Schumann 1854 in den Rhein springen wollte, um seinem Leben ein Ende zu machen, zog er zuerst seinen Trauring ab und warf ihn ins Wasser. Im Jahre 1838 war er noch stark genug, den harten Schlag zu verwinden; er ermannte sich schnell dazu, Clara gut zuzusprechen und sie zu trösten, wußte er doch, daß sie Tag für Tag die Angriffe und bissigen Bemerkungen ihres Vaters zu ertragen hatte. Aber auch Wiecks Meinung war, wie Clara berichtete, nicht immer eindeutig. Am 3. März schrieb sie recht optimistisch, sie habe mit ihrem Vater über Schumann gesprochen; er sei ihm «ganz freundlich» gesonnen und wolle ihn bei der Rückkehr wieder als «Hausfreund» dulden; «denn das sieht er wohl ein, daß ich *nie* mein Herz einem Anderen verschenke, und meine Hand ohne das Herz verschenken – das thut ein Vater wie der Meinige nicht.» [10]

Was Clara aus den Äußerungen des Vaters herausgehört hatte, entsprach wohl eher ihrem Wunschbild als seiner wahren Einstellung. Sie setzte hinzu, daß es wohl in Leipzig schwierig sein werde, den nötigen Lebensunterhalt zu verdienen, und wieviel besser man in Wien leben könne, wo Robert komponieren und seine Zeitschrift herausgeben und sie selbst mit Konzerten und Unterricht sicherlich 2000 Taler im Jahr erzielen könne. Diese Summe plus Roberts Einkünfte von rund 1000 Talern würde ihnen eine auskömmliche Existenz sichern.

Diese Rechnung deckte sich keineswegs mit Wiecks Vorstellungen. Seine Eintragung in Claras Tagebuch, am selben Tage notiert, lautete:

D. 3. März früh mit Clara wegen Sch., daß ich für Leipzig *nie* meine Einwilligung geben werde und Clara mir vollkommen recht gibt, auch nie ihre Ansicht ändern wird. Sch. möge operiren, philosophiren, schwärmen, idealisiren wie er wolle; es stehe fest, daß Clara nie in Armuth und Zurückgezogenheit leben könne – sondern jährlich über 2000 Thaler zu verzehren haben *müsse*.

Robert war froh, daß überhaupt einmal eine vernünftige Diskussion in Gang kam; aus seiner Antwort spricht das Verlangen nach einer harmonischen Vater-Sohn-Beziehung:

Nun wäre nur noch, die Liebe und das Vertrauen Deines Vaters zu gewinnen, den ich so gerne Vater nennen möchte, dem ich so Vieles zu verdanken habe an Freude meines Lebens, an Lehren – u. auch an Kummer, – und dem ich nichts als Freude machen möchte in seinen alten Tagen, daß er sagen soll «es sind gute Kinder».

Vorsichtig fügte er hinzu: «Eher kann keine Freude in dieses Verhältniß kommen, als bis mich Dein Vater, wenn auch nur stillschweigend... als zukünftigen Sohn vom Haus betrachtet.» [11]

Trotz des ständigen Wechsels von Hoffnung und Enttäuschung stand Roberts Entschluß fest. Noch ehe Clara nach Leipzig zurückkehrte, bat er sie in einem langen, im Laufe von mehr als einer Woche geschriebenen Brief in sehr bestimmtem Ton, ein Datum für die Heirat zu nennen. Mit der freiwilligen Zustimmung von Wieck war wohl nicht mehr zu rechnen: «Wie er aber so viele mal zurückgenommen hat, was er versprochen, wird er es auch noch öfters thun – mit einem Wort, ich warte nicht auf ihn, wir *müßen selbst handeln.*» Sein Vorschlag war, die Hochzeit auf Ostern 1840 festzusetzen.[12]

Mit Claras Rückkehr nach Leipzig am 15. Mai 1838 begann der letzte Abschnitt ihrer Brautzeit, in dem sie noch widersprüchlicher als zuvor die zwei Seelen in ihrer Brust verspürte. Zwar dachte sie keinen Augenblick daran, sich von Robert zu trennen, doch litt sie schwer an den Sorgen, ob sie ihren Beruf weiter werde ausüben können, und an Schuldgefühlen gegenüber ihrem Vater; oft genug schlugen diese Konflikte auch auf Robert zurück.

«Fragt mich Jemand ob ich Dich schon gesehen», schrieb sie ihm im Mai 1838, «dann treten mir die Thränen in die Augen».

Du bist mir so nah, und doch kann ich Dich nicht sehen! ... ich schwebe im Himmel, und bin doch wieder nachher so unglücklich, daß ich Dich nicht gleich umarmen kann, Dich der mir Alles ist in dem mir eine andre Welt aufgegangen... Du bist das Ideal von einem Manne was ich immer im Herzen trug.[13]

Und wenige Tage später schlägt sie vor:

Sehr schön wäre es, wenn Therese die ersten Wochen unserer Verheirathung bei uns wäre, sie könnte mir dann vieles lehren, was ich zu Haus nicht lernen kann, da mich der Vater nicht anders als am Clavier sehen kann. Wie gern bekümmerte ich mich zuweilen um die Wirthschaft, doch da werd ich ausgelacht...[14]

Im April, als Clara noch in der Ferne war, hatte Robert gemeint, wenn sie sich schon den Sommer über in der gleichen Stadt aufhielten, sei es das beste, sich nicht zu sehen. Er wollte sie zur Frau haben und nicht als Mädchen für heimliche Küssereien. Hatte er die Situation zwei Jahre lang ertragen, schrieb er, so konnte er noch einmal zwei Jahre durchhalten. Sich ein paar Minuten abzustehlen für zwei kurze Worte in Todesangst, darauf wollte er sich nicht mehr einlassen. «Bin kein Mondscheinritter mehr. Also verlangst Du sehr nach mir, so komme ich wohl; sonst aber *laßen wir es*; es führt zu weiter nichts.» Trotzdem sahen sie einander oftmals in den folgenden Wochen, weil Clara es nicht anders ertrug. Sie wäre sogar heimlich zu ihm in die Wohnung gekommen, wenn Robert es geduldet hätte. «Meine gute Clara, *laß Dich dazu nicht hinreißen* – es könnte Dir zu übel von Deinem V. ergehen, es könnten Dich Menschen bei mir sehen; also Deine Besuche kann ich jetzt nicht annehmen.» Aus den Briefen geht hervor, daß sie sich oft heimlich trafen, möglicherweise sogar täglich.[15]

Für solch ein allzu kurzes Wiedersehen waren komplizierte Abmachungen nötig. An Roberts achtundzwanzigstem Geburtstag am 8. Juni schrieb Clara: «Sey *punct 9 Uhr* vor unserem Fenster; winke ich mit einem weißen Tuch, so geh langsam hinauf nach dem *alten* Neumarkt, ich komme dann nach und geh mit Dir, da ich die Mutter bei ihrer Mutter abhole. *Winke ich nicht, so ist sie nicht gegangen.*»[16]

Roberts Brief an Clara vom 20. Juni ist erschütternd zu lesen:

Es drängt mich so sehr, Dich zu sehen, Dich an's Herz zu drücken, daß ich ordentlich traurig bin – und auch krank. Ich weiß nicht, was mir fehlt – und doch weiß ich es, Du fehlst mir. Ueberall seh ich Dich, in meiner Stube gehst Du auf und nieder mit mir, Du liegst in meinen Armen und Nichts, nichts ist wahr. Krank bin ich. Und wie lange wird dies alles währen.[17]

Die Antwort ließ auf sich warten. Erst als Clara vom 3. Juli bis zum 7. August bei Freunden in Dresden weilte, hatte sie mehr Freiheit, ihm zu schreiben. Aus der Kutsche, die sie nach Dresden bringen sollte, hatte sie Robert am Straßenrand erblickt, der ihr wehmütig nachsah.

Sah Dich, 2 Schritte von mir, konnte mich nicht aus dem Wagen in Deine Arme werfen! ... wie Du so einherkamst, da war es mir als sollt ich in Ohnmacht sinken vor Schmerz, mir wurde ganz schwarz vor den Augen, und wie ich Dich dann nicht mehr sehen konnte, dann machte sich mein Herz Luft und die Thränen flossen, daß ich nicht wußte, wie sie verbergen. Das Gefühl war unbeschreiblich!!![18]

Nur zu oft stand Robert in diesem Sommer und Herbst des Abends vor Wiecks Haus auf der Straße und starrte hinauf, um Claras Schatten am Fenster zu sehen oder ein paar Takte ihres Klavierspiels zu erhaschen, wenn sie spät noch übte. Und sie wußte, daß er dort stand.

Die Spannung zwischen ihr und dem Vater machte Clara angst:

... ist es doch schon jetzt so, daß ich zuweilen den schrecklichen Gedanken habe, ich liebte Vater nicht mehr so, wie ich sollte; muß denn das aber nicht bittere Gefühle erwecken, muß das nicht bis aufs Tiefste verwunden, wenn man sein Liebstes, wenn ich meinen Robert... geringgeschätzt, verkannt, verhöhnt sehe? ... Schwer wird mir die Trennung vom Vater werden, viel werd ich kämpfen müssen, *doch die Liebe giebt mir die Kraft zu allem.* Ist die Zeit da, *dann auch ich.* Vater verstößt mich vielleicht, ach mein Gott, wie schrecklich, sollt es wirklich so weit kommen? Gott im Himmel wird mir dann verzeihen – es ist ja nur die Liebe![19]

Es war Clara zeitlebens nicht möglich, ihre eigenen Aggressionen gegen den Vater zu akzeptieren; viele Jahre lang litt sie unter Schuldgefühlen. Im Juli schrieb sie aus Maxen (einem Vorort von Dresden):

Daß Du auf Vater so bös bist, verzeih ich Dir gern, da ich weiß, daß Du eben so schnell alles vergiebst, wenn er gut gegen uns würde. Dein Herz ist so gut, daß ich so etwas gar nicht übel nehmen kann. Ich bin seine Tochter, und werd ich doch zuweilen bitter gestimmt, die ich Vater so sehr liebe! Glaub mir, er ist gut, und glaubt ja, mein Bestes zu thun... Hart ist er wohl zuweilen sehr, und kennt nicht die Liebe, die wir füreinander hegen, Zartgefühl in diesem Punkte kennt er auch nicht – glaub mir übrigens, wenn ich erst bei Dir bin, so wird er schon nach und nach gut auf mich, er liebt mich ja zu sehr, um mich auf immer von sich zu stoßen. Sey nur ganz ruhig, mein Robert, er liebt auch Dich, er will es sich nur nicht gestehen.[20]

Robert mußte ein für allemal damit leben, daß Clara sich innerlich niemals ganz von ihrem Vater losmachte, selbst dann nicht, als Wiecks Feindseligkeit auf dem Höhepunkt und sein Verhalten geradezu aberwitzig war. Im allgemeinen ertrug er die Situation mit Würde und bemühte sich, Clara Teilnahme und Verständnis entgegenzubringen. Aber diese Ruhe war nur äußerlich, in seinem Inneren war er erschüttert, verunsichert und häufig deprimiert. Am 1. August 1838 schrieb er: «An Deinem Vater hängst Du mit großer Liebe und bist mir nur desto verehrungswürdiger. Aber, Clara, wenn Du mich aufgäbest seinethalben! Ein Schauder überläuft mich. Verzeih mir, ich bin noch so krank.» Am 21. August beklagte er sich: «Dein Vater vergällt mir das ganze Leben, unsere ganze Liebe. Alles tritt er mit Füßen; nur den Mammon betet er an. Was hat er wieder Beckern vorgelogen? Und Du verteidigst mich wohl gar nicht? ... Genug davon; aber bis in den Traum verfolgen mich diese Beschimpfungen alle.» [21]

Da Wieck so streng und erbarmungslos war, mußten die Liebenden zu Lügen und Täuschungsmanövern greifen, in die auch ihre Freunde mit verwickelt wurden. Ernst Adolph Becker, der den Briefträger spielte, sah sich oft genug in einer peinlichen Situation. Während er im August 1838 Wiecks Gastfreundschaft genoß, transportierte er heimlich die Nachrichten zwischen der Tochter des Hauses und ihrem Liebhaber. Zwar hegten die Wiecks keinen Verdacht gegen ihn, wohl aber gegen den Arzt Moritz Reuter, der ebenfalls ein gemeinsamer Freund war. Einmal mußte Clara, nach einem Besuch von Reuter, eine peinliche Durchsuchung nach eingeschmuggelten Briefen über sich ergehen lassen. Die Verlobten lebten in ständiger Angst vor Entdeckung. Clementine hatte der treuen Nanny gedroht, es gebe Mittel und Wege herauszufinden, ob ihre Stieftochter gegen das Verbot verstoße. Clara flehte Robert an, ihre Briefe nicht offen liegenzulassen und nichts zu erwähnen, was sie geschrieben hatte: « ... ich bitt Dich, um Alleswillen, sey *vorsichtig*, das Unglück wäre schrecklich.» [22]

Auch jetzt noch hielt sich, wie damals in Wien, Claras Groll gegen den Vater die Waage mit dem Gefühl, ihm für ihre Karriere dankbar sein zu müssen und auf ihn angewiesen zu sein. Sie glaubte ihm sogar ihre Liebe zur Musik zu schulden, ihren einzigen Trost, wenn die Wutausbrüche und Beschimpfungen sie zur Verzweiflung brachten. Aus Dresden schrieb sie im August:

Wie macht einen die Liebe auch so empfänglich für alles Schöne; die Musik ist jetzt ein ganz anderes Ding für mich als ehemals. Wie seelig, wie sehnsüchtig stimmt sie, es ist unbeschreiblich. Ich könnte mich aber jetzt zuweilen aufreiben am Clavier, mein Herz macht sich Luft in den Tönen und – welch schöne Sympathie! ... Ach, wie schön ist doch die Musik, so oft mein Trost, wenn ich weinen möcht; das hab ich doch dem Vater zu danken, und werd es *nie* vergessen. [23]

Anfang September 1838, kurz vor ihrem neunzehnten Geburtstag, arrangierte Wieck ein Gewandhauskonzert, das erste nach dem Riesenerfolg in Wien. Robert setzte in die nächste Nummer der *Neuen Zeitschrift* ein eigenes Gedicht, «Traumbild», in dem er Claras Spiel als Höhepunkt der Romantik rühmt. Bilder aus Schuberts Liedern werden beschworen, der *Erlkönig* und *Mignon*, edle Ritter und zarte Nonnen, Clara selbst erscheint als ätherisches «Engelskind».[24]

Dieses Gedicht war für die Öffentlichkeit bestimmt. Im Innersten wurde Robert nach diesem Konzert von einer Furcht befallen, die er als Ehemann einer gefeierten Solistin noch oft erleben sollte; er wurde sich zum erstenmal seiner zwiespältigen Gefühle bewußt. Zunächst einmal empfand er es schon als Zumutung, Claras Anblick mit so vielen Menschen teilen zu müssen. Er saß still in seiner Ecke, sah auf seinen Ring an ihrem Finger, wie der ihn anstrahlte, und fühlte sich jämmerlich und überflüssig. Seine Zukunftsträume kommen im Brief vom 9. September zum Ausdruck:

Herrlich hast Du gespielt. Die Menschen verdienen Dich gar nicht... Du bist zu lieb, zu hoch für ein Leben, was Dein Vater für das Ziel, für das höchste Glück hält. Welche Mühen, welche Wege, wie viel Tage um ein paar Stunden!... Nein, meine Clara soll ein glückliches Weib werden, ein zufriedenes, geliebtes Weib. – Deine Kunst halte ich groß und heilig – ich darf gar nicht daran denken, an das Glück, das Du mir Alles damit machen wirst – aber brauchen wir's nicht nothwendig, so sollst Du keinen Finger rühren, wenn Du es nicht willst, vor Leuten, die nicht werth sind, daß man ihnen Thonleitern vorspielt – nicht wahr, mein Mädchen, Du mißverstehst mich nicht – Du hältst mich für einen Künstler, der Dich der Kunst erhalten zu können glaubt, ohne daß wir gerade große Concertreisen machen, ja einen recht innigen Musikmenschen wirst Du an mir finden, dem es einerlei, ob Du einmal ein wenig eilst oder anhältst, oder ein Paar Grade feiner spielst – wenn's nur immer recht von Innen herausströmt – und das ist bei Dir...[25]

Kurz nach diesem Konzert bereitete Robert seine Abreise nach Wien vor. Der Plan dazu war schon einige Monate zuvor entstanden, als Clara die Idee kam, daß ein Besuch in der österreichischen Hauptstadt Robert Vorteile bringen, vielleicht sogar zur Verlegung seiner Zeitschrift nach Wien führen könnte. Sie dachte dabei an die gute Aufnahme, die sie selbst dort gefunden hatte, und an Wiecks

Bedingung, falls sie heirateten, dürften sie nicht in Leipzig bleiben. Robert willigte ein und schrieb sofort nach Wien, um sich die Unterstützung des Klavierpädagogen am Konservatorium und Wiener Korrespondenten der *Neuen Zeitschrift*, Joseph Fischhof, zu verschaffen. Auch Beziehungen zu anderen einflußreichen Männern, die Clara kennengelernt hatte, sollten ihm im verfilzten Dschungel der bürokratischen Vorschriften und der üblichen Günstlingswirtschaft weiterhelfen. Vieles war in Österreich, wo die Zensur eine ganz andere Rolle spielte als in Sachsen, gar nicht so einfach wie daheim. Die Wienreise führte schließlich, was die Übersiedlung betraf, zu nichts, wurde aber für Schumann in anderer Hinsicht sehr bedeutsam. Er lernte Ferdinand Schubert kennen, den Bruder des von ihm so sehr verehrten Franz Schubert, und entdeckte die große C-Dur-Symphonie, die wie andere unschätzbare Notenmanuskripte in Vergessenheit geraten war. Er nutzte auch die reichlicher als in Leipzig sich bietenden Gelegenheiten, Vokalmusik zu hören, besonders auch in die Oper zu gehen. In einer ganzen Reihe von Schumanns Kompositionen ist der geistige und musikalische Einfluß der Wiener Zeit nachweisbar; die Klavierstücke «Arabeske» op. 19, «Humoreske» op. 20 und der «Faschingsschwank» op. 26 entstanden in Wien.[26]

Clara ängstigte sich vor dem Abschied und suchte ihn von Tag zu Tag hinauszuschieben, so daß Robert schließlich auf einen ausgeklügelten Plan verfiel, der ihnen erlauben sollte, sich ohne Zeitdruck unter vier Augen zu sehen. Er verbreitete bei seiner Hauswirtin und seinen Freunden, daß er sich vor der Abreise nach Wien zwei Wochen in Zwickau aufhalten wolle. Er fuhr auch nach Zwickau, aber nur für so lange, bis er von Clara den Wink erhielt, daß Wieck sich einer Geschäftsreise halber aus Leipzig entfernt hatte. Darauf kehrte er heimlich nach Leipzig zurück und hielt sich zwei Tage bei einem Freund verborgen, wo er mit Clara zusammenkommen konnte. Anschließend brach er nach Dresden und Wien auf.[27]

Die Trennung führte zu Befürchtungen und Spannungen, die sich in den Briefen äußerten und sich schließlich während Claras Aufenthalt in Paris zu massiven Meinungsverschiedenheiten auswuchsen. Wieck geriet bei seiner Heimkehr außer sich, als er erfuhr, daß die Liebenden drauf und dran waren, die Forderungen zu erfüllen, die er selbst ein paar Monate zuvor festgesetzt hatte, indem nämlich Robert seine Zeitschrift nach Wien verlegte und Clara sich auf die Tournee nach Paris vorbereitete. Nun gab es neue Bedingungen: Nanny, die auf der Seite der Liebenden stand, wurde entlassen; Clara sollte überhaupt keine Reisen mehr machen, und falls sie sich verheiratete, sollte sie «ihre Pflichten gegenüber ihrer Mutter» erfüllen und ihr die Zinsen von ihrem Kapital geben.[28] Diese Forderung kam vollkommen überraschend, hatte Wieck ihr doch bisher immer untersagt, Geld nach Berlin zu schicken.* Noch unerwarteter war die Ankündigung, er werde nicht mit nach Paris kommen. Erschrocken schrieb sie sofort an Schumann, der ihr versicherte, falls es zum Schlimmsten käme, werde er für sie sorgen. Er hatte sogar schon eine kleine Summe dafür beiseite gelegt. Doch trotz Roberts Großzügigkeit und kluger Voraussicht einerseits und der unvernünftigen Forderungen des Vaters andererseits schwankte Clara hin und her und quälte Robert mit ihren ständig wechselnden Stimmungen.

«Ihr seid auch – verzeih mir – wie ein Paar Kinder zusammen», schrieb er am 24. Oktober, «Du weinst, er tobt – und dann ist's wieder beim Alten ... Es wird nicht möglich sein, daß Du ihm u. mir zugleich angehörst. Einen wirst du laßen müßen, ihn oder mich.»[29]

Obwohl Clara stets beteuerte, daß Robert für sie vorgehe, war Wiecks Einfluß stärker. Ohne die Wirkung ihrer Worte auf Robert vorauszusehen, machte Clara den Vorschlag, die für 1840 geplante Heirat noch weiter hinauszuschieben, bis sie finanziell einen festeren Boden unter den Füßen haben würden. Schumann stürzte in einen solchen Abgrund von Verzweiflung, daß Dr. Reuter Clara aufforderte, schonender mit seinen Gefühlen umzugehen. Schließlich schrieb sie am 25. November die Worte, auf die er so sehnlich gewartet hatte: «Theurer Robert ... ich verlasse ja um Deinetwillen Alles, das Liebste, außer Dir, meinen Vater, ich verletze die Pflicht eines Kindes, ich will Dir folgen, ohne Vaters Einwilligung – das ist

* Clara hatte ihrer Mutter von Zeit zu Zeit kleinere Beträge zukommen lassen, da sie von ihrer Notlage wußte. Zum Beispiel schickte sie ihr nach dem Konzert im September 1838 sechs Louisdor.

viel, für ein fühlend Herz, hart, – aber ich *vertraue Dir*, mein Leben liegt dann nur in deiner Hand und Du wirst mich glücklich machen.»[30]

Leider war das nicht ihr letztes Wort zur Sache.

Paris würde nun also die Probe aufs Exempel ihrer Unabhängigkeit werden, privat wie vor den Augen und Ohren des Publikums. Clara schreckte davor zurück. Auch Robert war anfangs eher dagegen und mußte von den Vorteilen, die Paris bot, erst überzeugt werden. Noch im August schrieb er: «Wegen Paris, – so würde ich an Deiner Stelle nicht so thun, als läge Dir viel daran, würde nicht viel davon sprechen. Dein V. bleibt sicher nicht zu Hause den ganzen Winter. Allein reisen kannst Du aber nicht; erlaube es auch nicht (ich nähmlich) –»[31]

In den nächsten Monaten begriff Clara allmählich, wie maßlos erbittert ihr Vater war. Er wollte zwar nicht verbieten, daß sie ohne ihn nach Paris fuhr, gab aber der Erwartung Ausdruck, daß sie beim Publikum durchfallen und eine schmähliche Niederlage einstecken werde. Seine Empörung über ihren Eigenwillen und ihren Anspruch auf Selbständigkeit überwog bei weitem den Stolz auf ihre Leistung. Er wollte um jeden Preis recht behalten. Aber indem er sich auf seine Unentbehrlichkeit als Lehrer, Vater und Beschützer verließ, ignorierte er all das, was er seine Tochter bis dahin ebenfalls gelehrt hatte: praktische Tüchtigkeit, Selbstvertrauen und ein ausgeprägtes, fast schon an Sturheit grenzendes Durchhaltevermögen. So entschied sie sich mutig für die Reise.

Nanny, ihre einzige Vertraute, durfte sie nicht mitnehmen, sondern Wieck heuerte eine ihr unbekannte Französin namens Claudine Dufourd als Anstandsdame an, mit der Clara am 8. Januar bei heftigem Schneetreiben Leipzig in Richtung Nürnberg verließ. Sie wollte mit Konzertabenden *en route* Geld verdienen, wie bei der ersten Parisreise 1832 mit ihrem Vater, und war sehr befriedigt, daß die Konzerte in Nürnberg, Stuttgart und Karlsruhe auch ohne seine Mitwirkung glatt verliefen. Obwohl sie sich selbst immer noch einredete, ihr Vater werde nachkommen, sobald seine Geschäfte es erlaubten, merkte sie doch allmählich, daß sie auch ohne ihn gut zurechtkam.[32] Natürlich war ihr das Herz oft schwer, wenn sie in der rumpelnden Kutsche an Robert zu schreiben versuchte. Bei ihm, den sie manchmal als Eusebius, dann wieder als Florestan anredete, beklagte sie sich über Kopfschmerzen, schlaflose Nächte und über die mühsame Vorbereitung der Konzerte, die nun auf ihr lastete.

Zwei glückliche Momente gab es auf der Reise: in Asch erfuhr sie, daß Ernestine jung verheiratet und in jeder Weise bereit war, Clara und Robert zu helfen; und in Stuttgart fand sie eine Reisegefährtin, Henriette Reichmann, eine junge Dame ihres Alters, die bei ihr Unterricht nehmen und sie zu diesem Zweck nach Paris begleiten wollte. Die Freundschaft mit Henriette sollte ein Leben lang dauern.

Paris, das Ziel, das die beiden jungen Frauen samt Gesellschafterin ein wenig ängstlich ansteuerten, war noch immer die Musikmetropole Europas: in neunzehn Theatern und mindestens drei Konzertsälen gab es Tag für Tag ein reiches Angebot an Oper, Ballett, Schauspiel, Operette und Varieté sowie Vortragsveranstaltungen. Giacomo Meyerbeer, einer der vielen deutschen Komponisten, die Clara von früheren Reisen mit Wieck her kannte, hatte sich inzwischen eine einflußreiche Stellung als «Opernzar» geschaffen. Da war es ein Glück für Clara, daß er ihr liebenswürdig entgegenkam. Bei ihm konnte sie sich Rat holen, und obwohl seine Musik später von Robert in Grund und Boden verdammt wurde, so war er doch für Clara ein verläßlicher Freund. Sie traf auch mit anderen Komponisten zusammen – Friedrich Kalkbrenner, Daniel Auber, George Onslow und Jacques Halévy –, hinterließ aber bei ihnen keinen besonderen Eindruck, und sie ihrerseits machte sich nicht viel aus den französischen Komponisten, mit Ausnahme von Onslow, der ihr gefiel. Flüchtige Bekanntschaften gab es bald viele, darunter Charles Alkan, Pierre Baillot, Adolphe Adam, Luigi Cherubini, Johann Baptist Cramer und Anna de Belleville-Oury (eine frühere Rivalin, die sie «das unausstehlichste Weib der Welt» genannt hatte) und die Prinzessin Cristina Belgiojoso, eine reiche Mäzenatin. Durch die Familie Erard, Inhaber einer Klavierfabrik, wurde sie auch bei bedeutenden Schriftstellern eingeführt, darunter Alexandre Dumas und Heinrich Heine.

Hector Berlioz, dessen *Symphonie Fantastique* Schumann 1835 rezensiert und hoch gelobt hatte, wurde ihr im Hause des einflußreichen Verlegers Bertin vorgestellt. Davon berichtete sie Robert:

> Er ist still, hat ungeheuer dickes Haar und sieht immer auf den Boden, schlägt immer die Augen nieder. Morgen will er mich besuchen. Im Anfang wußte ich nicht, daß er es war und erstaunte, wer der sei, der immer von Dir sprach; endlich fragte ich ihn um seinen Namen und als er ihn sagte, da bekam ich einen freudigen Schreck, der ihm geschmeichelt haben muß. Seine neue Oper [*Benvenuto Cellini*, A.d.A.] hat gänzlich mißfallen...[33]

Berlioz kämpfte damals selbst noch um den Aufstieg in der stark politisch beeinflußten Musikszene der französischen Hauptstadt und mußte überdies für eine kränkelnde, streitsüchtige Frau mit einem kleinen Kind sorgen; er hatte weder Zeit noch Lust, sich für die junge deutsche Pianistin einzusetzen. Mit seiner Kritik ihres Konzertes am 16. April, die im *Journal des Débats* erschien, war sie ganz und gar nicht einverstanden. Er erwähnte zwar ihr talentiertes Spiel, hatte aber für ihr Scherzo nur ein karges Lob. Obwohl Clara sich sonst in bezug auf ihre eigenen musikalischen Schöpfungen recht bescheiden gab, war sie doch so sehr an die Anerkennung der Kritiker gewöhnt, daß Berlioz' Äußerungen sie verletzten. Sie empfand sie als feindselig und nannte in ihrem Tagebuch am 18. April 1838 die Kritik «höchst malitiös».

Ein paar gute Freunde hatte Clara schon bei der Ankunft in Paris im Februar 1839 vorgefunden: Emilie List war mit ihren Eltern da, und die Mezzosopranistin Pauline Viardot, der sie im Jahr zuvor in Dresden begegnet war, hatte sich mit ihrer Mutter und ihrem Schwager, dem belgischen Geiger Charles de Bériot, in der französischen Hauptstadt niedergelassen, wo sie stürmisch gefeiert wurde.* Die führenden Klavierbaufirmen Erard und Pleyel boten Clara um die Wette ihre Instrumente an, so daß sie sich in einer peinlichen Lage fühlte: wie sollte sie auf dem Pleyel spielen (der ihr lieber war), ohne Monsieur Erard zu beleidigen?

Das Leben in der großen fremden Stadt war zunächst gar nicht leicht für Clara. Es dauerte Wochen, bis sie auf dem Postamt die ersten Briefe von Robert erhielt; von ihrem Vater kam noch längere Zeit kein Wort. Sie fühlte sich vollkommen abgeschnitten von ihrer früheren Existenz und klagte Robert ihr Leid, sie sei zum erstenmal

* Bériot wirkte in Clara Wiecks Konzert am 16. April mit.

im Leben ganz allein. Als aber Heinrich Probst, ein Geschäftsfreund ihres Vaters, und ihr Onkel Eduard Fechner sie drängten, nach Hause zurückzukehren, weigerte sie sich, ja verabredete stattdessen Konzerte am Konservatorium und im Salon der Erards. Sie teilte Robert mit, daß sie an eine mehrmonatige Tournee in England denke und im Sommer nach Paris zurückkommen wolle, um Unterricht zu geben. Bevor sie nach Leipzig zurückkehrte, wollte sie noch in der französischen Provinz an mehreren Orten konzertieren. Ostern 1840 sollte die Hochzeit sein, ob der Vater nun zustimmte oder nicht.

Henriette Reichmann, Clara und Mlle. Dufourd (von der sie sich bald nach der Ankunft trennte) stiegen zunächst im Hôtel Michadière ab, wo auch Pauline Viardot wohnte, zogen aber nach einigen Monaten schon um, und zwar in die Wohnung der Familie List. Clara übte täglich, unterrichtete, bemühte sich um Auftrittsmöglichkeiten und spielte vor Zuhörern, wo immer man sie dazu einlud. Trotzdem ließen sie und Henriette keine Sehenswürdigkeit von Paris aus: die Tuilerien, Notre-Dame, das Palais Royal, den Invalidendom, das Pantheon, die Börse. Einmal gerieten sie während der politischen Unruhen in einen Straßenauflauf (was ziemlich aufregend war, wie sie Robert haarklein berichtete). Bei jeder sich bietenden Gelegenheit gingen sie in die Oper, ins Konzert oder zum Ballett und fühlten sich keineswegs verlassen. Clara biß sich durch, obwohl man nicht sagen kann, daß Paris sehr viel Notiz von ihr nahm. Zum erstenmal im Leben mußte sie es mit einer ansehnlichen Konkurrenz aufnehmen, und sie berichtete Robert ein wenig mutlos, anscheinend hätten alle Pianisten und Pianistinnen von Paris gleichzeitig Konzerte vorgesehen. Dennoch gelang es ihr im März und April, einige kleinere Auftritte für sich zu arrangieren, die von der Pariser Kritik wohlwollend aufgenommen und sogar in der Leipziger *Allgemeinen musikalischen Zeitung* gelobt wurden.

Aller Beifall aber und alle Anerkennung genügten ihr nicht, solange sie das Wichtigste entbehren mußte, nämlich das Lob ihres Vaters. Kurz nach der Ankunft in Paris, am 14. Februar, hatte sie tiefbetrübt an Robert geschrieben:

Sieh, nur Dich hab ich ja, Du sollst meine Stütze sein! ich hab einen Vater, den ich unendlich liebe, der mich liebt, und doch hab ich keinen Vater, wie ihn mein Herz bedürfte! Sei Du mein Alles, auch mein Vater, nicht wahr, Robert? Ach, ich hab wohl Briefe bekommen, seit ich hier bin, das sind aber andere Briefe! Da ist kein liebes Wort, wie ich sie von Dir so gern höre, da sind nur kalte Rathschläge, Vorwürfe, mein Vater fühlt sich unglücklich, und das schmerzt mich – ich kann aber nicht anders. Ich glaube fest, daß meines Vaters Herz sich noch biegen läßt, und in diesem Glauben laß uns unserem Ziele immer näher kommen; sieht er uns glücklich, dann wird er auch glücklich sein.[34]

Wieck las alle Kritiken und ließ sich von Freunden auf dem laufenden halten. Zu seinem Ärger mußte er sich eingestehen, daß Clara ganz gut ohne ihn vorankam. Daraufhin teilte er tiefgekränkt Emilie List seine Absicht mit, Clara zu enterben und ihr auch das selbstverdiente Geld vorzuenthalten, falls sie sich nicht von Robert lossage. Außerdem drohte er mit einer Klage vor Gericht.

Robert reagierte auf das Lob der Presse sehr zwiespältig. Einerseits war er von Stolz erfüllt (z. B. adressierte er seine Briefe «An die K. K. Kammervirtuosin Clara Wieck») und drückte selbst noch in seinen Ratschlägen und Warnungen eine hohe Erwartung aus: «... gehe ja nicht eher aus Paris, als Du einen *vollständigen* Triumph mit Dir nimmst... gehe nicht eher nach London, als Du sicher bist, daß Du schon von Paris aus hinlänglich dort empfohlen bist. Die Städte sind die größten in der Welt. Du kommst ja eigentlich *zum erstenmal* als vollendete Meisterin dahin.»[35]

Dagegen ließ er manchmal auch ganz andere Töne hören:

...wenn ich und je mehr ich unserm ersten Ehesommer in Zwickau nachsinne, desto mehr will sich die ganze Welt wie eine Rosenlaube über mich zusammenschlagen... Erstens (noch einen Kuß) müssen junge Frauen gehörig kochen und wirtschaften können, wenn sie zufriedene Männer haben wollen, das könntest Du aber unter Lachen und Scherzen bei Theresen lernen – sodann dürfen junge Frauen nicht gleich große Reisen machen, sondern müssen sich pflegen und schonen, namentlich solche, die ein ganzes Jahr vorher für ihren Mann gearbeitet und sich aufgeopfert haben – drittens wären wir aller lästigen und neugierigen Besuche ledig – viertens würden wir sehr spazieren gehen können und ich Dir alle Plätze zeigen, wo man mich als Jungen durchgeprügelt – fünftens könnte uns Dein Vater nichts anhaben...[36]

Robert Schumann im Alter von 29 Jahren.
Lithographie von Josef Kriehuber, 1839.
Robert-Schumann-Haus, Zwickau

Dann wiederum, mit einer neuen Kehrtwendung, drängte er: «schreibe mir oft und viel... benütze Deine Zeit, componire, spiele... *ziehe Dich nicht so sehr zurück*, damit man immer weiß, was für eine Künstlerin in Paris ist».[37] Schon ein paar Tage später versuchte er, seine widersprüchlichen Zukunftsträume unter einen Hut zu bringen:

Eben las ich Deinen Brief «bleibe ich ein Jahr in Dresden, so bin ich als Künstlerin vergeßen» – Klärchen, das ist doch nicht Dein Ernst – und würdest Du auch als Künstlerin vergeßen, wirst Du denn nicht als Weib geliebt? ... Das erste Jahr unserer Ehe *sollst* Du die Künstlerin vergeßen, sollst nichts als Dir und Deinem Haus und Deinem Mann leben, und warte Du nur, wie ich Dir die Künstlerin vergeßen machen will – nein das Weib steht doch noch höher als die Künstlerin, und erreiche ich nur das, daß Du gar nichts mehr mit der Öffentlichkeit zu tun hättest, so wäre mein innigster Wunsch erreicht. Deshalb bleibst Du doch immer die Künstlerin, die Du bist. Das bißchen Ruhm auf Lumpenpapier, was Dein Vater als höchstes Glück der Welt betrachtet, verachte ich.[38]

Solche ambivalenten Gefühle und die damit zusammenhängenden Frustrationen belasteten Robert ständig. Noch mehr beunruhigte und ängstigte ihn, daß Clara sich weiterhin an ihren Vater klammerte. Selbst als Wieck ihr zu drohen begann, drängte sie weiterhin auf Beschwichtigung. Auf Roberts Vorwurf, sie zeige ihrem Vater gegenüber immer noch zu wenig Mut, antwortete sie am 22. April: «Mein Vater mag sich doch recht unglücklich fühlen manchmal, er ist zu bedauern und im Stillen gräme ich mich sehr oft darum; doch ich kann es durchaus nicht ändern... Ach Robert, verzeihe mir nur auch später einmal, wenn zuweilen eine plötzliche Melancholie mich überfällt, wo ich meines Vaters gedenke – es ist doch schmerzlich.»[39] Es wird Robert noch schwerer gefallen sein, Claras Reaktion auf einen zweiten, weniger herrischen und anmaßenden Brief ihres Vaters zu akzeptieren. Aus der gemilderten Tonart las Clara väterliche Wärme heraus, und sie sprach sofort darauf an, indem sie Wieck mit leidenschaftlichen Worten schilderte, was sie für Robert empfand, wie wichtig diese Beziehung für sie war und wie sehr es sie nach dem väterlichen Segen verlangte. Sie forderte Wieck auf, zu ihr nach Paris und mit nach London zu kommen, und versprach, daß Emilie ihm mit der englischen Sprache behilflich sein werde.

Im Mai dann stürzte sie alle früheren Zusagen an Robert um und schlug vor, die Heirat zu verschieben, womit sie sich indirekt auf die Seite des Vaters stellte. Sie kannte Robert gut genug, um auf seine zornige Enttäuschung gefaßt zu sein, aber sie machte sich nicht klar, daß die besänftigende Aufforderung «Nicht wahr, Robert, Du bist ein Mann und giebst Dich keinem zu großen Kummer hin?» ihn erst recht verletzen mußte.[40]

Der schwere Schlag, den dies für Schumann bedeutete, wurde durch einen Brief von Emilie List noch verschlimmert, die sich nun einmischte und ihm mitteilte, daß Clara sich überanstrengt habe. Wenn sie sich ihre Leistungsfähigkeit als Virtuosin erhalten wolle, so dürfe sie auf keinen Fall mehr als eine Stunde Unterricht täglich geben, und davon könne man die Kosten eines Haushaltes doch nicht bestreiten. Clara werde sich entweder entschließen müssen, ihren Beruf aufzugeben und das Leben einer Hausfrau auf sich zu nehmen, oder sie müsse finanziell so gestellt werden, daß sie ein von kleinlichen Sorgen freies Leben führen könne. Deshalb, meinte die junge Dame, halte sie es für viel besser, wenn Clara sich vor der Heirat noch ein kleines Kapital ansammle. Sie verstieg sich sogar zu dem Vorschlag, Robert solle Buchhändler werden und den Verlag seines kürzlich verstorbenen Bruders Eduard übernehmen. Das sei überdies «das sicherste Mittel, in kurzer Zeit das Verlangen des Herrn Wieck zu befriedigen».[41] *

Die Idee, die Firma seines Bruders fortzuführen, war Robert auch schon gekommen; aber diesen Vorschlag von Claras Freundin entgegennehmen zu müssen brachte ihn um seine Fassung. Es wäre wohl zum Streit gekommen, wenn er nicht gleich darauf einen Entschuldigungsbrief von Clara bekommen hätte. «Sag mir, mein guter geliebter Robert, was soll ich thun, Deine sanfteren Gefühle für mich wieder herzustellen? Bitte sag es mir, ich bin nicht ruhig, wenn ich Dich in Groll gegen mich weiß», schrieb sie, als ihr klar wurde, was sie angerichtet hatte.[42]

* Emilie List, deren scharfe Zunge bekannt war, mischte sich mehr als einmal in Claras Angelegenheiten ein. Es gab deswegen später gelegentlich Verstimmungen, doch blieb die Freundschaft bestehen. Emilie blieb unverheiratet.

Clara Wieck kurz vor ihrer Heirat im Alter von 20 Jahren.
Kolorierte Zeichnung, 1840. Robert-Schumann-Haus, Zwickau

«Versprichst Du mir das, Dir keine unnützen Sorgen mehr zu machen, und mir zu vertrauen und mir folgsam zu sein, da nun einmal die Männer über den Frauen stehen», fragte Robert zurück.[43] Clara bereute und versprach ihm alles, was er wollte. Robert schickte ihr kurz darauf zwei Briefe; in einem davon bat er Wieck in angemessener Form um die Zustimmung zur Heirat, während der zweite mit ihrer beider Unterschrift an das Kgl. Hohe Appellationsgericht in Leipzig gehen sollte, falls Wieck seine Einwilligung verweigerte. Jetzt gab es für Clara kein Zögern mehr. Am 15. Juni ging sie zu einem Pariser Notar, leistete dort ihre Unterschrift und schickte den Brief alsbald zurück.*

Von nun an war Clara nicht länger unschlüssig; Wieck selbst hatte durch Grobheit ohnegleichen ihre Entscheidung provoziert. Zusammen mit einem ziemlich taktlosen Brief hatte er ihr eine Liste von Bedingungen für sein Einlenken geschickt, die sie unterschreiben sollte. Diese Bedingungen waren indiskutabel, Wieck war damit eindeutig zu weit gegangen. Sie erwiderte ihm:

Eines laß mich beantworten! Deine Bedingungen habe ich nicht unterschrieben, und ich sage Dir, ich unterschreibe sie nie, dazu hab ich zu viel Ehrgefühl: überhaupt, wie konntest Du denken, daß ich eine Schrift unterschreiben würde, in der lauter Schlechtigkeiten des Mannes stehen, den ich liebe? Das war nicht Dein Ernst, und wäre es doch wirklich Dein Ernst, so muß ich Dir sagen, zu so etwas bringst Du mich nie.[44]

Roberts Brief an Wieck lautete:

Verehrtester Herr,
Clara schreibt mir, Sie wünschten selbst, daß wir zu einem Ende gelangten; ich biete gern die Hand zum Frieden. Theilen Sie mir Ihre Wünsche mit; was davon zu erfüllen in meinen Kräften steht, bin ich mit Freuden zu thun bereit. Schweigen Sie bis heute über acht Tage auf meine Anfrage, so nehme ich es als Ihr bestimmtes Nein der Weigerung.[45]

* In Sachsen war für die Eheschließung, ohne Rücksicht auf Alter oder Stand der Brautleute, die Einwilligung der beiderseitigen Eltern erforderlich. Robert war als Waise davon freigestellt, und Claras Mutter hatte ohne Umstände eingewilligt. Im Falle, daß die Zustimmung der Eltern verweigert wurde, entsprach der Antrag an das Gericht dem üblichen Vorgehen.

Die Antwort kam von Frau Wieck im Auftrag ihres Mannes und enthielt nur die kurze Mitteilung, «Wieck wolle mit Schumann in keiner Beziehung stehen».[46]

Robert ließ nun unverzüglich den Antrag mit den beiden Unterschriften dem Gericht einreichen; an Clara schickte er das Reisegeld für die Rückkehr nach Leipzig, da persönliches Erscheinen vor Gericht nötig sein würde.[47] Clara und Henriette verließen Paris in der zweiten Augustwoche und nahmen ein paar Tage später in Stuttgart voneinander Abschied.

Der Aufenthalt in Paris hatte Clara zwar nicht den erstrebten Ruhm eingebracht, doch war er von unschätzbarem Wert für ihre persönliche Entwicklung. Sie hatte hier unabhängig vom Elternhaus gelebt, Freunde gesucht und gefunden, Konzerte gegeben und arrangiert und sich in den trüben Gewässern des Pariser Musiklebens freigeschwommen; sie hatte komponiert, unterrichtet, überlebt ohne die Hilfe des Vaters – und das alles in einem Zustand inneren Aufruhrs, der eine schwächere Persönlichkeit wohl in die Knie gezwungen hätte.

Am 18. August 1839 traf Clara mit Robert in Altenburg zusammen, dem Ort, an dem man sie vor so vielen Jahren ihrer Mutter entrissen hatte. Die Liebenden verbrachten einige Tage miteinander, hielten aber dann einzeln Einzug in Leipzig. Wenn Clara vor dem Wiedersehen mit dem grollenden Vater gezittert hatte, so war die Angst unnötig gewesen: das Elternhaus verschloß vor ihr die Tür. Sie fand vorübergehend Zuflucht bei Freunden und Bekannten und reiste schon bald nach Berlin weiter, wo Marianne Bargiel und ihre Familie ihr ein Obdach anboten. Alles, was sie besaß – Kleidung, Noten, sogar das Kindheitstagebuch und ihren Flügel – hatte sie im Haus des Vaters zurückgelassen.

Das folgende Jahr sollte noch schwerer für sie werden, obwohl die Mutter und Robert ihr zur Seite standen. Die verschämte Armut des Ehepaars Bargiel erschreckte und erschütterte sie. Marianne mußte Klavierstunden geben und zur gleichen Zeit vier Kinder großziehen, ihren kranken Mann pflegen und den Haushalt führen. So freundlich Clara auch aufgenommen worden war, merkte sie doch bald, daß ihre Anwesenheit eine zusätzliche Last war. Vom

Vater bekam sie keinen Pfennig. Schumann hatte ihr am 3. September 400 Taler in preußischen Staatsschuldscheinen überschrieben.* Trotzdem fühlte sie sich hilflos; um alles noch schlimmer zu machen, bekam sie einen herzerweichenden Bittbrief von Ernestine von Fricken, die inzwischen verwitwet und bettelarm geworden war.[48] Ihre Sorgen verwandelten sich in Verzweiflung, als sie erkannte, daß Robert, der ihr in all den Monaten Mut zugesprochen und die Initiative ergriffen hatte, eine Phase schwerer Depression durchmachte. In seinen Briefen machte er kein Hehl daraus:

> Nur bitte ich Dich, meinen Namen manchmal leise dem Höchsten auszusprechen, daß er mich beschützen möge; denn ich kann Dir sagen, ich kann kaum noch beten, so bin ich vom Schmerz niedergebeugt und verstockt. Ich habe doch eine große Schuld auf mir, daß ich Dich von Deinem Vater getrennt habe – und dies foltert mich oft.[49]

Als er im Juli nach Zwickau fuhr, quälten ihn Todesahnungen – «nur bin ich manchmal sehr krank jetzt, so eigen schwach im ganzen Körper und namentlich auch im Kopf... Du mußt es auch an meinen Briefen merken. Es greift mich Alles so fürchterlich an.»[50]

Solche Gemütszustände waren Clara fremd, obwohl sie doch so manchen Augenblick der Trübsal und Entmutigung erlebt hatte. Damals in Paris und jetzt in Berlin reagierte sie auf seelische Belastungen mit physischen Symptomen wie Schmerzen in den Fingern, Schultern oder Armen, aber selbst solche Unpäßlichkeiten hielten sie nicht vom Klavierspiel ab. Im Januar 1840 gab sie eine Reihe von Konzerten in Berlin, ohne Rücksicht darauf, daß sie an Melancholie, einer Neigung zu Ohnmachtsanfällen und an einer Gesichtsneuralgie litt; dabei stellte sie zu ihrer Überraschung fest, daß die Zuhörer nichts davon bemerkten, daß sie so gut wie eh und je spielte und den üblichen stürmischen Applaus einheimste. Sie wußte von Roberts Schwermutsanfällen, hatte aber bis dahin nicht recht begriffen, daß sie sich damit würde auseinandersetzen müssen. Diese

* Aus den Eintragungen in Schumanns Haushaltbuch wissen wir, daß er Clara während des gesamten Jahres vor ihrer Heirat unterstützte. Er schickte ihr Geld nicht nur für den Lebensunterhalt, sondern auch für alle möglichen anderen Aufwendungen – Konzertkleider, Geschenke für Mutter und Stiefvater und sogar für den Bruder Alwin.

Erkenntnis hatte etwas Erschreckendes, zumal sie jetzt so ganz auf seine seelische und moralische Unterstützung angewiesen war. Es war ja noch zu ertragen, solange er ihr schrieb und seinen Zustand schilderte: «... ich schweige oft Tage lang – ohne Gedanken – und murre nur vor mich hin.»[51] Aber oft schrieb er gar nicht oder ohne die gewohnte Zärtlichkeit. Einmal versetzte ein Brief von ihm sie so sehr in Verzweiflung, daß sie am 15. Januar 1840 ihrem Tagebuch anvertraute:

Heute habe ich eine der schmerzhaftesten Stunden meines Lebens gehabt durch einen Brief von Robert, worin er mir bestätigt, daß wir vor Michaelis nicht zu Ende unserer Sache kommen werden, zugleich aber auch schreibt, er will mich nicht abhalten zum Vater zurück zu kehren, wenn ich wolle etc: das war ärger als ein Dolchstich – er versetzte mich im ersten Augenblick in eine Art Betäubung, dann aber flossen meine Thränen unaufhaltsam. Ach Robert, wie Unrecht hast Du mir gethan!

Am 17. Januar notierte sie:

Meine Stimmung ist eine unbeschreibliche – ich kann die Worte in Roberts letztem Brief nicht vergessen – sie peinigen mich. Ich habe doch Alles ertragen, ich habe den Vater verloren, ich habe ihm vor Gericht gegenübergestanden, welche Kämpfe hab ich mit mir gekämpft, doch für Alles entschädigte mich Roberts Liebe u. Glaube – sein Glaube an mich, dachte ich, sey unerschütterlich, und nun thut er mir so weh – ich kann gar nicht ruhig werden.

Sie ahnte nicht, daß Schumann unter dem Druck einer «Erklärung» von Wieck stand, die dieser am 14. Dezember 1839 dem Gericht mündlich und schriftlich unterbreitet hatte. Robert brachte es nicht über sich, ihr den Inhalt dieses bösartigen und verleumderischen Papiers zur Kenntnis zu geben.* Obwohl er jeden der dort

* Man spürt in diesem elf Seiten langen Dokument die ganze Maßlosigkeit von Wiecks Zorn. Er urteilt nicht nur abfällig über Schumanns Leistungen als Komponist und ausübender Musiker, als Schriftsteller und Zeitungsredakteur, sondern behauptet auch, Schumann werde Claras Karriere behindern, weil er nicht in die Gesellschaft passe, weder deutlich sprechen noch leserlich schreiben könne. Er habe sich durch eigene Dummheit die Finger verkrüppelt, lügnerische Angaben über seine Einkünfte gemacht, sei schlecht erzogen, von unbeschreiblichem Egoismus und grenzenloser Eitelkeit beherrscht; ein stiller Trinker, der kein Maß kenne und Clara nicht wirklich liebe, sondern sie ausnutzen und von ihrem Verdienst leben wolle.

erhobenen Vorwürfe leicht entkräften konnte, kostete der Aufschub der Gerichtsentscheidung Zeit und Geld und brachte ihn in eine äußerst demütigende Situation.

Der Prozeß zog sich, wie das so üblich ist, in die Länge. Wieck faßte seine «Erklärung» in einem fünf Seiten langen Schriftstück zusammen, worauf Schumann in einer ebenso langen «Refutation» alle Beschuldigungen zurückwies. Als Beweise für seinen guten Leumund legte er die Urkunde über die Verleihung der Ehrendoktorwürde durch die Universität Jena, eine Aufstellung seiner Einkünfte, ein Schreiben von Ernestine von Frickens Vater und Briefe anderer einflußreicher Freunde bei. Das Gericht glaubte ihm und erteilte im Juli endlich die Heiratserlaubnis. Zu der entscheidenden Sitzung war Wieck, der seine Niederlage immer noch nicht eingestehen wollte, nicht erschienen.

Schumann hatte Wiecks Behauptungen vor Gericht mit einer Gegenklage erwidert. Am 1. Juni 1840 wurde die «Denunciation» nach Dresden geschickt, wo Wieck jetzt seinen Wohnsitz hatte. Er wurde darin wegen Beleidigung angezeigt und auf Herausgabe des Kapitals verklagt, das Clara mit ihren Konzerten verdient hatte.

In der Geldangelegenheit wurde schließlich ein Vergleich geschlossen, die Ehrverletzung jedoch in einem Gerichtsverfahren weiterverfolgt. Es endete im April 1841 damit, daß Wieck verurteilt wurde. Er mußte die Prozeßkosten tragen und dem Ehepaar Schumann eine beträchtliche Summe zahlen.[52] Zusätzlich zu den juristischen Streitereien hatte Wieck weitere Versuche unternommen, Clara in letzter Minute auf die Knie zu zwingen. Im April 1840 hatte er Alwin zu ihr geschickt mit der Aufforderung, für dessen Violinunterricht aufzukommen; wenig später streute er in Leipzig aus, Clara werde bald als Bettlerin an seine Tür klopfen, und schickte verleumderische Briefe nach Hamburg und Bremen,

Seine Tochter, schreibt Wieck, sei zur Künstlerin ausgebildet und nicht imstande, einen Haushalt zu führen, überdies brauche sie als Künstlerin mehr Geld als Frauen in gewöhnlichen Lebensumständen. Das Schriftstück befindet sich im Staatsarchiv zu Dresden, eine von Georg Eismann hergestellte Transkription im Robert-Schumann-Haus in Zwickau (5725–A3c).

kurz bevor sie dort Konzerte geben wollte. Der boshafteste Streich war wohl die Behauptung, sie spiele schlecht und ruiniere jeden Flügel.[53]

Auch gegen Schumann setzte er seine Angriffe fort, indem er in ganz Leipzig Gerüchte über ihn verbreitete. Seine Nachreden waren so bösartig, seine ganze Handlungsweise so irrational, daß Clara wie so mancher andere im Ernst fürchtete, er sei dabei, den Verstand zu verlieren.[54] Die Beschuldigungen waren nichts als Lügen, Verzerrungen und Halbwahrheiten, die sich leicht widerlegen ließen – aber die seelische Belastung, die all dies für den jungen Komponisten mit sich brachte, war außerordentlich groß.

Im September 1839 hatte Clara ihren Vater um einen Teil ihres selbstverdienten Kapitals als Mitgift gebeten, aber er hatte ihr Ansinnen abgeschlagen mit dem Argument, wenn Robert sie wirklich liebe, werde er ihr auch das Nötige schaffen. Daraufhin machte sie sich unverzagt daran, ihre Aussteuer durch eigene Arbeit selbst zu verdienen. Sie gab mehrere Konzerte in Berlin und ging, begleitet von ihrer Mutter, auf Tournee, erst nach Stettin und Stargard, dann nach Hamburg, Bremen und Lübeck. Im März 1840 konnte sie an Schumann schreiben «… ich will Dir's sagen, obgleich ich nicht gern davon spreche. Ich hatte Einnahmen 970 Thaler, davon gingen soviel für Reisekosten, Einkäufe für mich und Mutter und das ganze Haus ab, daß mir 490 Thlr. blieben. – Bist Du zufrieden oder nicht? ich bin es sehr und meine, man kann in 5 Wochen kaum mehr verlangen.»[55]

Die Reisen brachten ihr mehr ein als nur den finanziellen Verdienst. Es war ein Labsal für sie, wieder vor Publikum zu spielen. Sie dachte bedrückt an Schumanns Wunsch, daß sie im ersten Ehejahr zu Hause bleiben solle, und erklärte ihm – wie später noch so oft in ihrem Eheleben –, sie müsse die Zeit zum Geldverdienen nutzen, «jetzt wo ich noch jung und bei Kräften bin». Es gab noch ein paar weitere Meinungsverschiedenheiten in diesen Monaten vor der Hochzeit, weil Clara Konzerte in England und in St. Petersburg geben wollte und Robert nicht einverstanden war. Sie hätte auch eine längere Trennung auf sich genommen im Hinblick darauf, daß – wie sie in ihrer nüchternen Art feststellte – sie als verheiratete Frau insgesamt nicht mehr so viele Einnahmen würde erzielen können wie jetzt als junges Mädchen. Auf die Reise nach Rußland verzichtete sie erst, als sie erfuhr, daß Liszt zur selben Zeit dort spielen werde. Ein Wettstreit um die Publikumsgunst gegen Liszt – dazu wollte sie nicht antreten.[56]

Um das Geld machte Clara sich wirklich Sorgen. Sie fürchtete, Roberts Kapital angreifen zu müssen, um ihren Hausstand einzurichten; «... der Gedanke peinigt mich. Ich kann so nicht frohen Muthes meiner Verbindung mit ihm entgegensehen...», schrieb sie am 7. April 1840 in ihr Tagebuch. Aber obwohl sie selbst ihre Besorgnisse mit der finanziellen Unsicherheit begründete, waren es in Wirklichkeit wohl andere Probleme, die sie beunruhigten. Die emotionale Bindung an ihren Vater bestand im Grunde unvermindert fort, das Trauma der Trennung war noch keineswegs bewältigt. In der gesamten Zeit der inneren und äußeren Auseinandersetzung mit dem Vater finden sich in Claras Tagebuch immer wieder Äußerungen der Hoffnung, daß die väterliche Liebe eines Tages über seinen «Starrsinn» triumphieren werde. So heißt es im Tagebuch:

[31. August 1839] Meine kindliche Liebe und Dankbarkeit kann nie aufhören,...

[20. September] Heute hat mich wieder eine große Wehmut ergriffen bei dem Gedanken an den Vater. Es dauert mich so sehr, und doch, war er nicht grausam? ich fühle aber demungeachtet eine so unauslöschbare Liebe für ihn – ein freundlich Wort von ihm und ich wollte nicht mehr der Schmerzen gedenken, die er mir verursacht hat.

[26. September] Ich fühle mich jetzt so verlassen, keinem Menschen gehöre ich an, wenn ich Robert sehe, möchte ich mich festklammern an ihm.

[29. September] Überhaupt fühle ich für den Vater ein Bedauern, das ich nicht beschreiben kann, in mir hat er doch sein ganzes Hoffen verloren.

[11. November] Ach Gott, was macht mir doch der Vater für Kummer! ich möchte ihn vergessen (der Himmel verzeihe mir) und kann es doch nicht, ich kann die kindliche Liebe durchaus nicht unterdrücken, und that ich es einmal, so bricht sie dann um so mehr hervor, und dann muß ich mich ausweinen. Es ist mir doch eine Beruhigung, daß mich mein Gefühl für meinen Vater nicht verlassen hat, und das will ich mir auch bewahren. Er ist zu bemitleiden einerseits, so schrecklich er auch andererseits an mir handelt.

Friedrich Wieck, ca. 1853.
Aus: Marie Wieck, *Aus dem Kreise Wieck-Schumann*
(Dresden, 1914)

Claras Briefe von ihren Reisen im Winter 1839/40 lassen Reaktionsmuster erkennen, die sich nie mehr ändern sollten. Wie so viele andere ausübende Künstler litt sie an Lampenfieber, war nach dem Konzert mit der eigenen Leistung oft nicht zufrieden und fühlte sich deprimiert. In Zeiten, in denen sie mit sich selbst unzufrieden war, hatte sie häufig auch körperliche Beschwerden. Schumann fühlte sich verstimmt durch solche Klagen und wies sie darauf hin, daß ihr Vater womöglich diese Empfindungen in ihr verstärkt habe, damit sie sich ohne ihn hilflos fühlen möge. In einem Brief vom 9. Februar 1840 machte Robert ihren Vater auch verantwortlich für ihre Befürchtung, daß sie bald vergessen sein werde, wenn sie heirate und nicht mehr öffentlich auftrete.[57] Sowie Clara diesen Brief gelesen hatte, war sie überzeugt, daß es sich so verhielt, war augenblicklich erleichtert und wieder bereit, sich dem Publikum zu stellen. Doch sollte ihr auch in Zukunft ihr Selbstvertrauen noch so manches Mal abhanden kommen.

Die seelischen Probleme der Jahre 1838 bis 1840 förderten bei Clara die Neigung zu Mißtrauen und Eifersucht. Während sie mit ihrer Mutter im Norden auf Tournee war, kam die schöne und begabte französische Pianistin Camilla Pleyel nach Leipzig. Sie war nur wenige Jahre älter als Clara. Es war ja schlimm genug, daß Vater Wieck der koketten jungen Dame aufs zärtlichste den Hof machte, schlimmer noch, daß ganz Hamburg sie in den Himmel hob, aber einfach unerträglich fand Clara es, daß Robert die Pleyel in seinen Briefen und Aufsätzen mit Lob bedachte.

Während einer von Schumanns fruchtbarsten Schaffensperioden (1840, «wie immer im Februar»[58]) schickte er Clara die ersten Blätter aus der Fülle der in dieser Zeit entstandenen Liedkompositionen zu. Claras Freude darüber wurde von Zweifeln getrübt, deren sie sich nicht erwehren konnte. «Wie schön ist es doch, daß Du so fleißig componirst! mit den Liedern wird mir's aber bedenklich, ist es doch nicht etwa eine junge Nachtigall, die Dich inflamirt?» Darauf erhielt sie keine Antwort, doch hätte der Begleitbrief zu den Liedern sie schon beruhigen können: «Die Lieder sind meine ersten gedruckten, also kritisire sie mir nicht zu stark. Wie ich sie componirte, war ich ganz in Dir. Du romantisches Mädchen verfolgst mich doch mit Deinen Augen überall hin, und ich denke mir oft, ohne solche Braut kann man auch keine solche Musik machen.»[59]

Clara war seiner nie ganz sicher, trotz der leidenschaftlichen Worte, mit denen er seine Bindung an sie immer wieder beteuerte, so in einem Brief vom Dezember 1838:

Du bist es doch, von der ich alles Leben empfange, von der ich ganz abhängig bin. Wie ein Knecht möchte ich Dir oft von Weitem folgen und Deines Winkes gewärtig sein. Ach, laß es Dir nochmals sagen, es komme, wie es wolle – aber wer einmal meine Augen schließt, dem will ich es noch einmal zuflüstern, «nur Eine hat mich im Leben so ganz beherrscht, so ganz in sich hineingezogen in ihr innerstes Wesen, und diese Eine hab ich auch immer über alles verehrt und geliebt».[60]

Die junge Musikerin befürchtete im Grunde ihres Herzens immer, sie sei vielleicht nicht schön oder intelligent genug, um Robert auf die Dauer zu fesseln. Und in den letzten Wochen vor der Heirat wurde sie von noch beklemmenderen Zweifeln befallen. Am 17. Juni 1840 schrieb sie in ihr Tagebuch:

Ach, wie zittere ich, wie schlägt mir das Herz manchmal – ich habe einen unglücklichen Character. Selbst meine große Liebe zu Robert kann mir trübe Stunden machen – ich frage mich oft, kann ich ihn so glücklich machen, wie er es verdient? Werden ihn nicht am Ende später einmal Familiensorgen drücken? wird er anerkannt werden? Ach mein Gott! Diese – und noch so vielerlei Gedanken quälen mich – wäre ich nur erst sein Weib!

Auch Schumann lebte in diesem Sommer unter einer großen Anspannung. Ebenso wie Clara war er niemals ganz frei von Argwohn und Eifersucht. Seine oftmals bissigen Äußerungen über Wieck in den Briefen des Jahres 1839, seine heftige Abneigung gegen Carl Banck und seine zornige Erregung über die Männer, die ihr in Wien den Hof machten, lassen seine heimlichen Ängste ahnen. Später plagte ihn jahrelang die Eifersucht auf Claras freundschaftliche Beziehung zu Mendelssohn. Seine Briefe im Sommer 1840 sind voll von Vorwürfen, Entschuldigungen und neuen Eingeständnissen des Mißtrauens selbst in bezug auf einen so langjährigen Freund wie Johann Verhulst, und sie verraten etwas über den seelischen Druck, der auf ihm lastete.[61]

In der sich hinziehenden Wartezeit 1839 und 1840 waren Clara und Robert am glücklichsten an den Tagen, die sie gemeinsam in

Berlin oder Leipzig verbrachten. Sie musizierten zusammen, machten Spaziergänge, redeten – doch nicht allzuviel, es war für beide leichter, sich durch die Musik oder mit der Feder auszudrücken – und freuten sich des Zusammenseins.

Der gerichtliche Heiratsconsens traf im Juli 1840 ein, und obwohl sie noch 10 Tage Geduld aufbringen mußten, bis Wiecks Einspruchsfrist abgelaufen war, sahen sie sich schon in Leipzig nach einer Wohnung um. Selbst in diesen Sommertagen scheinbar ungetrübten Glückes war Clara nicht frei von Bangen. Am 19. Juli schrieb sie in ihr Tagebuch: «Ich zittere und bebe vor dem Tag, aus Freude und Angst. Ich habe gar keinen Sinn mehr; eine fortwährende Unruhe, und ich fühle mich so angegriffen wie nie. Der Himmel erhalte mich nur gesund. ... Von unserer Trauung haben wir Niemand gesagt – wir wollen die Sache ganz im Stillen machen.»

Im August wurde die Gerichtsentscheidung rechtskräftig, bald darauf das Aufgebot bestellt. Clara unternahm noch eine Konzerttournee durch einige thüringische Städte, in Weimar spielte sie am 5. September zum letztenmal als Clara Wieck.

Die Hochzeit am 12. September, einen Tag vor ihrem einundzwanzigsten Geburtstag, setzte dem Konflikt zwischen ihrem Vater und ihrem Verlobten ein Ende. Von nun an war sie die Frau von Robert Schumann.

KAPITEL 5

Ehejahre

Die Ehe zwischen Robert und Clara Schumann steht in der Musikgeschichte einzigartig da. Was sie aneinander anzog und auf Dauer miteinander verband, war nicht nur das gemeinsame Musikerleben, die gefühlsmäßige Bindung und körperliche Anziehung, sondern auch die Tatsache, daß diese beiden Menschen einander in ihrem künstlerischen Streben und Temperament so gut ergänzten.

Die erste Zeit ihrer Ehe war für Clara von einem Glück erfüllt, das sie bisher nicht gekannt hatte. Robert ersetzte ihr den verlorenen Vater und die frühentbehrte Mutter: seine zärtliche Seelenhälfte, der Eusebius in ihm (den sie am meisten liebte), schenkte ihr mütterliche Wärme; seine glänzenden Geistesgaben, seine schöpferische Kraft und sein scharfer kritischer Verstand inspirierten und beflügelten die Künstlerin in ihr. Und schließlich muß auch die sexuelle Erfüllung nach so vielen Jahren des Wartens eine überwältigende Glückserfahrung bedeutet haben, wenn auch, der Gepflogenheit dieses prüden Zeitalters entsprechend, die Tagebücher und Briefe davon nichts verlauten lassen.

Nun, da sie endlich vereint waren, begannen Robert und Clara ein gemeinsames Tagebuch, das sie abwechselnd führen wollten, und zwar in wöchentlichem Wechsel. Die Gewohnheit, sich täglich Notizen zu machen, war damals allgemein verbreitet, das «Ehetagebuch» jedoch war ihre ureigene Erfindung. Für Clara und Robert war es genau das richtige, weil beide sich schwer damit taten, sich im Gespräch zu äußern. Claras Schweigsamkeit hing vielleicht mit ihrer kindlichen Sprachhemmung zusammen. Bei Robert war die Wortkargheit anfangs wohl nur Schüchternheit und jugendliche Unsicherheit, sie blieb aber über das Jugendalter hinaus bestehen und wurde immer ausgeprägter, bis hin zu Zeiten totaler Sprachlosigkeit in seinen späteren Jahren. Er äußerte sich am liebsten mit der Feder, Schreiben war die ihm gemäße Äußerungsform für die Sprache wie für die Musik. So wurde das Tagebuch der Eheleute ihr wichtigstes Kommunikationsmittel. Es spiegelt nicht nur das Alltagsleben im Hause Schumann wider, sondern es verzeichnet auch alle Gefühlsschwankungen in Roberts und Claras Beziehung, Reflexionen über die von ihnen komponierte, vorgetragene oder angehörte Musik und «Charakterschilderungen z. B. bedeutender Künstler, die wir in der Nähe gesehen».[1] Schwierigkeiten, Ängste, Klagen – alles teilten sie einander in den Tagebuchblättern mit.

In den ersten Monaten hielten sie sich an die Vereinbarung, sich mit dem Schreiben abzuwechseln, als aber Robert immer mehr im Komponieren aufging, wurde es häufiger Claras Aufgabe. Daneben führte Robert, der sehr ordnungsliebend war, Haushaltbücher, d. h. Rechnungsbücher, in denen er nicht nur die Ausgaben, sondern auch seine Einkünfte, Claras Einnahmen, Termine, Kommentare über Musik und die Mitmenschen sowie kurze Notizen über seine Kompositionen und ihre Entstehungsdaten festhielt. Im Lauf der Jahre bekam dieses Registrieren etwas Zwanghaftes. Von 1846 an trug er sogar den ehelichen Verkehr mit Clara jeweils mit Datum ein.

Am 5. Dezember 1840 schrieb Clara in das Ehetagebuch: «Heute ist's ein viertel Jahr, daß wir verheiratet sind – und wohl mein glücklichstes viertel Jahr, das ich noch erlebt.» Ein «Aber» gab es freilich dabei, das war der Kummer über den weiterschwelenden Zwist mit ihrem Vater. Es gab keinen Kontakt von Haus zu Haus außer durch Anwälte und Gerichte. Der Beleidigungsprozeß, den Schumann am 2. Juni 1840 angestrengt hatte, zog sich bis zum April 1841 hin und endete mit Wiecks Verurteilung.[2] Am 27. Februar 1841 erhielt Clara endlich ihren Flügel, aber erst nach mühseligen Verhandlungen durch einen Vermittler.[3]* Noch im August 1841, kurz vor der Geburt ihres ersten Kindes Marie, mußte Clara den Freund Ernst Adolph Becker bitten, sich um die 43 Taler Transportkosten zu bemühen, die zu zahlen Wieck zwar versprochen, dann aber unterlassen hatte.[4]

Wieck hatte kurz vor Claras Hochzeit seinen Instrumentenhandel in Leipzig aufgegeben und sich als Klavier- und Gesangslehrer in Dresden niedergelassen, angeblich um sich mit Johann Aloys Miksch zusammenzutun, der kurz davorstand, seine langjährige Tätigkeit als Gesangspädagoge altershalber zu beenden.[5] Vielleicht hatte auch das bessere Klima von Dresden zu einem Entschluß beigetragen. Es spricht jedoch vieles für die Annahme, daß er hauptsächlich deshalb von Leipzig wegziehen wollte, weil dort so viele Freunde auf Schumanns Seite standen. Claras Glückwünsche zu seinem Geburtstag im August 1841 ließ er unbeantwortet, auf die Mitteilung von der Geburt seiner Enkelin reagierte er mit einem schroffen Brief.[6] Er setzte weiterhin üble Gerüchte über Tochter und Schwiegersohn in die Welt; als Clara sich im März und April 1842 allein in Kopenhagen befand, erzählte er überall herum, sie hätte sich von ihrem Mann getrennt.[7] Clara traute ihm durchaus zu, er werde ihr Kapital, wenn überhaupt, in wertlosen Papieren auszahlen. Selbst das Risiko einer weiteren Beleidigungsklage hielt Wieck nicht davon ab, seine schlechte Meinung über Schumann überall hinauszuposaunen und dessen «Frühlingssinfonie» als «Symphonie der Widersprüche» öffentlich zu verspotten.[8]

Im Mai 1842 jedoch, nach den ersten Aufführungen von Schumanns Erster und Zweiter Sinfonie (letztere wurde als «Vierte» gedruckt), ließ Wieck Anzeichen von Versöhnungsbereitschaft erkennen. Er hatte immer behauptet, der *wahre* Komponist gebe sich mit einer Sinfonie zu erkennen, und er hatte immer beanstandet, daß Robert über Jahre hinweg von einer Sinfonie redete, ohne jemals

* Major Serre, ein alter Freund, der in der Nähe von Dresden lebte, hatte diese undankbare Rolle übernommen.

eine zu komponieren. Vielleicht beeindruckte es ihn, daß Schumann nun zwei solcher Werke vorzeigen konnte.

Als er im Mai 1842 in Leipzig zu tun hatte, trat Wieck an einen gemeinsamen Bekannten mit einem Vorschlag heran, wie der Streit zwischen ihm und seinem Schwiegersohn beigelegt werden könnte. Diesen Schritt empfand Schumann als eine neuerliche Kränkung, außerdem war die Erinnerung an die von Wieck über Claras Kopenhagenreise verbreiteten Gerüchte noch zu frisch, als daß er das Ansinnen auch nur einer Antwort gewürdigt hätte.

Acht Monate nach dem mißglückten Versuch im Mai nahm Wieck einen zweiten Anlauf. In einem Brief, den Clara am 13. Januar 1843 erhielt, schob er Clementine vor, Claras «beste, edelste, treueste Freundin», die ihn zur Aussöhnung gedrängt habe. Er äußerte sich lobend über Roberts Fleiß und Schöpferkraft und lud sie beide ein, ihn in Dresden zu besuchen; er werde ihnen zur Aufführung von Roberts Quintett im privaten Kreise seine «geräumige Musikstube» anbieten. «Die Dresdner kommen alle», meinte er, «wenn man sie traktiert mit Speise od. Trank od. Musik – d. h. gratis... Es versteht sich, Dein Kind bringst Du mit; Es wird auf der Eisenbahn nicht gerechnet.»* Er war bereit, sie vom Bahnhof abzuholen, und versprach, über die vergangenen vier Jahre kein Wort mehr zu verlieren. «Wir haben Anderes genug zu sprechen.» Offenbar ging es ihm darum, den Konflikt mit allem, was gewesen war, einfach zu vergessen. Auf alle Fälle verlangte es ihn danach, Clara zu sehen; sollte sie nicht nach Dresden kommen können, werde er nach Leipzig reisen. Um die Neugier der Leute solle man sich einfach nicht kümmern. «Dein Mann wird mit mir einverstanden sein, daß wir von Allem, was vorgeht, zu Niemand sprechen. Wenn man uns zusammen sieht – das ist der Welt auch egal, so wie alles.»[9]

Zu diesem Zeitpunkt hatte Robert sich seinen Platz in der Musikwelt erobert; Clara war nicht nur eine stolze junge Mutter geworden, sondern auch eine gefeierte Pianistin geblieben. Vielleicht fürchtete Wieck, um seinen Anteil an ihrem beruflichen und per-

* 1839 war die Eisenbahnstrecke Leipzig–Dresden als eine der ersten in Deutschland angelegt worden.

sönlichen Erfolg gebracht zu werden. Clara ergriff jedenfalls nur zu gern die dargebotene Friedenshand. Unter dem Datum des übernächsten Tages antwortete sie mit einem langen, liebevollen Schreiben, erkundigte sich nach seiner Gesundheit, nach der Stiefmutter und den Stiefschwestern, berichtete von sich selbst und ihrer Musik und von Roberts neuen Kompositionen.[10] Wieck suchte Clara am 3. Februar 1843 auf, und kurz darauf – nur zwei Monate vor der Geburt von Elise – fuhr sie allein nach Dresden, um der Familie einen Besuch zu machen.[11] Das war nur die erste einer ganzen Reihe von Kurzreisen dorthin, die sie im Lauf des Jahres unternahm. Nach einer privaten Aufführung von Schumanns Quintett am 14. Februar war Wieck, wie Clara notierte, «Feuer und Flamme für Roberts Compositionen». Sie empfand die Aussöhnung als eine große Freude, war aber danach zu Hause drei Tage lang krank, vermutlich infolge der Aufregung und Anspannung während der Tage in Dresden.[12]

Indessen war das Verhältnis zwischen Vater und Tochter nicht mehr dasselbe wie früher, und Clara gingen allmählich die Augen auf. Nach einem seiner Besuche in Leipzig, im Mai 1843, berichtete sie im Ehetagebuch:

Den Vater hab ich nicht viel gesehen, er hatte von Früh bis Abend mit Instrumenten und der Marie, die sie alle durchprobieren mußte, zu thuen. Ich bin mit meinem Robert ein so schönes, friedliches Leben gewohnt, daß ich keine 4 Wochen mehr um den Vater sein könnte. Diese fürchterliche Unruhe, diese Rastlosigkeit des Geistes wie des Körpers, läßt ihn, wie seine Umgebung zu keinem ruhigen Lebensgenuß kommen.[13]

Schumann nahm Claras Reisen nach Dresden nicht ohne Murren hin. Manchmal war er in Versuchung mitzukommen, aber Stolz und bittere Erinnerungen hielten ihn zurück. Der Erfolg seines Oratoriums *Das Paradies und die Peri* in Leipzig und die bevorstehende Aufführung in Dresden blieben nicht ohne Wirkung auf Wieck, der nun selbst an Robert schrieb:

Lieber Schumann, Tempora mutantur et nos mutamur in eis.* Wir können uns, der Clara und der Welt gegenüber, nicht mehr fernstehen. Sie sind jetzt auch Familienvater – warum lange Erklärung? In der Kunst waren wir immer einig – ich war sogar Ihr Lehrer – mein Ausspruch entschied für Ihre jetzige Laufbahn. Meiner Teilnahme für Ihr Talent und Ihre schönen und wahren Bestrebungen brauche ich Sie nicht zu versichern. Mit Freuden erwartet Sie in Dresden Ihr Vater Fr. Wieck.[14]

Jetzt endlich, im Dezember 1843, fast ein Jahr nach Claras Wiederbegegnung mit dem Vater, war auch Schumann bereit, Wieck nicht mehr länger aus dem Wege zu gehen. Nach der Dresdner Aufführung der *Peri* verbrachten Clara und Robert die Weihnachtstage bei den Wiecks. Die Atmosphäre war jedoch kühl, und der verwandtschaftliche Verkehr blieb auch in Zukunft so etwas wie eine Pflichtübung. Clara erlangte die verlorene innige Bindung an den Vater nie wieder, und sie und Robert waren noch jahrelang innerlich auf Feindseligkeiten von seiner Seite gefaßt.

Es gab aber noch ein emotionales Problem, das in den idyllischen ersten Monaten ihrer Ehe Wellen schlug und zuweilen zu Mißstimmung und mühsam unterdrückter Verärgerung führte. Wenn Clara sich nach Liebe, Wärme, Lob und geistiger und musikalischer Anregung sehnte, so erhielt sie dieses alles von Robert, aber gerade das, was so viele Jahre lang den ersten Platz in ihrem Leben eingenommen hatte – in der Musikwelt eine Rolle zu spielen, bewundert und vom Publikum mit Beifall verwöhnt zu werden –, konnte er ihr nicht geben. Robert stellte sich als höchstes Glück ein ruhiges Dasein vor, in dem es Clara zufiel, für ihn und manchmal für ein paar vertraute Freunde zu spielen und im übrigen als gute Hausfrau ein behagliches Heim zu schaffen. Für Clara war solch ein Leben unvorstellbar. Der Konflikt war latent immer vorhanden. Beide gaben nur selten zu, daß er existierte, aber ihre Kinder und Freunde waren sich seiner immer bewußt, und in den Briefen und Tagebüchern tritt er deutlich zutage.

Schumann war im großen und ganzen ein rücksichtsvoller, zärtlicher Familienvater. Er war großzügig und überließ es Clara, den

* «Die Zeiten ändern sich und wir ändern uns mit ihnen.»

Haushalt zu regeln: seine «Haushaltbücher» zeigen, daß er seiner Frau fast jeden Monat ein Geschenk oder zusätzliches Geld zukommen ließ. Im Tagebuch oder in Briefen äußerte er sich oft genug liebevoll und stolz über ihr Klavierspiel und ihr Komponieren. Dennoch fühlte sie sich oftmals bedrückt. Sie war eifersüchtig auf seine Schülerin Amalie Rieffel, die Tochter einer befreundeten Familie, ärgerte sich über ihre Tante Emilie Carl, die Schwester ihrer Mutter, weil sie sich angeblich in ihren Haushalt einmischte, und am meisten belastete sie ständig die Angst – trotz aller Beweise des Gegenteils –, Robert könne aufhören, sie zu lieben. In ihrem Eintrag für die Wochen vom 24. Oktober bis zum 14. November 1841 heißt es:

Ich hatte einige unliebenswürdige Tage, wo ich meinen armen Mann recht sehr quälte – ich dachte, er hätte mich nicht mehr so lieb, als das erste Jahr! er hatte Manches im Kopf, das ihn verdrüßlich machte (das weiß ich wohl) und ich war sehr reizbar, daher ich mir denn manche trübe Stunde selbst bereitete.

Ein Jahr später, im November 1842, schreibt sie:

Es hat mich seit einigen Tagen ein unbeschreiblicher Trübsinn befallen – ich denke, Du liebst mich nicht mehr wie sonst, ich fühle es oft so klar, daß ich Dir nicht genügen kann, und bist Du zärtlich, so dünkt mir zuweilen, ich müßte dies Deinem guten Herzen zuschreiben, das mir nicht wehe thuen möchte.

Robert geht auf diese Befürchtungen im Tagebuch nicht ein; sie scheinen sich in dem Maße, wie ihre künstlerische Aktivität sich ausweitete, gelegt zu haben.

Während der Leipziger Jahre hatten sie in der Inselstraße eine Wohnung im ersten Stockwerk. Clara beschäftigte sich mit Lektüre, dem Studium von Noten und mit Klavierspielen (nur wenn es Roberts Arbeit nicht störte); außerdem hatte sie häufig Gäste. In ihrem Haushalt beschäftigte sie mehrere Dienstmädchen.* Im ersten Jahr

* Die Dienstbotenlöhne waren damals sehr gering. In Schumanns Haushaltbüchern lesen wir, daß er den Lohn für das Dienstmädchen mit wenig mehr als 3 Talern im Vierteljahr ansetzte. Zum Vergleich: der Trauring kostete 6 Taler, zwei Flaschen Champagner 4 Taler; der Buchbinder, der das Hochzeitsgeschenk für Clara, die No-

ihrer Ehe bekamen die Schumanns Besuch von jedem nur halbwegs bedeutenden Musiker, der auf der Durchreise in Leipzig haltmachte. Dazu zählten Felix Mendelssohn, der holländische Komponist Johann Verhulst, die langjährigen Freunde Ernst Becker, Ernst Wenzel und Moritz Reuter, der englische Komponist William Sterndale Bennett sowie Walther von Goethe, der Enkel des Dichters. Zu den ortsansässigen musikbegeisterten Freunden gehörten Komponisten und Verleger wie Moritz Hauptmann und Robert Friese, der berühmte Pianist und Komponist Adolph Henselt, der norwegische Geiger Ole Bull, die jungen Pianistinnen Amalie Rieffel und Harriett Parish mit ihren Familien, der Berliner Zoologe und Musikfreund Heinrich Lichtenstein mit den Seinen und viele andere.

In einem Brief an den befreundeten Dr. Adolph Keferstein, datiert vom 22. Oktober 1840, schildert Clara ihren Ehealltag:

Nur einen schönen Gruß lassen Sie sich, lieber Herr Doctor sagen, und mich Ihnen als junge Frau vorstellen. Ja! endlich haben wir denn unser höchstes Ziel erreicht, und genießen ein großes Glück. Wir lieben einander täglich mehr, und leben nur für Einander... Wir haben jetzt viele musikalische Genüsse, daß es ein wahres Wonneleben ist. Vergangene Woche war Moscheles hier, dem zu Ehren Mendelssohn im Gewandhaus und David, Kistner etc. und wir in unseren Behausungen Soiréen gaben.* Es war ein tolles Treiben, fast alle Tage etwas Anderes. Nun ist er fort und man erwartet Ole Bull, auf den ich sehr begierig bin; er ist ein Künstler über den die verschiedensten Meinungen herrschen. Unsere Gewandhausconcerte haben auch begonnen, und uns schon zwei herrliche Symphonien die Eroica und die 4te von Beeth. gebracht – heute giebt es eine Mozart'sche. In der Soiree von Mendelssohn (Moscheles zu Ehren) wurde unter anderem das Tripel-Concert von Bach aufgeführt, von Mendelssohn, Moscheles und mir.[15]

ten des Liederzyklus «Myrthen», eingebunden hatte, bekam 3 Taler, und die Miete für die Wohnung betrug für die Zeit von September bis Ostern 65 Taler.

* Ignaz Moscheles war ein führender Klaviervirtuose und Komponist, der Lehrer und lebenslange Freund von Mendelssohn. Ferdinand David war Violinkünstler, Komponist, Musikpädagoge und Konzertmeister des Gewandhausorchesters, Friedrich Kistner ein Leipziger Musikverleger.

Eine Zeitlang genügte ihr die neue Lebensform. Im Februar 1841, in der vierundzwanzigsten Woche nach der Hochzeit, schrieb sie ins Tagebuch: «Wir genießen ein Glück, das ich früher nie gekannt – ein sogenanntes *häusliches Glück* verspottete mein Vater allezeit. Wie bedauere ich Die, die das nicht kennen! sie leben doch nur halb.» Die vielen geistigen und musikalischen Anregungen, die ihr in dieser Zeit zuteil wurden, nahm sie dankbar auf. Mann und Frau studierten zusammen, analysierten Bachs Fugenwerk, lasen Goethe und Shakespeare miteinander, und beide komponierten selbst, Clara allerdings mit wenig Selbstvertrauen. Ihr erstes Weihnachtsgeschenk für ihren Mann waren drei Lieder auf Texte von Robert Burns und Heinrich Heine; um sie zu schaffen, hatte sie die seltenen Augenblicke nutzen müssen, wenn ihr Mann ausgegangen war und sie ohne Rücksicht auf ihn Klavier spielen konnte.

Aber es gab noch etwas anderes, das ihr «häusliches Glück» trübte. Robert war nicht nur durch die *Neue Zeitschrift* mit Arbeit überhäuft, sondern oft auch so sehr ins Komponieren vertieft, daß Clara sich Ende Januar 1841 im gemeinsamen Tagebuch beklagte: «Robert ist seit einigen Tagen sehr kalt gegen mich, zwar ist wohl der Grund dafür ein sehr erfreulicher, und Niemand kann aufrichtigeren Theil nehmen an Allem, was er unternimmt, als ich, doch zuweilen kränkt mich diese Kälte, die ich am allerwenigsten verdiene.» Sie fühlte sich mehr und mehr von seinem musikalischen Schaffen ausgeschlossen. Was die Frustration noch verstärkte, war die Tatsache, daß sie selbst nicht öffentlich auftreten, ja in den Stunden, da Robert arbeitete, nicht einmal für sich Klavier spielen konnte. Da half es ihr wenig, daß sie ein eigenes Klavier und ein Zimmer für sich hatte.

Robert war sich bewußt, daß seine intensive Arbeit auf ihre Kosten ging, und er war nicht undankbar: «Ueberhaupt könnte ich gar nicht fertig werden, wollte ich von allem Lieben erzählen, das mir Klara in dieser Zeit erwiesen, und mit so willigem Herzen. Unter Millionen hätte ich suchen können, die mir, wie sie, so viel Nachsicht, so viel Aufmerksamkeit geschenkt», schrieb er in der Woche vom 14. bis 21. Februar 1841 ins Ehetagebuch.

Heute gelten Schumanns frühe Klavierstücke als seine bedeutendsten Werke; sie sind innovativ, sogar revolutionär, kühn und erregend, vom Hauch eines neuen Geistes inspiriert. Als Pianist probierte er mit ihnen zwar technisch brillant, aber nicht oberflächlich-virtuos die neuen Harmonien, Klangfarben und rhythmischen Strukturen aus, mit denen er das Zeitalter der deutschen Romantik eröffnete. Dennoch war Schumann (so wie Clara) überzeugt, daß sich der wahre Komponist erst durch große Orchesterwerke erweisen könne.* Es war wohl für den frischgebackenen Familienvater auch ein materieller Anreiz dabei: die Komposition von Sinfonien brachte nicht nur mehr Ansehen, sondern es ließ sich auch mehr damit verdienen. Welcher von diesen Gründen auch den Ausschlag gab – vielleicht mehrere zugleich –, jedenfalls begann Schumann in den letzten Monaten seines «Liederjahres» mit ersten Skizzen zu einem Orchesterstück, und am 23. Januar stürzte er sich mit ganzer Kraft in die Arbeit an der B-Dur-(Frühlings-)Sinfonie. Er schuf sie in einem rauschähnlichen Zustand – nach vier Tagen stand der Entwurf, zehn Tage brauchte er für die Orchestrierung –, aber seine Frau bekam das Werk erst zu hören, als er es ihr und zwei guten Freunden, Ernst Wenzel und Ernst Pfundt, am 14. Februar 1841 zum erstenmal auf dem Klavier vorspielte.

Daß Clara sich in der Zwischenzeit frustriert fühlte, verrät ein etwas doppelsinniger Tagebucheintrag vom Januar 1841: «Ich muß Dir, mein lieber Mann gestehen, ich hätte Dir solch eine Gewandtheit nicht zugetraut – Du flößt mir immer neue Ehrfurcht ein!!!» Das zweischneidige Kompliment war für Robert sicher keine reine Freude – und jedenfalls nicht der erste taktlose Kommentar ihrerseits. Schon früher hatte Clara zum Beispiel auf seine Absicht, auch Streichquartette zu komponieren, mit der Frage reagiert: «... kennst Du denn die Instrumente genau?»[16]

Nachdem die Arbeit an der Sinfonie abgeschlossen war, vergaß Schumann jedoch seine Gereiztheit und lobte Claras verständnisvolle Haltung:

* In einem Brief vom 28. September 1840 an Camille Stamaty, einen französischen Pianisten, der ihn bewunderte, nannte Schumann seine *Kinderszenen* «nur Bagatellen», die man mit «weit größeren Formen» nicht vergleichen könne. (Wolfgang Boetticher, *Robert Schumann in seinen Schriften und Briefen*, S. 347f)

Nun aber, nach vielen schlaflosen Nächten, kommt auch die Erschlaffung nach; mir geht es, wie es einer jungen Frau gehen mag, die eben entbunden worden ist – so leicht, glücklich und doch krank und wehe. Dies weiß auch meine Klara, und schmiegt sich nun doppelt zärtlich an mich, was ich ihr schon auch später vergelten will.[17]

Ihre Fürsorge und Geduld wurden reich belohnt: am 31. März fand die Premiere von Roberts Erster (Frühlings-)Sinfonie statt im Rahmen eines Konzerts, in dem auch sie – zum erstenmal seit ihrer Verheiratung – als Solistin am Klavier Platz nahm. Es handelte sich um ein Benefizkonzert zugunsten der Pensionskasse des Orchesters, der Dirigent war Felix Mendelssohn. Für Robert bedeutete die Aufführung den Beginn seiner Laufbahn als Komponist von Rang und Ansehen, für Clara stellte sie den Kontakt mit dem Publikum wieder her, der für sie so wichtig war; außerdem gab die Veranstaltung Robert Gelegenheit, seine Bewunderung für Claras Spiel öffentlich zu zeigen. In die Musikgeschichte ist das Datum eingegangen als Uraufführung von Schumanns Meisterwerk, für die Zuhörer in Leipzig allerdings war seine Sinfonie nur eins von vielen Stücken auf dem Programm und sicherlich nicht so wichtig wie die Tatsache, daß Clara Schumann zum erstenmal seit langem wieder in ihrer Heimatstadt auftrat.

Robert bezeichnete den Abend als «unvergeßlich» und fügte hinzu: «Meine Klara spielte Alles wie eine Meisterin, und in erhöhter Stimmung, daß alle Welt entzückt war.»[18] Clara beschrieb das Konzert in einem Brief an ihre Freundin Emilie List:

Ich wurde empfangen mit einem so anhaltenden Enthusiasmus, daß ich blaß und rot wurde, es hörte nicht auf, selbst als ich schon am Klavier saß. (So hörte ich noch niemand empfangen, selbst Thalberg... nicht), daß dies mir Mut machte, kannst Du Dir denken, wie ich an allen Gliedern zitterte vor Angst; ich spielte, wie ich mich selten erinnere gespielt zu haben.[19]

Freilich, Schumann war auch vor diesem Konzert schon wieder in neue Arbeiten vertieft, darunter die Ouvertüre, Scherzo und Finale op. 52, die Fantasie in a-Moll für Klavier und Orchester (aus der später der erste Satz des Klavierkonzerts wurde) und die erste Fassung der Sinfonie in d-Moll. Daneben beschäftigten ihn Pläne für das Oratorium *Das Paradies und die Peri*. Wieder einmal durfte Clara ihn nicht durch Klavierüben stören. «So fleißig mein Robert die Kunst betreibt, so wenig thue ich darin; der Himmel weiß! es giebt immer und immer Abhaltungen, und, so klein unsere Wirthschaft auch ist, so habe ich doch immer dies und jenes zu thuen, das mir die Zeit raubt», steht unter dem 9. Mai 1841 in beider Tagebuch. Sie war unglücklich, und er fühlte sich schuld daran, doch waren sie beide sich einig, daß seine Arbeit den Vorrang haben mußte.

Clara war an Roberts Schaffen nicht direkt beteiligt, nicht einmal bei den Klavierwerken, die sie später als erste der Öffentlichkeit vorstellte. Hin und her gerissen zwischen Vorfreude und Unmut schreibt sie am 31. Mai:

...er hat gestern eine Symphonie wieder begonnen, welche aus einem Satze bestehen, jedoch *Adagio* und *Finale* enthalten soll. Noch hörte ich nichts davon, doch sehe ich aus Roberts Treiben, und höre manchmal das *D moll* wild aus der Ferne her tönen, daß ich schon im Voraus weiß, es ist dies wieder ein Werk aus tiefster Seele geschaffen. Der Himmel meint es doch gar zu gut mit uns – seeliger kann Robert im Schaffen nicht sein, als ich es bin, wenn er mir seine Werke dann zeigt. Glaubst Du mir das, mein Robert? Ich dächte, Du könntest's.

Freilich wurden dem Tagebuch auch Klagen anvertraut. Am 2. Juni 1841 heißt es:

Mein Clavierspiel kommt wieder ganz hintenan, was immer der Fall ist, wenn Robert componirt. Nicht ein Stündchen im ganzen Tag findet sich für mich! wenn ich nur nicht gar zu sehr zurückkomme! Das Partiturlesen hat jetzt auch wieder aufgehört, doch ich hoffe, nicht auf lange!

Mit dem Componiren will's nun gar nicht gehen – ich möchte mich manchmal an meinen dummen Kopf schlagen!

Vielleicht war es ja ein Trost, zu wissen, daß sie der erste Mensch war, der die *Fantasie* kennenlernte. Sie spielte sie ein oder zwei Wochen vor ihrer ersten Niederkunft, am 13. August, bei einer geschlossenen Aufführung mit dem Gewandhausorchester; der eigentliche Anlaß war die bevorstehende Veröffentlichung der Frühlingssinfonie, an der Robert noch einige Änderungen angebracht hatte, die ausprobiert werden sollten. Die Freude über die Sinfonie, über die *Fantasie* und über das eigene Spiel hatten Clara so aufgeregt, daß sie sich – wie ihre Aufzeichnung vom 14. August berichtet – noch tagelang danach krank fühlte.

Fast genau ein Jahr nach ihrer Hochzeit brachte Clara ihr erstes und liebstes Kind, Marie, zur Welt. Die Tagebücher sprechen von der Schwangerschaft nur in Andeutungen. Die Entbindung verlief problemlos, und beide Eltern freuten sich über die Ankunft ihrer Erstgeborenen. In den nächsten dreizehn Jahren wurden noch sieben weitere Kinder geboren, doch wurde keines von ihnen mit so freudiger Erwartung begrüßt wie die kleine Marie. Clara wurde sehr leicht schwanger, überstand die Schwangerschaften im allgemeinen ohne Probleme und ergriff anscheinend keine Maßnahmen zur Empfängnisverhütung, obwohl Robert sicherlich mit einigen der damals üblichen Verhütungsmethoden vertraut war.

Falls Schumann etwa hoffte, die wachsende Kinderzahl werde seine Frau von der Sehnsucht nach eigenen Konzertauftritten kurieren, so hatte er ihren Ehrgeiz unterschätzt. Von 1842 an nahm sie ihre Karriere in vollem Umfang wieder auf. Nachdem Clara einmal begriffen hatte, daß der Säugling auch von einer Amme gestillt werden konnte, daß man die Kleinkinder zu den Verwandten auf Besuch schicken konnte und daß ein weiteres Kindermädchen nur ein paar Taler kostete, daß also die Mutterschaft nicht notwendig bedeutete, daß man angebunden war, hielt sie sich nicht mit Nebensächlichkeiten auf.* Sie ging auf Tournee, komponierte, spielte und ließ sich vom Publikum feiern wie vor ihrer Verheiratung. Ein Terminkalender wie der ihre war zweifellos mit Streß verbunden, aber sie wußte, daß sie keine Zeit verlieren durfte, sich als die Pianistin Clara Schumann durchzusetzen. Es gab viele rührige Talente in den vierziger Jahren, und die Zweiundzwanzigjährige mußte sich eingestehen, daß noch Jüngere sich bereits anschickten, die Ruhmesleiter zu erklettern. Solche Sorge war nicht unberechtigt. Zwar wurde Clara von enthusiastischen Kritikern gern mit Franz Liszt, Sigismund Thalberg und Camilla Pleyel auf eine Stufe gestellt, doch konnte sie mit diesen nur mithalten, wenn sie ebenso wie die anderen Virtuosen die Öffentlichkeit suchte. In der Ehe war sie musikalisch und künstlerisch gereift – dafür war sie nun kein zartes junges

* Für jedes neugeborene Kind wurde für etwa ein halbes Jahr eine Amme eingestellt; die betreffenden Ausgaben sind im Haushaltbuch verzeichnet.

Mädchen mehr, geschweige denn ein Wunderkind. Als sie vom kometenhaften Aufstieg des 11jährigen Anton Rubinstein erfuhr, gab sie sich höflich interessiert, aber innerlich war ihr beklommen zumute. Ende Januar 1841 schrieb sie an Emilie List, sie habe gehört, er solle «das größte Genie sein, was seit langer Zeit geboren ist».[20]

Im Bewußtsein, daß ihre Karriere durch die Konkurrenz bedroht war, nahm sie jedes Engagement an. Allein zwischen dem 1. Januar und dem 25. April 1842 gab sie mindestens fünfzehn Konzerte. Die Folge war eine ernsthafte Ehekrise. Für eine Frau, selbst eine verheiratete, war es damals unmöglich, allein zu reisen, also mußte Robert sie begleiten. Die Rolle des Prinzgemahls und Impresarios lag ihm überhaupt nicht. Zwar kam es ihm zugute, daß Clara stets seine Klavier- oder Orchesterwerke auf ihr Programm setzte, aber er trennte sich ungern von Kind und Haus und den Herausgeberpflichten, überhaupt vermißte er die für sein musikalisches Schaffen nötige Ruhe. In den Wochen vor solchen Konzertreisen war er häufig krank – vielleicht infolge der widersprüchlichen Gefühle, die ihn beherrschten.[21]

Die Konzerte im nahegelegenen Weimar im November 1841, in denen zuerst Clara als Solistin auftrat und anschließend seine neue Sinfonie zu hören war, erfüllten beide mit Befriedigung. Voller Stolz hatte Robert mit seiner Zusage dem Dirigenten geschrieben: «Meine Frau bittet, auf dem Zettel ihren Mädchennamen wegzulassen; sie will nun einmal heißen wie ich, und ich habe sie nur um so lieber darum.»[22] Aber schon die Konzerteinladungen nach Bremen und Hamburg warfen Probleme auf. Die Reise war erheblich weiter, jemand mußte für Marie sorgen, die jetzt sechs Monate alt war (sie wurde dann bei Schumanns Bruder in Schneeberg untergebracht), die Vertretung in der Redaktion der *Neuen Zeitschrift* mußte geregelt werden. In Hamburg war die Zusammenarbeit mit dem Dirigenten Friedrich Wilhelm Grund, dem Leiter der Hamburger Philharmonischen Gesellschaft, sehr angenehm, und Robert genoß die Anerkennung, die ihm als Komponist entgegengebracht wurde. Vorher hatte es aber in der großherzoglichen Residenz Oldenburg einen kränkenden Zwischenfall gegeben, von dem er am 26. Februar im Ehetagebuch berichtet: «Clara fuhr also zu Hof u. kam erfreut über die Aufnahme zurück. Der Gedanke meiner unwürdigen Stellung in solchen Fällen ließ aber keine Freude in mir aufkommen.» Kurz gesagt, er war nicht mit eingeladen worden.

Die Sache wurde noch schlimmer, als Clara den Entschluß faßte, eine seit längerem aufgeschobene Einladung nach Kopenhagen anzunehmen. Robert war nicht in der Lage, sie zu begleiten. Clara fühlte sich ihm gegenüber im Unrecht. Monate später versuchte sie in einem Brief an ihre Freundin Emilie List, ihr immer noch vorhandenes Schuldgefühl mit einer langen Erklärung zu beschwichtigen:

Ja wirklich ging ich allein nach Kopenhagen (d. h. ohne Robert, aber doch mit einer Dame aus Bremen)* ... Als nun aber die Zeit herankam, so sah Robert immer mehr die Unmöglichkeit ein, seine Zeitung noch vielleicht zwei Monate in fremden Händen zu lassen; die drei Wochen, auf die er sich eingerichtet, waren vorüber, und somit beschlossen wir, die Reise aufzugeben; ich aber überlegte mir die Sache! ich bin eine Frau, versäume zu Hause nichts, verdiene nichts, warum sollte ich nicht meinem Robert auch einmal mit meinem Talente ein kleines Scherflein spenden? konnte mir das irgend jemand verdenken? und meinem Mann, daß er zu Haus zur Kleinen und zu seinen Geschäften ging?[23]

Kopenhagen – das bedeutete eine Fahrt übers Meer bei Nacht, eine Horrorvorstellung für die zwei sächsischen Landratten. Dann mußte wegen Krankheit und schlechten Wetters die Überfahrt von Kiel nach Kopenhagen auch noch verschoben werden, was Clara mit düsteren Vorahnungen erfüllte. Trotzdem wurden schnell noch, während man auf besseres Wetter wartete, Konzerte in Lübeck, Kiel und Hamburg arrangiert. Ihre Freunde in Hamburg wunderten sich, wie sie im Tagebuch unter dem 15. März vermerkte, daß sie trotz aller Zwischenfälle an ihrem Reiseziel festhielt: «... einige Male sank mir der Mut, ich dachte, der Himmel hätte mir all das Unangenehme geschickt, um mich von meinem Plan abzubringen, doch der Gedanke an Robert, der Wunsch, ihm auch einmal ein Scherflein durch mein Talent zu spenden, dann das freudige Wiedersehen nach glücklich durchgeführter Reise – das ermuthigte mich wieder.» Der Aufenthalt in Kopenhagen vom

* Marie Garlichs, eine langjährige Freundin.

20. März bis zum 18. April entschädigte sie schließlich für alle Beschwernis. Sie gab nicht weniger als sieben Konzerte, lernte Hans Christian Andersen und den Komponisten Niels Wilhelm Gade kennen, wurde vom dänischen König und seiner Familie empfangen, erntete großen Beifall und verdiente ansehnliche Honorare.

Die Geldfrage spielte bei allen ehelichen Auseinandersetzungen über Claras Berufstätigkeit eine große Rolle. Auch Robert war klar, daß er mit Komponieren und mit seiner Zeitschrift in einem ganzen Jahr weniger verdiente als sie auf einer einzigen dreiwöchigen Konzertreise. Sie hingegen, ganz die Tochter von Friedrich Wieck, sonnte sich in ihrem Talent als Pianistin und ihrer Fähigkeit, damit Geld zu verdienen, und dachte keinen Augenblick darüber nach, ob sie dadurch sein Selbstwertgefühl verletzte. Zielstrebig und selbstbewußt baute sie sich ihre Karriere auf und war stolz auf beides, den Ruhm und auch das Geld.

Roberts Briefe nach Kopenhagen klangen bekümmert, aber sie erhielt sie erst, als der Beifall ihr schon von allen Seiten entgegenschlug. Sie schrieb ihm zwar täglich, trotzdem bedeutete die Trennung für ihn eine kaum zu ertragende Belastung. Tagebuch und Haushaltbuch sind voller Bemerkungen wie «Miserables Leben» – «Fürchterlich viel getrunken» – «Schlechtes Leben, das ich führe».[24] Er trank mehr, als gut war, pumpte Freunde um Geld an und schrieb seiner Frau:

Leipzig, den 13. März 1842
Meine liebe Clara, kennst Du noch diese Hand? – Wie ist mir's doch zu Mute. Schon hab ich's bereut, Dich von mir gelassen zu haben, und die lieblosesten Urteile darüber hören zu müssen. Dein Vater ist jetzt hier und läuft in der ganzen Stadt herum. Heute früh sagt mir das Dr. Reuter – im ersten Augenblick kam ich ganz außer mir; jetzt habe ich mich wieder gesammelt und weiß, daß ich als ordentlicher Hausvater und Geschäftsmann gehandelt... Um diese Stunde vielleicht triffst Du in Kopenhagen ein. Das Wetter ist hier mild; doch fürchte ich, ist die See unruhig gewesen bei der Überfahrt. Was magst Du gelitten haben und Dich geängstigt... Es ist nun doch recht wehmütig in unserer Behausung; alles scheint mich zu fragen «wo hast Du denn Deine gute Clara» – auch die Blumen am Fenster... Vorgefallen ist sonst nichts... Viele Briefe habe ich hier vorgefunden, doch keinen von Bedeutung. – In Breslau sollte meine Sinfonie am 7., und in Dresden auch in diesen Tagen gegeben werden...

Amerika geht mir wieder sehr im Kopfe herum, denke auch Du darüber nach. Die Mutter in B. (Berlin) war ganz dafür.

Leipzig, den 16. März 1842
Noch immer keine Nachricht von Dir, meine Clara... Du hast mich gewiß schon vergessen? – Gestern wußte ich mich vor Melancholie kaum zu lassen. Diese Öde im Hause, die Leere in mir! *Das war einer der dümmsten Streiche meines Lebens, Dich von mir gelassen zu haben, der gewiß nicht wieder passieren soll*... es schmeckt und mundet mir nichts. Dazu bin ich auch gar nicht wohl – bürgerlich – von fatalstem Schnupfen wieder gepeinigt – und so ohne Ton und Musik. Ist mir aber erst ein Brief von Dir da, dann wird es besser werden. Reuter benimmt sich ganz sonderbar gegen mich, als ob ich ein Verbrechen begangen, Dich allein gelassen zu haben. Zanke ihn doch aus... Und dann die dummen Menschen denken hier, nach Kopenhagen muß man über die Eisberge hinweg und Du fährst mit Renntieren... – Nach *Stockholm* laß ich Dich nicht... oder nur, wenn ich mitkönnte. In Gesellschaft spielst Du wohl manchmal? Dies macht den Künstler immer beliebt... Wegen Amerika hab' ich mich bis zum letzten April zu entschließen mir vorgenommen. Reuter redet sehr zu. Es kommt auf Dich an.

Leipzig, den 24. März 1842
Ich bin jetzt beruhigter und etwas mehr gewöhnt an unser einsames Leben... Daß sich das Opfer nun auch lohnen und Dir Freude bringen möge als Künstlerin. Du bist so jung noch und ich kann es Dir ja nicht verdenken, daß Du für den Fleiß Deiner Jugend noch nicht als Künstlerin vergessen sein willst, mit einem Worte, daß Du Dich freust, wenn Du die Menschen durch Dein schönes Talent noch erfreun kannst... Wie steht es denn mit Amerika? Bis zum letzten April muß es ausgemacht sein.

Leipzig, den 1. April 1842
Deine Briefe lese ich immer drei- und viermal hintereinander und kann sie auswendig. Deine Handschrift sieht mich so fest und treu an... Sonst geht es ganz still in unserem Hauswesen. Emilie ist ein fleißiges und bescheidenes Mädchen... sonst sprechen wir im Grund wenig zusammen. Sie mag mich für recht ernst und mürrisch halten... Ich freue mich jetzt auf den Frühling... Wir sprechen dann über die Zukunft auch... Gestern hab ich unsere ganze Lage einmal mir klar gemacht... auf dem Papier – – mit Zahlen... Ängstigen brauchen wir uns gar nicht, es sind doch immer hübsche Mittel da. Aber eine Veränderung muss sich doch in diesem Jahr ergeben. An Emilie schreib noch nicht wegen Amerika. Ich will doch erst an einen Bekannten dort, der mir jetzt eingefallen ist, der auch sehr musikalisch ist, mich wenden und Erkundigungen einziehen und Antwort abwarten. Der Schritt ist zu ungeheuer... Schreibe mir gleich

über Dein Konzert, was Du gespielt, wie man Dich aufgenommen hat, schicke Zeitungen mit, wo über Dich etwas steht. Ich möchte doch auch, dass man es hier erführe... *Auszanken aber will ich Dich, dass Du mir von Dir so wenig schreibst als Künstlerin, ob Du hier und da gespielt hast, ob Du verstanden wirst...*

Leipzig, den 14. April 1842
Vielleicht bist Du jetzt auf der See... Der Himmel ist hier etwas bewölkt, doch läßt sich das Wetter mild an, auch geht kein starker Wind. Ich hoffe, es ist jetzt auch auf Deinem Schiffe so. Unser liebender Himmel führe uns recht bald glücklich zueinander. Dein letzter Brief mit den Zeitungsberichten hat mich auf das Innerste erfreut, wie alle Deine und meine Freuden – es tat mir eine Aufheiterung not. Ich hatte ein paar Tage vorher eine fürchterliche Alteration gehabt von der ich Dir später sagen will. Höre, [August] Cranz [Musikverleger] in Hamburg ist ein miserabler Kerl und Schwätzer – er hat das dümmste Gewäsch an Hofmeister berichtet – dieser dann an David – uns so machte es nun die Runde, «z. B. ich hätte Dich *krank* in H. verlassen – wir hätten *Schulden* in H. gemacht, Du hättest dort gar nicht gefallen» und lauter solche Dinge. Ich war außer mir... Kömmst Du nun nach Hamburg, so... gehe zu seiner Frau und sag ihr in aller Ruhe, aber mit allem Stolz, dessen Du fähig bist, Deine und unsere Meinung. Cläre, ich bitte Dich, spiel mit aller erdenklichen Sorgfalt und Geistesstärke, damit so ein Geschwätz zu Schanden gemacht wird. Deine Künstlerehre ist mir so lieb wie Deine Frauenehre, und ich muß und kann mich in allen Dingen auf Dich verlassen.

Leipzig, den 22. April 1842
Schon gestern wollte ich Dir schreiben, war aber von einem fürchterlichen Ärger so unwohl, daß ich's nicht vermochte. In ganz Dresden hat er (Dein Vater) ausgesagt, wir *wären geschieden*. An manchen Tagen, wie z. B. dem heutigen, der so wundervoll blau, lacht man über solche Niederträchtigkeit, an anderen aber will es einem das Herz verbittern und solch letztere habe ich viel gehabt.[25]

Amerika – das konnte eine Lösung für fast alle ihre Probleme sein. Die Neue Welt war um 1842 für Europäer ein Zufluchtsort, ein Land der unbegrenzten Möglichkeiten. Auch aus Deutschland wanderten viele Menschen in die Vereinigten Staaten aus, andere gingen für ein paar Jahre hinüber in der Hoffnung, dort reich zu werden und dann heimzukehren. Das letztere schwebte auch Robert und Clara vor, hatten doch viele Freunde und Bekannte sich schon über den Atlantik gewagt und waren wohlbehalten und wohlhabend zurückgekommen. Friedrich List zum Beispiel, der Vater ihrer Freundin Emilie, hatte aus politischen Gründen mit seiner Familie dort Asyl gesucht und die amerikanische Staatsbürgerschaft erworben. Eine andere Freundin, Pauline García, hatte schon als Kind allerlei Abenteuer in der Neuen Welt erlebt.* Und Künstler aus Europa wurden schon damals, noch vor der großen deutschen Einwanderungswelle von 1848, in New York, Boston, Philadelphia, Charleston oder New Orleans enthusiastisch begrüßt und einträglich honoriert. In Deutschland berichteten die Zeitungen regelmäßig über Kulturereignisse in den Vereinigten Staaten. Nur wenige Jahre später sollte Jenny Lind, die der große Impresario Phineas T. Barnum in die Neue Welt eingeführt hatte, für ein einziges Konzert fast tausend Dollar erhalten, plus Auslagen für ihre Kutsche und den gesamten, aus einer Gesellschafterin, einem Sekretär und zwei weiteren Dienstboten bestehenden Troß.[26]

Robert und Clara hatten sich seit ihrer Reise nach Hamburg und Bremen (den großen Auswandererhäfen) hin und wieder mit der Idee befaßt. Eine ein- bis zweijährige Konzerttournee durch Amerika würde ihnen womöglich, rechneten sie, so viel einbringen, daß sie den Rest ihres Lebens behaglich davon existieren könnten. Doch am 6. März 1842 schrieb Robert an seinen Freund Theodor Töpken: «Die amerikanischen Pläne sind etwas in den Hintergrund getreten. Die Kluft ist doch gar zu ungeheuer, die da von der Heimat trennt...»[27] Aber der Gedanke an Amerika tauchte noch öfter auf, wenn Geldsorgen oder die Schwierigkeit, ihrer beider Berufswünsche zu vereinen, ihnen wieder einmal zu schaffen machten.

Schumann war am glücklichsten, wenn Clara sich, wie nach ihrer Heimkehr im April 1842, ein paar Monate lang auf ihre Häuslichkeit konzentrierte und die Rollen für ihn ausfüllte, die er sich vor der Hochzeit ausgemalt hatte: Hausfrau, Mutter, Gastgeberin

* Im Jahr 1825, als Pauline vier Jahre alt war, nahm ihr Vater Manuel García seine Familie mit, als er mit seinem italienischen Opern-Ensemble nach New York ging. Sie blieben bis 1829 in Nordamerika.

und, in gewissem Sinn, seine Schülerin: zusammen studierten sie die Streichquartette von Haydn und Mozart. Robert warf sich mit fieberhafter Intensität und atemraubendem Tempo auf ein neues musikalisches Arbeitsfeld; es wurde sein Jahr der Kammermusik. In wenigen Monaten schrieb er seine drei Streichquartette und zwei Werke für Streicher und Klavier, nämlich das Klavierquartett und das Klavierquintett, die beide von Clara erstmals öffentlich vorgetragen wurden. Aber während die Musik entstand, bekam Clara, wie immer, die Töne nur unfreiwillig und von weitem zu hören, andererseits war es in dieser Zeit nicht möglich, daß sie selbst übte oder komponierte.

Bei Robert rief eine solch intensive Produktion so gut wie immer eine Depression hervor, von der er selbst als «Nervenschwäche» sprach. An solchen Tagen konnte er überhaupt nicht arbeiten. Am 17. Februar 1843 vermerkte er im Tagebuch «die liebevollste Pflege» von Clara, die schon wieder schwanger war und das Kind im April erwartete.[28] Roberts Erschöpfung dauerte nicht lange, dann setzte wieder eine Periode rastloser Tätigkeit ein. Im April übernahm er einen Lehrauftrag als Professor für Klavier und Partiturlesen am neugegründeten Leipziger Konservatorium; gleichzeitig mit seinen Verpflichtungen dort begann er das Oratorium *Das Paradies und die Peri* (das er in wenigen Monaten vollendete) und arbeitete weiter als Autor und Herausgeber seiner *Zeitschrift*.

Das Jahr 1843 brachte Schumann die Anerkennung der europäischen Musikwelt. Seine Werke wurden in mehreren deutschen Städten aufgeführt; in Paris, Brüssel, Amsterdam, Kopenhagen und Wien sorgten die Kenner dafür, daß seine Stücke wenn auch nicht in der großen Öffentlichkeit, so doch wenigstens im kleinen Kreise gespielt wurden. Auch als Schriftsteller und Kritiker wurde er beachtet. Trotz all dieser Erfolge reichten seine Einkünfte noch immer nicht aus, so daß der Lehrauftrag als sichere finanzielle Basis willkommen war.

Das Leipziger Konservatorium, von Mendelssohn gegründet zu einer Zeit, da die professionelle Musikausbildung sich langsam entwickelte, war von Anfang an eine erstklassige Musikschule, die Studierende aus der ganzen Welt anlockte. Edvard Grieg war einer ihrer hundert Studenten aus Norwegen, Arthur Sullivan einer der ersten Vertreter Großbritanniens.*

Die professionelle Musikausbildung verbreitete sich in Europa im Kielwasser der Französischen Revolution. Das Pariser *Conservatoire*, 1795 gegründet, wurde zum Vorbild für ähnliche Einrichtungen in Mailand, Bologna, Prag und London. In Deutschland war die Musikausbildung bis zur Eröffnung des Leipziger Konservatoriums, des ersten seiner Art, völlig ungeregelt. Die meisten Musiker lernten ihre Kunst in der eigenen Familie, als «Lehrlinge» in der Praxis oder durch Privatstudien bei einer Reihe von Lehrern. Eine Ausbildung wie die von Clara Wieck, mit Unterrichtsstunden in Leipzig, Dresden und Berlin, war keineswegs die Ausnahme. (Ungewöhnlich war daran nur, daß ein Mädchen sich einer systematischen Unterweisung in so vielen musikalischen Fächern unterzogen hatte – dank dem Ehrgeiz ihres Vaters und seiner pädagogischen Weitsicht.)

Schumann hatte an vielen der Vorbereitungsgespräche zur Gründung des Konservatoriums teilgenommen, der eigentliche Antrieb aber kam von Mendelssohn, der dem Vorhaben seine ganze Zeit und sein Organisationstalent widmete. Schumann notierte im Ehetagebuch am 17. Februar 1843:

Die Errichtung der Musikschule wird gewiß auch für uns einträglich; auch als Musiker freu ich mich auf ihren Beginn. Sie wird gewiß eine Stütze der guten Musik und von bedeutendem Einfluß auf die ganze Bildung der deutschen Jugend werden. Angestellt sind jetzt als Lehrer: Mendelssohn, David, Hauptmann, Pohlenz, Becker und ich. Später wird es wohl auch Klara, wenn sie, wie sie sagen, ihr ein ordentliches [Gehalt] bieten können.**

* Die Liste der ausländischen Studierenden ist eindrucksvoll: In den Jahren 1843–68 kamen 109 Studenten aus Großbritannien (73 männliche, 36 weibliche), 90 aus Rußland (67 und 23), 85 aus Nordamerika (68 und 17), aus Südamerika und Kalifornien, die zusammen erfaßt wurden, stammte einer. Siehe Emil Kneschke, *Das Conservatorium der Muisk in Leipzig. Seine Geschichte, seine Lehrer und Zöglinge*, Leipzig 1868, S. 69f.

** Clara war damals schon wieder schwanger.

Schumann hoffte, außer dem Klavierfach auch die Kompositionslehre übernehmen zu können, aber anscheinend war er kein besonders guter Pädagoge. Wenn die «Melancholie», wie er selbst seine Depressionen nannte, ihn überfiel, verstummte er. Selbst in seinen besten Momenten sprach er nicht viel. Die Studierenden beklagten sich, daß er bei Unterrichtsstunden oder Proben schweigend dabeisaß; auch wenn eigentlich ein Kommentar oder eine kritische Äußerung fällig war, brachte er oft kein Wort hervor.[29]

Im Dezember 1843 brachte die Erstaufführung der *Peri* neue Aufgaben für Robert und Clara mit sich. Zwar durfte Clara nur wenig von dem Werk hören, ehe es vollendet war (worüber sie sich im April 1843 im Tagebuch beklagte: «Robert hat den zweiten Teil der *Peri* beendet, mir aber noch wenig davon mitgeteilt»), dann aber mußte sie den Klavierauszug herstellen und bei den Proben dabeisein. Für Schumann bedeuteten die Proben und die erste Aufführung das Debüt als Dirigent. Bis dahin hatte er sich um das Dirigieren immer gedrückt, wahrscheinlich, weil er keine Orchestererfahrung besaß; auf die Dauer aber konnte er nicht bei seiner Weigerung bleiben, und nachdem er nun die Aufführung der *Peri* geleitet hatte, war er mit dem Werk sehr zufrieden. Im Laufe der Zeit ergaben sich noch andere Gelegenheiten zum Dirigieren, und schließlich übernahm er die musikalische Leitung mehrerer Vereine. Ein Konzert zu dirigieren machte ihm keine Schwierigkeiten, aber seine Unfähigkeit, sich bei den Proben den Mitwirkenden mitzuteilen, war und blieb ein Problem. Clara wurde dessen zum erstenmal gewahr, als ihre Freundin Livia Frege, die bei der Premiere der *Peri* die Titelpartie sang, ihr schrieb: «Könnte sich nur Ihr lieber Mann einmal entschließen, ein wenig zu zanken und auf größere Aufmerksamkeit zu dringen, dann ging's gewiß gleich.»[30] Solche Wünsche sollte Clara noch oft zu hören bekommen.

Wenn auch Clara die Lehrtätigkeit am Konservatorium zunächst verschieben mußte, so gingen doch ihre übrigen beruflichen Aktivitäten ohne Pause weiter. Trotz Schwangerschaft und Mutterpflichten konzertierte sie im Gewandhaus am 2. Oktober 1842, am 8. Januar 1843 (bei einer allein Schumann gewidmeten Matinee) sowie am 2. und 9. Februar. Im April, kurz nach Elises Geburt, spielte sie noch zweimal in Leipzig und gab mehrere Konzerte in Dresden.

Nach Dresden war es nicht weit – nur ein paar Stunden Fahrt mit der neuen Eisenbahn –, aber Roberts tägliche Briefe während ihrer Abwesenheit zeigen, wie sehr sie ihm fehlte und wie abhängig er von ihr war:

Leipzig, den 12. Februar 1843
Eine ganz eigene Stille ist im Hause; aber Dein lieber Geist scheint mir überall gegenwärtig... Der arme Papa dauerte mich, er war niedergedrückt. Marie ist wohl; wenn sie das Wort «Mama» hört, winkt sie traurig mit der Hand, als wüßte sie, daß Du fort bist.[31]

Im September, als sie beide Kinder mit sich genommen hatte, schrieb der «arme Papa»:

Das Wetter war so schön, ich dachte oft an Euch, vorzüglich gestern abend ½7 Uhr... Wenn ich Dich nicht habe, hole ich alte Tagebücher und studire drin, so gestern bis spät in die Nacht Deines aus Paris. Was haben wir doch ein bewegtes Leben geführt – es klingt mir oft wie ein Roman. Aber auch von vielen schönen Erinnerungen! Nicht wahr?... Sonst ist's ganz still um mich. Die Sonne liegt voll am Fenster; aber die Luft ist kühl, der Himmel wundervoll blau ... Endlich hab' ich heute auch an Hr. von Bielke (am Hof von Weimar) und die Großherzogin geschrieben, und nun bin ich froh, die Sache los zu sein. Am liebsten hätte ich das Quintett Dir dezidiert; ich dachte aber, fürstliche Rosen sind auch nicht zu verschmähen* ... – ich hab' Dir aber die erste Oper zugedacht.

den 14. November 1843:
Dr. Härtel war eben bei mir und hat mir die Redaktion der allg. Musikzeitung angetragen. Tausend Gedanken und Pläne gehen mir durch den Kopf... Rund abgeschlagen hab' ich's nicht, denn es spricht doch manches dafür – aber Bedenkzeit ausgebeten. Einstweilen sinn ich über die Sache nach. Dr. Härtel hab' ich nur gesagt, daß ich nicht in meinem Falle von Neujahr bis Juli 1844 die Redaktion übernehmen möchte, da ich mit Dir verreisen und einmal ein halbes Jahr ganz für mich haben wollte.[32]

Ein Brief vom 19. November zeigt, wie sehr er sich auf ihren Rat verließ: «Wärst Du doch wieder da! ... schreib mir doch morgen ein Wörtchen, damit ich genau weiß, wie ich daran bin und wie lange ich Härtels zu vertrösten habe, denn ich muß *durchaus* mit Dir über die Sache *sprechen*.»[33]

Hin und wieder brachte Schumann ein leises Schuldgefühl zum

* Das Quintett wurde schließlich doch Clara gewidmet.

Ausdruck, daß er seine Frau in ihrer musikalischen Karriere behindere. Am 17. Februar 1843 vermerkte er im Tagebuch, daß sie eine Reihe von kleineren Stücken geschrieben hatte. Zu seinem dreiunddreißigsten Geburtstag am 8. Juni 1843 schenkte sie ihm drei Lieder, die sie geschrieben hatte; ihm fiel an diesem Tag ihre trübe Stimmung auf, und er erklärte sie sich damit, daß sie bedauerte, ihm keine teuren Geschenke kaufen zu können. Andererseits glaubte er, daß sie sich in ihrer Rolle als Mutter am glücklichsten fühle – und dieser Ansicht mochte Clara, jedenfalls im Tagebuch, nicht widersprechen.

Am 25. Januar 1844 brachen Robert und Clara zu der großen Reise in den Norden auf, die Robert im November bei den Verhandlungen mit Härtel angekündigt hatte. Nach anfänglichem Schwanken und Zögern hatte er einer Tournee in Rußland mehr oder weniger zugestimmt, nicht nur um Claras willen und wegen der erhofften Einkünfte, sondern auch weil er fälschlicherweise annahm, er würde dabei Zeit und Ruhe zum Komponieren finden und sich von der hektischen Aktivität des vergangenen Jahres ein wenig ausruhen können. Er fühlte sich aber so oft nicht wohl und war derart schwankend in seinem Entschluß, daß Clara schließlich in ihrer Verzweiflung zu Mendelssohn ging, um ihn um Rat zu fragen.[34] Offenbar hatte sie es Mendelssohns Einfluß zu verdanken, daß Robert sich am 6. Januar endlich zu der Reise durchrang. Marie und Elise wurden bei Roberts Bruder und dessen Frau in Schneeberg untergebracht.

Für Clara bedeutete die Rußlandreise die Erfüllung eines lange, sogar vor der Heirat schon gehegten Wunsches. Bereits im Herbst 1840 hatte Schumann in einem Brief an Liszt Reisepläne erwähnt, aber Claras schlechter Gesundheitszustand unmittelbar nach der Hochzeit und dann die Nachricht, daß Liszt zur gleichen Zeit in Rußland auftreten werde, waren Anlaß genug, die Sache zu verschieben. Im November 1840 hatte Graf Alexej Fjodorowitsch Lwow, der persönliche Adjutant des Zaren und Generaldirektor der Kaiserlichen Kirchenkapellen, ihnen jegliche Unterstützung zugesagt, aber gleichzeitig davon abgeraten, mit Liszt rivalisieren zu wollen, da dieser sich großer Beliebtheit bei den Russen erfreute.[35]

St. Petersburg war schon immer das Mekka der westeuropäischen Musiker gewesen. In der zweiten Hälfte des 18. Jahrhunderts hatte Katharina die Große italienische Komponisten wie Baldassare Galuppi, Giovanni Paisiello, Giuseppe Sarti und Domenico Cimarosa an ihren Hof gerufen. Die einheimische Aristokratie, die von englischen, deutschen und französischen Gouvernanten und Hauslehrern erzogen wurde, verachtete alles Russische und liebte die westliche Kultur. Konzerte, Tanz und Oper wurden durch Gastspiele von Darstellern aus Italien, Frankreich und Deutschland bestritten. Auch unter der strengen Regierung von Nikolaus I. (1825–1855) wurden die Künste und die Literatur nicht weniger gepflegt und ausländische Interpreten mit überströmender Begeisterung empfangen. Wladimir Stassow, ein russischer Musikschriftsteller, erinnerte sich: «In jener Zeit erfreuten sich in Deutschland die russischen Rubel eines sehr guten Klanges; es war üblich, sie musikalischen Berühmtheiten, wie Liszt, Thalberg, [Giuditta] Pasta, [Pauline] Viardot... und anderen in reichlichem Maße zukommen zu lassen.»[36] Ein guter Freund von Robert, der Leipziger Konzertmeister Ferdinand David, hatte sechs Jahre als Primarius des Streichquartetts bei dem reichen Baron von Liphardt (dessen Tochter er später ehelichte) im livländischen Dorpat zugebracht, das kulturell völlig deutsch geprägt war. Pauline Viardot hatte kurz vor der Ankunft der Schumanns in St. Petersburg dort ein überwältigendes Debüt mit einer italienischen Operntruppe erlebt. Claras Bruder Alwin, der später als Geiger zum Petersburger Theaterorchester ging, lebte nicht weit entfernt in Reval. Außerdem konnte man auf die Unterstützung zweier alter Freunde, nämlich Adolph von Henselt und Heinrich Romberg, rechnen, die sich in Petersburg niedergelassen hatten.

Für Clara mit ihrer angeborenen Zähigkeit bedeutete das Reisen durch Rußland mitten im Winter kein Problem. Sie berichtete nach Dresden über die wochenlange anstrengende Fahrt, in Pelze und Decken eingewickelt, mit Kutsche und Schlitten durch verschneite Wälder und über zugefrorene Flüsse. Übernachtet wurde in primitiven, schmutzigen Gasthäusern. Obwohl sie um drei Uhr morgens aufstehen und um vier Uhr aufbrechen mußten, gab sie Tag für Tag Solokonzerte in den Städten, die am Wege lagen: Königsberg,

Tilist, Riga, Mitau und schließlich Dorpat, «ohne alle Unterstützung, was ich nun immer thun werde, es ist das beste», wie sie ihrem Vater schrieb.[37] Clara, zwar oft halberfroren, aber heiter und guten Mutes, genoß die Reise.

Robert ging es derweilen nicht so gut. Schon in Dorpat erkrankte er und wurde danach auf der ganzen Tour nicht wieder richtig gesund. Er hatte nicht nur körperliche Störungen wie Erkältung, Fieber und rheumatische Schmerzen, sondern es machten ihm auch düstere Stimmungen zu schaffen. Für ihn war die Reise kein Erfolg, wenn er dies auch in mehreren bezaubernden Briefen an seinen Schwiegervater zu leugnen suchte. Drei Ärzte, die er in Dorpat konsultierte, diagnostizierten ein «Nervenfieber», während Clara ihn nur für matt, krank, traurig und reizbar hielt. Eine Taktlosigkeit von seiten des Barons von Liphardt, der sie zum Diner gebeten hatte, kränkte ihn tief: Clara spielte vor den versammelten Gästen, und dann drückte der Baron ihrem Mann 150 Rubel in die Hand. Robert war außer sich vor Wut, und Clara hatte Mühe, ihn zu überzeugen, daß es das beste war, die Sache auf sich beruhen zu lassen.[38]

Als es Robert ein wenig besserging, setzten sie die Reise fort; in St. Petersburg war er jedoch nicht in der Lage, Clara bei ihren Antrittsbesuchen bei Ministern, Beamten und am Zarenhof zu begleiten. (Statt dessen ging Henselt mit.) Auf der Reise nach Moskau machten sie einen Abstecher nach Twer (heute Kalinin), um einen Onkel von Schumann zu besuchen, einen einundsiebzig Jahre alten Herrn, der als Arzt vierzig Jahre zuvor nach Rußland emigriert war. Während der Fahrt nach Twer, die sich als besonders strapaziös erwies, fühlte Robert sich mehr als einmal einer Ohnmacht nahe. Als sie in Moskau anlangten, war er immer noch geschwächt und fühlte sich oft schwindlig. Nur allmählich legten sich die schlimmsten körperlichen Beschwerden, einmal aber gab es noch einen beängstigenden Zwischenfall, als Robert plötzlich nicht mehr sehen konnte und Angst hatte zu erblinden. Während er sich im Hotel ausruhte und Gedichte verfaßte (an Komponieren war nicht zu denken), nahm seine Frau, tatkräftig und energisch wie immer, die notwendigen Kontakte auf, knüpfte Verbindungen mit potentiellen Mäzenen an, übte täglich am Klavier und gab mehrere glänzende Konzerte.

Clara nahm auf der Rußlandreise viel Geld ein – fast 6000 Taler, wovon rund 3000 als Reinerlös übrigblieben – und heimste reichlich Beifall ein.[39] Sie spielte vor dem Zaren und der Zarin im Winterpalast (der ihr und Robert «wie ein Märchen aus Tausendundeiner Nacht» vorkam[40]) und wurde am 5. März 1844 zum Ehrenmitglied der Petersburger Philharmonischen Gesellschaft ernannt.

War Schumann auch in erster Linie Claras wegen nach Rußland gefahren, so war es doch eine angenehme Überraschung, daß er von einflußreichen Musikkennern wie dem Grafen Michail Wielhorski und der Großfürstin Helene voll Respekt begrüßt wurde. Aus Briefen und anderen Dokumenten geht hervor, daß es ihm freigestanden hätte, in Rußland zu bleiben und dort seine berufliche Existenz weiter auszubauen. Doch die schmeichelhafte Aufnahme und alle Komplimente vermochten nicht, ihn aus der schweren Depression herauszuholen.

Ein Mann namens Arnold, der Schumann und seine Frau auf einer Soiree bei dem Komponisten und Dirigenten Graf Lwow traf, hat die Begegnung so beschrieben:

Schumann war den ganzen Abend wie üblich schweigsam und verschlossen. Er sprach nur sehr wenig, auf Fragen des Grafen Wielhorski und des Gastgebers A. F. Lwow murmelte er nur unverständlich. Mit dem berühmten Geiger Molique, der erst einige Tage vorher in Petersburg eingetroffen war, entspann sich allerdings so etwas wie ein Gespräch, aber es wurde nur im Flüsterton, ohne Leben und Feuer, geführt. Schumann saß meist in einer Ecke neben dem Klavier ... mit gesenktem Haupt, die Haare hingen ihm ins Gesicht, sein Gesichtsausdruck war streng-nachdenklich, es schien, als würde er vor sich hinpfeifen. Wie ich Schumann an jenem Abend sah, glich er vollkommen dem lebensgroßen Medaillon von Donndorf.* Clara Schumann war ein wenig gesprächiger, sie beantwortete alle Fragen für ihren Mann. Im Klavierspiel erwies sie sich als eine große Künstlerin mit männlicher Energie und weiblichem Instinkt in Auffassung und Ausführung, obgleich sie erst 25–26 Jahre war.** Man konnte sie jedoch kaum als eine graziöse und sympathische Frau bezeichnen. Französisch sprachen beide mit sächsischem Akzent und deutsch wie ehrbare Leipziger.[41]

* Adolph Donndorf schuf die Skulptur für Schumanns Grab.

** In Wahrheit war sie erst dreiundzwanzig.

Es kann kein Zweifel daran bestehen, daß Roberts Zustand höchst besorgniserregend und schlimmer war als je zuvor seit der Heirat. Man kann auch nicht bestreiten, daß Clara auf die Situation nicht angemessen reagierte. Mit ihren Auftritten, den notwendigen Übungen am Klavier, mit Besuchen und Besichtigungen war sie ganz mit sich selbst beschäftigt, ganz die Primadonna auf Tournee, und hielt es für ihre erste Pflicht, das Programm durchzuhalten. Andererseits war Robert nicht imstande, ihr sein Elend mitzuteilen. Später, nach ihrer Heimkehr, war sie betroffen, in Roberts Reisenotizen zu lesen: «Kränkungen, die kaum zu ertragen, und Klara's Benehmen dabei!» Sie zitierte die Worte in dem gemeinsamen Ehetagebuch und fügte hinzu: «... ich weiß von nichts, es scheint mir aber jetzt, bei Durchlesung der Notizenblätter, daß ich oft Roberts Unwillen erregt habe – in böser Absicht gewiß nie, dann immer durch Unbeholfenheit und Mangel raschen Geistes. Nach ruhiger Überlegung finde ich oft erst, was Andere Klügere im ersten Augenblick wissen.»[42]

Als im Laufe der Zeit Roberts Depressionen und körperliche Erkrankungen immer schneller aufeinanderfolgten, war seine bedrohliche Verfassung eigentlich gar nicht mehr zu übersehen. Clara aber übernahm immer neue Verpflichtungen und weigerte sich, der Situation ins Auge zu blicken. Schließlich, ein paar Monate nach der Rückkehr aus Rußland, wurde er so krank, daß er im Bett liegen mußte, und sie mußte endlich akzeptieren, daß er dringend ärztlicher Behandlung bedurfte.

Die Rückkehr nach Leipzig und das Wiedersehen mit den Kindern lösten in Clara gemischte Gefühle aus. Die Welt des Ruhms, des berauschenden Beifalls, in der sich alles um sie gedreht hatte, lag hinter ihr, nun sollte sie wieder als Hausfrau und Mutter für die Familie dasein. Schumann mußte wegen seiner Zeitschrift zu einer Entscheidung kommen. Diese hatte ihm in den zehn Jahren ihres Bestehens Anerkennung und sogar einen gewissen finanziellen Gewinn verschafft, aber es war nicht zu übersehen, daß die schöpferische Arbeit des Komponisten darüber zu kurz kam. Bei der Gründung der *Neuen Zeitschrift* hatte er sich ein hohes Niveau zum Ziel gesetzt, dem er voll gerecht geworden war. Jetzt trennte er sich von ihr nicht ohne Bedauern, aber doch auch mit Erleichterung, und übergab sie im Juni 1844 endgültig dem neuen Herausgeber Oswald Lorenz.

Im August übernahm auch Clara einen Lehrauftrag am Leipziger Konservatorium, doch kurz darauf brach Robert körperlich und seelisch zusammen, so daß sie beide ihre Lehrtätigkeit vorübergehend einstellen mußten. Sie machten eine kurze Reise in den Harz und versuchten es mit verschiedenen Therapien, trotzdem verschlechterte Roberts Zustand sich noch; er wurde so schwach, daß er «kaum über das Zimmer ohne größte Anstrengung gehen konnte». Es war eindeutig nicht nur eine «Nervenschwäche»: er hatte Schmerzen, zitterte, weinte und fand keinen Schlaf. Clara, mit dem dritten Kind schwanger, gab alle Pläne für eine weitere Tournee auf und widmete sich nur noch Robert und seiner Krankheit. Sie beschlossen, nach Dresden zu fahren, vielleicht des besseren Klimas wegen oder auch nur zur Ablenkung. Robert fühlte sich in der Eisenbahn sehr schlecht und in Dresden «vergingen nun 8 schreckliche Tage ... Robert schlief keine Nacht, seine Phantasie malte ihm die schrecklichsten Bilder aus, früh fand ich ihn gewöhnlich in Tränen schwimmend, er gab sich gänzlich auf», schrieb Clara in ihr Tagebuch. Wiecks Anwesenheit in Dresden war nicht gerade hilfreich, verschärfte womöglich die Situation, da er Robert «gewaltsam herausreißen» wollte.[43] Nach einiger Zeit vertauschten sie das Hotel mit einer Privatunterkunft und sahen sich nach einer Wohnung um.

Nachdem Clara noch einige Konzertverpflichtungen in Halle und Leipzig erfüllt hatte, kamen sie ganz plötzlich zu dem Entschluß, Leipzig zu verlassen und nach Dresden zu übersiedeln. Es ging alles sehr schnell. Die Freunde in Leipzig arrangierten eine musikalische Abschiedsparty. Man spielte Mendelssohns Oktett (wobei ein Zwölfjähriger mitwirken durfte: Joseph Joachim, ein Lieblingsschüler von Ferdinand David), Livia Frege, die erste Peri, sang, und Clara spielte mit Mendelssohn vierhändig. Nach einem öffentlichen Konzert im Gewandhaus am 5. Dezember und einer Abschiedsmatinee ein paar Tage darauf kehrte die Familie Schumann der Stadt Leipzig den Rücken, in der Clara geboren war, wo ihre Kunst gehegt und gepflegt worden war und wo sie sich zuerst vom Podium aus dem Publikum gestellt hatte.

KAPITEL 6

Die Zeit in Dresden

Warum gerade Dresden? Warum Leipzig, ein so lebendiges Musikzentrum, aufgeben zugunsten der barocken Residenzstadt? Vielleicht haben Clara und Robert Schumann sich nachträglich diese Frage selbst gestellt, ihre Freunde standen jedenfalls vor einem Rätsel. Am Anfang der Dresdner Jahre standen Krankheit und Sorgen, und es sollten noch viele Leiden und Enttäuschungen folgen. Schumann erlebte Tage und Wochen einer fieberhaft gesteigerten Produktivität, in denen er viele seiner Hauptwerke schuf, dazwischen aber gab es Zeiten schwerer Depressionen, die seiner Frau immer weitere Pflichten aufbürdeten. Sie veranstaltete Konzerte, gab ihrem Mann künstlerische und finanzielle Unterstützung und emotionalen Rückhalt, brachte in fünf Jahren vier weitere Kinder zur Welt, leitete den großen Haushalt, zu dem nun drei Dienstboten gehörten, gab Klavierstunden und komponierte selbst die besten ihrer Stücke. Bei alldem kamen ihr ihre angeborene Zähigkeit und gute Gesundheit zu Hilfe. Die Dresdner Jahre formten ihre schon in der Jugend ausgeprägte Persönlichkeit weiter und verstärkten in ihr die (mit Resignation und manchmal mit unterdrückter Wut vermischte) Gewissenhaftigkeit, mit der sie ihren vielen Aufgaben gerecht wurde.

Die Gründe für den Wegzug von Leipzig, der Stadt, die sie beide liebten, sind schwer nachzuvollziehen. Sie hatten ja miterlebt, wie das Gewandhausorchester sich eine Spitzenstellung in Europa erobert hatte; das Konservatorium war im Begriff, einen glänzenden Aufschwung zu nehmen, die Leipziger Musikzeitschriften zirkulierten in der ganzen Welt, und die Leipziger Musikverlage genossen nach wie vor höchstes Ansehen in Europa. Die Leipziger Bürger waren stolz auf die Zahl ihrer Bibliotheken und deren rege Benutzung. «Liszt», so meinte Schumann selbstbewußt, «kam nämlich sehr aristokratisch verwöhnt hier an und klagte immer über die fehlenden Toiletten und Gräfinnen und Prinzessinnen, daß es mich verdroß und ich ihm sagte, ‹wir hätten hier auch unsere Aristokratie, nämlich 150 Buchhandlungen, 50 Buchdruckereien und dreißig Journale und er solle sich nur in Acht nehmen.›»[1]

Henry F. Chorley, ein reisender Engländer, schilderte Leipzig als eine malerische, behagliche, liebenswürdige Stadt, ohne einen Fürstenhof, «der dem Umgang ihrer Bürger eine steife Etikette aufgedrückt oder ihrem Geiste Fesseln angelegt hätte ... Leipzig hat eine Universität, die die Intelligenz anspornt, eine rege, allem Neuen aufgeschlossene Presse und schließlich eine lebhafte Geselligkeit, die Menschen jeglichen Standes miteinander in Kontakt bringt.»[2] Schumann schrieb aus Dresden im Oktober 1844 an einen Freund: «Doch bleibt Leipzig für Musik noch immer die bedeutendste Stadt und ich würde jedem jungen Talente rathen, dahin zu gehen, wo man so viel und so viel gute Musik hört.»[3]

Die Gründe für die überstürzte Übersiedlung hatten anscheinend mit Roberts Gesundheitszustand zu tun. Man sagte Dresden ein heilkräftiges Klima nach; infolge der Lage an der breit dahinströmenden Elbe inmitten einer sanft gewellten Hügellandschaft war die Luft besser und die Umgebung reizvoller als in Leipzig. Es gab dort in den vierziger Jahren des 19. Jahrhunderts noch nicht allzuviel Handel, Gewerbe oder gar Industrie. Man muß sich nur Canalettos Gemälde mit den prächtigen barocken Kirchen und Palais, dem Zwinger, den Gärten und Alleen vor Augen rufen, um zu verstehen, warum Dresden, der jahrhundertealte Fürstensitz, das «deutsche Florenz» genannt wurde.

Ursprünglich folgte Schumann nur dem Rat seines Arztes, der

einen Aufenthalt in Dresden empfahl, weil alle anderen Behandlungen nicht anschlagen wollten. Und obwohl Robert sich auch hier in den ersten Wochen bedrückt und elend fühlte, entschied er sich zu bleiben. Es ist die Frage aufgeworfen worden, ob Schumann gekränkt war, weil man ihn nicht für den – durch Mendelssohns Berlin-Aufenthalt zeitweilig vakanten – Posten des Gewandhausdirektors in Betracht gezogen hatte; das ist jedoch sehr unwahrscheinlich, da er niemals Absichten auf diese Stellung, die so viel Verwaltungsarbeit und so viele Auftritte in der Öffentlichkeit erforderte, geäußert hat. Außerdem hatte er ja gerade, obwohl es ihm schwerfiel, die *Zeitschrift* aufgegeben, weil er sich mehr Zeit zum Komponieren wünschte.

Es läßt sich noch ein anderer Grund für die Übersiedlung denken. Robert war so krank, daß er keine Entscheidungen treffen, weder dirigieren noch unterrichten, ja nicht einmal komponieren konnte. Clara war wieder einmal schwanger. Vater Wieck wohnte in Dresden. Die kürzlich stattgehabte Versöhnung hatte die bösen Erinnerungen überlagert, jetzt erschien er ihnen wieder als starke, männliche Vaterfigur. Vielleicht klammerten sie sich zu diesem Zeitpunkt an die Illusion, Dresden werde eine Zuflucht und Wieck ihr Beschützer sein.

Für sie beide war ja Dresden auch mit vielen angenehmen Erinnerungen verbunden. Clara hatte als Zehnjährige hier ihr erstes Konzert in der Öffentlichkeit gegeben und das Wohlwollen der einflußreichen und wohlhabenden Musikfreunde bei Hofe gewonnen. Schloß Maxen, der unweit von Dresden gelegene Besitz des Majors Serre und seiner Frau Friederike, war lange Jahre eine zweite Heimat für die Familie Wieck gewesen; Clara hatte hier oftmals die Ferien verbracht. Zu ihren Freunden in der Stadt gehörte die Familie Kaskel, bei der sie während der ersten Streitigkeiten mit dem Vater wegen Robert, 1836, gewohnt hatte; dann der Pianist Carl Kraegen, ein alter Freund ihres Vaters und Bewunderer von Roberts Musik; Wolf August von Lüttichau, der Intendant des Hoftheaters, sowie Carl Gottlieb Reißiger, inzwischen Hofkapellmeister, zu dem man sie in jenem Sommer als Schülerin geschickt hatte, in dem Robert mit Ernestine verlobt war.

In Dresden legte man Wert auf Luxus und Eleganz. Zwar hatte

die Stadt einmal große Musiker wie Heinrich Schütz und Johann Adolph Hasse beherbergt, jetzt aber fanden Robert und Clara, daß die Musik nicht ganz so hoch geschätzt wurde wie die Literatur und die bildenden Künste. Überdies wurde das musikalische Leben vom Geschmack der Aristokraten geprägt, die nun einmal aus Tradition die Hofkapelle und die Oper bevorzugten. Man war stolz auf den Ruf von Carl Maria von Weber, der 1817 zum Kapellmeister ernannt worden war und im sonst so italienisch anmutenden Dresden die deutsche Oper begründete. Richard Wagner kam 1842 an die Dresdner Oper und verbrachte gleichzeitig mit den Schumanns ein paar Jahre in der Stadt, doch sah Clara ihn nicht oft.

Der Freundeskreis des Ehepaars war nicht allzu groß. Es gehörten dazu der Komponist und Dirigent Ferdinand Hiller, der ihnen von den Musikern am nächsten stand, die Sängerin Wilhelmine Schröder-Devrient, die Clara und Robert beide sehr schätzten, und der Dresdner Konzertmeister Franz Schubert sowie sein Bruder Friedrich, der Cellist, mit denen Clara später bei einer Reihe von Kammerkonzerten musizierte. Den alteingesessenen Musikern waren sie, von Hiller abgesehen, anscheinend nicht besonders willkommen, und sie fühlten sich in deren Kreis auch nicht wohl. Ihre besten Freunde waren Maler und Bildhauer. Schumanns Musik war als romantisch und «modern» verschrieen und hatte in Dresden kaum Anhänger, und Robert seinerseits machte kein Hehl aus seiner geringen Meinung über die Herren Kollegen.

Zum Glück war Leipzig nicht allzuweit, nur vier Stunden Bahnfahrt, so daß Clara leicht eine Stippvisite in ihrer Heimat machen konnte. In Gedanken waren sie beide oft in Leipzig. Ein Jahr nach der Übersiedlung, als sich beide wegen eines Konzertes in Leipzig aufhielten, schrieb Robert an Hiller: «Leben und Menschen hier muthen uns doch wieder sehr an. Früher oder später glaube ich doch, daß wir uns hier wieder ansiedeln.»[4] Dazu kam es nie mehr.

Im Januar 1845, als die Erkrankung vom Herbst zuvor etwas abgeklungen war, begann Robert mit seiner Frau zusammen Fuge und Kontrapunkt zu studieren und setzte dies auch die nächsten Monate fort – gegen den Rat des Arztes, der Enthaltung von aller Musik empfohlen hatte. Während dieser Zeit kam und ging das «Nervenübel». «Finstere Dämonen beherrschten mich», schrieb er am

28. Mai 1845 an den holländischen Komponisten Johann Verhulst, «jetzt geht es etwas besser; auch zur Arbeit komme ich wieder, was mir Monate lang ganz unmöglich war.»[5] Im selben Monat aber klagte Clara in ihrem Tagebuch: «Roberts Nervenübel will immer noch nicht weichen», und im Juli schrieb er selbst an Mendelssohn: «Ach – so viel habe ich Ihnen zu erzählen – was für einen schlimmen Winter ich gehabt, wie eine gänzliche Nervenanspannung und in ihrem Geleit ein Andrang von schrecklichen Gedanken mich fast zur Verzweiflung gebracht – daß es jetzt aber wieder freundlicher aussieht und daß auch Musik wieder von innen erklingt, und daß ich mich bald ganz wieder zu erholen hoffe –.»[6]

Vom ersten Tag in Dresden an bis zum Jahr 1849 sind Roberts Tagebücher und Briefe eine ununterbrochene Elendslitanei. Er verheimlichte seine Erkrankung vor niemandem und hatte auch nichts dagegen, wenn Clara sich mit anderen Menschen darüber aussprach. Das meiste, was über Roberts Stimmungsschwankungen bekannt ist, wissen wir aus seinen Briefen an die Freunde. Im September 1845 schrieb er an Mendelssohn: «Hofrath Carus hat mir Früh-Morgen-Spaziergänge angerathen, die mir denn auch sehr gut bekommen; doch langt es überall noch nicht zu und es juckt und zuckt mich täglich an hundert verschiedenen Stellen. Ein geheimnißvolles Leiden – wenn es der Arzt anpacken will, scheint es zu entfliehen.»[7]

Am 3. Dezember 1849, während er Verhandlungen wegen einer Stellung in Düsseldorf führte (die er erst 1850 annahm), schrieb er an Hiller: «Die ganze Zeit her litt ich an Kopfschmerz, der mich an allem Arbeiten und Denken hinderte.» Und auf die Düsseldorfer Irrenanstalt anspielend, fügte er hinzu: «Ich muß mich sehr vor allen melancholischen Eindrücken der Art in Acht nehmen.»[8]

Trotz all der Leiden war Schumann in den Dresdner Jahren sehr produktiv. Viele seiner bekanntesten Werke – das Klavierkonzert, die C-Dur-Sinfonie, das Album für die Jugend, das Konzertstück für vier Hörner und großes Orchester – stammen aus dieser Zeit. Andere in Dresden entstandene Stücke sind heute weniger bekannt, aber Schumann hielt viel von ihnen, hatte er doch alle seine Begabung und Meisterschaft, ja sogar, wie er in einem Brief schrieb, sein «Herzblut» darein gegeben: die Oper *Genoveva* (die seine einzige blieb), die *Szenen aus Goethes Faust* und *Manfred*, ein «Dramatisches Gedicht» nach Texten von Byron. Im April 1849 schrieb er an Hiller: «mein fruchtbarstes Jahr war es».[9] Zu dieser Zeit hatte Schumann schon auf alle literarische Arbeit und andere Ablenkungen verzichtet und konzentrierte sich mit Claras Hilfe allein auf das Komponieren, ausgenommen einige Stunden in der Woche, in denen er dem Chorgesangverein, den er gegründet hatte, zur Verfügung stehen mußte.

Mit Claras Karriere ging es in den Dresdner Jahren nicht mehr so rasant aufwärts wie zuvor. Dafür gab es mehrere Gründe: Roberts Gesundheitszustand, ihre Pflichten als Hausfrau und Mutter, die ständigen Schwangerschaften (mindestens vier, vielleicht hatte sie dazwischen noch eine Fehlgeburt), die musikkulturelle und politische Situation in Dresden und schließlich die Tatsache, daß sie bei allem, was Robert unternahm, beteiligt war und ihn unterstützte.

In den Jahren 1845 und 1846 beschränkte sie sich mit Konzerten hauptsächlich auf Dresden und Leipzig, doch handelte es sich dabei jedesmal um wichtige Musikereignisse, bei denen sie bedeutenden Werken zur Erstaufführung verhalf. Sie war es, die Schumanns Klavierkonzert zum erstenmal in Dresden, am 4. Dezember 1845 mit Hiller als Dirigent, und in Leipzig am 1. Januar 1846 unter Mendelssohn spielte (und das in den letzten Wochen ihrer vierten Schwangerschaft; Emil wurde am 8. Februar geboren). Ein paar Monate zuvor (am 5. Oktober 1845) hatte sie Adolph Henselts neues Konzert zum erstenmal öffentlich vorgetragen, und im Oktober 1846 spielte sie das Vierte Klavierkonzert von Beethoven mit ihrer eigenen Kadenz. Alles in allem gab sie in diesen zwei Jahren etwa zwölf Konzerte. Kaum zu glauben, daß sie während eines Erholungsaufenthalts in Norderney, wie das Haushaltbuch festhält, am 26. Juli 1846 eine «Veränderung» ihres Zustandes (vermutlich eine Fehlgeburt) erlitt und trotzdem am folgenden Tag ein öffentliches Konzert gab.[10]

Mit dem ihr eigenen Unternehmungsgeist gründete sie ein Kammertrio und veranstaltete von Oktober 1847 an regelmäßige Subskriptionskonzerte, wahrscheinlich die ersten dieser Art in Dresden, bei denen sie häufig mitwirkte. Außerdem beteiligte sie sich hin und wieder an Wohltätigkeitskonzerten zugunsten von Bekannten und für andere gute Zwecke.

Die nicht gerade geringen Honorare, die Clara für ihre Leistungen einstrich, waren hoch willkommen für die Miete und andere Ausgaben der wachsenden Familie. Sicherlich waren die Einkünfte aus der Rußlandreise ein gutes Polster für die ersten Jahre in Dresden, in denen Robert so oft krank war. Aber auch danach trug Clara wesentlich zum Lebensunterhalt bei. Im Jahr 1846 verdiente sie mit den Konzerten in Leipzig und Norderney zusammen 120 Taler, die Tournee 1846/47 nach Wien, Brünn und Prag ergab nach Abzug der Reisekosten 320 Taler, 1847 brachten zwei Konzerte in Berlin unterm Strich 82 Taler ein.[11] Dagegen bestand Roberts Einkommen in den Jahren 1845–47 lediglich aus den Zinsen seines kleinen Vermögens sowie den Honoraren von Musikverlagen und für gelegentliche Lehrtätigkeit. Ab 1849 aber nahm er beträchtliche Summen durch den Verkauf seiner Kompositionen ein (1275 Taler in jenem einen Jahr)[12], so daß Claras Anteil am gemeinsamen Einkommen sich entsprechend verringerte.*

Schon bald nachdem Robert und Clara sich in Dresden niedergelassen hatten, fingen beide an, Unterricht in Klavierspiel und Komposition zu geben. Sie fanden dies keine schlechte Art, Geld zu beschaffen, und Clara schrieb 1847: «Ich gebe fast jeden Tag zwei Stunden... es ist doch ein gar angenehmes Gefühl, täglich etwas zu verdienen.»[13]

Auch als Komponistin konnte Clara in den ersten zwei Dresdner Jahren eine reiche Ernte einbringen. Soviel auch auf ihr lastete, schuf sie doch in dieser Zeit ihre Präludien und Fugen, ihr Trio in g-Moll und eine Reihe anderer, bis heute unveröffentlichter Stücke.

Gegen Ende des Jahre 1846 nahmen Clara und Robert ihre beiden ältesten Kinder mit nach Wien. Die Reise stand von Anfang an unter einem wenig glücklichen Stern, nicht nur wegen peinlicher Streitereien mit Wieck, der sich zur selben Zeit in Wien aufhielt, sondern vor allem, weil Clara vor spärlich erschienenem Publikum in halb-

* Die Zahlen im Haushaltbuch, Bd. 2, S. 669–683 zeigen, daß Schumanns Musik noch während seiner Lebenszeit sich wachsender Beliebtheit erfreute. Zwar war das Publikum zahlenmäßig nur klein, doch verkauften die Noten sich gut.

leeren Konzertsälen spielen mußte. Die Kritiker konnten sich mit Schumanns Musik nicht befreunden, wenn sie auch an Claras Virtuosentum nichts auszusetzen hatten. Zu Hause in Dresden trafen sie ihren Jüngsten, Emil, krank an, mußten sich aber schon gleich wieder verabschieden und die Kinder in der Obhut des Hauspersonals zurücklassen, weil in Berlin die Aufführung der *Peri* vorbereitet werden sollte und Clara dort mehrere Konzerte angekündigt hatte.

Die aufregendsten Tage ihrer Dresdner Zeit erlebte Clara während der Revolutionsunruhen im Mai 1849, in denen sie viel Mut bewies. Die Aufrührer wollten nämlich alle waffenfähigen Männer, die sie finden konnten, zwingen, sich ihnen anzuschließen. Schumann stand zwar innerlich auf ihrer Seite, aber selbst am Kampf teilzunehmen, dazu fühlte er sich nicht imstande. Clara versteckte ihn, solange es ging, schließlich aber mußte sie mit Robert und der kleinen Marie durch die Hintertür fliehen und die anderen Kinder unter der Aufsicht der Dienstboten zurücklassen. Mitten in der Nacht kehrte sie in Begleitung einer Bekannten in die umkämpfte Stadt zurück. Ohne Rücksicht auf ihren Zustand (sie war im siebten Monat schwanger, Ferdinand wurde am 16. Juli geboren) wanderte sie zu Fuß über Land, an den Bewaffnetentrupps vorbei, riß ihre Kinder aus dem Schlaf, von denen das jüngste anderthalb, das älteste sechs Jahre alt war, und brachte sie aufs Land in Sicherheit. Die Familie kehrte erst nach etwa einem Monat nach Hause zurück.

Seltsamerweise war Schumann gerade in dieser Zeit besonders produktiv. Während Frau und Kinder bei Freunden Zuflucht gefunden hatten, komponierte er fieberhaft (er selbst sprach von «Schreibfeuer»); er vollendete das *Liederalbum für die Jugend*, die Lieder zu Texten aus *Wilhelm Meister*, die *Jagdlieder* für vierstimmigen Männerchor und eine Motette; außerdem skizzierte er die Domszene für seinen *Faust*. Zu anderen seiner Werke wurde in diesen unruhigen Monaten während und nach dem Maiaufstand der Keim gelegt. Viele politische Äußerungen im Tagebuch und in Briefen aus dieser Zeit beweisen, daß Robert und Clara an der demokratischen Erhebung innerlich Anteil nahmen. Aber im Gegensatz zu Richard Wagner, der sich aktiv beteiligt hatte und dafür aus dem Königreich Sachsen verjagt wurde, war Robert kein Kämpfer. Er begnügte sich mit der Zuschauerrolle und engagierte sich für seine Musik.

Während seiner «Nervenstörungen» war Robert völlig auf seine Frau angewiesen; er brauchte nicht nur das Gefühl, daß sie bei ihm war, sondern verließ sich auf sie auch in künstlerischen und finanziellen Fragen. Als sie im Oktober 1845 zur Eröffnung der Konzertsaison nach Leipzig fuhr, konnte er nicht mit; denn, so teilte er Mendelssohn mit, «jede Störung meiner einfachen Lebensordnung bringt mich noch außer Fassung und in einen krankhaften, gereizten Zustand. Darum blieb ich auch lieber zu Hause, als meine Frau bei Ihnen war, zu meiner Betrübniß. Wo Lust und Freude ist, da muß ich noch fern stehen.»[14] Und als Clara zur Erstaufführung des Klavierkonzerts von Henselt in Leipzig war, schrieb er an sie: «Es geht mir leidlich, doch bin ich in einer immerwährenden Agitation, das macht, weil ich immer an Dich denke... Bist Du ganz wohl angekommen?... fühlst Du Dich kräftig?»[15]

In einem anderen Brief an die wieder einmal abwesende Clara bringt er seine ganze Verzweiflung zum Ausdruck:

Ich habe eine schlechte Nacht gehabt; es ist mir immer so angestrengt zu Mute, dies wird aber wieder besser, wenn Du wieder bei mir bist. Doch fühl ich, wie viel mir zur Gesundheit fehlt, ich kann doch garnichts vertragen; alle Schmerzen und Freuden des Lebens bringen mich außer Fassung, es ist ein überreiztes Gefühlsleben, würde es doch bald anders! Arbeiten *kann* ich garnicht, es fehlt mir alle Ruhe und ich suche sie mir in allen Stuben.[16]

Auch in den guten Zeiten war sie ihm unentbehrlich nicht nur als seine Frau, sondern auch als Musikerin. Er nutzte ihre ausgezeichnete musikalische Bildung, indem er sie die Klavierauszüge für *Ouvertüre, Scherzo und Finale*, für die C-Dur-Sinfonie, die *Faust-Szenen* und die Oper *Genoveva* erstellen ließ. Bei dem von ihm gegründeten Chorgesangverein mußte sie oft als Dirigentin oder Begleiterin einspringen. Sie studierte *Peri*, *Mignon* und *Faust* mit den Mitwirkenden ein. Schumanns gesamte Musik, soweit das Klavier beteiligt war – Vokalmusik, Kammermusik und alle Solostücke für Klavier – brachte sie als erste zur Aufführung.

Eine der Damen aus dem Chor, Marie von Lindemann, erinnerte

sich fast fünfzig Jahre später an die harmonische Zusammenarbeit der beiden:

Bedenkt man nun noch, welchen Einfluß die treffliche Künstlerin, Frau Clara Schumann, auf uns alle ausübte, indem sie unsern Gesang begleitete und uns das Verständnis der Musik durch ihr wunderbar durchgeistigtes Spiel näher brachte, so wird man sich vorstellen können, wie unter dieser Doppelleitung alle vorhandenen Kräfte gehoben wurden... Sah man schon in jeder Versammlung, wie nur ein Geist beide beseelte, so trat dies noch vielmehr hervor, wenn es unsere schöne Aufgabe war, eine neue Schöpfung Robert Schumanns zu Gehör zu bringen. Mit welcher Ruhe, mit welchem Vertrauen überließ er es seiner Clara, durch Hervorheben jedes besonders wichtigen Tones, durch Steigerung der Nuancierung uns das Verständnis seiner Ideen nahezubringen! Mit welcher Begeisterung sahen wir aber auch ihr Auge aufleuchten, wenn die Schönheit seiner Musik zur Geltung kam![17]

Emilie Steffens, eine ihrer Schülerinnen, die Clara besonders ans Herz gewachsen war, wohnte eine Zeitlang bei der Familie und übernahm für Clara die Rolle der sorgenden Hausfrau. Sie hat berichtet, daß Clara zu ihrem täglichen Üben nur kam, wenn Schumann aus dem Haus ging; das war meist am späten Nachmittag, zwischen sechs und acht Uhr, wenn er in seinem Stammlokal ein Bier trank. Kam er zum Abendbrot zurück, hörte sie sofort auf zu spielen. Emilie kümmerte sich auch um Haus und Kinder, als Robert und Clara im Juni 1850 zur Uraufführung der *Genoveva* nach Leipzig fuhren. Aus den Briefen, die Clara ihr in diesen Tagen schrieb, wird deutlich, für wie viele kleine und große Dinge Clara zuständig war und mit welcher Gewissenhaftigkeit sie versuchte, allem gerecht zu werden.

Montag, den 17. Juni 1850
Liebe Emilie,
die Kinder kommen nun Morgen Dienstag nachmittags ½ 3 Uhr, und ich bitte Sie recht sehr, daß Sie oder Pauline die Kinder am Bahnhof erwarten, von da nehmen Sie eine Droschke und fahren mit ihnen nach Haus – die Koffer nehmen Sie gleich mit in die Droschke.* Im Koffer finden Sie Einiges, was ich mit zurückschicke, in der schmutzigen Wäsche auch einiges

* Die beiden ältesten Kinder hatten nach Leipzig mitfahren dürfen, um ihres Vaters Geburtstag mitzufeiern, und machten die Rückreise allein.

Clara und Robert Schumann in Wien.
Lithographie von Eduard Kaiser, 1847.
Schumannhaus, Bonn

von mir, was Sie bitte in die große Wäsche werfen. Zugleich will ich auch 10 Thlr. noch beilegen, damit es Ihnen nicht am Gelde fehlt. Recht lieb wäre mirs, machten Sie extra einen kleinen Auszug von den Ausgaben, die ich meinem Manne nicht berechne, als: die Schneiderin, Taschentücher, Näherin, etc.; Wäsche desgleichen.

Heute bitte ich Sie nun um umgehende Sendung zweier Sachen, nämlich das Buch, worum ich Sie schon einmal bat; es liegt auf meinem Klaviere, gelblich broschiert, und stehen Lieder von mir *geschrieben* drin, auch liegen einige Notenpapierschnitzel darin, die Sie natürlich nicht mitschicken; dann gehen Sie in meines Mannes Stube, setzen sich an sein Clavier und strecken den rechten Arm aus nach dem anderen Notenpack unten in seinem Notenregal, da finden Sie Exemplare von dem *Liederalbum* für die Jugend von meinem Mann, da suchen Sie ein reinliches Exemplar aus und schicken es mit – natürlich gut verpackt, damit es nicht beschädigt wird. Beides bitte *recht bald*!...

den 24. Juni
... Wegen der Oper nun noch einiges! Ich glaube, am besten ist es, Sie kommen jedenfalls Montag früh, denn sehr möglich ist es, daß sie schon Montag herauskommt, dies entscheidet sich aber nicht vor Sonntag. Wollen Sie das den anderen sagen, und mir noch einmal schreiben, wieviel Billets ich bestellen soll,...

Ich hoffe, daß Pauline wieder wohl ist, damit Sie keine fremde Person ins Haus nehmen müssen, was mir sehr fatal wäre. Schließen Sie alles zu, den Schlüssel zur Wäschekammer verschließen Sie und geben Friederiken heraus, was sie etwa brauchen kann...

den 29. Juni
Meine liebe Emilie,
mit freudigem Herzen schreibe ich Ihnen heute, nachdem gestern die zweite Aufführung der Oper stattgefunden. Ich wünschte, Sie wären da gewesen. Die Aufführung war bei weitem besser als die erste... Gebe nur Gott, daß die Kinder gesund bleiben – mit Ferdinand ängstige ich mich. Schreiben Sie mir ja gleich wieder! ... Was wünschte Julie sich? ich habe ihr ein reizendes Wickelkindchen bestellt, ob ihr das lieb sein wird? Ludwig bekommt Soldaten und ein schönes Bilderbuch! – Nun noch eins: sagen Sie Pauline gleich nach Empfang dieses zum ersten August auf, versäumen Sie aber ja nicht, es vor dem 1ten Juli zu tun...[18] *

* Für den Monat August war der Umzug nach Düsseldorf geplant.

Diese Briefe, mit denen jede Einzelheit aufs genaueste geregelt wird, erinnern ein wenig an die pedantischen Ermahnungen und Aufträge in Wiecks Briefen an seine Frau zu Hause. Aber während Wieck dabei seine ganze Arroganz offenbart, spürt man aus Claras Worten ihre persönliche Bescheidenheit. Nichts da von Dünkel und Selbstsucht, die man von der gefeierten Virtuosin erwarten könnte, von der Frau, die einmal die verwöhnte Prinzessin der feinen Gesellschaft in Wien war. Worum sie sich kümmert, sind die Kinder, der Mann und der große Haushalt, für dessen reibungsloses Funktionieren sie zu sorgen hat. In anderen Briefen steht die Sorge für das Werk ihres Mannes im Vordergrund: die Aufregung vor der Opernpremiere, deren Erfolg so sehr vom guten Willen und Können der Mitwirkenden abhängt, die unvermeidlichen Querelen, Diskussionen und Temperamentsausbrüche bei den Proben und das Herzklopfen, wenn der Vorhang sich zum erstenmal hebt.

Ohne Zweifel mußte Clara während der Dresdner Jahre ihre beruflichen Ambitionen ständig denen von Robert unterordnen. Wenn sie auch Robert daraus nie einen Vorwurf machte, so war doch vielleicht die heftige Empörung, mit der sie auf die mangelnde Anerkennung seiner Musik durch das Publikum reagierte, ein Ausdruck dieser heimlichen Frustration, die sie niemandem, nicht einmal sich selber, eingestehen konnte. Besonders bitter empfand sie die Enttäuschung über das Publikum in Wien 1846/47; nicht, daß man ihre Darbietung kritisiert hätte (im Gegenteil, sie wurde ausdrücklich gelobt), sondern daß Schumanns Sinfonie und das Klavierkonzert so kühl aufgenommen wurden. Eduard Hanslick berichtet, was sich im Anschluß an eins der Konzerte abspielte:

Die Minuten verflossen in einem unbehaglichen Stillschweigen, da jeder von uns gedrückt war von der lauen Aufnahme dieses so herrlichen Musikabends. Clara brach zuerst das Schweigen, indem sie über die Kälte und Undankbarkeit des Publikums bitter klagte. Was wir anderen auch Beschwichtigendes zu sagen vermochten, es steigerte nur ihren lauten Mißmut. Da sprach Schumann die uns unvergeßlichen Worte: «Beruhige Dich, liebe Clara; in zehn Jahren ist das alles anders!»[19]

Tatsächlich, die Lage änderte sich, und das in weniger als zehn Jahren. Schon 1849 rissen sich die Musikverleger um Schumanns Werke. Die *Peri* wurde sogar in New York aufgeführt. Am 18. September 1849 konnte Schumann an Franz Brendel, der die Leitung der *Neuen Zeitschrift* übernommen hatte, schreiben, daß er «ganz zufrieden mit der Anerkennung» sei, die ihm zuteil geworden.[20] Aber obwohl er als Komponist an so vielen Orten geehrt, ja gefeiert wurde, hatte man an seinem Wohnort nicht viel für ihn übrig. Clara regte sich über ihre Mitbürger auf, diese erbärmlichen, konservativen «Klötze», in deren «verschrumpelten Gesichtern» sich bei einer Sinfonie von Mendelssohn «kein Lebensfünkchen» zeigte. Es erzürnte sie, daß immer öfter die Sänger die Chorproben des Gesangvereins schwänzten: «Das ist Dresdner Kunstsinn – jetzt, wo sie wissen, es sind nur noch einige Mittwoche, wo wir hier sind. Da laufen sie lieber zur Illumination auf die Vogelwiese.» Und ein paar Tage später heißt es: «Kunstsinn treibt die Leute hier nicht zum Musizieren, sondern höchstens ein persönliches Interesse oder Neugier.» Mit dem Orchester war es nicht besser – nichts als Heuchler: «Das ist überhaupt eine schöne, würdige Gesellschaft... die mit ‹lieber Kollege›, ‹mein Schatz› um sich werfen und sich dann die Augen auskratzen möchten.»[21]

Daß ihr Vater als renommierter Klavier- und Gesangslehrer am selben Ort lebte, machte womöglich alles noch schlimmer. In den schwierigen Tagen am Anfang, im Herbst 1844, als die Schumanns nach Dresden zogen, hatte er sich hilfsbereit gezeigt. Aber Clara merkte schnell, daß sie ohne ihn besser zurechtkam, und ärgerte sich über sein anmaßendes Wesen. Wenn Wieck an seinem Schwiegersohn herummäkelte, verteidigte sie ihn. Robert konnte sich selbst nicht wehren, da er den tiefsitzenden Groll gegen Wieck nicht in Worte zu fassen vermochte. Das Weihnachtsfest 1844 feierten die beiden Familien zwar noch gemeinsam, aber sie hatten sich wenig zu sagen. Hin und wieder konzertierte Clara mit ihrer Halbschwester Marie zusammen, doch sie hielt nicht allzuviel von deren Begabung: «Sie spielt gut, aber nicht ausgezeichnet.»[22]

1846 kam es in Wien zu einem Streit mit Wieck, der die Beziehung zu ihm nachhaltig störte. Die Hauptursache lag wohl in Wiecks unerschütterlichem Selbstbewußtsein und seinem Egoismus: er duldete keinen Widerspruch und war nicht bereit, Schumanns Rang als Musiker anzuerkennen. Die Meinungsverschiedenheit drehte sich um gesangspädagogische Fragen und führte dazu, daß er seiner Tochter Marie und seiner Lieblingsschülerin Minna Schulz untersagte, in Schumanns Chor mitzuwirken. Schließlich wurde die Atmosphäre so feindselig, daß Clara der Verdacht kam, Wieck habe die schlechten Kritiken in Wien lanciert. Zur Uraufführung der *Genoveva* im Juni 1850 wurde Wieck nicht eingeladen, nach dieser Zeit taucht sein Name in den Briefen und Tagebüchern nicht mehr auf, im Gegensatz zu Marianne Bargiel, die ein häufiger und gern gesehener Gast im Hause Schumann wurde. Clara brach zwar niemals förmlich mit ihrem Vater, doch hatte sie, schon ehe sie von Dresden wegging, jede innere Bindung an ihn aufgegeben.

Während der Jahre in Dresden änderte sich in Claras Ehe allmählich die Rollenverteilung. Immer öfter war sie es, die ihren Mann gegenüber der Umwelt beschützte und verteidigte. Wahrscheinlich war beiden nicht bewußt, in welchem Maße er von ihr abhängig war. Während seiner Krankheitsanfälle oder wenn er sich völlig abkapselte, um zu komponieren, übernahm sie stillschweigend immer mehr von seinen Pflichten. Anscheinend war er bereit, dies Verhältnis zu akzeptieren, obwohl man sich kaum vorstellen kann, daß er es nicht auch als kränkend empfand; doch war er nicht undankbar für ihre Hilfe und lobte sie oft, auch vor anderen Menschen. Obgleich er ihre Hauptaufgabe in ihrem Dasein als Frau und Mutter sah, ermunterte er sie zu ihrer künstlerischen Tätigkeit und war stolz auf ihr Talent und ihren Ruhm. Zweimal gab er sich große Mühe, als Geburtstagsüberraschung für sie die Veröffentlichung ihrer Kompositionen zu erreichen. Ihren gemeinsamen ehemaligen Lehrer Heinrich Dorn machte er brieflich darauf aufmerksam, daß Clara eine Sammlung von Fugen veröffentlicht hatte, und drückte die Hoffnung aus, Dorn werde die Stücke kennenlernen. An den Pianisten und Komponisten Friedrich Hiller schrieb er 1847, wenn er zu Besuch komme, werde er die neuen Trios von Clara und von Robert selbst anhören können.[23]

In den Briefen an die Freunde findet Schumann oft Worte liebevoller Zärtlichkeit für Clara und die Kinder. «Ein Geschenk von Oben ist sie», schrieb er im Oktober 1845 an Mendelssohn. «Dann ist's wohl wahr, sie verdient auch alle Liebe und Aufmunterung, als immer fleißige, immer fortstrebende Künstlerin, und dann als Frau überhaupt...» – «Meine zwei Mädchen sind kleine liebe Engelskinder, meine Frau die alte gute», hieß es 1844 im Brief an Verhulst, und an Mendelssohn 1845, nach der Mitteilung, er habe schlechte Tage gehabt: «Doch werden wohl auch bessere Zeiten wiederkommen, und blick' ich auf Frau und Kinder, so hab' ich ja Freude genug.»[24]

In Zeiten, in denen er dazu in der Lage war, fungierte Robert als Claras Agent, arrangierte Konzerte für sie und übernahm damit die Rolle, die einst ihr Vater für sie gespielt hatte. Als ihm die Stellung in Düsseldorf angeboten wurde, äußerte er in einem Brief an Hiller unter den möglichen Bedenken und Einwänden auch die Frage: «Würde sich für meine Frau irgend ein Wirkungskreis finden lassen? Du kennst sie, sie kann nicht unthätig sein.»[25]

Wie gut Robert seine Frau verstand! Mochte sie noch so sehr durch ihren Mann und seine Arbeit, durch die Kinder und deren Erziehung beansprucht sein, wirklich ausgefüllt war sie erst, wenn sie auch Zeit für ihr Klavierspiel fand. Ende Juli 1847 schrieb diese Frau in ihr Tagebuch – da hatte sie ein Jahr mit zwei Konzertreisen, nach Wien und Berlin, hinter sich, außerdem das Schumannfest in Zwickau, hatte gerade ihren jüngsten Sohn durch den Tod verloren und fühlte sich seit drei Monaten erneut schwanger –: «Ich bin faul, kann aber nicht anders, denn ich bin auch immer unwohl und schrecklich matt. Ach, könnte ich nur arbeiten, das ist mein einziger Kummer.»[26]

KAPITEL 7

Düsseldorf. Robert Schumanns Tod

Clara Schumanns Verhalten in den letzten Jahren ihrer Ehe wirft mancherlei Fragen auf. Setzte sie in der Düsseldorfer Zeit vielleicht allzusehr ihren eigenen Willen durch? Kümmerte sie sich genügend um ihren Mann, als er in der Nervenklinik war? Warum ließ sie mehr als zwei Jahre verstreichen, ohne ihn zu besuchen, und kam erst, als er nicht mehr lange zu leben hatte? Unterziehen wir die Tatsachen, soweit sie zugänglich sind, einer unvoreingenommenen Prüfung, so erscheinen diese schwierigen Jahre in einem anderen Licht und lassen Claras Verhalten verständlicher werden.

Robert hatte die Stellung als Städtischer Musikdirektor in Düsseldorf, die ihn zu zehn Konzerten und vier Kirchenmusiken im Jahr mit dem Stadtorchester verpflichtete und ihm die Leitung der Chorvereinigung auferlegte, nur nach langem Zögern angenommen. Der herzliche Empfang, der ihnen dort bereitet wurde, zerstreute zwar seine und Claras Bedenken, doch währte die freundliche Stimmung auf beiden Seiten nicht lange.[1] Wohl begegnete man ihnen anfänglich in Düsseldorf, anders als in Dresden, spürbar mit Achtung, doch gab es schon nach kurzer Zeit Kritik an Roberts Art zu dirigieren. Die Chordisziplin ließ nach, die Mitglieder kamen nicht mehr regelmäßig zu den Proben, es gab Klatsch und Tratsch hinter den Kulissen – jedenfalls war schon Ende der ersten Saison zu spüren, daß man allgemein von dem neuen Dirigenten enttäuscht war, obwohl man ihn nach wie vor als Komponisten hochschätzte. Clara verlegte sich auf die Defensive und wetterte in ihrem Tagebuch und in Briefen an die Freunde über die Rheinländer, über ihre lockere Lebensart, ihren Mangel an Takt und über die «Intrigen» gegen den Musikdirektor. Bereits im April 1851 beklagte sie sich bei ihrer Schwägerin Pauline, daß Robert so wenig anerkannt werde, und äußerte die Absicht, Düsseldorf wieder zu verlassen.[2] Während der nächsten drei Jahre sahen sie sich immer wieder nach einer anderen Stellung um, jedoch vergeblich. Es bot sich nichts Geeignetes, und so blieben sie in Düsseldorf. Hier wurde Schumann von immer schlimmeren Krankheitssymptomen heimgesucht, hier versuchte er seinem Leben ein Ende zu machen, hier verbrachte er seine letzte tragische Lebenszeit; für Clara fiel in diesen Lebensabschnitt der Beginn ihres vierzigjährigen Witwendaseins, der Anfang der Freundschaft mit Joseph Joachim und Johannes Brahms und die Erneuerung ihrer Karriere.

Clara wurde in Düsseldorf von Anfang an nicht nur als Gattin des Musikdirektors, sondern als eigenständige Künstlerin respektiert. Sie war in der Stadt die führende Pianistin und trat sowohl in Orchesterkonzerten, die Schumann dirigierte, als auch in Solokonzerten und Kammermusikveranstaltungen auf. Beim 1. Abonnementskonzert des Orchesters am 24. Oktober 1851 wurde sie als Solistin, ebenso wie ihr Mann als Dirigent, vom Orchester mit einem Tusch begrüßt. Sie freute sich über die Willkommensgeste, doch beim Souper nach dem Konzert gab es einen Mißton: Robert nahm es mit Ärger auf, daß Ferdinand Hiller ritterlich, aber ungeschickt den Toast auf Clara statt auf ihn ausbrachte. Der Vorfall war nur der Anfang einer ganzen Reihe von Mißhelligkeiten. Es gab Reibungen, und manchmal flossen Tränen, was aber Clara nicht hinderte, ihren Mann nach Kräften zu unterstützen und gleichzeitig ihre eigene Karriere fortzusetzen.

In der ersten Konzertsaison in Düsseldorf hatte Clara nicht allzuviel Gelegenheit zu Soloauftritten, doch wurde sie trotzdem nicht vergessen, wie aus Briefen und Zeitungsberichten der Zeit hervorgeht; im Gegenteil, ihr Ruf als Klavierspielerin verbreitete sich ständig und brachte ihr Anerkennung auch von außerhalb ein. So wurde in Leipzig im März 1852, ein paar Monate nach der Geburt ihres siebten Kindes Eugenie, eine festliche Schumann-Woche zu Ehren des Ehepaares veranstaltet; die Post überbrachte dringende Einladungen aus England; Clara glänzte mit brillanten Leistungen beim Niederrheinischen Musikfest im Mai 1853, womit ihre langjährige Zusammenarbeit mit dem inzwischen künstlerisch gereiften Joseph Joachim ihren Anfang nahm. Galakonzerte machten sie in Holland bekannt, wo sie 1853 zwischen dem 26. November und 20. Dezember zusammen mit Robert nicht weniger als zwölf Konzerte gab. Im Januar 1854 hatte sie in Hannover mehrfach Gelegenheit, die Beziehung zu Joachim zu vertiefen und zu festigen. Sie konzertierte auf jeder Reise, die sie unternahm, selbst auf sogenannten Erholungsreisen. Sie kam mit Pianisten aus ganz Europa zusammen, die sie einst als Rivalen angesehen hatte, so mit Camilla Pleyel, die sie im August 1851 in Brüssel kennenlernte, oder Franz Liszt, der sich im September in Düsseldorf aufhielt.

Bereits wenige Monate nach ihrer Ankunft hatte sie eine «kleine Kolonie» von Schülern um sich versammelt, die aus ganz Deutschland gekommen waren, um bei ihr zu studieren.[3] Als man im Januar 1853 eine neue Wohnung in der Bilker Straße bezog, bekam sie endlich ein eigenes Musikzimmer, in dem sie den Flügel benutzen konnte, ohne ihren Mann zu stören. In diesem Raum fing sie wieder an zu komponieren und schrieb innerhalb von drei Monaten die Stücke, die ihre letzten Kompositionen werden sollten: Variationen über ein Thema von Robert Schumann (op. 20), Drei Romanzen für Klavier (op. 22), Drei Romanzen für Violine und Klavier (op. 21) und Sechs Lieder (op. 23).

Lange Konzertreisen kamen wegen der Kinder und wegen immer neuer Schwangerschaften (wovon eine, zwischen Eugenie und Felix, mit einer Fehlgeburt endete) nicht in Frage, dafür spielte Clara so oft wie möglich in Düsseldorf und in den Nachbarorten Köln, Bonn und Krefeld. Planung und Organisation dieser Konzerte nahm sie selbst in die Hand, wobei sie sich um jede Einzelheit kümmerte. Warum lud sie sich auch noch diese Last auf?

Die Antwort darauf ergibt sich zumindest teilweise aus einem Brief an Wilhelm Joseph von Wasielewski, einen befreundeten Geiger, mit dem sie oft zusammen gespielt hatte:

d. 20. Jan. 1853
Heute habe ich nun noch eine Frage an Sie, lieber Freund, von der Robert nichts weiß, ich bitte also, Ihre Beantwortung derselben so zu fassen, daß sie mehr als eine Anfrage von Ihnen, oder, steht der Erfüllung meines Wunsches Etwas im Wege, denselben ganz mit Stillschweigen zu übergehen. Sie betrifft nämlich eine Soirée in Bonn, von der wir schon im vergangenen Sommer einmal sprachen und zu der ich große Lust hätte, denn erstlich würde sie uns die Freude schenken, mit Ihnen und Reimers * einmal wieder zu musiciren (ich dachte natürlich an das *Quintett* [op. 44]), und dann wäre es doch auch vielleicht eine kleine Einnahme – Sie wissen wohl, hier hat man deren Wenige, und unser Haushalt erfordert Viele! (Unter uns dies, lieber J v Wasielewski, nicht wahr?)[4] **

Außer um ihre eigene künstlerische Tätigkeit und ihre Mutterpflichten kümmerte Clara sich in ständig wachsendem Maße um ihren Mann und seine Arbeit. Schumann war dankbar für ihre Hilfe und fühlte sich zugleich durch sie bedrückt. So war es zum Beispiel in Düsseldorf üblich, daß der Dirigent die Chorproben vom Klavier aus leitete; da Robert dies ablehnte, übernahm Clara die Klavierbegleitung, teilweise wegen seiner Handverletzung, aber im wesentlichen wohl, weil er auf ihre Unterstützung nicht verzichten mochte.

Clara identifizierte sich völlig mit ihrem Mann und empfand jede Kritik an ihm als persönlichen Angriff. Dem oben angeführten Brief an Wasielewski fügte sie noch ein Postskriptum an: «Entschuldigen Sie meine schlechte Schreiberei, ich bin aber heute so erregt (leider wieder durch eine Beleidigung, die Robert widerfahren), daß mir die Hand zittert. Lassen Sie aber Robert nichts merken von meiner Erwähnung gegen Sie.» Frederick Niecks, der viele Menschen aus

* Christian Reimers war Cellist.

** Solche und ähnliche vertrauliche Äußerungen legte Wasielewski später seiner Schumann-Biographie von 1858 zugrunde, die aber von Clara desavouiert wurde, und zwar so vehement, daß sie sich weigerte, sie auch nur zu lesen. Vielleicht fühlte sie sich insgeheim schuldig, Roberts Ansehen mit solchen Heimlichkeiten geschadet zu haben.

Schumanns Umgebung in Düsseldorf persönlich gekannt hat, berichtet: «Sie wachte über ihm, sie stellte sich zwischen ihn und die Außenwelt und verhinderte, so weit es möglich war, die Reibungen, die sein sensibles Gemüt so sehr bedrückten.» [5]

Im März 1852 beschrieb Clara in ihrem Tagebuch eine Probe des Gesangvereins, bei der die Damen sich wieder einmal so undiszipliniert verhielten, «daß es mir immer im Herzen kocht, und», fügte sie hinzu, «wahrhaft könnte mir nichts lieber sein, als wenn Robert sich ganz von dem Verein zurückzöge, denn es ist eine seinem Range nicht würdige Stellung.» [6] Sie selbst aber beteiligte sich geduldig an jedem Chorabend und nahm keinen Anstoß daran, daß die Plackerei mit den Sängerinnen und Sängern auch nicht gerade ihrem Rang als Künstlerin entsprach.

Daß sie stärker war als ihr Mann und die Verantwortung für die Familie auf ihr lag, empfanden wohl auch die Herren vom Konzertkomitee des Musikvereins, als sie am 7. November 1853 Clara, nicht aber Robert selbst, mit dem Beschluß konfrontierten, daß er in Zukunft nur noch seine eigenen Werke dirigieren solle; alle anderen Aufgaben würden von Julius Tausch, seinem Stellvertreter, übernommen. Clara war empört:

Das war eine infame Intrige und eine Beleidigung für Robert, die ihn zwingt, seine Stelle gänzlich niederzulegen, was ich den Herren auch sogleich antwortete, ohne zu Robert gesprochen zu haben... Ich kann nicht sagen, wie sehr ich entrüstet war, und wie bitter es mir war, Robert diese Kränkung nicht ersparen zu können. O, es ist ein niederträchtiges Volk hier. Die Gemeinheit herrscht hier, und die Gutgesinnten... ziehen sich zurück, mißbilligend aber tatlos. Was hätte ich darum gegeben, hätte ich mit Robert gleich auf und davon gehen können, doch wenn man 6 Kinder hat, ist das so leicht nicht. [7]

Clara reagierte auf die Zumutung, wie es wohl jede loyale Ehefrau getan hätte, und merkte dabei gar nicht, daß die Form, in der das Ansinnen vorgebracht wurde – nämlich durch sie – keine geringere Beleidigung darstellte.

Schumann war kein guter Dirigent. Man hätte ihm den Posten nicht anbieten und er hätte ihn nicht übernehmen sollen. Seine Freunde wußten, daß ihm die Führung eines Orchesters nicht lag, aber weder er noch Clara (die die Schwierigkeiten oft genug miterlebte) mochten sich diese Schwäche eingestehen.* Als er in Leipzig zum erstenmal ein Orchester geleitet hatte, berichtete er Clara voller Stolz von seinem vermeintlichen Erfolg, aber zugleich mit seinem Brief erhielt sie eine freundliche Mahnung von Livia Frege: «Könnte sich nur Ihr lieber Mann einmal entschließen, ein wenig zu zanken...» In Dresden hatte Schumann den Männergesangverein aufgegeben («...ich fand doch da zu wenig eigentlich musikalisches Streben – und fühlte mich nicht hinpassend, so hübsche Leute es waren»)[8], und auch seine dortige Chorgesangvereinigung konnte er trotz des Lobes der Kritiker nur mit Mühe zusammenhalten. Er verließ sich im Laufe der Zeit immer mehr auf Clara, die von ihrem Platz am Klavier aus den Sängern die Anweisungen des Dirigenten vermittelte.

In Düsseldorf, wo das Dirigieren Schumanns Hauptaufgabe war, traten seine Schwächen deutlicher zutage, und der Streß wurde dadurch für ihn und seine Frau noch verstärkt. Wenn Schumann krank oder abwesend war, sprang sein Stellvertreter Julius Tausch für ihn ein. Dies kam Robert zuerst recht gelegen, er bat Tausch sogar, die Übungsstunden mit dem Chor ganz zu übernehmen; er fand, man könne einem schaffenden Künstler nicht zumuten, nach des Tages Arbeit noch die Übungen von Dilettanten zu überwachen.[9] Aber als die Chormitglieder lieber nur noch mit Tausch arbeiten wollten, wirkte dies auf Clara, die Tausch ohnehin nie gemocht hatte und nun auch ihren Platz am Klavier für ihn räumen sollte, wie eine persönliche Beleidigung, ja sie hegte sogar den Verdacht, dahinter stecke ein Verschwörung.

Im Lauf des Jahres 1852 ging es mit Schumanns Gesundheit immer schneller bergab. Während der ganzen Saison 1852/53 plagten ihn schwere körperliche und seelische Störungen, und obwohl er im Mai 1853 beim Niederrheinischen Musikfest noch einmal ein Konzert dirigierte, war es doch für jedermann – ausgenommen

* In einem Brief an den österreichischen Kritiker Eduard Hanslick vom 19. Januar 1859 bestritt sie noch immer entschieden, daß Schumann als Dirigent irgendwelche Schwächen gezeigt habe; für die Schwierigkeiten in Düsseldorf machte sie seine Krankheit und die «Intrigen» verantwortlich. Siehe E. Hanslick, *Aus neuer und neuester Zeit*, Berlin 1900, S. 320f.

seine Frau – erkennbar, daß er nicht die Kraft hatte, sein Amt als Städtischer Musikdirektor weiter auszuüben, und daß er nicht stark genug war, die ständigen Vorwürfe und Gegenvorwürfe, Kündigungsdrohungen und «Intrigen» noch länger zu ertragen. Die Leiden, die ihn plagten, waren beunruhigend: er war schweigsamer und in sich versponnener denn je, er hatte plötzliche Zustände, die einem leichten Schlaganfall ähnelten, Lebensmut und Widerstandskraft waren dahin. Am meisten litt er unter den «Gehöraffektationen», bei denen er zeitweise einen ständigen, gleichbleibenden Ton im Ohr hatte, eine Störung, die äußerst quälend sein kann und für einen Musiker wohl noch schwerer zu ertragen ist als für andere Menschen.

Dirigieren konnte er nicht mehr, doch beschäftigte er sich mit Komponieren und Schreiben. Berthold Litzmann erwähnt «eine gewisse Apathie und Verträumtheit» sowie «eine eigentümliche, zeitweilig sich bemerkbar machende Schwerfälligkeit des mündlichen Ausdrucks».[10] Wasielewski drückt sich genauer aus und beschreibt eine zunehmende Sprachstörung. «Dann war es auch höchst auffallend, daß Schumann beim Hören von Musik alle Tempi zu schnell erschienen... Seine körperliche Haltung hatte etwas gedrücktes, seine Begegnung ließ trotz aller, gegen Näherstehende kundgegebenen Freundlichkeit den Zustand der Apathie herausfühlen.»[11] Er klagte über Schlaflosigkeit und entwickelte eine Vorliebe, die Clara ein wenig peinlich war, für das damals als okkultistisches Gesellschaftsspiel betriebene «Tischrücken», bei dem man die Geister der Verstorbenen aufforderte, sich den Versammelten bemerkbar zu machen und ihre Fragen zu beantworten. Die erst zehn Jahre alte Elise mußte bei diesem neuen Zeitvertreib als Medium mitmachen.[12]

Es fragt sich natürlich, wie eine so anspruchsvolle Musikerin wie Clara es fertigbrachte, Schumanns Leistung als Dirigent zu verteidigen, obwohl sie seine Unfähigkeit doch bemerkt haben mußte. Vielleicht hegte sie immer noch die Hoffnung, daß die Krankheit nicht ausbrechen werde, wenn man ihre Anzeichen nur lange genug ignorierte. Sie war ja erst zweiunddreißig Jahre alt und mit sechs Kindern, Haushalt, Stundengeben und Konzerten übermäßig belastet; vielleicht mochte sie einfach nicht über die Situation nachdenken.

Den Tatsachen ins Auge zu sehen hätte bedeutet, etwas unternehmen zu müssen. Berthold Litzmann, der Clara, wie stets, verteidigt, spricht von ihrer leidenschaftlichen Solidarität mit Robert «in dem dunklen Gefühl, daß das Abwehren aller und jeder Kritik, die sich gegen seine Person richtete, der einzige Schutz sei gegen jede kritische oder zweiflerische Regung im eigenen Innern».[13]

Was alles noch schwerer machte, war, daß Schumann sich ihr gegenüber anders verhielt als früher. Er war oft nervös und reizbar und mit ihrem Klavierspiel unzufrieden. Niecks berichtet von zwei Vorfällen, bei denen Robert sie ausdrücklich als Frau in ihrer Berufsausübung kritisierte: einmal war er mit einer Aufführung seines Quintetts unzufrieden und bat Tausch, an Claras Stelle mitzuwirken, weil «ein Mann das besser versteht»; bei anderer Gelegenheit mußte Tausch sie bei der Klavierbegleitung des Chores ablösen, «weil das Getrommel auf dem Pianoforte sie nur ermüdete und sich besser für einen Mann schickte».[14]

Schon nach ihrem ersten Düsseldorfer Konzert am 9. November 1850 hatte Schumann Clara, die bei seinem Trio in d-Moll mitgewirkt hatte, für die frostige Reaktion des Publikums verantwortlich gemacht; auch ihre Interpretation von Beethovens *Appassionata* gefiel ihm auf einmal nicht, die sie sich doch schon 1838 angeeignet hatte. Ein andermal nannte er ihre Gesangsbegleitung «schrecklich».*

Ihrem Tagebuch vertraute sie an, daß Roberts Kritik sie «entsetzlich betrübte»,

> denn ich hatte es mit all meiner Kraft und all meinem besten Willen gespielt, und dachte für mich, so gut ist es doch noch nicht gelungen, desto bitterer war es daher für mich, statt eines freundlichen Wortes die bittersten, entmutigendsten Vorwürfe zu hören. Ich weiß kaum mehr, wie ich noch spielen soll. Während ich mich bemühe, den Sänger möglichst zart und nachgebend zu begleiten, spricht Robert, meine Begleitung ist ihm schrecklich! Müßte ich nicht mein Spiel benutzen, um auch etwas zu verdienen, ich spielte wahrhaftig keinen Ton mehr öffentlich, denn was hilft mir der Beifall der Leute, wenn ich ihn nicht befriedigen kann.[15]

* Weder Claras Kritiker noch ihre Freunde berichten von einem Nachlassen ihrer Kunst, so daß eher anzunehmen ist, daß Robert seine eigene Angst vor dem Versagen auf sie projizierte.

Daß Clara sich auch als Künstlerin so sehr vom Urteil ihres Mannes abhängig machte, läßt sich nur aus ihrer Biographie erklären. Von Kindesbeinen an war sie daran gewöhnt, ein Lob für ihre Leistung mit Liebe gleichzusetzen. Als musikalisches Wunderkind hatte sie sich die Zuwendung des Mannes verschafft, der ihr Vater und Mutter zugleich war, während ihrer Brautzeit hatte die Gunst des Publikums sie für die Entfremdung vom Vater entschädigt. Ihre Auftritte in Berlin machten es ihr möglich, Verbindung mit der Mutter aufzunehmen und sich in ihre Arme zu flüchten. Kritik von Robert war für Clara gleichbedeutend mit Liebesentzug. Doch gestand sie, soviel wir wissen, weder sich selbst noch ihrem Mann jemals ein, daß sie ihm seine kritischen Äußerungen übelnahm. Zwar gab es Tränen, doch richtete sich der Zorn, den sie innerlich spürte, aber immer unterdrückte, nicht gegen Robert, der ihn ausgelöst hatte, sondern gegen die «undankbaren» Düsseldorfer. Das kleinste Lobeswort von ihrem Mann hütete sie wie einen Schatz und hielt, so gut es ging, allen Ärger von ihm fern.

Trotz seiner Krankheit und trotz der mit seiner offiziellen Stellung verbundenen Mißhelligkeiten war Schumann noch ständig mit Komponieren beschäftigt. Claras Tagebuch ist voller Worte des Entzückens über seine Musik: «Es ließ mir keine Ruhe, ich mußte gleich heute Roberts neue Sonate probieren» oder «Ich brenne vor Ungeduld danach» – «Eine ganz überwältigende Musik» – «Scherzo, das einen bis in die wildesten Tiefen mit fortreißt» – «Lange war ich nicht von einer Musik so ergriffen...» [16]

Dazwischen gibt es aber auch Bemerkungen, die zwiespältige Gefühle zum Ausdruck bringen. Sie hält im Tagebuch fest, daß sie von Schumanns g-Moll-Trio (op. 110), das «einen gewaltigen Eindruck» auf sie machte, während der Entstehung keinen Ton zu hören bekam. Sie lernte es erst beim Ausprobieren am 27. Oktober 1851 kennen und schrieb darüber:

Was ist es doch Herrliches um einen so rastlos schaffenden gewaltigen Geist, wie preise ich mich glücklich, daß mir der Himmel Verstand und Herz genug gegeben hat, diesen Geist und dies Gemüt so ganz zu erfassen. Oft befällt mich eine heiße Angst, wenn ich daran denke, welch glückliches Weib ich bin vor Millionen andern, und dann frage ich oft den Himmel, ob es auch nicht zuviel des Glückes ist. Was sind alle

Schattenseiten, die das materielle Leben mit sich bringt, gegen die Freuden und die Wonnestunden, die ich durch die Liebe und die Werke meines Robert genieße.[17]

Vom September 1853 an rückte das Verhängnis immer näher. Mitte des Monats wurden Claras 34. Geburtstag und ihr dreizehnter Hochzeitstag noch großartig gefeiert. Schumann fühlte sich zu dieser Zeit außergewöhnlich wohl. Er hatte einen Ausflug arrangiert; als man zurückkam, erwartete Clara eine Überraschung, nämlich ein neuer Flügel, und auf diesem lag ein Stapel Notenblätter mit neuen Kompositionen, so daß Clara «von Freude und Schrecken» überwältigt wurde. Was sie ängstigte, war nicht nur das kostspielige Instrument, sondern ein Gefühl der Wehmut, «denn es war doch des Glückes gar zu viel!» Im Tagebuch heißt es weiter: «...ich kann es nicht so ausdrücken, wie ich fühlte, aber mein Herz war erfüllt von Liebe und Verehrung für Robert, und Dank dem Himmel für das hohe Glück, womit er mich überschüttet. Es klingt vielleicht übermütig, wenn ich es sage, doch ist es denn nicht wahr, bin ich nicht das glücklichste Weib auf der Erde?» [18]

Aber schon gegen Ende des Monats mußte das «glücklichste Weib der Erde» schon wieder eine Schwangerschaft feststellen, was bedeutete, daß die langersehnte Reise nach England wiederum verschoben werden mußte.* Jetzt konnte Clara sehr wohl ausdrücken, was sie fühlte, denn am 30. September jammerte sie: «Meine letzten guten Jahre gehen hin, meine Kräfte auch – gewiß Grund genug, mich zu betrüben... Ich bin so entmutigt, daß ich es gar nicht sagen kann.» [19]

Am selben Tag notierte Schumann im Tagebuch «Hr. Brahms a. Hamburg» und am folgenden Tag: «Brahms zum Besuch (ein Genius).» [20]** Seine älteste Tochter Marie, damals ein Mädchen von zwölf Jahren, erinnerte sich Jahrzehnte später noch lebhaft an die Ankunft des zwanzigjährigen Komponisten:

* Felix, das letzte Kind, wurde am 11. Juni 1854 geboren.

** Zwei Tage darauf, am 3. Oktober, fügte er hinzu: «Klara's Gewißheit», was sich auf die Schwangerschaft bezog.

Eines Tages – es war im Jahr 1853 – gegen Mittag schellt es; nach Kinderart laufe ich hinaus und mache die Türe auf. Da sehe ich einen blutjungen, bildhübschen Jüngling mit langen blonden Haaren. Er fragt nach dem Vater. Die Eltern seien ausgegangen, sage ich. Wann er wohl wiederkommen könne, meint er. Morgen um elf Uhr; um zwölf Uhr gehen die Eltern immer aus. Am nächsten Tag um elf Uhr – wir waren in der Schule – kommt er wieder. Der Vater empfängt ihn; er hat Kompositionen mitgebracht, und da meint der Vater, da er einmal hier sei, könne er ihm die Sachen doch gleich vorspielen. Der junge Mann setzt sich an den Flügel. Kaum aber hat er einige Takte gespielt, als ihn mein Vater unterbricht und mit den Worten: «Bitte, warten Sie einen Augenblick, dazu muß ich meine Frau rufen» hinauseilt.

Das dann folgende Mittagsmahl ist mir unvergeßlich geblieben. Beide Eltern waren in freudigster Erregung – immer wieder fingen sie davon an und konnten von nichts sprechen als von dem genialen jungen Morgenbesucher, der sich Johannes Brahms nannte.[21]

Brahms hatte sich auf Empfehlung seines Freundes Joseph Joachim bei den Schumanns gemeldet; der Eindruck, den er hinterließ, war überwältigend. In einem Brief an Joachim pries Schumann in prophetischen Worten den «jungen Adler», einen «prächtigen Strom... wie der Niagara» und nannte ihn «der wahre Apostel».[22] Und obwohl er seit zehn Jahren keinen Zeitschriftenartikel mehr verfaßt hatte, schrieb er Mitte Oktober einen Aufsatz für die *Neue Zeitschrift* mit dem Titel «Neue Bahnen». Er begrüßte darin Brahms als «Auserwählten», dessen Meisterschaft sich nicht allmählich entfalte, sondern «wie Minerva, gleich vollkommen gepanzert aus dem Haupt des Kronion» springe, «ein junges Blut, an dessen Wiege Grazien und Helden Wache hielten».[23]* Und er setzte sich bei Breitkopf & Härtel dafür ein, daß die Schöpfungen des jungen Komponisten gedruckt wurden.

Schumann hatte sich für die Begegnung mit anderen Komponisten stets Zeit genommen und ihnen mit Rat und Tat geholfen, doch

* Anscheinend distanzierte sich Schumann selbst später von dieser bombastischen Sprache. In einem Brief an Georg Wigand, den Verleger seiner «Gesammelten Schriften», forderte er diesen auf, «Neue Bahnen» nicht mit abzudrucken. In der von Wigand herausgebrachten 1. Ausgabe von 1854 ist der Aufsatz nicht enthalten, er taucht erst in den folgenden Editionen wieder auf. Siehe Gerd Nauhaus' Nachwort zu den *Gesammelten Schriften*, Reprint Leipzig 1985, S. 317f.

nie zuvor mit solchem Enthusiasmus. «Robert liebt ihn und findet seine große Freude an ihm, dem Menschen und Künstler», schrieb Clara am 30. Oktober in ihr Tagebuch. Den ganzen Oktober waren sie fast jeden Tag mit Brahms zusammen, musizierten, redeten, lasen und gingen miteinander spazieren. Clara, die Schumanns Sympathien sonst nicht immer teilte, war wie er hingerissen von dem Zwanzigjährigen und seiner musikalischen Sprache. Die Sonaten, die Brahms ihnen vorspielte, waren von einem Schwung und einer Frische, die die Phantasie bezauberte. Vielleicht trug der Umgang mit Brahms dazu bei, daß Robert und Clara noch einmal etwas von dem Glück und der Aufbruchstimmung ihrer ersten Zeit in Leipzig empfanden, als sie im Mittelpunkt einer neuen musikalischen Richtung standen. Vielleicht schenkte Brahms' Musik ihnen noch einmal die Gewißheit, auf dem richtigen Wege zu sein, und ließ sie die gegenwärtigen Probleme einen Augenblick lang vergessen. Brahms, der von Schumann als seinem «verehrten Meister» sprach, nahm die Lobeshymnen nicht ohne Verlegenheit, aber doch dankbar entgegen. Er reiste am 2. November ab, ein paar Tage bevor die Herren vom Musikverein bei Clara erschienen, um sie von Roberts teilweiser Amtsenthebung zu unterrichten.

Doch konnten Clara und Robert sich im Oktober 1853 nicht allein mit Brahms beschäftigen. Es gab mehrere schwierige Zusammenkünfte mit dem Komitee vom Musikverein. Am 19. Oktober notierte Schumann im Haushaltbuch: «Conferenz. Unverschämte Menschen.»[24] Er hatte ein Abonnementskonzert zu dirigieren, dessen Probe zuvor katastrophal verlaufen war. Außerdem kamen auswärtige Freunde zu Besuch, wie der französische Maler, Musiker und Schriftsteller Jean-Bonaventure Laurens (der Porträtskizzen von Schumann und Brahms machte) samt Familie, Bettina von Arnim mit ihrer Tochter Gisela und Joseph Joachim, der am 14. Oktober kurz auftauchte und dann noch einmal in der letzten Oktoberwoche wiederkehrte, um ein Konzert mit dem Städtischen Orchester und mit Clara eine Soiree zu geben. Es wurde auch viel privat musiziert, wozu außer Brahms noch zwei junge Düsseldorfer, Albert Dietrich und der Geiger Ruppert Becker, als Gäste erschienen. In dieser ganzen Zeit gab Clara trotz der Schwangerschaft weiter Konzerte in Düsseldorf, unterrichtete, studierte, schrieb für

Robert Briefe, traf die nötigen Vorbereitungen für ein Konzert in Köln am 8. November (das 5. Klavierkonzert von Beethoven) und in Bonn am 12. (Kammermusik) und war für den Haushalt und die sechs Kinder verantwortlich.

Die Vorwürfe der Stadt gegenüber ihrem Musikdirektor, derentwegen der Vorstand des Musikvereins Clara am 7. November seinen Vorschlag unterbreitete, wurden offiziell niemals geklärt.* Robert und Clara hatten keine Lust, in Düsseldorf zu bleiben und einen Kompromiß auszuhandeln. Robert schickte dem Musikverein mit Datum vom 9. und 19. November zwei ziemlich anmaßende Briefe[25] und begab sich am 24. mit Clara auf eine Konzertreise nach Holland, die zu einem herzerwärmenden Erfolg wurde. In Düsseldorf stritten sich die Fachleute, ob Schumann nun vertragsbrüchig sei oder nicht, am Ende aber entschloß Bürgermeister Ludwig Hammers sich zu einer noblen Geste, indem er dafür eintrat, daß die Stadt Schumanns Gehalt für das Jahr 1854 zahlte, gleich ob er nun dirigierte oder nicht. Hammers war es auch zu verdanken, daß Schumanns Bezüge nach der Klinikeinweisung weiterliefen.[26]

In Holland wurden Clara als Pianistin und Robert als Komponist überall gefeiert. In nur drei Wochen gaben sie zehn Konzerte. Einmal wurde ein Lorbeerkranz überreicht, ein anderes Mal wurde dem Ehepaar ein Ständchen gebracht. Im Januar 1854 brachte ein Ausflug nach Hannover, wo sie von Joachim und Brahms freudig begrüßt wurden, eine willkommene Abwechslung zu der ungeklärten Situation in Düsseldorf. Schumann war heiter und gesprächig, wie Clara notierte, aber Brahms kam ihr auffällig schweigsam vor und Joachim ernster als sonst.[27] Konnte es sein, daß sie an Schumanns Verhalten etwas bemerkt hatten, das sie beunruhigte? **

Am 10. Februar, als der endgültige Zusammenbruch begann, waren sie schon wieder daheim in Düsseldorf. Jetzt erschrak auch

* Frederick Niecks gibt in seinem Buch *Robert Schumann*, London 1925, S. 272–282, eine ziemlich vollständige, faire Darstellung des Konflikts.

** Ein Brief vom 6. Februar 1854, in dem Schumann von einer «Geheimschrift... zwischen diesen Zeilen» schrieb, war kaum dazu angetan, den besorgten Joachim zu beruhigen. Siehe *Briefe von und an Joseph Joachim*, hrsg. v. Johannes Joachim und Andreas Moser, Berlin 1911–1913, Bd. 1, S. 153 f.

Clara, als die marternden Gehörhalluzinationen und Kopfschmerzen immer häufiger auftraten und Robert schlimmer litt als je zuvor. Der Arzt Dr. Richard Hasenclever, ein Chormitglied und Freund des Hauses, hielt es schließlich für angezeigt, einen Kollegen, den Militärarzt Dr. Böger, hinzuzuziehen.

Ein Augenzeuge dieser letzten Tage im Kreise der Familie war Ruppert Becker, der Konzertmeister des Düsseldorfer Orchesters (als Nachfolger J. v. Wasielewskis). Der junge Geiger – ein Sohn ihres Freundes Ernst Adolph Becker, der Clara und Robert während der Auseinandersetzungen mit Wieck treu zur Seite gestanden hatte – beschreibt die Situation in seinem Tagebuch:

14. Februar 1854
Schumann sprach sich heute über eine eigentümliche Erscheinung, die er seit mehreren Tagen wahrgenommen, aus. Es ist dies: Das innerliche Hören von wunderschönen, in der Form vollkommenen Musikstücken! Der Klang ist ihm wie ferne Blasmusik; die herrlichsten Harmonien zeichnen diese noch besonders aus. – Selbst als wir bei Jungé [ein Restaurant] saßen, begann sein inneres Konzert, und er war gezwungen, das Lesen der Zeitung aufzugeben! – Gebe Gott, daß dies alles auf nichts Schlimmes deute. Er sprach davon: so müßte es sein in einem anderen Leben, wenn wir unsere körperliche Hülle abgelegt hätten. – Merkwürdigerweise tritt diese sonderbare Erscheinung jetzt, wo Schumann seit 8 Wochen, und noch länger, nicht komponierte, auf.

21. Februar:
Was ich mir nicht zu denken getraute, ist eingetroffen! Schumann ist schon seit einigen Tagen geisteskrank! Gestern früh erfuhr ich's erst durch Dietrich, der mir mitteilte, daß Frau Schumann gern sieht, wenn jemand kommt, um sie von den fortwährenden Wachen zu befreien. – Heute habe ich ihn denn besucht; aber es würde mir nicht eingefallen sein, an die Krankheit zu glauben, wenn mir's nicht von Dietrich versichert worden wäre, so fand ich ihn, ganz wie gewöhnlich; eine halbe Stunde unterhielt ich mich mit ihm, dann nahm ich Abschied. Frau Schumann sieht so leidend aus wie noch nie! Wenn sich die Sachen nicht ändern, so ist das Schlimmste zu befürchten; sie ist im achten Monat schwanger und hat seit seiner Krankheit kein Auge zugetan! Die arme, unglückliche Frau! Während der Nacht sitzt sie am Bette und lauscht auf jede Bewegung.

24. Februar:
Ich besuchte ihn nachmittags, und Frau Schumann forderte mich auf, mit ihm spazieren zu gehen. Während einer Stunde, die ich mit ihm zubrachte,

unterhielt er sich ganz vernünftig – mit Ausnahme, daß er mir erzählte, die Gestalt Franz Schuberts habe ihm eine herrliche Melodie geschickt, die er auch aufgeschrieben und über die er Variationen komponiert habe.[28]

Am Abend des 26. Februar sagte Schumann, «er müsse in die Irrenanstalt, da er seiner Sinne nicht mehr mächtig sei und nicht wissen könne, was er in der Nacht am Ende täte». Der Arzt wurde geholt, der einen Wärter bestellte, und zum erstenmal seit zehn Tagen hielt Clara nicht selbst die Wache an Roberts Bett. «Ach, welch schrecklicher Morgen sollte heranbrechen», schrieb sie in ihr Tagebuch. «Robert stand auf, aber so tief melancholisch, daß es sich nicht beschreiben läßt! Wenn ich ihn nur berührte, sagte er: ‹ach Clara, ich bin deiner Liebe nicht wert.› Das sagte Er, zu dem ich immer in größter, tiefster Verehrung aufblickte...»[29]

Die kleine Marie wurde beauftragt, den Vater unauffällig im Auge zu behalten, während ihre Mutter im Nebenzimmer mit Dr. Hasenclever sprach. Marie hat später berichtet:

Zuletzt sah ich meinen Vater an jenem Tage, als er aus dem Hause ging, um sich das Leben zu nehmen. Ich wurde, da meine Mutter mit dem Arzte zu sprechen hatte, gerufen. Ich sollte in der Mutter kleiner Stube sitzen und acht geben, ob der Vater, der in seinem Zimmer daneben war, etwas brauchte. Ich hatte eine Weile da vor der Mutter Schreibtisch gesessen, da öffnete sich die Tür des Nebenzimmers, und mein Vater stand darin in seinem langen grüngeblümten Schlafrock. Sein Gesicht war ganz weiß – als er mich erblickte, schlug er beide Hände vor das Gesicht und sagte: «Ach Gott». Darauf verschwand er wieder. – Ich war kurze Zeit wie festgebannt, dann fiel mir ein, weshalb ich da war. Ich ging in des Vaters Stube – sie war leer, und die Türen, die in die Schlafstube der Eltern und von da auf den Vorplatz führten, waren weit geöffnet. Ich stürzte zu meiner Mutter, der Arzt war noch da, und nun wurden alle Räume der Wohnung durchsucht. – Es war klar, mein Vater war fort. – Nun wurde nach ihm ausgesandt, mich aber hieß meine Mutter zu Fräulein Leser gehen, ihr das Geschehene mitzuteilen.* Als ich nun auf die Straße kam, sah ich von weitem einen großen Troß Menschen mit viel Lärm mir entgegenkommen, und als ich näher hinzukam, erkannte ich meinen Vater, der von zwei Männern unter den Armen gestützt wurde, und der die Hände vor sein Gesicht hielt. – Ich war entsetzt, laut weinend lief ich vorüber bis zu Fräulein Leser, der ich alles

* Rosalie Leser, Claras blinde Freundin

erzählte und die sich sogleich mit Fräulein Junge aufmachte, um mit mir zu kommen. Wir fanden meine Mutter in höchster Verzweiflung, sie hatte den Vater ankommen sehen, der Arzt und Fräulein Leser suchten sie zu beruhigen, und dann drang der Arzt darauf, daß sie mit zu Fräulein Leser ginge. Mein Vater bekam nun einen Wärter, und nach wenig Tagen wurde er eines Morgens in einer Droschke fortgebracht. – Wir Kinder standen oben am Fenster und sahen ihn einsteigen. Die Droschke war in den Hof gefahren, um Aufsehen auf der Straße zu vermeiden. – Dr. Hasenclever und der Wärter stiegen zu ihm ein. Uns Kindern hatte man gesagt, unser Vater würde in kurzer Zeit ganz gesund wieder kommen, die Mädchen aber, die bei uns standen und mit zusahen, weinten.[30]

Sie sollten ihn niemals wiedersehen, obwohl er noch fast zweieinhalb Jahre in einer Klinik in Endenich, einem Vorort von Bonn, zubrachte. Die meiste Zeit dort erlebte er in Ruhe und geistiger Klarheit, doch gab es zwischendurch immer wieder Anfälle von Verwirrung, Depression und Beängstigung.

Als die beiden Retter Schumann unmittelbar nach dem Selbstmordversuch nach Hause brachten, war Clara nicht mehr da. Der Arzt hatte sie gedrängt, sich zu Rosalie Leser zu begeben, sowohl um ihrer selbst als um Roberts willen; in den fünf Tagen, die er noch in Düsseldorf verbrachte, durfte sie ihn nicht sehen, sie konnte ihm lediglich Blumen schicken und Grüße ausrichten lassen. In ihrem Tagebuch hat sie seine Abreise in der Kutsche geschildert, obwohl sie selbst gar nicht dabei war, da sie bei ihrer Freundin wohnen blieb, bis er weg war. Die Ärzte hielten das Kontaktverbot all die Jahre von Schumanns Anstaltsaufenthalt aufrecht, so daß, so unglaublich es klingt, Clara ihren «heißgeliebten» Mann erst zwei Tage vor seinem Tode zum erstenmal besuchte; da aber war er schon so schwach, daß er sich nicht mehr bewegen und nicht sprechen konnte.

Das Besuchsverbot wurde von den Ärzten damit begründet, daß sie angeblich befürchteten, die Erinnerung an die Vergangenheit werde Schumann aufregen und ängstigen. Der Kranke wurde von einem Pfleger bewacht, mit dem er sich anscheinend gut verstand, und manchmal heimlich beobachtet von Freunden und Verwandten, die Clara davon berichten mußten. Monatelang fragte Schumann nicht nach ihr (obwohl er wußte, daß sie schwanger war), und daraus folgerten die Ärzte wohl, es sei das beste, jede Kommunikation zwischen den beiden zu unterbinden. Brahms, der im August 1854 in Endenich gewesen war, warnte Clara davor, allzu «exaltierte» Briefe zu schreiben; er riet ihr, sich im Ton zurückzuhalten, damit die Ärzte sähen, daß sie stabil und realistisch genug sei, um ihr den direkten Kontakt mit dem Patienten zu gestatten.[31] Bald darauf, im September, bekam sie von dem Assistenzarzt Dr. Peters einen Brief, in dem er von einer leichten Besserung berichtete und Clara aufforderte, einige Zeilen an ihren Mann zu schreiben, der bereits an ihrer Existenz zweifelte, weil er so lange nichts von ihr gehört hatte. Sie schrieb unverzüglich und von da an so oft wie möglich, immer in dem Wissen, daß ihre Briefe von den Psychiatern gelesen wurden.

Schumann schickte ihr vom September 1854 bis Mai 1855 insgesamt acht Briefe sehr unterschiedlicher Art. Einige waren warmherzig, liebevoll und vernünftig, andere kurz, rätselhaft und chaotisch.[32] Dann hörten sie ganz auf. Im September 1855 teilte Dr. Franz Richarz, der Leiter der Anstalt, Clara mit, daß es keine Hoffnung auf vollständige Genesung gab. Falls sie danach noch Briefe an Robert gerichtet hat, so sind diese nicht erhalten.

In den ersten zehn Monaten hatte Schumann niemanden um sich als das Klinikpersonal. Clara erhielt jede Woche einen medizinischen Bericht, wurde aber gebeten, Besuche zu unterlassen. Im Dezember 1854 endlich durfte Joachim mit dem Patienten sprechen, und von da an empfing dieser hin und wieder Besuch, nicht allein von Brahms, sondern einmal auch von Bettina von Arnim. Die Bekanntschaft mit Bettina, der Frau von Achim von Arnim und Schwester von Clemens Brentano, war über Joachim zustande gekommen, und es tat Clara wohl, daß Bettina sich erbot, Schumann zu besuchen. Sie schrieb ihr am 13. April 1855 einen gefühlsgeladenen Brief, um ihr im voraus zu danken und mitzuteilen, Robert sei auf ihr Kommen vorbereitet. Der Besuch fand in den letzten April- oder ersten Maitagen statt und verursachte Clara viel Kummer und Aufregung. Die Ältere schilderte ihr die Heilanstalt als ein ödes, freudloses Haus und meinte, der Kranke wäre zu Hause bei seiner Familie besser aufgehoben.[33] Diese Ansicht stand im Widerspruch zu allem, was die Ärzte gesagt hatten, so daß Clara sehr beunruhigt war und Joachim hinschickte, um die Lage zu sondieren. Er berichtete, daß der Kranke sich in einem heftigen Erregungszustand befand, und so wurde von einem Ortswechsel abgesehen.

Die medizinischen Umstände sind heute schwer zu beurteilen. Dr. Richarz galt allgemein als besonders fortschrittlich und human; er war auf die Würde der Patienten bedacht und ließ ihnen so viel Freiheit wie möglich.[34] Als prominenter Patient und vielleicht auch deshalb, weil Clara die fünfzig Taler pro Monat pünktlich überwies, genoß Schumann besondere Privilegien. Er verfügte über zwei große, freundliche Zimmer mit einem eigenen Flügel, und er ging, nachdem sein anfänglicher Zustand sich etwas gebessert hatte, täglich im Garten spazieren. Im April 1854 unternahm er in Begleitung seines Pflegers weite Wege in die Bonner Innenstadt und in die Umgebung. Das Richarzsche «Nervensanatorium» war eine private Anstalt und lag in einem parkähnlichen Gelände. Von seinem Fenster aus hatte Schumann einen schönen Blick auf das Siebengebirge.

Trotz all dieser Vorzüge und trotz Dr. Richarz' hervorragendem Ruf brachten Schumanns Angehörige und Freunde der Anstalt eine gewisse Skepsis entgegen. Während der fast zweieinhalb Jahre, die Schumann dort zubrachte, gab es Phasen, in denen er leidlich gesund zu sein schien. Bettina von Arnims Besuch hat wohl gerade in solch einer Phase stattgefunden.

Was Claras Unsicherheit in bezug auf Endenich noch verstärkte, waren die beunruhigenden Äußerungen, die Schumann selbst über seinen Aufenthaltsort machte. In einem Brief an Joachim drückte er den Wunsch aus, die Anstalt zu verlassen, und als Brahms ihn einmal besuchte, flüsterte er ihm zu, daß er woandershin wolle – «Ganz fort von hier!»[35] Clara bekam von allen Seiten gute Ratschläge, auch von Brahms' Mutter, die sich das Urteil anmaßte, Schumann wäre zu Hause bei seiner Familie besser aufgehoben oder man solle es wenigstens mit einem Wechsel des Arztes und der Behandlung versuchen.[36] Im Frühjahr 1855 und noch einmal im März 1856 war Brahms mehrfach auf Reisen, um verschiedene Heilanstalten zu besichtigen, äußerte sich aber enttäuscht über die jeweiligen Kliniken und die Psychiater, die er kennenlernte.[37] Auf Drängen von Joachim traf Clara sich im Mai 1855 mit Dr. Richarz, um eine andere Unterbringung des Kranken zu erörtern, ließ sich aber von ihm überzeugen, daß bei Roberts Zustand ein Wechsel nicht tunlich sei.*

Ist das Besuchsverbot der Ärzte gegenüber der Ehefrau des Kranken schon schwer verständlich, so ist die Tatsache, daß Clara sich dagegen nicht wehrte, noch weniger nachzuvollziehen. Es gibt auf die Frage keine eindeutige Antwort, man kann aber mehrere Gründe zur Erklärung heranziehen. Zum einen war Clara eine zutiefst pflichteifrige, verantwortungsbewußte Natur. Zwar hatte sie sich gegen ihren Vater gestellt, um Robert zu heiraten, doch fiel ihr, wie wir wissen, dieser Ungehorsam außerordentlich schwer, und sie brauchte mehrere Jahre, bis sie sich zum Widerstand durchgerungen hatte. In der Regel befolgte sie die Anweisungen derjenigen, die das Sagen hatten. Obschon sie den Ärzten in Endenich nicht ganz traute und unglücklich über ihre Anweisungen war, stellte sie doch deren Autorität nicht in Frage.

Zum andern fühlte Clara sich wohl nicht in der Lage, mit einer Geisteskrankheit umzugehen. Angehörige von geistesgestörten Patienten, besonders solchen mit Neigung zum Selbstmord, leiden häufig an Schuldgefühlen. Obschon Clara von Roberts Versuch, sich das Leben zu nehmen, nicht offiziell verständigt wurde, hatte sie dieses doch sofort vermutet. Die Nachricht hatte sich in der Musikwelt schnell herumgesprochen.** Alle wußten davon. Albert Dietrich schrieb an Joachim, er sei sicher, daß sie die Wahrheit wisse.[38]

Drittens war Schumanns psychische Störung so schwer und sein Rückzug in sich selbst so total, daß Clara sich davor fürchtete, mit

* Das Gespräch fand in Brühl, auf halbem Wege zwischen Köln und Bonn, statt.

** Selbst im weit entfernten Boston war der Selbstmordversuch schon am 22. April 1854, also nur zwei Monate später, Gegenstand teilnahmsvoller Berichterstattung: «Die traurige Meldung von der Geistesverwirrtheit dieses großen Komponisten hat sich anscheinend bestätigt, obwohl es noch keine vollständige Nachricht gibt. Europäische Zeitungsberichte aus Düsseldorf, seinem letzten Wohnort, wissen zu melden, daß er seinen Wärtern davongelaufen sei und sich in den Rhein gestürzt habe, aber gerettet worden sei... Vermutlich war die Übererregung eines rastlos tätigen Geistes, der ständig intensiv mit dem Entwurf und der Ausführung neuer Tonschöpfungen beschäftigt war, der wahre Grund für seinen bedauerlichen Zustand.» (*Dwight's* 5 [1854], S. 22)

ihm zu sprechen. Das war nicht der Mann, den sie kannte. Zu dieser Angst kamen Unmut und Enttäuschung hinzu, als sie erfuhr, daß Robert gar kein Verlangen äußerte, sie und die Kinder zu sehen.

Viertens war da die Furcht, die sich im Tagebuch und in Briefen an die Freunde äußert, Robert könne in einem Augenblick der Verwirrtheit ihr oder den Kindern etwas antun. Er selbst hatte unter dieser Vorstellung gelitten, die daher keineswegs unrealistisch war.

Fünftens erleichterte die sich entwickelnde Freundschaft mit dem jungen Brahms ein wenig die Last, die Clara zu Boden drückte, und schenkte ihr ein Glück, wie sie es noch nie erlebt hatte. Es konnte nicht ausbleiben, daß sich auch Schuldgefühle einstellten, als ihr klar wurde, was in ihr vorging.

Und sechstens fand sie Trost, Ablenkung und Selbstbestätigung in der Konzerttätigkeit, die sie wiederaufgenommen hatte – hatte aufnehmen müssen, um Schumanns Krankheitskosten zu bezahlen und ihre Kinder zu ernähren.

In den ersten Wochen seines Klinikaufenthaltes drängte Clara ständig darauf, ihren Mann zu sehen oder wenigstens Nachricht über ihn zu erhalten. Sie bat Wasielewski, der damals Musikdirektor in Bonn war, sich jeden Tag nach ihm zu erkundigen und ihr von seinem Zustand zu berichten. Am 10. März schrieb sie ihm:

Ach, liebster Freund, was thuen Sie mir an, daß Sie mir kein Wort über meinen Mann schreiben! heute ist es der sechste Tag, daß er in Endenich ist, und kein Wort weiß ich, nichts! ach, welcher Kummer ist das für mich! es bricht mir ja vollends das Herz, wenn ich nicht einmal weiß, wie er lebt, was thut, ob er noch die Stimmen hört, kurz, es ist ja jedes Wort von ihm ein Balsam auf mein wundes Herz! ich verlange ja kein entschiedenes Resultat irgend einer Art, nur wie er schläft, was er den Tag über thut, und ob er nach mir frägt oder nicht, das kann ich doch wohl wünschen zu wissen. Ach, mein lieber Freund, thun Sie meinem Herzen nicht das an, daß Sie mich so ganz ohne Nachricht lassen. Können Sie nicht selbst hinausgehen, so... bezahlen Sie auf meine Rechnung Jemanden und schicken hinaus fragen zu lassen.[39]

Auf dem Papier ließ sie ihren Gefühlen freien Lauf, doch vor den Kindern versuchte sie, sich zu beherrschen. Am 7. Mai 1854 (Brahms' einundzwanzigstem Geburtstag) machte eine Leipziger Bekannte namens Hedwig Salomon Clara einen Besuch und hielt anschließend ihre Eindrücke fest:

Klara Schumann zu sehen, fühlte ich eine solche Sehnsucht, daß ich die Scheu vor der gefeierten Künstlerin überwand. Wir gerieten zuerst in Schumanns Küche, von da in die Kinderstube, wo uns die Bonne zu warten bat, weil «Frau Doktorin gerade am Musizieren sei», wir möchten ihr doch einstweilen von außen zuhören. Das Klavierspiel klang groß, ernst und kraftvoll; wir begriffen nicht, daß sie jetzt so spielen könne. Als das Stück vorüber war (ich hatte es nicht erkannt, obgleich es mir bekannt erschien) kam sie heraus, und ich hatte alle Mühe, ihr nicht gleich um den Hals zu fallen, so rührend sah sie aus; verändert, alt und gelb geworden, aber nicht gebrochen oder kläglich. Wir vermieden, von dem Unglück zu sprechen, sie fragte gleich nach Bekannten, und warum ihr A. so lange nicht geschrieben? Dann ... kämpfte [sie] gegen das Weinen und brach doch bald in bittere Tränen aus. «Wenn ich nicht fest hoffte, daß es besser würde mit meinem Manne, möchte ich nicht mehr leben, ich kann nicht leben ohne ihn. Das Schrecklichste ist nur, daß ich nicht bei ihm sein darf, und daß er in der ganzen Zeit noch nicht ein einzigesmal nach mir verlangt hat.» Diese Worte konnte sie kaum aussprechen, sie waren durch krampfhaftes Schluchzen unterbrochen, und ihre lieben Augen blickten mich unsäglich jammervoll an. «Aber denken Sie ja nicht», fuhr sie gefaßter fort, «daß es so schlimm ist mit meinem Manne. Sie würden ihm seine Krankheit gar nicht anmerken, er kann die tiefsten Gespräche führen, und ist sich vollkommen klar über seinen Zustand; er ist ja freiwillig in die Anstalt gegangen, um desto eher zu uns zurückzukehren.»

Nebenan in Schumanns Arbeitszimmer befanden sich zwei junge Herren. Johannes Brahms hatte zuvor Clara und Julius Otto Grimm seine C-Dur-Sonate vorgespielt. Er spielte noch etwas, und Clara wurde, wie Hedwig Salomon berichtet, «heiter, sah verklärt und jung aus, das Herz ging ihr auf, aber sie lobte Brahms nur mit Lächeln und mit einem Händedruck».[40]

Am 2. April bat Clara Wasielewski brieflich, dem Arzt zu sagen, er möge lieber montags als am Sonntag an sie schreiben, ich habe nämlich Montags Früh immer Stunde bei Hof, und erhalte seine Briefe immer, ehe ich dahin fahre, und das ist schrecklich für mich, denn ich bin immer in solch einer Aufregung darnach, daß ich dann oft dort in lautes Weinen ausbreche, was mir schrecklich ist. Kann er jedoch Montags nicht so sicher schreiben, so lassen Sie es und sagen ihm lieber nichts davon, denn ich will lieber Alles, als ein Wort dadurch verlieren.[41]

In der schlimmen Zeit nach dem 27. Februar suchte Clara Hilfe in ihrem Freundeskreis. Die blinde Rosalie Leser und deren Gesellschafterin Elise Junge standen ihr als erste zur Seite. Ihre Mutter kam postwendend aus Berlin angereist, und die beiden jungen Düsseldorfer Musiker Albert Dietrich und Otto Julius Grimm sowie die beiden Männer, die Schumann in den letzten Monaten am nächsten gestanden hatten, Brahms und Joachim, eilten unverzüglich herbei. Brahms war am 3. März zur Stelle und versprach, auf jede nur mögliche Weise zu helfen.

Claras größter Trost war die Musik, war ihr Instrument. Die Anwesenheit der jungen Musiker und Brahms' unerschütterliche Loyalität halfen ihr über die kritischen Augenblicke hinweg. Sie brachte es nicht über sich, öffentlich aufzutreten (durch die Schwangerschaft allein hätte sie sich nicht hindern lassen), doch ihren Unterricht nahm sie zwei Tage nachdem man Schumann weggebracht hatte, wieder auf. Außerdem musizierte sie täglich mit Brahms und Dietrich oder Grimm, zuerst nur Roberts Musik, später dann auch die von anderen Komponisten. Im Lauf der nächsten zwei Jahre sah sie Brahms fast täglich, wenn sie zu Hause war, und blieb brieflich mit ihm in Verbindung, wenn sie auf Tournee ging. Brahms blieb in Düsseldorf wohnen, komponierte ein wenig, verdiente sich mit Klavierstunden ein bißchen Geld und half der Haushälterin und den Dienstmädchen, sich um die Kinder zu kümmern. Die Freundschaft mit Brahms hielt Clara aufrecht, solange Schumann sich in Endenich befand; erst ganz allmählich wurde ihr klar, daß eine leidenschaftliche Liebe daraus geworden war.

Bis zur Geburt ihres achten und letzten Kindes Felix, im Juni, blieb Clara daheim bei ihren Kindern. Aber schon kurz darauf begann eine intensive Reise- und Konzerttätigkeit. Ihr Terminkalender für das zweite Halbjahr 1854 zeigt, wie unermüdlich sie war:

Juli	Berlin	Julie zu Besuch bei Marianne Bargiel
August	Ostende	Sommerfrische; mehrere Konzerte in Brüssel und Ostende
16. Oktober	Hannover	Konzert bei Hof
19. Oktober	Leipzig	Gewandhauskonzert
23. Oktober	Leipzig	Gewandhauskonzert
27. Oktober	Weimar	Konzert mit Liszt als Dirigent
3. November	Frankfurt a. M.	Konzert
4. November	Frankfurt a. M.	Konzert
November	Düsseldorf	Kurzer Besuch bei den Kindern
13. November	Hamburg	Drei Konzerte mit den Philharmonikern
15. November	Altona	Konzert
16. November	Hamburg	Konzert
18. November	Lübeck	Konzert
21. November	Bremen	Konzert
23. November	Berlin	Konzert
29. November	Breslau	Konzert
1. Dezember	Breslau	Konzert
4. Dezember	Berlin	Konzert mit Joachim
7. Dezember	Frankfurt a. O.	Konzert
10. Dezember	Berlin	Konzert mit Joachim
16. Dezember	Berlin	Konzert mit Joachim
20. Dezember	Berlin	Konzert mit Joachim
21. Dezember	Leipzig	Konzert mit Joachim
22. Dezember	Düsseldorf	Heimkehr zum Weihnachtsfest

Das Jahr 1855 begann mit Konzerten in den Niederlanden im Januar; dann Danzig, Berlin und Pommern im Februar und März, das Musikfest in Düsseldorf im Mai. Im Herbst war sie wieder zusammen mit Joachim unterwegs. Im Jahre 1856 machte sie noch weitere, längere Reisen: erst nach Wien, Budapest und Prag, im Mai und Juni dann die so oft verschobene Überfahrt nach England, wo sie in zweieinhalb Monaten sechsundzwanzig Konzerte gab.[42]

Zu Hause hielt sie es nie lange aus. Trotz der vielen Konzerte war sie ständig rastlos, reiste zwischendurch hierhin und dorthin, um Beethovens *Missa solemnis* in Köln zu hören, eine Aufführung von Schumanns *Manfred* in Hamburg mitzuerleben, oder zu kurzen Erholungsaufenthalten allein oder in Begleitung einer Freundin oder des getreuen Brahms. Oft war sie müde und erschöpft, oft von plötzlicher Sorge um Robert erfüllt; was ihr immer wieder Auftrieb gab, waren die Begeisterung ihres Publikums und die Verehrung von Brahms (obwohl sie selten, wenn überhaupt, miteinander allein waren). Besessen von ihrem Schmerz und dem Verlangen, ihre Familie selbst zu ernähren, wies sie alle finanziellen Hilfsangebote aus dem Freundeskreis zurück und ging wieder und wieder auf Reisen, obwohl Brahms und andere Wohlmeinende sie zurückhalten wollten. Ihr Bedürfnis, tätig und in Bewegung zu sein, hatte etwas Zwanghaftes; nur die Arbeit konnte ihr Erleichterung von ihrem Kummer verschaffen.

Ihre Kunst bedeutete ihr mehr als nur Ablenkung: das Publikum schenkte ihr die Liebe, die Schumann ihr vorenthalten hatte, und wenn auch seine Briefe, die aus Endenich kamen, jetzt voll Lob und Bewunderung für ihr Spiel waren, so brachte doch der Beifall im Konzertsaal ihr mehr Befriedigung. Freilich, in die Freude darüber mischten sich zwiespältige Empfindungen, die sie in ihrem Tagebuch und den Briefen an die Freunde offenbarte. Einerseits wünschte sie sich verzweifelt, ihren Mann wieder bei sich zu haben; andererseits konnte sie es nicht ertragen, mit seiner Krankheit konfrontiert zu werden. Als sie am 10. September 1855 von Dr. Richarz erfahren hatte, daß keine Hoffnung auf Besserung bestehe, schrieb sie in ihr Tagebuch:

> Welch ein Gedanke, Ihn, den strebsamsten aller Künstler, geistesgeschwächt zu sehen, vielleicht, oder vielmehr ganz wahrscheinlich, der schrecklichsten Melancholie anheimgegeben – soll ich *so* ihn wieder besitzen? und doch sollt' ich nicht wünschen, nur den Menschen erst wieder zu haben? Ach, ich weiß nichts mehr zu denken, habe doch alles tausend und abertausendmal durchdacht, und immer bleibt's schrecklich.[43]

Sie war stolz, daß sie genügend Geld verdiente, um die Arztrechnungen pünktlich bezahlen zu können, war aber unglücklich über die hohen Kosten und erwog, Robert in eine weniger kostspielige staatliche Irrenanstalt zu verbringen.[44] Natürlich war sie erleichtert, als sie erfuhr, daß Robert wieder komponierte und Briefe an Bekannte schrieb, doch machten sie und Brahms sich Sorgen, daß in den Briefen sich sein Geisteszustand verraten könne.[45] Sie erfüllte Roberts Wunsch nach Notenpapier unverzüglich, war aber überzeugt, daß das, was er dort produzierte, seiner nicht würdig sein konnte; das meiste hat sie später unterdrückt. Für die Menschen, die Robert am nächsten standen – Brahms, Joachim und Clara – verwandelte sich der Mann, den sie achteten, verehrten und liebten, allmählich in ein Wesen, das sie bemitleideten und für das sie sich schämten.

Claras finanzielle Verhältnisse im Jahre 1854 machten es keineswegs notwendig, daß sie auf Tournee ging. Schumanns Besoldung lief bis 1855 weiter, außerdem überschütteten wohlhabende Bekannte und Musikfreunde Clara mit Hilfsangeboten. Den Vorschlag von Härtel, ein Benefizkonzert für sie und ihre Kinder zu veranstalten, lehnte sie entschieden ab: «Konzert lasse ich niemand für mich geben, das thue ich selbst, wenn ich es bedarf.»[46] Der Bankier Paul Mendelssohn, der Bruder von Felix, schickte ihr, kaum daß er von den Vorfällen im Februar 1854 gehört hatte, mit einem taktvollen Briefchen einen Wechsel, den sie zwar für den Notfall annahm, aber schon nach wenigen Monaten uneingelöst zurückschickte. Von 1854 bis 1856 vermehrte Clara Robert Schumanns Privatkapital um 5000 Taler, eine Summe, die höher war als Roberts Direktorengehalt aus der gesamten vierjährigen Amtszeit in Düsseldorf.[47]

Schumann hat das volle Ausmaß ihrer Erwerbstätigkeit nie erfahren. Sie näherte sich gerade dem Ende einer Konzerttournee in England, als sie ein Telegramm aus Endenich erhielt: Schumann war äußerst hinfällig, aber immer noch bei Bewußtsein. Vor seinem Tod kam Clara zweimal nach Endenich – am 14. und 23. Juli –, ohne ihren Mann zu sehen. Am 23. war sie in der Erwartung gekommen, zu ihm gelassen zu werden, aber Brahms, der sie begleitete, und der Arzt überredeten sie, nicht zu ihm zu gehen, da sein Anblick so erschütternd sei. Erst als es sicher war, daß er nur noch wenige Tage zu leben hatte, erlaubte man ihr, ihn zu sehen. Am 27. und 28. Juli war sie bei ihm; sie war ruhig und gelassen und imstande, diese Augenblicke in ihrem Tagebuch festzuhalten: «Er nahm schon seit Wochen nichts als etwas Wein und Gelee* zu sich – heute gab ich es ihm, und mit der glücklichsten Miene und wahrer Hast nahm er es,

* Gelierte Kalbsbrühe, eine Kost für Schwerkranke

den Wein schlürfte er von meinem Finger – ach er wußte, daß ich es war...»[48]

An Nachmittag des 29. Juli ließen sie und Brahms gegen Mittag den Kranken allein, um Joachim vom Bahnhof abzuholen. Als sie eine Stunde später zu dritt wiederkamen, war Robert tot. Er war einsam und allein gestorben. Clara fühlte nichts als Erleichterung, daß er erlöst war. Ins Tagebuch schrieb sie:

Sein Kopf war schön als Leiche, die Stirn so schön klar, sanft gewölbt. Ich stand an seiner Leiche, des heißgeliebten Mannes, und war ruhig; all mein Empfinden ging auf in Dank zu Gott, daß er endlich befreit, und als ich an seinem Bette niederkniete, da wurde mir so heilig zumute, mir war, als schwebe sein herrlicher Geist über mir – ach, hätte er mich mit sich genommen. Ich sah ihn heute zuletzt – einige Blumen legte ich ihm noch aufs Haupt – meine Liebe hat er mit sich genommen![49]

Um Schumanns Krankheit und Todesursache hat es so manche Kontroverse gegeben. Die Symptome gaben den Medizinern Rätsel auf, die Diagnose zu stellen war 1856 nicht weniger schwierig als im Rückblick von heute aus. Vielleicht litt er außer an den zyklischen Stimmungsschwankungen (manisch-depressiven Störungen), die ihm seit der Jugendzeit zu schaffen machten, noch an Hypertonie. Zieht man die Schwächezustände, Kopfschmerzen, Schwindelanfälle, Ohrgeräusche, den späteren Selbstmordversuch und den Krankheitsverlauf in der Anstalt in Betracht, so kann man die Möglichkeit nicht ausschließen, daß es sich um Syphilis gehandelt haben könnte, zu deren eindeutiger Diagnose die damaligen Ärzte noch nicht imstande waren. Eine inzwischen weithin akzeptierte These lautet, es sei eine Erkrankung des zentralen Nervensystems gewesen, als Spätfolge einer Syphilis, die Schumann sich viele Jahre zuvor, lange vor seiner Eheschließung, zugezogen habe. Die Annahme eines latenten Krankheitsverlaufs würde auch erklären, wieso weder Clara noch die Kinder angesteckt wurden.

Die vor kurzem von Ostwald gestellte Diagnose lautet, in der Sprache der modernen Psychiatrie, daß Schumann an einer bipolaren affektiven Psychose litt sowie an einer neurotischen Persönlichkeitsspaltung, zu der erworbene organische Defekte und verschiedene psychosoziale Streßfaktoren hinzukamen, und daß all dies durch ungeeignete ärztliche Behandlung verschlimmert wurde.

Ostwald nimmt an, daß die akute Todesursache ein durch Nahrungsverweigerung herbeigeführter freiwilliger Hungertod war.

Clara gegenüber wurde jegliche Erwähnung des Wortes Syphilis strikt vermieden. Sie und ihre Angehörigen hielten, wie Dr. Richarz und Dr. Peters, an dem Glauben fest, Robert sei an den Folgen einer durch ständige Überarbeitung verschlimmerten Nervenschwäche gestorben.

KAPITEL 8

Die Künstlerin

Die junge Witwe in ihrer prominenten Stellung rief bei anderen entweder Loyalität oder unverblümte Gegnerschaft hervor. Trotz aller Bescheidenheit, Einfachheit und Zurückhaltung wirkte sie auf ihre Kinder, ihre Freunde und ihr Publikum irgendwie übermenschlich. Im Rampenlicht und privat trat sie stets mit der gleichen ruhigen Selbstsicherheit auf, ob als Mutter, Künstlerin oder Pädagogin.

Man sprach von ihr als «Priesterin»; der Vergleich war treffend, nicht nur, weil sie ihr Leben der Kunst geweiht hatte, sondern auch wegen ihrer feierlichen Haltung. Nüchtern und humorlos, wie sie war, wurde sie zuweilen wegen ihres ernsthaften Benehmens ausgelacht. Sie trug meist Schwarz und machte dem Publikum keine Konzessionen, weder durch äußere Eleganz noch durch Zugeständnisse an den musikalischen Zeitgeschmack. Zwar wurde ihre ursprünglich zierliche Gestalt mit der Zeit etwas voller, doch wirkte sie nie korpulent oder schwerfällig; ihre aufrechte, hoheitsvolle Haltung ließ sie größer erscheinen, als sie war. Sie hatte ein ausdrucksvolles, schönes Gesicht mit dunkelblauen Augen, trotzdem hielt sie selbst sich nicht für eine Schönheit. Kaum achtzehnjährig, äußerte sie sich negativ über ihr Äußeres und schrieb Robert aus Wien, sie könne nicht verstehen, warum die Verehrer sie so anschmachteten.[1] Als man sie 1842 mit einer gefeierten dänischen Schauspielerin verglich, der sie ein wenig ähnelte, äußerte sie: «Wir haben eine Figur und ähnliche Gesichtszüge, sie ist aber hübsch, während ich häßlich bin.»[2] Selbst im Backfischalter widerstrebte es ihr, zu flirten und zu kokettieren, obgleich ihr Vater, der an den Kassenerfolg dachte, sie in diese Richtung drängen wollte. Sie fühlte sich außerstande, es darin mit ihrer Rivalin, der attraktiven Camilla Pleyel, aufzunehmen: «Die halbe Kunst besteht doch wirklich in jetziger Zeit in Coquetterie; jetzt weiß ich auch recht wohl, warum der Vater immer so unglücklich war, daß ich nicht coquett sey.» Sie tröstete sich mit dem Gedanken, die wahren Kenner würden sie wohl ihres Talents wegen schätzen.[3] *

Ihre Schüler erlebten sie als streng und pedantisch bis zur Kleinkariertheit, auf der anderen Seite auch als fähig zu Großzügigkeit und echter Herzensgüte. Sie verlangte von ihnen nichts, das sie sich nicht selbst zur Regel machte; wenn sie auf sorgfältigen Proben vor jedem einzelnen Konzert bestand, selbst von jemandem, der dasselbe Programm erst wenige Tage zuvor öffentlich vorgetragen hatte, so wußte man, daß sie sich selbst nicht anders verhielt. Sir George Henschel, der Sänger und Dirigent, schreibt in seinen Memoiren:

> Sie nahm ihre Kunst sehr ernst... Jedesmal, wenn Madame Schumann und ich, wie so oft, als Solisten im selben Konzert auftraten und sie mich bei den Liedern ihres Mannes begleitete, gab es regelmäßig kurze Zeit vor dem Konzert noch eine Probe, selbst wenn wir dieselben Lieder nur eine Woche zuvor anderswo dargeboten hatten.[4]

* In demselben Eintrag notierte Clara, daß sie von Frau Mendelssohn gehört hatte, die Pleyel habe «alle Männer in ganz Leipzig bezaubert... Den Erlkönig soll sie der [Wilhelmine] Devrient schön begleitet haben, daß sie sie ganz verdunkelt hat... Jede ihrer Bewegungen soll studiert sein, nach Beendigung eines Stückes bleibt sie auf dem Orchester, spricht mit den Musikern, verneigt sich immer wieder von Neuem, ganz kindlich als wüßte sie gar nicht wie ihr dieser Beifall gebühre, und setzt sich dann an's Clavier und spielt noch eine Piece.»

Gegenüber Freunden und Bekannten, ob männlich oder weiblich, war sie oft herrisch und fordernd, manchmal unduldsam, versöhnte sie aber durch ihre Aufrichtigkeit, Stetigkeit, Unbestechlichkeit und Redlichkeit. Diese Eigenschaften drückten sich auch in ihrer Art zu musizieren aus. Amy Fay, eine junge Amerikanerin, die sich 1869 zum Klavierstudium in Berlin aufhielt, schrieb über ihren ersten Eindruck von Madame Schumann nach Hause: «Solch *edles* Spiel habe ich nie zuvor gehört.»[5] Die Musikkritiker hoben so gut wie immer ihre Präzision und ihren maßvollen, «klassischen» Ausdruck hervor.

Trotz Clara Schumanns erfolgreicher und brillanter Karriere fiel den Zeitgenossen die leise Trauer auf, die sie umgab. Schon als Kind hatte sie die Menschen mit ihrem schwermütigen Blick beeindruckt, und auch in den Jahren des künstlerischen Erfolges und ehelichen Glücks lag in ihren Zügen eine Spur von Traurigkeit. Während Roberts letzter Krankheit und nach seinem Tode sahen die Freunde und die Kinder sie oftmals in Tränen. Franz Liszt beschrieb 1854 ihren Auftritt in Weimar mit den vielzitierten Worten: «Auf den feuchten Jugendglanz der Augen ist der starrende, angstdurchschauerte Blick gefolgt. Die sonst so lose in's Haar geflochtene Blumenkrone verbirgt jetzt kaum die sengenden Narben, die der heilige Reif tief in die Stirne gedrückt.»[6]

Bei demselben Anlaß traf Clara mit George Eliot zusammen, die sie als «melancholisches, interessantes Geschöpf» beeindruckte. «Ihr Mann ist seit einem Jahr geisteskrank und sie muß acht Kinder ernähren.»[7]

Claras Leben war von Anfang an von Tragik überschattet. In früher Kindheit schon lernte sie, Verluste zu ertragen, als ihr die Mutter und dann auch die Kinderfrau weggenommen wurden, als ihre Eltern sich scheiden ließen und sie der Tyrannei des Vaters ausgeliefert wurde. Auch als junges Mädchen gab es für sie nur wenige sorglose Augenblicke, wenig Freude und Heiterkeit. Später bedauerte sie oft, daß ihre Briefe an Brahms so voll von Kummer und Sorgen waren, nahm sich dann wohl auch vor, «die trüben Gedanken zu verbannen, um den Kindern das Leben nicht mehr so schwer zu machen».[8]

Am 20. August 1869 schrieb sie ins Tagebuch, sie bewundere und beneide Pauline Viardot um ihrer «Leichtherzigkeit» willen, und meinte: «Alles ist dort immer so lustig, als gäbe es keinen Kummer auf der Welt.»[9] Ein Zeitgenosse beschrieb ihr Aussehen während Schumanns Klinikaufenthalt als «erschöpft und traurig» und fügte hinzu: «Genauso sah sie schon als junges Mädchen aus. Sie hatte niemals eine Kindheit. Ihr Vater war darauf aus, eine Virtuosin aus ihr zu machen; die Freuden der Jugend blieben ihr ein für allemale versagt. Schon damals spiegelte ihr Gesichtsausdruck einen heimlichen Kummer.»[10]

Unter den Schicksalsschlägen, die unaufhörlich auf sie niederprasselten, verwandelte sich Claras Melancholie in stoische Nüchternheit und harte Selbstdisziplin. Der Weg zum Glück, sagte sie einmal zu Eugenie, sei nicht schwer, man müsse nur immer seine Pflicht tun.[11]

Musizieren war zeitlebens ihr größter Trost, ohne den sie nicht die Kraft gehabt hätte, all die Krankheiten, Todesfälle und Tragödien zu ertragen, die ihr Dasein begleiteten. Voll Dankbarkeit für den Beruf, der ihr ihre Leiden ertragen half, schrieb sie einmal an Theodor Avé-Lallement, den Hamburger Dirigenten: «Es war mir oft, wenn ich spielte, und ist es noch immer, als erleichtere sich meine niedergedrückte Seele, als habe ich mich recht ausgeweint.»[12]

Ihre Kinder waren stolz auf diese Mutter, doch litten sie auch unter ihren vielseitigen Aktivitäten. Die glänzende Pianistin, die berühmte Pädagogin, angesehene Herausgeberin und Komponistin konnte ihren Kindern die emotionale Wärme, die sie gebraucht hätten, nicht geben.

MUTTERSCHAFT

Noch ehe Robert starb, wurden die Kinder für viele Jahre auseinandergerissen. Marie und Elise, fünfzehn und dreizehn Jahre alt, waren in einem Leipziger Pensionat; Julie wohnte in Berlin bei der Großmutter; Ludwig, Ferdinand, Eugenie und Felix wurden in der Düsseldorfer Wohnung von der getreuen Bertha versorgt. Außerdem kümmerte sich Brahms, der im selben Haus ein Zimmer gemietet hatte, mit um die Kleinen, wenn Clara auf Tournee war. Daß

Clara während Roberts Anstaltsaufenthalts ihre Kinder in dieser Weise unterbrachte, war durchaus im Einklang mit dem, was im 19. Jahrhundert in Deutschland üblich war. Die wohlhabende Schicht schickte ihren Nachwuchs auf standesgemäße Internatsschulen, während das mittlere Bürgertum die Erziehung weitgehend dem Hauspersonal überließ; die Mutter verbrachte höchstens einen Teil des Tages mit den Kindern, teils um für die moralische Erziehung zu sorgen, teils um den Mädchen damenhaftes Verhalten zu demonstrieren. Der Vater war für den finanziellen Unterhalt zuständig und hatte infolge dieser Verpflichtung wenig Zeit für die Kinder, außer bei besonderen Anlässen oder wenn er als höhere Instanz angerufen wurde. Die Familienfeste wurden zusammen gefeiert, sonst aber gab es weder gemeinsame Mahlzeiten noch gemeinsame Freizeit. Wie bei anderen Leuten in vergleichbarer Lage gab es im Schumannschen Hause zwei oder drei Dienstboten – Haus- und Kindermädchen, die Köchin, zuweilen zusätzlich eine Wirtschafterin, die Clara bei der Leitung des Haushalts unterstützte. Solange Robert lebte, übrigens ein ungewöhnlich zärtlicher Vater für die damalige Zeit, brachten er und Clara während ihrer Konzert- und Erholungsreisen die Kinder entweder zu Freunden und Verwandten oder ließen sie mit dem Personal zu Hause zurück.

In den wenigen Familien im damaligen Europa, in denen die Frau und Mutter als professionelle Künstlerin tätig war, hatten die Sprößlinge wohl alle eine ähnliche Jugend wie die Schumann-Kinder. Manche wurden samt Kinderfrau und Privatlehrer mit auf Tournee genommen, die meisten aber schickte man ins Internat. Zum Beispiel durften Pauline Viardots jüngere Kinder sie und ihren Mann häufig auf den Reisen rund durch die Opernhäuser Europas begleiten, die Älteste jedoch, Louise, mußte unter der Aufsicht der Großmutter oder einer Kinderfrau zu Hause bleiben, was sie sehr übelnahm.[13] Die sechs Kinder der Sängerin Margarete Stockhausen (Mutter von Julius Stockhausen, Claras «herrlichem Sänger»; der Vater war Harfenist) wurden als kleine Kinder manchmal von ihren Eltern mit auf Konzertreise genommen; jedoch vom achten Lebensjahr an verbrachte Julius wie seine Geschwister den größten Teil seiner Kindheit im Internat.

Claras eigene Mutter hatte der traditionellen Mutterrolle nicht entsprochen, nicht nur indem sie sich scheiden ließ und sich von ihren drei Kindern trennte, sondern allein schon dadurch, daß sie ihren Beruf als Musikerin neben der Geburt und Pflege ihrer insgesamt acht Kinder stets weiter ausübte. Wiecks zweite Frau, die sich an die konventionelle Frauenrolle hielt, war für ihre Stieftochter kein Vorbild. Schon als kleines Kind hatte Clara gelernt, daß sie vor allem Klavier spielen mußte und daß diese Beschäftigung das einzige war, wofür sie Lob und Zuwendung von ihrem Vater erhielt. Als ihr Mann starb, kehrte sie zu dieser Priorität zurück. In der Zwischenzeit hatte sie die Musik nicht aufgegeben, sondern sich einfach die Haushalts- und Mutterpflichten zusätzlich zu dem, was sie als ihre Hauptaufgabe ansah, aufgeladen.

Von den vierzehn Jahren ihrer Ehe verbrachten die Schumanns vier in Leipzig, sechs in Dresden und vier in Düsseldorf. An jedem dieser Orte schuf Clara ein Zuhause für die Kinder, den komponierenden Mann und die künstlerisch tätige Frau; ein Zuhause, in dem sie selbst Konzerte einstudierte, komponierte und unterrichtete, und das alles trotz der Kinder, der ständigen Schwangerschaften und der häufigen Erkrankungen ihres Mannes. Zwischen 1840 und 1854 gab Clara mindestens 139 öffentliche Konzerte, und in dieser Zeit war sie so gut wie ununterbrochen schwanger. In einem Zeitalter, in dem wohlerzogene Damen sich aus dem geselligen Leben zurückzogen, sobald man ihnen die «Umstände» ansah, erschien Clara – wie zuvor ihre Mutter – ungerührt weiter zum Unterricht und auf dem Konzertpodium, manchmal noch bis zur letzten Woche vor der Entbindung. Zwar gab es die Dienstboten und für den jeweiligen Säugling eine Amme, dennoch muß die tägliche Arbeitslast enorm gewesen sein.

Die Muttergefühle wandelten sich bei Clara von anfänglicher Begeisterung zu Zwiespältigkeit. Marie, die 1841 zur Welt kam, wurde mit Freuden begrüßt und «ein großes Glück» genannt[14], ähnlich wohl auch Elise, die 1843, und vielleicht noch Julie, die 1845 geboren wurde. Als Clara dann aber vier Kinder hatte, äußerte sie doch allmählich Zweifel an ihrer Mutterrolle. Im Mai 1847, als sie wohl gerade gemerkt hatte, daß sie zum fünftenmal schwanger war, schrieb sie in ihr Tagebuch:

Was wird aus meiner Arbeit? Doch Robert sagt: «Kinder sind Segen», und er hat recht, denn ohne Kinder ist ja auch kein Glück, und so habe ich mir denn vorgenommen, mit möglichst heiterm Gemüt der nächsten schweren Zeit wieder ins Auge zu sehen. Ob es immer gehen wird, das weiß ich nicht.[15]

Danach wurde sie bei jedem neuen Familienzuwachs unwilliger. Die Ankunft von Ludwig, bald nach dem Tod des kleinen Emil, mochte noch ein Trost sein für die trauernde Mutter, aber die Aussicht auf noch ein weiteres Kind (Ferdinand war nur achtzehn Monate jünger als Ludwig) stürzte sie in Verzweiflung.[16] Anscheinend trafen Robert und Clara keine Maßnahmen zur Empfängnisverhütung. Roberts Kommentare im Haushaltbuch wandeln sich von «großes Glück» über «Klaras Besorgnis» zu «Befürchtungen Kl's». Der Eintrag «Veränderung in Kl's Zustand und ihre Freude – gute Wirkung des Bades» legen die Vermutung nahe, daß eine 1846 in Norderney erfolgte Fehlgeburt erwünscht war.[17]

Robert war im großen und ganzen glücklich in seiner Rolle als Familienvater. Im September 1845 gratulierte er Mendelssohn brieflich zur Geburt seines zweiten Kindes: «Auch bei uns steht etwas bevor; aber ich sage immer zu meiner Frau ‹man kann nicht genug haben.› Es ist die größte Huld, die uns auf Erden geschehen kann.» An Verhulst schrieb er im November 1848: «Und dann besitz' ich ja im eignen Hause so hohe Güter – eine so liebe Frau, so wohlgerathene Kinder. Einen Knaben haben wir jetzt auch; Ludwig heißt er und ist das ganze Glück der Mutter.» Seinem Freunde Eduard Krüger schrieb er am 29. November 1849: «Im Hause sieht es sehr lebendig aus. Fünf Kinder springen herum, fangen schon an auf Mozart und Beethoven zu lauschen.»[18] Sein *Jugendalbum*, das *Liederalbum* und die drei *Klaviersonaten für die Jugend* op. 118 komponierte Schumann für seine Kinder. Charakteristischerweise hielt er Einzelheiten über ihre Entwicklung und ihre Fortschritte in einem «Erinnerungsbüchelchen» fest.[19]

Obwohl Robert sich bewußt war, daß seine Frau darauf brannte, ihren Beruf weiter auszuüben, kam er nie auf den Gedanken, seinen eigenen Tagesablauf so zu ändern, daß sie die nötige Zeit zur Verfügung hatte. Natürlich beteiligte er sich nicht an der Haushaltsführung und Kindererziehung, und es wäre Clara auch sicher nicht eingefallen, das von ihm zu erwarten. Gewissenhaft wie sie war, versuchte sie nicht, sich vor den Aufgaben der Frau, wie sie sie nun einmal sah, zu drücken. Aber sie muß doch eine geheime Unzufriedenheit darüber verspürt haben, daß sie sich mit Haushaltsdingen abgeben mußte und nur üben durfte, wenn es ihren Mann nicht störte. Als Schumann schließlich immer häufiger krank und die Haushaltskasse selten ausreichend gefüllt war, nahm sie die doppelte Last, nicht nur für ihre Karriere, sondern auch für die Finanzen sorgen zu müssen, nur zu bereitwillig auf sich.

Clara war Anfang Juli 1856 auf Tournee in England und hatte ihren Mann über zwei Jahre lang nicht gesehen, als sie ein Telegramm erhielt, das sie von einer Verschlechterung in Schumanns Befinden unterrichtete. Am 4. Juli überquerte sie den Kanal in Richtung Kontinent, aber anstatt nach Endenich zu eilen oder vielleicht zuerst zu ihren Kindern nach Düsseldorf zu fahren, machte sie von Antwerpen, wohin Brahms ihr entgegengekommen war, den Umweg über Ostende, um ihm das Meer zu zeigen. Am 6. Juli traf sie in Düsseldorf ein, wo ihre vier jüngsten Kinder sie erwarteten. Schumann starb am 29. Juli, zwei Tage nachdem Clara ihn endlich hatte sprechen dürfen.

Nach dem Begräbnis in Bonn teilte Clara ihren beiden ältesten Kindern den Tod des Vaters in einem Brief mit. Vierzehn Tage darauf reiste sie mit Brahms und seiner Schwester Elise für vier Wochen zur Erholung in die Schweiz und nahm Ludwig und Ferdinand mit. Im Oktober zerstreute sich die Familie noch weiter in alle Winde: Ferdinand und Ludwig, sieben und acht Jahre alt, wurden nach Bonn ins Internat gegeben. «Es that mir sehr weh, ist aber sicher zu ihrem Besten», schrieb Clara am 18. Oktober 1856 in ihr Tagebuch.[20] Die beiden Jüngsten, drei und fünf Jahre alt, wurden weiterhin der Hausangestellten anvertraut. Brahms verließ Düsseldorf, und Clara startete zur Konzertreise der nächsten Saison.

In den Jahren, die nun kommen sollten, kümmerte sie sich in Gedanken ständig um Gesundheit und Wohlergehen ihrer Kinder und wendete viel Zeit und Kraft an die Regelung ihrer Schul- und Wohnverhältnisse. «Ach, Du glaubst nicht, welche Sorge das ist, so viele Kinder, Jedes zu einem tüchtigen Menschen zu erziehen», schrieb sie 1860 an Emilie List.[21] Daß ihr keine Einzelheit unwichtig erschien, ist einem Brief an den ihr freundschaftlich verbundenen Ernst Rudorff zu entnehmen, einen ehemaligen Schüler, der ihr nun bei der Unterbringung des inzwischen siebzehnjährigen Ferdinand in Berlin behilflich war: «Ansprüche mache ich keine für ihn als ein kleines Stübchen in dem er schläft, und des Sonntags oder auch Abends arbeiten kann, und eine *einfache* aber *kräftige* Kost, Mittags ordentlich Fleisch, so viel er will, denn er wächst furchtbar schnell jetzt.»[22]

Eine Flut von schriftlichen Ermahnungen und Instruktionen ergoß sich per Post über Hausdamen, Gouvernanten, Musiklehrer und natürlich die Kinder selbst, aber an Geburtstagen, Konfirmationen und sogar am Weihnachtsfest war Clara nur selten bei ihnen; es konnte sein, daß jemand krank wurde oder starb, ohne daß die Mutter kam. Trotz Claras peniblen Anordnungen für ihre Kinder muß man sagen, daß sie für ihre emotionalen Bedürfnisse kein Gespür hatte und daß für sie die Berufsarbeit im Vordergrund stand, mit der sie die Familie unterhielt: Stunden geben, üben, neue Werke einstudieren, eine enorme private und geschäftliche Korrespondenz und selbstverständlich die Konzerte, für die sie zehn Monate im Jahr auf Achse war.

Clara Schumann war stolz auf ihr Künstlertum, aber sie ermutigte keins ihrer Kinder, in ihre Fußstapfen zu treten. Ob Sohn oder Tochter, spielte dabei keine Rolle: Sämtliche Kinder bekamen den besten Musikunterricht, den Clara sich leisten konnte; alle vier Töchter erhielten eine Musikausbildung, die es ihnen ermöglichte, Klavierunterricht zu geben, und wenn es nottat, auf eigenen Füßen zu stehen. Clara hatte ihre eigene harte Jugend als musikalisches Wunderkind nicht vergessen und wünschte sich für die Kinder, sie sollten unter so normalen Umständen aufwachsen wie nur möglich. Außerdem fürchtete sie für den Fall, daß eins der Kinder die Musik als Beruf wählte, allein schon der Name Schumann könne eine allzu hohe Verpflichtung und damit eine schwere Belastung darstellen; aus diesem Grunde sprach sie sich auch mehrfach, meistens in ziemlich rücksichtsloser Form, gegen Felix' Neigung zu einer literarischen oder musikalischen Laufbahn aus. Irgendwie spürte sie wohl, daß sie ihm damit unrecht getan hatte; vielleicht entsprang ihre Bereitschaft gegenüber dem Enkel Ferdinand, ihn selbst zu unterrichten und ihm bei seinem Wunsch, Musiklehrer zu werden, behilflich zu sein, dem nachträglichen Bedauern, daß sie Felix so streng behandelt hatte. Drei Töchter und mehrere Enkel und Urenkel von ihr wurden Klavierlehrerinnen bzw. -lehrer von Beruf, doch ohne Ambitionen auf die Konzertreife.

In den Tagen und Wochen der Trauer unmittelbar nach Schumanns Tod packte die junge Witwe – fast möchte man sagen mit Freuden – die Arbeit für den Lebensunterhalt der Familie an. Mochten andere sie deswegen bedauern, für sie bedeutete das Künstlerleben mit all seinen Belastungen und Spannungen eine Form der Selbstverwirklichung, die das Muttersein ihr nicht bieten konnte. Die meisten ihrer Zeitgenossen nahmen an, sie habe ihr Schicksal aus der finanziellen Zwangslage heraus gewählt, sich als Mutter aufgeopfert, um ihre Kinder zu ernähren. Nur Joseph Joachim und vielleicht einige andere, die ihr nahestanden, wußten, daß das Konzertleben dieser Frau eine Befriedigung verschaffte, die sie daheim bei ihren Kindern nicht gefunden hätte. Was diese Tatsache für Claras Söhne und Töchter bedeutete, darüber zerbrach sich kaum jemand den Kopf.

MARIE SCHUMANN, 1841 – 1929

Marie, die Erstgeborene und der Liebling beider Eltern, hatte die glücklichste und am meisten behütete Kindheit von allen. Ihr Vater notierte sich ihre musikalischen Fähigkeiten und was ihn sonst an ihr entzückte in seinem «Erinnerungsbüchelchen», und sie war öfter mit ihm zusammen als ihre Geschwister; schon als Fünfjährige nahm er sie auf seine täglichen Spaziergänge mit, besonders wenn ihre Mutter gerade im Wochenbett oder krank war. Clara hatte Marie bekommen, als sie zweiundzwanzig war, und auch sie hatte zu ihr eine besonders enge Beziehung; im Juni 1870 meinte sie in ihrem Tagebuch, das freundschaftliche Verhältnis zu ihrer Ältesten sei ihr höchstes Glück. Wenn sie auf Reisen war, vermißte sie Marie am allermeisten. Aus der Schweiz schrieb sie ihr 1868: «Meine liebe theure Marie, wüßtest Du doch, wie lieb Du mir bist, wie mein ganzes Sein mit dem deinen verknüpft ist...»[23] Das Leben der Lieblingstochter ging ganz im Leben der Mutter auf. Marie blieb unverheiratet und lebte bei Clara bis zu deren Tod.

Als ältestes Mädchen mußte Marie früh im Haushalt mithelfen, aber dafür durfte sie häufiger als die Geschwister ihre Mutter auf Konzert- und Erholungsreisen begleiten. Alle wichtigen Entscheidungen wurden zuerst mit Marie besprochen. Als Clara in Frankfurt einen Lehrauftrag übernahm, wurde Marie ihre Assistentin; als ihre Mutter sich von der Unterrichtstätigkeit zurückzog, tat Marie das gleiche. Die Studierenden wußten zu berichten, daß Fräulein Marie (damals um die Fünfzig) ihrer Mutter die weißen Kragen auf die Konzertkleider nähte; sie schrieb die Briefe, die Clara ihr diktierte, wenn Rheumatismus und Gelenkentzündungen sie wieder einmal behinderten. Marie begleitete Clara 1858 und 1860 nach Wien, 1862 nach Paris, nach Den Haag 1863, nach Rußland 1864 und nicht weniger als dreizehnmal nach England. Was Louis Viardot für Pauline war und Otto Goldschmidt für Jenny Lind, war Marie für ihre Mutter. Ganz sicher hätte Clara ihre Karriere ohne Maries geduldige praktische Hilfeleistung nicht durchhalten können. Im Jahre 1871 änderte Clara ihr Testament, um ihre Dankbarkeit gegenüber Marie auszudrücken und anzuerkennen, daß die Tochter zugunsten der Mutter auf eine eigene Berufslaufbahn verzichtet hatte. (Das Testament wurde allerdings noch mehrfach geändert: 1882, 1889 und schließlich nach Ferdinands Tod 1891.)

Marie rackerte sich nicht nur als Sekretärin, Hilfslehrerin, Näherin und Gesellschafterin für Clara ab, sondern spielte auch die Ersatzmutter für die Geschwister. Als sie zwanzig war, wurde sie in Berlin in eine Mietwohnung einquartiert, die für die jüngeren Kinder so etwas wie ein Zuhause war, während ihre Mutter auf Tournee ging. Marie besuchte 1867 ihre Schwester Julie in Divonne und 1870 ihren Bruder Ludwig im Irrenhaus. 1879 wachte sie am Sterbebett von Felix; sie besuchte Ferdinand, als er 1887 wegen Morphiumsucht in eine geschlossene Anstalt eingewiesen wurde, und vertrat vier Jahre darauf ihre Mutter bei seiner Beerdigung. Clara vermachte Marie ihre Tagebücher; nach ihrem Tode wurde Marie die Hüterin der Familienpapiere und der Familienlegende.[24] Berthold Litzmann, Claras Biograph und der Herausgeber ihrer Korrespondenz mit Brahms, mußte seine Bücher buchstäblich unter ihrer Aufsicht verfassen. Marie war nach dem Tode ihrer Mutter ins schweizerische Interlaken gezogen, wo sie bis zu ihrem Lebensende 1929 wohnte.

ELISE SOMMERHOFF, 1843–1928

Elise war das selbständigste von Claras Kindern, ihr Leben als Erwachsene verlief am normalsten von allen. Sie wurde ständig im Hinblick auf Aussehen, Temperament und Charakter mit Marie verglichen und schnitt dabei immer schlecht ab. Sie stellte sich 1863 auf eigene Füße, indem sie eine Stellung als Hauslehrerin annahm, und schlug sich viele Jahre lang als Gouvernante, Musiklehrerin und Gesellschafterin bei älteren reichen oder adligen Damen durch, bis sie 1877 Louis Sommerhoff (1844–1911), einen Kaufmann mit Geschäftsbeziehungen in Amerika, kennenlernte. Am 24. November 1877 wurde geheiratet, Elise war da bereits vierunddreißig. Sie lebten sechs Jahre lang in den Vereinigten Staaten und kehrten dann nach Deutschland zurück. Von den vier Kindern aus dieser Ehe erreichten drei das Erwachsenenalter, ihre Nachkommen – es sind keine Berufsmusiker darunter – leben noch heute in Deutschland und den USA.

Elise bekam, im Gegensatz zu Marie, von ihrer Mutter häufig Vorwürfe zu hören, am verletzendsten vielleicht in dem Brief, in dem Clara den Kindern mitteilte, daß ihr Vater gestorben war. Elise wurde darin besonders erwähnt:

> Ich kann Euch nichts weiter sagen – später werdet Ihr erst fühlen, was Ihr verloren! er war ein herrlicher Mensch – möchtet Ihr, die er so innig liebte, solches Vaters würdig werden, möchtest namentlich Du, Elise, Dein Wesen ändern, Ihr beide Euch bestreben, mir so viel Freude wie möglich zu machen, nicht durch Fleiß nur, sondern durch ein mildes, wohlwollendes Wesen, bescheiden, freundlich, edel, wie er es in so hohem Grade war.[25]

Vielleicht hat die häufig geäußerte Kritik bei Elise den Wunsch nach Unabhängigkeit geweckt und ihre Schritte in dieser Richtung beschleunigt. Clara reagierte mit zwiespältigen Gefühlen auf die Abnabelung dieser tüchtigen und willensstarken Tochter. Am 10. September 1865 schrieb sie an Ernst Rudorff und, mit fast denselben Worten, an ihre Freundin Elisabeth Werner, sie sei traurig, daß Elise nun nach Frankfurt gehe: «Nun kann ich sie nicht mehr bei mir haben, wenn ich will.»[26] Die Tochter wurde eine recht gute Pianistin und trat mehrfach in der Öffentlichkeit auf; am 31. Oktober 1865 erntete sie in Frankfurt zusammen mit ihrer Mutter den Applaus für die Darbietung von Robert Schumanns *Andante und Variationen für zwei Pianoforte*, äußerte aber danach, daß sie zuviel Angst vor dem Publikum habe, um eine Konzertkarriere anzustreben. Nach ihrer Heirat hatten sie und ihr Mann ein gutes Verhältnis zu Clara und waren für diese in den letzten, freudlosen Lebensjahren ein Trost und eine Hilfe.

JULIE SCHUMANN, CONTESSA MARMORITO DI RADICATI 1845 – 1872

Julie war anmutig, liebenswürdig und trotz ihrer Kränklichkeit die hübscheste der Schumann-Töchter. Ihrer zarten Gesundheit wegen wurde sie schon mit zwei Jahren und danach noch sehr oft von der Familie getrennt. Obwohl sie ständig in ärztlicher Behandlung war und ihre Mutter sich nicht ohne Grund Sorgen um sie machte, hatte offenbar niemand etwas gegen eine Eheschließung einzuwenden. Sie heiratete 1869 einen italienischen Grafen, einen Witwer mit zwei Kindern, und gebar ihm in drei Jahren zwei weitere Söhne. Während der dritten Schwangerschaft starb sie, siebenundzwanzig Jahre alt, an Tuberkulose. Ihr Sohn Eduardo starb wenige Jahre danach, von ihrem anderen Sohn Roberto leben heute noch Nachkommen in Turin.

Als Robert Schumann in Endenich eingeliefert worden war, wurde Julie nach Berlin zur Großmutter Bargiel geschickt; Clara fand, sie müsse besonders gut gepflegt werden, was in einem Haushalt mit sieben Kindern schlecht möglich war. Später lebte sie nacheinander bei einer Reihe von wohlhabenden Bekannten, die ihr ein bequemes Zuhause und Winteraufenthalte im Süden bieten konnten und sie gerne bei sich hatten. Auch die Geburtstage und Weih-

Elise Schumann (1843–1928).
Robert-Schumann-Haus, Zwickau

nachtsfeste verbrachte sie fern von daheim, da die Ärzte stets südliches Klima oder Badeaufenthalte zur Stärkung der Luftwege und Nerven der zarten jungen Dame empfahlen. In Claras Tagebuch heißt es im Juli 1867: «Ich sehne mich sehr nach Juliens liebem zärtlichem Blicke... es ist ihr so eigen, daß sie es mir immer so zeigt und das thut mir so wohl. Ich brauche Liebe so nötig zum Leben als die Luft.» [27] Zärtlich und liebebedürftig, wie sie war, litt Julie vielleicht mehr als die Geschwister unter der ständigen Trennung von der Mutter. Mit sechzehn Jahren, im Jahr 1861, als es ihr eine Weile gesundheitlich besserging, begleitete Julie ihre Mutter auf der Herbsttournee und hatte sie ein einziges Mal in ihrem Leben ein paar Monate für sich allein. Sie verbrachten einige Zeit in Hamburg, wo auch Johannes Brahms sich gerade aufhielt; kurz darauf widmete er Julie seine *Variationen über ein Thema von Robert Schumann* op. 23. Sie war das einzige der Schumann-Kinder, dem er jemals eine Komposition zueignete.

Julies Schwestern – nicht ihre Mutter – hielten den Kontakt mit ihr aufrecht. Als Julie 1861 konfirmiert wurde, fuhr Elise nach München, um dabeizusein, da Clara auf Tournee war. 1867, als Julie zu krank war, um zum Weihnachtsfest nach Hause zu kommen, reiste Marie nach Divonne, um sie zu besuchen und vielleicht mit sich zu nehmen, während Clara nach Karlsruhe fuhr, um Hermann Levi die *Genoveva* dirigieren zu hören, bevor sie in die Wintersaison startete. (Clara schrieb damals an Brahms, sie sei unglücklich, Julie nicht selbst abholen zu können, aber, meinte sie, «ich durfte jetzt vor den vielen Anstrengungen meine Kräfte nicht dermaßen in Anspruch nehmen».) [28]* Elise war es, die Julie am 31. August 1870, kurz vor ihrer ersten Niederkunft, besuchte. Als Julie zum zweitenmal schwanger war, machten Marie und Felix ihr einen Überraschungsbesuch in Turin. Clara mußte sich das Vergnügen dabeizusein leider versagen, angeblich weil sie fürchtete, die Wiedersehensfreude könne Julie in ihrem Zustand schaden.[29]

In bezug auf Julies Heirat mit dem Grafen Marmorito war Clara

* Vielleicht war diese Äußerung der Anlaß für Brahms' Brief vom 2. Februar 1868, in dem er sie mahnte, ihr unruhiges Leben aufzugeben. S. u. Kap. 9

ziemlich skeptisch gewesen, teilweise wegen des Standes- und Konfessionsunterschiedes und teilweise wegen Julies Gesundheit. Schließlich gab sie ihre Einwilligung, weil man, wie sie im November 1868 im Tagebuch notierte, einer jungen Liebe nichts in den Weg legen soll. Sobald die Verlobung feststand, wurden Brahms und einige Freunde brieflich benachrichtigt. Zu ihrer größten Überraschung hörte Clara kurz darauf von Hermann Levi, Brahms sei in Julie verliebt. Sie konnte dies kaum glauben, doch fiel ihr auf (wie sie in ihrem Tagebucheintrag vom 16. Juli 1869 und in einem Brief an Rosalie Leser im August berichtete), daß Johannes seit der Mitteilung schweigsam und wie umgewandelt war.[30] Sein Hochzeitsgeschenk für Julie sollte wohl seine Gefühle für Mutter und Tochter ausdrücken: es war eine Fotografie von Clara. Ein paar Wochen nach der Hochzeit zeigte Brahms Clara seine von tiefer Trauer erfüllte Alt-Rhapsodie, und Clara war überzeugt davon, daß der Schmerz Julie galt. Was Brahms wirklich empfand, wird niemand je ergründen – jedenfalls verschärften Julies Verlobung und Heirat die Spannungen zwischen ihm und Clara.

Wie weitgehend Clara ihre Emotionen ausschalten konnte, zeigte sich deutlich bei Julies Tod. Am 10. November 1872 sollte Clara in Heidelberg mit der Altistin Amalie Joachim (der Frau von Joseph Joachim) ein Konzert geben, als sie die telegrafische Mitteilung erhielt, daß Julie einen Tag zuvor in Paris gestorben war. Sie sprach mit niemandem darüber, das Konzert fand statt wie geplant, weil, so schrieb sie Rosalie Leser, eine Änderung des Termins «ohne große Verlegenheit» nicht möglich gewesen wäre.[31] Sie wunderte sich selbst über ihre Gefaßtheit und machte sich zwei Tage später in einem Brief an Levi Gedanken über ihre Gefühle:

> ...ich bin aber ruhig, weil ich seit dem ersten Tage, wo ich das theure Kind in Baden wiedersah [im Sommer 1872], die feste Überzeugung hatte, daß sie nicht lange mehr leben würde. Es war mir die erste Umarmung wie ein Schlag auf das arme Herz – ich habe die Sorge keinen Augenblick verloren, daher mag wohl meine Fassung kommen, ach und wohl auch, weil ich eigentlich den Verlust des geliebten Kindes vor drei Jahren so furchtbar durchgekämpft habe – da war mir ja schon, als habe ich sie verloren.[32]

Das Arbeitspensum, das Clara sich während Schumanns letzter Krankheit selbst auferlegt hatte, hielt sie seelisch aufrecht, als Robert starb, als Ludwig in geistige Umnachtung fiel und bei Julies Tod. Ein Kind zu verlieren war eine Tragödie, die sie schon früher überstanden hatte und die sie leider noch mehrfach erleben sollte.

EMIL SCHUMANN, 1846 – 1847

Das vierte Kind der Familie Schumann, der erste Sohn, war von Geburt an recht schwach; sein Vater nannte ihn im Erinnerungsbüchlein «elend und kränklich». Sein Tod im Alter von sechzehn Monaten wurde einer «Drüsenzehrung»[33] zugeschrieben. Obwohl das Ende im Juni 1847 nicht unerwartet kam, war Clara den ganzen Sommer über bedrückt und traurig. Emil war in seinem kurzen Leben meistens der Obhut einer Amme überlassen geblieben; daß er ihnen nun genommen wurde, war ein Schlag, den Clara nur schwer verwinden konnte, obwohl sie schon wieder mit dem nächsten Kind schwanger war.

LUDWIG SCHUMANN, 1848 – 1899

Von allen Nachkömmlingen hatte Ludwig vielleicht das traurigste Schicksal und machte seiner Mutter am meisten Kummer. Im Alter von zweiundzwanzig Jahren mußte er in einer Irrenanstalt untergebracht werden, wo er bis zu seinem Tode blieb; er überlebte seine Mutter um drei Jahre.

Mit acht Jahren hatte man Ludwig zusammen mit seinem um ein Jahr jüngeren Bruder Ferdinand in eine Internatsschule abgeschoben. Mit beginnender Pubertät zeigte er zuerst «eigentümliche» Charakterzüge, als er dreizehn war, beurteilten seine Lehrer ihn als unfähig, eine normale Schule zu besuchen; das bedeutete Trennung von Ferdinand, der in Berlin das Gymnasium besuchen, studieren und einen akademischen Beruf ergreifen wollte. Clara war natürlich enttäuscht, nicht nur weil sie sich nach einer anderen Ausbildung für Ludwig umsehen mußte, sondern auch weil sie Wert darauf legte, die Familie soweit wie möglich zusammenzuhalten. Andererseits, als Ludwig im August 1862 konfirmiert wurde, änderte sie nicht einmal ihre Ferienpläne, um dabeizusein. Sie hielt jedoch das Ereignis in ihrem Tagebuch fest mit dem Zusatz «...natürlich dachte ich viel seiner».[34] Im folgenden Jahr glaubte man noch, Ludwig könne eine Handelsschule in Karlsruhe – also weit weg von der Familie – besuchen, doch stellte sich schon in den nächsten zwei Jahren heraus, daß er niemals etwas Besseres als einen untergeordneten Beruf würde ausüben können.

Clara Schumann hatte immer das Gefühl, der Erziehung ihrer Söhne nicht gewachsen zu sein, und sah sich ständig nach männlicher Unterstützung um. Wieder und wieder wandte sie sich mit Fragen wegen der Jungen an Brahms, der sich klugerweise mit Äußerungen zurückhielt und nur als geduldiger Zuhörer und mit Geldbeträgen aushalf.

Alle Menschen, die Ludwig kannten, erwähnten seine treuherzige, liebenswerte Art – vielleicht, um das Urteil über sein «ganz originelles Wesen», seinen Mangel an Pünktlichkeit und Zuverlässigkeit, derentwegen er mehr als einmal seine Stelle verlor, zu beschönigen. Später wollte man in diesen Absonderlichkeiten bereits die Anfangssymptome der Geisteskrankheit erkennen. Nach vielen schlaflosen Nächten entschloß sich Clara, den verträumten, wirklichkeitsfremden Siebzehnjährigen bei einem Buchhändler in die Lehre zu geben. Mit zwanzig wollte er auf einmal unbedingt Musiker werden, und Clara in ihrer Ratlosigkeit opferte sich und tat, was sie für keins ihrer anderen Kinder in diesem Alter auch nur in Betracht gezogen hätte: sie gab ihm selbst Klavierstunden. «Ich unterrichte ihn täglich zwei Stunden und er ist sehr eifrig dabei, aber... er hat weder Gehör, noch rhythmisches Gefühl... Sein Componieren ist aber gar schrecklich, ... und damit strengt er sich so an, daß es mir immer ganz Angst wird.»[35]

Im Jahre 1870 wurde er schließlich zur Untersuchung in eine Klinik gebracht. Die Diagnose erfuhr seine Mutter, als sie gerade von einer Englandtournee zurückkam: eine unheilbare Rückenmarkerkrankung, die sich anscheinend auf das Gehirn auswirkte. In einem Brief an Rosalie Leser vom 8. Juni äußerte sie:

Ich sagte es Ihnen ja immer, daß ich keine Hoffnung habe, aber die Bestätigung hat mich dennoch getroffen wie ein furchtbarer Schlag auf das arme Herz ... es ist ein Schmerzensgefühl, wie es kein anderes gibt! Dabei quälen mich die Vorwürfe, ich möchte jedes Wort zurücknehmen können, mit dem ich dem armen Jungen Vorwürfe gemacht; freilich wußte ich ja damals nicht, wie es stand, aber für ihn blieb es doch empfindlich, und daß Niemand von uns da war, ist mir so schrecklich![36]

Ludwigs Schicksal traf Clara im Innersten. Es erinnerte sie an die qualvollen Sorgen um ihren Mann. «Seit dem Unglück mit Robert habe ich solchen Schmerz nicht empfunden als jetzt», schrieb sie im Juni 1870 in ihr Tagebuch. «Die Nächte war es ... oft sehr schlimm, da sah ich dann stundenlang den armen Jungen vor mir mit den guten treuen Augen, denen ich immer gar nicht widerstehen konnte.» Aber wie stets, so riß sie sich auch diesmal zusammen: «Ich fing fleißig zu spielen an, schrieb viel, kurz zog mich ab, wie ich konnte.» Über Jahre hinweg quälten sie die Gedanken an Ludwig, die sie, so gut es ging, wie sie an Rosalie Leser am 16. September 1871 schrieb, «in den Hintergrund zu drängen» suchte.[37]

Nach langen Beratungen im Familien- und Freundeskreis brachte sie Ludwig in der staatlichen Heilanstalt in Colditz, in der Nähe von Leipzig, unter. Diese befand sich in den Gebäuden einer furchteinflößenden mittelalterlichen Burg, die bis nach dem Zweiten Weltkrieg abwechselnd als Festung, Gefängnis, Armenhaus und Kriegsgefangenenlager gedient hat.[38] Robert Schumann hatte die Anstalt besucht, als er für Agnes Carus, die Frau des damaligen Direktors, schwärmte. (Vielleicht rührte von daher seine Angst vor dem Anblick von Irrenanstalten.) Clara war sich wohl der Bedeutung nicht bewußt, die der Ort für Ludwigs Vater gehabt hatte, aber sicherlich war ihr bekannt, daß es dort sehr anders zuging als in dem kleinen Privatsanatorium in Endenich, in dem Robert gepflegt worden war.

Der Maler Julius Hübner, ein alter Freund der Familie aus Dresden, wurde zu Ludwigs Vormund bestellt. Clara stand in brieflichem Kontakt mit dem Leiter und dem Anstaltsgeistlichen, aber sie besuchte Ludwig erst 1875, vier Jahre nach seiner Einweisung, nachdem er sie brieflich darum gebeten hatte. Als sie ihn am 3. Juni sah, brach sie, wie das Tagebuch berichtet, fast zusammen:

Ludwig Schumann (1848–1899).
Robert-Schumann-Haus, Zwickau

...nach Colditz, wo ich denn endlich meinen armen Ludwig wiedersah... ich fühlte mich innerlich wie zerrissen. Sein Aussehen war gut, besser als je früher, aber im Blick dasselbe etwas irre, aber gemüthvolle... Er freute sich außerordentlich, mich zu sehen, umarmte mich ganz krampfhaft und bat ihn mit fortzunehmen, da er ganz gesund sei. Welche Qual, ihm nun sagen zu müssen, daß das nicht anginge... Es war mir zu furchtbar Alles! Mein Kind, wie in einem Gefängniß zu sehen, sein flehender Blick, als ich ging – ich vergesse es nie![39]

Ein Jahr später fuhr sie noch einmal nach Colditz, nachdem Ludwig die dringende Bitte um Entlassung aus der Anstalt geäußert hatte. Sie wollte sich von der Notwendigkeit der Unterbringung dort selbst ein Bild machen; als sie abreiste, war sie überzeugt, daß er schwerer gestört war denn je zuvor. In einem Brief an den Anstaltspfarrer Friedrich Grössel schrieb sie, sie würde ihren Sohn zwar gern besuchen, doch mache jeder Besuch sie wochenlang elend.[40] Danach hat sie Ludwig, soviel wir wissen, nie wiedergesehen.

FERDINAND SCHUMANN, 1849 – 1891

Ferdinand wurde zwei Monate nach den Mai-Unruhen in Dresden geboren, bei denen Clara sich so tapfer verhalten hatte. Seine Lebensgeschichte spiegelt die Gegensätzlichkeit zwischen der Willensschwäche des Sohnes und der Charakterstärke der Mutter wider. Die Familienlegenden von ihrem Heldentum bei dieser und anderer Gelegenheit waren wohl dazu angetan, ein Kind einzuschüchtern. Auch dieser Sohn, der als einziger von den Brüdern bis ins Erwachsenenalter gesund blieb, hatte ein schreckliches Schicksal: im Krieg mit Frankreich 1870/71 wurde er zwar nicht verwundet, zog sich aber ein rheumatisches Leiden zu, das so schmerzhaft war, daß man ihn mit Morphium behandelte. Er wurde von der Droge abhängig und starb mit zweiundvierzig Jahren an den Folgen der Sucht. Clara übernahm es, für seine Witwe und die sechs Kinder zu sorgen.

Im Grunde schenkte Clara ihren Kindern zu wenig Vertrauen, am wenigsten ihren Söhnen; sicherlich hat Ferdinand unter ihren Versuchen, die Kinder zu kontrollieren und zu lenken, gelitten. Am

16. April 1863 schrieb sie an Ernst Rudorff, der sich erboten hatte, Ferdinand Klavierstunden zu geben, daß sie sein Anerbieten dankbar annehme, doch solle Rudorff Schluß machen, «wenn's... zu schrecklich wird». In einem undatierten, im April 1864 abgeschickten Brief bedankte sie sich dafür, daß er sich wieder mit Ferdinand abmühte, fügte aber hinzu: «...ich fürchte so sehr, er verdient es nicht, so sehr *ich* es auch anerkenne».[41]

Eine Zeitlang war Clara sogar stolz auf Ferdinands Schulzeugnisse und seine Berufswahl: er besuchte das Joachimsthaler Gymnasium in Berlin, nahm dann eine Stellung bei einer Bank an und schien auf gutem Wege zu einer kaufmännischen Laufbahn. Doch seine Heirat mit Antonie Deutsch im Jahre 1873 war durchaus nicht nach Claras Sinn:

...ich hatte immer gewünscht, er solle sich in der Welt in anderen Geschäften noch umsehen, hatte auf eine recht gute Stellung mit der Zeit gehofft, auch daß er seinen Geist noch bilden würde – nun mit einem Schlage Alles vergebens! Jetzt denkt er nicht daran von Berlin fort, und arbeitet schon nicht mehr mit der Unbefangenheit, mit dem frischen Muthe, wie es gewesen sein würde, wäre er nicht gebunden. Doch das Mädchen scheint nett – sie glauben beide, sich zu lieben für alle Ewigkeit – gebe der Himmel seinen Segen dazu! ich konnte nichts thun als vorstellen, schließlich mußte ich Ja sagen.[42]

Ferdinand und seine Frau setzten zwischen 1874 und 1884 sieben Sprößlinge in die Welt, von denen sechs am Leben blieben. 1884 nahm Clara drei der Kinder für eine Weile bei sich in Frankfurt auf, weil beide Eltern erkrankt waren. Als Ferdinand mit achtunddreißig immer noch morphiumabhängig und deshalb nicht in der Lage war, für seine Familie zu sorgen, erklärte Clara sich bereit, für den Unterhalt aufzukommen unter der Bedingung, daß ihr die Entscheidung überlassen wurde, wie und wo die Kinder aufwuchsen. Ferdinand war ein Krüppel, auf Krücken angewiesen, und wanderte in der vergeblichen Hoffnung auf Heilung von der Morphiumsucht von einem Sanatorium zum anderen; Antonie war völlig mittellos. Clara hatte die Mittel oder konnte sie verdienen, um die Familie zu erhalten; willensstark wie immer, begann sie, den Lebensweg ihrer Enkelkinder zu regeln. Julie, die Älteste, das einzige Mädchen, lag ihr besonders am Herzen. Sie nutzte ihre Beziehungen zum preußi-

Ferdinand Schumann (1849–1891).
Robert-Schumann-Haus, Zwickau

schen Königshaus, um Julie einen Freiplatz am Luisenstift, einem modernen Mädchenlyzeum, zu verschaffen. Der nächste Enkel, Ferdinand, wohnte in Frankfurt bei seiner Großmutter und seinen Tanten, und die jüngeren Knaben wurden zu Claras Nichte nach Schneeberg geschickt. Die finanzielle Belastung durch die Enkelkinder war erheblich. Dennoch schrieb sie im Juli 1888 an Brahms, der sich mit 10 000 Mark an diesen Ausgaben beteiligen wollte:

> ... annehmen kann ich Dein so liebes Anerbieten jetzt nicht, es wäre unrecht, täte ich dies, ohne wirkliche ernstliche Veranlassung. Durch die Verdienste in England, voriges und dieses Jahr, habe ich noch eine kleine Summe, ausreichend für dieses Jahr, disponibel, dazu hilft mir Elise mit wesentlich dadurch, daß sie für einen der Knaben [ihr Patenkind] die Erziehungskosten bestreitet.[43]

Als Brahms den Brief ignorierte und das Geld stillschweigend überwies, akzeptierte Clara es. Im Mai 1890 suchte Ferdinand, mit seinen einundvierzig Jahren ein «völlig gebrochener Mann»[44], sie noch einmal in Frankfurt auf, um mit ihr darüber zu sprechen, wie es weitergehen sollte. Sie sah ihn danach nicht wieder, er starb am 6. Juni des folgenden Jahres. Marie fuhr nach Gera und kümmerte sich um die Beerdigung. Clara nahm am Tag nach dem Begräbnis ihren Unterricht wieder auf, obwohl ihre Schüler ihr nahelegten, die Stunden abzusagen. «Arbeit ist immer die beste Ableitung vom Schmerz», schrieb sie in ihr Tagebuch.[45]

Nach Ferdinands Tod verschlechterte sich Claras Beziehung zu Antonie immer mehr. Gelegentlicher Streit in der Familie führte zu Verbitterung auf beiden Seiten. Marie Wieck, Claras Halbschwester, machte ihr Testament zugunsten von Ferdinands Kindern. Dagegen konnte Clara nichts einwenden, aber sie war nicht gerade glücklich darüber. Ferdinands ältester Sohn, der bei Clara und Marie Musik studierte, war schließlich das einzige Enkelkind mit einer engen Beziehung zu seiner Großmutter. Er war bei ihr, als sie im Sterben lag, und gab später Erinnerungen an sie aus der Frankfurter Zeit heraus.[46] Seine Brüder dagegen waren verbittert über die Art, wie Clara ihre Mutter behandelt hatte; der drittälteste, Alfred, stellte mit einer pseudonym verfaßten Schmähschrift das Andenken seiner Großmutter öffentlich bloß; Marie und Eugenie versuchten vergeblich, das Pamphlet aufzukaufen und einstampfen zu lassen.[47]

EUGENIE SCHUMANN, 1851–1938

Eugenie, der jüngsten Tochter Schumanns, verdanken wir einen Bericht aus erster Hand über das Leben der Familie. Ihre *Erinnerungen* und ihr Buch *Robert Schumann. Ein Lebensbild meines Vaters* enthalten umfangreiche Auszüge aus dem Ehetagebuch und weiteres wichtiges Material.[48]

Eugenie hatte ihren Vater nicht gekannt und auch mit der Mutter, die während ihrer Jugendjahre fast ständig konzertierte, nur wenig Kontakt. Sie wurde zuerst von einer Hausangestellten, dann von Elisabeth Werner (einer Freundin der Familie, die 1858 bis 1860 als Erzieherin fungierte), danach von ihren Schwestern Marie und Elise erzogen und schließlich, mit zwölf Jahren, in ein Pensionat nach Rödelheim bei Frankfurt a. M. gegeben, wo sie fast drei Jahre der Trennung von ihrer Familie ertragen mußte und tief unglücklich war. Nach Eugenies Schilderung vereinigte dieses Institut in sich die spartanischen Lebensbedingungen einer englischen Public School mit der Despotie einer preußischen Schulvorsteherin. Später besuchte Eugenie ein kleines Mädcheninternat bei Wolfenbüttel, wo sie bessere Erfahrungen machte. Alles in allem erhielt Eugenie, trotz der negativen Umstände in Rödelheim, eine gründlichere Allgemeinbildung als ihre Schwestern.

Auch ihre musikalische Ausbildung war hervorragend. 1869 schrieb sie sich an der von Joseph Joachim geleiteten Königlichen Hochschule für Musik in Berlin ein. Clara wünschte in der Regel keine besondere Begünstigung ihrer Kinder (beziehungsweise gab sich meist größte Mühe, dergleichen zu verhindern), und so mußte Eugenie trotz der freundschaftlichen Beziehungen zu Joachim die reguläre Aufnahmeprüfung ablegen. Ihr Lehrer wurde Ernst Rudorff, ein früherer Schüler ihrer Mutter, den Clara menschlich und künstlerisch hochschätzte. Das hielt sie nicht davon ab, ihm gute Ratschläge für Eugenies Ausbildung zu erteilen. Eugenie studierte etwa eineinhalb Jahre lang bei Rudorff und erhielt hin und wieder Stunden von ihrer Mutter und von Brahms. (Ihr verdanken wir die lebendigsten Schilderungen dieser beiden als Klavierpädagogen.)

In den Jahren 1871 bis 1891 lebte Eugenie mit ihrer Mutter und Marie zusammen und half ihrer Schwester bei ihren Tätigkeiten als

Eugenie Schumann (1851–1938).
Bleistiftzeichnung von R. Lehmann, 1871.
Robert-Schumann-Haus, Zwickau

Hausfrau, Gastgeberin, Gesellschafterin und Lehrerin. 1891, mit vierzig Jahren, entschloß sie sich, von zu Hause wegzugehen und sich persönlich und beruflich selbständig zu machen. Ihre Mutter legte ihr nichts in den Weg, rechnete sie doch darauf, daß Eugenie mit ihrem musikalischen Talent der Tradition des Namens Schumann keine Schande machen werde.[49] Claras Einstellung zu ihrer jüngsten Tochter war ebenso ambivalent wie gegenüber Elise. Sie vertrug sich nicht allzu gut mit ihr («Wir regten uns immer füreinander auf»)[50], vermißte sie aber, wenn sie nicht da war. Eugenie ließ sich als Klavierpädagogin in England nieder und errang einige Erfolge als Konzertpianistin. Sie blieb fast zwanzig Jahre drüben und kam nur zu Besuch nach Frankfurt. Als Clara starb, war Eugenie bei ihr.

In ihrer Jugend war Eugenie lebensfroh und gesellig; sie hatte viele Freunde und Bekannte und wollte mehr als Marie frei und unabhängig sein. Nach dem Tode von Elise und Marie wurde Eugenie, die noch ein Jahrzehnt zu leben hatte, ebenso streng und tyrannisch wie diese und kämpfte gegen jeden Versuch, das Ansehen ihrer Eltern zu schmälern.

Nach Eugenies Bericht war Clara für ihre Kinder, vielleicht mit Ausnahme von Marie, ein höheres Wesen, das man selten zu Gesicht bekam und eher aus der Entfernung verehrte. In den *Erinnerungen* schreibt sie: «Sicher aber ist, daß, wo sie auch sein mochte, wir immer ihre liebende Fürsorge, ihre schützende Hand fühlten und daß sie uns sowie den älteren Geschwistern das Höchste auf der Welt war.»[51]

FELIX SCHUMANN, 1854 – 1879

Bei Felix, dem jüngsten und begabtesten Sohn – er hatte etwas von der literarisch-musikalischen Doppelbegabung seines Vaters geerbt – traten schon in der Jugend erste Anzeichen einer Tuberkulose auf, an der er zehn Jahre lang litt, bis er mit vierundzwanzig daran starb. Eugenie berichtet in ihren Memoiren, er habe «glänzende Geistesgaben, bedeutende Charakteranlagen, edle Sinnesart und ein gutes weiches Herz, dazu freundliches Wesen und ein gewinnendes Äußeres» gehabt.[52] Felix' Briefe an seine Mutter[53] spiegeln alle diese Eigenschaften wider; man spürt, daß er sich am meisten von allen Kindern danach sehnte, bei ihr und den Geschwistern zu sein, doch wurden ihm durch die strikte Schulordnung und mit Rücksicht auf Claras Karriere und seine zarte Gesundheit immer neue Abschiede und Trennungen zugemutet.

Dieser zarte, sensible junge Mann war praktisch vater- und mutterlos. Als Nachkömmling geboren, als Schumann schon für immer in der Irrenanstalt verschwunden war, hatte er den Vater, dem er so ähnlich war, nie gekannt; seine fleißige, nüchterne Mutter hatte für seine dichterischen und musikalischen Neigungen wenig Verständnis. Von Geburt an bis zu seinem fünften Lebensjahr wurden Felix und Eugenie zu Hause versorgt, während seine Mutter auf Tournee war; dann kamen beide nach Berlin in die Obhut von Elisabeth Werner, später von Marie; mit neun Jahren wurde er in das Knabeninstitut aufgenommen, in dem schon sein Bruder Ferdinand war, und sah seine Großmutter und die Schwestern nur noch sonntags. Zwar verbrachte Felix die Ferien mit der Mutter und den Geschwistern im Sommerhaus, doch kümmerte die Mutter sich nie besonders um den Jüngsten; das tat sie erst, als er 1878 heimkam, um zu sterben.

Für Felix wie für die ganze Familie war der Ausbruch von Ludwigs Geisteskrankheit ein verstörendes, beängstigendes Ereignis. Voll von Heimweh schrieb er seiner Mutter:

> Ich habe diesmal so viel Ausgaben und habe Dich auch zuletzt so gereizt, daß ich Dich nicht ohne Bangigkeit und Schüchternheit frage, ob Du mir zu meinen Ferien, die am 9. Juli beginnen, die Heimreise erlauben willst; ich fürchte, Du sagst: er verdient es nicht, aber sage mir recht bald die Antwort, damit es mir nicht zu plötzlich kommt; ich habe mich schon so lange auf die kommende Zeit gefreut und, wenn ich traurig war, so sah ich immer auf diese Zeit und erfrischte Geist und Herz, die schweren, trägen Dinger.[54]

Seine Mutter war gerade völlig mit ihrer eigenen Erschütterung beschäftigt und nahm überhaupt nicht wahr, wie tief getroffen er sich fühlte. Ihre Antwort war kaum geeignet, die Last von seinen Schultern zu nehmen:

Felix Schumann (1854–1879).
Robert-Schumann-Haus, Zwickau

... Es ist ein furchtbares Schicksal, was den armen Ludwig getroffen; es gibt keine Worte für solchen Schmerz, das Herz blutet einem. Das meine ertrüge es nicht, fühlte ich nicht, daß ich mich für Euch aufraffen muß...

Ach mein guter Junge, mache mir doch ja keinen Kummer, der eine ist so groß, daß er allein ja kaum zu tragen ist. Wie ruhen auf Dir meine schönsten Hoffnungen, gewiß wirst Du mal ein tüchtiger Mensch, wenn Du gegen die Fehler ankämpfst, die Dir die Pflichterfüllung erschweren, das ist vor allen die Halsstarrigkeit.

Der Mensch besiegt manches, wenn er will, und Du willst doch gewiß, schon aus Liebe zu mir! – –

Du weißt, wie sehr auch wir uns immer auf Deine Ferienzeit freuen, und Gott sei Dank kann ich es noch erschwingen, Dich kommen zu lassen, aber dritter Klasse, lieber Junge! Du mußt Dir ein Kissen oder Plaid mitnehmen.[55]

Felix wollte eine musikalische Laufbahn einschlagen, seine Mutter war eher dagegen. Er war trotzdem fest entschlossen, mußte dann aber aus gesundheitlichen Gründen seine Absicht aufgeben. Er fing ein Jurastudium in Heidelberg an und trieb dort, wie einst sein Vater, alles mögliche, nur keine juristischen Studien. Er schrieb ein paar Gedichte, die seine Mutter, wie immer ohne Zutrauen zur Begabung ihrer Kinder, an Brahms schickte mit der Bitte: «Sage mir offen, was Du davon denkst – glaube nicht, daß ich als schwache Mutter an ein Genie bei ihm dächte, im Gegenteil, ich habe eine solche Angst vor Überschätzung der Talente seiner [Roberts] Kinder, daß ich vielleicht manchmal zu viel verlange von ihnen.»[56]

Brahms verwendete zwei von Felix' Gedichten, nämlich «Meine Liebe ist grün» und «Wenn um den Holunder», als Liedertexte in seinem op. 63, sowie ein drittes, «Es brausen der Liebe Wogen», in op. 86. Es war Felix noch vergönnt, seine Verse in Brahms' Vertonung zu hören. Seine Mutter forderte ihn 1877 auf, seine Gedichte unter einem Pseudonym zu veröffentlichen; falls die Kritik schlecht ausfiele, meinte sie, würde dies ihm und der Familie Ärger ersparen. Obwohl sie ihm damit praktisch mitgeteilt hatte, daß sie nicht an die literarische Qualität seiner Verse glaubte, war sie schmerzlich berührt, als er ihr mit «liebeleeren» Briefen antwortete. Sie bat Brahms, ihn in Zürich aufzusuchen und zur Vernunft zu bringen.[57]

Als Felix 1879 im Sterben lag, schrieb Clara, erstaunt über ihre eigene Standhaftigkeit, an Brahms:

Es geht bei uns sehr schlecht, Felix nimmt zusehends ab, obgleich er sich noch immer außerhalb des Bettes hält; der Arme leidet unbeschreiblich, und wir mit ihm… Ich sehe ihn nur immer minutenweise, weil es ihn zu sehr angreift, aber es blutet mir das Herz, wenn ich ihn sehe, und bei allen Beschäftigungen, welche es auch seien, sehe ich immer ihn, den armen Dulder, und muß wirklich alle Kraft der Seele zusammennehmen, daß ich nicht dem Schmerze unterliege…

Merkwürdig war es mir bei den Konzerten, daß ich so ganz frei und kräftig spielen konnte, und doch so traurig dabei war, keinen Augenblick den Kummer vergaß.[58]

Ins Tagebuch schrieb sie:

Am 14. [Februar] spielte ich im Museumconcert – es war ein lange gegebenes Versprechen. Es wurde mir furchtbar schwer, ach, und ich wollte, ich hätte es nicht gethan. Hätte ich gewußt, wie nahe das Ende unseres Dulders, ich hätte es nicht gethan. Mein Herz blutete, als ich Felix gute Nacht sagte, ins Concert gehend. Der Contrast war so schrecklich! ich sah das ganze Concert hindurch nur ihn, seine abgemagerte Gestalt, seinen erloschenen Blick, ach und seine Athemnot – es war entsetzlich! und dennoch spielte ich ganz glücklich, ohne auch nur eine verunglückte Note![59]

Herzzerreißend ist die letzte Tagebucheintragung über Felix:

Die Nacht vom 15. zum 16., Sonnabend auf Sonntag 3 Uhr, verschied unser Felix in Maries Armen; sie hatte mich nicht gerufen… er hat furchtbar gelitten, ein Todeskampf im vollsten Sinne des Wortes… sie wollte mir diese Stunde ersparen, die immer Aufopfernde, Liebevolle… So sah ich ihn am Morgen eine Leiche, ach, und ich muß bekennen, ich fühlte eine Erlösung, für die ich dem Himmel danken mußte…[60]

WANDERLEBEN

Die vielen Schicksalsschläge hätten einer andersgearteten Natur wohl das Rückgrat gebrochen; Clara überwand alles. Sie war zum Überleben geboren, gegen Verlusterlebnisse gefeit. Ohne die Fähigkeit, Angst und Schmerz beiseite zu schieben und sich mit aller Kraft auf ihre Arbeit zu konzentrieren, hätte sie nicht so durchgehalten. Ihr Beruf füllte auch die einsamen, sorgenvollen Stunden aus, die sie sonst vielleicht zur Untätigkeit und zum Grübeln verleitet hätten. Zum Glück wurde diese Art der Selbsterhaltung in ihrem

Fall von der Gesellschaft akzeptiert. Ihr als Künstlerin wurde zugestanden, daß ihre Karriere, mit der sie ja ihre Familie ernährte, sie von den üblichen Verpflichtungen freistellte, die die Konvention der Frau im deutschen Bürgertum auferlegte. Solange Robert lebte, hatte sie die herkömmliche Mutterrolle akzeptiert, wenn auch von Mal zu Mal mit weniger Begeisterung. Während seiner Krankheit und nach seinem Tode, als sie ihren Kindern Vater und Mutter zugleich sein mußte, richtete sie sich immer stärker an dem wichtigsten erzieherischen Vorbild aus, das sie kannte: Friedrich Wieck. Ebenso streng und unnachgiebig wie er, forderte sie ein hohes Maß an Selbstzucht und Pflichtbewußtsein. Zwar war sie beherrschter als ihr Vater und nicht so grob im Umgang, doch fehlten ihr die Sanftmut und Zärtlichkeit, die Robert auch als Vater ausgezeichnet hatten.

Claras Trauer über Krankheit und Tod von Julie, Ludwig, Felix und Ferdinand war aufrichtig, außerdem von Selbstvorwürfen begleitet, unter denen auch ihre Gesundheit litt. Dennoch scheint sie sich nie klargemacht zu haben, daß die übrigen Geschwister ja auch betroffen waren und ebenso wie sie mit dem Verlust fertig werden mußten; vielleicht fiel ihnen dies sogar schwerer, da sie weniger Ausdrucksmöglichkeiten für ihre Gefühle hatten als ihre Mutter. Als Julie gestorben war, wollte Felix die weite Reise nach Wien machen, um bei seiner Mutter zu sein – ein natürliches Herzensbedürfnis, sollte man meinen. Clara äußerte sich überrascht und gerührt, hatte aber gleichzeitig Bedenken wegen der Kosten der Reise.

Geld war natürlich immer ein Sorgenpunkt, und die Tatsache, daß es ein sehr konkretes Problem war, machte es den Kindern vielleicht leichter, die Lebensweise ihrer Mutter zu akzeptieren. Eugenie schrieb: «Schon als Kind beunruhigte mich oft der Gedanke, daß Mama alles, was ich brauchte, durch ihrer Hände Arbeit verdienen mußte, und es war mir immer schrecklich, wenn ich neue Kleidungsstücke brauchte.»[61] So manches Mal hätte sie sich ein Zuhause gewünscht, wo es ein wenig mehr so zuging wie bei normalen Leuten.

Wir hatten volles Verständnis für das Wesen unsrer Mutter; wir wußten, daß es da keine Grenze gab zwischen der Künstlerin und der Frau, daß beide unauflöslich verschmolzen waren, sodaß man nicht sagen konnte: Hier hört die eine auf und die andre fängt an. Gar manchmal sagten wir zueinander: Was könnte Mama wohl am ehesten aus ihrem Leben missen: Uns oder die Kunst? und fanden die Antwort nicht...[62]

Clara legte Wert auf ein intaktes Familienleben und versuchte auf ihre Weise, es wenigstens dem Anschein nach aufrechtzuerhalten. 1857 gab sie die mit soviel traurigen Erinnerungen verbundene Wohnung in Düsseldorf auf und ließ sich in Berlin nieder, dem Wohnort ihrer Mutter, der auch als Ausgangspunkt für ihre Reisen günstig war. Die beiden jüngsten Kinder zogen mit nach Berlin, während die älteren über ganz Deutschland verteilt blieben. Ihr unruhiger Geist war auch mit dem neuen Wohnsitz nicht recht zufrieden und immer auf der Suche nach einem besseren Ort. Das Sommerhaus, das sie von 1863 bis 1873 in Baden-Baden (genaugenommen in Lichtenthal, einem bescheidenen Vorort des weltberühmten Kurortes) besaß, war am ehesten so etwas wie eine Familienheimat, wenngleich man auch dort nur selten alle zugleich antraf. Claras Mutterliebe äußerte sich hauptsächlich per Briefpost. Erholung suchte sie in den mondänen Kurorten Europas; auch als sie das Haus in Baden-Baden erworben hatte, probierte sie rastlos immer neue Badeorte, neue Seen, eine neue Alpenregion aus. Gewiß brauchte sie Entspannung nach den saisonbedingten winterlichen Konzertreisen, doch es verlangte sie auch nach Zerstreuung und Geselligkeit. Als sie das Haus in Baden-Baden verkauft hatte, zog sie wieder nach Berlin, in die Straße Unter den Zelten Nr. 11, von wo sie 1878 nach Frankfurt in ihre letzte Wohnung übersiedelte.

DIE MUSIKERIN

Clara Schumanns Verlangen nach Musik war unstillbar, und das betraf in ihrem Fall sowohl Musik hören wie Musik machen. Im Jahre 1873 mußte sie darauf verzichten, eine Aufführung der *Genoveva* – jener selten gespielten Schumann-Oper, die so eng mit ihr selbst verbunden war – unter Hermann Levi als Dirigent mitzuerleben, denn Marie brauchte sie dringend in Berlin. An Brahms schrieb sie: «Wie schwer mir diese Entsagung geworden, kann ich nicht beschreiben, und kaum ahnen die Kinder, welchen Liebesbeweis ich ihnen in dieser Entsagung gegeben habe. Was unsereinem ein hoher Kunstgenuß ist, das kann doch nur *der* Künstler, der es mit Leib und Seele ist, empfinden.»[63]

Es gab Zeiten, sowohl während ihrer Ehe wie nach ihres Mannes Tod, da beteuerte Clara, die Liebe zu Robert sei das Höchste in ihrem Leben und wichtiger als ihre Kunst und ihre Karriere. Am 20. September 1840, in der zweiten Woche ihres Ehelebens, schrieb sie in das gemeinsame Tagebuch: «...ich lebe nur in Dir, und «...ich war sehr verstimmt, weil Robert nicht wohl war... Abends machten wir noch eine kleine Promenade. Robert sprach so freundlich zu mir, daß ich wieder ganz heiter wurde. Ich hänge so ganz von seiner Stimmung ab; es mag vielleicht nicht gut seyn, ich kann mir aber nicht helfen.» Zwanzig Jahre später, als Gedanken ans Altwerden, an das Nachlassen der künstlerischen Kraft sie quälten, hieß es: «Nur Einer, um dessentwillen ich alt zu werden hätte wünschen können; Ihm, dem Theuersten hingegeben, hätte ich dem künstlerischen Wirken nach außen entsagen können; in dem Verständniß seiner Kunst, seines ganzen Wesens hätte ich vollkommen mein Herz ausgefüllt gefühlt.»[64]

Aber diese Äußerungen erwecken einen falschen Eindruck. Charakteristischer, mehr im Einklang mit ihrem Wesen und ihrer Erziehung und sicherlich ehrlicher sind die vielen in Briefen und Tagebüchern enthaltenen Bemerkungen über ihr Selbstverständnis als Künstlerin. Die treffendsten Worte dafür hat sie in einem Brief an Joachim gefunden, im September 1854, als Schumann in die Heilanstalt gebracht worden war und sie im Begriff war, Haus und Kinder zu verlassen und auf Tournee zu gehen:

> ...ich bitte nur immer Gott, daß er mir Kraft giebt, die furchtbaren Aufregungen, die ich jetzt wieder durchlebt, und die mir noch bevorstehen, glücklich zu überstehen. Dazu muß mir mein alter, treuer Freund, mein Clavier helfen! oh, lieber Joachim, was es Herrliches ist Künstler zu sein, glaubte ich immer zu wissen, und weiß es doch erst jetzt recht eigentlich, wo ich doch nur in der göttlichen Musik Leid und Freude so recht aushauchen kann, daß es mir dann oft ganz wohl wird![65]

Wenn Clara sich in einem Rollenkonflikt zwischen der Frau und der Künstlerin sah, löste sie ihn so gut wie immer zugunsten der Kunst. So zögerte sie nur einen Moment, ehe sie zusagte, am Schumann-Fest im August 1873 in Bonn teilzunehmen, das zur Errichtung eines neuen Grabdenkmals für Robert Schumann (unter dem auch sie einmal ihre Ruhestätte finden sollte) veranstaltet wurde. «Mein Gefühl als Frau sprach dagegen», heißt es im Februar in ihrem Tagebuch, «aber als Künstlerin fühlte ich wieder, ich dürfe dabei nicht fehlen.»[66]

In einem Brief an Levi vom 22. Mai drückte sie ihr Empfinden noch deutlicher aus: «... sollte ich, die ich mein ganzes Leben fast zu den besten Vertretern seiner Musik gehörte, bei dieser Gelegenheit, zu seiner Ehre, fehlen? einem Anderen überlassen, was so ganz mit meinem Seyn verwachsen ist, mir vor Allem zukom̄t?»[67]

Es gab nur wenige Frauen, mit denen Clara ihre Einstellung zur Kunst diskutierte oder mit denen sie zusammenarbeitete. Sie hatte zwar viele Freundinnen, aber nur zwei oder drei von ihnen waren Kolleginnen. Beim Einstudieren zog sie ihre Töchter hinzu, mit ihrer ehemaligen Schülerin Julie von Asten aus Wien gab sie gemeinsam Konzerte, ebenso mit Pauline Viardot und einigen anderen Sängerinnen wie Amalie Joachim, Mathilde Hartmann, Livia Frege und Marie Fillunger. Im allgemeinen aber waren es Männer, mit denen sie zusammenarbeitete und von denen sie Anregungen empfing: Julius Stockhausen, Hermann Levi, Brahms, Joachim und andere führende Musiker und Dirigenten ihrer Zeit. Von den Frauen respektierte sie lediglich Pauline Viardot als mit ihr auf gleicher Stufe stehend.

Vom «schwachen Geschlecht» konnte man im Hinblick auf Clara als Pianistin gewiß nicht sprechen. Sie war professionell ausgebildet, sie nahm, noch ehe sie vierzig war, einen einflußreichen und angesehenen Platz in der Musikwelt ein, und ihre Leistung wurde entweder überschwenglich gelobt oder wütend geschmäht, und dieses von Männern wie von Frauen. Cosima Wagner und Anton Schindler, zum Beispiel, waren ihr feindlich gesinnt, aber nicht etwa weil sie eine Frau war. In den Augen ihrer Zeitgenossen war sie einzigartig und über die geschlechtsspezifischen Rollendefinitionen erhaben.

Im Jahr 1860 schrieb sie an Joachim, sie wolle die polemische Erklärung gegen die «Neudeutschen» (Liszt, Wagner und deren Schule) mit unterschreiben.[68] Der Artikel erschien früher als vorgesehen, und so gehörte sie nicht zu den Unterzeichnern, aber sie meldete doch deutlich ihren Anspruch an, neben Brahms, Joachim und den übrigen männlichen Parteigängern ihre Stimme zu erheben.

Andererseits war Clara Schumann wie fast alle Frauen der Zeit gewohnt, in privaten und beruflichen Angelegenheiten männlichen Rat einzuholen. 1870 wurde sie zur Teilnahme an einem Beethovenfest in Wien eingeladen, hatte aber eigentlich keine Lust, bei Aufführungen mitzuwirken, die von Liszt oder Wagner dirigiert wurden; da es ihr schwerfiel, mit der Sprache herauszurücken, fragte sie Joachim um Rat: «... wie wickle ich mich da heraus? ich als Frau kann nicht handeln wie Sie, indem ich, meine Gesinnung offen ausspräche, es würde als große Arroganz erscheinen, ich, die Frau den Männern gegenüber, ich müßte also eine Lüge machen! aber welche?» Ob Joachim es richtig fände, wenn sie absage? Joachims Antwort faßt zusammen, was er und viele andere von ihr hielten: «Daß Sie Dame sind, finde ich, hat damit gar nichts zu schaffen, oder muß Sie erst recht abhalten. Übrigens sind Sie in der Kunst jedenfalls ‹Mann's genug›.»[69]

GELDANGELEGENHEITEN

Als junges Mädchen äußerte Clara sich bescheiden über ihr Klavierspiel und dachte mit Unbehagen an die Konkurrenz von Liszt und Thalberg. Als Erwachsene hatte sie keine Zweifel an ihrer Vortragskunst und hielt nichts von der falschen Bescheidenheit, die man damals von einer Dame erwartete. Sie war stolz auf ihre professionelle Kunstausübung und darauf, daß sie als verheiratete Frau mit ihrer Leistung Geld verdiente, suchte aber die Tatsache aus Rücksicht auf Roberts Gefühle geheimzuhalten. Sie war durchaus bereit, das traditionelle Rollenspiel, das den Mann als Ernährer ansah, mitzuspielen; aber als man ihr nach ihrem ersten Konzert in Düsseldorf im Oktober 1850 nichts als ein Blumengebinde überreichte, fand sie das doch zu arg. Sie schrieb einen entrüsteten Brief an Roberts Vorgänger Ferdinand Hiller, der mit seiner Empfehlung Robert die Stelle als Dirigent verschafft hatte:

Die Direction forderte mich nämlich auf, im ersten Concert zu spielen, ohne irgendwie nach meinen Ansprüchen hinsichtlich des Honorars zu fragen. Dies brachte mich auf die Vermuthung, daß Sie durch sie erfahren, was Sie von Dresden ja wissen, daß ich nie unter 10 Louisd'or gespielt (in großen Städten wie Bremen, Hamburg etc. erhielt ich immer 20 Louisd'or). Jetzt ist nun das Concert vorüber, wie Sie sagen, äußerst brillant ausgefallen, und die Direction schickt mir – ein Blumenkörbchen; das verwunderte mich, doch nahm ich es noch immer als eine besondere Freundlichkeit an, jetzt aber kommen sie und bedanken sich für meine Gefälligkeit, und nun geht mir ein Licht auf. Es ist doch ganz unbegreiflich, wie die Herren denken können, daß ich zum ersten Male hier *gratis* in ihren Concerten spielen werde, noch dazu kann ich die Undelicatesse nicht begreifen, so etwas nur zu verlangen! Halten sie uns denn für reiche Leute? oder denken sie, daß ich für den Gehalt, den mein Mann erhält, auch spielen soll, wenn sie es wünschen! Lieber Herr Hiller, hätte ich keine Kinder und wäre ich reich, dann wollte ich spielen so oft es die Leute wünschten, und es würde mich beglücken, es nie anders als gratis zu thun, aber in meinen Verhältnissen kann ich das nicht... Daß ich spiele, ist ja eine Sache für sich, auf die sie doch nicht rechnen konnten, als sie meinen Mann engagirten![70]

Nach Schumanns Tod gab es keinen Grund mehr, die Wahrheit zu verschleiern. Freunde und Bekannte boten finanzielle Hilfe an und wollten einen Fonds zur Deckung von Roberts Krankheitskosten anlegen, doch Clara war entschlossen, sich aus eigener Kraft durchzubringen. Zwar konnte sie die Familie nur ernähren, indem sie sie auseinanderriß, aber da hielt sie nichts zurück. Die Verhältnisse waren keineswegs ungewöhnlich: viele Witwen in ihrer Lage schickten ihre Kinder zu Freunden oder Verwandten, gaben sie in Erziehungsanstalten oder in eine Lehre. Clara nutzte alle diese Möglichkeiten. Was sie besonders in Rage brachte, war die Vorstellung von Benefizkonzerten zu ihren Gunsten. Einmal, 1873, war sie «außer sich» über die «Abscheulichkeit» der Annonce in einer Grazer Zeitung, ein Wohltätigkeitskonzert für die Familie Schumann betreffend. Sie verlangte, daß die «lügenhafte Reklame» widerrufen und die Einnahme an eine milde Stiftung oder arme Musiker gegeben werde.[71]

Sie war nicht nur stolz, sie kannte auch ihren Wert und forderte stattliche Honorare. Als sie 1870 wegen einiger Konzerte in Wien verhandelte, bat sie Brahms, herauszufinden, wieviel man ihr zu zahlen gedachte. «Sie fragen mich darum, und ich bin in Verlegenheit, möchte nicht zu viel, aber auch nicht weniger verlangen, als sie etwa anderen Künstlern geben würden.»[72]

Die Höhe ihrer Honorare und ihre Berühmtheit verschafften ihr fälschlich den Ruf, wohlhabend zu sein. (Zweimal in ihrem Leben wurde sie von Einbrechern heimgesucht, die Schmuck und andere Wertsachen mitgehen ließen – Geschenke von reichen Verehrern ihrer Kunst.) Nur ihre engsten Freunde wußten, wieviel Anstrengung es sie kostete, die Familie durchzubringen. Einmal, im Jahr 1864, entschuldigte sie sich bei Brahms, daß sie in Hamburg unter Stockhausen als Dirigent gespielt hatte; dieser hatte nämlich just die Stellung bekommen, auf die Brahms sich Hoffnungen gemacht hatte. Es sei aber so, meinte Clara, «daß ich in meinen Verhältnissen keine Engagements von mir weisen kann».[73]

Wenige Monate zuvor hatte sie in einem Brief an Brahms erläutert, warum sie so hart arbeitete und Weihnachten nicht mit ihren Kindern verbringen konnte: «Den vorigen Sommer hatte ich der pekuniären Sorgen viele, ich habe von meinem Kapital 1000 Taler aufnehmen müssen*, habe aber das Glück gehabt, durch mein freilich enorm anstrengendes Konzertieren vor Weihnachten, diese Summe wieder ergänzen zu können.»[74]

Einem ein wenig schwatzhaften Brief von Amalie Joachim an ihren Mann ist zu entnehmen, daß es 1872 wieder einmal Geldsorgen gab:

Eben komme ich von Frau Schumann. Mir hat die arme, liebe Frau einen zu traurigen Eindruck gemacht. Das ist mir nicht nur wie das tiefste Leid – sondern auch die *schwere Sorge* vorgekommen, Sorge um das tägliche Leben. Wie es *scheint* hat sie noch nichts erhalten... Denke, Felix hat hier 500 fl Schulden die Fr. Sch. jetzt bezahlen muß, außerdem hat er alles Geld, was er im Vorhinein für ein 4[tel] Jahr bekam – in Baden verspielt!! Noch einen großen Kummer hat sie an Elise erlebt, die ihre Stellung [als Klavierlehrerin] in Frankfurt aufgab, um als Gesellschafterin zu einer Freundin zu gehen. Die Art und Weise, wie sie dies ihrer Mutter gegenüber that, ist ganz

* Vermutlich für den Kauf des Hauses in Baden-Baden.

abscheulich. Genug, sie hat viel an ihren Kindern schweres zu erleben. Dem armen Julchen geht es fortwährend schlecht u. sie erwartet täglich die Todesnachricht* – will aber doch nach Wien gehen. Sie sagt, sie könne nicht anders u. fühle doch auch, daß die Kunst das Einzige ist, u. dabei die Arbeit was sie erhebt und kräftigt... Die Leute welche die Summen für Fr. Schumann gaben meinen doch auch, daß sie schon im Besitz derselben sein wird... Die wissen wohl alle nicht, was Sorge und Noth heißt![75]

Bis zum Jahr 1873 war Clara von September bis Mai auf Tournee; dabei blieb sie selten länger an einem Ort; oft genug, vor allem in England, hatte sie nur einen einmaligen Auftritt. Zum Beispiel gab sie im Februar 1869 am 4., 6., 8., 13., 15., 17., 20., 22., 23. und 27. des Monats je ein Konzert. Im März entzerrten sich die Termine ein wenig, doch trat Clara weiterhin bis in den April hinein auf den britischen Inseln auf. Im Jahre 1864 gab es eine besonders anstrengende Rußlandreise, die mit einer vierundvierzigstündigen Bahnfahrt von St. Petersburg nach Berlin endete. Korrespondenzen zur Vorbereitung der Tourneen waren das ganze Jahr über erforderlich, doch traf sie die wichtigsten Abmachungen während der Sommermonate, die sie mit Üben, Unterrichten und dem Abfassen von Briefen – manchmal vierzehn an einem Tag – ausfüllte. Während der Konzertsaison zweigte sie hie und da einen Tag oder eine Woche ab, um sich mit einem der Kinder zu treffen, das gerade in der Nähe war. Von 1873 an mußte sie ein wenig langsamer treten. Sie hatte Schmerzen in den Armen und auch sonst manche lästigen Beschwerden, gerade als sie feststellen mußte, daß ihre Ausgaben in die Höhe schnellten. Julie war zu diesem Zeitpunkt schon tot, aber Ludwigs Sanatorium, Felix' Tuberkulosebehandlung, Ferdinands Entziehungskuren und Rheuma und ihre eigenen Arztrechnungen summierten sich zu einer beträchtlichen finanziellen Belastung. Zum Glück standen ihr nun Gelder zur Verfügung, die sie ohne Skrupel annehmen konnte: Stiftungszuwendungen, Tantiemen aus Schumanns Werken (durch Aufführungen wie auch durch die von ihr edierten Noten) und Erlöse aus dem Verkauf seiner Manu-

* Amalie Joachim konnte nicht wissen, daß Julie gerade am Tag zuvor gestorben war.

skripte.* Obwohl diese Einkünfte hinreichten, die Basis für den Lebensunterhalt abzusichern, betrachtete Clara ein Jahr, in dem sie nicht mindestens fünfzig Konzerte gab, als ein schlechtes Jahr. «Zum Bummeln habe ich so gar kein Talent», schrieb sie am 2. Juni 1874 an Brahms, es «wird gleich so gar trübe in mir, wenn ich nicht tätig sein kann.»[76]

LEBENSABEND

Zu den Höhepunkten von Claras letzten Lebensjahren gehörten das Bonner Musikfest von 1873 und ihr fünfzigstes und sechzigstes Konzertjubiläum. Das Bonner Fest, bei dem sie in Schumanns Klavierkonzert mitwirkte, war eines der wenigen Male, daß alle erwachsenen Kinder sich versammelten, um ihre Mutter spielen zu hören. Zu den alten Freunden, die ebenfalls gekommen waren, gehörten Jenny Lind mit ihrem Mann und die Freges; von den Kollegen waren Brahms, Joachim, Stockhausen, Rudorff, Dietrich, Grimm und Hiller anwesend.

1878 wurde Clara kurz nach der Berufung an das Frankfurter Konservatorium durch zwei Veranstaltungen zu ihren Ehren überrascht: zuerst eine vom Konservatorium ausgerichtete musikalische Matinee, die nur aus Kompositionen von Clara bestand, und zwei Tage darauf ein Festkonzert am Leipziger Gewandhaus, wo sie 1828 als Neunjährige ihren ersten öffentlichen Auftritt gehabt hatte. In ihrem Tagebuch hielt sie den «unvergeßlichen» Tag in Leipzig – den 24. Oktober 1878 – fest, an dem nur Werke von Robert Schumann auf dem Programm standen und sie unter den Zuhörern drei alte Herren traf, die fünfzig Jahre zuvor auch dabeigewesen waren:

* Robert Schumann hatte (wohl seinerzeit in Dresden schon) verfügt, daß seine Musikautographen später einmal dazu verwendet werden sollten, die Familie zu unterhalten. Clara entschloß sich 1877 zum Verkauf und überließ sie nach mehrjährigen Verhandlungen für 15 000 Mark der Königlichen Bibliothek in Berlin. Aus diesem Kapital bezog die Familie Schumann noch lange Zeit, bis in unser Jahrhundert hinein, ihre Haupteinkünfte. (Eugenie Schumann, *Robert Schumann*, S. 386)

Der ganze Saal war mit grün und goldenen Eichenlaubkränzen und Guirlanden ausgeschmückt. Als ich auftrat, stand das ganze Publicum auf und ein Blumenregen begann, unter dem ich förmlich begraben wurde... Lange währte es, ehe ich mich ans Clavier setzen konnte. Ein paar Mal war es, als ob mich das Gefühl der Rührung übermannen wollte, ich zitterte heftig, aber ich bewältigte mich und spielte das Concert vollkommen ruhig, und herrlich gelang es.[77]

Zehn Jahre später, 1888, waren die Ehrungen noch überwältigender: Konzerte, Feiern, Ansprachen, Briefe, Telegramme, Blumen, Gedichte und Lorbeerkränze aus aller Welt. «Nie habe ich geahnt wie viel Liebe mir gespendet wird, und fühle ich mich oft ganz beschämt... Das Fest hat mir viele Menschen näher gebracht, und mich ihnen natürlich auch, und das ist doch erfreulich für mich, giebt mir ein Heimathsgefühl hier, wie ich es bis jetzt noch nicht so wohlthuend empfunden hatte.»[78]

Während all der Jahre ihrer Konzerttätigkeit wurde Clara oft von schweren Schmerzen geplagt, aber sie gönnte sich weder als junges Mädchen noch als Erwachsene jemals Schonung. Trotz der von Wieck angeordneten und streng eingehaltenen täglichen Spaziergänge an der frischen Luft war Claras Gesundheitszustand schon in der Jugend nicht besonders gut. Das gespannte Verhältnis mit ihrem Vater machte sich bei ihr körperlich bemerkbar: 1839 in Paris mit Kopfschmerzen, Angstzuständen, schmerzenden Fingern, im Januar 1840 in Berlin durch Ohnmachtsanfälle und heftige Gesichtsneuralgien vor den Konzerten und sogar während derselben. Seelisch und körperlich litt sie damals so sehr, daß sie sich, wie sie an Robert schrieb, «manchmal hinlegen und sterben» wollte.[79] Ein paar Wochen nach der Hochzeit äußerte Robert sich in Briefen und in seinem Haushaltbuch über Klaras schlechtes Befinden.[80]* Solche erstaunlich häufigen Meldungen über Unwohlsein und Krankheit stehen zwischen Roberts pedantisch aufgelisteten eigenen Krankheitssymptomen. Was ihr eigentlich fehlte, wird nicht genau gesagt, aber ihre Äußerungen in späteren Briefen legen es nahe, an psycho-

* Viele Eintragungen im Ehetagebuch halten ihre Unpäßlichkeiten fest, besonders in den ersten Monaten der Ehe.

Clara Schumann im Alter von 59 Jahren.
Porträt von Franz von Lenbach, 1878.
Robert-Schumann-Haus, Zwickau

somatische Beschwerden zu denken. Wir wissen, daß sie in den 1860er Jahren und auch später noch an plötzlicher Beklemmung und an Weinkrämpfen litt und daß sie vor Konzerten von der Angst befallen wurde, mitten in der Aufführung steckenzubleiben oder zusammenzubrechen. Zuzeiten fürchtete sie, sie werde überhaupt nicht mehr spielen können. Sie erholte sich zwar immer wieder, aber der Streß und die Sorge zehrten an ihr.

Nachdem sie während Schumanns letzter Erkrankung ihre Karriere als Vollzeitberuf wiederaufgenommen hatte, besuchte sie regelmäßig Bade- und Kurorte wegen ihrer Schmerzen in den Händen und Armen. Die Rheumaanfälle hörten nie ganz auf: am 27. November 1857 berichtete sie Joachim, daß sie mehrere Konzerte abgesagt hatte, die Schmerzen waren so schlimm, daß ihr Opium verordnet wurde und sie den Arm in einer Schlinge tragen mußte.[81] In den Jahren 1874 und 1875 mußte sie achtzehn Monate lang aussetzen. Sie versuchte es im Laufe der Jahre mit den unterschiedlichsten Therapien: Wasserbehandlung, Elektroschock, «Tierbäder»*, Massagen, «Kneten» und Duschen. Ärztlichen Rat zu befolgen wurde ihr am schwersten, wenn ihr «entschiedene Ruhe» verordnet wurde. Zwar konnte sie ihre Töchter bitten, ihre Korrespondenz weiterzuführen, doch am Klavier konnte niemand sie ersetzen. In ihrem letzten Jahrzehnt plagte sie Arthritis in den Fingern, das Gehör ließ nach, und sie spürte das Alter. Im Februar 1894 schrieb sie voll banger Erwartung der Zukunft in ihr Tagebuch: «Was soll aus mir werden, wenn ich nicht mehr spielen kann? vielleicht auch nicht mehr unterrichten?»[82] Ohne ihre Kunst war das Leben trostlos.

Mit neunundfünfzig Jahren, 1878, stellte sie fest, daß sie zwischen zwei Konzerten eine Woche pausieren mußte und ihr von nun an nichts übrigblieb, als ihre Konzertverpflichtungen einzuschränken. Außerdem nahm ihre Schwerhörigkeit zu. Diese Probleme gaben vermutlich den Ausschlag für die Übernahme der Lehrtätigkeit in

* Bei dieser altertümlichen Behandlungsmethode hielt man die erkrankten Gliedmaßen in die Bauchhöhle eines frischgeschlachteten Tieres, um dessen Körperwärme zu absorbieren. Robert Schumann versuchte 1832 mittels solcher Tierbäder seine verletzte Hand zu kurieren.

Frankfurt. Nach fünfundzwanzig Jahren unsteten Lebens mietete sie ein Haus in der Myliusstraße 32 als Heim für die Familie, das sie später als Eigentum erwarb. Das Gebäude steht heute noch. Die Wanderjahre waren vorbei, aber ihr berufliches Wirken war damit noch lange nicht zu Ende.

Bei ihrem letzten öffentlichen Auftreten im März 1891 spielte die Zweiundsiebzigjährige zusammen mit einem Kollegen vom Konservatorium die Variationen für zwei Klaviere über ein Thema von Haydn von Johannes Brahms; und bis zu dem Tage, an dem 1896 ein Schlaganfall sie traf, spielte sie Klavier, unterrichtete, improvisierte, edierte, arrangierte Noten und beglückte sich mit Musik.

Auf dem Totenbett bat sie ihren Enkel Ferdinand, ihr vorzuspielen. Schumanns Intermezzi op. 4 und danach die Fis-Dur-Romanze op. 28 waren die letzten Klänge, die sie vernahm.

TEIL II

KAPITEL 9

Clara Schumann und Johannes Brahms

Die **Freundschaft** zwischen Clara Schumann und Johannes Brahms ist von jeher Gegenstand lebhafter Vermutungen gewesen. Die vielen Veröffentlichungen über das angeblich so «leidenschaftliche» Verhältnis, das die vierunddreißig Jahre alte Pianistin und der zwanzigjährige Komponist miteinander gehabt haben sollen, werden der Tiefe der persönlichen und künstlerischen Beziehung zwischen beiden nicht gerecht.[1] Weder Clara Schumann noch Brahms haben je die innige Liebe, die sie füreinander empfanden, geleugnet; eine sexuelle Beziehung, während Schumann sich in der Heilanstalt befand, hätte jedoch ganz und gar nicht zu der bekümmerten, dabei nüchternen und pflichtbewußten Clara gepaßt. Was die späteren Jahre angeht, so deuten alle Anzeichen auf ein platonisches Verhältnis hin. Das Wesen ihrer vielschichtigen Freundschaft lag nicht in einer erotischen Anziehung, die beide vielleicht empfunden haben, sondern im musikalischen und geistigen Geben und Nehmen. Wie einst Robert Schumann, so verdankte auch Brahms Clara die Inspiration für vieles in seinem Schaffen; sie wurde sein «freundlichster, bester Genius».

Johannes Brahms, das zweite Kind des Hamburger Musikers

Johann Jakob Brahms und seiner Frau Christiane, wuchs in einer Welt von Not und Armut auf. Christiane Brahms war siebzehn Jahre älter als ihr Mann. Die Familie lebte mit den drei Kindern – Elise, Friedrich (Fritz) und Johannes (geboren 1833) – in einer Zweizimmerwohnung in einem der schlechtesten Quartiere von Hamburg. Der kleine Johannes zeigte früh eine ungewöhnliche Begabung, was seine Eltern zu ehrgeizigen Hoffnungen veranlaßte. Sie ließen ihn von Eduard Marxsen, dem besten Lehrer am Ort, in Klavierspiel und Komposition unterrichten; im April 1853 nahm er Abschied vom Elternhaus und ging mit dem ungarischen Geiger Eduard Reményi als dessen Klavierbegleiter auf Konzertreise. Durch Reményi lernte er dessen Landsmann Joseph Joachim kennen, mit dem er schnell Freundschaft schloß und der ihm in Weimar die Bekanntschaft von Franz Liszt und einige Monate später die der Schumanns in Düsseldorf vermittelte.

Brahms war trotz seiner erst zwanzig Jahre bereits ein fähiger Pianist und Komponist. Sein erstes Solokonzert hatte er im Alter von fünfzehn Jahren gegeben, dessen Programm, wie die ersten Konzerte von Clara Wieck, neben den vom «Concertgeber» ausgeführten virtuosen Klavierstücken ein Sammelsurium von Liedern und Duetten, Klarinetten-, Violin- und Cellosoli verschiedener Mitwirkender enthielt.[2] Als er in Düsseldorf erschien, hatte er im Reisegepäck die Noten, die er in den letzten beiden Jahren komponiert hatte: die kühnen romantischen Klaviersonaten, die später als op. 1 und 2 bezeichnet wurden, den Anfang der Sonate op. 5, das Scherzo op. 4, eine leider verlorengegangene Sonate für Violine und Klavier und eine Anzahl von Liedern, die später als op. 3, 6 und 7 veröffentlicht wurden. Der junge Mann, Marxsens bester Schüler, war in Kompositionstechnik gut ausgebildet und kannte die Werke seiner großen Vorgänger inklusive Bach und Beethoven. *Die Hochzeit des Figaro* hatte ihm in der Hamburger Oper einen unauslöschlichen Eindruck gemacht und eine lebenslange Bewunderung für Mozart geweckt.[3] Hingegen war ihm von Robert Schumanns Werken, die außerhalb von Leipzig und Dresden selten gespielt wurden, kaum etwas bekannt. Clara und Robert hatten im Frühjahr 1850 in Hamburg konzertiert, und es ist anzunehmen, daß Brahms sich die Aufführungen, zu denen unter anderem Schumanns Klavierkon-

Clara Schumann im Alter von 35 Jahren. Die Photographie wurde 1854 oder 1855 aufgenommen, nachdem Robert Schumann in die Anstalt eingeliefert worden war.
Robert-Schumann-Haus, Zwickau

zert, Klavierquintett und die Variationen für zwei Klaviere op. 46 gehörten, nicht entgehen ließ. Eine persönliche Begegnung kam jedoch nicht zustande; ein Paket mit seinen ersten Kompositionen, das Brahms an Schumann in dessen Hotel schickte, ließ dieser ungeöffnet zurückgehen. Als aber Brahms sich im Sommer 1853 näher mit Schumanns Musik befaßte, spürte er eine starke innere Verwandtschaft mit dem Älteren. Ein wenig schüchtern, gedrängt von Joachim und anderen Freunden, stellte er sich im Schumannschen Haus vor. Im Hinblick auf seine Musik war er jedoch keineswegs schüchtern. Anders als Schumann in der Jugend blickte Brahms voll Selbstvertrauen in die Zukunft; für ihn wie für alle, die ihn kannten, gab es keinen Zweifel, daß er ein überragend begabter, kreativer Musiker war.

Bei seiner Ankunft in Düsseldorf traf Brahms das Ehepaar Schumann in einer besonders schwierigen Lebensphase an. Roberts Stellung als Städtischer Musikdirektor war in Gefahr, seine psychische Erkrankung im Fortschreiten begriffen. Seine Begeisterung über Brahms' Arbeiten war so überspannt, daß dieser mit seiner typisch norddeutschen Neigung zum Understatement sich vermutlich nicht wohl dabei gefühlt hat.

In den vier Wochen, die Brahms in Düsseldorf zubrachte, nahm er Schumanns Hilfe für sein Fortkommen dankbar an. Er reiste am 2. November mit einem Empfehlungsschreiben in der Tasche nach Leipzig ab, wo er sich in einflußreichen Musikkreisen vorstellte und vorspielte. Mehrere Leipziger Verlage, darunter Breitkopf & Härtel sowie Senff, erklärten sich bereit, etwas von ihm zu veröffentlichen. Anscheinend sah Brahms Robert und Clara in einer Art Elternrolle, denn er schrieb ihnen im Dezember 1853, als die ersten Drucke erschienen: «Hiermit nehme ich mir die Freiheit, Ihnen Ihre ersten Pflegekinder (die Ihnen ihr Weltbürgerrecht verdanken) zu übersenden.»[4]

Im Oktober 1853 hatte Jean-Bonaventure Laurens, ein französischer Bewunderer von Schumann, der sich gerade in Düsseldorf aufhielt, auf Roberts Bitte ein Porträt von Brahms gezeichnet; es zeigt ihn noch ohne Bart, mit weichfallenden blonden Locken und einer schönen hohen Stirn. In der Einsamkeit seines Krankenzimmers in Endenich bat Robert darum, ihm die Zeichnung zu schik-

Johannes Brahms im Alter von 20 Jahren in Düsseldorf. Zeichnung von Jean-Joseph-Bonaventure Laurens, 1853. Schumannhaus, Bonn

ken, damit er sie jeden Tag ansehen könne. Sogar noch hier in der Anstalt fragte er nach Brahms' Kompositionen, spielte und analysierte sie und fand dafür Worte der Freude und Bewunderung. In den vielen Briefen, die er Brahms aus Endenich schrieb und in denen die Anrede zwischen Du und Sie wechselt, äußert er sich respektvoll, ja bewundernd über dessen Können.

Dem modernen Leser ist nicht ganz wohl angesichts solch uneigennütziger Begeisterung. Man kann sich kaum vorstellen, daß Schumann den jungen Mann nicht beneidete, der mit einer derartigen Selbstgewißheit auftrat, ganz im Gegensatz zu seiner eigenen Unsicherheit im gleichen Alter. Und es stimmt traurig, sich Schumann vorzustellen, wie er als kranker, müder Mann im Alter von nur dreiundvierzig Jahren freiwillig die bescheidene Rolle eines bloßen Vorläufers annimmt. Daß in Roberts überzogenen Lobeshymnen auch ein Quentchen Rivalitätsangst steckt, legen Ausdrücke wie «Dämonen» oder «junge Dämonen» nahe, mit denen er Brahms und Joachim gern bezeichnete.[5] Die letzten Briefe, die Schumann (aus Düsseldorf) an Joachim schickte, sind voll Phantasterei, teilweise bizarr und lassen sich im nachhinein als Vorzeichen der Katastrophe, die im Februar 1854 eintrat, deuten.

Nachdem Robert in die Pflegeanstalt verschwunden war, fand Clara Trost und moralische Unterstützung bei denjenigen jungen Musikern (Roberts Kinder nannten sie «die jungen Herren»[6]), die Anhänger von Schumanns Musik waren: zu ihnen gehörten Albert Dietrich, Julius Otto Grimm und die «Dämonen» Joachim und Brahms. Man muß bedenken, daß Schumanns Musik ja noch immer weithin unbekannt war und daß Clara dankbar sein konnte, wenn die Jüngeren sich für sie einsetzten. Brahms war nicht nur der begabteste Komponist von allen, sondern er stand auch am meisten zu ihrer Verfügung. Auf die Nachricht von Roberts Selbstmordversuch hin eilte er sofort nach Düsseldorf und opferte praktisch die nächsten beiden Jahre seines Lebens für Robert, Clara und die sieben Kinder. Gleich bei seiner Ankunft übernahm er es, Schumanns Haushaltbuch weiterzuführen. Von den letzten Februartagen 1854 an bis zum Jahresende trug er die Ausgaben wie Porto, Dienstbotenlöhne, Miete oder das Schulgeld für die Mädchen sowie die eingegangenen Kapitalzinsen und Verlagshonorare in das Buch ein.[7]

Mit dieser Buchführung wurde er gleichsam zum Familienmitglied, trat er in die Fußstapfen des Hausvaters – keine leichte Aufgabe für einen Zwanzigjährigen.

Anders als Joachim und Dietrich hatte Brahms keine feste Anstellung, und obwohl er seine Laufbahn als Konzertpianist gerade erst begonnen hatte, gab er sie ohne Bedauern wieder auf; sein eigentliches Interesse galt ohnehin dem Komponieren. Seine Eltern billigten seinen Entschluß, der Familie Schumann zu helfen, doch nach einem Vierteljahr schrieb seine Mutter:

Schumann hätte Dir den Weg so schön gebahnt, Du müßtest aber etwas mehr tun. Vom Komponieren allein könntest Du nicht leben, das hätten die größten Meister nicht können. Du hättest auch hoffentlich etwas unternommen, wenn Schumann nicht erkrankt wäre. Für den Augenblick hast Du auch recht getan, dorthin zu gehen. Aber dort zu bleiben? Damit geht viel Geld und Zeit verloren... Du magst es achten oder nicht, nur der Mensch, der Geld hat, wird geachtet.[8]

Brahms hörte nicht auf seine Mutter, sondern blieb noch zwei Jahre lang in Düsseldorf, schlug sich mühsam mit Klavierstunden durch und lieh sich hin und wieder Geld von Joachim oder von Julius Otto Grimm, den er in Leipzig kennengelernt hatte und der nach Düsseldorf gekommen war, um in seiner Nähe zu sein. Von Brahms' Mutter kamen freilich immer neue Briefe voller Ermahnungen, sich nach etwas anderem umzusehen:

Daß Du Stunden gibst, ist wohl gut, es ist doch etwas. Es war Dir aber immer sehr zuwider und bringt wenig ein, ich meine für Dich, der mehr kann. Frau Schumann gibt auch Stunden, zieht doch das Konzertieren vor. Du meinst, der Ertrag [aus den Konzerten] ist nicht bedeutend. Dann würde sie es nicht tun, ihre Familie und Hausstand fremden Leuten übergeben und ohne Mann in der Welt herumreisen... Aber wer von Gott mit so vielen Gaben ausgestattet ist wie Du, der tut unrecht, so ruhig wie Du zu sitzen.[9]

Die unerbetenen Ratschläge stießen auf taube Ohren. Brahms nahm sich ein Zimmer in der Nähe der Schumannschen Wohnung und integrierte sich völlig in die Familie. Als Clara ein paar Monate nach Felix' Geburt wieder auf Tournee ging, überwachte er den Schulunterricht und die Musikstunden der älteren Kinder und half der treuen Bertha, die jüngeren zu hüten; als die Familie 1855 in eine andere Wohnung zog, mietete er sich ein Zimmer im selben Haus. Er ging in der Schumannschen Wohnung nach Belieben ein und aus, benutzte den Flügel zum Üben und Komponieren und brachte Ordnung in die vielen herumliegenden Bücher und Partituren – eine dankbare Aufgabe für einen jungen Mann mit erheblichen Wissenslücken, großem Bildungshunger und wenig Geld zum Kauf von Büchern oder Noten.

Nach Schumanns Tod schilderte Clara in einem Brief an ihre Kinder, was Brahms ihr in diesen zwei Jahren bedeutet hatte: «Er kam, um als treuer Freund alles Leid mit mir zu tragen; er kräftigte das Herz, das zu brechen drohte, er erhob meinen Geist, erheiterte, wo er nur konnte, mein Gemüt, kurz er war mein Freund in vollstem Sinne des Wortes.» [10] Brahms schenkte ihr seine Jugend, seine Liebe zur Natur, Tröstung und leidenschaftliche Verehrung und vor allem die Möglichkeit, am Denken und Schaffen eines Musikgenies teilzuhaben.

Wie wichtig gerade dieses letztere Band zwischen beiden war, kann man nicht hoch genug einschätzen. Als Wunderkind am Klavier hatte Clara zu den erlesensten Kreisen des Leipziger Musiklebens Zugang gehabt; bedeutende Männer hatten ihre Kunst gewürdigt. Ehe sie Schumanns Stücke spielte, war sie die rechte Hand ihres Vaters bei den Musikabenden im Hause Wieck gewesen. Von ihrem zwölften Lebensjahr an hatte sie Schumanns Kompositionen in Leipzig, Dresden, Wien und Paris der musikalischen Öffentlichkeit vorgestellt. Als Heranwachsende hatte sie Mendelssohns, Liszts und Chopins ebenso wie Schumanns Freundschaft und Achtung gewonnen. Claras Tochter Eugenie berichtet:

Sie fragte mich einmal, ob ich wohl begreifen könne, was es heiße, von Kindheit an einen Freund gehabt zu haben, der ihr im täglichen stündlichen Verkehr künstlerische Anregung höchster edelster Art gleich kostbaren Perlen auf den Weg gestreut habe, ob ich begreifen könne, daß sie ohne solche Anregung nicht hätte weiterleben können, daß sie sich an *die* Menschen anklammere, die ihr wie Brahms und Joachim gewissermaßen Ersatz bieten konnten für das, was sie als Künstlerin verloren. [11]

Geradeso wie Clara das Genie von Robert Schumann zu begreifen und interpretieren vermochte, bevor es allgemein anerkannt war, so erkannte sie auch Brahms' Genialität früher als alle anderen; sie besaß die musikalische Intuition, den jungen Mann anzuspornen, der einmal der führende Instrumentalkomponist seiner Epoche werden sollte. Das Verhältnis zu ihm paßte genau in das Grundmuster der freundschaftlichen Beziehungen, die sie lebenslang mit fast allen großen Komponisten ihrer Zeit verbanden. Anerkennung und Unterstützung von Clara Schumann zu bekommen hätte wohl jeden zwanzigjährigen Musiker beflügelt; für Johannes Brahms aber, der kaum Umgang mit gebildeten Frauen gehabt hatte und den (wie den jungen Schumann) der Geist der deutschen Romantiker – E. T. A. Hoffmann, Jean Paul, Joseph von Eichendorff – erfüllte, war es eine überwältigende Erfahrung. Viele Jahre später äußerte Brahms in bezug auf seine Düsseldorfer Zeit eine Anspielung auf Goethes «Werther».[12] Es gibt zweifelsohne Parallelen zwischen dem jungen Brahms und Goethes empfindsamem jungem Helden mit der unerwiderten Liebe zu der schönen, mütterlichen Lotte, der Verlobten eines anderen Mannes. Brahms schrieb im Juni 1854 an Joachim:

Ich muß mich oft mit Gewalt halten, daß ich sie nicht ganz ruhig umfasse u. gar –: ich weiß nicht, es kommt mir so natürlich vor, als ob sie es gar nicht übel nehmen könnte.

Ich meine, ein Mädchen kann ich gar nicht mehr lieben, ich habe sie wenigstens ganz vergessen; die versprechen doch nur den Himmel, den Clara uns geöffnet zeigt.[13]

Was sich im einzelnen in Düsseldorf abspielte, wird nie ans Licht kommen, aber fest steht, daß die Beziehung von Anfang an mehr war als eine verliebte Schwärmerei. Die Begegnung mit Clara sollte Brahms' Leben nachhaltig beeinflussen. Der junge Brahms war ein außergewöhnliches Phänomen, Clara Schumann eine außergewöhnliche Frau. Die weitverbreitete Vorstellung von ihr als einer Mischung aus Künstlerin und «Hausmütterchen» ist abwegig.[14] Sie war bereits eine weltberühmte Künstlerin, als sie sich verheiratete, und führte, wie schon dargestellt, ihre Karriere als Pianistin und Komponistin völlig professionell weiter. In den Zeiten von Mutterschaft und Kindererziehung schuf sie ihre Kompositionen, arrangierte und edierte Klaviermusik und unterrichtete, alles nebeneinander. Sie war nicht nur Schumanns Frau und Partnerin, sie war seine Mitarbeiterin. Als Schumann immer häufiger zusammenbrach, war sie gezwungen, die persönlichen und beruflichen Entscheidungen zu treffen, die damals im allgemeinen den Männern überlassen blieben. Sie war da immer noch jung, vielleicht keine Schönheit im konventionellen Sinn (ihre Miene war bereits von Ernst und Schwermut geprägt), aber doch eine anziehende Frau und eine starke Persönlichkeit. Ihre Ehe muß sie zu dieser Zeit wohl schon als Enttäuschung empfunden haben; mit Schumanns Krankheit wurde es immer schlimmer, und es war zu befürchten, daß selbst im Fall seiner Genesung kein Platz mehr für ihn in der Musikwelt sein werde.

Ob es Brahms erging wie Werther, ob nämlich seine Liebe unerwidert blieb, kann nicht belegt werden. Clara verhehlte nie, was seine Anwesenheit und seine Freundschaft für sie bedeuteten. Daß beide sich über hochgezogene Augenbrauen und Klatsch auf ihre Kosten klar waren, steht fest: alle ihre Briefe an ihn vor 1858 (die Antworten auf seine leidenschaftlichen Briefe) wurden später vernichtet. Außerdem fand Clara es nötig, ihren Kindern die Beziehung zu erläutern. Brahms drängte sie im Mai 1856 im Bewußtsein, daß ihre Korrespondenz sie kompromittieren könne, das Päckchen mit seinen Briefen mit einem Zettel zu versehen, daß diese nur ihm und ihr gehörten.[15] Er machte sich ständig Sorgen um die Aufbewahrung der Briefe, und die Frage taucht in ihrem langjährigen Briefwechsel häufig auf.[16] Obwohl Clara sich im allgemeinen an die Konventionen der Zeit hielt, kümmerte sie sich nicht um Bemerkungen von Freunden, die der Meinung waren, sie gestatte Brahms zu viele Freiheiten, und es bedauerten, daß sie den jungen Mann als gleichgestellten Kollegen akzeptierte. Sie hielt an ihrer Entscheidung fest, ihn mit Du anzureden, weil, wie sie sagte, sie sich ihm gegenüber wie eine Mutter fühle.* Die Freunde waren offenbar skeptisch, und sie und Brahms waren sich über mögliche Mißverständnisse klar. Im Mai 1856, als sie in England war, schrieb er: «Wie gern käme ich! Aber geht das? Wenn Bargiel [Claras Halbbruder] hinginge, da könnten die Leute nichts sagen, aber es ist doch zu auffallend, wenn ich, ohne was zu tun zu haben, hinkomme.»[17]

* Zu dieser Zeit war er der einzige Mann außerhalb der Familie, bei dem sie das Du gebrauchte.

Nach Schumanns Tod im Juli 1856 lud Clara Brahms und seine Schwester Elise ein, sich ihr und zweien ihrer Söhne für eine einmonatige Ferienreise an den Rhein und in die Schweiz anzuschließen. Während dieser Wochen vom 14. August bis 13. September haben sie vermutlich darüber gesprochen, was nun werden sollte, möglicherweise sogar über eine Heirat, aber was im einzelnen gesagt wurde, wird natürlich immer verborgen bleiben.* Es ist jedoch zu erkennen, daß sie zu dem Entschluß kamen, sich zu trennen. Bereits am 21. Oktober war Brahms schon von Düsseldorf abgereist und hatte Clara ihre erste Tournee der Saison begonnen, eine anstrengende Rundreise durch die Konzertsäle Europas, um das Geld für den Unterhalt und die Ausbildung ihrer sieben Kinder (und später für die sechs Kinder von Ferdinand) zu verdienen, eine Plackerei, die von nun an fündunddreißig Jahre so weitergehen sollte. Der Briefwechsel zwischen Clara und Brahms wurde fortgesetzt, doch die ungeduldige Leidenschaft in Brahms' Briefen wandelte sich mit der Zeit in treue, liebevolle Anhänglichkeit. Zwar sind die Briefe, die er ihr zwischen 1856 und 1860 schrieb, noch immer von heftiger Sehnsucht erfüllt, es scheint aber doch, daß beide sich allmählich damit abfanden, getrennt zu leben und unabhängig voneinander ihre Karriere zu verfolgen. Eugenie Schumann deutet allerdings an, daß die Entscheidung möglicherweise eine einseitige war:

Die Erkenntnis aber, daß seiner eine Aufgabe harrte, die den ganzen Menschen erforderte, die mit ausschließlicher Hingabe an eine Freundschaft nicht zu vereinen war, konnte nicht ausbleiben. Und dies erkennen und sofort den Ausweg suchen, war seiner stark ausgeprägten Männlichkeit angemessen; auch daß es gewaltsam geschah, lag in seiner Natur, und vielleicht in der Natur der Sache. Sicher aber ist, daß er, um seinem Lebensschiff eine andere Richtung zu geben, einen schweren Kampf kämpfte, und daß das Bewußtsein, meiner Mutter damals wehe getan zu haben, ihn noch oft bedrückt hat und sich, da das Unrecht nicht wieder gut zu machen war, in schroffem Wesen äußerte.[18]

* Obwohl die Vermutung naheliegt, daß über Heirat gesprochen wurde, habe ich nirgends einen stichhaltigen Beweis dafür gefunden.

Obwohl Brahms sich einige Male zu schönen, musikalisch begabten jungen Frauen hingezogen fühlte, scheute er vor dem Ehebund zurück; auch Clara heiratete nicht wieder. Ihre Gefühle für den jüngeren Freund waren nicht frei von Besitzansprüchen. In ihrem Tagebuch ist zwar von der Bereitschaft die Rede, nötigenfalls Mutterstelle an ihm zu vertreten, und später drückte sie bei Gelegenheit sogar brieflich den Wunsch aus, er möge sich verheiraten, doch war sie jedesmal bekümmert, wenn er sich für eine junge Frau interessierte.[19] Der Gedanke, daß er in Julie verliebt sei (die einzige ihrer Töchter, die solche Gefühle bei ihm hervorrief), war ihr so unerträglich, daß sie sich sogar in ihrem Tagebuch damit erst auseinandersetzte, als Julie anderweitig fest verlobt war.[20] Wo immer Brahms sich aufhielt, machte sie ihr Besitzrecht geltend und überschüttete ihn mit Anweisungen, Ermahnungen, Vorwürfen und Bitten, die er geduldig, wenn auch nicht gerade dankbar über sich ergehen ließ.

Daß diese Beziehung etwas Besonderes war, wurde jedem deutlich, der beide kannte. Sie waren «beste Freunde» im Inbegriff des Wortes, der emotionale Verbundenheit, gegenseitiges Verständnis, gemeinsame Interessen und einen gemeinsamen Hintergrund einschließt; ihre Freundschaft überdauerte alle Eifersüchteleien, Vorwürfe und kleinen Reibereien, die sich von Zeit zu Zeit ergaben.

Wenn auch Brahms' Briefe den Wandel in seinen Gefühlen für Clara nach Schumanns Tod widerspiegeln, so lassen sie doch erkennen, daß er sie auf seine Weise lebenslang geliebt hat. Er war zwar zurückhaltend (man hielt ihn allgemein für ungewöhnlich verschlossen), hatte aber viele Menschen, die ihm zeitweise freundschaftlich nahestanden – Joachim, Grimm, Hermann Levi, der Arzt und Pianist Theodor Billroth, der Komponist Heinrich von Herzogenberg und seine Frau Elisabeth. Früher oder später kam es gewöhnlich zu einer Meinungsverschiedenheit, und das Verhältnis kühlte sich ab. Niemand zweifelte an Brahms' Integrität oder an seinem Genie, doch seine Schroffheit, sein Mangel an verbindlichen Umgangsformen und seine schonungslose Aufrichtigkeit entfremdeten ihm so manche von denen, die ihm am nächsten standen. Das Verhältnis zu Clara war auch in dieser Hinsicht einzigartig: seine Briefe zeugen von einem Vertrauen, wie er es keinem anderen Menschen entgegenbrachte und das ein Fundament seines Lebens bildete.

Brahms' weitreichende, über die Musik hinausgehende geistige Interessen befähigten ihn zu freundschaftlichem Gedankenaustausch mit Schriftstellern wie Klaus Groth und Joseph Viktor Widmann, mit bildenden Künstlern wie Anselm Feuerbach, Julius Allgeyer und Max Klinger. Clara konnte an solchen Freundschaften nicht teilhaben: sie empfand ihre Bildungslücken als peinlich und fühlte sich, wie sie Brahms einmal schrieb, solchen Männern gegenüber oft schüchtern.[21] Doch sie kannte und unterstützte seinen unersättlichen Lesehunger. Es machte ihr Freude, ihm Bücher zu schenken. Ihre ersten Geschenke waren literarische Werke: zwölf Bände Jean Paul zu Weihnachten 1854, Ariost und Dante im Mai 1855, Schillers Werke im Juni und die Tragödien von Sophokles im Juli 1855.[22] Natürlich war ihm in Düsseldorf auch gestattet, die vielen Bücher im Schumannschen Hause zu lesen.

Eines der wichtigsten Bindeglieder zwischen Clara und Johannes war ihre wirtschaftliche Situation. Beide mußten sich und ihre Familie durch Musikausübung erhalten. Anders als die meisten ihrer Freunde hatten beide weder ein Vermögen ererbt noch die Vorzüge eines kultivierten großbürgerlichen Elternhauses genossen. Friedrich Wieck konnte sich in Gesellschaft genauso linkisch aufführen wie Johannes Brahms. Clara war seit ihrer Kindheit und ihrer Ehe mit einem Komponisten nur allzu vertraut mit finanziellen Sorgen. Zwar hatte sie keine echte Not erlebt, wie Brahms in seiner Jugend, trotzdem waren Geldsachen für sie von ebenso großer Bedeutung wie für ihn, und beide konnten ohne Scheu darüber sprechen. Armut war ein Erfahrungsbereich, über den Brahms sich zum Beispiel mit Elisabeth von Herzogenberg nicht hätte unterhalten können. Für die Aristokratin wäre es undenkbar gewesen, die bescheidene Wohnung der Eltern von Brahms in Hamburg aufzusuchen, wie Clara es tat.* Und keine andere Frau in Brahms' Umkreis hätte

* Einmal, nach dem Besuch im August 1855, fragte Brahms sie, wie sie in der Gesellschaft des Kontrabaß, der Hörner und Geigen geschlafen habe. (*Johannes Brahms in seiner Familie. Der Briefwechsel*, hrsg. v. Kurt Stephenson, Hamburg 1973, S. 73)

seine schlichte, hausbackene Schwester Elise zu einer gemeinsamen Reise eingeladen und ihr noch Ratschläge gegeben, wie viele Unterröcke sie einpacken solle.[23]

Trotzdem gab es Unterschiede in der Einstellung zu Geldangelegenheiten. Clara war praktisch und sparsam. Als Kind war sie für die Arbeit am Klavier mit Geld belohnt worden, das sie, wie schon erwähnt, wohl mit einem Liebesbeweis gleichsetzte. Die Gelder, die sie als Wunderkind einspielte, wurden von ihrem Vater festgelegt. Schumann hatte ein kleines Erbteil, das ebenso klug angelegt wurde und dessen Zinsen für das junge Ehepaar die Haupteinkommensquelle darstellten, da Robert bis 1850 keine feste Anstellung hatte.

Brahms, dessen Familie nie einen Spargroschen erübrigen konnte, verstand nichts von Kapitalanlagen oder -einkünften und schwankte bei finanziellem Gewinn zwischen Freude und Verachtung; auch hier machte sich seine widersprüchliche Natur bemerkbar. Als er schließlich begann, mehr von dem «Mammon» einzunehmen, den er so sehr geringschätzte, machte sich die von solchem Dünkel gänzlich unbehelligte Clara zu seiner Finanzberaterin und verpaßte ihm eine Anfängerlektion:

Nota Bene: Sag Fritz und Elise, daß sie die Kupons von den Papieren sondern, jedes an einem andern Ort verwahren, das tut man immer, wird einem das eine gestohlen, so hat man das andere als Beleg, auch sollen sie sich die Nummern genau notieren, im Falle eines Brandes oder Diebstahls.[24]

Über viele Jahre hinweg beriet Clara den Freund in praktischen Dingen wie Auftrittshonoraren, Gehaltseinkünften und Geldanlagen. Sie weihte ihn in die Geheimnisse des Couponschneidens ein und teilte ihm von London aus mit, wieviel er höchstens für sein Logis in Baden-Baden ausgeben dürfe.[25] Um 1865 etwa nahm Brahms schon ansehnliche Tantiemen ein (er war einer der ersten Komponisten, die aus der Veröffentlichung ihrer Kompositionen ein kleines Vermögen anhäuften); er schickte einfach alles an Clara, die es zur Bank brachte und anlegte.[26] Erst später, als ihm klar wurde, daß er sie damit belastete, bat er seinen Verleger Fritz Simrock, sich der Aufgabe anzunehmen.

Abgesehen von dem Gedankenaustausch über Musik, gemeinsame Bekannte, Reisen, Geld- und andere praktische Fragen äußerte Brahms in seinen Briefen an Clara seine Gefühle, wie er es gegenüber keinem Menschen sonst vermocht hätte. Am 19. März 1874, nachdem er von Felix' Erkrankung gehört hatte, schrieb er: «Laß Dir diese ernste Liebe auch etwas Tröstliches sein – ich liebe Dich mehr als mich und irgend wen und was auf der Welt»; am 19. Oktover 1888 zu ihrem sechzigjährigen Konzertjubiläum: «Du aber, Beste der Frauen und Künstlerinnen...»; am 13. September 1892 als Reaktion auf einen Streit, den sie mit ihm angefangen hatte: «... vergönne auch einem armen Abseiter ... Dir, dem ihm teuersten Menschen...» Am 23. Mai 1893, als die Gesellschaft der Musikfreunde für ihn eine Medaille geprägt hatte, wollte er ihr nicht etwa einen von den Abgüssen für die «besondersten Freunde» schicken, sondern das Original aus Gold.[27] Vier Jahre zuvor hatte er aus Wien geschrieben:

Es ist mir ein gar zu schöner und freundlicher Gedanke, wie meine D moll-Sonate unter Deinen Fingern sanft und träumerisch spazieren geht. Ich habe sie wirklich aufs Pult gelegt und bin ganz sinnig und sanft mit durch das Orgelpunkt-Gebüsch gegangen. Immer Dich zur Seite, und ein besseres Vergnügen habe ich nun einmal nicht, als wenn ich an Deiner Seite sitze oder, wie diesmal, spazieren gehe.[28]

Clara war seine Zuhörerin, wenn er enttäuscht war, und besonders in den frühen Jahren sein Seelentrost, wenn er von niemandem sonst Zuspruch annehmen konnte. Seine Erfolge und Mißerfolge, Depressionen und Triumphe lud er bei ihr ab. Sie war die erste, der er das Gefühl der Demütigung eingestand, als man ihn in Hamburg bei der Besetzung eines Dirigentenpostens übergangen hatte. (Seinen Eltern gegenüber bat er sie davon zu schweigen.) Bei Clara pflegte die Verärgerung um seinetwillen länger anzuhalten als bei ihm selbst, und einmal lehnte sie sogar ein Engagement in Hamburg ab, weil man ihn kurz zuvor in seiner Heimatstadt zum zweitenmal abgewiesen hatte. Er ließ sich von ihr wie von einer Schwester trösten, wenn ihn etwas verstimmte oder quälte; als seine Mutter gestorben war, tat ihm Claras mütterliche Besorgnis wohl, mit der sie ihn an die warmen Filzschuhe für die Reise nach Hamburg erinnerte.[29]

Brahms konnte aus nichtigem Anlaß in schlechte Laune verfallen, worüber Clara sich oft beklagte und womit er vielleicht tiefere, schmerzhaftere Kränkungen verdeckte. Er war ein Mitglied der Familie und war es doch auch wieder nicht; zu den Kindern hatte er ein zutiefst ambivalentes Verhältnis. Er sehnte sich nach einem Platz im Schoß der Familie entweder als Ehemann oder als Sohn, und seine oft taktlosen Äußerungen rührten vielleicht von der verdrängten Enttäuschung her, daß er keins von beiden sein konnte. Seine latenten Aggressionen kamen bei einem Streit kurz nach dem Tod seiner Schwester, 1892, zum Ausbruch; äußerlich ging es um eine musikalische Frage, in der sie beide unrecht hatten, wie sie später zugaben. Vielleicht kam Brahms in seinem Gratulationsbrief zu ihrem dreiundsiebzigsten Geburtstag mit dem Wort «Abseiter» der Wahrheit über seine Gefühle am nächsten:

Liebe Clara,
vergönne auch einem armen Abseiter, Dir heute zu sagen, daß er Deiner in immer gleicher Verehrung gedenkt und alles Gute, Liebe und Schöne Dir, dem ihm teuersten Menschen, aus vollem Herzen wünscht. Ein Abseiter bin ich Dir leider mehr als irgendein anderer.[30]

Wenn ihre vielschichtige Beziehung auch ihre weniger glücklichen Momente hatte, wenn es auch zu Spannungen oder zeitweiligen Entfremdungen kam, so hatten sie doch in ihrer grundsätzlichen musikalischen Übereinstimmung eine gemeinsame Basis, die alles überdauerte.

Da Brahms selbst ein Pianist von virtuosem Rang war, wurde Clara nicht die Hauptinterpretin seiner Musik, wie sie es für Schumann gewesen war. Jedoch bedeutete es für ihn vor allem in den Anfangsjahren eine wesentliche Hilfe, daß eine Künstlerin von Claras Ruf und Ansehen für ihn eintrat. Mit ihrem Namen sind vor allem seine ersten und seine letzten Klavierwerke verbunden. Zehn Werke von Brahms wurden von Clara Schumann erstaufgeführt, beginnend im Oktober 1854 in Leipzig, wo sie zwei Sätze seiner f-Moll-Sonate vortrug; zwei Monate später gab sie die gesamte Sonate in Berlin. Im selben Jahr spielte sie außerdem zwei Sätze seiner Sonate op. 1, sein Scherzo op. 4 und eine Gavotte. 1894, als sie selbst schon nicht mehr öffentlich auftrat, übernahm ihre Schülerin Ilona Eibenschütz die Uraufführung seiner letzten Klavierstücke, op. 118 und 119, in London.

Clara machte unter den Musikern und Dirigenten ihrer Bekanntschaft unaufhörlich Propaganda für Brahms, mehr als sie es für den jungen Robert Schumann getan hatte, und mit mehr Erfolg, da ihr Einfluß gewachsen war. Zuweilen führten ihre Empfehlungen zu Mißstimmung zwischen ihr und ihren Kollegen. Verhulst konnte sich für Brahms' *Balladen* op. 10 nicht erwärmen, und Jenny Lind forderte sie auf, sich vor dem zu hüten, was sie «die verkehrte Richtung» nannte.[31] Clara war hoch erfreut, als ihre alte Freundin Livia Frege sich für Brahms gewinnen ließ und eine Verfechterin seiner Musik wurde. Im Jahre 1860 erklärte Clara sich zur Mitwirkung an einem Benefizkonzert in Wien bereit unter der Bedingung, daß Brahms' Serenade Nr. 1 gespielt würde.[32] Auch bei Verlagen verwendete Clara sich mündlich oder brieflich für Brahms; sie verhandelte mit Simrock (auf den sie Schumanns wegen noch immer schlecht zu sprechen war) über die «Harfenlieder» (op. 17), «was ich wohl für Niemand sonst gethan hätte».[33] Sie erinnerte die Brüder Raimund und Hermann Härtel (vom Verlag Breitkopf & Härtel) bei jeder sich bietenden Gelegenheit an Brahms, indem sie über seine Musik sprach oder sie ihnen vorspielte. Auch als Brahms allmählich von den Verlegern akzeptiert wurde, gab sie ihre Bemühungen nicht auf. Aus Paris schrieb sie 1862 an den Hamburger Dirigenten Theodor Avé-Lallement:

> Morgen habe ich einige Musiker zu mir gebeten zu einer Brahms-Séance, sie sollen seine Serenaden und Händel-Variationen hören! – Sagen Sie es ihm aber ja nicht, Sie wissen, er nimmt so etwas nur unfreundlich auf. Mich drängt es aber zu sehr, mindestens den Musikern hier Respect für Ihn einzuflößen – ich halte es, von der Freundschaft abgesehen, für meine Künstlerpflicht.[34]

Auch in seiner Eigenschaft als Pianist versuchte sie Brahms zu fördern. Während seines ersten Aufenthalts in Düsseldorf gab sie ihm Unterricht, und in den folgenden Jahren, in denen er als Anfänger auf prominente Unterstützung angewiesen war, trat sie mit ihm und Joachim gemeinsam im Konzert auf. Zu dritt standen sie 1855 in Danzig und 1861 in Altona bei Hamburg auf dem Podium.

Aufgrund ihrer Empfehlung an einflußreiche Gönner wurde Brahms 1857 eine Stellung in Detmold angeboten. Während des Niederrheinischen Musikfestes 1855 in Düsseldorf hatte Clara dafür gesorgt, daß er mit führenden Musikkennern der Zeit – Eduard Hanslick, Henry Chorley, Otto Jahn – und mit prominenten Künstlern zusammentraf, die zum Fest gekommen waren, unter ihnen die weltberühmte Sängerin Jenny Lind, die bei der Aufführung von Schumanns *Paradies und die Peri* die Titelpartie sang.[35] Er sah Liszt wieder (diesmal im Schumannschen Hause) und erneuerte die Kontakte mit Ferdinand David, Ferdinand Hiller, Stephen Heller, Hermann Härtel und anderen Größen der Musikwelt, lauter alten Freunden von Clara. Im März 1855 war sie mit ihm nach Köln gefahren, wo er zum erstenmal Beethovens *Missa Solemnis* hörte. Kurz, sie versäumte keine Gelegenheit, seinen Horizont zu erweitern.

Im März 1860 veröffentlichte der sechsundzwanzigjährige Brahms zusammen mit drei anderen Musikern – Joseph Joachim, Julius Otto Grimm und Bernhard Scholz – im «Berliner Echo» eine «Erklärung», die sich gegen die verdammenswerten Produkte von Liszt, Wagner und deren «Zukunftsmusik» richtete. Der von Brahms, Joachim, Grimm und Scholz unterzeichnete Protest richtete sich auch gegen die von Schumann gegründete *Neue Zeitschrift für Musik*, die jetzt das Organ der Liszt-Schule war. Trotz ihrer früheren Verbindung mit dieser Zeitschrift war Clara sofort bereit, sich in die Front der jungen Musiker einzureihen. Noch bevor sie jedoch die Erklärung wie geplant unterschreiben konnte, wurde diese vorzeitig ohne ihre Unterschrift veröffentlicht. Claras Parteinahme hatte sowohl musikalische als auch persönliche Gründe. Liszts Musik mißfiel ihr in gleichem Maße wie sein pompöses Gebaren, andererseits waren Brahms und seine Musik ihr zutiefst sympathisch. Seine meisterliche Handhabung tradierter Formen, seine lyrische Ausdruckskraft, seine Kunstfertigkeit als Kontrapunktiker, seine gewagte Harmonik und differenzierte Rhythmik waren für Clara Schumann Beweise seiner Genialität. Sie und Joachim waren seine treuesten Anhänger in den finsteren Januartagen 1859, als er mit seinem ersten Klavierkonzert in Leipzig ausgepfiffen wurde.

Brahms war immer bereit, anzuerkennen, wieviel er Claras Freundschaft und Unterstützung, ihren Ratschlägen und ihrer Kritik verdankte. Schon als ganz junger Mann hatte er, der für zweitklassige Musiker nichts übrig hatte, ihre einzigartigen Qualitäten erkannt. Was ihn bewegte, war nicht nur die freundschaftliche Verehrung für die ihm an Alter und Reife überlegene Frau, sondern er war beeindruckt von ihrer Professionalität und schätzte sie als Komponistin und als ausführende Künstlerin hoch ein.

Der Klavierspieler Brahms wird vor lauter Bewunderung für den Komponisten Brahms allzuoft vergessen. Tatsächlich verdiente er sich seinen Lebensunterhalt als Pianist so lange, bis ihm seine Kompositionen ein regelmäßiges Einkommen abwarfen. (In späteren Jahren übte er nicht mehr genug, so daß Clara sich oft über sein schlampiges Spiel beklagte.) Um Clara zu ehren, setzte er in den fünfziger Jahren mehrere ihrer Kompositionen auf sein Programm: er gab ihr Trio op. 17 am 17. Dezember 1854 in Hamburg, begleitete die Sängerin Livia Frege bei einer privaten Aufführung von Claras unveröffentlichtem «Volkslied» in Leipzig im Januar 1856 und spielte ihre *Romanze* op. 21, Nr. 1 in Köln am 29. Mai 1856, kurz nachdem sie im Druck erschienen war. In seine Variationen op. 9 «über ein Thema von Ihm, Ihr zugeeignet» flocht er ein Thema aus ihrer *Romance variée* mit ein, um, wie es Schumann so oft getan hatte, der persönlichen und musikalischen Beziehung zwischen ihnen symbolisch Ausdruck zu verleihen.

Zwei weitere Jugendwerke von Brahms – die erste Fassung des Trios in H-Dur und das Klavierquartett op. 60 – enthalten Hommagen an Clara Schumann.* Der Ursprung beider Stücke geht auf die Jahre 1854–56 zurück, die Zeit der leidenschaftlichsten Briefe an Clara. Schon im Dezember 1854 schrieb der junge Brahms in einem Stil, der an den jungen Schumann erinnerte, «Ich sehe Sie doch oft, so gut wie körperlich; z. B. bei der Trillerstelle im Andante der Cdur-Sinfonie bei den Schlußstellen, den Orgelpunkten in den großen Fugen, wo Sie mir mit einem Male wie die heilige Cäcilie erscheinen!» [36]

Brahms erlebte Clara als eine Künstlerin, die nicht aufhörte, sich

* Eric Sams verfolgt diesen Gedanken noch weiter, indem er die Verwendung von «Clara-Themen» in diesen und anderen Werken von Brahms nachweist («Brahms and His Clara Themes», *MT* 112 [1971], S. 432–434).

geistig weiterzuentwickeln. Ihr Repertoire erweiterte sich im Lauf ihres Lebens immer mehr, ihre Lust auf Neues stumpfte niemals ab, und, was vielleicht am eindrucksvollsten war, sie hörte nie auf, spontan und total auf Musik zu reagieren. Im Februar 1861 wies er sie auf zwei Klavierkonzerte von Mozart hin, die ihr bis dahin unbekannt waren. Nachdem sie sie gehört und selbst gespielt hatte, schrieb sie an ihn:

> ... könnte ich Dir aber mein ganzes volles Herz ausschütten, Aug' in Auge, Du müßtest wohl lange zuhören, und wäre es doch nur das, was Du selbst am besten weißt. Ich denke, Du ahnst, daß ich von den Mozartschen Konzerten spreche, die ich beide mit einem unbeschreiblichen Entzücken gespielt. Mein erstes Gefühl dabei war, könnte ich Dich umarmen zum Dank dafür, daß Du mir diese Genüsse verschafft! Welche Musik ist das, diese Adagios! Ich konnte mich bei beiden der Tränen nicht erwehren, namentlich ergriff mich das Cdur-Adagio aufs tiefste – Himmelswonne durchströmt einen da. Die ersten Sätze wie prachtvoll, der letzte vom Adur, ist das nicht, als ob lauter Funken aus den Instrumenten sprühten – wie lebt und webt das alles ineinander. Doch genug – ich meine, ich könnte nicht aufhören davon, und dann ist's doch nur ein schwacher Ausdruck dessen, was ich empfinde.[37]

Ihre Bemerkungen zur Musik von Brahms erinnern an die Art, wie sie von Schumanns Schöpfungen sprach: sie sah sie als Geschenke für sich an. Ihre Bescheidenheit hinderte sie, ihm gegenüber auszusprechen, was sie ihrem Tagebuch anvertraute: «Niemand spielt es [das Trio] so wie ich.»[38] Sie bedauerte, ihre Gefühle nicht in Worten ausdrücken zu können; mehrfach schrieb sie, daß seine Musik sie «erfüllte», und wählte Worte wie «Freuden, wie Du sie schaffst!», «Wonnestunden», «welche Schätze sammle ich!», «täglich meine schönste Stunde», «Sonnenschein, den Du mir gespendet!»[39] Sie nannte sein Trio in C-Dur «eine Erquickung, ... prachtvoll, ... herrlich».[40] Die Dritte Sinfonie pries sie als «Deine wunderbare Schöpfung», und obwohl sie behauptete, sprachlos zu sein, füllte sie noch weitere anderthalb Briefseiten mit Lobesworten.[41]

Es war ihr stets, als werde Brahms' Musik, wie die ihres Mannes, nur für sie geschrieben, und sie allein könne sie wirklich nachfühlen und verstehen: «Welcher Mensch in der Welt weiß es wohl besser wie Du, wie z. B. in der Serenade [op. 11] jeder Ton mir zu eigen geworden, wie überhaupt ich alles von Dir warm und tief in mir aufnehme.»[42] Als sie nach einer Erkrankung endlich dazu kam, sein Trio op. 101 zu studieren, schrieb sie: «Wären nur deine Sachen nicht so oft über meine physischen Kräfte gehend – es ist mir so schmerzlich, denn ich weiß, ich verstehe und empfinde sie besser als viele andere, und muß doch resignieren!»[43]

Zur *Regenlied*-Sonate für Violine und Klavier op. 78 schrieb sie ihm:

Nach dem ersten feinen reizenden Satz und dem zweiten kannst Du Dir die Wonne vorstellen, als ich im dritten meine so schwärmerisch geliebte Melodie mit der reizenden Achtel-Bewegung wiederfand! Ich sage *meine*, weil ich nicht glaube, daß *ein* Mensch diese Melodie so wonnig und wehmutsvoll empfindet wie ich.[44]

Und ein paar Tage später, nachdem sie die Sonate nochmals gespielt hatte, hieß es: «Mancher mag es wohl besser verstehen, darüber zu sprechen, aber empfinden kann es keiner mehr als ich – die tiefsten, zartesten Saiten der Seele vibrieren mir bei solcher Musik!»[45]

Die Sonaten für Violine und Klavier und das Trio in c-Moll op. 101 waren ihre Lieblingsstücke. Als sie die A-Dur-Sonate op. 100 zum erstenmal probiert hatte, schrieb sie in ihr Tagebuch: «Es war ein Genuß, der mich einen Abend mal all der Misere entzog.» (Sie quälte sich gerade mit Erkrankungen ab, der eigenen und der ihres Sohnes Ferdinand.) Als sie 1887 das «wunderbar ergreifende» Trio probierte, hielt sie für sich fest: «...noch kein Werk von Johannes hat mich so ganz und gar hingerissen... Wie glücklich war ich heute Abend, wie lange nicht!» Über das Finale der *Regenlied-Sonate* hieß es an Brahms: «...diesen letzten Satz wünsche ich mir immer zum Übergang von hier nach Jenseits.» 1894 (mit fünfundsiebzig Jahren) berichtete sie ihm, daß sie seine dritte Violin-Sonate (op. 108) mit Joachim gespielt hatte: «Da war ein reiner Genuß, wie er einem selten wird. In dem ersten Satze hatte ich immer das Gefühl bei dem Wogen der Harmonien ineinander, als schwebe ich in den Wolken. Ich liebe diese Sonate unbeschreiblich, jeden Satz!» Jahre zuvor hatte sie nach ihrer Aufführung dieser Sonate mit Heeremann geschrieben: «...ich habe wieder einmal Wonne empfunden und dankerfüllten Herzens Deiner gedacht. Wie so herrlich ist diese Sonate, bei ihr fühle ich so recht, wie frisch für wirklich Schönes mein Puls noch schlägt!»[46]

Diese Lobsprüche waren durchaus keine Äußerungen eines romantischen oder sentimentalen, in Wortschwulst gekleideten Enthusiasmus, denn Clara war offen und aufrichtig, und sie zeigte, wenn ihr etwas nicht gefiel, schnell mit dem Finger auf die Schwachstellen. In seiner Jugend empfand Brahms ihre ekstatischen Formulierungen als peinlich, so daß er sie mehr als einmal um größere Zurückhaltung bat.[47] Sie glaubte mehr an ihn als er an sich selbst: «...ein Genie... das bist Du, und weißt auch, daß Du's bist!»[48] Allmählich wurde er selbstsicherer und konnte ihren Glauben an sein Schaffen leichter akzeptieren, obwohl er bis an sein Lebensende nicht frei von Zweifeln war. Auf dem Höhepunkt seines Ruhmes schrieb er 1888 an Clara über eine neue Sonate: «Verzeih, daß ich Dir nicht zuerst die Sonate geschickt habe. Aber den Hauptgrund glaubst Du mir nicht!? Ich traue nie einem neuen Stück zu, daß es jemandem gefallen könnte.»[49]

Die musikalische Wahlverwandtschaft blieb bis zum Ende lebendig. 1893 nannte er sein op. 119 «Deine und meine kleinen Stücke».[50] 1891, als Clara die Herausgabe ihre Kadenzen vorbereitete, bemerkte sie plötzlich mit Schrecken, daß die Kadenzen zu Mozarts Klavierkonzert in d-Moll, die sie immer als ihre eigene Erfindung angesehen hatte, größtenteils von Brahms übernommen waren. Sie fragte brieflich bei ihm an, ob sie seinen Namen auf den Titel setzen solle. Er antwortete: «Zudem müßte ich aber von Rechts wegen zu meinen besten Melodien schreiben: Eigentlich von Cl. Sch.! – Denn wenn ich an mich denke, kann mir doch nichts Gescheites oder gar Schönes einfallen! Dir verdanke ich mehr Melodien, als Du mir Passagen und derlei nehmen kannst.»[51] *

Bald nach der räumlichen Trennung von 1856 begann Brahms, ihr seine Manuskripte zuzuschicken und um Rat, Anregungen und

* Das Autograph von Brahms' Kadenz für den ersten Satz von Mozarts Klavierkonzert d-Moll, KV 466, heute in der Library of Congress, trägt einen Vermerk von Clara Schumann, der die Passagen bezeichnet, die sie verwendete. Ihre eigenen Kadenzen für dieses Konzert befinden sich ebenfalls dort.

Kritik zu bitten; insgesamt hat er bei 82 von 122 mit Opusnummer veröffentlichten Werken vor der Drucklegung Claras Meinung eingeholt. Die übrigen Stücke schickte er ihr häufig sofort nach Erscheinen zu. Op. 2 und op. 9 waren ausdrücklich ihr gewidmet, und das Manuskript der Händel-Variationen op. 24 (verfaßt zu ihrem Geburtstag 1861) trägt die Widmung «für eine liebe Freundin». Einige Werke ohne Opuszahl wurden ebenfalls ihr zugeeignet; ungezählte weitere Werke waren zwar nicht offiziell ihr dediziert, entstanden aber zu ihrem Geburtstag oder zu Weihnachten oder auch einfach im Gedenken an sie.

Nach 1882 nahm Brahms es nicht mehr so genau damit, Clara seine Arbeiten zu zeigen, und sie erfuhr, daß manche Stücke zuerst bei anderen Freunden gelandet waren. Sie zögerte keinen Augenblick, ihn zur Rede zu stellen: «Willst Du die alte Freundin ganz hintenan stellen, daß Du ihr gar nichts schickst?»[52] Als sie dies schrieb, war Clara immerhin siebenundsechzig, und es wurde ihr immer schwerer, seine handschriftlichen Partituren durchzuspielen und sie so schnell zurückzuschicken, wie er es erwartete. (Sie beklagte sich, daß sie die handgeschriebenen Noten nicht vom Blatt spielen konnte, besonders, da er darauf bestand, die alten Schlüssel zu verwenden, was auch so manchem späteren Musiker noch Probleme bereitete.) Als sie älter wurde, zeigte Brahms mehr Verständnis dafür, daß ihr seine Kompositionen so viel bedeuteten. In ihren letzten Lebensjahren, als sie schon schlecht hörte und an Rheumatismus und Magenkrämpfen litt (was alles ihm gewissenhaft berichtet wurde), schrieb er teilnahmsvolle Briefe, ließ ihr die gedruckten Ausgaben sofort nach Erscheinen zusenden und sorgte dafür, daß sie Aufführungen seiner Werke in aller Bequemlichkeit besuchen konnte. Nach 1893 kam er oft nach Frankfurt und ermöglichte es ihr, seine späte Kammermusik für Klarinette, das Trio, das Quintett und die Sonaten, zu hören; der Klarinettist Richard Mühlfeld, für den er sie geschrieben hatte, kam zum Musizieren in ihre Wohnung.

Im Gegensatz zu Schumann hielt Brahms Clara auf dem laufenden über alles, was er schrieb und plante, und vielleicht war dies ein Vertrauensbeweis, der ihr mehr bedeutete als alles andere. Obwohl auch er es nicht schätzte, über im Entstehen befindliche Stücke zu reden, war sie doch gewöhnlich die erste, die von einem neuen Projekt erfuhr, sowie er bereit war, sich darüber mitzuteilen. Sie wußte zwar, daß sie vielleicht mehr in Erfahrung bringen konnte, wenn sie nicht zu viele Fragen stellte, aber sie vermochte sich nicht immer zurückzuhalten; sie empfand es als ihr Gewohnheitsrecht, als erste eingeweiht zu werden, und war empört, wenn sie von dritter Seite etwas über seine Schöpfungen oder deren Aufführung hörte.[53] Meistens akzeptierte Brahms ihr Interesse, freute sich sogar darüber. Er überließ ihr die Manuskripte mit Aufforderungen wie «Schreibe mir doch so umständlich wie Du kannst darüber, es ist mir das Angenehmste und Wichtigste. Was sagst Du zu dem Wechsellied [op. 31]? Ist das so gut?» Als er sich 1865 mit dem *Deutschen Requiem* beschäftigte, schickte er ihr den großartigen Chor «Wie lieblich sind deine Wohnungen, o Herr» zusammen mit anderen Liedern und Klavierstücken: «...vielleicht hast Du eine freie Stunde, die Sachen durchzuklimpern, und vielleicht noch eine, mir ein Wort zu schreiben, namentlich ob es einen ungefähren Sinn und Zweck hat, wenn ich die Variationen [2 Hefte] herausgebe. Bitte darüber ein Wort.» Und kurz darauf: «...bitte, daß Du Joachim nicht das Chorstück zeigst, – überhaupt ist es bis jetzt das schwächste wohl in besagtem deutschen Requiem.» Im selben Brief zitierte er die Bibelworte, die er vertonen wollte, und meinte: «So ein deutscher Text kann Dir doch so gut gefallen wie der gewohnte lateinische?»[54]

Im Juni 1878 schickte er ihr «einige Duette, die ich meine mit dem Edward zusammen herauszugeben – schreib' mir, was Du dazu meinst, und wie sie Dir (und auch die Lieder) gefallen... Wenn Du willst – und mir auch gute Rezensionen schreibst – schicke ich weiter!»[55] Ein Jahr zuvor hatte er gebeten:

Ich möchte nämlich meine Lieder [op. 69–72] herausgeben und hätte gar zu gern, daß Du sie vorher einmal durchspieltest und mir ein Wort sagtest. Am liebsten säße ich freilich bei Dir – aber nach Düsseldorf konnte ich doch nicht, und Berlin hat auch sein so-so... Die Lieder sind numeriert... Mir aber schreibe, ob Dir was davon gefällt – und ob Dir anderes vielleicht sehr mißfällt... Schreib mir womöglich ein kurzes Wort zu jedem.»

Dem fügte er, selbstironisch wie immer, noch hinzu: «Du kannst nur opus oder Zahl angeben: op. X. 5. schlecht, 6. schändlich, 7. lächerlich usw.»[56]

Clara wäre am liebsten seine einzige Kritikerin gewesen, akzeptierte aber die Tatsache, daß sie nur eine von mehreren war; allerdings befand sie sich dabei in höchst erlesener Gesellschaft. Brahms ließ aus Gewohnheit jedes neue Werk vor der Veröffentlichung unter seinen engeren Freunden zirkulieren, damit sie sich dazu äußerten, danach ging es oft unmittelbar an den Verlag. Zu den Beteiligten an dieser Runde gehörten in den ersten Jahren Joachim, Grimm, Dietrich und Clara Schumann, zwischen 1865 und 1875 Joachim, Levi und Clara, dann kamen noch Billroth und das Ehepaar Herzogenberg hinzu. In Brahms' letzten acht Lebensjahren von 1888 bis 1896 umfaßte der innere Kreis Hanslick, Joachim, Clara und Eusebius Mandyczewski, den Archivar der Gesellschaft der Musikfreunde und späteren Mitherausgeber der *Sämtlichen Werke* von Brahms. Von Zeit zu Zeit konsultierte Brahms Julius Stockhausen und George Henschel, wenn es um Vokalmusik ging, und von 1890 an spielte er neue Stücke vom Manuskript mit dem Wiener Pianisten Ignaz Brüll durch. Keiner der Freunde konnte der Bitte um kritische Durchsicht widerstehen, Clara am allerwenigsten. Wenn sie von einem neuen Opus erfuhr, das sie nicht zu sehen bekommen hatte oder das er jemand anders zuerst geschickt hatte, beklagte sie sich bitterlich. Die dritte Violinsonate op. 108 schickte Brahms, noch ehe Clara sie kannte, an Elisabeth von Herzogenberg; als diese sie unerwartet lange behielt, bat er sie etwas beunruhigt, sie möchte die Sonate *gleich* an Frau Schumann weitersenden. Frau von Herzogenberg meinte dazu: «Sie ist gewiß eifersüchtig, daß wir diese Freude zuerst erlebten», woran Brahms nicht im geringsten zweifelte: «Sie wissen, daß Frau Schumann sehr kitzlich ist!»[57]

In den meisten Fällen setzte Brahms sich über die eingeholten Ratschläge hinweg. Stücke, die Clara gelobt hatte, wurden keineswegs immer veröffentlicht; andere, die sie als «gewöhnlich» abtat, wurden dennoch beibehalten. Obwohl Brahms immer betonte, er sei schüchtern und habe kein Selbstvertrauen, blieb er sein eigener Herr; es war den Freunden klar, daß er sie um ihre Ansicht bat, um seine eigenen Gedanken daran entweder zu erhärten oder sie bestätigt zu sehen. (Dennoch nahm er gern empfehlende Hinweise von einzelnen Dirigenten oder Instrumentalisten an, wie z. B. von Joachim, dem er fast seine gesamte Kammermusik, das Violinkonzert und das Doppelkonzert zuschickte; er befolgte im allgemeinen auch die Verbesserungsvorschläge in bezug auf Stimmlage und Transposition, die von Stockhausen, Amalie Joachim, Henschel und anderen Sängerinnen und Sängern gemacht wurden.) Die endgültige Entscheidung behielt er sich selbst vor, und oft kam ein Werk dann doch in der Form heraus, in der es ursprünglich geschaffen worden war.

Gleich, ob nun ihr Ratschlag befolgt wurde oder nicht, Clara genoß es, mitreden zu dürfen. Als Brahms sie um ihr Urteil über die Lieder op. 69–72 gebeten hatte, ging sie diese sorgfältig durch und kommentierte jedes einzeln. Obwohl sie bei einigen abriet («Die Lieder, die ich Deines Namens nicht würdig finde, sind gerade ein Heft»), wurden alle gedruckt. Eine Stelle im Klavierquartett op. 25 schien ihr «etwas zu gewöhnlich für Johannes Brahms», doch er ließ sie so stehen. Andererseits akzeptierte er ihre Meinung, einzelne Motive im «Brautgesang» hätten «etwas Gewöhnliches» (er selbst hatte diesen Ausdruck für dieses Werk schon früher in einem Brief an Grimm benutzt) – das Werk wurde nie veröffentlicht.[58] Es wäre nicht ganz zutreffend, wollte man Clara Schumann als Brahms' musikalische Beraterin bezeichnen, fest steht aber, daß sie am längsten zu dem Freundeskreis von Musikern gehörte, auf den er sich sein Leben lang verließ.

Umgekehrt war Brahms Claras «bester Freund» (dies war das Wort, das beide benutzten). Abgesehen davon, daß seine Musik Freude und Trost in ihr von Tragödien überschattetes Leben brachte, wandte sie sich auch mit persönlichen Problemen an ihn und stützte sich immer häufiger auf seinen Rat. Sein Urteil über ihr Spiel war für sie entscheidend, ein Kompliment von ihm mehr wert als von jedem anderen Kritiker.[59] Jede Entscheidung, mochte sie noch so unbedeutend sein, bezüglich der Editionen von Schumanns Musik oder Schriften, Anfragen von Journalisten und potentiellen Schumann-Biographen, die Übersiedlung in eine andere Stadt, Stellenangebote – alles wurde mit Brahms erörtert.

Im Lauf der Jahre versuchte Clara, ihn als Ersatzvater für ihre Kinder zu benutzen, indem sie ihn vor allem bei Entscheidungen, die ihre Söhne betrafen, um Hilfe bat. Er weigerte sich im allgemeinen, dabei mitzuspielen, ausgenommen einmal, als es um ein Pro-

blem mit Felix ging, bei dem er ihr anscheinend behilflich war.[60]*
Eine Zeitlang gab er Eugenie Klavierstunden; wenn es sich um musikalische Dinge handelte, waren ihm weder Zeit noch Mühe zu schade.

Obwohl Brahms sich in die Erziehung oder Ausbildung ihrer Kinder nicht einmischen wollte, war er doch sehr besorgt um Claras gesundheitliches und seelisches Wohlbefinden. Auf solcher Sorge beruhte ihr erster größerer Streit 1861. Er versuchte sie zu überreden, weniger zu arbeiten. «Du hast gewiß genug Geld», schrieb er, «viel praktischer und besser ist es von Dir, wenn Du Deine Gesundheit und Dein ganzes schönes Selbst schonst.»[61] Obwohl dieser Brief in schmeichelhaften Worten abgefaßt war, nahm Clara ihn übel. Sie wies auf ihre sieben Kinder hin, denen sie eine gute Ausbildung und ein so normales Familienleben wie möglich verschaffen wolle, und auf die Vorsorge für ihre eigene Zukunft. Sie fügte noch einen Satz hinzu, den man als Motto über ihr Leben stellen könnte: «Meine Gesundheit würde ich allerdings wohl mehr schonen bei weniger Anstrengungen, doch gibt nicht am Ende ein jeder tüchtige Mensch sein Leben für seinen Beruf?» Zu der zwischen den Zeilen versteckten Kritik an ihrem Spiel, die sie sicher am meisten getroffen hatte, meinte sie: «Ich übertreibe es doch nicht, denn an innerer Frische und Wärme fühle ich mich nicht ärmer, im Gegenteil jugendlicher als vor 20 Jahren, und glaube, daß ein ruhigeres Leben meinem Kummer nur zu viel freien Raum ließe.»[62]

Als er ihr das nächste Mal, 1868, ihr «unruhiges Leben» vorhielt, war sie ratlos und verärgert über seine Bemerkungen, die sie als Kritik an ihrem Spiel und als Andeutung, es sei Zeit für ihren Abschied vom Podium, auslegte. Sie antwortete aus London, wo sie wie alljährlich in ausverkauften Sälen mit donnerndem Applaus gefeiert wurde: «Du scheinst... der Einbildung zu leben, ich hätte wohl eigentlich genug und reiste nur noch zu meinem Vergnügen... [es] wäre doch wohl jetzt, inmitten meiner größten und erfolgreichsten Tätigkeit, kaum der Zeitpunkt, mich, wie Du mir rätst, von der Öffentlichkeit zurückzuziehen.»[63] Ein völliger Bruch wurde in den

* Drei seiner Lieder wurden zu Texten von Felix geschrieben. Siehe Kap. 8.

Briefen der folgenden Monate nur gerade eben vermieden. Von «Haß» war die Rede und von einer Mauer, die sich zwischen ihnen aufgerichtet habe. Schließlich machte Clara in einem Brief vom 15. Oktober 1868 ihrem Herzen einmal gründlich Luft: er sei unhöflich und launisch, nähme keine Rücksicht auf ihre Gefühle und die ihrer Kinder: «...ist es denkbar, daß ein Freundschaftsverhältnis mit der Mutter bestehen kann, wenn sich dieses nicht auch mit auf die Kinder überträgt?» [64]

Brahms hatte sich für seinen Wink, die Dinge langsamer angehen zu lassen, den denkbar ungünstigsten Zeitpunkt ausgesucht. Clara sah sich im Jahr 1868 von allen Seiten von Unheil bedroht und fühlte sich damit allein gelassen. Keiner ihrer Freunde, nicht einmal Brahms, konnte die Last von ihren Schultern nehmen: die Angst, daß Felix' Erkrankung zum Tode führen könnte, die ständige Unruhe um Julies Gesundheit und bei Ludwig erste Anzeichen der Geistesverwirrung, die ihn zwei Jahre später ins Irrenhaus bringen sollten. Brahms konnte sehr brüsk sein (einmal bat sie ihn, ihr nicht gerade dann zu schreiben, wenn er verärgert war), und alle seine Freunde hatten früher oder später unter seiner Schroffheit zu leiden gehabt. Diesmal entschuldigte Brahms sich, der Zwist wurde beigelegt und der Briefwechsel (bis zum nächsten Streit) wiederaufgenommen, nicht ohne daß bei Clara ein gewisses Ressentiment zurückblieb. Clara Schumanns Briefe waren nicht so charmant und bezaubernd wie die von Elisabeth von Herzogenberg. Die ernsthafte, würdevolle Clara konnte auf den trockenen Witz und Humor in Brahms' Briefen nicht so recht eingehen; sie empfand es selbst als peinlich, daß sie zuweilen nichts anderes mitzuteilen hatte als eine ganze Litanei von Familienproblemen und Krankheiten. Brahms hörte nie auf, an ihren Sorgen Anteil zu nehmen, zuzuhören und sein Mitgefühl zu zeigen. Er wies sie nicht ab, solange sie ihn seine eigenen Angelegenheiten allein regeln ließ.

Clara war leicht beleidigt, vergaß nicht die kleinste tatsächliche oder eingebildete Kränkung und verhehlte dies auch nicht. Der Kontrast zwischen ihr selbst und der kinderlosen, reichen, jungen, schönen und begabten Aristokratin, der Brahms von 1877 an seine Manuskripte schickte, war Clara nur zu gut bewußt. Sie erklärte ihm, warum sie die Noten nicht immer so schnell zurückschicken konnte, wie er es gern gehabt hätte. «Dann bin ich doch auch nicht immer so Herr meiner Zeit und meiner Kräfte, daß ich mich wie Frau v. Herzogenberg tagelang in so ein Werk hinein verbohre...»[65] Im Tagebuch klagte sie: «Ich habe nicht das Naturell der Herzogenbergs, die... keine Nerven haben, dann auch all ihre Zeit für sich, während ich die Vormittage Stunden habe und oft dann Nachmittags abgespannt bin, sowie seit Jahr und Tag mein Clavier voll von Correcturen für Härtels liegen habe, die doch auch Kräfte erfordern.»[66]

Geldfragen kamen fast in jedem Brief zwischen Clara und Brahms zur Sprache. Sie berichtete ihm, wieviel sie verdient oder durch ein abgesagtes Konzert eingebüßt hatte und wieviel sie nach jeder Saison übrigbehielt; ebenso freimütig erkundigte sie sich nach seinen Einnahmen. Im Juli 1888 stand Brahms finanziell auf sicheren Füßen und nahm mehr Geld ein, als er bei seiner bescheidenen Lebensweise ausgeben konnte. Da er wußte, daß sie wegen Ferdinands Krankheit die Verantwortung für dessen Kinder übernommen hatte, schlug er vor, ihr eine beträchtliche Summe zu überweisen. Sie hatte solche und ähnliche Angebote, die von anderen gekommen waren, stets abgelehnt, teils aus Furcht, ihre Unabhängigkeit zu verlieren, teils aus Stolz darauf, daß sie ihre Familie selbst ernähren konnte; doch Brahms' Anerbieten wurde so zartfühlend geäußert, daß sie es bei einem im Oktober erfolgten *da capo* nicht noch einmal ablehnen mochte. Sie nahm es an als Beweis «daß ich Dir... ein Vertrauen zeige, wie sonst wohl niemandem in der Welt» und legte es für die Enkelkinder an.[67]

Aber auch nach dieser so liebevoll geregelten Angelegenheit blieb Clara «kitzlich». Er hielt den Atem an, wenn er ihr schrieb, bat um Verzeihung, wenn es sein mußte, und vermied es, bestimmte Themen anzuschneiden. Auf den schon erwähnten Streit 1891/92 (in dem es außer um die Veröffentlichung der Erstfassung von Schumanns d-Moll-Sinfonie noch darum ging, daß Clara vor Jahren schon einige von Brahms' Editionen Schumannscher Klavierstücke nicht in die Gesamtausgabe aufgenommen hatte) reagierte er mit ungewohnter Bitterkeit.[68] Der Konflikt wurde erst beigelegt, als beide einsahen, daß er aus Äußerlichkeiten entstanden war: Alter und Vergeßlichkeit auf ihrer Seite, Taktlosigkeit seinerseits aus

Kummer um Krankheit und Tod seiner Schwester. Nach diesem Zwischenfall waren Brahms' Briefe nur noch liebevoll und besorgt. Als Clara 1895 mehrere Schlaganfälle hintereinander erlitt, wurde ihm klar, daß die Frau, die er immer geliebt hatte, nicht mehr lange leben würde. Als es soweit war, daß mit ihrem Tod gerechnet werden mußte, schrieb er an Marie: «Wenn Sie glauben, das Schlimmste erwarten zu dürfen, gönnen Sie mir ein Wort, damit ich kommen kann, die lieben Augen noch offen zu sehen, mit denen für mich sich – wie viel schließt!»[69]

Seine tiefsten Gefühle hat er in seinem letzten großen Vokalwerk, den *Vier ernsten Gesängen*, ausgedrückt; er schrieb sie im Mai 1896, als sie im Sterben lag. Zwar sind sie offiziell dem Maler Max Klinger gewidmet, doch erklangen sie zum erstenmal in einem kleinen, privat versammelten Kreis von Freunden unmittelbar nach Claras Beisetzung.[70] Nach der Drucklegung im Juli erhielt Marie Schumann ein Exemplar mit den Worten:

> Ich schrieb sie in der ersten Maiwoche... tief innen im Menschen spricht und treibt oft etwas, uns fast unbewußt, und das mag wohl bisweilen als Gedicht oder Musik ertönen. Durchspielen können Sie die Gesänge nicht, weil die Worte Ihnen jetzt zu ergreifend wären. Aber ich bitte, sie als ganz eigentliches Totenopfer für Ihre geliebte Mutter anzusehen.[71]

Clara starb am 20. Mai 1896. Elf Monate später starb Brahms.

KAPITEL 10

Freunde und Zeitgenossen

Clara Schumann liebte es, Menschen um sich zu haben, und pflegte deshalb Freundschaften und Bekanntschaften mit großer Treue. Auf diese Beziehungen stützte sie sich in musikalischen und persönlichen Dingen; ihre Kinder konnten ihr in dieser Hinsicht zu wenig geben. Als der sechzehnjährige Felix sich über ihre enorme Korrespondenz* wunderte, die tagtäglich erledigt wurde und ihn, wie er meinte, zu oft ihrer Anwesenheit beraubte, erklärte sie ihm:

> ...mußt Du bedenken wieviele Menschen ich auf meinen Reisen kennen lerne und lieb gewinne, wie diese mich stets mit Liebe und Wohlthaten überschütten, wofür ich ihnen nichts geben kann, als meine Anhänglichkeit... Mit Menschen, die mir nahe getreten, wieder aus dem Verkehr zu treten, thut mir leid; da dies nun aber viele sind, so ist auch, wenn ich nur einigermaßen in Verbindung bleiben will, die Correspondenz eine große. Vor allem aber ist es mir natürlich das höchste Bedürfniß mit Euch, die Ihr mein Theuerstes auf der Welt, in so regem Verkehr stets zu sein, als es nur immer möglich! [1]

* Sie brachte als Erwachsene fast an jedem Tag ihres Lebens mehrere Stunden mit Briefeschreiben zu. Zu ihrem Geburtstag und Neujahr erhielt sie oft mehr als hundert Briefe, von denen sie jeden persönlich und meistens ausführlich beantwortete.

In ihren Freundschaftsverhältnissen nahm sie unterschiedliche Rollen ein: den jüngeren Musikern, mit denen sie Reisen machte und Konzerte gab, wie Brahms, Rudorff, Grimm, Joachim und Stockhausen, war sie ein guter Kamerad; zu gleichaltrigen oder älteren Männern wie Mendelssohn, Chopin und Hiller hatte sie ein sachliches, kollegiales Verhältnis; für Amalie Joachim, Clara Stockhausen und die übrigen Frauen ihrer Kollegen war sie eine Art Mutterfigur. Trotz der Zuneigung und Verehrung, die ihre Töchter, das Publikum und die männlichen Kollegen ihr entgegenbrachten, hatte sie das Bedürfnis nach freundschaftlichem Umgang mit anderen Frauen. Ihre Mutter war ihre beste Freundin, und nach deren Tod wurde es Marie. Es gab viele andere Frauen, mit denen sie lebenslang in Verbindung stand, darunter Emilie List, Livia Frege, Pauline Viardot, Rosalie Leser, Lida Bendemann und Laura von Beckerath. Bei ihnen konnte sie sich über ihren Mann, die Kinder und über alles, was sie bewegte, aussprechen. Alle diese Frauen musizierten oder waren intensiv an Musik interessiert, jedoch – ausgenommen Pauline Viardot – keine Berufsmusikerinnen.

Clara Schumann war eine Person des öffentlichen Lebens, und so pflegte sie auch ganz öffentlich ihre professionellen Kontakte zu den großen Musikern ihrer Zeit. Es gab allerdings eine, eine einzige Beziehung, die sie der Öffentlichkeit vorenthielt; in den 1860er Jahren hatte sie ein intimes Verhältnis mit Theodor Kirchner, einem der Jüngeren aus dem Kreis um Schumann.* Er war einer der ersten Studenten am Leipziger Konservatorium gewesen und lebte zur Zeit ihrer Liaison als Komponist und Organist in Winterthur und Zürich. Er komponierte im Stil von Schumann, auch in seiner äußeren Erscheinung soll er Robert sehr ähnlich gewesen sein. Die Beziehung zu Kirchner war nur von kurzer Dauer. Ob es in Claras Leben noch mehr solcher Affären gab, ist nicht bekannt.

* Mitteilung des bekannten Brahms-Bibliographen Kurt Hofmann, Hamburg, der im Besitz einer Reihe von Briefen von Clara an Theodor Kirchner ist, in einem Gespräch am 6. 6. 1984.

FRANZ LISZT, 1811–1886

Clara Schumanns Beziehung zu dem großen Virtuosen, die im Lauf der Zeit immer unerfreulicher wurde, sagt mehr über Clara aus als über Liszt, der sich ihr gegenüber unverändert stets respektvoll und höflich betrug. Sie fand zwar zunächst, er sei «ein guter Mensch», war aber von Anfang an eifersüchtig auf seine technische Brillanz und mochte einfach seinen Stil nicht, weder sein persönliches Auftreten noch seine Art zu musizieren. Als er ihr 1854 seine h-Moll-Sonate zuschickte, die er ihrem Mann gewidmet hatte, konnte sie ihre Abneigung schon kaum mehr unterdrücken.

Liszt war acht Jahre älter als Clara. Er befand sich zwar wie Mendelssohn und Chopin 1832 in Paris, als Clara ihre erste Konzertreise dorthin machte, nahm aber erst 1838 Notiz von ihr, als er auf dem Höhepunkt seiner Karriere angelangt war. Chopin hatte ihm inzwischen so viel von Claras Spiel erzählt, daß Liszt darauf brannte, sie kennenzulernen. In einem Brief an den Leipziger Verleger Friedrich Hofmeister äußerte er die Hoffnung, sie bald hören zu können, denn eine junge Dame, die «mit Energie, Intelligenz und Präzision» spiele, sei «ein in allen Ländern äußerst seltenes Phänomen».[2]

Liszt war ein genialer Mensch mit einem Hang zur theatralischen Geste, aber auch zu echter Uneigennützigkeit fähig. Er hörte Clara im April 1838 in Wien und verfaßte darüber einen begeisterten Artikel für die Pariser *Revue et Gazette Musicale*, der in der *Neuen Zeitschrift für Musik* nachgedruckt wurde. Der Gräfin d'Agoult, der Mutter seiner drei Kinder, berichtete er:

> Ein einziges Wort über Clara Wieck – distintissimo (aber selbstverständlich nicht «uomo»!) Wir wohnen im selben Hotel «Zur Stadt Frankfurt», und nach dem Diner klimpern wir so gut wir können. Sie ist eine sehr einfache, sehr wohlerzogene... Person, ganz mit ihrer Kunst beschäftigt, aber auf vornehme Art und ohne kindisch zu sein. Sie war ganz verblüfft, als sie mich hörte. Ihre Kompositionen sind wirklich sehr beachtlich, besonders für eine Frau. Sie enthalten hundertmal mehr Erfindung und wahres Gefühl als alle früheren und jetzigen Fantasien von Thalberg.[3]

Liszt bezeigte Clara seine Sympathie auf mancherlei Weise: seine Paganini-Etüden sind ihr gewidmet, seine vielen Briefe sind Musterstücke liebenswürdiger Huldigung, drei ihrer Lieder kommen in seinen berühmten Liedtranskriptionen vor. Sein Artikel über ihre Auftritte in Weimar 1854 erschien am 1. Dezember 1854 in der *Neuen Zeitschrift* und bald darauf in englischer Übersetzung in dem in Boston verlegten *Dwight's Journal of Music*, das die Laufbahn von Clara Schumann, Joachim, Brahms und anderen aus diesem Kreis mit großem Interesse verfolgte. Liszts Formulierung «Aus der lieblichen Musenspielgenossin ist eine weihevolle, treu pflichtige und strenge Priesterin geworden» wurde in der Folgezeit häufig zitiert.[4]

Im April 1838 verbrachten Clara und ihr Vater vor ihrer Abreise von Wien zehn turbulente Tage mit Liszt zusammen. Sein Klavierspiel war überwältigend. In Claras Tagebuch heißt es:

> Wir haben Liszt gehört. Er ist mit gar keinem Spieler zu vergleichen – steht einzig da. Er erregt Schrecken und Staunen und ist ein sehr liebenswürdiger Künstler. Seine Erscheinung am Clavier ist unbeschreiblich – er ist Original – er geht unter beim Clavier... Seine Leidenschaft kennt keine Grenzen, nicht selten verletzt er das Schönheitsgefühl, indem er die Melodien zerreißt, das Pedal zuviel aufhebt, wodurch nicht dem Kenner, jedoch dem Laien seine Kompositionen noch unverständlicher werden müssen. Sein Geist ist groß, bei ihm kann man sagen «seine Kunst ist sein Leben».[5]

Wann immer sich in diesen Tagen eine Gelegenheit ergab, spielten die jungen Virtuosen einander vor oder musizierten gemeinsam. Seine Wirkung auf sie selbst schilderte Clara im nächsten Brief an Robert: «Der Beifall bleibt immer derselbe, doch mir kommt mein Spiel jetzt so fad und so, ich weiß gar nicht wie, vor, daß ich beinah die Lust verloren hab ferner noch zu reisen. Seit ich List's Bravour gehört und gesehen komm ich mir vor wie eine Schülerin.»[6]

Wieck war natürlich ganz anderer Ansicht. Er räumte zwar ein, das musikalische Auffassungsvermögen dieses L. grenze «doch wirklich an's Unglaubliche», doch hatte er seiner Meinung nach keine «richtige Erziehung» erhalten, die ihn befähigte, «sich u. seine Kräfte bezähmen u. beherrschen» zu können. Als Wieck jedoch Liszts großes Solokonzert am 18. April miterlebt hatte, war auch er begeistert: «Es war das merkwürdigste Concert unseres Lebens – er wird nicht ohne Einfluß auf Clara bleiben – u. daß sich Clara nichts von seinen vielen Unarten und Sonderbarkeiten angewöhnt – dafür sorgt ein alter Schulmeister.»[7] Die «Unarten und Sonderbarkeiten» schildert er so:

Der Ernst des Concerts und seine überaus künstlerische Erscheinung, verbunden mit der höchsten unglaublichen Beherrschung aller möglichen Mechanik, [brachte] den stürmischsten Beifall hervor. Wer könnte seine Erscheinung als Concertspieler beschreiben? Nachdem er in dem 1. Stück den Erhard [das Erard-Pianoforte] des Thalberg vernichtet, spielte er die Fantasie auf einem C. Graff [Graf], sprengte 2 Messingsaiten, holte sich selber den 2ten C. Graff in Nußholz aus dem Winkel u. spielte seine Etüde, nachdem er wieder 2 Saiten gesprengt, noch einmal, nachdem er laut zum Publikum sagte, ‹sie wäre ihm nicht gelungen, er würde sie noch einmal spielen›. Als er auftrat, warf er mit Vehemenz seine Handschuh und Schnupftuch auf die Erde vor's Clavier.[8]

Trotz seiner Effekthascherei, die zuweilen exzentrisch wirkte, war Franz Liszt ein echter, großer Musiker und erwies sich Clara und Robert gegenüber als treuer Freund. Daß sich das Verhältnis später abkühlte, war nicht seine Schuld. Im Jahr 1837, lange bevor die beiden Männer einander persönlich kannten, hatte Liszts langer Artikel über Schumanns Klaviermusik in der *Revue et Gazette Musicale* Robert erfreut und aufgemuntert. Und als Clara ihm in Wien vorgespielt hatte, schrieb er an Robert: «Der *Carneval* und die *Fantasiestücke* haben mich außerordentlich interessiert. Ich spiele sie wahrhaftig mit Vergnügen, und das kann ich weiß Gott nicht von vielen Sachen sagen. Um es frank und frei zu sagen, nur die Kompositionen von Chopin und Ihnen sind für mich von Interesse.» Er schlug Robert vor, doch einige Trios oder ein Quintett oder ein Septett zu schreiben, da, wie er glaube, Robert so etwas wunderbar machen werde und in diesem Genre seit langer Zeit nichts von Bedeutung erschienen sei. «Wenn Sie sich jemals zu etwas derartigem entscheiden, lassen Sie es mich sofort wissen. Ich würde gern die Ehre haben, das Publikum damit bekannt zu machen.»[9]

Ein paar Monate später drückte er sich so aus: «Meine Freunde... könnten ihnen bestätigen, daß Chopin und Schumann diejenigen Kollegen sind, für die ich immer die größte Wertschätzung und völlige Sympathie empfunden habe.»[10] Der Briefwechsel wurde einige Jahre lang fortgesetzt. Schumann widmete Liszt seine *Fantasie* op. 17, und dieser bedankte sich am 5. Juni 1839 mit den Worten: «Die Fantasie, die Sie mir zugeeignet haben, ist ein Werk höchsten Ranges – Ich bin wahrlich stolz auf die Ehre, die Sie mir erweisen, indem sie eine so große Komposition mir widmen. Ich werde daran arbeiten und mich ganz in sie vertiefen, um sie zur größtmöglichen Wirkung zu bringen.» Das Werk sei für das Publikum «schwer zu verdauen», meinte er und fügte noch einen Absatz hinzu, der Robert in dieser schwierigen Zeit – Clara war gerade allein in Paris – besonders gefreut haben wird:

Was Sie mir über Ihr Privatleben mitteilen, hat mich interessiert und bewegt. Wenn ich, ich weiß zwar nicht wie, Ihnen in irgendeiner Weise nützlich oder behilflich sein kann, verfügen Sie bitte über mich. Was auch geschehen mag, zählen Sie auf meine absolute Diskretion und auf meine aufrichtige Ergebenheit. Wenn es nicht zuviel verlangt ist, sagen Sie mir doch, ob von Clara die Rede ist. Aber wenn diese Frage vielleicht unangebracht ist, beantworten Sie sie nicht.[11]

Schließlich trafen sich die beiden jungen Männer im März 1840 in Dresden, während Clara bei ihrer Mutter in Berlin den Ausgang der Gerichtsverhandlung abwartete. Obwohl Robert gerade mit Arbeit überhäuft war, hieß er Liszt herzlich willkommen; auf diese Begegnung hatte er sich seit Jahren gefreut. Am 18. März schrieb er an Clara:

Er sagte mir gestern, «mir ist's, als kennte ich Sie schon 20 Jahre» – mir geht es auch so... Und wie er doch außerordentlich spielt und kühn und toll, und wieder zart und duftig – das hab ich nun Alles gehört. Aber, Clärchen, *diese* Welt ist meine nicht mehr, ich meine *seine*. Die Kunst, wie Du sie übst, wie ich auch so oft am Klavier beim Componiren, diese schöne Gemüthlichkeit geb' ich doch nicht hin für all seine Pracht – und auch etwas Flitterwesen ist dabei, zu viel. Laß mich darüber heut schweigen, Du weißt schon, wie ich's meine.[12]

Doch Liszts gewinnende Liebenswürdigkeit und unerhörte Musikalität triumphierten über das «Flitterwesen» und nahmen jedermann, sogar Mendelssohn, für ihn ein. Robert sang in seinen Briefen wahre Loblieder auf Liszt, so daß Clara am 24. März 1840 in ihrer Berliner «Abgeschiedenheit» jammerte:

Ach ich Unglückliche! sitze nun hier und habe nicht den kleinsten Theil von den Genüssen, deren Ihr einander so Viele schafft! was hätt' ich gegeben, gestern in Leipzig zu sein, wie selig wäre ich gewesen, was hab ich geseufzt! ich war im Theater, aber mein Sinn nur bei Dir, ich sah Dich in musikalischem Entzücken, und wäre doch so gern zu Deiner Seite gewesen! eigentlich hatte ich längst die Absicht, mit der Mutter zu kommen, doch dachte ich, ich würde Dich in Deinem Zusammenleben mit Liszt stören, und Dir dann doch nicht so willkommen sein, als ich es wünschte. Ich glaube, es war besser gethan, wir blieben... sehnt sich Liszt immer noch nach dem aristokratischen Wien, nach den Gräfinnen etc.? ich sollte meinen, daran müßte er nicht mehr gedacht haben bei Euch! Das Concert von Bach, ist das in D-Moll?* ach Gott, ich möchte weinen! daß Liszt Dir immer gewaltiger vorkommen würde, dacht ich mir schon – manchmal meint man doch, es sei ein Geist, der da am Clavier sitzt.[13]

Dieser Brief kreuzte sich mit einem von Robert, in dem er sie drängte, nach Leipzig zu kommen und Liszt zu hören. Also fuhr sie mit ihrer Mutter hin. Nach seinem Konzert urteilte sie am 30. März 1840 in ihrem Tagebuch:

In dem Hexameron** fühlte er sich am wohlsten, das hörte und sah man. Die Sachen von Mendelssohn und Hiller spielte er doch nicht so frei, und war das schon störend, daß er immer auf die Noten sah. Den Karnaval spielte er mir nicht zu Danke, sowie er überhaupt nicht den Eindruck diesmal auf mich machte, als in Wien. Ich glaube, es lag an mir selbst; ich hatte meine Erwartung gar zu hoch gespannt.

Außerdem vermerkte sie mit Mißbilligung, er habe ein Konzert von Mendelssohn gespielt, das er erst am selben Tag in der Probe kennengelernt hatte. Einen Tag später schrieb sie:

Heute Morgen war Liszt einige Stunden bei uns und machte sich uns nur noch werther durch sein feines, echt künstlerisches Wesen. Seine Unterhaltung ist voller Geist und Leben, auch ist er wohl kokett, das vergißt man aber ganz und gar... Er spielte den Erlkönig, Ave Maria, Etüde von sich etc. Ich mußte ihm auch Einiges spielen, ich that's aber mit wahrer Seelenangst. Im Übrigen fühlte ich mich gar nicht befangen in seiner Nähe, wie ich es vorher gefürchtet hatte, er selbst bewegt sich so ungenirt, daß sich jeder in seiner Gesellschaft wohl fühlen muß. Lange aber könnt ich nicht um ihn sein; diese Unruhe, dies Unstete, diese große Lebhaftigkeit, dies Alles spannt Einen sehr ab.

* Dies war das Werk, das Clara, Mendelssohn und Louis Rakemann 1835 in Leipzig erstaufgeführt hatten. Sie spielte es später noch öfter in Leipzig.

** ein Variationenzyklus von sechs Komponisten, Liszt, Thalberg, Herz, Pixis und zwei anderen über ein Thema von Bellini (Etb S. 499 f., Anm. 378).

Ein paar Tage nach Liszts Abreise brachte Clara in ihrem Tagebuch unbeabsichtigt den Gegensatz zwischen ihrem Mann und Liszt auf den Punkt:

Den 4ten [April] ging ich mit Robert nach Connewitz. Mir ist doch nie so wohl, so heimisch, als wenn ich mit ihm gehe! Er braucht gar nicht zu reden – ich mag ihn so gern nur sinnend, und möchte ihm jeden Gedanken ablauschen! Und wenn er mir leise einmal die Hand drückt, dann bin ich ganz beglückt im Innersten – ich fühle dann so ganz, daß ich sein Liebstes bin.

Im Herbst 1841 traf das junge Ehepaar mit Liszt in Weimar in einem Gasthof zusammen, und «der Champagner floß wie in Bächen».[14] Liszt schlug gemeinsame Konzerte im Dezember, in Leipzig vor. Er unterstützte Clara dort bei ihrem Konzert am 6. Dezember, und sie tat eine Woche später dasselbe für ihn. Obwohl bei dem ersten Konzert der Applaus, wie die *Neue Zeitschrift* berichtete, «einem Taumel, einem Fanatismus Platz gemacht» hatte, äußerte Clara sich im Tagebuch eher enttäuscht: Roberts Sinfonien waren nicht besonders gut ausgeführt worden, und er hatte sich unzufrieden über ihr, Claras, Spiel geäußert.

Obwohl Robert und Clara nicht direkt Liszt die Schuld gaben, hing ihre Niedergeschlagenheit im Grunde doch mit seiner Virtuosität zusammen. In der allgemeinen Begeisterung über seinen Vortrag war der Wert von Schumanns Kompositionen nicht recht gewürdigt worden. Hinzu kam, daß Robert selbst mit seiner d-Moll-Sinfonie nicht ganz zufrieden war, die anders als die erste, die Frühlingssinfonie, zurückhaltend aufgenommen worden war. Er revidierte sie noch mehrmals, ehe er sie 1853 als Vierte Sinfonie op. 120 veröffentlichte. Außerdem war es ihm möglicherweise nicht angenehm, seine Frau neben Liszt auf dem Podium sitzen zu sehen.

Die Schumanns trafen noch mehrmals mit Liszt zusammen, aber er wurde Clara von Mal zu Mal unsympathischer, und sie gab sich kaum Mühe, dies zu verbergen. Die Gründe dafür waren, wie immer, komplex – teils persönlicher, teils musikalischer Art. Obwohl Clara Liszts Spiel bewunderte und dies auch öffentlich und privat äußerte, war ihre Anerkennung doch nie frei von Konkurrenzangst. Die Rivalität wurde schon früh geschürt durch einen Artikel der *Neuen Zeitschrift* im April 1838, in dem sie mit drei hervorragenden

Pianisten der Zeit, nämlich Liszt, Thalberg und Adolph von Henselt, verglichen und lobend herausgestellt wurde. Damit war ihr schon zu Beginn ihrer Bekanntschaft mit Liszt ein Platz neben ihm in der Spitzenklasse zugewiesen. Eine solche Auszeichnung muß die seelischen Konflikte der jungen Frau, die sich zwischen der Bindung an ihren Vater und an Schumann hin und her gerissen fühlte, verschärft haben. Wie wir gesehen haben, bringen ihre Briefe an Schumann in den Jahren 1839 und 1840 oft Zweifel an sich selbst zum Ausdruck; ständig fragte sie sich, ob sie wohl ihre Stellung halten könne, ob sie intelligent genug sei, um die Theorie der Fuge zu studieren, ob sie überhaupt komponieren könne und solle. Sie war überzeugt, daß sie ebenso gut spielte wie jede andere Frau, aber ob sie gegen Männer antreten sollte, erschien ihr doch oftmals zweifelhaft. Ihr Selbstvertrauen erlitt jedesmal einen Stoß, wenn Schumann sich lobend über andere Klavierspieler äußerte, und so löste sein Urteil über Liszt Qualen der Eifersucht bei ihr aus. Außerdem fühlte sie sich gewissermaßen als Eigentümerin von Roberts Werken und hätte deren Interpretation am liebsten ganz allein übernommen. Natürlich sagte ihr der Verstand, daß das nicht gut möglich und daß es auch für Schumann wichtig war, einen Künstler wie Liszt als Protagonisten zu haben, da zweifelsohne seine Konzerte von größerer Breitenwirkung waren als ihre eigenen. Trotzdem fühlte sie sich gekränkt, als Schumann über Liszts Spiel seiner *Novelletten, Fantasie* und Sonate – «ihrer» Stücke! – in Ekstase geriet.[15]

Für die Abneigung gegen Liszt gab es noch tieferliegende, weitgehend unbewußte Gründe. Doch sie war sich schon im Dezember 1841 darüber klar, daß ihre Bewunderung nachgelassen hatte. «Liszt mag spielen, wie er will» – schrieb sie in das Ehetagebuch – «geistvoll ist es immer, wenn auch manchmal geschmacklos, was man aber ganz besonders seinen Compositionen vorwerfen kann; ich kann sie nicht anders als schauderhaft nennen.» Sie fand seine Kompositionen

ein Caos von Dissonanzen, die grellsten, ein immerwährendes Gemurmel im tiefsten Baß und höchsten Diskant zusammen, langweilige Introductionen etc.: als Componist könnte ich ihn beinahe hassen. Als Spieler hat er mich aber in seinem Concerte am 13ten in das höchste Erstaunen gesetzt, und ganz besonders in der Don Juan Fantasie, die er hinreißend spielte –

sein Vortrag des Champagnerliedes wird mir unvergeßlich bleiben, dieser Übermuth, diese Lust mit der es das spielte, war einzig! man sah den Don Juan vor den springenden Champagner-Stöpseln, in seiner ganzen Ausgelassenheit, wie ihn sich Mozart nur irgend gedacht haben kann. Nach dem Concert aßen wir zusammen... zu Abend – von Liszt war nicht viel zu haben, denn 2 Damen hatten ihn in Beschlag genommen. Ich bin überzeugt die Damen überhaupt sind Schuld, wenn Liszt sich zuweilen sehr arrogant zeigt, denn sie machen ihm überall die Cour auf eine mir unausstehliche Weise, die ich auch höchst unschicklich finde. Ich verehre ihn auch, aber auch die Verehrung muß eine Gränze haben... d. 16ten spielte Liszt zum letzten Male, das Es dur Concert von Beethoven meisterhaft, dann aber die Robert-Fantasie schrecklich geschmacklos, und auch hinterdrein den Galopp. Er schien ermüdet, was bei seiner Lebensart – er war erst früh von Halle gekommen, wo er die Nacht geschwärmt, und hielt 3 Proben noch am Vormittag – nicht zu verwundern ist... Liszt kam (zu einer Soiree bei Schumanns) wie immer, sehr spät! er scheint es zu lieben, die Leute auf sich warten zu lassen, was mir nicht gefällt. Er kommt mir überhaupt wie ein verzogenes Kind vor, gutmüthig, herrschsüchtig, liebenswürdig, arrogant, nobel und freigebig, hart oft gegen Andere – ein sonderbares Gemisch von Characteren. Wir haben ihn aber doch sehr lieb gewonnen, und gegen uns hat er sich auch immer aufs Freundlichste gezeigt.

Dennoch vergalt Clara ihm seine Freundlichkeit mit Abneigung und schließlich mit offener Feinseligkeit. Warum? Zum einen empörte sie seine Einstellung zu der Musik, die er vortrug. Von Wieck hatte sie gelernt, daß es Interpretenpflicht war, ein Stück so zu spielen, wie es vom Komponisten gemeint war. Diese Ansicht wurde natürlich durch Schumanns Einfluß verstärkt. Liszt dagegen, obwohl selbst Komponist, kannte keine Skrupel, wenn es galt, die Musik, die er gerade vortrug, ob nun seine eigene oder die von anderen, auszuschmücken. Er spielte Triller und Kadenzen, verdoppelte die Oktaven, übertrieb die Tempowechsel und arpeggierte, «wie er wollte», wie Clara es ausdrückte. Außerdem ärgerte die biedere junge Leipzigerin sich über seine weltmännische Lässigkeit: er spielte vor Publikum ohne vorherige Probe, durchzechte die halbe Nacht vor einem Konzert, sagte willkürlich Auftritte ab – und das alles ohne negativen Einfluß auf sein Spiel. Für die pflichtbewußte Clara bedeutete all dieses eine Lästerung des Künstlerideals, die ihr unverzeihlich schien.

Clara selbst liefert den Schlüssel zu ihrer beider Antagonismus, wenn sie Liszts leicht erregbares Wesen schildert, seine rastlose Lebensgier und das, was sie als Genußfähigkeit empfindet. All diese Eigenschaften beunruhigten die nüchterne junge Frau, auf der immer noch der Hauch von Melancholie lag, den die Menschen in ihrer Jugend an ihr bemerkt hatten. Die Sorgen und Anstrengungen der Brautzeit waren nicht spurlos an ihr vorübergegangen, die Ehe hatte neue Probleme mit sich gebracht. Die Porträts aus den Jahren zwischen 1840 und 1850 zeigen eine herbe, ernste Frau. Sie war noch immer zierlich und hatte die seelenvollen Augen, die das Kindergesicht so auffällig beherrscht hatten, doch die doppelte Bürde durch Ehe und Mutterschaft neben der Karriere lastete sichtbar auf ihr. Die unverändert feindselige Haltung Wiecks bedrückte sie zusätzlich. Man darf nicht vergessen, daß es in Claras Jugend weder Heiterkeit noch Lebensfreude, keine Liebelei, keine spontane Fröhlichkeit gegeben hatte, nichts von dem, was andere Mädchen als Teenager erleben. Sie nahm sich selbst immer sehr ernst und erfüllte ihre Pflichten sorgfältig und gewissenhaft, im Alter sogar verbissen. Überdies glaubte sie, sie sei nicht hübsch, und sah keinen Grund, warum ein Mann sie attraktiv finden sollte; zeitweise war sie sogar in Zweifel, ob Roberts Liebe Bestand haben werde. Das ungestüme Temperament des heißblütigen Liszt verunsicherte sie – vielleicht um so mehr, als er ihr selbst nie den Hof zu machen versuchte. Zwar runzelte sie sittsam die Stirn über den galanten Frauenhelden, doch im Unterbewußtsein hat sie ihm vielleicht gerade diese Unterlassung nicht verziehen.

Die späteren Kontakte zwischen der Familie Schumann und Liszt waren nur dazu angetan, die Kluft zu vergrößern. Als Liszt sie 1848 in Dresden besuchte, verärgerte er Clara dadurch, daß er mit zweistündiger Verspätung zur eigens für ihn arrangierten Soiree erschien; dann beleidigte er Robert, indem er sein Quintett als «Leipzigerisch» bezeichnete, lobte Meyerbeer auf Kosten von Mendelssohn und peinigte alle durch sein «schändlich schlechtes» Klavierspiel. Es gab einen Zornesausbruch von Robert, und Liszt soll zu Clara gesagt haben: «Sagen Sie Ihrem Manne, nur von einem in der Welt nähme ich solche Worte so ruhig hin.» [16]

Trotz dieses Zwischenfalls führte Liszt Schumanns Kompositionen in Weimar auf, erschien zu Premieren seiner Werke in Leipzig, besuchte Robert 1851 und Clara 1855 in Düsseldorf, lud Clara 1854 ein, in Weimar aufzutreten, und widmete Schumann seine große Sonate in h-Moll. Clara ärgerte sich über die Dedikation, ihr schien das Stück «nur noch blinder Lärm – kein gesunder Gedanke mehr, alles verwirrt, eine klare Harmoniefolge ist da nicht mehr herauszufinden! Und da muß ich mich nun noch bedanken – es ist wirklich schrecklich.»[17]

Als Liszt am 1. September 1851 mit der Fürstin Wittgenstein («seiner zukünftig sein sollenden Gemahlin», wie Clara sie bezeichnete) in Düsseldorf erschien, hieß es im Tagebuch: «Er spielte, wie immer, mit einer wahrhaft dämonischen Bravour, er beherrscht das Klavier wahrhaft wie ein Teufel (ich kann mich nicht anders ausdrücken...), aber ach, die Kompositionen, das war doch zu schreckliches Zeug!» Als Clara 1852 in Leipzig zum gemeinsamen Musizieren mit ihm zusammenkam, zeterte sie: «Liszt am Klavier!... Musik nicht mehr, sondern wie dämonisches Sausen und Brausen.» Und nach ihren Auftritten in Weimar, die durch seine großherzige Einladung zustande gekommen waren, klang ihr ein Stück von Berlioz, gespielt von Liszt, «wie eine wahrhaft höllische, teuflische Musik».[18]

Irgendwann müssen ihre Bemerkungen ihm zu Ohren gekommen sein, denn nach 1856 trafen sie nur noch selten zusammen.

RICHARD WAGNER, 1813–1883

Richard Wagner kam schon als Leipziger Student mit Clara Wieck und Robert Schumann flüchtig in Berührung. Er lieh sich Bücher und Noten aus Friedrich Wiecks Leihbibliothek, studierte ungefähr zur gleichen Zeit wie Clara bei Christian Weinlig Musiktheorie und war mit Robert flüchtig bekannt. Die Verbindung wurde wieder-aufgenommen, als die Schumanns 1844 nach Dresden zogen, wo Wagner inzwischen Hofkapellmeister geworden war. Nun sahen er und Robert sich öfter, gingen spazieren, redeten über Opern, diskutierten Libretti und die Grundfragen der Musikästhetik. Ob Clara dabei zugegen war, ist fraglich: Wagner wird in ihrem Tagebuch nur selten erwähnt, doch die wenigen vorhandenen Bemerkungen lassen erkennen, daß Clara nicht nur seine Musik nicht mochte, sondern daß er ihr auch menschlich widerwärtig war. In ihrem Eintrag über den 12. Februar 1843 heißt es im Ehetagebuch: «ein Mensch, der nie aufhört von sich zu sprechen, höchst arrogant ist...»

Nach dem Tode ihres Mannes traf sie hin und wieder mit Wagner zusammen, notierte aber nach einer Begegnung in Zürich im Dezember 1857: «...ich kann nicht viel über ihn sagen. Er ist überaus freundlich gegen mich und mir thut es deshalb um so weher, ihm kein Fünkchen Sympathie entgegen bringen zu können...» [19]

Im Alter wurden ihre Kommentare zu Wagner und seiner Musik immer bissiger:

26. April [1882] entschloß ich mich, in's Rheingold zu gehen. Mir war den ganzen Abend, als ob ich im Sumpf watete. Ein gutes hat die Oper, daß sie Einen nicht durch das Blech (wie die anderen) betäubt... Die Langeweile, die man... aussteht, ist doch entsetzlich. Jede Handlung versetzt die Leute auf der Bühne in einen Starrkrampf, in welchem sie so lange verbleiben, daß man gar nicht mehr hinsehen kann. Die Damen haben kaum einige Tacte in der ganzen Oper zu singen, stehen immer herum, überhaupt sind es lauter lappige, schurkische Götter.[20]

Ihr Urteil über *Die Walküre* war kein bißchen milder:

d. 9. Mai. Walküre, in der mich Manches interessirt hat, aber doch die Langeweile vorwiegend war... Die Götter interessiren Einen gar nicht, sind alles solche Lumpen, dieser Wotan der dümmste Kerl... Die Musiker sprechen immer viel von der interessanten Instrumentation – ich will es mir anthun, die Opern noch einmal zu hören und dann besonders darauf achten...[21]

In der folgenden Woche ging sie in beide Opern noch einmal und gab zu, daß sie «einige schön klingende Perioden» gehört hatte, daneben auch viele Anklänge an Mendelssohn, Schumann und Heinrich Marschner.[22] Ihre Meinung über *Tristan und Isolde* sagt ebensoviel über sie selbst aus wie über den Komponisten:

Wir gingen abends in Tristan und Isolde. Das ist doch das Widerwärtigste was ich noch in meinem Leben gesehen und gehört. Den ganzen Abend einen solchen Liebeswahnsinn mit ansehn und hören zu müssen, wobei sich Einem jedes Sittlichkeitsgefühl empört, und darüber das Publicum nicht allein, sondern auch die Musiker entzückt zu sehn, das ist doch das Traurigste, was mir noch je in meinem Künstlerleben vorgekommen ist. Ich hielt bis zum Schluß aus, wollte es ganz gehört haben. Den ganzen zweiten Act hindurch schlafen und singen die beiden, den ganzen letzten Act stirbt der Tristan, volle 40 Minuten, und das nennen sie *dramatisch*!!![23]

Wagners Musik und er selbst als Person bildeten den absoluten Gegensatz zu allem, was Clara heilig war. Anders als Liszt, dessen Großzügigkeit Clara (wenn auch widerwillig) anerkannte, war Wagner überaus eitel und egoistisch. Sie weigerte sich 1870, in Wien unter Wagner zu spielen, und schrieb an Brahms, sie könne nicht mit einem Dirigenten zusammenarbeiten, der «geringschätzig» und «in wahrhaft unverschämter Weise» von Robert, Mendelssohn und Brahms sprach.[24] Ihre Freundschaft mit Hermann Levi wurde durch Levis Wagnerverehrung getrübt, die sie vergeblich zu ignorieren versuchte. Seltsamerweise vermochte Levi es, Wagners fanatischen Antisemitismus zu entschuldigen – Clara konnte es offenbar nicht.

Richard und Cosima Wagner sprachen nie anders als verächtlich über Schumann und seine Frau und die Schumann-Anhänger, und wenn Clara auch sicher nichts wußte von dem boshaften Klatsch, der im Hause Wagner an der Tagesordnung war[25], so hatte sie doch Anlaß genug, diesen Mann zu verachten, und genug politische Einsicht, seinen Einfluß zu fürchten. Wagners Tod war für sie «ein Ereigniß» – nicht weniger, aber auch nicht mehr.[26]

FELIX MENDELSSOHN BARTHOLDY, 1809–1847

Der weltgewandte, elegante Felix Mendelssohn Bartholdy, ein Jahr älter als Schumann, doch mit sechsundzwanzig Jahren bereits eine Berühmtheit, traf am letzten Tag im August 1835 in Leipzig ein, um die Leitung des Gewandhausorchesters zu übernehmen. Der neue Dirigent war sich über Clara Wiecks Begabung klar. Er hatte sie schon im Jahr zuvor, im Oktober 1834, besucht und hatte sie Schumanns Toccata, ein paar Stücke von Chopin und ihren eigenen *Concertsatz* spielen hören. Er war so beeindruckt, daß er zu Wieck sagte, er werde wiederkommen müssen, da er noch nicht genug von Claras Kunst gehört habe.[27] Bald nach seiner Ankunft 1835 besuchte er die Familie Wieck und hörte sich weitere von Schumanns

Arbeiten und ein paar von Claras eigenen Kompositionen an.[28] Anscheinend war er von Clara mehr beeindruckt als von Schumann. Dessen Stellung als Herausgeber und Literat bedeutete dem brillanten Pianisten, Dirigenten und Komponisten, der ohnehin für Kritiker und Musikschriftsteller nichts übrig hatte, nur wenig. Clara war indessen eine angesehene Kollegin. Eigentlich hatten sie sich schon Jahre zuvor in Paris kennengelernt, doch da hatte Felix anscheinend das schüchterne, ernsthafte kleine Mädchen kaum bemerkt. Nun aber, 1835 in Leipzig, weckte die anmutige, vollendete junge Pianistin sein Interesse. An ihrem sechzehnten Geburtstag musizierten sie miteinander und spielten einander vor: Clara eine Fuge von Bach und, auf Felix' besonderen Wunsch, das Scherzo aus Schumanns noch unveröffentlichter Sonate. Er spielte dafür sein *Capriccio* op. 5 und schenkte ihr das Manuskript.[29]

Nur wenige Wochen später dirigierte Mendelssohn das Gewandhausorchester bei der Premiere von Claras eigenem Konzert für Klavier und Orchester op. 7; auf dem Programm stand außerdem Bachs Konzert in d-Moll für drei Klaviere, gespielt von Clara Wieck, Mendelssohn und Rakemann, das damit zum erstenmal im Gewandhaus erklang. Clara spielte noch oft, privat und in der Öffentlichkeit, mit Mendelssohn zusammen oder unter seiner Leitung.[30] Im Laufe der Jahre zog Mendelssohn sie immer häufiger heran, ließ sich von ihr am Klavier vertreten, wenn er verhindert war, und betrachtete sie anscheinend als eine Musikerin ersten Ranges.* Auf eine Anfrage von Clara wegen eines gemeinsamen Auftritts schrieb er ihr am 24. November 1845: «Sie wissen, daß ich ja aller Zeit *immer* dazu bereit bin, und Ihnen immer danke, wenn sie mir die Freude erzeigen wollen, etwas mit mir zu spielen.»[31] Im August 1844 erhielt sie den Lehrauftrag an dem von ihm gegründeten Leipziger Konservatorium, doch machten Schumanns Erkrankung und bald darauf der Umzug nach Dresden dieser gemeinsamen Arbeit ein Ende.

Robert liebte und bewunderte Mendelssohn trotz der gelegentlich auftretenden Mißverständnisse. Und Mendelssohn, der allge-

* Mendelssohn dirigierte 21 von Claras Konzerten (*Grove*, Bd. 12, S. 139).

mein als kühl und zurückhaltend bekannt war, handelte als treuer Freund, als er sich anbot, trotz seiner Arbeitsüberlastung im Prozeß gegen Wieck für Schumann auszusagen. Mendelssohns Tod 1847 im Alter von achtunddreißig Jahren war ein schwerer Schlag für Clara und Robert. In seinem Erinnerungsfragment erwähnt Schumann die Aufmerksamkeiten, kleinen Geschenke und Komplimente für ihr Klavierspiel, mit denen Mendelssohn Clara bedacht hatte. Er war stolz darauf, daß Mendelssohn eine so hohe Meinung von Clara hatte, obwohl er vielleicht auch hier mit gemischten Gefühlen reagierte. «Er hielt sie immer sehr hoch. ‹Die versteht Clavier zu spielen.› Es machte ihm immer Vergnügen, recht lebhafte Tempis mit ihr zu nehmen, bei vierhändigen Sachen, namentlich beim Vistaspiel.» [32]

Clara bewunderte Mendelssohn glühend, als Pianisten ebenso wie als Komponisten und Dirigenten. Seine Wiedergabe von Bachs Musik schien ihr unübertrefflich. Am 30. Dezember 1838 schrieb sie in ihr Tagebuch über Thalberg, den sie gerade gehört hatte: «Als Spieler steht er groß da, doch über Allen steht – Mendelssohn.» Und 1840 beschrieb sie seine Aufführung seines Trios d-Moll und des Mozartschen Klavierquintetts in g-Moll als «meisterhaft und so feurig, daß ich mich... der Thränen nicht enthalten konnte... Den Genuß abgerechnet, halte ich es für mich sehr lehrreich, ihn zu hören.» [33]

Als Gewandhausdirektor spielte Mendelssohn im Leipziger Musikleben die führende Rolle. Seine überragende Begabung nötigte Clara und Robert Achtung ab, seine Anteilnahme an ihren Angelegenheiten tat ihnen wohl, und sicher beneideten sie ihn ein wenig um seine hohe Stellung.* Schumann legte Wert auf Mendelssohns Ansichten, und zwar nicht wegen dessen einflußreicher Position, sondern weil er die Erfahrung und Urteilskraft dieses genialen Menschen schätzte, dem das Leben so vieles geschenkt hatte – Wohlstand, die beste Ausbildung und reiche Erfahrung trotz seiner jun-

* Obwohl Schumann und Mendelssohn ungefähr gleichaltrig waren, standen sie nicht auf Du und Du, wie Schumann mit anderen wie z. B. Ferdinand David und Ferdinand Hiller.

gen Jahre, gesellige Talente und organisatorische Begabung, eisernen Fleiß und strenge Selbstdisziplin. Clara, von der Robert behauptete, «ein schönes Wort von M. macht sie stundenlang glänzen»[34], holte sich bei diesem mehr als einmal Rat und Hilfe, ohne daß Robert davon wußte. So zum Beispiel im November 1843: da Schumann zu keiner Entscheidung über die Rußlandreise kommen konnte, an die sie seit langem ihr Herz gehängt hatte, wandte sie sich hilfesuchend an Mendelssohn. Am 9. Dezember 1843 konnte sie ihm berichten:

Mein Mann spricht jetzt ernstlich von unsrer Reise, worüber ich sehr glücklich bin, ich weiß aber auch, wem ich dies zu danken habe. Wenn ich an den Morgen denke, wo ich in Verzweiflung zu Ihnen kam, schäme ich mich und denke, ich muß Ihnen recht kindisch erschienen sein, doch werde ich nie vergessen, wie freundlich und geduldig Sie mich anhörten, und mit welcher Vertrauen erweckenden Teilnahme Sie allen meinen Wünschen entgegenkamen.[35]

Anscheinend hat Clara die Tatsache, daß sie hinter dem Rücken ihres Mannes einen Freund eingespannt hatte, weniger beunruhigt als die Angst, sie könnte für kindisch gehalten werden.

Sie hielt die Verbindung mit Mendelssohn bis zu seinem Tode aufrecht, mit seinen Angehörigen auch noch darüber hinaus. Felix' Mutter und seine Schwester Fanny Hensel hatte Clara in Berlin kennengelernt und sich zu Fanny spontan hingezogen gefühlt. Zwar war sie von ihren Kompositionen nicht besonders beeindruckt, doch menschlich war sie ihr sympathisch. Vielleicht zählte die Aussicht auf die Freundschaft mit einer so hervorragenden Frau auch als Pluspunkt, als Robert und Clara sich im Frühjahr 1847 mit Gedanken an eine Übersiedlung nach Berlin trugen.[36] Fanny Hensels Tod kurz danach, im Mai 1847, sechs Monate bevor ihr Bruder starb, war für alle ein schwerer Schlag.

Als Schumann in die Pflegeanstalt kam, bot Felix' Bruder Paul, der Bankier, Clara in so taktvoller Form seine Unterstützung an, daß Clara nicht ablehnen mochte, obwohl sie finanzielle Hilfe von anderer Seite zurückgewiesen hatte.

Der jüngste Sohn von Clara und Robert Schumann erhielt den Namen Felix in Erinnerung an den Freund – «Der Unvergeßliche!» schrieb Robert aus der Anstalt.[37]

JOSEPH JOACHIM, 1831–1907

Als Konzertkünstlerin war Clara mit zwei Musikern, nämlich dem Geiger Joseph Joachim und dem Sänger Julius Stockhausen, am innigsten verbunden. Beide waren jünger als sie, erlangten ihre Berühmtheit aber relativ früh im Leben und wurden von Clara selbst wie auch vom Publikum als technisch und musikalisch mit ihr auf gleicher Stufe stehend angesehen.

Die langjährige Freundschaft mit Joachim war besonders eng. Clara lernte ihn als zwölfjährigen Jungen kennen, als er in Leipzig auftauchte, um bei Ferdinand David, dem Konzertmeister des Gewandhausorchesters, Unterricht zu nehmen. Im Mai 1853 kam er, von Robert dazu aufgefordert, nach Düsseldorf; er sollte beim Niederrheinischen Musikfest, für das Robert als Musikdirektor der Stadt mitverantwortlich war, das Violinkonzert von Beethoven spielen. Joachims glänzender, dabei künstlerisch tiefempfundener Vortrag machte auf beide Schumanns großen Eindruck.[38] In den folgenden Monaten kam Joachim häufig nach Düsseldorf. Im August desselben Jahres spielte er mit Clara zusammen Kammermusik, und am 27. Oktober war er der Solist bei einem öffentlichen Konzert, in dem Schumanns neue *Fantasie* op. 131, die ihm zugeeignet war, zum erstenmal aufgeführt wurde.[39]

Als Robert erkrankte, waren Joachim und Brahms die beiden Menschen, auf die Clara in ihrer Not am meisten vertraute. Sie sprach zwar Joachim nicht mit Du an, schrieb aber im Juli 1854, kurz nachdem ihr Mann nach Endenich gebracht worden war, über ihn ins Tagebuch:

> Auch ist er mir ein ebenso teurer Freund wie Brahms, und auch zu ihm fühle ich das tiefste Vertrauen, sein Gemüt, sein Empfinden ist so zart, daß er mein leisestes, zartestes Empfinden gleich versteht. Diese zwei Freunde, wie sind sie so recht wie für Robert geschaffen – er kennt sie noch nicht, wie ich! erst im Unglück lernt man seine Freunde kennen.[40]

Ihre ersten Konzerte in dieser Zeit gab sie zusammen mit Joachim. Die beiden ließen keine Gelegenheit zum gemeinsamen Musizieren aus, ob daheim oder im Konzertsaal. Er imponierte ihr durch sein Spiel und seine Musikalität mehr als alle anderen Instrumentalisten der Zeit. Beider Zusammenspiel in den Beethovenschen Sonaten für Violine und Klavier wurde immer besonders gerühmt. Sie harmonierten vollkommen miteinander, dieser Einklang bereitete ihnen – und den Zuhörern – den höchsten Genuß. (Clara ging auch oft mit Joachims Frau, einer Mezzosopranistin, auf Tournee. Amalie Joachim gehörte – wie Julius Stockhausen – zu den wenigen Sängerinnen bzw. Sängern, bei denen sie bereit war, die Klavierbegleitung zu übernehmen. Diese beiden sah sie als Kollegen an, nicht als «Unterstützung».) Die Zusammenarbeit mit Joachim in England und auf dem Kontinent dauerte von 1854 bis in die sechziger Jahre.

Clara hatte Joachim so gern um sich, daß sie hin und wieder meinte, es wäre schön, wenn sie beide in derselben Stadt wohnen könnten. Im Januar 1858 schrieb sie ihm, wie wichtig es für sie sei, daß «Ihr* mit Rath und That mir beisteht, mich erhebt durch Eure Musik und zum Selbst-Studium begeistert durch Tadel und Lob».[41] Da dieses unmöglich war, korrespondierten sie vierzig Jahre lang miteinander.** Beide waren vorrangig darbietende Künstler, deshalb geht es in den Briefen meist um praktische Probleme mit Dirigenten, Orchestern, Terminen und Reiserouten, um musikalische Fragen wie Tempi und Interpretation und um die körperlichen Beschwerden, die bei Instrumentalisten üblich sind. Clara fragte Joachim gern um fachlichen Rat wegen ihrer Karriere. Er ging, ebenso wie Brahms, teilnehmend auf sie ein, fand auch auf die banalsten Fragen eine Antwort und wurde nicht müde, seine Bewunderung für ihre Kunst zu beteuern.

Die Trennung zwischen Joseph und Amalie Joachim Anfang der achtziger Jahre und die Auflösung ihrer Ehe machten Clara viel Kummer. Die bevorstehende Scheidung erinnerte sie wohl schmerzlich an die so viele Jahre zurückliegende Katastrophe ihres eigenen Familienlebens; sie schrieb ganz erschüttert an einen gemeinsamen Freund, daß sie, selbst für ein Engagement, nur ungern nach Berlin komme, weil die Situation des Ehepaars Joachim sie so

* d. i. Brahms und Joachim, d. Ü.

** Viele der mehreren hundert Briefe liegen gedruckt vor in: *Briefe von und an Joseph Joachim*, Bd. 1–3, Berlin 1911–1913.

stark belaste.[42] Jedoch ergriff sie im Gegensatz zu Brahms nicht Partei und versuchte die Freundschaft sowohl mit Joseph wie mit Amalie so lange wie möglich aufrechtzuerhalten.

Als Direktor der Königlichen Hochschule für Musik in Berlin versuchte Joachim jahrelang, Clara als Dozentin zu gewinnen. Am Ende gab er es auf: ihre Bedingungen waren immer so hoch angesetzt (vermutlich wollte sie sich gar nicht an eine feste Stellung binden), daß ihm die dafür notwendigen Mittel nicht genehmigt wurden. Joachim selbst hatte zwar größte Hochachtung für Clara Schumann, aber anscheinend war ihre Berühmtheit kein Argument angesichts der gesellschaftlichen Vorurteile gegenüber Frauen – vielleicht hat Joachim die Angelegenheit deswegen nicht einmal besonders eifrig betrieben. In einem Brief wegen einer Stellenbesetzung an Ernst Rudorff, inzwischen Leiter der Abteilung für Klavierspiel an der Hochschule, erwähnte er, daß er Frau Schumann deshalb nicht in Betracht gezogen habe, weil hauptsächlich junge Männer zu unterrichten seien, auch stehe eine Summe, die sie zufriedenstellen würde, nicht zur Verfügung. Rudorff, der selbst ein Schüler von Clara war, stimmte ihm zu.[43] Als Clara dann 1878 eine Lehrtätigkeit in Frankfurt übernahm, war Joachim ein wenig gekränkt; trotzdem blieb die Freundschaft bestehen.

Es gehörte zu den Freuden ihrer letzten Lebensjahre, Joachim musizieren zu hören. Im Mai 1890 schrieb sie ihm, sein Spiel habe sie alle körperlichen Schmerzen vergessen lassen.[44] Als er sie vier Jahre später auf der Durchreise besuchte, bemerkte sie in ihrem Tagebuch: «Die Geige hatte er mitgebracht, aber ich wollte mal den Menschen, den Freund nicht den Geiger haben!»[45]

JULIUS STOCKHAUSEN, 1826–1906

Julius Stockhausen lernte Clara im ersten Sommer kennen, den Robert in Endenich zubrachte; nach nur einmaligem Hören feierte sie ihn als eine «wahrhaft erfreuliche Erscheinung am Kunsthimmel» und nannte ihn «herrlicher Sänger», ein Beiname, der ihm von da an im Schumannschen Familienkreise anhaftete.[46] Stockhausen, Bariton, als Elsässer in Paris ausgebildet, war einer der ersten großen

Liedinterpreten des 19. Jahrhunderts. Er brachte als erster Schuberts und Schumanns Liederzyklen als Ganzes zu Gehör: Schuberts *Schöne Müllerin* 1854, Schumanns *Dichterliebe* 1861, am Klavier begleitet von Brahms, und 1862 von Clara Schumann; später wurden Robert Schumanns *Frauenliebe und Leben*, der *Liederkreis* und das *Spanische Liederspiel* von ihm erstmals vollständig gegeben.[47] Zu Stockhausens Verdiensten zählt auch sein Eintreten für Schumanns *Faust*-Szenen. Der Kölner Dirigent Ferdinand Hiller wollte nur Teile davon bringen, doch Stockhausen telegrafierte «tout ou rien»; Hiller gab nach, und so fand die erste vollständige Aufführung des wenig bekannten Werkes 1862 in Köln statt.[48] Im April 1855 hatte Clara versucht, einen Besuch von Stockhausen und Brahms in Endenich zum gemeinsamen Musizieren zu arrangieren, um Robert eine Freude zu machen. Aber der Plan zerschlug sich, und Schumann hat den jungen Sänger nicht mehr erlebt.[49]

Ebensosehr wie Clara von Stockhausens Stimme und Musikalität entzückt war, wurde sie von ihm bewundert. «Mme. Schumann ist einer jener seltenen Menschen, für die ich ans Ende der Welt gehen würde... Was für eine Künstlerin!» schrieb er 1856 an seinen Vater.[50] Durch die Bekanntschaft mit ihr erweiterte sich sein musikalischer Freundeskreis; das galt anfangs für Brahms und Joachim; später kamen in London – wo er 1859 mit Clara zusammen konzertierte – die mit Clara befreundeten Sängerinnen Jenny Lind und Pauline Viardot sowie Ferdinand Hiller hinzu.

Stockhausens Ernennung zum Musikdirektor in Hamburg im Jahr 1862 war eine schwere Enttäuschung für Brahms und damit auch für Clara, doch die freundschaftliche Beziehung und musikalische Zusammenarbeit zwischen den dreien blieb trotzdem bestehen. Bald nachdem Clara nach Frankfurt übersiedelt war, um am Hochschen Konservatorium zu unterrichten, kam Stockhausen als leitender Gesangspädagoge an dasselbe Institut. Er verwickelte sich bald in Auseinandersetzungen mit dem Direktor Joachim Raff und verließ das Konservatorium für eine Zeitlang, kehrte aber nach Raffs Tod wieder zurück. Später machte er eine eigene Gesangsschule in Frankfurt auf. Er und Clara blieben bis zuletzt kollegial und freundschaftlich miteinander verbunden.

PAULINE GARCÍA-VIARDOT, 1821–1910

Der Schauspielerin, Sängerin, Pianistin, Komponistin, Pädagogin und begabten Malerin Pauline García, Tochter des berühmten spanischen Sängers und Impresarios Manuel García, begegnete Clara erstmals im Juni 1838 in Leipzig, und sie war sich sofort darüber im klaren, daß sie es mit einem überragenden Geist zu tun hatte. Pauline war ganz anders als die Sängerinnen, die sie kannte. Sie habe ein lebendiges Interesse an der Musik und sei die musikalischste Sängerin, die es gebe, berichtete Claras Tagebuch. Die beiden jungen Mädchen – fast siebzehn die eine, die andere noch nicht neunzehn – freundeten sich schnell an; 54 Jahre später nannte Pauline sie «die zwei ältesten Freundinnen des Jahrhunderts».[51] Paulines Meisterschaft im Singen, ihr wacher Intellekt (sie las Goethe und Schiller mit echtem Verständnis) und ihre sonstigen Talente wirkten auf Clara zunächst einmal einschüchternd und brachten ihr Selbstvertrauen ins Wanken, und nur der Zuspruch ihres Vaters und Paulines nie versagende positive Ausstrahlung richteten sie wieder auf. Was die ernsthafte Clara an Pauline faszinierte, waren das impulsive Temperament und die Sorglosigkeit; halb ungläubig, halb neidisch schaute sie zu, wie Pauline das Leben in vollen Zügen genoß.

Obwohl sie charakterlich so verschieden waren, respektierten die beiden einander und freuten sich jedesmal, wenn – was selten genug geschah – ihre Wege sich kreuzten. Nachdem Clara sich drei kleine Operetten, die Pauline komponiert und mit ihren Schülern einstudiert hatte, dreimal angehört hatte, schrieb sie an Brahms: «...ich fand wieder bestätigt, was ich immer gesagt, sie ist die genialste Frau, die mir je vorgekommen.»[52]

Im Lauf der Jahre führte das Leben sie immer wieder einmal zusammen: 1839 in Paris sahen sie sich fast täglich, 1843 traten sie zusammen mit Mendelssohn in einem Leipziger Konzert auf, 1856 trafen sie sich in London, 1858 in Budapest, 1862 in Paris. Pauline redete Clara zu, das Landhaus in Baden-Baden zu kaufen, wo sie zehn Jahre lang den Sommer in nächster Nachbarschaft verbrachten.

1844, als Robert und Clara Schumann in Rußland eintrafen, war

Pauline Viardot gerade dabei, ihre Tournee, die einem Triumphzug glich, abzuschließen. In ihrem Abschiedsinterview für die Presse soll sie gesagt haben: «Ich lasse Ihnen Clara Schumann hier. Ihr Gesang auf dem Klavier ist besser als der meinige.» [53]

KAPITEL 11

Clara Schumann als Komponistin und Herausgeberin

Clara Schumanns Leistungen als Komponistin und Herausgeberin der Werke ihres Mannes sind weit weniger bekannt als ihre Erfolge auf der Konzertbühne. Offenbar war sie sich selbst nicht sicher, was die Qualität ihrer musikalischen Produktion anging, und es gibt kaum Aufzeichnungen von ihr zu diesem Thema. Ohne Zweifel war sie eine große Interpretin und eine in einmaliger Weise befähigte und begabte Musikerin. Hin und her gerissen zwischen Schaffensfreude und Entmutigung, gab sie das Komponieren nicht auf und versuchte es immer wieder, solange ihr Mann lebte. Eine ganze Reihe ihrer Kompositionen sind hervorragend. Ihr Œuvre insgesamt ist zwar nicht das eines erstrangigen Komponisten, hat aber doch die Musik des 19. Jahrhunderts bereichert und ist lohnend für jeden, der sich damit beschäftigt.

Das Interesse der Musikwissenschaft an ihren Kompositionen gilt auch der Frage, was sie über die wechselseitige musikalische und persönliche Abhängigkeit von Clara und Robert Schumann aussagen. Schon 1832 rechnete Robert Schumann damit, daß die Zwölfjährige seine Kompositionen an seiner Stelle aufführen würde. Ihre Korrespondenz im Jahr 1833 war voll von musikalischen Spielen,

Rätseln und geheimen Botschaften, die sich auf die Musik bezogen, die sie beide erschufen. 1834 bat Clara Robert, ihr bei ihrem Klavierkonzert zu helfen. In den Jahren vor 1840 teilten sie einander musikalische Einfälle mit und zitierten jeder aus des anderen Werken. Ab 1839 wiesen sie einander auf Gedichte hin, die sich zur Vertonung eigneten. In diesem Jahr schrieb Robert an seinen alten Lehrer Heinrich Dorn, Clara sei die Inspiration für alle seine größeren Klavierwerke gewesen. Manchmal sagte er, er könne während des Komponierens ihre Anwesenheit spüren. Sie kritisierten einander, holten sich Rat und widmeten sich gegenseitig bedeutende Werke. Nach ihrer Heirat betraute Robert Clara damit, einige seiner Werke für Klavier einzurichten. Er drängte sie ständig, zu komponieren und ihre Manuskripte zu katalogisieren, zu ordnen und aufzubewahren. Er korrespondierte über ihre Kompositionen mit Verlagen, eine Aufgabe, die Clara selbst wohl nicht übernommen hätte. Das Ehepaar studierte und arbeitete zusammen an Projekten, vom Studium der Fugen Bachs bis zu der Orchester- und Kammermusik von Haydn, Mozart und Beethoven. Sie ermutigten, unterstützten und inspirierten einander vor und während ihrer Ehe.

Seit Claras frühkindlichen Übungen am Klavier gehörte das Improvisieren zu ihrer täglichen Routine. Dank der Unterrichtsmethode ihres Vaters war schon die fünfjährige Clara imstande, Kadenzen in allen Dur- und Molltonarten zu spielen, noch ehe sie Noten lesen konnte; er ließ sie auch nach dem Gehör gelernte kleine Stücke transponieren und über eigene oder vorgesehene Themen improvisieren. Noch Jahrzehnte später, als sie bereits über siebzig war, begann sie ihre täglichen Klavierübungen mit improvisierten Präludien. 1895, wenige Monate vor ihrem Tod, schrieb sie diese auf Drängen ihrer Tochter – wenngleich widerstrebend – nieder. In ihrem Tagebuch notierte sie: «Gern schrieb ich mal meine Präludien, die ich immer vor den Tonleitern mache, auf, aber es ist so schwer, weil ich sie immer wieder anders mache, wie es mir eben gerade am Clavier einfällt.» Der Akt der Fixierung auf dem Papier stand wohl im Gegensatz zum Zweck der Übung, nämlich ihrer Vorstellungskraft freie Entfaltung zu ermöglichen und sich die Inspiration am Klavier zu bewahren. Sie ließ sich jedoch überreden, und so blieben die Präludien erhalten, wiewohl sie nicht gedruckt wurden.[1]

Der Unterricht in Harmonielehre, Kontrapunkt und Komposition begann, als Clara knapp zehn Jahre alt war; auf ihren ersten Konzertprogrammen erschienen bereits, wie um 1830 allgemein üblich, eigene Kompositionen. Für Friedrich Wieck hatten Konzerte den doppelten Zweck, das Publikum mit seiner eigenen Leistung und der seiner Tochter zu beeindrucken und zugleich seinen Geldbeutel zu füllen, indem er dem Publikum die Art von Musik präsentierte, an die es gewöhnt war. Eine Improvisation oder eine Originalkomposition wurde in fast jedes Konzert aufgenommen, das Clara zwischen 1830 und 1838 gab. Viele dieser Werke für Singstimme oder für Klavier, mit oder ohne Orchester, sind verschollen; wir wissen von ihnen nur durch ihre Erwähnung in den Tagebüchern, in Litzmanns Biographie oder in den Programmzetteln ihrer Konzerte.* Geht man von den erhaltenen Kompositionen aus, so läßt sich annehmen, daß die ersten Stücke für Klavier dem Publikumsgeschmack entsprachen: technisch brillant und im Stil den von ihr dargebotenen Stücken von Henri Herz und Friedrich Kalkbrenner ähnlich. Innerhalb weniger Jahre jedoch – und noch unter Wiecks Aufsicht – begann sie einen neuen Stil zu entwickeln.

1837, als Clara und ihr Vater auf dem Weg nach Wien waren, erschien in einer Prager Zeitung – vermutlich mit Wiecks Zustimmung – ein Artikel, der Clara der «romantischen Schule» zuordnete und sie dadurch mit Komponisten wie Chopin, Mendelssohn und Schumann in Zusammenhang brachte.[2] Die meisten Beschreibungen ihrer Werke, damals wie später, bezeichnen ihre Kompositionen als «chopinesque» oder «schumannesque» oder stellen eine Ähnlichkeit mit Mendelssohn fest. (Sogar Brahms wird erwähnt, obwohl sie seine Musik erst kennenlernte, als die meisten ihrer Kompositionen bereits existierten.) Sie war zwar zehn Jahre jünger als jene, war sich aber der musikalischen Strömungen der Zeit bewußt. Sie hörte und spielte alle Musik, ob alt oder neu, die in Leipzig in den dreißiger Jahren aufgeführt oder veröffentlicht wurde. Darüber hinaus spielten Chopin*, Mendelssohn und Schu-

* Vgl. Anhang.

mann Clara selbst ihre Kompositionen vor, so wie Clara umgekehrt ihnen ihre eigenen Stücke vorspielte.

Clara hörte, ebenso wie Chopin, die Opern von Vincenzo Bellini, Gaetano Donizetti und Gioachino Rossini und ließ sich davon beeinflussen. Wie Liszt war sie hingerissen von der blendenden Virtuosität Niccolò Paganinis. Durch Mendelssohn wurde sie mit Johann Sebastian Bach vertraut, durch Schumann lernte sie wahrscheinlich die *Symphonie Fantastique* des «radikalen» französischen Komponisten Hector Berlioz kennen, ein Werk, das Robert im Sommer 1835 in einem bemerkenswerten Aufsatz in der *Neuen Zeitschrift* analysierte. Die Musik, die Clara in ihrer Mädchenzeit schrieb, spiegelt alle diese Einflüsse wider.

Wieck war Neuem gegenüber aufgeschlossen und zählte sich – und damit auch seine Tochter – zur musikalischen Avantgarde. Seine Identitätsverwirrung wird in Einträgen von seiner Hand in Claras Tagebuch deutlich: «Ich mache jetzt zum Druck fertig die *Valses Romantiques*... und den Ersten Satz des Concerts» – «Ich spielte mein Concert (wovon der 1te Satz eben fertig geworden war)» – «d. 27 erschien mein Concert O. 7»[3]. Derartige Äußerungen sowie die herrschende Meinung, daß Frauen unfähig seien zu komponieren, mögen zu der weitverbreiteten Annahme geführt haben, Wieck habe Claras Kompositionen verfaßt. Dennoch steht fest, daß er nicht für sie schrieb. Seine eigenen veröffentlichten Werke haben weder den Charme noch die Leichtigkeit auch nur ihrer ersten Versuche. Ihre zunehmende Bedeutung als Komponistin und Wiecks eigene Äußerungen freudiger Überraschung angesichts ihrer Begabung[4] strafen die Behauptung Lügen, er habe ihre Werke komponiert. Natürlich hatte Clara ihm die kreativitätsfördernde musikalische Erziehung und Umgebung, für die er sorgte, zu verdanken; ihre Kompositionen aber waren ihre eigene Leistung.

In den Kompositionen der zwölfjährigen Clara lassen sich schon viele Charakteristika der neuen Romantik erkennen: die Bravour-

* Frédéric Chopin besuchte Clara in Leipzig am 27. September 1835 und ein zweites Mal am 12. September 1836.

technik, lyrische, arienhafte Mittelteile, Miniaturformen mit außermusikalischen Assoziationen, die Lockerung der regelmäßigen Phrasenstruktur, Experimente mit Rhythmus und Metrum und der Gebrauch von Tanzformen wie Polonaise und Mazurka. Zugegeben, Clara verfügte weder über den Ideenreichtum noch die Originalität, noch die schöpferische Begabung der führenden Komponisten dieser «neuen romantischen» Schule, aber sie wurde als dazugehörig betrachtet.

Um 1840, dem Jahr ihrer Heirat, hatte die Konzertpraxis sich geändert; es wurde vom Konzertkünstler nicht länger verlangt, eigene Kompositionen darzubieten oder zu improvisieren. Außerdem war Clara Schumann, die nie übertriebenen Wert auf ihr eigenes Werk legte, nun eifrig darauf bedacht, die Schöpfungen ihres Mannes vorzustellen und zu spielen. Ihre eigenen Kompositionen wurden jedoch darüber nicht völlig vernachlässigt: die Programme vieler ihrer Konzerte nach 1840 verzeichnen zumindest ein Werk von Clara Schumann, gewöhnlich ein Lied oder ein kurzes Klavierstück, das, wie die Kritiken zeigen, stets gut aufgenommen wurde.

Als verheiratete Frau hielt sie sich bei ihren Kompositionsversuchen eng an das Vorbild ihres Mannes. Ihre ersten Werke nach der Heirat waren Lieder nach Versen – wie Roberts Lieder – von Friedrich Rückert, Emanuel Geibel, Heinrich Heine und Robert Burns. Von beiden, Robert und Clara, gibt es Werke, die ihre gemeinsamen Studien der Kontrapunkttechniken und der klassischen Meister widerspiegeln. Claras op. 16 besteht aus drei Präludien und Fugen, und ihr Trio für Klavier, Violine und Violoncello op. 17, ihr weitaus wichtigstes Werk, ist in der klassischen Form strukturiert, aber von romantischer Zartheit und Poesie erfüllt.

Obwohl ihr Mann ihre Produktionen ermutigte und lobte und sich dafür einsetzte, das sie gedruckt wurden, zweifelte er, ob sie genügend Zeit für die schöpferische Arbeit aufbrachte. Eine Eintragung im Ehetagebuch vom 17. Februar 1843 verrät seine Bedenken:

Klara hat eine Reihe von kleineren Stücken geschrieben, in der Erfindung so zart und musikreich, wie's ihr früher noch nicht gelungen. Aber Kinder haben und einen immer phantasirenden Mann, und componiren geht nicht zusammen. Es fehlt ihr die anhaltende Uebung, und dies rührt mich oft, da so mancher innige Gedanke verloren geht, den sie nicht auszuführen vermag. Klara kennt aber selbst ihren Hauptberuf als Mutter, daß ich glaube, sie ist glücklich in den Verhältnissen, wie sie sich nun einmal nicht ändern lassen.

Clara selbst hatte dem Komponieren gegenüber eine zwiespältige Einstellung. Zweifellos brachte das schöpferische Tun ihr innere Befriedigung. «Es geht doch nichts über das Selbstproduzieren, und wäre es nur, daß man es täte, um diese Stunden des Selbstvergessens, wo man nur noch in Tönen atmet», schrieb sie nach Vollendung ihrer sechs Lieder op. 23 im Jahr 1853. Als sie das Trio geschaffen hatte, trug sie in ihr Tagebuch ein: «Es geht doch nichts über das Vergnügen, etwas selbst komponiert zu haben und dann zu hören.» Doch wird ihre Unsicherheit deutlich, wenn wir weiter lesen: «Es sind einige hübsche Stellen in dem Trio, und wie ich glaube, ist es auch in der Form ziemlich gelungen, aber natürlich bleibt es immer Frauenzimmerarbeit, bei denen es immer an der Kraft und hie und da an der Erfindung fehlt.» Ihr geringes Zutrauen zum eigenen Kompositionstalent äußerte sich erneut ein Jahr später: «Mein Trio erhielt ich heute auch fertig gedruckt; das wollte mir aber nicht sonderlich auf des Roberts (D-moll) munden, es klang gar weibisch sentimental.»[5]

Andere Musiker spielten das Trio gerne und waren sich der Skrupel, die Clara plagten, nicht bewußt. So schrieb ihr beispielsweise Joachim am 13. März 1860: «Hätte ich dafür lieber Ihr Trio hören können [statt Musik von Moritz Hauptmann]; ich entsinne mich eines Fugato im letzten Satz – und daß Mendelssohn ein Mal... großen Spaß darüber hatte, daß ich's nicht glauben wollte, eine Frau könne so etwas componiren, so ernst und tüchtig!»[6] Doch selbst dieses Lob von einem geschätzten Kollegen konnte sie nicht vom Wert ihres Trios überzeugen. Sie spielte die Trios ihres Mannes weit häufiger als ihr eigenes. Mit den Handschriften ihrer Werke ging sie ziemlich nachlässig um, während die Autographen von Roberts Kompositionen gesammelt und sorgfältig verwahrt wurden.

Claras widersprüchliche Einstellung gegenüber ihrem musikalischen Schaffen kam bereits vor ihrer Heirat zum Vorschein. Am 26. November 1839 vertraute sie ihrem Tagebuch an:

Ich glaubte einmal das Talent des Schaffens zu besitzen doch von dieser Idee bin ich zurückgekommen, ein Frauenzimmer muß nicht componiren wollen – es konnte es noch Keine, sollte ich dazu bestimmt seyn? das zu glauben wäre eine Arroganz, zu der mich blos der Vater einmal in früherer Zeit verleidete, ich kam aber bald von diesem Glauben zurück. Möge Robert nur immerhin schaffen, das soll mich immer beglücken.

Noch kurz zuvor hatte sie an Robert geschrieben: «Es ist doch eine Sünde wie lange ich nichts componirt hab! der Vater ist ganz außer sich darüber, ich bin aber auch oft unglücklich darüber, überhaupt so unzufrieden mit mir selbst, daß ich es gar nicht sagen kann.»[7]

Die Korrespondenz mit Robert über ihre *Trois Romances* enthält weitere Äußerungen solcher Ambivalenz. Am 18. April 1839 schrieb sie aus Paris: «Gestern war ich sehr glücklich Abends; ich hatte eine hübsche Idee zu einer kleinen Romanze, doch heute bin ich schon wieder nicht damit zufrieden.» Einige Tage später schrieb sie: «...ich habe ein ganz kleines Stückchen geschrieben weiß aber nicht wie ich es nennen soll... Ich hab eine sonderbare Furcht Dir etwas von meiner Composition zu zeigen, ich schäme mich immer.»[8] Sie war sogar beleidigt, als Robert darum bat, die dritte Romanze sehen zu dürfen, und sie dann mit Änderungen und Anregungen zurücksandte.

Die Idylle [*Romanze* Nr. 3] hab ich bekommen und danke Dir, mein Lieber, dafür, doch verzeihst Du mir gewiß, wenn ich Dir sage, daß mir einiges daran nicht gefällt. Den Schluß, mir fast das Liebste, hast Du ganz und gar geändert, und der machte auf Jeden Effekt, dem ich ihn vorspielte... Du bist mir doch nicht bös?[9]

Clara fand es offenbar angebracht, ihr eigenes Werk herabzusetzen, reagierte aber empfindlich auf Kritik von anderer Seite.

Zwar liegt es nahe, gesellschaftliche Bedingungen für Claras widersprüchliche Haltung und mangelndes Selbstvertrauen verantwortlich zu machen, doch liefern ihre eigenen Briefe und ihr Tagebuch zahlreiche Beweise, daß die schöpferische Inspiration ihr nicht leicht zufiel. Sie beneidete und bewunderte jene, die etwas schaffen konnten, glaubte aber, ihre eigene wesentliche Kompetenz läge auf dem Gebiet der Darbietung; sie sah sich selbst eher als eine interpretative denn als kreative Künstlerin.[10] Ob sie mehr komponiert hätte oder stärker von ihrem Kompositionstalent überzeugt gewesen wäre, wenn sie einen anderen Mann als ausgerechnet einen Komponisten geheiratet hätte, ist fraglich. Sie komponierte, weil alle professionellen Musikkünstler dies taten; sie war dazu erzogen zu komponieren und erfüllte pflichtschuldig die Erwartungen ihres Vaters und des Publikums.

Als ihre Beziehung zum Vater lockerer wurde und er sie nicht länger zur Komposition drängte, entdeckte sie, daß ihr Ehemann – in dessen Leben gerade dies das Wesentliche war – ähnliche Erwartungen hegte. Im Mai 1840, als Robert Schumann sich mitten in einer fieberhaft exaltierten schöpferischen Periode befand und an seinen besten Liedern arbeitete, mahnte er: «Schreib mir doch wieder von dem, was Du siehst und hörst und – komponierst. Versuch' es doch mit Gesang, Du wirst sehen, es wird Dir glücken.» [11]

Einge Monate nach ihrer Heirat, im Januar 1841, finden wir im Ehetagebuch folgende dringliche Aufforderung von Robert an seine Frau: «Vom Montag – Montag den 11ten sind 9 Lieder a. d. Liebesfrühling v. Rückert fertig geworden, in denen ich denke wieder einen besonderen Ton gefunden zu haben. Klara soll nun auch a. d. Liebesfrühling einige componiren. O thu' es Klärchen!»

Für Clara war jedoch Komponieren nie ganz leicht, und die Verpflichtungen im Haushalt machten es noch schwieriger. Nach ihrer Heirat entstanden ihre Kompositionen fast immer zu Weihnachten, zu Geburtstagen oder auf spezielle Aufforderung ihres Mannes. Sie empfand die Ehe mit einem musikalischen Genie als einschüchternd und äußerte öfter die Befürchtung, sie könnte sich selbst und ihm nicht genügen. Ihre Stimmungen schwankten heftig. Im Mai 1841 klagte sie im Ehetagebuch: «... mit dem Componieren ist doch auch gar nichts mehr – alle Poesie ist aus mir gewichen.» Gleichwohl schenkte sie Schumann zu seinem Geburtstag am 8. Juni vier Lieder und freute sich, wie sie im Ehetagebuch schrieb, daß er sie «nachsichtsvoll» behandelte und «sie sogar mit Einigen Eigenen herausgeben» wolle. Im September, als die Lieder zusammen als sein op. 37 und ihr op. 12 erschienen*, nannte sie ihre eigenen Resultate «einige schwache Produkte von mir».

* Die Veröffentlichung zu diesem Datum war von Robert als Überraschung zu ihrem Geburtstag gedacht.

Im Dezember 1840, drei Monate nach ihrer Heirat, notierte Clara im Ehetagebuch:

Alle Zeit, wo Robert ausgegangen war, brachte ich mit Versuchen, ein Lied zu componiren, (was immer sein Wunsch) zu, und es ist mir denn endlich auch gelungen *Dreie* zu Stand zu bringen, die ich ihm zu Weihnachten überreichen will. Sind sie freilich von gar keinem Werth, nur ein *ganz schwacher Versuch*, so rechne ich auf Roberts Nachsicht, und daß er denken wird es ist ja der beste Wille dabei gewesen, auch diesen Wunsch, wie alle seine Wünsche, ihm zu erfüllen. Sey gnädig, mein Freund, und schone dieser schwachen, aber mit voller Liebe gespendeten Gabe.

Ihre Geschenke an ihn – in Schönschrift auf Schmuckpapier und hübsch mit einem Band zusammengeheftet – waren unweigerlich von sie selbst herabsetzenden Worten begleitet. 1841 arbeitete sie an einer Sonate und vollendete zu Weihnachten erst zwei Sätze. Das Werk war überschrieben: «Nimm es mit Liebe auf, mein guter Mann, und schenke Nachsicht Deiner Clara.» Ihr op. 20, mehr als zehn Jahre später komponiert, war überschrieben: «Meinem geliebten Manne zum 8ten Juni 1853 dieser schwacher Wieder-Versuch von seiner Alten Clara.» [12] Ihre widersprüchliche Haltung – einerseits abhängig von Roberts Billigung und andererseits stolz auf ihr eigenes Werk – kommt in einem Brief an ihre Schwester Marie vom 16. August 1853 zum Ausdruck: «...[die Stücke] sind mir zu meiner großen Freude alle so gut gelungen, daß Robert nichts daran zu ändern wußte, und so hat man mit dem älter werden doch auch manche Freuden, die eben nur ein reiferes Denken und Fühlen mit sich bringt.» [13]

Robert war zwar ausdrücklich der Meinung, daß die Rolle der Ehefrau und Mutter Vorrang habe; gleichwohl drängte er sie, ihr eigenes Werk mit Sorgfalt und Achtung zu behandeln: wiederholt ermahnte er sie, Reinschriften von ihren Liedern herzustellen und aufzubewahren. Mit seinem ausgeprägten Ordnungssinn schrieb er die Titelseiten und Inhaltsverzeichnisse ihrer Manuskripte ab; er vermittelte auch die Drucklegung mancher ihrer Werke. Doch die Konflikte, die sich in Claras Briefen und Tagebüchern spiegeln, blieben bestehen bis zum Ende ihrer Laufbahn als Komponistin, die – wie zu erwarten – abbrach, als ihr Mann starb. Nach 1856 schrieb sie nur noch ein einziges Musikstück, einen Marsch zum Hochzeitsjubiläum von Freunden.[14] Danach war die Zeit, die ihr neben familiären Pflichten und Konzertengagements noch übrigblieb, ihrer selbstgewählten Aufgabe als Herausgeberin einer Gesamtausgabe der Werke ihres Mannes gewidmet.

Aus heutiger Sicht läßt sich feststellen, daß Clara Schumann eine begabte und kreative Persönlichkeit war, daß die ihr am nächsten stehenden Männer sie zur Komposition ermutigten, daß gesellschaftlicher Druck sie zwar behindern, aber nicht ganz entmutigen konnte. Ihr Werk, das freilich nicht vom selben Rang ist wie das ihres Mannes, hat gleichwohl viel zu bieten; eine Epoche starker Gärung widerspiegelnd, wirft es ein Licht auf das musikalische Tun und Denken der ersten Jahrzehnte des 19. Jahrhunderts und auf die Musik der «neuen Romantik». Und es beweist klarer als Worte die ungewöhnliche Eintracht zwischen Clara und Robert Schumann.

Seit einiger Zeit finden Clara Schumanns Kompositionen in der Fachwelt steigendes Interesse: seit 1970 sind viele neue Noteneditionen, Tonaufzeichnungen und wissenschaftliche Untersuchungen ihrer Werke veröffentlicht worden.[15] Ein systematischer Katalog und eine vollständige authentische Werkausgabe werden demnächst erscheinen. Die folgende Darstellung der Entstehungs- und Publikationsgeschichte der einzelnen Werke und die zusätzlichen Angaben im Anhang sollen so lange die Lücke füllen, bis das grundlegende Quellenmaterial und die Gesamtausgabe vollständig vorliegen.[16]

KLAVIERWERKE

Von den Klavierwerken Clara Schumanns wurden nur die Hälfte in das *Pianofortewerk* von 1878 aufgenommen. Ausgelassen wurden op. 1 bis 9 und op. 11, alle von der jungen Clara Wieck zwischen 1831 und 1839 komponiert. Einzig das vor ihrer Heirat entstandene Scherzo op. 10 wurde offensichtlich der Aufnahme in diese Sammlung für wert befunden.

Selbst wenn sie derart vom Verlag (und der Komponistin selbst) ignoriert wurden, sind diese frühen Werke von beträchtlichem musikalischem und musikhistorischem Interesse. Beginnend mit Claras op. 2 wird die außergewöhnliche Wechselwirkung und der rege Gedankenaustausch zwischen Robert Schumann und Clara Wieck erkennbar.

In den Jahren 1830 bis 1836 arbeiteten und musizierten die beiden jungen Leute in solcher Nähe zueinander, daß der Ursprung der musikalischen Einfälle, die sie miteinander teilten, heute oft schwer zu bestimmen ist. Schumann verwendete immer wieder Melodien und Worte, in denen er Claras Wesen wiederzufinden glaubte, und verband so seine Liebe zu ihr mit seiner Musik.[17]

So taucht Clara auf mancherlei Weise in Roberts Musik auf, am auffälligsten in den direkten Zitaten aus ihren Kompositionen. Das bekannteste von «Claras» Themen, mit dem Titel «Quasi Variazioni. Andantino de Clara Wieck» (Beispiel 1), das im langsamen

Beispiel 1. Robert Schumann, Sonate in f-Moll, op. 14, dritter Satz, «Quasi Variazioni. Andantino de Clara Wieck».

Satz in Schumanns Sonate in f-Moll op. 14 vorkommt, ist als solches in keinem von Claras erhaltenen Autographen zu finden. Es erinnert jedoch sehr an ein Motiv in Form einer absteigenden Quinte, das sich in vielen ihrer Werke findet und das Schumann mehr als einmal verwendete. Indem er das Thema als Melodie von Clara Wieck bezeichnete, machte er den Namen dieses sechzehnjährigen Mädchens der Welt bekannt. Das Thema erscheint nicht allein in diesem Variationssatz; es spielt, von den kühnen Oktaven in den Anfangsakten des ersten Satzes (Beispiel 2) an, eine vorherrschende Rolle in der ganzen Sonate. Zwar veränderte Schumann meistens

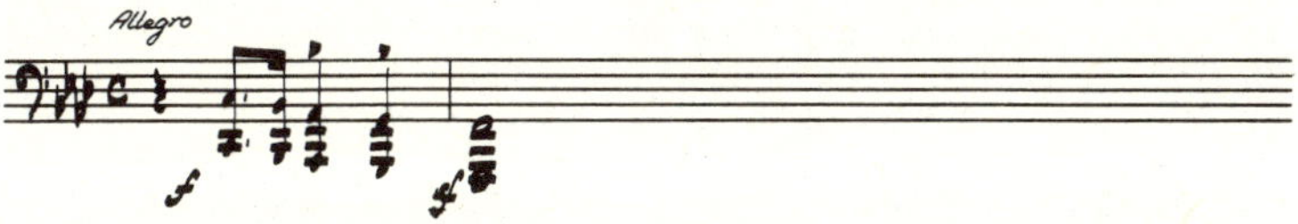

Beispiel 2. Robert Schumann, Sonate in f-Moll, op. 14, erster Satz, «Allegro».

Claras Motive, doch machte es ihm anscheinend Freude, sie zu verwenden und dadurch die besondere Beziehung zwischen Clara Wieck und Robert Schumann hervorzuheben.

Op. 1, Quatre Polonaises pour le pianoforte

Das erste von Claras Werken, das Friedrich Wieck einer Opuszahl und einer Veröffentlichung für wert hielt, waren vier Polonaisen, die sie mit elf Jahren komponierte. Der Rezensent der Berliner Musikzeitschrift *Iris* fand zwar einzelne Passagen interessant, äußerte aber im wesentlichen Kritik an Ihrem Vater:

Also von einer Dame? Nein, diesmal von einem kleinen Mädchen, das erst zur Dame werden will. Die junge Komponistin ist, so viel wir wissen, erst zehn oder elf Jahr alt, und eine bereits sehr fertige Klavierspielerin. Frühe Leistungen sind keine Gewähr für große Leistungen in der Folge; indeß ist so viel gewiß, daß wer früh überhaupt etwas leistet, auch späterhin etwas leisten wird. Die vorliegenden Polonaisen sind ganz artig; bisweilen etwas erzwungen in der Harmonie, oft namentlich dissonierend, aber doch sonst nicht ohne Talent, und von einem guten Rhythmus. Kleine Züge können sogar sehr gefallen. Indessen bleibt freilich zu untersuchen übrig, wie viel das Kind eignen Antheil an der Arbeit hat, wie viel fremde Anleitung dabei gethan hat. Jedenfalls hätten wir es für gut gehalten, wenn die Herausgabe unterblieben wäre. Nicht der Kompositionen halber, denn diese sind so gut und so schlecht wie viele andre moderne Klavierstücke, aber des Kindes halber. Welcher Vernünftige wird Schulexercitia drucken lassen, wenn sie auch gut ausfallen? Aber das ist das leidige Geschick unserer Zeit, nicht dem Bedürfniß der Kunst oder des Publikums, sondern nur dem des Geldbeutels huldigen zu *müssen*, oder dem der Eitelkeit huldigen zu *wollen*.[18]

Wieck scherte sich natürlich nicht um solche Vorwürfe, und Claras op. 2 wurde im folgenden Jahr gedruckt.

Op. 2, Caprices en forme de valse pour le piano

Nachdem er im Mai 1832 die zwölfjährige Clara ihre neu komponierten *Caprices* hatte spielen hören*, äußerte Schumann (dessen «Papillons op. 2 einen Monat zuvor erschienen waren) sich zunächst kritisch. In seinem Tagebuch meinte er: «Sie spielte die neuen Capricen, mit kam's vor, wie ein Husar», und tags darauf: «Sie spielt jetzt wie ein Cavallerist. Die Capricen sind keine, sondern eher Impromptus oder Wiek'sche *moments musicals.*» Eine treffende Bemerkung: die kleinen Tänze sind nicht besonders kapriziös. Wenige Tage später jedoch notierte Robert, der sich schon als Claras besonderer Freund ansah, Clara wolle ihm die Capricen widmen, und trotz der abschätzigen Worte ist daraus ersichtlich, daß ein solches Kompliment ihm gefallen hätte.[19] Wieck fand es aber anscheinend ratsam, dieses Werk statt einem unbekannten jungen Komponisten einer anderen Leipziger Persönlichkeit, Madame Foerster, zu widmen.**

Während der Arbeit an den *Papillons* wohnte Schumann im Wieckschen Hause, daher muß Clara das Werk schon in der Entstehungsphase gehört haben; ihre (vor der Parisreise begonnenen) Capricen wurden zweifellos dadurch beeinflußt. Beide Werke sind von ähnlicher Struktur, eine Reihe lose miteinander verbundener, kurzer Stücke, vielleicht unter dem Einfluß der Tanzsätze von Schubert und Weber. Und in den Anfangstakten der *Caprice* Nr. 1 sowie in den Nummern 3, 5 und 6 verwendet Clara die in den Papillons und in *Carnaval* der Gestalt des Florestan zugeordnete absteigende Figur.[20]

* Die *Caprices* wurden in Paris veröffentlicht, unmittelbar bevor die Wiecks abreisten (Tagebuch, 10. Mai 1832). Sie wurden im August 1832 von Friedrich Hofmeister in Leipzig erneut gedruckt.

** Henriette Foerster geb. Weicke hatte als eines von zwei Mädchen 1825 mit Clara zusammen den Klavierunterricht begonnen.

Op. 3, Romance variée pour le piano

Die *Romance variée* war das erste ihrer Werke, das Clara Robert Schumann widmete. Die komplexe Entstehungsgeschichte des Themas (Beispiel 3) ist eine weitere Bestätigung für die musikalische

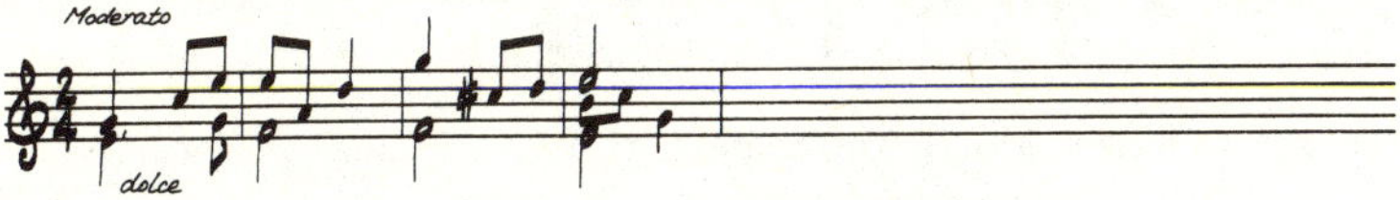

Beispiel 3. Clara Wieck, Romance variée, op. 3, «Romanza».

Interaktion zwischen Clara – sie war dreizehn, als sie dieses Stück komponierte – und dem dreiundzwanzigjährigen Robert Schumann. Das Werk weist zudem in seiner Geschichte Spuren der Dreiecksbeziehung zwischen Clara, Robert und Friedrich Wieck auf. Als Erwachsene knüpfte Clara Schumann an dieses Werk ihrer Kindheit an, als sie geschickt das Thema ihres op. 3 in die Coda ihres op. 20, die Variationen über ein Thema von Robert Schumann, mit einflocht (Beispiel 4). Eine weitere Version ihres Traumes taucht

Beispiel 4. Clara Schumann, Variationen über ein Thema von Robert Schumann, op. 20, Coda, Takte 9–12.

außerdem in Brahms' Variationen über dasselbe Thema von Schumann auf (Beispiel 5). Die Romanze war insofern ein Gegenstand

Beispiel 5. Johannes Brahms, Variationen über ein Thema von Robert Schumann, op. 9, Variation 10, Takte 30–32.

der Schumann-Forschung, als man wußte, daß die Friedrich Wieck gewidmeten *Impromptus sur une romance de Clara Wieck* op. 5 auf dem Thema in eben dieser Romanze von Clara beruhen (Beispiel 6).

Beispiel 6. Robert Schumann, *Impromptus sur une Romance de Clara Wieck*, op. 5 (Fassung von 1833), «Romanza».

1850 revidierte Schumann sein op. 5, verwendete eine geringfügig veränderte Version des Themas (Beispiel 7), änderte «Romanza»

Beispiel 7. Robert Schumann, *Impromptus sur une Romance de Clara Wieck*, op. 5 (Fassung von 1850), «Thema».

in «Thema» und ließ die Widmung an Wieck fallen. Claras *Romance variée* und Schumanns *Impromptus* wurden im Sommer 1833 veröffentlicht, doch reicht die komplizierte Geschichte des Themas bis 1830, vielleicht sogar noch weiter, zurück:

Es wurde stets davon ausgegangen, daß dieses Thema von Clara stamme: Schumann selbst bezeichnete es als ihres, Berthold Litzmann berichtet, daß sie ihr op. 3 im Jahr 1831 spielte, und im Mai 1833, unmittelbar bevor er die Arbeit an den *Impromptus* begann, schrieb Schumann an Clara und bat sie, ihm alle ihre Variationen zu senden.[21] Nun haben jedoch zwei unabhängig voneinander arbeitende Forscher das erste Auftauchen dieses Themas in einem Eintrag in Schumanns Tagebuch für den 28./29. September 1830 aufgespürt (Beispiel 8) und es so als ein Thema von Robert statt von Clara

Beispiel 8. Robert Schumann, Thema aus dem Tagebuch (1830).

identifiziert.[22] Auch hier, wie schon in op. 2, tauschten die beiden jungen Musiker Ideen und Inspiration aus. Es läßt sich spekulieren, daß Clara Robert über seine Melodie improvisieren hörte und sie dann in ihre eigenen täglichen Improvisationen, später in ihr op. 3 einbezog. Vielleicht hat Schumann, nachdem er es von ihr gespielt hörte, die Quelle vergessen und angenommen, es sei ihre musikalische Idee.

Obgleich Schumanns op. 5 eine Verbeugung vor der jungen Dame enthält, so war doch Claras *Romance variée* nicht gerade in einem Stil verfaßt, den er schätzte. Die Variationen sind voller musikalischer Klischees der Zeit, und sie stellen genau die Art von seichter Musik dar, über die Robert Schumann sich in der *Neuen Zeitschrift* lustig zu machen pflegte.[23]

Op. 4, Valses romantiques pour le pianoforte

Clara Wiecks viertes Werk ähnelt ihrem op. 2, doch fehlt ihm die heitere Lebhaftigkeit und die geschlossene Struktur der früheren Tänze. Clara und Robert entwickelten gemeinsam eine musikalische Idee, die aller Wahrscheinlichkeit nach zuerst in ihrem op. 4 erschien: die absteigende Figur der Takte 7–10 (Beispiel 9) tritt na-

Beispiel 9. Clara Wieck, Valses romantiques, op. 4, Takte 7–10.

hezu identisch in der «Valse allemande» in Schumanns *Carnaval* (Beispiel 10) wieder auf.

Beispiel 10. Robert Schumann, Carnaval, op. 9, «Valse allemand», Takte 9–12.

Op. 5, Quatre Pièces caractéristiques ... pour le pianoforte

Die in op. 5 zusammengefaßten, für die «neue romantische Schule» typischen Werke wurden einzeln, jedes mit eigenem Titel, während eines Zeitraums von mehreren Jahren geschrieben. Sie wurden von zeitgenössischen Komponisten sehr geschätzt: eine der Miniaturen spielte Clara im Juni 1836 für Spohr, alle Stücke aus op. 5 und eine Auswahl aus op. 6 im September 1836 für Chopin. Einer Tagebucheintragung Wiecks zufolge erhielt der junge polnische Komponist, der sich hoch beeindruckt zeigte, eine handschriftliche Kopie des Werkes zum Geschenk.[24]

Nr. 1, Impromptu, Le Sabbat

Das Tempo (allegro furioso), große Sprünge, wiederholte chromatische Appoggiaturen, die harte Dissonanzen hervorrufen, Akzente auf leichten Taktteilen, chromatisch aufsteigende Baß-Passagen im Mittelteil – alles für das 19. Jahrhundert typische «dämonische» Anklänge – tragen zu dem magischen Effekt des «Sabbat» bei, einer Anspielung auf den Volksaberglauben vom Hexensabbat, ein Thema, das viele romantische Komponisten beschäftigt hat.

Das Impromptu stand seit November 1834 auf Claras Programm und wurde 1838, nach ihrem Debüt in Wien, als *Hexentanz* in Wien separat veröffentlicht. Sie spielte es für die kaiserliche Familie und den Fürsten Esterhazy, außerdem in einem öffentlichen Konzert am 7. Januar 1838, und es wurde in Wien außergewöhnlich populär.

Nr. 2, Caprice à la Boléro

Der Anfang dieser *Caprice* hat ein sich wiederholendes rhythmisches Muster. Doch schon bald unterbricht die Komponistin das Tripelmetrum durch gerade Takte und durch Synkopen, die einen reizvollen rhythmischen Kontrast bilden. Der Mittelteil (ab Takt 98) ist fließend und lyrisch; die gehaltene Melodie und die sich verändernden metrischen Muster lassen an die rhythmische Erfindungsgabe denken, die in Robert Schumanns *Davidsbündlertänzen* (1837) so bemerkenswert ist.

Nr. 3, Romance

Über die versonnene, schwermütige, als «Andante con sentimento» bezeichnete Romanze in H-Dur herrscht bis heute beträchtliche Verwirrung. Eine «Wien, 1838» überschriebene autographe Abschrift im Besitz der Gesellschaft für Musikfreunde ließ zwei moderne Herausgeber glauben, sie hätten ein unentdecktes Werk Clara Schumanns gefunden; das Werk wurde von dem einen Herausgeber 1977, von dem anderen 1979 als «Andante con sentimento» veröffentlicht.[25] Offensichtlich hatten beide keine Ahnung von der Existenz des – bereits vor 1838 gedruckten – Stückes op. 5 Nr. 3.

Nr. 4, Scène fantastique:
Le Ballet des revenants

Weil einzelne Motive dieses Stückes im ersten Satz der Clara gewidmeten, großen fis-Moll-Sonate Robert Schumanns vorkommen, ist dieses das vielleicht bekannteste Stück aus op. 5. Die «Scène fantastique» beginnt mit einem wiegenden Motiv unter Verwendung verminderter Quinten (Beispiel 11).

Beispiel 11. Clara Wieck, Quatre Pièces caractéristiques, op. 5, Nr. 4, «Scène fantastique».

Schumann verwendete dieses Motiv durchgehend im ersten Satz seiner Sonate, änderte es aber in reine Quinten ab. Das zweite Motiv in Claras «Scène fantastique» (Beispiel 12) weist große Ähnlichkeit

Beispiel 12. Clara Wieck, Quatre Pièces caractéristiques, op. 5, Nr. 4, «Scène fantastique», Takte 44–47.

mit einem Fandango-Thema in Schumanns Sonate auf, hat aber wohl seinen Ursprung eindeutig bei Robert Schumann.[26] Es steht jedoch außer Frage, daß Schumann durch die Verbindung dieser beiden Figuren (Beispiel 13) der jungen Komponistin, die er liebte, ein

Beispiel 13. Robert Schumann, Sonate in fis-Moll, op. 11, erster Satz, «Allegro vivace».

Kompliment machen wollte. In einem Brief an Clara nannte Schumann die Sonate «einen einzigen Herzensschrei nach Dir, in dem Dein Thema in allen möglichen Gestalten zum Vorschein kommt».[27]

Op. 6, Soirées musicales contenant toccatina, ballade, nocturne, polonaise, et deux mazurkas pour le pianoforte

Wie op. 5, mit dem es oft zusammengefaßt wird, besteht op. 6 aus Charakterstücken in der «neuen romantischen» Tradition. Fünf der Miniaturen in op. 6 – je eine Ballade, Nocturne und Polonaise sowie zwei Mazurkas – erinnern an Chopin und die Musiker, die sein Werk beeinflußten – John Field und Johann Nepomuk Hummel. Ein anderer, selten erwähnter Einfluß mag von der polnischen Komponistin Marie Szymanowska (1790–1832) herrühren, deren Polonaisen und Mazurken in Leipzig veröffentlicht und dort 1823 auch aufgeführt wurden.

Schumann rezensierte Claras op. 6 in der *Neuen Zeitschrift* am 12. September 1837 mit poetischen Worten: «Wie die Knospen … ehe sie die Farbenflügel in offener Pracht auseinander treiben, zur Betrachtung fesselnd und bedeutend, wie Alles, was eine Zukunft in sich birgt.»[28] Zwei musikalische Ideen dieses Werkes fanden Eingang in Schumanns Œuvre. Die erste, eine in der Toccatina angedeutete Melodie, taucht wieder im Nocturne auf und ähnelt außerdem der Melodie in Schumanns mit «Stimme aus der Ferne» bezeichneter *Novellette* Nr. 8 (Beispiele 14 und 15). Die zweite, das

Beispiel 14. Clara Wieck, Soirées musicales, op. 6, Nr. 2, «Notturno», Takte 3–10.

Beispiel 15. Robert Schumann, Novelletten, op. 21, Nr. 8, «Stimme aus der Ferne».

lebhafte, aufsteigende Thema der Mazurka in G-Dur (Beispiel 16),

Beispiel 16. Clara Wieck, Soirées musicales, op. 6, Nr. 5, «Mazurka».

ist das «Motto von C.[lara]W.[ieck]», mit dem Schumanns *Davidsbündlertänze* beginnen (Beispiel 17).

Beispiel 17. Robert Schumann, Davidsbündlertänze, op. 6.

Op. 7, Premier Concerto pour le pianoforte avec accompagnement d'orchestre (ou de quintuor)

Das von Clara im Alter von vierzehn Jahren im Januar 1833 begonnene Konzert war zunächst als *Concertsatz* konzipiert, als Stück in nur einem Satz für Klavier und Orchester. Aus diesem Stück wurde später der dritte Satz Allegro non troppo des erweiterten Konzerts. Die Schumann-Forschung hat den starken Anteil, den Robert Schumann an diesem Werk hatte, nicht berücksichtigt. Claras Tagebuch sowie eine Partitur in Schumanns Handschrift in der Deutschen Staatsbibliothek Berlin erzählen den Hergang. Am 22. November 1833 vermerkte Clara in ihrem Tagebuch: «Den 22ten bin ich mit meinem Concert fertig geworden und Schumann will es nun instrumentieren, damit ich es in meinem Concerte spielen kann.» Und auf der ersten Seite der erhaltenen Partitur steht in Schumanns Handschrift: «Concertsatz von Clara, meine Instrumentation.»* Das Manuskript enthält viele Ausradierungen und Änderungen, doch die wichtigsten Ideen für die Instrumentation wurden beibehalten. Aus einem Brief an Robert vom 1. September 1835 geht hervor, daß die Orchestrierung der ersten Sätze von ihr selbst stammt.

Tagebucheinträge und erhaltene Programmzettel zeigen, daß Clara den *Concertsatz* am 5. Mai 1834 in Leipzig spielte. Das vollständige Konzert hatte seine Premiere unter Mendelssohns Leitung im Gewandhaus am 9. November 1835.[29]

Das Konzert ist für eine Vierzehnjährige eine bemerkenswerte Leistung. Viele Stildetails sind typisch für die Konzerte von Zeitgenossen wie Kalkbrenner und Herz, jene Modekomponisten, deren Arbeiten Schumann in seiner Zeitschrift verspottete.[30] Doch Clara bietet auch einige innovative Ideen, inspiriert vielleicht durch Mendelssohns g-Moll-Konzert, das dieser einige Jahre zuvor komponiert und am 29. Oktober 1835 in Leipzig aufgeführt hatte.

* Die Partitur des letzten Satzes (Bds, Mus. Ms. Aut. 20427) ist von Schumanns Hand mit 1836 datiert. Dieses Datum ist offensichtlich falsch; es könnte das Jahr gewesen sein, in dem er die Überschrift schrieb. Daß der erste Satz *nach* dem dritten geschrieben wurde, ergibt sich deutlich aus dem Tagebucheintrag vom 9. November 1835: «... mein Concert, (wovon der 1te Satz eben fertig geworden war).»

In Claras Konzert gehen – wie bei Mendelssohn – die Sätze fließend ineinander über. Doch anders als Mendelssohn kümmerte Clara sich nicht sonderlich um die konventionelle innere Strukturierung. Die Form des ersten Satzes ist originell: die Durchführung geht direkt in eine Coda über, die als Überleitung zum zweiten Satz dient.

Im zweiten Satz, einer schlichten «Romanze» mit einer anmutigen, zarten Melodie, tritt ein Solo-Cello in einem Duett mit dem Klavier hervor; ein Element, das die Cello-Partien im Intermezzo-Satz von Robert Schumanns Klavierkonzert (1845) und später – besonders interessant – das Cello-Solo im Andante in Brahms' zweitem Klavierkonzert (1882) vorwegnimmt.

In den ersten beiden Sätzen von Claras Konzert fungiert das Orchester überwiegend als Begleitung; zwischen dem Solisten und den Instrumentalgruppen findet kaum eine Interaktion statt. Im dritten Satz jedoch übernimmt das Orchester eine größere Rolle: Paukenwirbel, die in den Schlußakten des zweiten Satzes beginnen, werden unmittelbar vor der Blechfanfare, die den dritten Satz eröffnet, noch einmal wiederholt. Sie kündigen das Klavier an, das mit einer lebhaften rhythmischen Figur auftritt. Später im Satz entwickeln sich Dialoge zwischen den tiefen und den hohen Klanggruppen sowie zwischen dem Klavier und den Holzbläsern.

Bis zu diesem Konzert hatte Clara nur Miniaturen geschrieben. Obgleich eine kontinuierliche Entwicklung ihres Schaffens bereits ab op. 1 zu beobachten ist, sind die Kühnheit und Reife dieses Werkes doch unerwartet; man ist überrascht von der Dynamik dieses Konzertes und von der gewandten Art, in der Clara nun das Material im großen Maßstab handhabt. Die Entdeckung von Robert Schumanns Anteil daran mindert nicht die Bedeutung dieses op. 7.

Op. 8, Variations de concert pour le pianoforte sur la «Cavatine du Pirate» de Bellini

Die Pianisten jener Zeit präsentierten als selbstkomponierte Musikstücke am liebsten Bearbeitungen von Opernmelodien von Bellini, Rossini, Donizetti und anderen beliebten italienischen Komponisten, die gewöhnlich als «Impromptu», «Fantasia», «Variationen» oder «Reminiszenzen» bezeichnet wurden. Ihre Funktion war eindeutig und ihre Wirkung vorhersehbar.[31] Claras op. 8 war ein Klavierwerk dieser Kategorie. Es war dem Komponisten und Pianisten Adolph von Henselt gewidmet, dessen populäre Werke häufig eine Hauptrolle bei Claras Konzerttourneen spielten. Sie gab die Variationen über Bellinis *Il Pirata* (sie hatte die Oper 1832 gesehen) mehrfach auf ihrer Konzertreise durch Norddeutschland im Jahr 1837 und ebenso 1837/38 in Wien. Nach ihrer triumphalen Wiener Saison wurde das op. 8 von Haslinger in Wien veröffentlicht.

Die Variationen entstanden während jener Monate, in denen Schumann seine Schmähungen gegen die Virtuosen und ihre «stümperhaften, mittelmäßigen» Variationen über die «vulgären» und «abgedroschenen» italienischen Themen abfaßte – Themen, denen er die «braven, langweiligen deutschen Melodien» gegenüberstellte.[32] Wie Claras *Romance variée* enthält auch das op. 8 viele Klischees: eine bombastische Introduktion, spektakuläre Sprünge über die Tastatur, verminderte Septakkorde, Terz-, Sext- und Oktav-Sequenzen und schließlich eine Coda, in der ein brillanter Coup dem nächsten folgt: Sechzehnteläufe, aufsteigende Arpeggi, donnernde Baßwirbel und ein pompöses Finale mit den Vortragsbezeichnungen «fortissimo» und «presto».

Der bekannte italienische Komponist und Berliner Kapellmeister Gasparo Spontini hat 1837 – wie Wieck berichtet – Claras Variationen als ein bedeutendes und schönes Bravourwerk gelobt.[33]

Op. 9, Souvenir de Vienne;
Impromptu pour le pianoforte

Clara spielte das *Souvenir* erstmals am 30. April 1838 in Graz, wo es, wie Wieck in ihrem Tagebuch notierte, «Furore» machte. Kurz darauf wurde das Werk vom Wiener Verleger Diabelli veröffentlicht.

Das in derselben Tradition wie Claras op. 8 stehende *Souvenir* ist ein Bravourwerk auf der Grundlage einer «braven» (aber sicherlich nicht langweiligen) deutschen Weise, Haydns «Kaiserhymne». Das Werk im Stil einer freien Variation beginnt mit einem «Adagio quasi fantasia», geht in eine verzierte Darbietung des Themas von Haydn über und fährt mit einer exhibitionistischen Show à la Thalberg fort. Das Impromptu, eine Huldigung an das musikalische Wien, das Clara so warmherzig aufgenommen hatte, war ein Schaustück der jungen Pianistin, die soeben zur «k.k. Kammervirtuosin» am kaiserlichen Hofe ernannt worden war.

Op. 10, Scherzo pour le pianoforte

Der Freiheitsdrang, mit dem Clara sich ihrem Vater widersetzte und sich anschickte, ohne ihn nach Paris zu gehen, wird in diesem Scherzo offenbar. Auch dies ist ein Bravourstück, jedoch ohne die oberflächlichen brillanten Effekte der op. 8 und 9.

Das Scherzo ist ein ausgedehntes Werk mit zwei kontrastierenden Trios. In Paris hatte Clara damit großen Erfolg. In einem Brief an Robert äußerte sie ihre Überraschung, daß es so beliebt war: «Sonderbar ist es mir, daß mein Scherzo hier so sehr gefällt, immer muß ich es wiederholen.»* Das mag als milder Tadel für Robert gemeint gewesen sein, denn es folgt die Aufforderung, er möge etwas Brillantes komponieren.[34] Das Scherzo wurde 1838 von Breitkopf & Härtel veröffentlicht und viele Male nachgedruckt.

Op. 11, Trois Romances pour le piano

Diese drei Romanzen wurden 1839 in Paris komponiert und veranlaßten einen regen Briefwechsel zwischen Paris und Wien (wo Robert sich gerade aufhielt). Schumann hat wahrscheinlich die Veröffentlichung bei Mechetti in Wien arrangiert, wo das Werk im Herbst 1839 herauskam. Die zweite Romanze wurde auch separat in einer Beilage zur *Neuen Zeitschrift* im September 1839 als «Andante und Allegro» veröffentlicht und in den 1860er Jahren in Leipzig bei Schuberth & Co. nachgedruckt.

Die Miniaturstücke, alle drei in Liedform (ABA), stehen in es-Moll, g-Moll und As-Dur. Das erste, ein kurzes Stück mit vielen Figurationen, wurde zwar wahrscheinlich zuletzt geschrieben, bil-

* Es gefiel den meisten Leuten, außer Berlioz; vgl. Kap. 4. Die Rezension, die in *Iris* 10 (4. Oktober 1839) erschien, war auch nicht gänzlich positiv.

det aber ein Präludium zu den anderen beiden. Die zweite Romanze gefiel Robert sehr. Clara nannte sie eine «kleine melancholische Romanze» und fügte hinzu, «bei der ich immer fortwährend an Dich gedacht hatte». Sie schickte sie ihm am 2. Juli mit der Ermahnung: «Du mußt sie sehr willkürlich, zuweilen leidenschaftlich, dann wieder melancholisch spielen – ich lieb sie sehr, schicke sie mir gleich wieder, bitte und geniere Dich nicht, mir daran zu tadeln, das kann mir nur von Nutzen sein.» [35]

Schumann hatte nichts daran zu kritisieren und antwortete am 10. Juli:

An deiner Romanze hab' ich nun abermals von Neuem gehört, daß wir Mann und Frau werden müssen. Du vervollständigst mich als Componisten wie ich Dich. Jeder Deiner Gedanken kömmt aus meiner Seele, wie ich ja meine ganze Musik Dir zu verdanken habe. An der Romanze ist nichts zu ändern, sie muß bleiben, wie sie ist.[36]

Hans Joachim Köhler hat die Beziehung zwischen dem Anfang der g-Moll-Romanze und der «inneren Stimme» in Schumanns *Humoreske* untersucht. Chissell und andere haben auf die Ähnlichkeiten zwischen den Takten 53–54 der Romanze und den Takten 667–668 der *Humoreske* verwiesen.[37] Die Einzelheiten der Übereinstimmung sind jedoch weniger bezeichnend als Schumanns oben zitierte Äußerung. Seine emotional getönte Reaktion auf ihre Romanze bestätigt, wie Hans Joachim Köhler feststellt, sein «Ringen um die innere Identität mit Clara».[38]

Op. 14, Deuxième Scherzo pour le pianoforte

Das zweite Scherzo für Klavier wurde wahrscheinlich im Laufe des Jahres 1844 komponiert. Am 9. Januar 1845 teilte Robert Schumann in einem Brief an Breitkopf & Härtel mit, seine Frau sei dabei, ein Scherzo, vier kurze Stücke (op. 15) und ein Impromptu niederzuschreiben.* Offensichtlich hoffte er, daß eine Erkundigung des Verlags nach ihren neuen Arbeiten seine Frau zur Vollendung der Niederschrift anspornen werde. Die kleine List wirkte: kurz nach diesem Brief wurde das Scherzo veröffentlicht.

* Siehe Jansen, S. 440.

Dieses Scherzo beginnt mit einer stürmisch figurierten Passage in c-Moll, in der Anklänge an die Klavierbegleitung zu «Er ist gekommen», einem Lied, das Clara 1840 komponierte, zu finden sind. Das Material wird zu einem funkelnden Bravourstück weiterentwickelt. Der akkordische Mittelteil, «un poco più tranquillo» überschrieben, enthält eine kurze Anspielung auf Schumanns Lied «Aus alten Märchen» aus der *Dichterliebe* von 1840.

Op. 15, Quatre Pièces fugitives pour le pianoforte

Die vier gleichzeitig mit op. 14 veröffentlichten kurzen Stücke sind zusammenhängende Werke, die im Verlauf einer Reihe von Jahren komponiert wurden, mit ziemlicher Sicherheit alle nach Claras Heirat. Op. 15 ist ihrer dreizehnjährigen Stiefschwester Marie Wieck gewidmet, die zu diesem Zeitpunkt am Anfang ihrer Konzertkarriere stand. Die ersten zwei *Pièces fugitives* sind kurz, wie der Name andeutet. Das dritte, «Andante expressivo», ist poetisch und erinnert im Stil an die Romanzen op. 11. Die erhaltene Handschrift des vierten Stückes, eines elfenleichten Scherzo, zeigt, daß dieses mit dem Scherzo-Satz einer unveröffentlichten Sonate identisch ist, die Clara Robert Schumann 1841 zu Weihnachten schenkte.[39]

Op. 16, Drei Praeludien und Fugen für das Pianoforte

Im Januar 1845 notierte Robert Schumann im Haushaltbuch seine und Claras Fortschritte beim Fugenstudium. Wie üblich ordnete Clara ihre Arbeit der ihres Mannes unter. In ihr Tagebuch schrieb sie:

> Heute begannen wir kontrapunktische Studien, was mir trotz der Mühe viel Freude machte, denn ich sah, was ich nie möglich geglaubt, bald eine selbst gemachte Fuge und sah bald mehrere, da wir die Studien regelmäßig alle Tage fortsetzten. Ich kann Robert nicht genug danken für seine Geduld mit mir und freue mich doppelt, wenn mir etwas gelingt, das er dann doch als sein Werk ansehen muß. Er selbst geriet aber auch in eine Fugenpassion.[40]*

* Auch Schumann selbst bezog sich auf seine *Fugenpassion* (*Hb*, S. 381).

Schumanns «Fugenpassion» führte zu seinen Kanonstudien und Fugen op. 56, 60 und 72. Claras Interesse am Kontrapunkt wurde nie zu einer «Passion», aber sie studierte fleißig weiter bis zum 10. März, dem Tag vor Julies Geburt. Nach der Entbindung gab es eine Unterbrechung, aber am 7. April, dem Tag vor Julies Taufe, nahmen Mutter und Vater ihre Studien wieder auf.[41]

Reinschriften verschiedener datierter Autographen von Claras Präludien und Fugen befinden sich im Archiv des Robert-Schumann-Hauses.[42] Die Datierungen sind Zeugnisse für den Fleiß der jungen Mutter kurz vor der Ankunft des dritten Kindes. Sie komponierte drei vierstimmige Fugen über Themen von Johann Sebastian Bach am 11., 17. und 22. Februar 1845 und drei weitere über Themen von Robert Schumann am 1. und 2. März. Ohne Claras Wissen wählte Robert die letzteren zur Veröffentlichung aus und schrieb am 17. August an Breitkopf & Härtel:

> Mit den Präludien und Fugen meiner Frau hätte ich diese gern zu ihrem Geburtstage d. 13ten September überrascht. Würde es Ihnen möglich sein, das Heft bis dahin fertig zu bringen? In diesem Falle bitte ich Sie, die letzte Revision nicht direkt an mich, sondern an meinen Schwiegervater zu schikken, damit meine Frau nicht davon erfährt.[43]

Schumann war auf Claras Präludien und Fugen sehr stolz. In einem früheren Brief an C. F. Peters hob er hervor, vielleicht sei dieses das erste Mal gewesen, daß eine Frau als Komponistin diese «schwierige Gattung» in Angriff nahm.[44] Möglicherweise entschied Schumann sich für die Veröffentlichung als eine Geste des Respekts und der Ermutigung für seine Frau. Jedenfalls hat Clara darauf reagiert, denn innerhalb weniger Monate begann sie mit der Arbeit an ihrem Hauptwerk, dem Trio für Klavier, Violine und Cello.

Op. 17, Trio für Pianoforte, Violine und Violoncello

Das Trio wurde in Dresden komponiert, während einer schwierigen Phase in Claras Leben. Sie begann die Arbeit daran im Mai 1846 und beendete sie im September 1846, am Vorabend ihres Geburtstages. Obwohl Kammermusik ihr als Genre vertraut war, hatte sie nie zuvor versucht, für irgendeine andere Zusammenstellung als Singstimme und Klavier zu komponieren. Bald nach ihrer Heirat hatten sie und ihr Mann gemeinsam die Kammermusik Haydns, Mozarts und Beethovens studiert. Oft hatte sie bei Kammermusikwerken der klassischen Meister mitgewirkt. Schon früh, im November 1834, hatte sie den Klavierpart in Beethovens Trio op. 97 übernommen, zu jener Zeit eine aufsehenerregende Wahl für eine junge Pianistin.[45] Robert Schumanns Quintett, das ihr gewidmet war, wurde fast unmittelbar nach seiner Entstehung im Jahre 1842 zu einem Grundwerk ihres Repertoires. Schumann hatte auch andere Werke für Kammerensembles komponiert – Streichquartette (1842) und das Klavierquartett (1842) –, als aber Clara anfing, ihr Trio für Klavier, Violine und Cello zu schreiben, hatte Schumann noch kein vollgültiges Werk für diese spezielle Kombination veröffentlicht.

Einige Monate nachdem Clara ihr Trio fertiggestellt hatte, notierte Schumann in seinem Haushaltbuch: «Triogedanken».[46] Einträge der folgenden Tage zeigen, daß er in seinem gewohnten rasenden Tempo an seinem ersten Trio (op. 63 in d-Moll) arbeitete und es am 13. September 1847 zur Aufführung brachte – genau zu dem Zeitpunkt, als Claras Werk im Druck erschien. Die Kunstfertigkeit und die Qualität seines d-Moll-Trios erschütterten Claras Vertrauen in ihr eigenes Werk, das jedoch von Schumann – und vielen anderen Musikern – geschätzt und bewundert wurde. Es kam zu Roberts Lebzeiten oft mit dessen erstem Trio zusammen zur Aufführung und war dasjenige von Claras Werken, das im 19. Jahrhundert am häufigsten gespielt wurde.

Das Trio ist Clara Schumanns einziges veröffentlichtes Werk in der viersätzigen Sonatenform. Die Sätze sind überschrieben: 1. Allegro moderato, 2. Scherzo (Tempo di menuetto), 3. Andante und 4. Allegretto. Das Fugato, das Mendelssohn so sehr beeindruckte, ist in der Durchführung des Schlußsatzes zu hören.

Nie zuvor und nie wieder versuchte Clara, ihre musikalischen Eingebungen in so großem Rahmen auszuführen. Es beeindruckt besonders, daß sie in der Lage war, sich wenige Monate nach der Geburt ihres vierten Kindes Emil und zu einer Zeit, da sie und ihr Mann krank und deprimiert waren, zu diesem Höhepunkt ihres musikalischen Schaffens aufzuschwingen. Es war jener hektische

Sommer, in dem die Schumanns nach Norderney reisten, um Robert zu kurieren und abzulenken, und Clara dort eine Fehlgeburt hatte. Vielleicht diente die schöpferische Tätigkeit als ein willkommenes Ventil und als Trost während dieser Zeit außergewöhnlicher Anspannung und Bedrängnis.

Unbestreitbar ist das Trio ihr eigenes Werk, obgleich dies in der Wissenschaft bezweifelt worden ist aufgrund der Annahme, bei einem so hervorragenden Werk müsse ihr Mann seine Hände im Spiel gehabt haben. Roberts Aktivitäten in dieser Zeit sind aber bis in kleinste Einzelheiten im Haushaltbuch dokumentiert. Wir wissen zudem, das Clara über genügend Talent sowie die nötige Ausbildung und Erfahrung verfügte, um dieses Werk zu schaffen; jeder einzelne Satz trägt in charakteristischen Details ihren Stempel. Darüber hinaus zeigt das einzige erhaltene Autograph, eine Skizze mit Änderungen, Re-Instrumentierung, Ausstreichungen und anderen Verbesserungen, Clara bei der Arbeit.[47] Von Roberts Hand stammen die sorgfältig geschriebene Titelseite und einige mit Bleistift eingetragene Notizen und Anweisungen, die zeigen, daß er wohl Anregungen oder Vorschläge beigesteuert, seine Mitwirkung aber auch darauf beschränkt hat.

Wenn auch Clara Schumann mit der für sie charakteristischen Selbstverleugnung ihr Trio als «weibisch-sentimental» bezeichnet hat, so gehört das Werk doch nicht in diese Kategorie. In einer geradlinigen und kraftvollen musikalischen Aussage breitet die Komponistin ihren Entwurf aus, führt ihn mit Geschick und Scharfsinn durch und gestaltet ein schönes, hervorragend spielbares Musikstück.

Das in Berthold Litzmanns Biographie abgedruckte Verzeichnis der Werke Clara Schumanns enthält zwischen op. 17 und op. 20 eine Lücke. Litzmann spekuliert, daß die Nummer 18 für das «Andante und Allegro» gedacht gewesen sein könnte, das im Verlagshaus Schuberth in den 1860er Jahren herauskam, und op. 19 für das ebenfalls von Schuberth um dieselbe Zeit veröffentlichte Lied «Am Strande» (auch als «Am Strand» gedruckt). Vielleicht hat Litzmann von der Beziehung zwischen op. 11 und den bei Schuberth erschienenen Stücken nicht gewußt. Wie oben festgestellt, ist das «Andante und Allegro» in Wirklichkeit die zweite Romanze (op. 11,

Nr. 2), veröffentlicht von Mechetti, nachgedruckt von Schumann in der *Neuen Zeitschrift* und nach Schumanns Tod von Schuberth als unabhängiges Stück verlegt. Während es denkbar ist, daß das Lied – das keine Opuszahl hat – op. 19 bilden sollte, ist es wahrscheinlicher, daß Clara diese Opuszahlen für größere Werke offenhielt, wie etwa ihre unveröffentlichte Sonate (1841), das unvollendete Konzert (1847) oder drei unveröffentlichte Chorwerke nach Texten von Emanuel Geibel (siehe Anhang).

Op. 20, Variationen für das Pianoforte über ein Thema von Robert Schumann

Op. 20 ist eines der im Mai und Juni 1853, Claras letzter Schaffensperiode, geschriebenen Werke. Sie schenkte das Autograph ihrem Mann an seinem letzten Geburtstag, den er mit der Familie verbrachte. Die Variationen für Klavier über ein Thema von Robert Schumann, diesem gewidmet («für IHN»), wurden erst im Herbst 1854 veröffentlicht, als Schumann schon in Endenich war.

Als die Vereinbarungen über die Veröffentlichung bei Breitkopf & Härtel schließlich feststanden, hielt Brahms sich schon in Düsseldorf auf und hatte, zweifellos durch Claras Beispiel inspiriert, *seine* Variationen (op. 9) über dasselbe Thema von Schumann begonnen. Er sandte sein Werk, das als Hommage an beide Schumanns gedacht war, kurz nach Felix' Geburt am 11. Juni 1854 an Clara. In eleganter Anspielung auf ihre Widmung schrieb Brahms auf sein Manuskript «über ein Thema von IHM. IHR zugeeignet».[48]

Sowohl Clara Schumann als auch Johannes Brahms verwebten in ihre Schumann-Variationen das Thema aus Claras Kindheits-Romanze op. 3. Vielleicht folgte Clara dem Einfall von Brahms und fügte ihre Fassung des Themas aus op. 3 hinzu, nachdem sie Brahms' op. 9 gehört hatte.* Das Zitat mag für Clara eine Erinnerung an die strahlenden Tage ihrer Kindheit bedeutet haben; für

* Janina Klassen hat betont (15. 8. 1984), daß weder das in Zwickau befindliche, Juni 1853 datierte Autograph, noch das Wiener Autograph, datiert Juli 1854, den musikalischen Bezug zu Claras op. 3 enthält. Wahrscheinlich hat Clara ihn kurz vor Absendung an den Verlag noch eingefügt.

Brahms war es eine musikalische Huldigung an beide Schumanns. Am 25. September 1854 schrieb Brahms an den Verlag Breitkopf & Härtel, der sein Werk angenommen hatte, und bat darum, man möge seine Variationen gleichzeitig mit denen von Frau Schumann herausbringen. Die Korrekturfahnen ihres Werkes waren seinem Schreiben beigefügt.[49]

Op. 21, Drei Romanzen für das Pianoforte

Im Juni 1853 komponierte Clara Schumann vier Romanzen für Klavier. Die erste, in a-Moll, schenkte sie ihrem Mann zu seinem Geburtstag am 8. Juni[50]; die Manuskripte der zweiten in F-Dur und der dritten in g-Moll sind vom 25. und 27. Juni datiert. Das – jetzt in der Deutschen Staatsbibliothek Berlin befindliche – Autograph einer vierten Romanze in a-Moll, die Clara am 23. Juni für ihre blinde Freundin Rosalie Leser komponierte, wurde erst 1891 in der Londoner Zeitschrift *The Girl's Own Paper* veröffentlicht. Bis die Verhandlungen über die Ausgabe der Drei Romanzen zum Abschluß kamen, war Brahms ein so treuer, zuverlässiger Freund geworden, daß die Werke ihm gewidmet wurden.

Op. 22, Drei Romanzen für Pianoforte und Violine

Die Drei Romanzen für Klavier und Violine, Clara Schumanns einzige Werke für diese Kombination, wurde im Juli 1853 komponiert und stehen am Ende ihrer letzten Schaffensperiode. Sie schrieb diese lyrischen Charakterstücke für Joseph Joachim und machte sie dem jungen Geiger, der ihr ein ergebener Freund werden sollte, im Oktober 1853 mit ihrer Widmung zum Geschenk.[51] Sie kamen etwa zur gleichen Zeit wie ihr op. 21 heraus und wurden bald beim Publikum außerordentlich beliebt. Ein paar Jahre später hörte Clara von Joachim, der in Hannover Kgl. Konzertmeister war, der König sei ganz in «Extase» über die Romanzen und könne «die Zeit kaum wiedererwarten», solch «herrlichen Göttergenuß» wieder zu erleben.[52]

Achtzehn Lieder von Clara Schumann sind zu ihren Lebzeiten im Druck erschienen, sieben handschriftlich erhaltene befinden sich im Robert-Schumann-Haus in Zwickau und in der Deutschen Staatsbibliothek in Berlin. Von den gedruckten Liedern wurden die ersten (mit Ausnahme des schon früh entstandenen «Walzer», das in ihrem 16. Lebensjahr veröffentlicht wurde) im Jahr 1841 und die letzten 1853 geschaffen. Wie schon bei den Instrumentalwerken ist auch hier die ständige enge Zusammenarbeit und der Austausch musikalischer Ideen zwischen Ehemann und Ehefrau frappierend.

Clara Schumann vertonte Verse von Heinrich Heine, Friedrich Rückert, Emanuel Geibel, Robert Burns (in deutscher Übersetzung von Wilhelm Gerhard) und von dem heute relativ unbekannten österreichischen Dichter Hermann Rollet. Soldaten- oder Vaterlandslieder sind nicht darunter; Clara wählte Gedichte über Liebesglück und -leid, die Natur und den Frühling und gestaltete sie in Strophenform oder als modifizierende Strophenfolge. Ihre Lieder waren keineswegs bloße «Hausmusik», sondern wurden gedruckt, in vielen Auflagen verbreitet und das ganze 19. Jahrhundert hindurch in den Konzertsälen aufgeführt.

Clara kam früh mit Vokalmusik dieser Art in Berührung. Friedrich Wieck war der Überzeugung, jeder Pianist solle die Kunst des Gesanges beherrschen, und ließ daher seine Tochter nicht nur Klavier spielen, sondern bildete auch ihre Stimme aus. In ihrer Kinderzeit wurden die von ihr verfaßten Lieder im Rahmen der Konzerte, bei denen sie als «Konzertgeberin» am Klavier fungierte, von erwachsenen Sängerinnen oder Sängern wiedergegeben, während sie selbst meistens die Begleitung übernahm. So wurde sie als Sängerin, Komponistin und Begleiterin von allen Seiten her mit der Liedgestaltung vertraut.

Die zeitgenössischen Kunstlieder lernte Clara kennen, noch ehe sie allgemein in Deutschland bekannt waren. «Die Forelle» von Franz Schubert war 1828 in ihrem ersten Konzert zu hören; in den dreißiger und vierziger Jahren standen Schuberts «Gretchen am Spinnrade» und «Erlkönig» auf ihren Programmen sowie Liszts Bearbeitung von Schubertliedern wie «Serenade», «Gretchen» und «Ave Maria». Felix Mendelssohns Lieder und die seiner Schwester Fanny Hensel waren ihr wohlbekannt. (Es verdient festgehalten zu werden, daß ein Lied von Fanny Hensel bei einem von Claras Gewandhauskonzerten im Jahr 1846 aufgeführt wurde.) Robert Schumanns Lieder waren für sie ein Teil ihres Daseins; sie war es ja, die ihnen zuerst Leben einhauchte, indem sie sie zu Hause für ihn und die versammelten Freunde sang und spielte.

In den Monaten vor der Hochzeit, in seinem sogenannten Lied-Jahr, war Robert völlig in sein Liedschaffen vertieft und wünschte sich sehnlich, Clara daran teilhaben zu lassen. Die beiden lasen Gedichtbände mit dem Blick auf mögliche Vertonung und machten sich gegenseitig auf geeignete Verse aufmerksam. Wir wissen, daß Robert auf Claras Hilfe bei der Textbeschaffung rechnete; zum Beispiel schrieb er ihr im Mai 1840, vom «Liedfieber» gepackt: «Schreibe mir nur recht oft. Auch Gedichte bringe mir zu Musik. Suche Dir *Bilder des Orientes* von *Stieglitz* und die Gedichte von *Justinus Kerner* zu verschaffen.»[53]

Ein Notizbuch im Zwickauer Archiv, von Clara mit der Aufschrift «Abschriften verschiedener Gedichte zur Composition» versehen, enthält Abschriften von Versen teils von Roberts, teils von Claras Hand.[54] Daß Clara an dieser Sammeltätigkeit schon vor ihrer Heirat beteiligt war, geht aus einem Teil des Buches hervor, der «Gesammelt von Robert und Clara Schumann vom Jahre 1839 an» überschrieben ist. Die Texte, die Clara vertonte, sind großenteils in diesem Album zu finden (einige davon in Roberts Handschrift), so wie umgekehrt viele der Texte, die er verwendete, offensichtlich dort von ihr eingeschrieben worden sind.

Robert machte ihr immer Mut zum Komponieren. Im März 1840 fragte er an: «Clärchen, hast Du nichts für meine Beilagen?... Denkst Du denn etwa, weil ich so viel componiere, kannst Du müßig sein. Mach' doch ein Lied einmal! Hast Du angefangen, so kannst Du nicht wieder los. Es ist gar zu verführerisch.»[55]

Daß sie sich selbst nicht viel zutraute, wird in ihrer Antwort deutlich: «Componieren aber kann ich nicht, es macht mich selbst zuweilen ganz unglücklich, aber es geht wahrhaftig nicht, ich habe kein Talent dazu. Denke ja nicht, daß es Faulheit ist. Und nun vollends ein Lied, das kann ich gar nicht; ein Lied zu componiren, einen Text ganz zu erfassen, dazu gehört Geist...»[56]

Sie war sich im Zweifel über ihre kreativen Fähigkeiten und zusätzlich verunsichert durch ihre mangelnde Schulbildung, gleichwohl schuf sie in ihrer relativ kurzen Zeit als Komponistin eine ganze Anzahl von schönen, ergreifenden Liedern. Darüber hinaus las sie Gedichte und machte sich Gedanken über die Wechselwirkung zwischen Wort und Musik. Ein paar Wochen nach der Hochzeit schrieb sie ins Ehetagebuch: «Von Roberts Liedern sang sie [ihre Freundin Elise List] Einige, doch scheint mir, zu deutschen Liedern fehlt ihr eine tiefere Regung, ein inniges Erfassen des Textes, ich kann mich darüber *gar* nicht so aussprechen, es ist etwas, das ich nicht zu benennen weiß. Es drängte sich mir dasselbe Gefühl einmal auf, als ich von Pauline Garcia das Gretchen von Schubert hörte, was sie mehr nach Effect haschend vortrug, als mit dieser inneren Gluth, wie diese Worte, sowie Schuberts Musik so herrlich es aussprechen.»[57]

Die Klavierbegleitungen zu ihren Liedern sind kunstvoll ausgearbeitet, wie von einer Pianistin zu erwarten, überlassen jedoch der Singstimme die Führung. Zum Beispiel in «Er ist gekommen» und «Geheimes Flüstern» ist der Klavierpart besonders effektvoll; indem er Hintergrund und Stimmung schafft und einen Charakter oder eine Emotion unterstreicht, erzeugt er zusammen mit dem Gesangspart und dem Text eine eindrucksvolle Wirkung. Drei von Claras Liedern, nämlich «Warum willst du and're fragen?», «Ich hab' in deinem Auge» und «Geheimes Flüstern» wurden von Franz Liszt für Klavier transkribiert. In Anbetracht ihrer Einstellung zu Liszt ist zu vermuten, daß diese Aufmerksamkeit ihr nicht viel Freude bereitet hat.[58]

Im Jahr 1843 fertigte Clara Reinschriften aller Lieder an, die sie seit ihrer Heirat verfaßt hatte, und faßte sie zu einem Notenmanuskriptbuch zusammen, das sich heute in Berlin in der Deutschen Staatsbibliothek befindet.[59] Robert, der ja auf systematische Ordnung großen Wert legte, schrieb am 28. Juni 1843 in das Ehetagebuch: «Jetzt ist Klara am Ordnen ihrer Lieder und mehreren Claviercompositionen.» Clara schrieb die Lieder ab, datierte sie und vermerkte die Namen der Dichter; ihr Mann schrieb das Titelblatt, «Lieder mit Begleitung des Pianofortes von Klara Schumann, 1842», und das Inhaltsverzeichnis. Anscheinend wollte sie zunächst nur die von 1840 bis 1843 entstandenen Lieder in Reinschrift zusammenfassen, fügte jedoch später noch weitere hinzu, so daß die Sammlung schließlich alle Lieder enthielt, die sie zwischen 1840 und 1853 komponiert hatte. So ist uns ein authentisches Manuskript derjenigen Lieder erhalten, die sie selbst für bewahrenswert hielt.

Als angetraute Frau eines der größten Liedkomponisten aller Zeiten fühlte Clara sich ständig bedrückt von der Frage, ob ihre Begabung auf diesem Gebiet etwas wert sei. Darüber gab es sicher vor jeder Veröffentlichung Diskussionen mit Robert, doch beweisen die Autographe, daß Clara durchaus ihre eigenen Entscheidungen zu treffen wußte. In den stimmungsvollen, ausdrucksstarken Liedern hat sie ihren eigenen Stil gefunden.

Op. 12, Zwölf Gedichte aus F. Rückert's «Liebesfrühling» für Gesang und Pianoforte von Robert und Clara Schumann

Die zusammen mit neun Liedern von Robert Schumann als dessen op. 37 veröffentlichten drei Lieder von Clara waren, wie wir wissen, nicht ihre ersten. Als Weihnachtsgeschenk an ihren Mann im Jahr 1840 waren schon «Am Strand», «Ich stand in dunkeln Träumen» und «Volkslied» entstanden. Im April schrieb Robert an den Musikverleger Friedrich Kistner: «Meine Frau hat nämlich einige recht interessante Lieder componirt, die mich zur Composition einiger anderer aus Rückerts ‹Liebesfrühling› angeregt haben, und so ist daraus ein recht artiges Ganzes geworden, das wir auch in *einem* Hefte herausgeben möchten.» (Der Vorschlag war etwas voreilig; in Wirklichkeit hatte Clara jene Lieder noch nicht komponiert, die schließlich in diese Ausgabe gelangen sollten.) Der Brief lautete weiter: «Meiner Frau wegen, die ich damit überraschen möchte, wünschte ich übrigens, daß die Sache unter uns bliebe.»[60]

Zu Roberts 31. Geburtstag schenkte Clara ihm vier Lieder, von denen er mit ihr drei für die gemeinsame Veröffentlichung auswählte. Sie wurden an Breitkopf & Härtel (nicht Kistner) verkauft. Clara erhielt das erste gedruckte Exemplar an ihrem Geburtstag des Jahres 1841, gerade 13 Tage nach der Geburt ihres ersten Kindes. Das Titelblatt der Sammlung, das die Lieder als op. 37/12 anführt, machte keinerlei Andeutung über die Autorschaft der einzelnen Lieder, und die Rezensenten waren – sicher zu Roberts Erheiterung – darob verwirrt. Robert kennzeichnete Claras Lieder auf dem

Vorsatzblatt seines Exemplares der ersten Auflage. Auch die Autographen in Zwickau und Berlin bezeugen ihre Autorschaft der Lieder Nr. 2, «Er ist gekommen», Nr. 4, «Liebst du um Schönheit» und Nr. 11, «Warum willst du and're fragen?» aus Schumanns op. 37.

Op. 13, Sechs Lieder mit Begleitung des Pianoforte

Op. 13 war eine separate Veröffentlichung, aber es ist deutlich, daß die Komponistin von ihrem Mann wie zu allen anderen, so auch zu dieser Anstrengung aufgefordert und ermutigt worden war. Die Lieder auf Texte von Emanuel Geibel, Heinrich Heine und Friedrich Rückert, zu verschiedenen Gelegenheiten zwischen Weihnachten 1840 und Sommer 1843 komponiert, wurden 1843 zusammengestellt und von Breitkopf & Härtel herausgebracht. Die Widmung an die dänische Königin Caroline Amalie drückt vermutlich Claras Dank für die in Kopenhagen 1842 gewährte Gastfreundschaft aus. Von den sechs Liedern ist insbesondere «Die stille Lotosblume» mit den rhythmischen Unregelmäßigkeiten, der eindringlichen Melodie und dem unaufgelösten Schluß höchst bemerkenswert.

Op. 23, Sechs Lieder aus «Jucunde» von Hermann Rollet

Die Livia Frege gewidmeten sechs Lieder aus op. 23 sind Vertonungen von Texten Hermann Rollets, dessen *Jucunde* Robert Schumann im Januar 1853 las. Seine Bemerkung, die Verse seien «sehr musikalisch»[61], haben vielleicht Claras Interesse geweckt; jedenfalls wählte sie sich sechs davon zur Vertonung aus.* Op. 23 ist kein Liederzyklus im eigentlichen Wortsinn; die Lieder bilden nur deshalb eine Gruppe, weil sie zur selben Zeit und als Vertonung nur eines Dichters entstanden sind.

* Einer der letzten Briefe, die Schumann vor seiner Einweisung in die Anstalt schrieb, war an Rollet gerichtet, der der irrigen Meinung war, Robert habe die sechs Gedichte aus *Jucunde* vertont. Schumann klärte ihn über seinen Irrtum auf und fügte hinzu, die Lieder würden ihm auch dann gefallen, wenn sie nicht von seiner eigenen Frau stammten. (Robert Schumann an Hermann Rollet, 7. 2. 1854, Schumannhaus Bonn)

Zwar sind die Texte schlicht und ziemlich sentimental, doch die Vertonung ist es nicht. Die Klavier- und die Gesangslinien in op. 23 zeigen größere Unabhängigkeit, die Begleitung größere rhythmische Vielfalt und Flexibilität als die der früheren Stücke. Einige Lieder, besonders «Was weinst du, Blümlein» und «Das ist ein Tag», sind spielerisch und von einer Fröhlichkeit, die in der Musik Clara Schumanns sonst selten zu finden ist. Schade, daß diese Lieder so wenig bekannt sind.

VERMISCHTE WERKE

Einige von Clara Schumanns Werken ohne Opuszahl – manche veröffentlicht, andere nicht – sind erhalten. Ihre Kadenzen für Beethovens Klavierkonzerte Nr. 1 und Nr. 4 sind wohlbekannt; die Kadenzen für Mozarts d-Moll-Konzert KV 466 haben wir in Zusammenhang mit Brahms behandelt.*

Eine Sonatine für Klavier (neuerdings als *Sonate g-Moll* bezeichnet), zwei Romanzen sowie drei Chorwerke auf Texte von Emanuel Geibel, die zu Roberts Geburtstag 1848 geschrieben wurden, sind vor kurzem veröffentlicht worden. (Siehe Anhang.)

Alle bisher veröffentlichten und unveröffentlichten Lieder erscheinen nach und nach in modernen Editionen. Mit weiteren Neuausgaben ist zu rechnen: Einige Präludien und Studien, eine Anzahl von Fugen, ein Marsch und mehrere Klavierbearbeitungen von Werken von Brahms und anderen Freunden.

Daß 1885 ein Klavierstück von ihr, ein *Impromptu*, in die französische Sammlung *Album du Gaulois* aufgenommen wurde, war anscheinend eine angenehme Überraschung für Clara Schumann.[62] Das Werk war viele Jahre zuvor komponiert worden. Vielleicht handelt es sich um jenes Stück, auf das Robert Schumann sich in seinem schon erwähnten Brief an den Verlag Breitkopf & Härtel vom Januar 1845 bezogen hatte.[63]

* Siehe Kap. 39.

VON CLARA SCHUMANN HERAUSGEGEBENE WERKE

Am 6. Juni 1851 legte Robert Schumann schriftlich nieder, was nach seinem Tode mit seinen unveröffentlichten Werken geschehen sollte:

Da wir ja Alle sterblich sind, so möchte ich in Hinsicht meiner zurückbleibenden Compositionen anordnen, daß Gade, oder ist dieser verhindert, J. Rietz* über etwa noch herauszugebende Werke, natürlich im Einvernehmen mit meiner lieben Klara entscheiden möchte, und zwar bitte ich nach vorheriger strengster kritischer Prüfung.[64]

Entgegen dieser eindeutigen Willensäußerung wandte Clara sich nach Schumanns Tod weder an Gade noch an Rietz. Hinsichtlich der nachgelassenen, noch unveröffentlichten Werke beriet sie sich mit Brahms und Joachim, den beiden jungen Musikern, denen Robert zum Zeitpunkt seiner Einweisung in die Heilanstalt am engsten verbunden war. Und obwohl sie jede Einzelheit mit ihnen erörterte («Ihr wißt, nur zu Euch habe ich das Vertrauen», schrieb sie 1860[65]), übernahm sie letzten Endes selbst die Verantwortung für alle Entscheidungen über die Schumann-Editionen.

Nach ihrem Tode setzten die Gelehrten in ihrem Wetteifer, jegliches von Schumann hinterlassene Werk herauszugeben, sich über ihre Wünsche hinweg. Ihre Töchter bemühten sich vergebens, dies zu verhindern. Solange Clara jedoch dazu in der Lage war, entschied sie selbst über die Publikation der späten Schumann-Werke: so blieb die Klavierbegleitung für Bachs Cellosonaten von 1853 zu ihren Lebzeiten unveröffentlicht, während die Messe und das Requiem 1862 bzw. 1864 publiziert wurden. Genau wie sie es befürchtet hatte, wurden viele der Werke, deren Veröffentlichung sie noch verhindert hatte, im 20. Jahrhundert herausgegeben: die

* Der dänische Komponist Niels Gade war Mendelssohns Nachfolger als Leiter des Gewandhausorchesters. Julius Rietz, Cellist, Komponist und in Düsseldorf, Leipzig und Dresden als Dirigent tätig, gab die Gesamtausgabe der Werke Mendelssohns sowie Werke von Bach, Mozart und Beethoven heraus.

beiden von Schumann stammenden Sätze der Sonate F. A. E.*, zum Beispiel, wurden 1935 veröffentlicht, und *Thema und Variationen*, geschrieben im Februar 1854, erschienen 1941. Das Violinkonzert blieb bis 1937 unveröffentlicht und wurde gegen den ausdrücklichen Wunsch Eugenie Schumanns, der einzigen noch lebenden von Schumanns Söhnen und Töchtern, herausgegeben. In einem Artikel, mit dem sie gegen die Veröffentlichung protestierte, schrieb sie:

> Für alle Zeiten unvergeßlich ist mir der Augenblick im mütterlichen Hause in Frankfurt a. M., in welchem meine Mutter zu uns herein kam und mit tiefer, verhaltener Bewegung in den Zügen sagte: «Ich habe eben mit Joachim und Johannes beschlossen, daß das Konzert nicht veröffentlicht werden soll, nicht jetzt und überhaupt nicht. Wir sind uns darin ganz einig.[66]

Clara Schumann war stets voller Besorgnis wegen der Werke aus Schumanns letzten Jahren und befürchtete, die Musik könne Schwächen und die Anzeichen der geistigen Verwirrung zeigen, an der er gelitten hatte.**

Am 27. Januar 1860 teilte sie Julius Schuberth ihre Entscheidung mit, die Klavierbegleitung für Paganinis *Caprices*, die Schumann 1853 geschrieben hatte, nicht zu veröffentlichen: «Mein Mann ist mir zu lieb, als daß ich etwas Unbedeutendes herausgebe.»[67] Und aus den Haushaltbüchern erfahren wir, daß sie fünf im November 1853 komponierte Romanzen in der Schublade aufbewahrte und 1893 vernichtete, weil sie befürchtete, sie könnten nach ihrem Tode an die Öffentlichkeit gelangen.[68]

Brahms und Joachim kannten und teilten die Sorgen, die Clara sich wegen der späten Werke machte. Sie wurden von Clara gebeten, das Requiem und die Messe, beide damals noch unveröffent-

* Eine 1853 von Schumann, Brahms und Albert Dietrich gemeinsam geschriebene Sonate für Joachim, deren Motto «*F*rei *a*ber *e*insam» lautete.

** Schumanns letzte Krankheit war und blieb ein heikles Thema für Clara. 1877 schrieb sie an Brahms, sie sei sehr erschrocken, weil Hanslick, der sie um Abschriften von Schumanns Briefen aus Endenich gebeten hatte, offenbar nur über Schumanns «Jahre der Krankheit» schreiben wolle. (*Schumann-Brahms-Briefe*, Bd. 2, S. 90f.)

licht, durchzusehen und sie im Hinblick auf eine Publikation zu beraten. Im August 1860 antwortete Brahms, diese beiden 1852 komponierten Werke seien von Schumann selbst für den Druck vorbereitet worden; deswegen glaubten er und Joachim, sie hätten nicht das Recht, sie zurückzuhalten, selbst wenn sie dem durch frühere Werke gesetzten Niveau nicht ganz entsprächen. Elf Monate später fuhr Clara nach Aachen, um die Messe, dirigiert von Franz Wüllner, anzuhören, und war tief betroffen von der Schönheit der Musik. Daraufhin teilte sie Brahms mit, sie habe nun keine Bedenken mehr gegen die Drucklegung.[69] Die Messe erschien 1862.

Alle Entscheidungen, die sie bezüglich Schumanns Werk traf – die große Ausgabe seiner *Werke* eingeschlossen – wurden in Verbindung mit Brahms und anderen Freunden getroffen. Die einzige Schumann-Edition, die ausschließlich als ihre eigene gelten kann, war die 1887 gedruckte sogenannte Instruktive Ausgabe.

Warum wandte die Witwe sich nicht an Gade oder Rietz, wie Schumann erbeten hatte? Warum wandte sie sich vielmehr an die beiden «jungen Dämonen»? Als Schumann 1851 testamentarisch über seinen musikalischen Nachlaß verfügte, kannte er Brahms noch nicht; Joachim war ihm lediglich als junger Geigenschüler ihres alten Leipziger Freundes Ferdinand David begegnet. Doch als diese drei Musiker sich kennenlernten, entwickelte sich schnell eine enge Freundschaft, ja fast eine Seelenverwandtschaft. Die beiden Jüngeren liebten und achteten Schumann, redeten ihn als «Geliebter Meister», «Verehrter Freund», «Sir» oder «Mynheer Domine» an.

Die beiden jungen Männer standen Clara in den schlimmsten Tagen des sorgenvollen Düsseldorfer Herbstes 1853 und während der Endenicher Jahre zur Seite. Sie waren nicht nur ihre treuesten Freunde, sondern auch die begabtesten Musiker ihrer Generation. Es gab zwar andere Männer, an die Clara sich hätte wenden können – Hiller, Dietrich, Reinecke, Woldemar Bargiel, sämtlich Musiker, die Schumann bewunderten und zu denen sie Vertrauen hatte –, doch sie wußte wohl, daß keiner an das Format von Joachim und Brahms heranreichte.

Kritische Gesamtausgabe der Werke Robert Schumanns, 1879–1893

Im Mai 1877 bat Clara Brahms um seine Meinung über ein Angebot von Breitkopf & Härtel, eine kritische Ausgabe der sämtlichen Werke von Robert Schumann herauszugeben.[70] Es versetzte sie in eine peinliche Lage, da sie dicht davorstand, einen Vertrag mit der englischen Firma Novello über die Edition der Klavierwerke zu unterzeichnen. Zu diesem Zeitpunkt war Brahms kein schüchterner junger Komponist mehr, sondern aus Erfahrung in der Lage, ihr eine taktvolle Lösung aus der Situation vorzuschlagen. Sie entschloß sich dazu, die *Gesamtausgabe* in Angriff zu nehmen, allerdings erst, nachdem Brahms ihr seine aktive Mitarbeit zugesagt hatte. Auf seinen Rat hin und mit seiner Unterstützung schloß sie mit Breitkopf & Härtel zu günstigen Bedingungen ab.

Der Brief, in dem sie um seinen Rat bat, war nur der erste von Hunderten, die sie mit ihm wegen der Editionsarbeit wechselte, und obwohl Clara Schumann als alleinige Herausgeberin der Reihe in 31 Teilen* angegeben wird, ist es offensichtlich, daß diese ohne die geduldige Führung durch Johannes Brahms nicht hätte vollendet werden können. Clara wandte sich an ihn mit Fragen, die vom Geringfügigen und Unbedeutenden bis zum höchst Wichtigen reichten; sie tat keinen Schritt ohne ihn und schickte ihm von jedem einzelnen Werk die Korrekturbögen zu. Sie bat ihn, die Edition der Orchester-, Chor- und Ensemblewerke zu übernehmen, da sie sich damit nicht vertraut fühlte und seine Hilfe brauchte. Auch drängte sie ihn, die Hälfte des von Breitkopf & Härtel angebotenen Honorars anzunehmen, was er zurückwies, obwohl er tatsächlich (wenn auch widerstrebend) die volle Verantwortung für den Ergänzungsband (1893) übernahm, in welchem sein Name und ein kurzes Vorwort von ihm erschienen.[71]

Die Lektüre der veröffentlichten Schumann-Brahms-Korrespondenz gibt nur einen unvollständigen Eindruck von Brahms' Beteiligung, da Berthold Litzmann, der Herausgeber des Bandes, viele Einzelheiten fortgelassen hat – teils im Hinblick auf die Länge,

* Die 31 Teile sind gewöhnlich in 14 Bänden zusammengefaßt.

teils wegen der Pressionen seitens der Familie Schumann. Obwohl Litzmann (und Marie, die seine Arbeit überwachte) sich bemühten, in der Briefausgabe nichts davon an den Tag kommen zu lassen, enthüllt die Korrespondenz die enormen Spannungen zwischen Brahms und Clara, die während der gemeinsamen Editionsarbeit entstanden. Mehrfach, vor allem in den Jahren 1891 und 1892, drohte die langjährige Freundschaft an den unterschiedlichen Ansichten über Ausgaben und Fassungen der Werke Schumanns zu zerbrechen. Bei genauerem Hinsehen scheinen jedoch viele der Meinungsverschiedenheiten nicht unbedingt musikalischer Natur, sondern durch andere Sorgen begründet zu sein. Um 1892 bat Clara, nunmehr alt, vergeßlich und erschöpft, Brahms, den Ergänzungsband zu übernehmen: «Sage mir, ob ich auf Deine alte Freundschaft rechnen kann?»[72]

Von Anfang an hatte Brahms sie gedrängt, sich mit anderen Freunden zu beraten (wie er selbst es in bezug auf seine eigenen Werke tat), und früher oder später holte sie Rat von allen Schumannianern in Deutschland ein: Joachim, Heinrich von Herzogenberg, Philipp Spitta, Herman Levi, Julius Otto Grimm, Ernst Rudorff, Franz Wüllner. Andere Musiker wurden für ihre Bemühungen bezahlt, aber weder ihre Namen noch ihre Beiträge sind in der Ausgabe erwähnt. Clara machte zwar kein Geheimnis aus der Beteiligung jüngerer Musiker wie Ernst Franck, Woldemar Bargiel und Alfred Volckland, doch waren sie, ihre Freunde und der Verlag offenbar der Meinung, daß die *Kritische Gesamtausgabe der Werke Robert Schumanns* das größte Ansehen genießen würde, wenn sie allein unter ihrem Namen erschiene. Breitkopf handelte entsprechend.

Claras Bereitwilligkeit, trotz ihrer vielen anderen Verpflichtungen eine derart große Aufgabe zu übernehmen, ist nur zu verstehen, wenn man sich ihre Gründe näher vor Augen führt. Das Honorar war zweifellos verlockend für eine Frau, die eine große Familie zu erhalten hatte, doch der größere Anreiz lag in dem, was sie als Pflicht gegenüber ihrem Mann verstand. Sie war nicht nur verärgert über die Verbreitung immer neuer Schumann-Ausgaben – besonders in England –, die sie als nicht authentisch ansah, sondern auch mit gutem Grund überzeugt, niemand kenne Schumann und seine

Musik so gut wie sie. Sie war entschlossen, ihn (wie sie es zeit seines Lebens getan hatte) zu beschützen und dem, was sie als ein Jahrhundert-Unternehmen ansah, den Stempel der Authentizität aufzudrücken. Also machte sie sich an die Arbeit. Nachdem sie so viele Jahre im Dienste seiner Musik gelebt hatte, war die Editionsarbeit für sie die logische Fortsetzung ihres Lebenswerks.

Clara Schumanns Bemühungen um die *Kritische Gesamtausgabe* sind von vielen Wissenschaftlern der Gegenwart kritisiert worden, die diese für unvollständig und ungenau halten.[73] Ihr Werk muß aber im Kontext ihrer Zeit und der besonderen Umstände gesehen werden, unter denen diese Ausgabe vorbereitet wurde. Die Editionsprinzipien unterschieden sich erheblich von den heute üblichen. Zugegeben, viele der von Breitkopf & Härtel veröffentlichten kritischen Ausgaben (die Gesamtausgaben der Werke Beethovens, Mozarts, Chopins, Schuberts, Mendelssohns, Liszts, Wagners und anderer) wurden von musikwissenschaftlichen Kommissionen herausgegeben und enthielten Textkommentare, Quellennachweise, Register, den gesamten wissenschaftlichen Apparat, der Glaubwürdigkeit verleiht. Aber offensichtlich glaubte man bei Breitkopf & Härtel, daß Clara Schumanns Autorität für die Robert-Schumann-Ausgabe ausreichend (und überdies ein Verkaufsargument) sein würde. Soweit bekannt ist, wurde ihr ein kritischer Kommentar weder abverlangt, noch hat sie einen solchen je angeboten, der Auskunft über ihre Quellen gegeben oder die Gründe für ihre Entscheidungen erläutert hätte.

Clara Schumann wählte für den Anfang der *Kritischen Gesamtausgabe* die Klavierwerke. Bewußt und absichtlich folgte sie dem Beispiel Schumanns und dem Rat von Brahms[74], forderte Manuskripte an, die nicht mehr in ihrem Besitz waren, prüfte sorgfältig die Autographen und Drucke, die sie erhielt, und zog jeweils die zu Schumanns Lebzeiten veröffentlichte erste und zweite Ausgabe heran.

Sie war sich Schumanns Leidenschaft für gute Ausgaben wohl bewußt und studierte die Sammlung seiner Erstausgaben genau, die er hatte binden lassen und in die er Kommentare und Änderungen eingetragen hatte. Es besteht kein Zweifel, daß sie von dem Brief wußte, den er am 31. Januar 1845 an Härtel geschrieben hatte und in welchem er eine «recht schöne Ausgabe» von Bachs «Wohltemperirtem Clavier» vorschlug: «... *eine möglichst correcte, auf die Originalhandschrift und die ältesten Drucke gestützte, mit Angabe der verschiedenen Lesarten versehene Ausgabe* bezweckte ich...»[75]

Clara rief sich nach Kräften die Bemerkungen, die Schumann über ihre Aufführung und Interpretation seiner Werke gemacht hatte, in Erinnerung.* Da man ihr oft vorgeworfen hatte, sie nehme die Tempi zu schnell, bemühte sie sich besonders, das jeweilige Tempo exakt zu bestimmen. Sie schrieb an Brahms, sie habe monatelang gearbeitet, indem sie ihr eigenes Spiel mit Hilfe des Sekundenzeigers überwachte und versuchte, so einen Durchschnittswert zu ermitteln. Brahms hatte sie zuvor gewarnt, eine solch mühevolle Arbeit werde ihr sicher nicht gedankt werden. Sie gab es schließlich auf, indem sie erklärte, er habe recht gehabt und die Arbeit sei «eine Qual».[76]

Die Änderungen, die Clara Schumann in den Metronomangaben vornahm, haben mehr Diskussionen und Protest erregt als alle anderen Details ihrer Edition.[77] (In Wirklichkeit waren diese Eingriffe nicht so weitreichend wie viele andere, die sie vornahm.) Anscheinend war sie davon überzeugt, daß Schumanns Metronom falsch ging: bereits 1855 erschien in der *Neuen Berliner Musikzeitung* eine Anzeige, die das Publikum im Namen von Clara Schumann davon informierte, daß Schumanns Metronom unrichtig gewesen und daß viele der Tempi schneller angegeben seien, als von ihm beabsichtigt.[78] 1863 schrieb sie an Julius Stockhausen, sie habe herausgefunden, daß Metronome unterschiedlich seien, und er solle sich hinsichtlich der Angaben nicht beunruhigen, denn «ein Musiker wie Sie wird nie einen Mißgriff machen».[79] Brahms äußerte mehr als einmal ähnliche Gedanken.[80] Obwohl Clara die Theorie vom «falschen Metronom» 1855 aufgebracht und in der Folge hinsichtlich der Wichtigkeit von Metronomangaben geschwankt hatte, behielt

* Einige Wissenschaftler haben die Meinungsverschiedenheiten zwischen Robert und Clara über Interpretation und Tempo ziemlich aufgebauscht. Zwar gab es unterschiedliche Meinungen über Jahre hinweg, die im Ehetagebuch offen zum Ausdruck kamen. Doch bleibt es eine Tatsache, daß Robert Schumann seine Frau als die beste Interpretin seiner Musik ansah (vgl. Kapitel 12).

sie in der *Kritischen Gesamtausgabe* – entgegen einer verbreiteten Meinung – die meisten von Schumanns Metronomangaben bei.*

Die Instruktive Ausgabe 1887

In der häufig mit der *Kritischen Gesamtausgabe* verwechselten Instruktiven Ausgabe[81] hat Clara Schumann zweifelsohne einfach ihre eigenen Ansichten wiedergegeben. Viele Musiker des 20. Jahrhunderts sehen heute ihre Festlegungen als willkürlich an, doch ihre Zeitgenossen – und ihre Verleger – kannten keine Einwände gegen die Freiheiten, die sie sich herausnahm. Vielmehr wurde sie von allen Seiten ermuntert, die Sache zu übernehmen, und die Ausgabe wurde sowohl in ihrer Originalform wie in den zahlreichen Bearbeitungen und Neuauflagen weit verbreitet.

Bei Breitkopf & Härtel dachte man an eine instruktive Ausgabe der Klavierwerke Schumanns im Mai 1882, während Clara noch an der *Kritischen Gesamtausgabe* arbeitete. Zu jener Zeit waren die kommentierten Klassikerausgaben samt Erläuterungen gang und gäbe. Hans von Bülow bearbeitete einen Band nach dem anderen der Werke von Bach, Beethoven, Scarlatti, Mendelssohn, Schubert, Chopin und Cramer (von diesem zweitklassigen Meister allein wurden laut Angabe des Verlages, der Wiener Universal Edition, 150000 Exemplare verkauft). Die mit vielen Anmerkungen versehenen didaktischen Ausgaben, «Wie von Hans von Bülow in seinen Konzerten gespielt», lenkten die Aufmerksamkeit des Pianisten auf jede Einzelheit der Ausführung: Fingersatz, Phrasierung, Tempo, Akzente, Pedal, Verzierungen, Dynamik, Betonung. Bülow überließ nichts der Phantasie des Spielers und nahm sogar Änderungen vor, gewöhnlich ohne dies anzumerken. Clara Schumann hegte eine starke Abneigung gegen Bülows Ausgaben[82], und da sie fürchtete, er oder jemand anders könne etwas Ähnliches mit Schumanns Kla-

* Dietrich Kämper verglich 32 Schumann-Erstausgaben mit denselben Werken in der *Gesamtausgabe* und gelangte zu dem Schluß, daß Clara in der weit überwiegenden Zahl der Fälle den originalen Metronomangaben treu geblieben sei («Zur Frage der Metronombezeichnungen Robert Schumanns», *AfMw* 21 [1964], S. 145). Brian Schlotel kam zum selben Ergebnis («Schumann and the Metronome», in *Robert Schumann: The Man and His Music*, hrsg. v. Alan Walker [London 1972], S. 111).

vierwerken versuchen, zog sie es – nach Beratung mit Brahms – vor, selbst die instruktive Ausgabe für Breitkopf & Härtel herauszugeben. Sie schrieb in ihr Tagebuch: «Das ist mir klar, daß ich sie machen muß, damit wenigstens eine richtige Ausgabe für Schüler vorhanden.»[83]

Und so übernahm sie noch einmal, im selben Jahr, in dem sie und Brahms die letzten Druckfahnen der *Kritischen Gesamtausgabe* korrigierten, eine große Editionsaufgabe. Für die Instruktive Ausgabe nahm sie die Hilfe von Marie in Anspruch, die seit eh und je ihre Assistentin war, und suchte seltener als früher brieflichen Rat bei Brahms und anderen Freunden. Infolgedessen liegen uns weniger schriftliche Aussagen darüber vor, wie sie zu ihren Entscheidungen kam.

Die Instruktive Ausgabe unterscheidet sich von der *Kritischen Gesamtausgabe* – und von Schumanns frühen Editionen – in mancher Weise: durch Änderungen in Metronom- und Tempoangaben (teils schneller, teils langsamer)*; durch hinzugefügte Tempo- und Ausdrucksbezeichnungen (grazioso, tranquillo, a tempo, ritenuto usw.), Fingersätze, zusätzliche dynamische Angaben (manchmal in Klammern, um sie von denen Schumanns zu unterscheiden) und eine bemerkenswert große Zahl von zusätzlichen Pedalangaben; durch Entfernen – nur in den ersten Auflagen – von Schumanns Widmungen in der *Fantasie* op. 17 (für Liszt), den *Fantasiestücken* op. 12 (für Robena Laidlaw) und der g-Moll-Sonate op. 22 (für Henriette Voigt).** In späteren Auflagen wurden die Widmungen wieder eingesetzt, dafür tauchten andere Änderungen und Fehler

* Kämper (S. 148) stellt fest, daß 59 Prozent der Metronomangaben in der Instruktiven Ausgabe mit Schumanns eigenen Erstausgaben übereinstimmen, 41 Prozent dagegen von den Originalpartituren abweichen.

** Alan Walker behauptet in seinem Aufsatz «Schumann, Liszt, and the C Major Fantasie, Op. 17: A Declining Relationship», *ML*, April 1979, S. 156–165, Clara habe bei der Vorbereitung der Fantasie zum Neudruck nicht gezögert, die Widmung an Liszt zu streichen und durch ihren eigenen Namen zu ersetzen. Die Widmung an Liszt wurde nur in der ersten Ausgabe entfernt und später wieder eingesetzt. Ich habe den Namen von Franz Liszt in keinem der von mir herangezogenen Drucke, einschließlich des Erstdruckes in RSH, durch den von Clara Schumann ersetzt gefunden.

auf.* Im Jahr 1901 bat Marie Schumann den Verlag, die Änderungen zu kennzeichnen, die von ihrer Mutter vorgenommen worden waren, doch waren zu dieser Zeit die Partituren so gründlich bearbeitet worden, daß man bei Breitkopf & Härtel nicht mehr zwischen den von Clara Schumann vorgenommenen Änderungen und denen von Carl Reinecke, dem die Verantwortung für die Ausgabe nach Claras Tod übergeben worden war, unterscheiden konnte.[84]

Zweifellos wäre den Benutzern der Instruktiven Ausgabe ein kurzer kritischer Kommentar von Nutzen gewesen. Doch ebenso wie Bülow und andere Herausgeber von Studienausgaben im 19. Jahrhundert dachte Clara nicht daran, ihre Entscheidungen, Auswahl und Quellen zu erläutern und über Schumanns mitunter rätselhafte Titel und Motti etwas mitzuteilen, was alles ja sehr sinnvoll und hilfreich gewesen wäre.

Das übrige editorische Werk

Zu den weiteren Titeln, die Clara Schumann edierte, zählten *Fingerübungen und Studien aus Czernys Pianoforte-Schule*, ein Handbuch, das sie während ihrer ganzen Lehrtätigkeit benutzte. Obwohl das Buch unter ihrem Namen erschien, war es in Wirklichkeit von Marie Schumann mit Brahms' Hilfe vorbereitet worden. Sowohl Marie als auch Brahms waren an dem Projekt sehr interessiert; im August 1880, lange bevor ein Vertrag unterschrieben war, berichtete Clara an Brahms, daß Marie es nicht hatte abwarten können und bereits an der Ausgabe arbeitete.[85]

Zu den übrigen von Clara Schumann veröffentlichten Arrangements, Transkriptionen und Editionen gehören unter anderem ein Arrangement für Klavier zu vier Händen von Schumanns Quintett, ein Klavierauszug von *Genoveva*, dreißig Lieder von Robert Schumann für Klavier bearbeitet, sowie – mit 76 Jahren geschrieben! – ein Klavierarrangement einiger Studien aus Schumanns op. 56 und op. 58.[86]

* Einige Merkwürdigkeiten der Instruktiven Ausgabe (möglicherweise Druckfehler oder Mißverständnisse) bleiben rätselhaft: z. B. die Zueignung von op. 58 für die Comtesse Abegg (freundlicher Hinweis von Edwin M. Good) und die Diskrepanzen in den Kompositionsdaten.

Bereits 1874, als sie wegen einer Armverletzung die Zeit fand, sich mit Schumanns hinterlassener Korrespondenz zu beschäftigen, kam ihr der Gedanke an eine Ausgabe seiner Briefe.[87] Doch erst im Mai 1885 begann sie, die Jugendbriefe Schumanns wieder zu lesen, auszuwählen und zum Druck vorzubereiten. Mit der Hilfe von Marie und einem Freund, Heinrich von Herzogenberg, wurde die Arbeit innerhalb weniger Monate vollendet. Anders als ihre Editionen von Schumanns Musik enthielt das Buch ein Vorwort (von Clara Schumann unterzeichnet, in Wirklichkeit aber von Herzogenberg verfaßt), welches den Leser über Auslassungen, Streichungen, Änderungen und die Quellen informierte.[88] Es gibt unter den Künstlerbriefen des 19. Jahrhunderts wenige, die so phantasievoll und anmutig sind wie die des jungen Schumann; die *Jugendbriefe* wurden außerordentlich beliebt, erschienen in vier Auflagen in Deutschland und fast sofort als *Early Letters* auch auf englisch.[89] Bei der Arbeit an dieser Ausgabe dachte Clara voll Trauer und Freude an ihre Jugend und an das Glück, das sie und Robert sich erhofft und nur so wenige Jahre genossen hatten.

Viele der Klavierauszüge von Schumanns Werken wurden schon zu seinen Lebzeiten von Clara erarbeitet und mit seiner vollen Zustimmung veröffentlicht. Dadurch, daß Clara die *Kritische Gesamtausgabe*, die *Instruktive Ausgabe* und die *Jugendbriefe* edierte, leistete sie als Robert Schumanns Frau und «künstlerische Weggefährtin» der Musikwelt einen unersetzlichen Dienst und überlieferte Schumanns Werk in der besten Weise, die zu ihrer Zeit möglich war.

KAPITEL 12

Die Konzertkünstlerin

Clara **Schumanns Leben** als Konzertkünstlerin bildet ein Pendant zur Geschichte des Konzertwesens im 19. Jahrhundert. Eine Untersuchung ihrer langwährenden, glänzenden Laufbahn, von ihrem Debüt im Leipziger Gewandhaus 1830 bis zu ihrem letzten öffentlichen Auftreten in Frankfurt 1891, gibt Einblick in die Programm-Traditionen, Repertoires, organisatorischen Abläufe und unterschiedlichen Bedingungen in den einzelnen Städten, in das Wunderkind-Phänomen, die Rolle der Frau im Konzertleben und den musikgeschichtlichen Wandel in bezug auf künstlerisches Niveau und Publikumsgeschmack. Allen diesen Bereichen hat Clara Schumann entscheidende Impulse gegeben.

Ihre mehr als sechzig Jahre währende Karriere auf der Konzertbühne zerfällt in drei Abschnitte: die Jahre 1828 bis 1840, in denen sie als Clara Wieck auftrat, erst als lokale Berühmtheit und dann als internationale Attraktion; 1840 bis 1854, die Zeit von Ehe und Mutterschaft, während deren sie ihre Konzerttätigkeit einschränkte, wenn auch nicht annähernd in dem Maße, wie die populäre Literatur uns glauben machen will; und 1854 bis 1892, die Jahre nach Robert Schumanns Anstaltsaufenthalt und Tod, als sie die Britischen Inseln und viele europäische Länder bereiste und als eine der bedeutendsten Pianistinnen der Welt gefeiert wurde, während sie zugleich für einen Haushalt und sieben Kinder zu sorgen hatte. Ihre Ausdauer und ihr Durchhaltevermögen während dieser äußerst schwierigen Jahre sind legendär. Daß sie trotz aller Schicksalsschläge in der Lage war, neue Werke zu studieren und zur Erstaufführung zu bringen, zugleich sich ihre Stellung in der Musikwelt und ihre Popularität zu erhalten, verdankt sie nicht nur ihrem Talent, ihrer Entschlossenheit und Disziplin, sondern nicht zuletzt – was sie stets anerkannte – ihrem Vater mit seiner Begabung als Lehrer und seinem geradezu fanatischen Ehrgeiz für ihre Künstlerlaufbahn.

Ihr erstes vom Vater zusammengestelltes Programm war typisch für das Virtuosentum in allen größeren Städten Europas in den dreißiger Jahren des 19. Jahrhunderts. Die aus dem späten 18. Jahrhundert überkommene Tradition sah ein möglichst abwechslungsreiches Konzert vor, bei dem das städtisch-bürgerliche Publikum, das für einen Abend musikalischer Unterhaltung bezahlt hatte, auf seine Kosten kam. Veranstaltet wurde das Konzert entweder vom Hauptdarbieter oder von einer Institution wie z. B. dem Gewandhaus, in jedem Fall aber teilte der Solist sich das Programm mit einer Gruppe von Künstlern – Sängern, Instrumentalisten, vielleicht einem kleinen Ensemble –, die zur «Unterstützung» auftraten. Manchmal brachte auch ein Rezitator oder eine kleine Theatertruppe Abwechslung in das Angebot. Dem «Konzertgeber» oblag die gesamte Organisation, er erhielt den Erlös aus dem Verkauf der Eintrittskarten und war für die Anwerbung und Auszahlung der mitwirkenden Künstler zuständig.

In kleineren Städten waren solche Veranstaltungen oft ein rechtes Sammelsurium von musikalischen und nichtmusikalischen Darbietungen. In Altenburg z. B. teilte Clara Wieck sich am 18. Mai 1838 die Bühne mit einem Dr. Langenschwarz, einem «Improvisator»: Jemand aus dem Publikum schlug ein beliebiges Thema vor – historisch, philosophisch oder prosaisch –, über das der Doktor dann einen Vortrag hielt. Er versäumte nicht, in seine Rede eine Huldigung an die Damen von Altenburg einzuflechten, und schloß mit einer komischen Rezitation in österreichischem Dialekt. Zwischen Langenschwarz' Nummern spielte Clara ein Konzert von Pixis und ihre eigenen Variationen über das Thema von Bellini.

Bei ihrem ersten Auftreten in Hamburg am 28. März 1835 spielte sie Moscheles' Konzert in Es-Dur und Herz' *Bravour-Variationen* in der Pause zwischen zwei Komödien, *Der Secretair und der Koch* und *Richards Wanderleben*.[1] Und in einer kleineren Stadt wie Mitau diente sogar noch 1864 (13.2.) ihr Klavierspiel als Lückenfüller zwischen zwei Theaterstücken.

Historisch gesehen wird das Ende der Virtuosenauftritte mit «Unterstützung» durch jenes Londoner Konzert von Franz Liszt 1840 markiert, das allgemein als die erste moderne Soloveranstaltung gilt. Schon kurz darauf begann Clara Schumann, das neue Konzept für sich auszuprobieren. Sie entschloß sich, auf ihrer Rußlandreise 1844 auf die Unterstützung eines Orchesters und einzelner Künstler zu verzichten, einfach auch deshalb, weil sie so schwer zu organisieren war. Ihrem Vater berichtete sie: «ich gab aber alle Concerte allein ohne alle Unterstützung, was ich nun immer thun werde, es ist das beste.»[2] Völlig aufgeben konnte sie die hergebrachte Gepflogenheit jedoch noch nicht, weil das Publikum erwartete, eine Vielzahl von Künstlern zu hören, und Clara – wie ihr Vater – auf die Ansprüche des Publikums Rücksicht nehmen wollte.

In den siebziger Jahren war ihr Ruf inzwischen so gefestigt, besonders in England, daß auch bei den von ihr allein bestrittenen Konzerten der Erfolg gesichert war. Sie arbeitete zwar auch weiterhin mit anderen Künstlern zusammen, doch nur mit hochqualifizierten Musikern, die eher befreundete Kollegen als «unterstützende» Künstler waren. Diese Entscheidung mag ihr durch gesundheitliche Probleme und die wachsenden familiären Verpflichtungen diktiert worden sein, denn Claras Aufgaben verringerten sich, anders als bei den meisten arbeitenden Frauen, mit dem Heranwachsen ihrer Kinder keineswegs. Die Erkrankungen und Todesfälle in der Familie und die Verantwortung für die Kinder ihres Sohnes Ferdinand, die sie sich auch noch auflud, wirkten körperlich und seelisch sehr belastend. So fand sie sich mit der Tatsache ab, daß ein gemeinsames Programm die einzig mögliche Form der Konzertarbeit war, und trat regelmäßig mit hochrangigen Kollegen wie Joseph und Amalie Joachim, Brahms und Stockhausen auf. Die Künstler boten Solo- und Ensemblestücke im Wechsel und beendeten gewöhnlich das Programm mit gemeinsamem Musizieren; interessanterweise hielten sie sich meist das ganze Konzert hindurch auf dem Podium auf. Ein Berichterstatter von *Dwight's Journal* erwähnt, daß Clara und Joachim in den Pausen zusammen plauderten und einander beim Spielen aufmerksam zuhörten.[3]

Bis gegen Ende des Jahrhunderts verlangte das Publikum bei jedem Konzert auch Gesang zu hören; Arien und Lieder wechselten mit Instrumentalnummern ab. Clara hätte auf die Zusammenarbeit mit so manchem Sänger gern verzichtet, aber da das Publikum nun einmal die berühmten Stimmen hören wollte, mußte sie sich fügen. Mehr als einmal, als sie Konzerte ausschließlich mit relativ anspruchsvoller Instrumentralmusik angesetzt hatte (1847 in Wien, 1850 in Hamburg, 1855 im heutigen Bad Ems), rettete die treue Jenny Lind, die weltweit bewunderte «Schwedische Nachtigall», sie vor einem finanziellen Fiasko.

Vermutlich war Clara ziemlich bestürzt, als William Sterndale Bennet sie in einem Brief vom 26. Januar 1855 warnte, in England «muß man stets so viele teure Sänger in den Konzerten haben, daß diese für die Pianisten nicht so viel abwerfen, wie sie verdient hätten».[4] In ihren Anfangszeiten begleitete Clara die Sänger selbst; als ihr Ansehen zunahm, konnte sie die Vokalisten, die in ihrem Programm auftreten sollten, samt ihrem Repertoire selbst auswählen, und so begleitete sie nach 1860 nur noch Sänger und Sängerinnen vom Format eines Julius Stockhausen oder einer Amalie Joachim. Gemeinsam mit diesen führte sie einige der großen Liederzyklen erstmalig vollständig auf: Schuberts *Winterreise* und *Die schöne Müllerin*, Schumanns *Dichterliebe* und *Frauenliebe und Leben*. Selbst solche Werke wurden damals von Instrumentalmusik unterbrochen, was heute unvorstellbar wäre. Am 22. Februar 1862 in Zürich zum Beispiel wurden drei Stücke aus Schumanns *Kreisleriana* zwischen dem ersten und zweiten Teil der *Dichterliebe* dargeboten. Und bei einem Konzert mit Stockhausen am 27. November 1862, in welchem – vielleicht zum erstenmal – die *Winterreise* vollständig zu hören war, lautete das Programm folgendermaßen: I. Schumann, Klavierquintett; II. *Die Winterreise*, Nr. 1–4; III. ausgewählte Stücke von Bach und Scarlatti; IV. *Die Winterreise*, Nr. 5–9; V. Mendelssohn, *Lieder ohne Worte*; IV. *Die Winterreise*, Nr. 10–13.

Der im frühen 19. Jahrhundert übliche Brauch, mit «Unterstützung» zu arbeiten, hatte natürlich zur Folge, daß die Programme aus einer Vielzahl von Gattungen gemischt waren. Eine Sonate oder einzelne Sonatensätze, Themen mit Variationen (mit Applaus nach jeder Variation), Lieder, eine Sinfonie, Arien, Deklamationen, Instrumental- und Vokalduos wurden zu einem Potpourri zusammengestellt. Ab der Mitte des Jahrhunderts zeigen Clara Schumanns Programme eine stärkere Geschlossenheit. In den Orchesterkonzerten, bei denen sie als Gastkünstlerin mitwirkte, herrschte zwar immer noch die bunte Mischung vor, doch in ihren eigenen Konzerten der fünfziger und sechziger Jahre waren die Stücke nach Komponisten gruppiert, und es gab weniger unterschiedliche Gattungen. Um 1880 waren Claras Programme nicht nur kürzer geworden – und erlaubten damit eine größere Konzentration auf das einzelne Werk –, sondern auch homogener.

REPERTOIRE

Bis zu Claras selbständiger Paris-Reise 1839 war für die gesamte Konzertorganisation und das Repertoire ihr Vater bestimmend. Bei ihrem Debütkonzert 1830 – ein *Extra-Concert*, für das das Direktorium des Gewandhauses vermutlich eine Sondergenehmigung hatte erteilen müssen – spielte sie Kalkbrenners *Rondo Brillant* op. 101, Herz' *Variations Brillantes* op. 23, ein *Quatuor Concertant* für vier Klaviere op. 230 von Czerny sowie ihre eigenen Variationen über ein eigenes Thema. Clara brachte ihre Begleitkünstler mit: die Sängerin Henriette Grabau, die auch sonst im Gewandhaus auftrat, und den Hofsänger Heinrich Hammermeister. Die drei Leipziger Pianisten, die mit ihr das Quartett von Czerny spielten – alle zehn bis zwölf Jahre älter als sie –, waren Heinrich Dorn, Komponist und Direktor der Leipziger Oper, der Dichter und Klavierpädagoge Julius Knorr und Emil Wendler, stud. med. und ehrgeiziger Dilettant.

Claras Pariser Konzerte 1832, in denen zwei Ouvertüren von Weber in einer Bearbeitung für sechs Klaviere – jedes zu vier Händen – sowie Sänger, Gitarristen und ein Cellist zu Gehör kamen, dauerten jeweils drei bis vier Stunden. Bei privaten Soireen wartete das zwölfjährige Mädchen in einem Vorraum auf seinen Auftritt, während die anderen «Nummern» abliefen – manchmal bis ein oder zwei Uhr morgens.

Die Stücke, um die es sich damals handelte, werden heute nicht mehr gespielt, und auch Clara hätte sie zehn oder fünfzehn Jahre später nicht mehr anbieten mögen. Das damalige Programm spiegelt weniger die persönliche Vorliebe ihres Vaters wider als seine Einschätzung des Publikumsgeschmacks. Wieck hätte nicht im Traum daran gedacht, durch allzuviel Bach oder Beethoven oder «neue romantische» Musik (Mendelssohn, Chopin, Schumann) Claras Karriere aufs Spiel zu setzen.

Beim zweiten Parisaufenthalt stellte die Neunzehnjährige ihre Programme selbst zusammen. Sie fand das Musikleben in der französischen Hauptstadt «frivol und oberflächlich» und erlebte, daß sie bei den Musikabenden in den Adelshäusern nichts Ernsthaftes (und nichts, was sie wirklich liebte) vortragen konnte, es sei denn gegen zwei Uhr morgens, wenn die meisten Gäste gegangen und nur die echten Kenner zurückgeblieben waren, um sie Schumann, Chopin oder Scarlatti spielen zu hören. Ihr eigenes flottes Scherzo op. 10 gefiel den Parisern so gut, daß sie es meistens wiederholen mußte. Und so hatte sie keine Hemmungen, ihren Robert, der gerade in den Spalten seiner *Neuen Zeitschrift* gegen Oberflächlichkeit und «Philistertum» zu Felde zog, aufzufordern:

> Höre Robert, willst Du nicht auch einmal etwas Brillantes, leicht Verständliches componiren, und etwas das keine Überschriften hat, sondern ein ganzes zusammenhängendes Stück ist, nicht zu lang und nicht zu kurz? Ich möchte so gern etwas von Dir haben öffentlich zu spielen, was für das Publikum ist. Für ein Genie ist das freilich erniedrigend, doch die Politik verlangt es einmal.[5]

Solcher Sinn für die banale Realität war ihrem Verlobten wahrscheinlich ein Graus; jedenfalls ignorierte er ihre Bitte.

Clara war schon bald bestürzt darüber, wie sehr Eitelkeit und Mode in Paris den Ton angaben. Verglichen mit dem bravourösen Elan eines Liszt und der femininen Ausstrahlung einer Camilla Pleyel muß das schüchterne deutsche Mädchen den Parisern ziemlich langweilig vorgekommen sein. Clara berichtete, sie habe daran gedacht, mit dem bekannten Cellisten Alexander Batta zu spielen, doch habe ihr nicht gefallen, wie er beim Musizieren mit den Damen

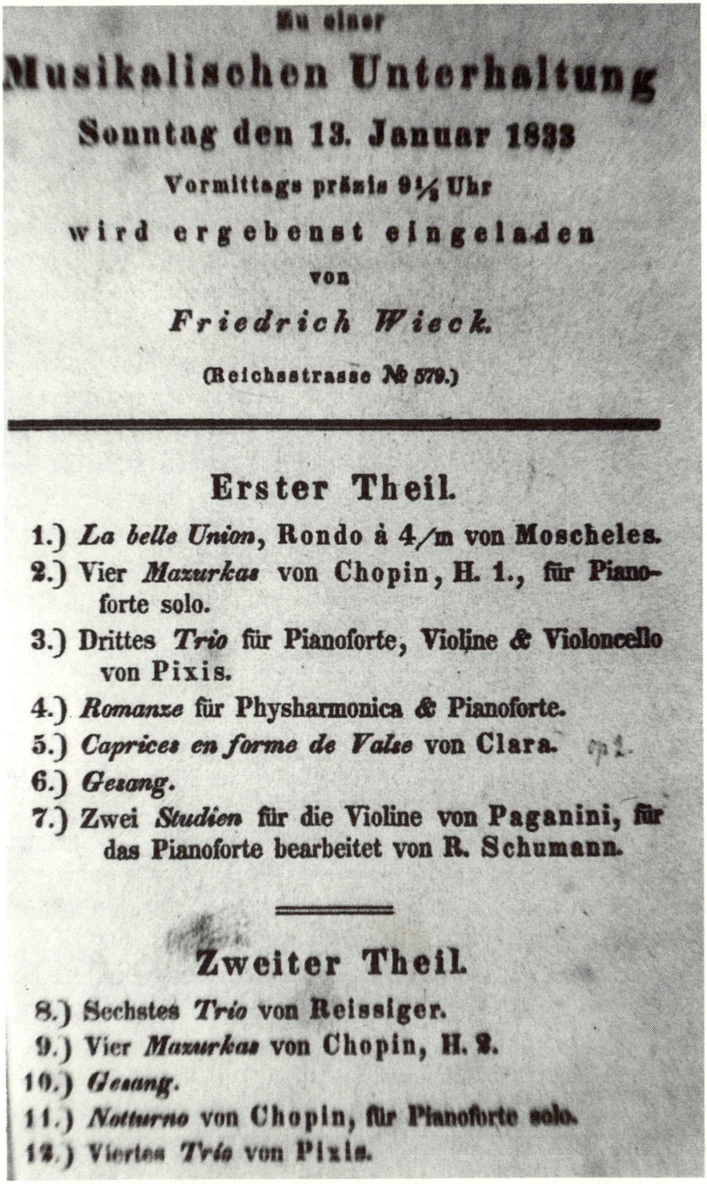

Zu einer

Musikalischen Unterhaltung

Sonntag den 13. Januar 1833

Vormittags präzis 9½ Uhr

wird ergebenst eingeladen

von

Friedrich Wieck.

(Reichsstrasse № 579.)

Erster Theil.

1.) *La belle Union*, Rondo à 4/m von Moscheles.

2.) Vier *Mazurkas* von Chopin, H. 1., für Pianoforte solo.

3.) Drittes *Trio* für Pianoforte, Violine & Violoncello von Pixis.

4.) *Romanze* für Physharmonica & Pianoforte.

5.) *Caprices en forme de Valse* von Clara. op 1.

6.) *Gesang.*

7.) Zwei *Studien* für die Violine von Paganini, für das Pianoforte bearbeitet von R. Schumann.

Zweiter Theil.

8.) Sechstes *Trio* von Reissiger.

9.) Vier *Mazurkas* von Chopin, H. 2.

10.) *Gesang.*

11.) *Notturno* von Chopin, für Pianoforte solo.

12.) Viertes *Trio* von Pixis.

Das Programm von Clara Schumanns Konzert am 13. Januar 1833, in dem sie zum erstenmal ein Werk Robert Schumanns öffentlich aufführte. Robert-Schumann-Haus, Zwickau

flirtete, die freilich davon hingerissen waren. «Er hat ein delikates Spiel», schrieb sie, «aber er hat eine affectirte, französische Seele.» Die Idee eines gemeinsamen Konzerts mit ihm gab sie auf, nachdem Batta sie bei einer Probe unhöflich behandelt hatte. Die berühmten Musikabende im Hause Pierre Zimmermanns, des Klavierprofessors am Konservatorium, wurden von rund «150 Damen» besucht, «in einem kleinen Stübchen... zusammen gedrängt, daß sie sich nicht rühren können; und wird nun bis in die späte Nacht Musik gemacht, aber was für Musik, lauter schlecht gesungene Arien, eine nach der andern...»[6]

Aber Clara wollte den Erfolg in Paris, und wenn sie sich auch keine elegante Kleidung leisten und sich nicht dazu durchringen konnte, den Zuhörern zu schmeicheln wie die Pleyel, so legte sie doch Wert auf die Zugkraft eines virtuosen Begleiters. Sie hatte das Glück, sich die Dienste des Geigers Charles de Bériot (Schwager von Pauline Viardot) zu sichern, und sie plante sowohl mehrere Stücke für das Duo mit ihm ein als auch solche, in denen sie ihr technisches Können allein entfalten konnte. Mit Bériot spielte sie ein Duett über Themen aus Bellinis *Sonnambula*, als Solo Liszts Transskriptionen von Schuberts *Erlkönig* und *Ständchen*, eine Etüde von Chopin, eine Caprice von Thalberg sowie ihr eigenes Scherzo. Die Auswahl war gut getroffen: der Saal, ein Salon im Hause Erard, war gedrängt voll, und sie konnte an Schumann schreiben: «Mein *renommé* ist gemacht.»[7]

Der Geschmack des Pariser Publikums spiegelte die allgemeine Begeisterung der Zeit für den Gesang wider: ganze Konzerte bestanden ausschließlich aus Bearbeitungen und Transkriptionen von Werken aus ursprünglich anderen Gattungen – vornehmlich Oper oder Liedkunst. Eigene Kompositionen oder Improvisationen des Konzertgebers waren ebenfalls unabdingbar. So enthielt jedes von Claras Programmen bis zu ihrer Heirat mindestens eine Komposition von ihr selbst und mindestens ein Stück aus einer Oper. Robert Schumanns Klavierstücke waren in Paris unbekannt, und obwohl Clara die Noten dem väterlichen Zorn zum Trotz eingepackt hatte, wagte sie sich damit doch nicht an die Öffentlichkeit. In Paris spielte sie, ebenso wie in Wien, Schumanns Werke nur bei kleinen privaten Soireen, für Kenner, die sie zu schätzen wußten.

Nach ihrer Rückkehr nach Deutschland bot sie jedoch Programme an, die ihrem eigenen Empfinden, Schumanns Idealen und dem größeren Ernst des deutschen Publikums mehr entsprachen. So gab sie etwa am 25. Januar 1840 in Berlin Beethovens Trio op. 70, Nr. 2, Solostücke von Henselt, Liszt, Mendelssohn und Scarlatti und schließlich ihre eigenen Variationen über ein Thema von Bellini. Einige Tage später erklangen in ihrem Konzert unter anderem ein Trio von Schubert (das, wie sie Robert schrieb, vom Publikum so wenig verstanden wurde, daß die Leute nicht wußten, wann sie klatschen sollten) und Schumanns zweite Sonate op. 22, g-Moll; es war die erste Aufführung eines Werks von Schumann in Berlin überhaupt.

Vom Tag der Heirat an ist der Wandel in Claras Programmen endgültig.[8] Die Bravourstücke von Herz, Pixis und Bellini verschwinden fast ganz, Arrangements und Variationen werden seltener, vorherrschend werden Originalkompositionen für Tasteninstrumente von Bach, Beethoven, Chopin, Mendelssohn, Mozart, Schubert und Schumann.

Der Einfluß ihres Mannes war dabei natürlich ein wichtiger Faktor, doch gab es auch andere Gründe für diese Entwicklung. Als Wunderkind und als junges Mädchen konnte Clara es sich nicht leisten, als Avantgardistin oder als Geschmackserzieherin des Publikums aufzutreten. Sie und ihr Vater strebten einzig danach, ihre Karriere aufzubauen und zu festigen. Aber sie liebte Schumanns Musik und glaubte an ihn, und da sie ihn geheiratet hatte, hielt sie es für ihre vordringliche Pflicht, seine Werke der Öffentlichkeit vorzustellen, zumal er selbst dies nicht konnte. Solche Partnerschaft gehörte nach stillschweigender Übereinkunft zu ihrer Ehe. Zum anderen erweiterte Clara durch das mit Schumann gemeinsam betriebene Studium von Bachs *Wohltemperiertem Clavier*, Beethovens Sinfonien und Mozarts und Haydns Kammermusik ihren Horizont. Im August 1841, ein Jahr nach der Hochzeit, notierte sie im Ehetagebuch:

Ich bedaure den Musiker, dem der Sinn für diese herrliche Kunst [Beethovens Sonaten] abgeht. Je weniger ich jetzt öffentlich spiele, je mehr wird mir das ganze mechanische Virtuosenthum verhaßt! Die Concertcompositionen als: Etuden von Henselt, Fantasieen von Thalberg, Liszt pp: sind mir ganz zuwider geworden... ich spiele von diesen Sachen nicht eher wieder, als bis ich sie zu einer Kunstreise brauche...

Trotz solcher Beteuerungen spielte sie im Dezember jenes Jahres noch Liszts *Hexameron* und im Jahre 1847 in Berlin seine *Lucia*-Phantasie; nach 1850 kam jedoch Musik dieser Art in ihren Programmen nicht mehr oft vor.

Die Freundschaft mit Mendelssohn beeinflußte ihr Repertoire ebenfalls. Sein Perfektionismus hatte für Interpretation und Auswahl der Stücke neue Maßstäbe gesetzt, und seine Wiederbelebung der Musik von Johann Sebastian Bach zog eine vermehrte Beschäftigung mit dem Werk des Thomaskantors nach sich. Gemeinsam mit Mendelssohn spielte Clara – als Clara Wieck und später als Madame Schumann – eine Reihe Bach-Werke, die bis dahin im Gewandhaus nie zu hören gewesen waren.[9]

Um 1840 hatten Schumanns Artikel und Kritiken in der *Neuen Zeitschrift* das Denken und den Geschmack einer großen Zahl von Musikliebhabern vor allem in Norddeutschland schon so weit beeinflußt, daß das Publikum für ein neues Repertoire aufgeschlossen war.

DIE PRIESTERIN

Clara wurde von Schumann, Brahms, Hanslick, Liszt und vielen anderen gern als «Priesterin» bezeichnet – zweifellos wegen ihrer ruhigen Würde und ihrer Hingabe an die Musik. Ihr gewandeltes Repertoire hat vielleicht zu diesem Nimbus beigetragen. Je älter und berühmter sie wurde, desto mehr trug sie die Art von Musik vor, die sie selbst liebte, und die begeisterten Zuhörer akzeptierten im allgemeinen ihre Wahl, wenngleich es noch 1865 in Budapest manch Kopfschütteln über ihr «unerhört ernstes» Programm gab: Beethovens *Waldstein*-Sonate, eine Nocturne und ein Impromptu von Chopin, Mendelssohns *Variations sérieuses* und ein *Lied ohne Worte* sowie zwei von Schumanns *Fantasiestücken*.[10]

Aufgrund ihres hohen Ansehens und ihrer Jahrzehnte umfassenden Konzertpraxis nahm Clara beträchtlichen Einfluß auf die Konzertgestaltung und Programmzusammenstellung während des ganzen 19. Jahrhunderts. Obwohl sie nicht die erste war, die Bachs Fugen und Beethovens Sonaten öffentlich vortrug, war sie doch sicherlich eine der ersten, die nach 1840 solche Werke beharrlich aufs Programm setzten. Von ihr stammt das noch heute übliche Programmschema: ein Werk von Bach oder Scarlatti, ein Hauptwerk wie etwa eine Beethoven-Sonate, gefolgt von mehreren kürzeren Stücken von Schumann, Chopin, Mendelssohn. Die Musik, die sie vortrug, war dem an Opernmelodien und virtuose Variationen gewöhnten Publikum im allgemeinen neu. Zugegeben, Liszt verfügte über ein breites und vielfältiges Repertoire, das zehn Sonaten von Beethoven, die *Diabelli*-Variationen, Konzerte von Bach, Beethoven, Chopin und Mendelssohn sowie einige Kompositionen von Schumann umfaßte.[11] Allerdings trat er ab 1848 nicht mehr öffentlich auf. Thalberg, der andere große Rivale in Claras Jugendzeit, spielte Beethoven nur selten, an Schumann wagte er sich schon gar nicht heran; noch 1849 (er starb 1853) gab er Konzerte, die ausschließlich aus Opernfantasien und -ouvertüren bestanden. Mendelssohn und Chopin, die beiden großen schaffenden und ausführenden Künstler, deren musikalische Vorstellungen den ihren ähnlich waren, starben 1847 und 1849. So war sie in der zweiten Hälfte des 19. Jahrhunderts die einzige Überlebende ihrer Generation auf dem Podium.

Nach 1850 rückte mit Carl Tausig, Hans von Bülow und Anton Rubinstein eine neue Pianisten-Generation nach; ihre Programme und ihr Repertoire waren denen nachgebildet, die in den vierziger Jahren durch Clara populär geworden waren. Ebenfalls in den fünfziger Jahren begann in London ein junger Deutscher, der seinen Namen von Karl Halle in Charles Hallé geändert hatte, reine Beethoven-Konzerte zu veranstalten. Gegen Ende des Jahrhunderts war die Tradition der unterstützenden Künstler, waren die Improvisationen und Phantasien und der Vaudeville-Aspekt aus den Veranstaltungen der führenden europäischen Pianisten fast ganz verschwunden, und mindestens eine Beethoven-Sonate war obligatorisch. Dem Beispiel Clara Schumanns folgend, waren die Konzerte kürzer und weniger gemischt und ermöglichten so eine stärkere Konzentration auf jedes einzelne Werk.

CLARA SCHUMANN UND DIE MUSIK VON ROBERT SCHUMANN

Eines der größten Verdienste von Clara Schumann besteht darin, daß sie die europäische Musikwelt auf das Werk Robert Schumanns aufmerksam gemacht hat. Unter den großen Komponisten der Zeit war er ja der einzige, der seine eigenen Werke nicht selbst öffentlich vorstellte, während Chopin, Mendelssohn und Liszt ihre Kompositionen persönlich uraufführten. Clara, die schon als Zwölfjährige die *Papillons* vortrug, war nicht nur Schumanns rechte Hand, wie man so sagt, sondern auch seine linke. Fast alle seine Klavierkompositionen wurden von Clara zuerst einstudiert. Ehe sie sie im Konzertsaal der Öffentlichkeit vorstellte, machte sie zunächst Freunde, Kritiker und Liebhaber in Leipzig, Dresden, Wien, Paris und Berlin damit bekannt.

Es besteht kein Zweifel, daß ohne Clara als Wegbereiterin Schumanns Musik sich sehr viel langsamer durchgesetzt hätte. Eine neuere Untersuchung zum Konzertwesen im 19. Jahrhundert läßt erkennen, daß Schumanns Werke innerhalb weniger Jahre, nachdem Clara sie zuerst lanciert hatte, regelmäßig auf den Programmen der führenden Pianisten zu erscheinen begannen.[12] Zu den großen Pianisten, die diese Impulse aufnahmen, zählen Bülow, Tausig und ganz besonders Anton Rubinstein. Franz Liszt nahm die *Fantasie*, ausgewählte Stücke aus *Carnaval* sowie die fis-Moll-Sonate in sein Repertoire von 1850 auf; allerdings berichtete er Wilhelm von Wasielewski, er habe Kompositionen von Schumann in Privatzirkeln gespielt, aber «dem Publikum schmeckten sie nicht, und die meisten Klavierspieler verstanden sie nicht», und so habe er den Versuch wieder aufgegeben.[13] Clara wiederum spielte fast jedes Klavierstück, das Schumann geschrieben hatte, obwohl auch sie manchmal jahrelang wartete, bis sie das Publikum reif dafür fand. Sie wirkte bei der Uraufführung fast aller Kammer- und Orchesterwerke Schumanns mit, die einen Klavierpart hatten. (Lediglich an der Uraufführung der op. 63, 73 und 94 war sie nicht beteiligt; sie spielte sie jedoch häufig.) Und, was noch wichtiger war, seine Sinfonien und viele andere Orchesterwerke erlebten die Premiere in Konzerten, in denen Clara als Solistin die Haupt-

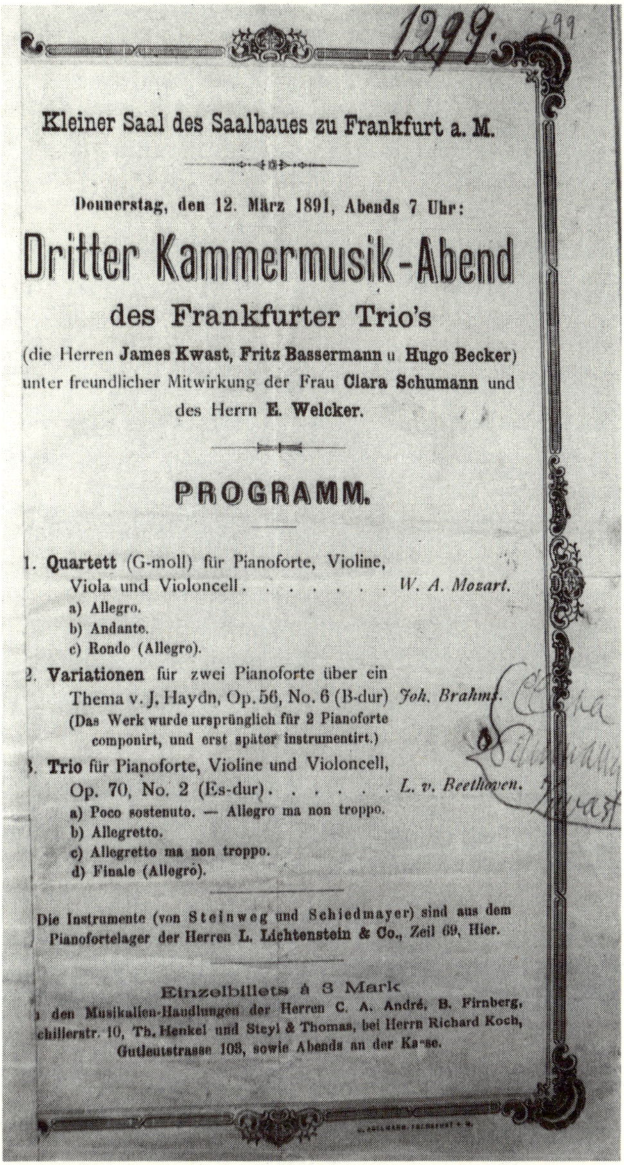

1299.

Kleiner Saal des Saalbaues zu Frankfurt a. M.

Donnerstag, den 12. März 1891, Abends 7 Uhr:

Dritter Kammermusik-Abend

des Frankfurter Trio's

(die Herren **James Kwast, Fritz Bassermann** u **Hugo Becker**) unter freundlicher Mitwirkung der Frau **Clara Schumann** und des Herrn **E. Welcker.**

PROGRAMM.

1. **Quartett** (G-moll) für Pianoforte, Violine, Viola und Violoncell . . . . *W. A. Mozart.*
   a) Allegro.
   b) Andante.
   c) Rondo (Allegro).
2. **Variationen** für zwei Pianoforte über ein Thema v. J. Haydn, Op. 56, No. 6 (B-dur) *Joh. Brahms.*
   (Das Werk wurde ursprünglich für 2 Pianoforte componirt, und erst später instrumentirt.)
3. **Trio** für Pianoforte, Violine und Violoncell, Op. 70, No. 2 (Es-dur) . . . . . . *L. v. Beethoven.*
   a) Poco sostenuto. — Allegro ma non troppo.
   b) Allegretto.
   c) Allegretto ma non troppo.
   d) Finale (Allegro).

Die Instrumente (von Steinweg und Schiedmayer) sind aus dem Pianofortelager der Herren L. Lichtenstein & Co., Zeil 69, Hier.

Einzelbillets à 3 Mark
den Musikalien-Handlungen der Herren C. A. André, B. Firnberg, chillerstr. 10, Th. Henkel und Steyl & Thomas, bei Herrn Richard Koch, Gutleutstrasse 103, sowie Abends an der Ka-se.

Clara Schumann
Kwast

Das Programm von Clara Schumanns letztem Konzert am 12. März 1891. Robert-Schumann-Haus, Zwickau

attraktion bildete.* (Es gab eine einzige Ausnahme: bei der Uraufführung von Schumanns Dritter Sinfonie 1851 in Düsseldorf traten an ihrer Stelle drei ihrer Schüler mit einem Bach-Konzert für drei Klaviere auf.) Nahezu jedes Programm, das sie nach ihrer Heirat spielte, enthielt zumindest ein Stück von Schumann – häufig waren es drei oder vier – für Klavier solo, für Orchester, Kammerensemble oder Gesang.

Clara hielt es nicht nur für ihre heilige Pflicht, seine Musik zu vertreten, sondern auch für ihr heiliges Recht, und sie war eifersüchtig, wenn seine Musik irgendwo von jemand anders gespielt wurde. «Robert schrieb heute einen liebenswürdigen Brief an Wilhelmine Claus nach Paris», beklagte sie sich im Tagebuch am 9. April 1853, «ich aber war betrübt, daß sie es sein muß, die zuerst in Paris und London Roberts Sachen vorführt, während doch gewiß vor allen andern mir das zugekommen wäre!» [14]

Es bestehen Mißverständnisse und Kontroversen darüber, was, wann und wieviel von Schumanns Musik durch Clara aufgeführt wurde. Tabelle 1 enthält die Daten der ersten öffentlichen Aufführung durch Clara, die nicht immer eine Uraufführung war: einige Werke waren schon vorher von anderen aufgeführt worden. Sie und ihr Publikum aber hielten gewöhnlich ihre Interpretation für unübertrefflich.

Clara engagierte sich schon für Roberts Musik, als noch ihr Vater ihre Programme festlegte. Friedrich Wieck war ein Verfechter der Musik der «neuen romantischen Schule» und kündigte auf den Flugzetteln seine Tochter als Vertreterin dieses Stils an. Clara stellte viele neue Stücke von Chopin vor; sein op. 2 war, wie erwähnt, eines der Kernstücke ihres Repertoires. Mendelssohns *Lieder ohne Worte* und Schumanns Toccata standen sogar in der Zeit auf ihrem Programm, als Wiecks Zorn auf den jungen Freier auf dem Höhepunkt war. Wieck schränkte zwar die Anzahl der Nummern von Schumann, Chopin und Mendelssohn ein, dies aber allein aus kommerziellen Rücksichten und nicht wegen seiner Fehde mit Schu-

* Ein Satz einer frühen, unvollendeten Sinfonie (Erstveröffentlichung 1972) wurde in Claras Konzert im Gewandhaus am 29. April 1833 aufgeführt.

mann. Er erlaubte Clara sogar, privat Schumanns Musik in Wien und nach der Rückkehr zu Hause in Leipzig zu spielen.

Die ersten Kompositionen von Schumann, die Clara öffentlich vortrug – die *Paganini*-Etüden und die Toccata – waren virtuose Stücke, die sich von den in ihrer Mädchenzeit beliebten Musikstükken wenig unterschieden. Vor ihrer Verheiratung spielte sie gelegentlich Auszüge aus seinen *Novelletten, Fantasiestücken* und *Etudes symphoniques.* Die nächste Gruppe aus Schumanns Produktion brachte sie ziemlich regelmäßig, das waren die Kammer- und Orchesterwerke, in denen das Klavier eine Hauptrolle spielte. Zwischen 1840 und 1854 führte Clara – z. T. als Uraufführung – das Klavierkonzert, das Quintett, das Klavierquartett, Trios sowie Sonaten für Klavier und andere Instrumente auf. Die großen Klavierzyklen aus Roberts Jugend wurden jedoch in öffentlichen Konzerten fast völlig übergangen. Schumann hat seine Klavierzyklen nie selbst im Konzertsaal gehört.[15]

Erst 1854, als Schumann sich bereits in der Pflegeanstalt befand, begannen einzelne Nummern aus den *Fantasiestücken, Novelletten* und *Waldscenen* regelmäßig auf Claras Programmen zu erscheinen. Und schließlich erhielten zwischen 1864 und 1870 auch die *Kreisleriana, Davidsbündlertänze, Humoreske* und *Arabeske* ihren ständigen Platz in Claras Konzerten. Sogar ein so bedeutendes Kunstwerk wie die *Kreisleriana* wurde jedoch, als sie es zum erstenmal brachte, nicht vollständig ausgeführt. Nach einigem Drängen gab sie Ausschnitte daraus 1859 in Wien, schrieb aber an Brahms, sie tue dies nur ungern, da sie das Werk für «unpassend fürs Konzert» hielt.[16]

Auf die große *Fantasie* mußte das Publikum bis 1866 warten. *Papillons* führte sie erst 1871 öffentlich auf. Einmal gespielt, blieben die Werke jedoch in ihrem Programm. Zwischen 1864 und 1879 spielte sie zum Beispiel das Klavierkonzert achtzehnmal, *Carnaval* fünfzehnmal und die Symphonischen Etüden zwölfmal. Das Quintett führte sie so regelmäßig auf, daß es fast als ihre persönliche Erkennungsmelodie gelten konnte.

Tabelle 1 wirfte eine wichtige Frage auf. Clara Schumann, die es wiederholt als ihre Mission erklärte, das Schaffen ihres Mannes dem Publikum nahezubringen, hat in Wirklichkeit viele seiner Werke

Tabelle 1. Klavierwerke von Robert Schumann und Jahr ihrer ersten öffentlichen Aufführung durch Clara Schumann

Opus Nr.	Titel	Jahr	Bemerkungen
1	*Abegg*-Variationen		Keine öffentliche Aufführung bekannt
2	*Papillons*	1871	Ort und Datum des Konzertes unbekannt; 1832 im Hause Wieck gespielt
3	(Paganini-)*Etudes*	1833	Leipzig, 13. Januar; auszugsweise im Hause Wieck gespielt
4	*Intermezzi*		Keine öffentliche Aufführung bekannt
5	*Impromptus*	1866	Wien, 11. März; ab 1833 privat aufgeführt
6	*Davidsbündlertänze*	1860	Wien, 27. März; bei der Erstaufführung nur zehn Stücke
7	*Toccata*	1834	Leipzig, 11. September
8	*Allegro*	1841	Leipzig, 31. März; in Rußland 1844 häufig aufgeführt
9	*Carnaval*	1856	Wien, 7. Febr.; ab 1837 viele private Aufführungen
10	(Paganini-)*Etudes*	1844	Ort und Datum des Konzertes unbekannt
11	*Sonate 1* (fis-Moll)	1884	London, 17. März; ab 1835 viele private Aufführungen
12	*Fantasiestücke*	1838	3 Stücke im Hause Wieck gespielt, 12. August
13	*Etudes Symphoniques*	1837	3 Stücke gespielt in Leipzig, 13. Aug.; erste vollständige Aufführung in Holland, 10. Dez. 1853
14	*Concert sans orchestre* (Sonate Nr. 3, f-Moll)		Keine Aufführung in der Programm-Sammlung dokumentiert
15	*Kinderscenen*	1868	London, 19. März; ab 1840 privat aufgeführt

Opus Nr.	Titel	Jahr	Bemerkungen
16	*Kreisleriana*	1859	Wien, 2. Jan., nur Auszüge; ab 1840 privat aufgeführt
17	*Fantasie*	1866	Leipzig, 15. Dez.; ab 1839 privat aufgeführt
18	*Arabeske*	1867	London, 18. Febr.
19	*Blumenstück*	1871	Ort und Datum des Konzertes unbekannt
20	*Humoreske*	1866	Wien, 9. Febr.
21	*Novelletten*	1839	Stettin, 7. Nov.; wahrscheinlich nur Nr. 2; die anderen später gespielt
22	*Sonate 2* (g-Moll)	1840	Berlin, 1. Febr.
23	*Nachtstücke*	1865	London, 13. Juni; einzelne Stücke gespielt 1854, 1861
26	*Faschingsschwank aus Wien*	1860	Wien, 15. März; nur Auswahl?
28	*Drei Romanzen*	1846	Norderney, 18. August; nur Auswahl
32	*Scherzo, Gigue, Romanze und Fughette*	1856	London, 30. Juni; nur Romanze (?)
44	*Quintett*	1843	Leipzig, 8. Jan.
46	*Andante und Variationen*	1843	Leipzig, 19. Aug.
47	(Klavier-)*Quartett*	1844	Leipzig, 8. Dez.
54	(Klavier-)*Concert*	1845	Dresden, 4. Dez.
56	*Studien für den Pedal-Flügel*	1846	Wien, 10. Dez.
58	*Skizzen für den Pedal-Flügel*	1863	Paris, März ?
60	*Sechs Fugen* (Bach)	1849	Ort und Datum des Konzertes unbekannt
63	*Trio 1* (d-Moll)	1849	Leipzig, 20. Jan.
66	*Bilder aus Osten*	1850	Leipzig, Februar
68	*Album für die Jugend*	1849	Dresden, 7. Februar; nur 6 Stücke
70	*Adagio und Allegro*	1850	Dresden, 26. Jan.
72	*Vier Fugen*	1845	Leipzig, 5. Okt.; nur 1 Fuge
73	*Fantasiestücke*	1853	Bonn, 24. Febr.
76	*Vier Märsche*		Keine Aufführung bekannt

Opus Nr.	Titel	Jahr	Bemerkungen
80	*Trio 2* (F-Dur)	1850	Leipzig, 22. Febr.
82	*Waldscenen*	1869	London, 18. März; Auswahl ab 1854 gespielt
85	*Vier-Händige Clavierstücke*	1851	Düsseldorf, 13. März; nur 2 Stücke
88	*Phantasiestücke*	1866	Wien, 1. März
92	*Introduction und Allegro appassionato*	1850	Leipzig, 14. Febr.
94	*Drei Romanzen*	1867	London, 4. Febr.
99	*Bunte Blätter*	1862	Nur Auszüge
102	*Fünf Stücke im Volkston*	1855	Berlin, 11. Nov; nur 3 Stücke
105	*Sonate 1* (für Klavier und Violine, a-Moll)	1852	Leipzig, 21. März
109	*Ball-Scenen*		Keine öffentliche Aufführung bekannt
110	*Trio 3* (g-Moll)	1852	Leipzig, 21. März
111	*Drei Fantasiestücke*	1857	Elberfeld, 28. März; nur 1 Stück
113	*Märchen-Bilder*	1853	Bonn, 12. Nov.
118	*Drei Clavier-Sonaten*		Keine öffentliche Aufführung bekannt
121	*Sonate 2* (für Klavier und Violine, d-Moll)	1853	Düsseldorf, 29. Oktober
124	*Albumblätter*	1862	Rostock, 12. Dez.; «Schlummerlied» ab 1854 gespielt
126	*Sieben Clavierstücke*		Keine öffentliche Aufführung bekannt
130	*Kinderball*		Keine öffentliche Aufführung bekannt
132	*Märchenerzählungen*	1876	Leipzig, 9. Jan.
133	*Gesänge der Frühe*		Keine öffentliche Aufführung bekannt
134	*Concert-Allegro mit Introduction*	1853	Den Haag, 30. Nov.

Quellen: Litzmann; Programmsammlung, Rezensionen und Tagebücher in RSH; *Hb*; Alfred Dörffel (Hrsg.), *Geschichte der Gewandhausconcerte zu Leipzig vom 25. November 1781 bis 25. November 1881* (Leipzig 1884)

erst Jahre nach seinem Tod, einige sogar niemals öffentlich gespielt. Für dieses scheinbar paradoxe Verhalten mag es eine Reihe von Gründen gegeben haben.

Was den finanziellen Erfolg angeht, so erreichte Clara frühzeitig eine Spitzenposition und war entschlossen, sie zu behalten. Vielleicht erschien ihr dies als eine Pflicht gegenüber den Lebenden – sie selbst und die von ihr abhängigen Kinder und Enkel. Aber sie muß viele Jahre hindurch das Gefühl eines Balanceakts zwischen zwei gegensätzlichen Zielen gehabt haben: die Musik ihres Mannes bekannt zu machen und ihre eigene Stellung in der Konzertwelt zu erhalten. Schumann selbst hatte immer gewußt, daß seine frühen Werke besonders umstritten waren; er sah ebenso deutlich wie Clara, daß das Publikum für diese ideenreichen Klavierzyklen mit ihren autobiographischen und esoterisch-literarischen Anspielungen, innovativen Rhythmen und Harmonien und ihren experimentellen Klangwirkungen noch nicht reif war (obwohl wir sie heute als immanenten Bestandteil einer bestimmten deutschen Musikrichtung ansehen). In seiner Zeit galt Schumann nicht bei allen als solider Komponist, und seine Schöpfungen wurden außerhalb eines kleinen Kreises von Anhängern ignoriert. Der Korrespondent von *Dwight's* zum Beispiel berichtete am 24. Mai 1854 aus Berlin: «Einige Säulen der hiesigen Musikwelt finden anscheinend, daß Joachim sich selbst dadurch schadet, daß er die Werke von Schumann und seiner Schule in solchem Umfang berücksichtigt.» Schumanns Musik war weder effektvoll noch virtuos; seine Variationen basierten eher auf Originalthemen und -motiven als auf den zu jener Zeit populären Melodien und Opernarien; schon die Grundidee der Klavierzyklen war für das Publikum fremd und ungewohnt und die Phantasterei seiner Titel verwirrend, ja verstörend.

Clara liebte Schumanns Kompositionen und schwelgte förmlich in ihnen. Sie hatte sie seit ihrem dreizehnten Lebensjahr gespielt und war mit ihnen und an ihnen gereift. Da Schumann selbst kein Pianist von Konzertformat war, sah er sich darauf angewiesen, daß Clara seine Werke ausprobierte und sie vor Freunden und anderen Musikern hören ließ. Friedrich Kalkbrenner sagte ihr 1839 in Paris, er habe gehört, niemand spiele Schumanns Kompositionen so gut wie sie – «das wäre aber auch schlimm!» meinte sie dazu.[17] Als sie sechzehn war, spielte sie Schumanns Erste Sonate für Mendelssohn, Chopin, Ignaz Moscheles und Ferdinand David in Leipzig, ebenso für Ernst Becker in Dresden, für Joseph Fischhof und Aloys Fuchs in Wien und vor anderen Freunden in Breslau und Paris. Sie spielte sie nach ihrer Heirat einige Male im eigenen Haus, verzichtete aber auf die öffentliche Aufführung dieses schwierigen Stücks. Fast fünfzig Jahre nach der Entstehung, 1884, studierte die nun fünfundsechzigjährige Clara die Sonate erneut ein und bot sie dem enthusiastischen englischen Publikum dar, einem Publikum, das sie sich viele Jahre lang durch sorgfältig ausgewählte Schumann-Präsentationen gleichsam herangezogen hatte.* Es ist interessant, daß diese Sonate eins der wenigen Klavierwerke war, die sie nicht selbst zur Uraufführung brachte. Anton Rubinstein hatte sie am 30. Oktober 1883 in Frankfurt, ihrem damaligen Wohnort, gespielt. Eine wenig spätere Tagebucheintragung legt den Gedanken nahe, daß Claras erste öffentliche Aufführung dazu dienen sollte, dem Publikum zu zeigen, wie sie richtig gespielt werden müsse, da Rubinstein ihrer Meinung nach dem Werk nicht gerecht wurde.[18]

Sogar *Carnaval*, heute eines der bekanntesten Klavierwerke von Schumann, wurde mit Vorsicht in ihre Programme eingeschleust. Clara hatte es 1838 in Wien Franz Liszt vorgestellt, und der große Virtuose wählte sich zehn Sätze daraus aus, die er bei seinem Leipziger Konzert im Jahre 1839 spielte – eine Geste der Ehrerbietung für den hier ansässigen Komponisten und Schriftsteller. Clara spielte *Carnaval* im Freundeskreis in Paris und Hamburg, führte das Werk aber erst 1856 öffentlich auf, als Schumann bereits erkrankt war. Bei dieser Premiere – und von da an rund dreißig Jahre lang – wurde mit dem Programm eine «*Zum besseren Verständnis*» betitelte Erklärung verteilt, welche die Zuhörer mit den in diesem Klavierzyklus porträtierten Charakteren vertraut machen sollten.

Clara und Robert diskutierten oft über ihre Interpretation seiner

* 1871 schrieb sie in ihr Tagebuch, ein Stück müsse häufig gespielt werden, damit das Publikum sich durch mehrfaches Hören daran gewöhnen könne. «Man muß aber immer berechnen, daß man für den *ersten* Vortrag eines solchen den *rechten* Moment trifft...» (Litzmann; Bd. 3, S. 255)

Musik. Er pflegte zu betonen, wie wichtig die richtige Auswahl sei, und machte ihr Vorschläge, was sie wann spielen solle, um die beste Wirkung zu erzielen. Am 1. Dezember 1839 schrieb er wegen eines bevorstehenden Konzertes in Berlin:

Gegen die Novellette in A bin ich ganz – die wirkt nur im ganzen Cyklus; die in E Dur vergeht zu rasch. Mit der zweiten in D würdest Du am meisten Effect machen – gewiß; die hat Anfang und Ende, spinnt sich gut aus, daß das Publicum folgen kann, und im Trio hat [sie] doch auch einen guten Gesang. Sei mir nicht böse, daß ich immer etwas auszusetzen habe; *aber es ist doch nicht unwichtig*. Ich bin noch nicht so bekannt und anerkannt, daß man vom Publicum verlangen könnte, es müße Alles von mir hinnehmen, eben weil es von mir ist. Also das Schärfere, Witzigere, Originellere paßt nicht für den Haufen, sondern das Anmuthigere und Glänzende... Zur Probe bitte ich Dich, spiel' die in E meinetwegen und die in D einmal später, und paß auf, welche mehr wirken wird. Willst Du aber Keine von beiden, so wäre es doch am besten, Du bliebst bei der Sonate in G Moll (aber *ohne* Scherzo), weil die doch auch einen Charakter faßlich entwickelt. Ueberlege es Dir ja – denn wie gesagt, ich halte es gar nicht für unwichtig, in einer Stadt wie Berlin von Dir vorgeführt zu werden; denn macht es keinen Effect, so schiebt man es, so schön Du spielst, doch auf mich, und das macht mich wenn auch nicht unglücklich, doch auch nicht glücklich.[19]

Im Februar 1838 hatte er vorgeschlagen, sie solle «Traumeswirren» mit «Des Abends» (aus op. 12) einmal öffentlich spielen, während ihm «In der Nacht» zu lang vorkam.[20] Über die Symphonischen Etüden hieß es, sie solle in Wien keinen Beifall dafür erwarten: «... das kann nicht möglich sein, daß sie dem Publicum zusagen könnten.» Er wiederholte den Gedanken einen Monat später: «Du hast wohl gethan, meine Stücke nicht zu spielen – das paßt nicht für Publicum.»[21] Im September 1839, bei ihrer Rückkehr aus Paris, schrieb Clara in ihr Tagebuch:

Es schmerzt mich oft sehr daß Roberts Compositionen nicht anerkannt werden, wie sie es verdienen. Ich würde sie ja gerne spielen, doch das Publikum versteht sie nicht. Wie bangt mir, wenn Robert einmal später Zeuge sein muß wie seine Compositionen wenig gegen Andre, fade ansprechen. Das denke ich mir schrecklich für ihn. Er ist ein viel zu tiefer Geist für die Welt, und muß deswegen verkannt sein!? – Ich glaube das Beste ist, er componiert für Orchester, seine Fantasie kann sich auf dem Clavier nicht genug ausbreiten, das Clavier bietet nicht genug Spielraum; seine Compositionen sind aber Orchestermäßig, und ich glaube daher dem Publikum so unverständlich, indem sich die Melodien und Figuren so durchkreutzen, daß viel dazu gehört alle die Schönheiten heraus zu finden. Ich selbst finde bei jedem Mal mehr spielen seiner Sachen (so z. B. geht es mir mit den Noveletten jetzt so) immer neue Schönheiten. Die Noveletten sind ein gar schönes Werk. Geist, Gemüth, Humor, größte Zartheit, Alles vereint sich darin – man muß ihn kennen wie ich und man wird sein ganzes Ich in seinen Compositionen Allen finden. Lebten doch Beethoven und Mozart noch, er müßte der Dritte in ihrem Bunde sein. Die Zeit wird noch kommen, wo die Welt den Dritten erkennen wird, aber spät wird sie kommen. In seinen Improvisationen entfaltet er einen Reichtum der Fantasie daß man nur immer staunen kann. Mein höchster Wunsch ist, daß er für Orchester componirt – da ist sein Feld! möchte es mir doch gelingen ihn dazu zu bewegen.

Diese Äußerung Claras hat man als Indizien für Ignoranz und Gefühllosigkeit angenommen und negativ bewertet.[22] Man kann sie jedoch auch als Ausdruck eines tiefen, für eine junge Musikerin ungewöhnlich hellsichtigen Verständnisses ansehen. Schumann selbst hegte den Ehrgeiz, für Orchester zu schreiben, und war sich, wie sein Brief von 1839 zeigt, der Problematik seiner musikalischen Sprache bewußt; er hatte sich damit abgefunden, das Urteil der Nachwelt abwarten zu müssen.*

Schumann beriet sich bei der Arbeit nur selten mit Clara, achtete aber ihr Urteil als das einer erfahrenen Interpretin, und wenn er sich mit einer Frage an sie wandte, nahm er im allgemeinen ihren Rat an. 1838 schrieb sie ihm aus Wien:

Auf die 2te Sonate (g-Moll) freue ich mich unendlich, sie erinnert mich an viele glückliche und auch schmerzhafte Stunden. Ich liebe sie, so wie Dich, Dein ganzes Wesen drückt sich so klar darin aus, auch ist sie nicht allzu unverständlich. Doch eins. Willst Du den letzten Satz ganz so lassen, wie er

* Dies soll nicht heißen, daß Schumann hinsichtlich der Vermarktung seiner Werke untätig war; er unternahm jede Anstrengung, damit sie aufgeführt wurden, schätzte aber zugleich die Schwierigkeiten realistisch ein. 1843 erklärte er dem Komponisten, Dirigenten und Musikschriftsteller Carl Kossmaly, daß seine Klavierwerke (besonders op. 12, 16, 21 und 28) aus mehreren Gründen wenig bekannt seien: «1. aus inneren der Schwierigkeit in Form und Gehalt; 2. weil ich kein Virtuos bin, der sie öffentlich vortragen könnte; 3. weil ich Redakteur meiner Zeitschrift, in der ich sie nicht erwähnen könnte; 4. weil *Fink* Redakteur der andern, der sie nicht erwähnen wollte.» (Boetticher [Hrsg.], *Robert Schumann in seinen Schriften und Briefen*, S. 391)

ehemals war? ändere ihn doch lieber etwas und erleichtere ihn, denn er ist doch gar zu schwer. Ich versteh ihn schon und spiele ihn auch zur Noth, doch die Leute, das Publikum, selbst die Kenner, für die man doch eigentlich schreibt verstehen das nicht. Nicht wahr, Du nimmst mir das nicht übel?[23]

Es gab Zeiten, da Schumann in der Tat ärgerlich reagierte – etwa als sie seine Fähigkeit, ein Streichquartett zu schreiben, in Frage stellte –, aber er scheint keine Bedenken gehabt zu haben, ihre Vorschläge für die g-Moll-Sonate zu akzeptieren.[24] Am 29. Dezember 1838 schrieb er, daß er einen anderen, «sehr simplen» Schlußsatz komponiert habe, der ihm gut zum ersten Satz zu passen scheine und den er dem Verleger zu schicken im Begriff sei.[25]

Man hat Clara einen Mangel an Einfühlungsgabe unterstellt und die Ansicht geäußert, sie habe deshalb seine Titel nicht verstanden und sie kritisiert. Doch Schumann selbst war sich bewußt, daß seine phantastischen Titelseiten und Überschriften abschreckend auf ein Publikum wirken könnten, das an Phantasie und Imagination nicht gewöhnt war. Im Januar 1840 fragte er Clara, was sie von den für die *Nachtstücke* (op. 23) vorgeschlagenen Titeln halte: «1. Trauerzug 2. Kuriose Gesellschaft 3. Nächtliches Gelage 4. Rundgesang mit Solos.»[26] Die junge Frau antwortete in ihrer sachlichen Art: «... das Publikum! ... sie wissen nicht, was Du damit willst und stoßen sich daran. Ich meine, Du läßt es bei dem allgemeinen Titel ‹Nachtstücke› ...»[27] Auch hier folgte er ihrem Rat.

1838 fragte Robert bei Friedrich Kistner an, dem Verleger seiner ersten Sonate, die ursprünglich unter dem Pseudonym «Florestan und Eusebius» erschienen war: «... ob es nicht für Sie wie für mich vortheilhafter wäre, wenn Sie einen *neuen* Titel mit dem wahren Namen ohne romantischen Beisatz anfertigen ließen.»[28] Die «*nouvelle edition*» erschien daraufhin unter seinem richtigen Namen. Am 24. Januar 1839 bat er um Claras Meinung, ob er an Heinrich Probst schreiben solle, um den Nachdruck einer Reihe von Werken anzuregen, darunter *Davidsbündlertänze* und *Kreisleriana* – «letztere dann vielleicht *unter anderen Titeln*».[29] Und einige Jahre später, am 5. November 1842, bot er Friedrich Hofmeister die *Davidsbündlertänze* an und schlug vor, den «mystischen» Titel durch die erläuternden Worte «*12 Charakterstücke*» zu ergänzen oder zu ersetzen.[30] (Hofmeister lehnte den Vorschlag ab; eine zweite, verbesserte Auflage wurde als *Davidsbündlertänze, 12 Charakterstücke* 1850/51 bei Schuberth in Leipzig verlegt.)

Schumanns Resonanz auf Claras Spiel ist in folgenden, 1838 niedergeschriebenen Worten ausgedrückt:

Nur zweimal hab ich Dich in zwei Jahren gehört... es ist mir aber vorgekommen, als wäre es das Vollendetste, was man sich nur denken kann; wie Du die [Symphonischen] Etüden von mir gespielt hast [August 1837], vergesse ich Dir nicht; das waren lauter Meisterstücke, wie Du sie hinstelltest – das Publikum kann das nicht zu würdigen verstehen – aber Einer saß darin, wie dem auch das Herz pochte vor andern Gefühlen, im Augenblick verneigte sich doch mein ganzes Wesen vor Dir als Künstlerin.[31]

Gelegentlich machte Schumann ihr wenn auch sanfte Vorwürfe. Als er sie tadelte, weil sie 1839 in Paris seine Werke nicht spielen wollte, antwortete sie, daß es ihr zu schmerzlich sei, für Leute zu spielen, die ihn nicht verstünden.[32] So hart dieses Urteil für einen Komponisten war, Schumann konnte es akzeptieren.

Schumanns konzertante Werke und seine Kammermusik waren von Anfang an weniger problematisch als die frühen Klavierzyklen. Das Quintett, die Trios, die Sonaten, das Klavierkonzert wurden zu Schumanns Lebzeiten häufig gespielt. Die Kritik nahm Claras Darbietung dieser Werke fast immer enthusiastisch auf; das Lob galt jedoch ihrem Spiel, nicht der Musik. Soweit wir wissen, mißgönnte Schumann ihr diesen Beifall nicht. Er war nicht bloß einverstanden, sondern bewunderte und liebte ihre Kunst, war beglückt über ihre Interpretationen und kritisierte ihr Spiel nur selten. (Sie fand *jegliche* Kritik von ihm schwer anzunehmen und konnte es kaum ertragen, wenn er eine andere Pianistin oder einen anderen Pianisten lobte.)

Daher wirkte die Mißbilligung, die er im Jahr 1854 plötzlich äußerte, verheerend auf sie.* Obwohl sie erkannt haben muß, daß er nicht er selbst war, zitterte diese weltberühmte Künstlerin bei der geringsten Kritik von ihrem eigenen Mann. Sie mag verspäteten Trost in den Lobesworten gefunden haben, die er ihr am 14. Sep-

* Vgl. Kapitel 7.

tember 1854 aus Endenich schrieb: «O wie gern möchte ich dein wundervolles Spiel einmal hören.» Und am 12. Oktober, nachdem er die Druckfassung ihrer Variationen (op. 20) über ein Thema von ihm erhalten hatte, schrieb er: «Nun muß ich Dir auch sagen, wie mich auch Deine Variationen immer mehr entzücken und mich Deines herrlichen Spiels dieser und meiner erinnern.»[33]

Tabelle 1 macht deutlich, daß die ersten Schumann-Werke, die Clara in der Öffentlichkeit spielte, diejenigen waren, denen der Beifall des Publikums so gut wie sicher war. Wie Martin Schoppe dargelegt hat, bereiteten die Auszüge aus op. 12 und op. 13 – sorgfältig ausgewählte, kurze, einfache Stücke – das Publikum auf solch längere Werke wie *Carnaval* und *Humoreske* vor.[34] Diese Strategie wurde eindeutig mit Schumanns Zustimmung verfolgt. Es ist jedoch interessant, festzustellen, daß einzelne Abschnitte bestimmter Werke stets fortgelassen wurden. Clara spielte zum Beispiel *Carnaval* oder *Waldscenen* niemals vollständig. Sie ließ stets «Estrella» (vermutlich ein Porträt von Ernestine v. Fricken), «Florestan» und «Eusebius» aus *Carnaval* und «Verrufene Stelle» aus *Waldscenen* fort. Vielleicht riefen sie schmerzliche Erinnerungen wach; vielleicht waren sie zu surrealistisch, zu phantastisch, zu extravagant für diese lebenstüchtige, mit beiden Beiden auf der Erde stehende Frau.

ERFOLGE IM AUSLAND

Die großen Virtuosen des 19. Jahrhunderts erlangten internationale Berühmtheit nur durch unermüdliches Reisen. So erklärt sich wohl auch die große Zahl von Ehescheidungen bei Künstlerinnen sowie die Tatsache, daß viele das Rennen aufgaben, wenn sie heirateten und Kinder bekamen. Clara dachte offenbar nie daran, sich so zu verhalten. Tabelle 2 gibt einen Überblick über die Auslandsreisen, die sie vor, während und nach den mit Schumann verbrachten Jahren unternahm.

Von ihrem ersten Ausflug in die große Welt an war zu merken, daß eine Reise auf Clara wie ein Stimulans wirkte. So war sie 1844 in Moskau ständig auf den Beinen, machte Besuche, produzierte sich

Tabelle 2. Länder, in denen Clara Schumann während Konzerttourneen auftrat, 1832–1888

Jahr	Land
1832	Frankreich
1837/38	Österreich, Ungarn
1839	Frankreich
1842	Dänemark
1844	Rußland
1846/47	Österreich
1853	Holland
1854	Belgien
1855	Holland
1856	Österreich, Ungarn, England, Dänemark
1857	England, Schweiz
1858	Schweiz, Österreich, Ungarn
1859	Österreich, England
1860	Holland, Österreich
1861	Belgien
1862	Schweiz, Frankreich, Belgien
1863	Holland, Frankreich, Belgien
1864	Rußland
1865	Böhmen, England
1866	Österreich, Ungarn
1867	England
1868	Belgien, England, Österreich, Ungarn
1869	Holland, England, Österreich
1870	England
1871	Holland, England
1872	England, Österreich, Ungarn
1873	Belgien, England
1876	Holland, England
1877	Holland, England, Schweiz
1879	Schweiz
1880	Schweiz
1881	England
1882	England
1883	Holland
1884	England
1886	England
1887	England, Schweiz
1888	England

Quelle: Gerd Nauhaus, RSH.

am Klavier, knüpfte Kontakte und sonnte sich in ihrem Ruhm, während Robert sich krank und verzweifelt in seinem Hotelzimmer vergrub. Alles in allem unternahm Clara achtunddreißig Reisen außerhalb Deutschlands. Überall war sie darauf bedacht, Werke von Schumann aufzuführen, und sie war häufig überrascht und erfreut, wie gut sie aufgenommen wurden. In einem Brief an ihren jungen Freund Ernst Rudorff vom 19. März 1862 aus Paris berichtete sie über eine gänzlich neue Haltung des französischen Publikums:

Ich bekam hierher so dringende Aufforderungen, man wünsche so sehr, namentlich auch die Sachen von meinem Mann, die sich jetzt hier sehr verbreiten, zu hören, daß ich mich dazu entschloß, gewissermaßen auch es als eine Pflicht gegen meinen Mann betrachtend. Ich würde es nicht als Solche angesehen haben, hätte es sich darum gehandelt, den Franzosen seine Musik zugänglich zu machen, denn ich hätte doch nie daran geglaubt, daß eine so tiefdeutsche Natur wie er jemals von einer anderen Nation ganz anerkannt werden könne, glaube es auch jetzt nicht, jedoch mit solcher Herzlichkeit und Empfänglichkeit für seine Sachen aufgenommen, wie ich es hier bin, wäre es Unrecht gewesen «Nein» zu sagen.

Sie bot den Parisern das Quintett von Schumann und eine Fuge von Bach. «Sie hätten doch Freude gehabt zu hören, wie das Publikum meines Mannes Quintett aufgenommen mit welchem Enthusiasmus, und die Pedal-Fuge in A-moll von Bach etc. Es ist eine eigene Sache, schätzt man auch im Grunde des Herzens Publicum gering, so bedarf man dessen Theilnahme im Concertsaale doch, es regt augenblicklich an und erhöht die Leistungen.»[35]

Der Empfang, der ihr 1862 in Paris bereitet wurde, unterschied sich gewaltig von den weniger angenehmen Erfahrungen der Jahre 1832 und 1839. Diesmal stellte Madame Erard – aus der berühmten Klavierbauerfamilie – Clara und ihrer Tochter Marie eine Begleitung zur Verfügung und sorgte für ihre Unterkunft. Die führenden französischen Künstler machten Clara ihre Aufwartung, sie wurde eingeladen, am Konservatorium zu spielen (eine außergewöhnliche Ehre) und war von dem stürmischen Beifall überwältigt. Ihre Meinung über das französische Publikum besserte sich, wenngleich sie gegenüber dem Orchester des Konservatoriums, mit dem zusammen sie Beethovens Klavierkonzert in e-Moll spielte, kritisch blieb – «technisch das vollendetste, was ich noch gehört, aber – kalt». Umsichtig wie immer, schärfte sie Brahms ein, dieses Urteil nicht weiterzusagen, denn das Konservatorium sei das «musikalische Heiligtum» der Franzosen, und wenn auch nur ein Wort von ihrer Kritik herauskomme, könne es ihr großen Schaden bringen.[36]

Auch auf die Entwicklung der musikalischen Kultur in Rußland wird Clara Schumann ein gewisser Einfluß zugeschrieben. Vor ihrer Konzerttournee von 1844 waren Robert Schumanns Musik und Claras Art der Programmzusammenstellung und Vortragsweise in Rußland unbekannt. In einem Aufsatz über diese Reise schreibt Daniel Wladimirowitsch Shitomirski: «Claras erfolgreiches Auftreten [sicherte] einen bedeutenden Erfolg für ein ernstes Repertoire und eine vertiefte, konzentrierte Interpretation.»[37] Er zitiert dazu eine Moskauer Stimme aus dem Jahr 1844:

Häufig waren hier berühmte Pianisten, was aber hörten wir? Entsetzliches Poltern, Kanonensalven, schwierige Sachen, die uns nur in Erstaunen versetzten; und was gelangte zum Herzen? In der Tat wenig! ... wir vergaßen daß sie Moskau besucht hatten, und keiner von uns erinnert sich noch an ihr Spiel. Können wir dasselbe auch von Clara Schumann sagen? Selbstverständlich nicht! Und das Frühlingslied von Mendelssohn, die Nocturnos von Field, ein Presto von Scarlatti, Fantasien von Liszt und Thalberg, Fugen von Bach, meisterhafte Werke von Beethoven, die sich so lebendig in Herz und Gedächtnis einprägten, werden uns nun immer wie süße Fesseln gefangen halten.[38]

Ein anderer russischer Kritiker schilderte ihre Wirkung so:

Wer hätte das vor zehn Jahren für möglich gehalten? Wer hätte geglaubt, daß diese Musik [Scarlatti und Bach] einen so ungewöhnlichen Eindruck hervorrufen würde und daß Frau Schumann die Werke mehrmals wiederholen müßte. Eine bemerkenswerte Lektion für jene Künstler, die bis heute glauben, man könne dem Publikum allein durch den Vortrag von Variationen über ein und dieselben Motive von Bellini oder durch verschiedene Farcen einen Gefallen erweisen.[39]

Sobald Clara die russischen Kritiker auf ihrer Seite wußte, wagte sie es, einige Kompositionen von Robert Schumann in den öffentlichen Konzerten und noch weitere im privaten Kreise vorzustellen. Von da an wendete sich das Blatt für Schumann im Zarenreich. Prominente russische Komponisten wie Anton Rubinstein (der mehrere Schumann-Werke zur Uraufführung brachte) und Tschaikowsky wurden von Schumanns Musik überzeugt und blieben von da an seine Anhänger. Bei ihrer zweiten und letzten Konzertreise nach Rußland im Jahr 1864 machte Clara erneut Furore. César Cui hob in einer Rezension ihrer Konzerte hervor: «Während des ersten Aufenthaltes von Clara Schumann mit ihrem Gatten in Petersburg sagte man: ‹Monsieur Schumann, der Gatte von Clara Schumann›, jetzt sagen viele: ‹Mme. Schumann, die Gattin Robert Schumanns›.»[40]

Clara Schumann überquerte neunzehnmal den Kanal auf der Fahrt nach England, ein Abenteuer, dem sie sich nicht immer leichten Herzens aussetzte.* Die Anregung zu ihrem ersten Englandbesuch kam von Roberts altem Freund William Sterndale Bennett, der seit Jahren darauf gedrängt hatte. Im Januar 1856 nahm Clara zur Bestürzung von Brahms und anderen Freunden die Korrespondenz mit Bennett wieder auf, die zu ihrem ersten Auftritt in London mit der Philharmonic Society am 14. April 1856 führte. Diese erste Englandreise wurde zum Modell für alle folgenden, obgleich die Verbindung mit Bennett nur von kurzer Dauer war. Die Konzertorganisation lag in England im allgemeinen in der Hand professioneller Agenturen (häufig eines Verlages wie z. B. William Chappel); da ihr diese Mühe abgenommen wurde, konnte Clara die angenehmen Seiten des Reisens genießen. Sie und ihre Begleitung – gewöhnlich eine ihrer Töchter – pflegten bei wohlhabenden englischen Musikliebhabern Quartier zu nehmen, etwa bei Arthur Burnand, der ihr in herzlicher Gastfreundschaft sein Haus öffnete. Nach Überwindung einiger anfänglicher Schwierigkeiten wurde Clara in Großbritannien außerordentlich populär; sie war nicht nur für den finanziellen Ertrag der Englandaufenthalte dankbar, sondern empfand auch die menschliche Wärme, die ihr in dem angeblich so kühlen Land entgegengebracht wurde, als wohltuend. Am 3. März 1884 erwähnt sie in ihrem Tagebuch, daß sie wegen der politischen Ereignisse in England eine Dynamit-Explosion befürchtet, statt dessen aber eine

* Karl Geiringer ist der Meinung, daß Brahms deshalb nie in England war, weil er fürchtete, seekrank zu werden. (*Johannes Brahms, Sein Leben und Schaffen*, 2. Aufl. 1955, S. 138f.)

«Blumenexplosion» erlebt habe: ein «Blumenregen» habe sich von den billigen Plätzen und der Galerie auf sie ergossen.[41]

Sie gab dort stets auch Unterricht, mit dem Erfolg, daß viele Engländerinnen und Engländer motiviert wurden, bei ihr in Deutschland zu studieren.* Als sie 1888 das Konzertieren aus Gesundheitsgründen schon fast ganz aufgegeben hatte, ließ sie sich überreden, noch einmal nach London zu fahren. Nach dem letzten Konzert schrieb sie ins Tagebuch: «Letztes Popular – wieder so nervös, aber brillant geschlossen mit dem Carnaval – ich glaube, ich habe ihn nie so gespielt wie heute, und doch nahm ich mir vor, es solle der Schluß für England sein und war traurig über alle Beschreibung.»[42]

Ihr Ruhm verbreitete sich auch jenseits des Atlantik, und mehr als einmal erreichten sie Einladungen von dort. Jenny Lind, Thalberg und andere Freunde hatten glanzvolle und lukrative Konzerttourneen durch die Neue Welt unternommen, aber Clara lehnte alle Angebote ab. Der Grund war nicht allein die Angst vor der Seereise oder Bedenken, die Kinder so lange allein zu lassen, sondern die Annahme, das Unternehmen würde für eine Künstlerin mit einem so großen Geldbedarf wie dem ihren finanziell nicht genug abwerfen. Das Interesse der Amerikaner an ihrem Spiel nahm jedoch ständig zu, nicht zuletzt infolge der begeisterten Rezensionen in Zeitschriften wie dem Bostoner *Dwight's Journal of Music*, das ihren Namen fast in jeder Ausgabe nannte. Viele ehrgeizige junge Amerikaner machten sich auf den Weg nach Frankfurt, um bei ihr zu studieren.

PRESSE UND ÖFFENTLICHE MEINUNG

In den musikalischen Zeitschriften in Deutschland wurde über Clara bereits lange vor ihrer Heirat regelmäßig berichtet. Das häufig verwendete Epitheton *die erste Pianistin* ist zwar nicht eindeutig insofern, als damit die erste, d. h. höchstrangige, unter sämtlichen Pianisten oder nur unter den Pianist*innen* gemeint sein kann. Wenn sie aber in einem Atemzuge mit Liszt, Thalberg und Henselt ge-

* Vgl. Kapitel 13.

nannt oder – in einer Rezension eines Konzertes von Thalberg im Jahr 1847 – neben Liszt, Doehler, Litolff, Dreischock u. a. unter «die hervorragendsten Größen» eingereiht wird, kann an dem ihr zuerkannten Rang kein Zweifel bestehen.[43]

1841 tat sie sich mit dem Publikumsliebling Franz Liszt zu zwei Konzerten in Leipzig zusammen. Anschließend befand die *Allgemeine Musikalische Zeitung*:

Wir haben schon früher darüber gesprochen, auch über das Hexameron, das Frau Dr. Klara Schumann wiederholt mit Herrn Liszt vortrug. Wir vergleichen nicht gern... da müssen wir allerdings gestehen, daß uns das ruhige, schöne, korrekte und feine Spiel der Frau Dr. Schumann wohler gethan hat, als das Hineinstürmen und Uebertreiben des Herrn Liszt...[44]

Ausgesprochene Ablehnung ist in den Kritiken über Claras Aufführungen nur selten anzutreffen. Von rund 200 untersuchten Rezensionen waren zehn ungünstig. Einer der wenigen Musikkritiker, die sie ablehnten, war Anton Schindler, der sie als «unendlich überschätzt» bezeichnete und sich beschwerte, Beethoven werde von ihr arg malträtiert.[45] Hin und wieder wurde sie wegen ihrer Programmgestaltung gerügt, ein häufiger wiederkehrender Kritikpunkt war jedoch ihr zu schnelles oder sonstwie falsches Tempo; auf solche Bemerkungen pflegte sie sehr gereizt zu reagieren.

Wie die meisten Künstler liebte sie die Rezensenten nicht besonders; sie ging sogar auf Distanz zu Eduard Hanslick, der doch stets für sie eintrat. Andererseits war sie sich selbst die strengste Kritikerin. In einem beachtenswerten Brief an den Musikkritiker Selmar Bagge schrieb sie am 29. März 1856:

Wie aber, geehrter Freund, wollen Sie widerlegen, daß ich zuweilen etwas zu schnelle Tempis genommen? ...ich glaube es, daß dieser Vorwurf zuweilen ein gerechter sein mag. Sie wissen, daß ich selten ohne Inspiration spiele, sie kömmt mir eben, wie leicht aber läßt man sich dadurch fortreißen, daß man sich selbst keine Rechenschaft mehr giebt, ob man zu schnell war oder nicht, und gerade passiert mir das leicht bei Stücken, die ich so recht lieb habe, die mich so ganz Alles um mich vergessen lassen. Freilich soll es nicht so sein, der Künstler soll immer Meister seiner Gefühle sein, wie der schön-ruhige Mensch im gewöhnlichen Leben! nun, ich will mich bestreben, es besser zu machen und gewiß soll mir der Vorwurf von Nutzen sein.[46]

Im großen und ganzen reichen die untersuchten Presseberichte von lobender Anerkennung bis zu schwärmerischer Huldigung. In späteren Jahren wurde bemängelt, daß sie immer dieselben Stücke spielte[47], aber weder ihre Interpretation noch ihr Künstlertum wurden je in Frage gestellt. Ihr Spiel wurde mit Ausdrücken wie «Klarheit und Gediegenheit» – «außergewöhnliche Vollendung» – «unvergleichlich» – «rein» – «geistvoll und phantasiereich» geschildert. Nach einem Gewandhauskonzert am 1. Januar 1842, in welchem Clara Mendelssohns g-Moll-Konzert und Thalbergs *Moses*-Phantasie gespielt hatte, meldete die *Allgemeine Musikalische Zeitung*: «Überhaupt haben wir diesmal wiederholt die Überzeugung gewonnen, daß kaum eine der jetzt lebenden Pianoforte-Virtuosinnen an Virtuosität sowohl wie an ächter Kunstbildung ihr gleichzustellen sein dürfte.»[48]

Im Oktober berichtete dasselbe Blatt:

Ueberhaupt ist Frau Dr. Schumann weit vorzüglicher im Vortrage werthvoller Kompositionen, aus denen sich in geistiger Hinsicht etwas herausarbeiten läßt, als in der Ausführung reiner, einseitiger Virtuosenstücke... obgleich nicht zu leugnen ist, daß Frau Dr. Schumann auch als Virtuosin allein sich Anerkennung zu verschaffen weiß.[49]

Und 1865 hieß es in der Kritik über eins von Claras Konzerten, in dem sie zusammen mit Julius Stockhausen aufgetreten war: «Virtuosen und Virtuosinnen giebt es wohl, die ihr weder in der Technik noch in der allgemeinen Auffassung nachstehen; von allen aber unterscheidet sich Clara Schumann durch den hohen Grad musikalischer Innerlichkeit, welche ihren Leistungen das Gepräge des begnadeten Berufs giebt.»[50]

In ihren späten vierziger Jahren, als sie durch die Probleme in der Familie und durch körperliche Beschwerden immer mehr unter Streß geriet, fühlte Clara sich vor jedem Auftritt unsicher und fürchtete steckenzubleiben. In ihrer Jugend hatte sie zu den ersten Pianisten gehört, die auswendig spielten. Über Bettina von Arnim wird berichtet, sie habe an einem Konzert in Berlin im Jahr 1837 als Hochmut empfunden, «mit welcher Präzision sie sich an das Klavier setzte und nun *ohne* Noten! Wie bescheiden dagegen Doehler, der sich doch Noten vorgelegt hätte.»[51] In

Wiecks strenger Schule hatte Clara als Kind das Auswendigspielen gelernt, was ihr nicht schwerfiel; von den Rezensenten wurde diese Fähigkeit schon gerühmt, als sie erst dreizehn war, ein Anzeichen dafür, wie außergewöhnlich diese Leistung war.[52] Doch unter der Last von Alter und Sorgen traute sie ihrem Gedächtnis immer weniger zu.*

1871 schrieb sie an Brahms aus London:

> Gott weiß, wie ich es anfangen soll, die Angst, die mich so oft befällt, zu bemeistern! ... oft ängstige ich mich von einem Stück zum anderen, daß ich es gar nicht beschreiben kann. – Wiederum kann ich mich nicht entschließen, von Noten zu spielen, es ist mir immer, als bände ich mir die Flügel, die doch noch immer einige Schwungkraft besitzen – mehr für die Kunst als für das Leben, das nicht aufhört, mit immer neuen Prüfungen an mich heranzutreten.[53]

Sie spielte ohne Noten, solange es ihr möglich war, trotz der Angst, die sie befiel, sobald sie das Podium bestieg.

Wie klang ihr Spiel? Manche ihrer Zeitgenossen – zum Beispiel Joachim – verewigten sich auf Schallplatten für das kurz zuvor erfundene Grammophon; nicht so Clara. Es bleiben uns nur einige unzulängliche Aufzeichnungen ihrer Schüler – Fanny Davies, Adelina de Lara, Ilona Eibenschütz, Nathalie Janotha, zum Beispiel – und Beschreibungen durch Zeitgenossen. In Deutschland kommt in Erörterungen über ihre Kunst unweigerlich der Begriff der *Werktreue* zur Sprache. Angesichts ihrer kompromißlosen Strenge, ihrer Loyalität gegenüber Schumann und ihrer vielgerühmten Integrität ist die Annahme berechtigt, daß sie niemals die Noten manipulierte, wie es viele andere angesehene Pianisten des 19. Jahrhunderts taten. Gleichwohl passierte es selbst der «Priesterin» manchmal, daß sie zu schnell war, eine Oktave verdoppelte oder eine Verzierung anbrachte. Anders als Liszt jedoch fügte sie niemals Effekte absichtlich ein, nur um Aufmerksamkeit zu erregen. Die Rezensenten hoben gewöhnlich ihre meisterhafte Technik und ihr tiefes Verständnis für die Musik hervor. Besonders eindrucksvoll war die

* Bereits im Oktober 1850 äußerte sie einmal, allein die Jungen hätten den Mut, auswendig zu spielen. (Litzmann, Bd. 2, S. 229)

Qualität ihres schönen, vollen, «singenden» Tones, ein Charakteristikum ihrer Kunst, das von ihrem Vater sorgfältig entwickelt und gepflegt worden war.

KONZERTMANAGEMENT

Solange Clara Wieck mit ihrem Vater auf Reisen ging, kümmerte er sich um die hunderterlei Einzelheiten zur Vorbereitung der Konzerte: er mietete Säle und Instrumente, verpflichtete die unterstützenden Musiker, ließ Eintrittskarten drucken und verkaufen, sorgte für Erfrischungen, um auch die halbherzig Interessierten anzulokken, verteilte Bilder von Clara, gab Zeitungsinserate auf und ließ Plakate aushängen, kassierte das Eintrittsgeld und zog Bilanz. Alle diese Aufgaben übernahm Clara seit 1839 selbst. Obwohl sie ihren Schülern empfahl, professionelle Agenturen einzuschalten (die allerdings bis in die achtziger Jahre in Deutschland dünn gesät waren), sah sie selbst davon ab. Sie verfügte über ein Netz freundschaftlicher Beziehungen im In- und Ausland, die sie mit brieflichen Hilfsersuchen und Anweisungen zu aktivieren pflegte. Die unfreiwilligen Hilfskräfte waren gewöhnlich noch stolz darauf, der großen Künstlerin dienlich zu sein, und weigerten sich nur selten. Die allerbesten Helferinnen waren die Töchter, die sämtlich dienstverpflichtet wurden, sobald sie alt genug waren. Eine von ihnen mußte sich um die Garderobe kümmern, eine andere organisierte den Transport der Noten und Instrumente, eine dritte sorgte für Reise und Unterkunft der Künstlerin und ihrer Begleitung oder half bei Vertrieb und Verteilung der Eintrittskarten. Jede Tochter kam einmal als Reisebegleiterin dran, doch die ständige Gefährtin blieb am Ende Marie.

In den ersten Jahrzehnten des 19. Jahrhunderts gab es nur wenige Säle, die ausschließlich zu Konzerten dienten, und nur wenige Städte hatten Kartenverkaufsstellen. Man kaufte die Eintrittskarten bei den örtlichen Musikalienhändlern oder direkt beim Künstler. Heutzutage, da internationale Engagements fünf Jahre im voraus abgeschlossen werden, ist man verblüfft, in welchem Tempo damals Konzerte angekündigt und realisiert wurden. Die Städte waren kleiner, die Musikfreunde kannten einander, Verbindungen konnten auf dem – damals sehr zuverlässigen – Postweg schnell geknüpft werden. Konzerte wurden oft nur zwei Tage vor dem Termin in den Zeitungen, auf Handzetteln und durch Mund-zu-Mund-Propaganda wirksam angekündigt.

Clara bestand darauf, die gesamte Organisation in der Hand zu behalten – eine zwangsläufig anstrengende und undankbare Aufgabe –, und schrieb über die Jahre hinweg Tausende von Briefen wegen Einzelheiten, die sie nicht ihren Töchtern, Konzertpartnern oder Freunden überlassen wollte. In ihrer Kleinkrämerei und Detailbesessenheit ähneln diese Briefe denen ihres Vaters an seine Frau Clementine.[54]

Viel Logistik und Energie wurden in die Planung von Claras Konzerten investiert. Häufig gingen zehn oder mehr Briefe hin und her, bevor eine endgültige Vereinbarung über Eintrittspreise, Saal und Programm erzielt werden konnte. Clara war genau orientiert, welche Werke sie und andere Künstler in dieser oder jener Stadt gespielt hatten, wie zahlreich und wie interessiert das potentielle Publikum war. Sie jonglierte die Probentermine, damit sie nicht mit den Verpflichtungen der Kollegen oder mit ihren eigenen Zeitplänen für Unterricht, Mutterpflichten oder Urlaubsreisen kollidierten. Ein Brief an Wasielewski wegen der Vorbereitung eines Konzerts in Bonn im November 1853 läßt ihren Management-Stil erkennen:

Ich schicke Ihnen 200 Stück Billets sowie 20 Stück zu etwaigen Frei-Billets. Für die Casse bringe ich noch welche mit. Das Programm bleibt, wie ich Ihnen schrieb: *Quartett* Nr. 1 [d. i. Schumann, op. 47], Nr. 2) Gesangstück, 3) *Sonate C-Dur* von Beethoven [d. i. Waldsteinsonate]. Zweiter Theil, 4) drei *Mährchenbilder* [Schumann, op. 113] mit Ihnen, 5) Gesangstück, 6) a) *Etüde C-Dur* von Chopin b) *Notturno H-Dur* von Chopin c) *Lied ohne Worte* (C-Dur) von F. Mendelssohn. Wir fahren Morgen *Freitag nachmittag* um 3 Uhr ab [aus Düsseldorf], und kommen wohl, wie ich glaube, um 6 oder 7 Uhr nach Bonn. Wollen Sie uns ein Zimmer im Stern bestellen, aber, bitte nicht dasselbe, wo mein armer Mann krank war. Auf der anderen Seite habe ich noch sehr hübsche Zimmer nach dem Hofe hinaus gesehen. Auf die Straße wollen wir nicht gerne – es ist gar zu geräuschvoll... Ich schicke diesen Brief besonders, damit durch die Billets keine Verzögerung extra verursacht wird. Auch schreibe ich unfrankiert, es ist sicherer, auch mit den Billetten. Berechnen Sie es mit bei den Concertkosten.[55]

WUNDERKINDER

Eine der unvergeßlichen Äußerungen über Clara Wieck ist Hanslicks «kein Wunderkind – und doch noch ein Kind und schon ein Wunder.»

Wunderkinder waren im Europa des 18. Jahrhunderts nichts Ungewöhnliches. Wien hatte seinen Teil daran, lange bevor Clara auf der Szene erschien: Wolfgang Amadeus Mozart machte Furore, als er hier 1762 im Alter von sechs Jahren klavizierte. Bereits 1736 druckten die Hamburger und die Frankfurter Zeitungen Berichte über Kinderauftritte; ein Inserat kündigte 1756 an, daß ein sechsjähriges Kind von weiblichem Geschlecht öffentlich auf der Violine vortragen werde.[56] Wunderkinder waren gang und gäbe, so daß im Jahr 1792 behauptet wurde, mehr als die Hälfte der Konzertkünstler von Wien seien nicht einmal vierzehn Jahre alt. Obwohl Hanslick dies als Übertreibung zurückwies, gab er zu, daß Wien ein wichtiges Forum für Wunderkinder gewesen sei, wenn es sich auch keineswegs um «lauter Mozarts» gehandelt habe.[57]

Es herrscht wohl allgemeiner Konsens darüber, daß der junge Mozart durch seine Konzertreisen eine gründliche musikalische Ausbildung erhielt: die verschiedenen musikalischen Stile und Techniken, die er zu hören bekam, wurden in seine eigene Musik integriert und bereicherten sie. Dies war allerdings gar nicht das Hauptanliegen seines Vaters; Leopold Mozart erhoffte sich Geld, Ruhm und vielleicht eine sichere Stellung für seinen Sohn an einem Fürstenhof. Im späten 18. Jahrhundert war ein Virtuose ohne städtische oder höfische Anstellung von privaten Musikveranstaltungen bei Hof oder in den Adelshäusern abhängig. Vater Mozart war zu Verbeugungen, Kratzfüßen und Bittschriften gezwungen, um das Wohlwollen einflußreicher Aristokraten und musikliebender Patrizier zu erlangen, die in der Lage waren, ein Konzert für ein größeres Publikum zu veranstalten.

Friedrich Wieck, fünfzig Jahre später, stand vor einer völlig anderen Situation. Vom Anfang ihrer Karriere an gab seine Tochter öffentlich Konzerte, die Eintritt kosteten; der Erlös wanderte in seine Tasche. Er mußte allerdings als Veranstalter auf eigenes Risiko tätig werden und die damit verbundenen Kosten auf sich nehmen.

Ein Wunderkind vorzuzeigen war für Wieck eine unwiderstehliche Verlockung. Sonst ehrlich in bezug auf Claras Leistungsstand, folgte er dem Beispiel anderer Bühnenväter und zog, wenn er konnte, ein oder zwei Jahre von ihrem Alter ab. Schumann notierte im Juli 1831 in sein Tagebuch, daß Wieck geschworen habe, Clara sei zehneinhalb, als sie bereits fast zwölf Jahre alt war.[58]

Gleichwohl war Wieck überzeugt (und wurde auf Reisen durch Louis Spohr und andere in seiner Meinung bestärkt), daß Clara etwas Besseres als bloß ein Wunderkind sei. Er wußte, daß die allgemeine Meinung über Wunderkinder nicht sehr hoch war, und schrieb darüber an seine Frau, daß die Kombination von Claras Jugend und ihrem Können auch ein Hindernis bilde: «die ganze Welt fliehet die sogenannten Wunderkinder, denen in der Regel einige Stückchen eingebleut, u. die nicht musikalisch sind – aus denen also auch nichts geworden u. nichts werden kann.» Er sorgte sich um die Resonanz auf das wirkliche Talent seiner Tochter. «Wo sollen denn die Kenner und namentlich die Klavierspieler herkommen, welche Clara's außerordentliche Bildung sogleich zu erkennen und vorurtheilsfrei zu prüfen wüßten?»[59] Aber von Wiecks väterlicher Voreingenommenheit einmal abgesehen, war es bald die allgemeine Meinung, daß Claras Spiel wirklich außergewöhnlich sei. Ihr Name wurde ein Inbegriff für Wunderkinder, so wie es der Mozarts vor ihr gewesen war. Hector Berlioz schrieb 1839 in seiner Eigenschaft als Musikkritiker über eine Mlle Emilie Pousseze: «ein allerliebstes Mädchen von elf oder zwölf Jahren, das in einer Weise Klavier spielt, die eine neue Clara Wieck erhoffen läßt».[60]

DIE FRAU ALS KÜNSTLERIN

Mit achtzehn Jahren gehörte Clara Wieck zu den größten musikausübenden Künstlern ihrer Zeit. Mit fünfunddreißig, als sie das aktive Konzertleben wiederaufnahm, wurde sie wiederum als eine der zwei oder drei führenden Pianistinnen und Pianisten Europas bejubelt. Sie stürzte sich in öffentliche Konzerte mit so schwierigen und unbekannten Werken wie Beethovens *Hammerklavier*-Sonate und seinen c-Moll-Variationen (WoO 80), beides Werke, die sie nie zuvor aufgeführt hatte. Keine andere Frau erlangte auf dem Konzertpodium die Bedeutung, die Clara hatte, noch konnte jemand anders eine vergleichbare Stellung so lange Zeit hindurch aufrechterhalten. Sie war keine Feministin und es ist nicht bekannt, wieviel Sympathie sie für die Vorhut der Frauen in Deutschland aufbrachte, die eben begannen, für die Gleichberechtigung zu kämpfen. Andererseits nahm sie ihre prominente Stellung ganz unbefangen ein. Seit ihrer Geburt hatte es festgestanden, daß sie zur Künstlerin bestimmt sei, und sie selbst zweifelte nie daran. Ein paarmal im Lauf ihres Lebens äußerte sie, daß sie es bedaure, keine weiblichen Fertigkeiten wie etwa Kochen oder Haushalten gelernt zu haben, aber das waren seltene Anwandlungen. Solche Aufgaben überließ sie den Dienstboten – wie es sogar in kleinbürgerlichen Familien der Brauch war – oder ihrer Tochter Marie, die ihr, seit sie zwanzig war, den Haushalt führte und notfalls sogar für die Köchin einsprang.

Wieck betrat kein gänzlich unbekanntes Land, als er für seine Tochter eine Konzertlaufbahn plante. Bei fast jedem jungen Musiker des 18. und frühen 19. Jahrhunderts stand der Vater, meist selbst Berufsmusiker, im Hintergrund. (Bühnenmütter waren damals noch gänzlich unbekannt.) Viele ehrgeizige Väter hatten versucht, ihren Töchtern eine Karriere zu bahnen, und es gab zahlenmäßig fast ebenso viele weibliche wie männliche Wunderkinder, die durch Europa reisten, darunter Clavieristinnen, Geigerinnen, Sängerinnen und Harfenistinnen. Die Musikzeitschriften rezensierten eine überraschend große Zahl an Konzerten und Musikstücken, die von Mädchen gegeben bzw. komponiert worden waren, meist ohne viel Aufhebens darüber, daß es sich um ein junges Fräulein handelte. Diejenigen, die über das Wunderkind-Stadium hinausgelangten, konzertierten im allgemeinen bis zu ihrer Verheiratung und ließen sich dann mit einer Anstellung bei Hof (im 18. Jahrhundert) oder freiberuflich als Lehrerin (im 19. Jahrhundert) nieder; beides erforderte keine Reisen und ließ sich leichter mit dem Familienleben vereinbaren.

Bei allen Aussagen über die Situation der Musikerinnen des frühen 19. Jahrhunderts muß der Unterschied zwischen den Professionellen, die wie Clara davon leben mußten, und den zum Teil hervorragenden Dilettantinnen aus dem gebildeten Bürgertum und der

Aristokratie beachtet werden; Elisabeth von Herzogenberg, Henrietta Voigt oder Fanny Mendelssohn hatten zwar eine qualifizierte Ausbildung erhalten, traten aber nie für Gage auf. Professionelle Musikerinnen, die wie Livia Frege in den oberen Mittelstand einheirateten, sahen sich von ihren Männern oder durch die Konvention gezwungen, ihre berufliche Laufbahn aufzugeben. Solche Frauen führten die adlige Tradition des 18. Jahrhunderts weiter, indem sie ihr Haus zu einem Mittelpunkt des Musiklebens machten. Ihre Salons waren groß genug, daß sie hundert oder mehr Gäste zu ihren privaten Soireen oder Matineen einladen konnten. Sie begnügten sich nicht mit der Rolle der Gastgeberin, noch schenkten sie in jedem Fall den Tonschöpfern die sprichwörtlichen Musenküsse. Vielmehr sangen und spielten sie im privaten Rahmen selbst, gaben den Komponisten Anregungen und stellten dankenswerterweise einem Beethoven, Mendelssohn, Brahms oder dem jungen Schumann ein Podium, ja sogar ein Forum zur Verfügung. Doch traten diese hochbegabten Amateurinnen nicht in der Öffentlichkeit auf, unterlagen daher nicht dem Urteil der Kritiker und brauchten nicht um Gunst und Geld des Publikums zu kämpfen. Clara als Berufsmusikerin dagegen konkurrierte mit den Männern auf gleicher Ebene.

Bei Claras erstem Eintritt in die Konzertwelt verglich man sie mit den anderen jungen Pianistinnen ihrer Generation – vor allem Leopoldine Blahetka und Anna de Belleville* – und fand sie besser. Als weitere Konkurrenz kam Maria Moke in Frage, später Marie Pleyel, besser bekannt als Camilla Pleyel (1811–1875). Alle drei hatten ebenso wie Clara als Wunderkind angefangen. Marie Pleyel hatte von allen die längste Karriere, die sich als einzige mit der von Clara vergleichen ließ. Sie war acht Jahre älter als Clara, in Paris geboren,

* Leopoldine Blahetka (1811–1877) studierte bei Friedrich Kalkbrenner und Ignaz Moscheles, ging auf erfolgreiche Konzertreisen und war in Wien in den 1820er Jahren bekannt und beliebt. Sie komponierte eine Oper und viele Klavierwerke. Anna de Belleville (1808–1880) wurde von Carl Czerny in Wien ausgebildet, bevor sie sich in London niederließ und James Oury heiratete, einen Geiger, mit dem sie auf Tournee ging. Clara begegnete ihr 1839 in Paris und berichtete, sie sei eitel und unsympathisch.

Schülerin von Henri Herz, Moscheles und Kalkbrenner und war eine europäische Sensation, als sie mit fünfzehn Jahren aufzutreten begann. Berlioz verliebte sich leidenschaftlich in die schöne Marie, sie wies ihn aber ab und heiratete 1831 Camille Pleyel aus der Pariser Klavierbauerfamilie. Die Franzosen waren sehr stolz auf Marie Pleyel; der Kritikerpapst François-Joseph Fétis erklärte, daß unter den vielen berühmten Pianisten, die er gehört hatte, niemand ihm ein solches Gefühl von Perfektion vermittelt habe wie sie.[61]

Camilla Pleyel kam 1839 nach Leipzig. Clara, die sich damals in Berlin aufhielt, litt – ohne Grund – Eifersuchtsqualen bei dem Gedanken, daß die gefürchtete Rivalin ausgerechnet in ihrer, Claras, Vaterstadt auftrat. Die Pleyel, deren Ehe nur vier Jahre hielt, konzertierte bis 1848 und zog sich dann als Lehrerin ans Brüsseler Konservatorium zurück. Clara lernte sie dort 1854 persönlich kennen, hörte sie aber niemals spielen.

Von Zeit zu Zeit beichtete Clara ihrem Tagebuch einen neuen Anfall von Konkurrenzangst vor einer anderen Pianistin; den Grund dafür sah sie jedesmal in der Jugend oder Schönheit der Konkurrentin oder in der Aufmerksamkeit, die Wieck, Robert oder Brahms derjenigen Dame erwiesen. Zum Beispiel verlangte sie 1841, bei Amalie Rieffels Unterrichtsstunde bei Schumann anwesend zu sein; vorgeblich, um von Roberts Unterricht zu profitieren, in Wahrheit vermutlich, weil sie fürchtete, ihr Mann könnte das Spiel des Mädchens besser finden als das ihrige.[62] Sie empfand Camilla Pleyel als Bedrohung nicht wegen ihrer Klaviertechnik, sondern wegen ihrer Koketterie und der galanten Aufmerksamkeit, die Wieck ihr bezeigte, und das zu einer Zeit, als Clara ihm entfremdet war. Daß die Pleyel nicht so gut spielte wie sie, war ihr keinen Moment zweifelhaft; schon kurz vor der Parisreise, 1838, hatte sie an Robert geschrieben (nachdem sie Thalberg gehört hatte): «Wär ich nicht eine Dame, so hätte ich längst der Virtuosität Addieu gesagt, doch so beruhige ich mich noch ein wenig – mit den Damen nehm' ich es doch Allen auf.»[63]

Im Laufe von Claras langem Konzertleben betraten allmählich auch jüngere Frauen die Bühne: Wilhelmina Clauss-Szarvady (1834–1907), die Engländerin Arabella Goddard (1836–1922), die von Liszt protegierte Sophie Menter (1846–1918), Annette Essipof

Tabelle 3. Anzahl der von männlichen und weiblichen Klaviersolisten im Gewandhaus Leipzig gegebenen Konzerte, 1794–1881

Männer	Anzahl der Aufführungen	Jahre
Felix Mendelssohn	47	1835–45
Carl Reinecke	46	1843–81
Ignaz Moscheles	20	1816–61
Friedrich Schneider	16	1809–23
Hans von Bülow	15	1857–80
Alexander Dreyschock	12	1838–61
Anton Rubinstein	10	1842–79

Frauen	Anzahl der Aufführungen	Jahre
Clara Schumann	74	1828–81
Elisabeth Catharina Müller	17	1794–1810
Louise Hauffe	12	1854–70
Marie Wieck	7	1845–56
Charlotte Fink	7	1835–38
Wilhelmine Clauss-Szárvady	6	1850–60
Emilie Reichold	5	1826–29
Anna de Belleville	3	1830–31

Anmerkung: Von den 261 Pianisten, die in diesen Jahren im Gewandhaus auftraten, waren 84 Frauen.
Quelle: Alfred Dörffel, Hrsg., *Geschichte der Gewandhausconcerte zu Leipzig vom 25. November 1781 bis 25. November 1881* (Leipzig 1884).

(1851–1914), schließlich auch ihre eigenen Schülerinnen; jedoch konnte der allgemeinen Meinung nach ihr keine von ihnen das Wasser reichen. Keine andere Pianistin und kein Pianist ist jemals so häufig wie sie am Gewandhaus aufgetreten (vgl. Tabelle 3).

Die Ziele, Wünsche und Bedürfnisse künstlerisch tätiger Frauen des 19. Jahrhunderts unterschieden sich nicht allzusehr von denen der Frauen anderer Epochen. Clara Schumann kannte die Anstrengungen und den Streß des Virtuosenlebens, und trotzdem betonte sie immer wieder, daß ihre Musik ihr die Erfüllung brachte, ohne die sie nicht leben konnte. So schrieb sie zum Beispiel 1853, als sie endlich ein Zimmer für sich bekam und üben konnte, ohne ihren Mann zu stören, in ihr Tagebuch:

Wenn ich so recht regelmäßig studieren kann, fühle ich mich doch eigentlich erst wieder so ganz in meinem Elemente; es ist, als ob eine ganz andre Stimmung über mich käme, viel leichter und freier, und alles erscheint mir heiterer und erfreulicher. Die Musik ist doch ein gutes Stück von meinem Leben, fehlt sie mir, so ist es, als wäre alle körperliche und geistige Elastizität von mir gewichen.[64]

Als Brahms ihren Unwillen erregte, indem er – in guter Absicht – ihr rastloses Leben kritisierte, erklärte sie ihm: «Eigenthümlich erscheint mir aber Deine Anschauung des Konzertreisens! Du betrachtest es *nur* als Verdienst, ich nicht; ich fühle mich berufen zur Reproduktion schöner Werke, vor allem auch der Roberts, so lange ich die Kraft habe... Die Ausübung der Kunst ist ja ein großes Theil meines Ichs, es ist mir die Luft, in der ich atme!»[65]

KAPITEL 13

Clara Schumann als Lernende und Lehrende

Als Pianistin wie als Pädagogin befolgte Clara Schumann die Grundsätze, die sie von Friedrich Wieck gelernt hatte. Über die Erziehung und Ausbildung, die er ihr mitgegeben hatte, äußerte sie sich stets anerkennend und dankbar, trotz seiner herrschsüchtigen Einmischung in ihren Lebensweg. Friedrich Wieck hatte viele tüchtige Pianisten herangebildet und war darauf stolz, doch seine Tochter Clara war das glänzendste Resultat seiner Lebensarbeit. Natürlich stritt er, typisch Wieck, jeden fördernden Einfluß von anderer Seite kurzerhand ab. Das bezog sich auch auf Robert Schumann.

Wie sah Wiecks Unterricht aus? Friedrich Niecks, der mit vielen von Wiecks Schülern, auch mit Clara, über diese Frage gesprochen hat, berichtet:

Trotz vieler Nachforschungen ist es mir nicht gelungen, eine leidlich zutreffende Schilderung von Wiecks Methoden von ihm selber, seinen Schülern oder seinen Kritikern zu erhalten… Ich erinnere mich deutlich, daß, als ich Madame Schumann diese Frage stellte – die wohl von allen, die durch seine Hände gingen, die sorgfältigste, geduldigste, liebevollste und perfekteste Ausbildung bekommen hat – sie verblüfft und um eine Antwort verlegen war. Sie sagte, die Materialien (d. i. Fingerübungen) ihres Bruders Alwin Wieck könnten einem eine Vorstellung geben. Das ist natürlich nicht der Fall. Dann bemerkte Madame Schumann, gleichsam in dem Bemühen, das Wichtigste an der Methode zu nennen (Gespräch in Frankfurt am 12. Juni 1889): «Er war besonders auf die Gleichmäßigkeit des Anschlags bedacht und darauf, das richtige Gefühl für den Gebrauch des linken Pedals zu entwickeln.» [1]

Alwin Wieck und seine Schwester Marie gaben jeder ein Unterrichtswerk nach der Methode ihres Vaters heraus. Beide versprachen, dem Pianisten den wahren Schlüssel zum System des großen Pädagogen an die Hand zu geben, und behaupteten, dies sei die Klavierschule, aus der Clara Schumann gelernt habe.

Im Vorwort zu der von ihr edierten Ausgabe des Werks ihres Vaters schrieb Marie:

Wenn ich die von meinem Vater... nachgelassenen Studien herausgebe, so geschieht dies... weil ich diese Art rhythmischer Übungen, verbunden mit den ersten Anfängen der Theorie, noch in keiner Klavierschule gefunden habe. Im Sinne meines Vaters gelehrt und gespielt sind sie besonders geeignet einen schönen Anschlag zu erzielen, das Auswendigspiel und die Geschicklichkeit im Transponieren zu fördern, sowie Sinn und Lust für das feinere Klavierspiel anzuregen.*

Wiecks Methode ist schwer zu beschreiben, nicht weil sie besonders kompliziert ist, sondern weil er nicht einheitlich vorging; er versuchte, jedem Schüler das zu geben, was er für seine individuelle Entwicklung benötigte. Seine Grundeinstellung würden wir heute wohl als progressiv bezeichnen. Dazu suchte er sich aus verschiedenen Systemen das Beste heraus, am meisten wohl aus der Methode

* In diesem Vorwort, datiert vom Sommer 1875, heißt es weiter: «Diese Studien, nach denen meine Schwester, Frau Clara Schumann und ich von unserem Vater unterrichtet wurden...» (Friedrich Wieck, Pianoforte Studien, hrsg. v. Marie Wieck, Leipzig, Peters 1875). Auf dem Titelblatt von Alwin Wiecks Edition *Materialien zu Friedrich Wiecks Pianoforte Methodik* (Berlin, Simrock 1875) steht: «... war es die von dem bekannten außerordentlichen Erfolg gekrönte Ausbildung seiner zahlreichen Schüler, wie insbesondere seiner Tochter Frau Clara Schumann, welche... mich zu deren Herausgabe veranlasste.» Clara, die zu ihrem Bruder eine bessere Beziehung hatte als zu ihrer Schwester, half Alwin, einen Verleger zu finden, und unterstützte seine Edition, soweit es ihr möglich war. Zweifellos sind beide Editionen authentische Wiedergaben von Wiecks Methode.

von Johann Bernhard Logier, einem aus Deutschland stammenden, doch in England ausgebildeten Klavierpädagogen.

Zu den Hauptelementen des Logier-Unterrichts gehörte erstens der «Chiroplast», eine Vorrichtung, die über der Tastatur angebracht wurde, um die korrekte Finger-, Hand- und Handgelenkhaltung zu erzielen bzw. zu erzwingen; zweitens Gruppenunterricht für mehrere unterschiedlich fortgeschrittene Schüler zusammen: Logier richtete die Musikstücke so ein, daß die Anfänger zum Beispiel das Thema spielten, während die geübteren Schüler die Variationen übernahmen; und drittens die Integration von Musiktheorie und Harmonielehre in den Anfangsunterricht, um zum bewußten, intelligenten Musizieren hinzuführen. Einflußreiche Musiker wie Louis Spohr lernten Logiers Methode in England kennen und berichteten darüber in Deutschland, wo sie sich schnell verbreitete. Zwar hat sie als umfassende Methode die Zeit nicht überlebt, doch werden einzelne Elemente wie der Gruppenunterricht oder die Verbindung von Theorie und Praxis bis heute im Klavierunterricht verwendet, ja sogar für besonders modern gehalten.

Obwohl Logiers Methode in vieler Hinsicht vernünftig und effektiv war, hielten manche Leute ihn für einen Scharlatan, vielleicht nur deshalb, weil er sie erfolgreich vermarktete und damit ziemlich viel Geld verdiente. (Spohr berichtete, daß Logier von den Londoner Klavierlehrern 100 Guineen dafür verlangte, daß er ihnen seine «Geheimnisse» verriet.[2])

Wieck war schon als Klavierlehrer tätig, bevor Logiers Methode in Deutschland allgemein bekannt wurde, aber er bestätigte später, daß er viel von ihm gelernt habe. Clara machte ihre allerersten Übungen am Klavier noch ehe ihre Mutter sie im Frühjahr 1824 nach Plauen mitnahm; mit dem Logier-Unterricht (an dem noch zwei andere Mädchen teilnahmen) begann Wieck aber erst, als Clara von September an wieder bei ihm lebte. Schon um Ostern 1825 gab er ihr wieder Einzelunterricht nach seinem eigenen System.

Es läßt sich nicht abstreiten, daß dieser barsche, dickköpfige und oftmals taktlose Mensch ein ungewöhnlich befähigter Lehrer gewesen sein muß. Auch ohne Clara und ihren außerordentlichen Erfolg – von dem er, wie er seiner Frau gegenüber einräumte, ebenso überrascht war wie alle Welt – wäre er als hervorragender Klavierpädagoge bekannt geworden. Seine Philosophie faßte er in seiner 130 Seiten langen Abhandlung *Clavier und Gesang* in einem unnachahmlichen Stil zusammen. Die meisten Kapitel sind als Dialog verfaßt, in dem Wieck als DAS (d.i. der alte Schulmeister) auftritt; andere Kapitel haben die Form von Briefen oder Ansprachen, in denen er sich als Moralprediger aufspielt.

Wieck behauptete stets, die hervorragenden Leistungen von Clara und ihrer Halbschwester Marie seien der beste Beweis für die Vortrefflichkeit seines Systems. Trotz der angeblichen Schwerhörigkeit der fünfjährigen Clara mußte sie mehrstimmige Tänze nach dem Gehör spielen. Sie entwickelte ein enormes Gedächtnis für Melodien und konnte ein kurzes Stück nach einmaligem Anhören behalten und wiedergeben. Wieck lehrte alle seine Schüler zunächst auswendig zu spielen, so daß sie sich darauf konzentrieren konnten, einen reinen, vollen Ton zu erzeugen. Alle lernten die Einhaltung von Tempo und Metrum und beherrschten die Tonleitern und Kadenzfolgen auf der I., IV. und V. Stufe in allen Tonarten, bevor sie Notenlesen lernten. Sie mußten die Dreiklänge und Dominantseptimakkorde mit allen Umkehrungen in allen Tonarten auswendig können und mit dem so Gelernten eigene kleine Stücke improvisieren und komponieren.[3] Wieck entwarf aufeinander aufbauende Übungen individuell für jedes Kind, so daß es seine Leistung auf natürliche Weise steigern konnte.

Der Titel seines Buches weist auf sein Interesse am Gesang hin, den er als die Grundlage schönen, ausdrucksvollen Klavierspiels ansah. Er verlangte von allen seinen Schülern, ihre Stimme auszubilden; man erinnere sich, daß Clara bei Johann Aloys Miksch (dem Lehrer der berühmten Sopranistin Wilhelmine Schröder-Devrient) Gesang studierte und Wieck selbst später bei Miksch Unterricht nahm.

Wiecks Verfahren war dem Wesen der Musik gemäß und zeugte von einem Verständnis des Lernprozesses, wie es viele Musikpsychologen des 20. Jahrhunderts vertreten. Bereits 1853 sagte er von sich:

...ich habe mich geriert als Psycholog, Denker, als Mann und Lehrer, der vielseitiger Bildung nachstrebt... und zwar mit einigem Talent, wenigstens mit glühender und unermüdlicher Liebe zur Sache. Ich bin nie still gestanden, habe täglich bei dem Lehren dazu gelernt und mich zu verbessern gesucht – habe mich wo möglich nach der jedesmaligen Stimmung der Schüler gerichtet – bin in jeder Stunde und bei jedem Kinde immer neu und immer wieder ein Anderer gewesen, und das mit heiterem, frohem Muth... Übrigens war ich nie ein Schablonenmensch, habe mich nie als Pedant gezeigt, der sich in gewisse Ideen und Ansicht festgefahren hat.[4]

Wieck hielt nichts von übermäßigem Üben. Er verlangte zwar von seinen Schülern, daß sie täglich übten, aber nur, wenn sie frisch waren. Sogar zehn Minuten seien von Nutzen, meinte er, wenn der Schüler häufig übte und aus jeder Minute so viel herausholte wie möglich. Der Klavierunterricht sollte seiner Meinung nach im Alter von sechs Jahren beginnen und am besten dreimal pro Woche bei einem fröhlichen, eifrigen, energischen Lehrer stattfinden, um die richtige Gewöhnung zu erzielen. Sein System ruhte auf zwei Ecksteinen, nämlich der Überzeugung, daß musikalische Bildung durch das Anhören guter Musik genährt werde, und dem Glauben an den gesundheitlichen Wert von Bewegung an der frischen Luft. Wie wir wissen, konnte Claras Vater sarkastisch und gefühllos, sogar grausam sein, aber als Lehrer verfügte er offenbar über eine gehörige Portion Humor und gesunden Menschenverstand.

Als Wieck von Leipzig nach Dresden übersiedelte, suchte er sich so viel wie möglich von der Gesangskunst anzueignen und erteilte dann selbst Gesangsunterricht, gab allerdings auch weiterhin Klavierstunden. Einige Schüler studierten beides bei ihm. Amy Fay hat uns einen Abend im Wieckschen Hause in Dresden im Jahr 1842 geschildert:

...dann sagte der alte Herr: «Nun wollen wir etwas anderes hören», stand auf und ging zum Flügel und rief die jungen Mädchen zu sich. Er ließ drei von ihnen singen, eine nach der anderen, und sie sangen ganz entzückend. Eine ließ er eine Kadenz improvisieren, eine andere sang die Altstimme dazu ohne Begleitung. Darauf war er sehr stolz. Er läßt seine Schülerinnen auf alle mögliche Weise üben und in jeder Tonlage singen und ‹die Leiter› auf und ab zu hüpfen, wie man die Skala auf deutsch nennt.[5]

Wieck war überzeugt, daß jeder Virtuose unterrichten können sollte. In seinem Brief vom 9. August 1830 an Robert Schumanns Mutter argumentierte er mit der Tatsache, daß er seine elfjährige Tochter zur Lehrerin ausbildete, obwohl sie, wie er meinte, sich schon mit den besten Klavierspielerinnen der Welt vergleichen konnte.[6] Mit zwölf Jahren begann Clara, Unterricht zu geben (nämlich ihrem Bruder Alwin, wofür sie ein paar Groschen vom Vater bekam), und dabei blieb sie bis zum Ende ihres Lebens.

Während sie unter Wiecks Anleitung ihren Bruder unterrichtete, konnte sie wertvolle Erfahrungen sammeln. Als sie mit neunzehn Jahren allein nach Paris ging, bot sie unterwegs in jeder Stadt, in der sie sich aufhielt, den jungen, strebsamen Amateuren eine Klavierstunde an und verdiente sich so das Reisegeld. Die junge Henriette Reichmann, deren Bekanntschaft sie in Stuttgart machte und die sie nach Frankreich begleitete, war Schülerin und Freundin in einer Person. In Paris unterrichtete Clara reiche Französinnen und Engländerinnen, die bei der jugendlichen Virtuosin zu studieren wünschten.

Clara Schumann äußerte sich stets positiv über Wieck als Lehrer und über seine unermüdliche Sorge für ihre Karriere. Viele Jahre nach seinem Tode schrieb sie an einen Engländer, der bei ihr studiert hatte, einen Dr. Richard Wilkinson, einen Brief, in dem vom schlechten Gesundheitszustand ihrer Schülerin Ilona Eibenschütz die Rede ist. Die Worte sagen viel über ihr eigenes Verhältnis als Tochter und Schülerin zum Vater und Lehrer aus:

> ...es fehlt ihr ein verständiger Vater zur Seite, so wie ich das Glück hatte, ihn zu besitzen, der über ihre Gesundheit wachte, sorgte, daß sie tüchtig spazieren ginge, nie in späthe Gesellschaften Einladungen annähme, nie zu viel hintereinander übte, nie am Nachmittag vor einem Abendconcerte anderes thäte als ruhete, kurz, der sie bewachte. Die Leute würden ihn freilich einen Tyrannen nennen, wie es mein Vater sich gefallen lassen mußte, *ich* danke es ihm aber noch täglich; die Frische, die mir bis in's hohe Alter geblieben ist, (in der Kunst wenigstens) dies danke ich *ihm*! Ein Segen war es auch für mich, daß er äußerst streng war, mich tadelte, wo ich es verdiente, dadurch verhinderte, daß das Lob der Welt mich übermüthig machte. Manchmal war der Tadel bitter, aber gut war es doch![7]

Zwar fehlten Clara der Humor und der pädagogische Instinkt ihres Vaters, dafür hatte sie aber die jahrelange Erfahrung auf der Konzertbühne vorzuweisen. Überdies konnte sie ihren Schülern auch Herzenswärme geben, eine Fähigkeit, die Wieck völlig abging (und die in den Beziehungen zu ihren eigenen Kindern auch nicht immer zu spüren war). Sie verfolgte die Karriere jeder Schülerin und jedes Schülers mit großer Anteilnahme, litt mit ihnen unter schlechten Kritiken und freute sich über Erfolge. Wie alle bedeutenden Pädagoginnen wurde sie zur Großen Mutter für ihre Jüngerinnen und Jünger, und wo immer sie sich aufhielt, scharten sich junge Frauen und Männer um sie, die bei ihr studieren wollten, sei es in Berlin, Frankfurt, Baden-Baden oder in den Sommerferien in Österreich und der Schweiz.

Als Clara im Alter von neunundfünfzig Jahren die Stellung am Hoch'schen Conservatorium in Frankfurt* übernahm, war es das erste Mal, daß sie sich derart zu einer regelmäßigen Lehrtätigkeit verpflichtete. Die Stunden gab Frau Kammervirtuosin Schumann (wie sie im ersten Jahresbericht des Konservatoriums genannt wird) in der eigenen Wohnung, auch hatte sie sich die Freiheit zu Konzertreisen ausbedungen. Sie war bei der Gründung der Hochschule die einzige Frau im Kollegium, ein Privileg, das ihr aufgrund ihrer einzigartigen Stellung in der deutschen Musikwelt zugestanden wurde. Auch hier machten ihr großer Ruf und ihr Können die Beschränkungen hinfällig, denen Frauen normalerweise unterworfen waren. Der Gründungsdirektor Joachim Raff schrieb einer anderen Dame, die wegen einer Stellung angefragt hatte: «Mit Ausnahme von Mme Schumann ist und wird im Conservatorium keine Lehrerin angestellt. Mme Schumann selbst kann ich eben wohl als Mann rechnen.»[8] **

* Das von einem wohlhabenden Frankfurter Musikfreund gegründete Konservatorium wurde zuerst von Joachim Raff, nach seinem Tod 1882 von Berhard Scholz geleitet (bis 1908). Die heutige Staatliche Hochschule für Musik in Frankfurt ist aus ihm hervorgegangen.

** Raff änderte binnem kurzem seine Meinung: 1880 gab es schon zwei weibliche Dozenten. Im selben Jahr richtete Raff Kompositionsklassen für Frauen ein, die wahrscheinlich die ersten ihrer Art in Deutschland waren.

Raff war sich klar darüber, daß Madame Schumann als Magnet auf den Nachwuchs wirken und ihre Anwesenheit eine Bereicherung für das Konservatorium und für das Musikleben der Stadt Frankfurt bedeuten würde. Sie lehrte am Hoch'schen Konservatorium bis zum Sommer 1892, als sie fast dreiundsiebzig war. Auf der Liste der Interpreten, die sie ausbildete, stehen Pianistinnen und Pianisten aus Chicago, New York, Florenz, Edinburg, London (sie hatte besonders viele Schüler aus Großbritannien), Wien und, natürlich, den deutschen Städten.*

Da Raff als Liszt-Anhänger bekannt war, begegnete Clara ihm zunächst mit Vorbehalten. Brahms zerstreute ihre Bedenken, redete ihr zu, die Stelle anzunehmen, und half ihr, sich im Labyrinth der Hochschulpolitik zurechtzufinden. Madame Schumann wurde vom Direktor und dem Kuratorium wie eine Majestät behandelt und war dafür als Unterrichtende ein Muster an Gewissenhaftigkeit. Sie nahm die Ausbildung mit allen Einzelheiten wie Curriculum, Anforderungen, Vorspielprüfungen, Einstufungen, Examinationen und anderen kleineren und größeren Problemen ernst und beschäftigte sich ausführlich damit.**

Viele Berichte ehemaliger Schüler von Clara Schumann lassen erkennen, daß sie zwar in der Technik auf Wiecks Grundsätzen aufbaute, aber trotzdem ihren eigenen Unterrichtsstil entwickelte. Als ausübende Künstlerin war sie gezwungen, ihren Zeitaufwand zu beschränken; sie nahm nur fortgeschrittene Schüler an, die die Grundlagen der Klaviertechnik und der Musiktheorie beherrschten. Sie lehrte hauptsächlich durch Vorspielen, verlangte aber keineswegs, daß die Schüler sie sklavisch imitierten. Ihre Töchter Marie und Eugenie (später auch ihre Schülerin Nathalie Janotha sowie Lazzaro Uzielli und andere) dienten ihr als Assistenten und kümmerten sich um die weniger Fortgeschrittenen, die in die Meisterklasse aufgenommen werden wollten. So manche wurden trotzdem

* Im ersten Schuljahr 1878/79 gehörte zur Klavierklasse Edward MacDowell aus New York. Siehe: Peter Cahn, *Das Hochsche Konservatorium in Frankfurt am Main (1878–1978)*, Frankfurt a. M. 1979.

** Clara Schumanns Briefwechsel mit Raff über Angelegenheiten des Konservatoriums befindet sich in der Bayerischen Staatsbibliothek in München.

zurückgewiesen. Ein junger englischer Pianist namens Clement Harris schilderte sein Triumphgefühl, als er 1889 von Clara Schumann angenommen wurde: «Zuhause überschüttet mit Glückwünschen... Telegramm nach London. Es ist erreicht, bin endlich am Ziel. Hurrah! lang lebe täglich sieben Stunden Üben!!!» Und wenige Tage später: «Ich bin stolz darauf, jetzt Schumann-Schüler zu sein. Ich hatte mir ja früher nicht träumen lassen, wie schwer die Aufnahme in ihre Klasse sei. Jeder in meiner Generation ist drum bemüht. Ich glaube, das Glück war mir wirklich hold, aber ich habe auch sicherlich schwer genug gearbeitet, um es zu verdienen.»[9]

Diese Eliteschüler hatten ihre Stunden, meist zweimal pro Woche, gewöhnlich zu mehreren, so daß sie doppelt profitierten. Weniger Fortgeschrittene hörten vom Nebenzimmer aus zu. Alle Schüler wurden hin und wieder zu privaten Konzerten in Claras Wohnung eingeladen, um sie zusammen mit Brahms, Joachim, Stockhausen oder anderen großen Solisten musizieren zu hören. Es wurde auch erwartet, daß sie Opern-, Orchester- und Kammermusikaufführungen besuchten und ganz allgemein am Frankfurter Musikleben teilnahmen.

Hatte Clara schon als junge Frau ihre Pflichten als Lehrerin sehr ernst genommen, so war ihre Loyalität gegenüber den Studenten in Frankfurt geradezu legendär. Eine von ihnen, Mathilde Verne, schrieb darüber: «Für sie bedeutete jede Schülerin, jeder Schüler ein anvertrautes Gut, nicht nur musikalisch, sondern als Mensch, und sie beeinflußte uns in jeder Weise für den Rest unsres Lebens.»[10]

Das Publikum und einzelne Bewunderer interessierten sich für Claras Unterrichtsmethode, und viele ihrer englischen Studenten berichteten darüber in englischsprachigen Zeitungen und Zeitschriften. In einem Artikel der *Musical Times* kommt Marie Fromm, Schülerin des Konservatoriums, zu Wort: «Die eigentliche Grundlage ihres Unterrichts war, daß der Arm absolut locker sein muß, daß kein einziger Muskel im Ober- oder Unterarm oder am Handgelenk verspannt oder verkrampft sein darf; die Fingergelenke müssen locker sein, die ganze Kraft und Klangqualität muß von der Rückenmuskulatur her kommen.»[11]

Obwohl Clara nicht wie ihr Vater darauf bestand, daß die Klavierspieler Gesang studieren müßten, um das charakteristische Legato des Belcanto-Stils zu beherrschen, lehrte sie doch ihre Schüler, die Tasten zu «streicheln» und so niederzudrücken, daß der «singende» Ton entstand, für den sie berühmt war. Franklin Taylor berichtete Sir George Grove, daß «unter ihren Händen nie etwas hart oder häßlich klang» und daß «die eigentümliche Schönheit des Tons, den sie hervorbrachte, und der kraftvoll, doch ohne die geringste Härte war, durch Niederdrücken der Finger erzielt wurde und nicht durch Trommeln, nicht einmal in den lautesten Passagen». Er setzte hinzu: «Tatsächlich war ihr Spiel auffällig frei von jeder abrupten Bewegung; beim Spielen von Läufen wurden die Finger dicht über den Tasten gehalten und gedrückt, statt zum Schlagen benutzt. Akkorde wurden eher aus dem Handgelenk heraus gegriffen, als vom Ellbogen her angeschlagen.» [12]

Auch andere Memoiren berichten davon, wieviel Wert Clara auf ein lockeres Handgelenk legte. Eugenie Schumann berichtet von der ersten Klavierstunde bei ihrer Mutter:

> ...sie spielte mir mit freiem Handgelenk, die Töne unbedingt zusammen und in gleicher Stärke anschlagend, ohne im Augenblick des Anschlagens das Gelenk zu versteifen, forte und dabei doch herrlich weich, die ersten acht Takte [einer Etüde von Czerny] vor, wobei sie die Akkorde rhythmisch so zusammenfaßte, daß sie dem einfachen Stück Leben und Gepräge gaben. Wie Erleuchtung kam es über mich, und Gefühl und Verständnis für schönen Anschlag und Rhythmus erwachten in diesem Augenblick zu lebendigem Bewußtsein.[13]

Obwohl Clara Schumanns Haltung am Flügel oft als «vornübergebeugt» beschrieben wurde, berichten ihre Schüler, daß sie auf einer völlig entspannten Körperhaltung bestand. Die Arme sollten bequem von den Schultern herabhängen – wie Carl Friedberg sich erinnert –, ohne gegen den Rumpf gepreßt zu werden.[14] Der größte Druck hatte von den Fingern auszugehen; dies mag zu der klanglichen Perfektion und Ausdrucksfähigkeit des Spiels beigetragen haben, die ihre Spezialität und das Markenzeichen vieler ihrer Schüler waren.

Mit der für sie typischen Sorgfalt achtete sie auf jede einzelne Note und Bezeichnung und duldete, laut Eugenie, «nicht die kleinste Ungenauigkeit».[15] Auch Adeline de Lara berichtet von geduldigem Eingehen auf Details. «Ihre Achtsamkeit gegenüber Tonqualität, Rhythmus und Phrasierung ließ niemals nach; kurz, sie behandelte den Flügel wie ein Orchester und forderte ihre Schüler auf, jede kleinste Phrase zu beachten und auszudrücken, als wäre sie einem einzigen Instrument zugedacht.» [16]

Niemand wagte es je, Clara Schumanns Autorität zu bezweifeln; es war, als habe sie eine direkte Verbindung nicht nur zu Schumann, Mendelssohn, Chopin und Brahms, sondern auch zu Bach und Beethoven. «Meinst du», fragte sie einmal Eugenie, «Beethoven hätte sich die Mühe gegeben, all diese Bezeichnungen, die Bogen hier, Punkte dort, hier halbe Noten, dort Viertel, niederzuschreiben, wenn er es hätte anders haben wollen?» [17] Fanny Davies, auch sie eine Schülerin aus England, schrieb: «Clara Schumann faßte alles Wesentliche in die Worte: ‹Spielen Sie, was geschrieben steht, spielen Sie es, *wie* es geschrieben steht. Es steht alles da.›» [18] Andererseits scheute Clara sich nicht, eine Edition zu berichtigen, wenn sie diese für fehlerhaft hielt. Aufgrund ihrer Erfahrung mit frühen Ausgaben von Bach, Beethoven und den Frühromantikern zweifelte sie nie daran, daß sie recht hatte.

Alle ihre Schüler wußten, daß sie jegliche Affektiertheit mißbilligte: sie duldete keine Übertreibungen, weder in der Dynamik noch beim Tempo oder Tempowechsel, noch beim Einsatz des Pedals, und keinerlei Manierismen, die die Reinheit der Interpretation beeinträchtigen konnten. A. de Lara beschreibt, wie Clara reagierte, wenn ein Schüler ihr mit technischem Können imponieren wollte: «‹Keine Passagen›, pflegte sie verzweifelt auszurufen, wenn man versuchte, durch eine schnelle Figuration einfach mit seelenloser Virtuosität hindurchzurattern... sie akzeptierte nichts, das nur der Brillanz und Schnelligkeit wegen geschah.» [19]

Die Ansicht, daß die Technik des Spiels dem Komponisten zu dienen habe, war typisch für die «Priesterin» und beeinflußte die Auswahl der Werke, die sie spielte und spielen lehrte. Sie selbst verfügte über eine großartige Technik, dennoch orientierte sie sich bei der Zusammenstellung ihre Repertoires am inneren Gehalt, dem Stil und der musikalischen Ausdruckskraft der Stücke und nicht unbedingt an der Schwierigkeit, mit der sich beim Publikum Eindruck machen ließ. Von ihren Schülern erwartete sie, daß sie in Technik und Repertoire die Maßstäbe einhielten, die sie sich selbst gesetzt hatte. In jeder Unterrichtsstunde kamen Tonleitern, Arpeggien und Etüden von Clementi, Cramer und Czerny (von ihr selbst ediert) vor, neben Klavierstücken großer Komponisten wie Bach, Beethoven, Brahms, Chopin, Haydn, Heller, Mendelssohn, Mozart, Schubert, Schumann und Weber. Eine Notensammlung aus dem Besitz von Emma Schmidt, einer Schumann-Schülerin, enthält ein paar Stücke von wenig bekannten Zeitgenossen – Nicolai von Wilm, Eduard Strauß (Bruder von Johann) – aber keine Bravourstücke von Liszt oder Thalberg.[20]

In vielen Briefen und Tagebucheintragungen hat Clara (nicht ohne Bedauern) die Auffassung vertreten, daß nur wer komponiert, wer Musik schafft, Unsterblichkeit erringen werde; der bloß interpretierende Künstler werde schnell vergessen. Sie war sich nur allzusehr bewußt, daß jede Konzertkarriere vergänglich ist, sei sie auch noch so strahlend, und daß zu allen Zeiten die Jüngeren darauf warten, ihren Platz im Rampenlicht einzunehmen. Als Lehrende aber wurde sie gewissermaßen unsterblich: ihr Einfluß ist noch heute lebendig. Viele ihrer Schüler wurden Virtuosen, andere wurden berühmte Pädagogen und gaben ihre Philosophie weiter. Die Schumann-Tradition prägte das Spiel von Pianistinnen und Pianisten wie Fanny Davies, Leonard Borwick (ihr Lieblingsschüler), Nathalie Janotha, Adeline de Lara und Mary Wurm. Mathilde Verne (eine Schwester von Mary Wurm) war in der Konzertwelt nicht sehr bekannt, dafür unterrichtete sie die Engländer Harold Samuel und Cutner Solomon, zwei hervorragende Pianisten; Carl Friedberg importierte die Tradition in die USA, wo er während seiner langjährigen Tätigkeit am Institute of Musical Art (und später an der Juillard-Schule) Künstler wie Malcolm Frager, William Masselos, Bruce Hungerford und Yaltah Menuhin ausbildete.*

Als Lehrende bewies Clara Schumann dieselben Eigenschaften, die sie zur großen Künstlerin gemacht hatten. In ihrem Unterrichts-

* Julia Smith: *Master Pianist: The Career and Teaching of Carl Friedberg*, New York 1975, S. 160–166, nennt viele Schüler von Friedberg mit Namen. Erinnerungen an seinen Unterricht wurden mir freundlicherweise von Rosalie Marshall, einer Friedberg-Schülerin, mitgeteilt.

stil, der von ihrer zupackenden, zielstrebigen Natur geprägt war, vereinte sie hren hochfliegenden Idealismus mit ihrer pedantischen Genauigkeit bis ins kleinste Detail, ihrem Bemühen um Tonqualität und Ausdruckskraft, ihrer Überzeugung, daß die Technik entwikkelt werden müsse, um dem Geist der Musik zu dienen, und der Forderung, daß der virtuose Musiker den Komponisten als den Schöpfer der Musik am höchsten ehren solle. Dies war ihr Vermächtnis an die Zukunft.

ANHANG

Werkverzeichnis

Dieses Verzeichnis enthält die Kompositionen von Clara Schumann. Arrangements, Transkriptionen, Fragmente unveröffentlichter Werke, Albumblätter und von ihr erstellte Editionen wurden nicht mit aufgenommen. Die Titel und Widmungen sind so wiedergegeben, wie sie auf den Titelseiten der jeweiligen Erstausgabe erscheinen.

VERÖFFENTLICHTE WERKE MIT OPUSZAHL

Op. 1. Quatre Polonoises pour le Pianoforte
Komponiert: 1829–30
Erstdruck: Leipzig, Hofmeister, Februar 1831. Platten-Nr.: 1590
Autograph: verschollen

Op. 2. Caprices en forme de Valse Pour le Piano
Komponiert: 1831–32
Erstdruck: Paris, Stoepel; Leipzig, Hofmeister 1832. Platten-Nr.: 1675
Widmung: Madame Henriette Foerster née Weicke
Autograph: Caprices 3 und 6 sind in Bds, Mus. Ms. C. Schumann 3. Die anderen sind verschollen.

Op. 3. Romance varié [sic] Pour le Piano
Komponiert: 1831–33
Erstdruck: Leipzig, Hofmeister; Paris, Richault, Sommer 1833. Platten-Nr.: 1897
Widmung: Monsieur Robert Schumann
Autograph: verschollen

Op. 4. VALSES ROMANTIQUES pour le Piano
Komponiert: 1835
Erstdruck: Leipzig, Whistling 1835. Platten verkauft an Hofmeister (Leipzig) 1838; die folgenden Editionen unter der von Hofmeister vergebenen Platten-Nr. 2307
Widmung: Madame Emma Eggers née Garlichs
Autograph: verschollen
Bemerkung: Die Walzer waren orchestriert, doch ist keine der Instrumentalpartien erhalten.

Op. 5. QUATRE Pièces caractéristiques. Nr. 1 Le Sabbat, Nr. 2 Caprice à la Bolero, Nr. 3 Romance, Nr. 4 Ballet des Revenants POUR LE PIANOFORTE
Komponiert: 1833–36
Erstdruck: Leipzig, Whistling 1836. Neuaufgelegt zusammen mit op. 6 (Leipzig, Hofmeister 1838) als Soirées musicales. 10 PIÈCES CARACTÉRISTIQUES, Platten-Nr.: 2148, 2308
Widmung: Mademoiselle Sophie Kaskel
Autograph: «Romance» (als «Romanze» und beschriftet «Leipzig, Im Juni 1836») in Bds. Mus. Ms. Autogr. C. Schumann 1 (Sammlung Aloys Fuchs). Ein Autograph der Romanze, betitelt «Andante con sentimento» mit der Aufschrift «zu Wien im April 1838» befindet sich in Wgm. Die Autographen der übrigen Sätze sind verschollen.
Bemerkungen: Nr. 1 «Hexentanz» wurde im April 1838 separat bei Haslinger in Wien veröffentlicht (Platten-Nr.: 7548). Nr. 3, «Romance» (in B-Dur), umbenannt in «Andante con sentimento» ist irrtümlich als «1838 komponiertes Werk» in verschiedenen modernen Editionen veröffentlicht worden.

Op. 6. SOIRÉES MUSICALES contenant Toccatina, Ballade, Nocturne, Polonaise et deux Mazurkas POUR LE PIANOFORTE
Komponiert: 1834–36
Erstdruck: Leipzig, Hofmeister; Paris, Richault, Oktober 1836. Platten-Nr.: 2148. (Siehe op. 5 bezüglich der Veröffentlichung von op. 5 und op. 6)
Widmung: Madame Henriette Voigt
Autograph: verschollen.

Op. 7. Premier CONCERT pour le Piano-Forte avec accompagnement d'Orchestre (ou de Quintour)
Komponiert: 1833–1835
Erstdruck: Leipzig, Hofmeister; Paris, Richault; Hambourg, A. Cranz, 1837. Platten-Nr.: 2169
Widmung: Monsieur Louis Spohr
Autograph: Ein Entwurf des letzten Satzes, von Robert Schumann or-

chestriert und in seiner Handschrift, ist in Bds, Mus. Ms. 20427. Auf der Rückseite von Bds, Mus. Ms. Autogr. C. Schumann 1 befindet sich ein vermutliches Fragment der Klavierstimme des Konzertes.

Op. 8. VARIATIONS de Concert pour le PIANO-FORTE, sur la Cavatine du Pirate, de Bellini
Komponiert: 1837
Erstdruck: Wien, Haslinger, Oktober 1837. Platten-Nr: 7368
Widmung: Monsieur Adolph Henselt
Autograph: verschollen

Op. 9. Souvenir de Vienne. Impromptu pour le Piano-Forte.
Komponiert: 1838
Erstdruck: Wien, Diabelli, 1838. Platten-Nr.: 6530
Autograph: in Bds/Mus. Ms. Autogr. C. Schumann 2
Bemerkung: die Handschrift in Bds diente als Stichvorlage.

Op. 10. SCHERZO pour le Pianoforte
Komponiert: 1838
Erstdruck: Leipzig, Breitkopf & Härtel; Paris, Schonenberger, 1838. Platten-Nr.: 5987
Autograph: verschollen

Op. 11. Trois ROMANCES pour le PIANO
Komponiert: 1838–39
Erstdruck: Wien, Mechetti; Paris, Richault, 1840; Platten-Nr.: 3391
Widmung: Monsieur Robert Schumann
Autograph: verschollen
Bemerkung: Die Romanze Nr. 2 wurde als «Andante und Allegro» separat publiziert im Supplement der *Neuen Zeitschrift für Musik* (September 1839); später unter demselben Titel nachgedruckt bei Schuberth, Leipzig, 1866 oder 1867 (Platten-Nr.: 4106)

Op. 12. Zwölf GEDICHTE aus F. Rückert's Liebesfrühling für Gesang und Pianoforte von ROBERT und CLARA SCHUMANN. Drei Lieder sind von Clara Schumann: Nr. 2. «Er ist gekommen»; Nr. 4 «Liebst du um der Schönheit»; Nr. 11 «Warum willst du and're fragen».
Komponiert: 8. Juni 1841
Erstdruck: (in zwei Teilen als Op. 37/12) Leipzig, Breitkopf & Härtel, 1841. Platten-Nr.: 6596, 6597
Autograph: RSH, 5985-A1; in Bds, Mus. Ms. Autogr. C. Schumann 5.

Op. 13. SECHS LIEDER mit Begleitung des Pianoforte.
Komponiert: Nr. 1. «Ich stand in dunklen Träumen» (Text von Heinrich Heine) Weihnachten 1840
Nr. 2. «Sie liebten sich beide» (Text von Heinrich Heine) 8. Juni 1842
Nr. 3. «Liebeszauber» («Die Liebe saß als Nachtigall», Text von Emanuel Geibel) 8. Juni 1842

Nr. 4. «Der Mond kommt still gegangen» (Text von Emanuel Geibel) Juli 1842
Nr. 5. «Ich hab' in deinem Auge» (Text von Friedrich Rückert) Juni 1843
Nr. 6. «Die stille Lotosblume» (Text von Emanuel Geibel) Juli 1842
Erstdruck: Leipzig, Breitkopf & Härtel, ca. 1843. Platten-Nr.: 6996
Widmung: Königin Caroline von Dänemark
Autograph: Alle in Bds. 5, Mus. Ms. Autogr. C. Schumann 5; RSH: Nr. 1, 5984-A1; Nr. 2, 4473-A1 und 7311-A1; Nr. 3, 7311-A1; Nr. 5, 5987-A1 und 10346-A1

Op. 14. Deuxième SCHERZO pour le Pianoforte
Komponiert: Wahrscheinlich 1841
Erstdruck: Leipzig, Breitkopf & Härtel 1845. Platten-Nr.: 7214
Widmung: Madame Tutein née Siboni.
Autograph: verschollen

Op. 15. Quatre PIÈCES FUGITIVES pour le Pianoforte
Komponiert: Wahrscheinlich 1840–44
Erstdruck: Leipzig, Breitkopf & Härtel 1845. Platten-Nr.: 7215
Widmung: Marie Wieck
Autographen: Verschollen, ausgenommen das Scherzo, RSH 5986-A1, das ursprünglich für die Sonate in g-Moll komponiert worden war. Siehe unter den veröffentlichten Werken ohne Opuszahl.

Op. 16. III Praeludien und Fugen für das Pianoforte
Komponiert: 1845
Erstdruck: Leipzig, Breitkopf & Härtel 1845. Platten-Nr.: 7334
Autograph: RSH 5982-A1, mit Ausnahme von Präludium Nr. 2

Op. 17. TRIO für Pianoforte, Violine und Violoncello.
Komponiert: 1846
Erstdruck: Leipzig, Breitkopf & Härtel 1847. Platten-Nr.: 7562
Autograph: RSH 12886-A1 (frühe Fassung)
Bemerkung: Einige Korrekturen von Robert Schumanns Hand

Op. 20. VARIATIONEN für das Pianoforte über ein Thema von Robert Schumann
Komponiert: Juni 1853
Erstdruck: Leipzig, Breitkopf & Härtel 1854. Platten-Nr.: 8944
Widmung: Robert Schumann
Autograph: RSH 5989-A1; Brahms-Nachlaß Wgm.
Bemerkung: Beschriftung des Autographs: «Meinem geliebten Manne zum 8ten Juni 1853 dieser schwache Wieder-Versuch von seiner Alten Clara.»

Op. 21. DREI ROMANZEN für Pianoforte
Komponiert: 1853 (Nr. 2 u. 3) bzw. 1855 (Nr. 1)
Erstdruck: Leipzig, Breitkopf & Härtel 1855. Platten-Nr.: 9200

Autograph der ersten Seite von Clara Schumanns Lied «Am Strande». Musikabteilung, Deutsche Staatsbibliothek, Berlin.

Widmung: Johannes Brahms

Autographen: RSH 5990-A1 (Nr. 1); Bds, Mus. Ms. Autogr. C. Schumann 10 (Nr. 2 u. 3; nur teilweise in der Handschrift der Komponistin); Wgm (Nr. 1)

Bemerkung: Beschriftung des Autographs in RSH: «Dem geliebten Manne am 8ten Juni 1855.» Beschriftung von Nr. 1 in Wgm: «Meinem lieben Freunde Johannes, componirt d. 2ten April 1855.»

Op. 22. Drei Romanzen für Pianoforte und Violine

Komponiert: 1853

Widmung: Joseph Joachim

Autographen: Bds, Mus. Ms. Autogr. C. Schumann 4 und 10

Bemerkung: Die Aufschrift auf dem Widmungsexemplar lautet: «Dem verehrten Musiker und Freund Joseph Joachim».

Op. 23. Sechs Lieder aus Jucunde von Hermann Rollet

Komponiert:

Nr. 1. «Was weinst du Blümlein?», 9. Juni 1853

Nr. 2. «An einem lichten Morgen», 13. Juni 1853
Nr. 3. «Geheimes Flüstern», 10. Juni 1853
Nr. 4. «Auf einem grünen Hügel», 16. Juni 1853
Nr. 5. «Das ist ein Tag», 21. Juni 1853
Nr. 6. «O Lust, o Lust», 19. Juni 1853
Erstdruck: Leipzig, Breitkopf & Härtel 1856. Platten-Nr.: 9202
Widmung: Frau Livia Frege
Autographen: Bds, Mus. Ms. Autogr. C. Schumann 5

VERÖFFENTLICHTE WERKE OHNE OPUSZAHL

Vokalmusik

Walzer (Text von J. P. Lyser)
Komponiert: Wahrscheinlich 1833
Erstdruck: In *Zehn Lieder eines wandernden Malers*, Leipzig, Gustav Schaarschmidt 1834
Autograph: RSH, 10935-A1 / A3 (Abschrift von fremder Hand)
Bemerkung: Das Autograph in RSH ist von einem Kopisten geschrieben und von der Komponistin mit Korrekturen versehen. Es diente dem Verlag als Stichvorlage.

Am Strande (veröffentlicht als «Am Strand»; Text von Robert Burns, übers. v. Wilhelm Gerhard)
Komponiert: Weihnachten 1840
Erstdruck: *Neue Zeitschrift für Musik* (Juli 1841), Suppl.
Autograph: Bds, Mus. Ms. Autogr. C. Schumann 5; RSH 5984-A1

Mein Stern («O du mein Stern»; Text von Friederike Serre)
Komponiert: Juni 1846
Erstdruck: (als «O Thou My Star»): London, Wessell 1848. Platten-Nr.: 6945
Autograph: RSH, 7261-A1; Bds, Mus. Ms. Autogr. C. Schumann 5; Heinrich-Heine-Institut, Düsseldorf, 53.78.
Bemerkung: «O Thou My Star» übers. v. Leopold Wray.

Drei gemischte Chöre: «Abendfeyer in Venedig», «Vorwärts», «Gondoliera». (Text von Emanuel Geibel)
Komponiert: 1848
Autograph: RSH, 10427-A1
Erstdruck: hrsg. v. Gerd Nauhaus, Leipzig, Breitkopf & Härtel 1989. Platten-Nr.: 3521
Bemerkung: Geschrieben für vierstimmigen Chor. Die Autographen sind nur teilweise in der Handschrift der Komponistin; sie tragen den

Stempel des Dresdner Chorgesangvereins und einige Zusätze von Robert Schumanns Hand.

Klavierwerke

Impromptu

Komponiert: ca. 1844

Erstdruck: in *Album du Gaulois* (Paris 1885), einer Anthologie von Klavierstücken hervorragender Komponisten, veröffentlicht von der Zeitschrift *Le Gaulois*.

Autograph: verschollen. Es handelte sich möglicherweise um das in Bds, Mus. Ms. Autogr. C. Schumann 6 verzeichnete «Impromptu», das verlorengegangen ist.

Romanze (H Moll)

Komponiert: 1856

Erstdruck: In Clara Schumann, *Romantische Klaviermusik*, hrsg. v. Franzpeter Goebels, Bd. 2 (Heidelberg, Willy Müller 1977)

Autograph: Wgm

Bemerkung: Das Wiener Autograph, ein Widmungsexemplar, ist datiert «Weihnachten 1856»; die Worte «Liebendes Gedenken! Clara» stehen am Ende des Stückes, das Brahms vielleicht Weihnachten 1856 zum Geschenk erhielt.

Sonata in G Moll (Sonatine)

Komponiert: Dezember 1841 und Januar 1842

Erstdruck: hrsg. v. Gerd Nauhaus, Leipzig, Breitkopf & Härtel 1991

Autograph: RSH 5986-A1

Bemerkung: Als die ersten beiden Sätze Allegro und Scherzo der Sonate, die damals Sonatine betitelt war, Robert Schumann 1841 als Weihnachtsgeschenk überreicht wurden, trug das Autograph die Inschriften: «Nimm es mit Liebe auf, mein guter Mann, und schenke Nachsicht Deiner Clara» und «Der letzte Satz, vielleicht auch noch ein kleines Andante, soll, denke ich, später nachfolgen. Einstweilen bitte ich für diese zwei Sätze um Gnade.» Als die letzten beiden Sonatensätze hinzugefügt wurden, wurde aus dem Scherzo der dritte Satz. Dieses Scherzo wurde als Schlußteil in Clara Schumanns op. 15 verwendet.

Romanze (a-Moll)

Komponiert: Juli 1853

Autograph: Bds, Mus. Ms. Autogr. C. Schumann 7 (Widmungsexemplar) und 10 (Kopistenexemplar)

Erstdruck: *The Girl's Own Paper* (London, Oktober 17, 1891) pp. 44–47. Eine andere Version erschien in *Clara Wieck-Schumann, Ausgewählte Klavierwerke*, hrsg. v. Janina Klassen, München, Henle Verlag 1986, S. 90–92.

Bemerkung: Diese Romanze sollte ursprünglich die Nr. 1 der Drei Romanzen op. 21 bilden, wurde aber dort durch die am 2. April 1855 niedergeschriebene Romanze ersetzt. Die Inschrift auf dem Umschlag von Aut. 7 lautet: «Meiner theueren Rosalie componirt und zu liebreicher Pflege empfohlen. Clara Schumann / Düsseldorf im July 1853».

Kadenzen

Kadenzen (2) für Beethovens Klavierkonzert in G-Dur op. 58
Komponiert: 1846
Erstdruck: Leipzig, Rieter-Biedermann 1870. Platten-Nr.: 636
Autograph: verschollen

Kadenz für Beethovens Klavierkonzert in c-Moll op. 37
Komponiert: 1868
Erstdruck: Leipzig, Rieter-Biedermann 1870. Platten-Nr: 636
Autograph: verschollen

Kadenzen (2) für Mozarts Klavierkonzert in d-Moll (KV. 466)
Komponiert: Entstehungszeit unbekannt. Siehe auch Kap. 9.
Erstdruck: Leipzig, Rieter-Biedermann 1891. Platten-Nr.: 1770
Autograph: Library of Congress, Washington D. C.

UNVERÖFFENTLICHTE WERKE

Lieder

Der Abendstern. Textdichter unbekannt.
Komponiert: Entstehungszeit unbekannt.
Autograph: RSH 11-A1
Bemerkung: Das Autograph ist in Clara Wiecks Handschrift auf Geschenkpapier geschrieben, trägt aber weder Datum noch Widmung. Es befindet sich nicht bei den Liedern in Bds, Mus. Ms. Autogr. C. Schumann 5.

Volkslied («Es fiel ein Reif in der Frühlingsnacht»; Text von Heinrich Heine)
Komponiert: Weihnachten 1840
Autograph: RSH, 5984-A1; Bds, Mus. Ms. Autogr. C. Schumann 5.
Bemerkung: Dieser Text wurde auch von Robert Schumann für Singstimme und Klavier vertont (op. 64, Nr. 3b).

Die gute Nacht (Text von Friedrich Rückert)
Komponiert: 8. Juni 1841
Autograph: RSH, 5985-A1; Bds, Mus. Ms. Autogr. C. Schumann 5.
Bemerkung: Dieser Text wurde von Robert Schumann für vierstimmigen Gesang vertont (op. 59, Nr. 4).

Loreley («Ich weiß nicht was soll es bedeuten»; Text von Heinrich Heine)
Komponiert: 8. Juni 1843
Autograph: RSH, 5987-A1; Bds, Mus. Ms. Autogr. C. Schumann 5.

O weh des Scheidens (Text von Friedrich Rückert)
Komponiert: Juni 1843
Autograph: RSH, 5987-A1; Bds, Mus. Ms. Autogr. C. Schumann 5.

Bey'm Abschied (Text von Friederike Serre)
Komponiert: Juni 1846
Autograph: RSH, 7261-A1; Bds, Mus. Ms. Autogr. C. Schumann 5
Bemerkung: Das Autograph im RSH mit dem Titel «Bey'm Abschied» ist laut Aufschrift ein Geschenkexemplar für die Textdichterin. Das Berliner Autograph ist betitelt «Letzter Abschied». Im Inhaltsverzeichnis der Sammlung, zu der das Berliner Autograph gehört, nennt Robert Schumann den Titel «Zum Abschied».

Das Veilchen («Ein Veilchen auf der Wiese stand»; Text von Johann Wolfgang von Goethe)
Komponiert: 7. Juli 1853
Autograph: Bds, Mus. Ms. Autogr. C. Schumann 5.

Klavierwerke

Etude (As-Dur)
Komponiert: Wahrscheinlich Anfang der 1830er Jahre
Autograph: Bds, Mus. Ms. Autogr. C. Schumann 3.
Bemerkung: Zusammengebunden mit op. 2, Nr. 3 und 6.

Concerto (nur ein unvollständiger Satz)
Komponiert: 1847
Autograph: RSH, 5988-A1
Bemerkung: Das Autograph trägt die Aufschrift: «Meinem geliebten Robert zum 8ten Juni 1847 von seiner Clara.»

(Drei) Fugen
Komponiert: 11., 17. und 22. Februar 1845
Autograph: RSH 5982-A1
Bemerkung: Diese drei Fugen wurden gleichzeitig mit op. 16 niedergeschrieben, sind aber unveröffentlicht geblieben.

Praeludium und Fuge (Fis-Moll)
Komponiert: 1845
Autographen: Dresden, Sächsische Landesbibliothek
Bemerkung: Praeludium (7 Seiten) und unvollständige Fuge in Fis-Moll, beschriftet: «Meinem lieben Manne zum 8ten Juni 1845.»

Praeludium (F-Moll)
Komponiert: wahrscheinlich 1845
Autograph: Bds, Mus. Ms. Autogr. C. Schumann 8

Marsch

Komponiert: 1879

Autograph: RSH, 5993-A1

Bemerkung: Die erste Seite trägt die Aufschrift «zu Julius und Pauline Hübners goldener Hochzeit componirt». Die Komponistin arrangierte den Marsch auch für Klavier zu vier Händen (RSH 5994-A1 und Bds, Mus. Ms. Autogr. Klara Schumann 13). Beide Exemplare der vierhändigen Fassung sind beschriftet: RSH «nicht so zu drucken, soll noch anders werden» und Bds «Nicht so wie hier zu drucken, soll noch geändert werden.» Eine Orchesterfassung des Marsches (RSH 5995-A1) wurde von Julius Otto Grimm im März 1888 arrangiert und in Frankfurt a. M. am 26. Oktober 1888 aufgeführt.

Präludien und Vorspiele

Komponiert: Improvisationen, die wahrscheinlich 1895 niedergeschrieben wurden.

Autographen: Bds, Mus. Ms. Autogr. C. Schumann 9 und vier Vorspiele, RSH 11514-A1.

Bemerkung: Es handelt sich um 20 Studien und ein Fragment, bezeichnet als «Praeludien», «Einfache Praeludien für Schüler» und «Vorspiele», einige davon zu Klavierstücken von Robert Schumann. Alle diese Werke in Kopie von unbekannter Hand in RSH 7486.5

VERSCHOLLENE WERKE

Lieder

Alte Heimath (Text von Justinus Kerner)

Komponiert: 1831

Bemerkung: Clara Wiecks Tagebuch erwähnt eine Aufführung in Kassel am 13. Dezember 1831

Der Traum (Text von Christoph August Tiedge)

Komponiert: 1831

Bemerkung: Das Lied ist unter dem 13. Dezember 1831 in Clara Wiecks Tagebuch erwähnt. Ihr Vater schildert eine Aufführung in Frankfurt am 27. Januar 1832 (Friedrich Wieck, *Briefe aus den Jahren 1830–1838*, hrsg. v. Käthe Walch-Schumann, Köln 1968, S. 40).

Der Wanderer (Text von Justinus Kerner)

Komponiert: 1831

Bemerkung: Clara Wiecks Tagebuch erwähnt eine Aufführung in Kassel am 13. Dezember 1831.

Klavierwerke

Variationen über ein Originalthema

Komponiert: 1830

Bemerkung: Die Aufführung eines Werks mit diesem Titel am 8. November 1830 wird durch Clara Wiecks Tagebuch und die Programmsammlung belegt. Litzmann hat es in seine Liste des Repertoires unter 1830 aufgenommen; Alfred Dörffel verzeichnet eine Aufführung am 8. November 1830 (*Geschichte der Gewandhausconcerte ...*, Leipzig 1884)

Variationen über ein Tyrolerlied

Komponiert: 1830

Bemerkung: Die Aufführung eines lediglich als «Variationen für Clavier» bezeichneten Werkes am 9. Oktober 1831 ist in Clara Wiecks Tagebuch erwähnt. Litzmann führt es als «Variationen über ein Tyrolerlied» in seiner Repertoireliste unter 1830 auf.

Phantasie-Variationen über eine Wieck Romanze

Komponiert: 1830–31

Bemerkung: Eine Aufführung dieses Werkes am 27. Januar 1831 wird in Clara Wiecks Tagebuch erwähnt. Die «Wieck Romanze» war möglicherweise ein Werk für Physharmonika, das in mehreren ihrer erhaltenen Programme zwichen 1830 und 1832 genannt wird.

An Alexis

Komponiert: 1832

Bemerkung: In einem am 27. Januar 1832 datierten Brief schreibt Wieck, daß Clara dabei sei, Variationen «An Alexis» zur Aufführung in Paris zu komponieren (Wieck, *Briefe*, S. 41). Das Werk wird auch von Litzmann (Bd. 1, S. 57) erwähnt als eines aus einer Anzahl kleinerer Klavierwerke, mit denen sie im Sommer 1833 beschäftigt war.

Rondo in H Moll

Komponiert: 1833

Bemerkung: Die Fertigstellung eines Rondos über ein Thema von Reißiger ist unter dem 6. Juni 1833 in Carla Wiecks Tagebuch erwähnt.

Orchesterwerke

Scherzo für Orchester

Komponiert: ca. 1830–31

Bemerkung: Eine Aufführung dieses Werkes am 18. Mai 1831 ist in Clara Wiecks Tagebuch verzeichnet.

Ouverture

Komponiert: 1833?

Bemerkung: Litzmann (Bd. 1, S. 57) berichtete, daß Clara Wieck im Sommer 1833 mit der Arbeit an einer Ouverture begann.

N. B. In Clara Wiecks Tagebüchern der Jahre 1828 bis 1838 werden einige weitere Werke kurz erwähnt. Es ist jedoch von ihnen nur in allgemeinen Ausdrücken wie «ein Walzer», «ein Scherzo» und «Lieder» die Rede, so daß es nicht möglich ist, sie zu identifizieren.

Abkürzungsverzeichnis

AfMw	*Archiv für Musikwissenschaft*
AmZ	*Allgemeine musikalische Zeitung*
Bds	Deutsche Staatsbibliothek Berlin
Briefwechsel	Clara und Robert Schumann, Briefwechsel. Kritische Gesamtausgabe von Eva Weissweiler. Bd. 1: 1832–1838, Basel, Frankfurt/M. 1984; Bd. 2: 1839; Basel, Frankfurt/M. 1987
Tagebuch	Tagebücher von Clara Wieck, RSH
Dwight's	*Dwight's Journal of Music*
Erinnerungen	Eugenie Schumann, Erinnerungen, Stuttgart 1925, 41.–45. Tsd. Stuttgart 1948
Etb	Robert Schumann, Tagebücher, Bd. 2: 1836–1854. Hrsg. v. Gerd Nauhaus, Leipzig 1987. Darin: Tagebücher 12, 13 und 15
Grove	*The New Grove Dictionary of Music and Musicians*, ed. Stanley Sadie, vol. 1–20, London 1980
Hb	Robert Schumann, Tagebücher, Bd. 3, Haushaltbücher, Teil 1: 1837–1847; Teil 2: 1847–1856, hrsg. v. Gerd Nauhaus, Leipzig 1982
Jugendbriefe	Robert Schumann, Jugendbriefe von –, nach den Originalen mitgetheilt von Clara Schumann. 2. Aufl. Leipzig 1886
Litzmann	Berthold Litzmann, *Clara Schumann, ein Künstlerleben nach Tagebüchern und Briefen*, Bd. 1–3, Leipzig 1902–1908
MGG	*Die Musik in Geschichte und Gegenwart*, hrsg. v. Friedrich Blume, Bd. 1–14, Kassel 1949–68
MQ	*The Musical Quarterly*
ML	*Music and Letters*
MT	*The Musical Times*
NBMz	*Neue Berliner Musikzeitung*
NmZfB	*Neue Musikalische Zeitung für Berlin* (dieser Titel wurde für einige Nummern der *NBMz* 1847 verwendet).
NZfM	*Neue Zeitschrift für Musik*
Quellenwerk	Georg Eismann (Hrsg.), *Robert Schumann. Ein Quellenwerk über sein Leben und Schaffen*, Bd. 1–2, Leipzig 1956
RSH	Robert-Schumann-Haus, Zwickau

Rudorff-Archiv	Rudorff-Archiv: Privatarchiv v. Gottberg, Salzhemmendorf
RSTb	Robert Schumann, Tagebücher, Bd. 1: 1827–1838, hrsg. v. Georg Eismann, Leipzig 1971; Bd. 2: 1836–1854, hrsg. v. Gerd Nauhaus, Leipzig 1987.
Schumann-Brahms-Briefe	Clara Schumann und Johannes Brahms, Briefe aus den Jahren 1853–1896. Bd. 1: 1853–71, Bd. 2: 1872–96, hrsg. v. Berthold Litzmann, Leipzig 1927.
Wgm	Gesellschaft der Musikfreunde, Wien

Anmerkungen

KAPITEL 1
DIE FAMILIE WIECK IN LEIPZIG

1 Abgedruckt bei Litzmann, Bd. 1, 170f. Die Handschrift des Gedichts hütete Clara zeitlebens wie einen Schatz (RSH 5973-A3).
2 AmZ 40 (1838), S. 164f.
3 Tagebuch, 26. Dezember 1837
4 Eduard Hanslick, *Geschichte des Concertwesens in Wien*, Wien 1869, S. 332
5 Tagebuch, 8. und 21. März 1838
6 Zur Person von Friedrich Wieck stütze ich mich auf drei Biographien: Anna v. Meichsner, *Friedrich Wieck und seine beiden Töchter, Clara Schumann, geb. Wieck, und Marie Wieck*, Leipzig 1875; Adolph Kohut, *Friedrich Wieck: Ein Lebens- und Künstlerbild*, Dresden 1888; Victor Joss, *Der Musikpädagoge Friedrich Wieck und seine Familie*, Dresden 1902. Die Schumannschen Familienpapiere (RSH 2174-A3 und A3b) wurden ebenfalls herangezogen.
7 S. Hans Eberhardt, *Die ersten deutschen Musikfeste in Frankenhausen am Kyffhäuser und Erfurt, 1810, 1811, 1812 und 1815*, Jena 1934
8 Meichsner, S. 15–21. Webers Brief trägt das Datum 13. August 1815.
9 AmZ, 17 (1815), S. 673
10 Joss, S. 7
11 Carl Ramshorn, *Leipzig und seine Umgebungen*, Braunschweig 1841, S. 146
12 Hajo Holborn, *A History of Modern Germany, 1648–1840*, New York 1964, S. 309. Deutsch erschienen u. d. T. *Deutsche Geschichte der Neuzeit, Bd. 1–3*, Frankfurt 1981, Bd. 2, S. 7
13 Tagebuch, 24. Juni 1840
14 Auszüge aus einem Briefe Wiecks nach der Begegnung mit Beethoven im Jahre 1826 wurden 1873 in Dresden veröffentlicht und sind auf englisch erschienen in Oscar Sonneck (Hrsg.), *Beethoven: Impressions of Contemporaries*, New York 1926, S. 207–209
15 S. Fritz Demmler, *Johann George Tromlitz (1725–1805): Ein Beitrag zur Entwicklung der Flöte und des Flötenspiels*, Diss. F. U. Berlin, 1961
16 AmZ, 19 (1817), S. 158, 355, 357
17 Meichsner, S. 14
18 AmZ, 26 (1824), S. 489

19 Rudolf Hübner, Grundzüge des Deutschen Privatrechts, 3. Aufl. Leipzig 1919, S. 278 ff. Kaum glaublich für den heutigen Leser ist auch der Eintrag in Claras Tagebuch vom 12. Mai 1824, von Wieck so verfaßt, als sei er von Clara geschrieben: «Das Recht mich vom 5ten Jahre an zu besitzen stand ihm zu.»

20 Joss, S. 13–15

21 Wiecks Briefwechsel, RSH 5967-A2; s. a. Litzmann, Bd. 1, Fußnote S. 4

22 Tagebuch, 1825 und 1826

23 Tagebuch, Juni 1827; Litzmann, Bd. 1, S. 1 f. S. a. Meichsner, S. 34

24 S. Friedrich Wieck, *Clavier und Gesang*, 3. Aufl. Leipzig 1873, S. IV, wo er sich selbst als «Mann von kaustischer Kürze und Derbheit» bezeichnet.

25 RSTb 1, S. 364

26 Tagebuch, 12. November 1839

27 Tagebuch, Juni 1827

28 Tagebuch, 3. Juli 1828

KAPITEL 2
DIE JUNGE PIANISTIN

1 Litzmann, Bd. 3, S. 194

2 Friedrich Wieck, *Briefe aus den Jahren 1830–1838*, hrsg. v. Käthe Walch-Schumann, Köln 1968, S. 34

3 Wieck, *Clavier und Gesang*, S. 86

4 ebd. S. 33

5 Tagebuch, 16. November 1828

6 Zitiert in Meichsner, S. 69

7 Quellenwerk, Bd. 1, S. 100

8 AmZ, 30 (1828), S. 805 f.

9 Wieck, *Briefe*, S. 24

10 ebd. S. 27

11 AmZ, 32 (1830), S. 752 f.

12 Tagebuch, 11. Oktober 1831

13 AmZ, 34 (1832), S. 196 f.

14 Wiecks Aufsatz erschien in *Cäcilia* (Mainz), 14 (1832), S. 219–223. Es folgt ihm ein Beitrag des Herausgebers Gottfried Weber, der Claras brillante Wiedergabe von Chopins Stück und Wiecks Anteil an ihrer künstlerischen Entwicklung bezeugt.

15 AmZ, 33 (1831), S. 805–808. Siehe auch die Erörterung in Leon B. Plantinga, *Schumann as Critic*, New Haven 1967, S. 34 f.

16 Tagebuch, 14. November 1831. Clara hat Wiecks langen Brief an Fechner in ihr Tagebuch abgeschrieben.
17 Wieck, *Briefe*, S. 36, 38
18 Frédéric Chopin, *Gesammelte Briefe*. Übers. u. hrsg. v. A. v. Guttry, München 1928, S. 170f
19 Eugenie Schumann, *Robert Schumann. Ein Lebensbild meines Vaters*, Leipzig 1931, S. 225
20 *Caecilia*, 1 (1833), S. 253–258. Nicht zu verwechseln mit der in Anm. 14 genannten Zeitschrift. Wieck notierte im Januar 1833 in Claras Tagebuch: «In der Cäcilia von Lyser in Hamburg ist ein besonderer Artikel von mir und über meine Eigentümlichkeit, wahrscheinlich aus einem Brief von Heine in Paris geschöpft.»
21 Litzmann, Bd. 1, S. 44
22 Wieck, *Briefe*, S. 44
23 ebd. S. 45f
24 Siehe «Musical Life in Paris 1817–1848. A Chapter from the Memoirs of Sophie Augustine Leo», trans. Oliver Strunk, MQ, 17 (1931), S. 259–271, 389–403
25 Eda Sagarra, *A Social History of Germany*, New York 1977, S. 406
26 Litzmann, Bd. 1, S. 358
27 *Hb* 2, S. 710, Anm. 233. Siehe auch Litzmann, Bd. 2, S. 9
28 RSTb 1, S. 364
29 ebd. S. 362, 402
30 Wieck, *Briefe*, S. 51
31 ebd. S. 48f.

KAPITEL 3
ROBERT SCHUMANN
UND DIE FAMILIE WIECK

1 RSTb 1, S. 382
2 *Jugendbriefe*, S. 117
3 Wilhelm Joseph von Wasielewski, *Robert Schumann. Eine Biographie*, 3. Aufl. Leipzig 1880, S. 60f.
4 Litzmann, Bd. 1, S. 21–24
5 Eugenie Schumann, *Robert Schumann*, S. 223f.
6 *Quellenwerk*, Bd. 1, S. 44
7 RSTb 1, S. 334
8 *Jugendbriefe*, S. 138
9 RSTb 1, S. 371, 364, 389
10 *Quellenwerk*, Bd. 1, S. 66
11 *Jugendbriefe*, S. 161f., 181

12 *Briefwechsel*, Bd. 1, S. 64
13 *Jugendbriefe*, S. 134
14 Siehe Peter Ostwald, «Florestan, Eusebius, Clara, and Schumann's Right Hand», *Nineteenth Century Music*, 4 (Summer 1980), S. 17–31
15 *Jugendbriefe*, S. 149, 151
16 RSTb 1, S. 358, 371; *Quellenwerk*, Bd. 1, S. 75 f.
17 RSTb 1, S. 398
18 *Jugendbriefe*, S. 295
19 RSTb 1, S. 419
20 ebd. S. 419
21 Siehe Plantinga, Kap. 1–3
22 *Jugendbriefe*, S. 243
23 *Briefwechsel*, Bd. 1, S. 12
24 RSTb 1, S. 420
25 *Briefwechsel*, Bd. 1, S. 111
26 Frederick Niecks, *Robert Schumann*, London 1925, S. 144
27 Eugenie Schumann, *Robert Schumann*, S. 227
28 *Briefwechsel*, Bd. 1, S. 9 f.
29 ebd. S. 4 f.
30 Eugenie Schumann, *Robert Schumann*, S. 233–235
31 RSTb 1, S. 421
32 Litzmann, Bd. 1, S. 92
33 *Briefwechsel*, Bd. 1, S. 148
34 Tagebuch, 14. Februar bis April 1836
35 Leopold Hirschberg, «Robert Schumann und der Davidsbündler Fritz Friedrich: Mit einer Auswahl bisher unveröffentlichter Briefe J. P. Lysers an Schumann.» *Velhagen & Klasings Monatshefte*, 24 (1909–1910), S. 90
36 Wasielewski, S. 342, 349
37 Tagebuch, 8. Februar 1837
38 Tagebuch, 21. März 1837
39 Alle folgenden Zitate aus Wieck, *Briefe*, S. 58 f.
40 Wasielewski, S. 348 f.
41 *Briefwechsel*, Bd. 1, S. 67 f.
42 RSTb 1, S. 422
43 *Briefwechsel*, Bd. 1, S. 21
44 RSTb 1, S. 422
45 Litzmann, Bd. 1, S. 123–126
46 Wolfgang Boetticher (Hg.), *Briefe und Gedichte aus dem Album Robert und Clara Schumanns*, Leipzig 1979, S. 28 f.
47 *Briefwechsel*, Bd. 1, S. 24
48 ebd. S. 26

KAPITEL 4
DER BRUCH MIT DEM VATER

1 Tagebuch, 9. Oktober 1831

2 Dieses Zitat sowie alle folgenden über die Konzertreise nach Wien aus Wieck, *Briefe*, S. 75–97

3 *Briefwechsel*, Bd. 1, S. 88

4 Das Manuskript des «Erlkönig», das Clara erhielt, befindet sich heute in New York in der Pierpont Morgan Library: vgl. das Faksimile, *Erlkönig*, mit einer Einleitung von Rigbie Turner (New York, Pierpont Morgan Library 1978). Laut einer Notiz in Claras Tagebuch vom 22. Dezember 1837 gab Antonio Diabelli Schuberts Sonate in C-Dur (Grand Duo op. 140) für Klavier zu vier Händen heraus (D. 812), widmete es Clara Wieck und schenkte ihr das Manuskript.

5 *Briefwechsel*, Bd. 1, S. 164

6 ebd. S. 58f.

7 ebd. S. 37, 61

8 ebd. S. 46. Der Rest der Zeile ist durchgestrichen und unentzifferbar.

9 ebd. S. 48

10 ebd. S. 108, 110

11 ebd. S. 118, 121

12 ebd. S. 134

13 ebd. S. 177

14 ebd. S. 179

15 ebd. S. 140, 168

16 Litzmann, Bd. 1, S. 214f.

17 ebd. S. 215

18 ebd. S. 216

19 ebd. S. 218

20 *Briefwechsel*, Bd. 1, S. 197

21 ebd. S. 215, 223

22 ebd. S. 184

23 ebd. S. 195f.

24 Litzmann, Bd. 1, S. 230. Das Gedicht lautet:

Traumbild am 9ten Abends.
An C. W.
Von Oben gekommen ein Engelskind
Am Flügel sitzt und auf Lieder sinnt,
Und wie es in die Tasten greift,
Im Zauberringe vorüberschweift
Gestalt an Gestalt
Und Bild nach Bild,

Erlkönig alt
Und Mignon mild
Und trotziger Ritter
Im Waffenflitter
Und knieende Nonne
In Andachtswonne.
Die Menschen, die's hörten, die haben getobt,
Als wär's eine Sängerin hochbelobt;
Das Engelskind aber bestürzt und leicht
Zurück in seine Heimat entweicht.

25 Litzmann, Bd. 1, S. 229f.
26 S. das Nachwort in Schumann, *Humoreske*, hrsg. v. Hans Joachim Köhler (Leipzig, Peters 1981), S. 41
27 Litzmann, Bd. 1, S. 233 (Fußnote)
28 *Briefwechsel*, Bd. 1, S. 250
29 ebd. S. 272
30 ebd. S. 301
31 ebd. S. 230
32 Tagebuch, 8. Januar 1839
33 Litzmann, Bd. 1, S. 295. Berlioz selbst sah die Sache anders. In einem Brief an Franz Liszt vom 22. Januar 1839 teilte er mit, die Wiederbelebung von *Benvenuto* sei ein großer Erfolg gewesen. (Hector Berlioz, *A Selection from His Letters*, ed. and trans. Humphrey Searle, New York 1973, S. 75)
34 Litzmann, Bd. 1, S. 285f.
35 ebd. S. 300
36 ebd. S. 299
37 *Briefwechsel*, Bd. 2, S. 510
38 ebd. S. 571
39 Litzmann, Bd. 1, S. 315f.
40 ebd. S. 321
41 ebd. S. 322–326
42 ebd. S. 328
43 ebd. S. 331
44 ebd. S. 340
45 ebd. S. 342
46 ebd.
47 Hb 1, S. 72
48 Tagebuch, 18. Oktober 1839
49 Litzmann, Bd. 1, S. 367
50 ebd. S. 368
51 ebd. S. 378

52 Hb 1, S. 116; Hb 2, S. 700, Anm. 129
53 Tagebuch, 13. Oktober, 11./12. November 1839; 2. April 1840
54 Tagebuch, 12. November 1839
55 Litzmann, Bd. 1, S. 413; Claras Tagebuch, 11. März 1840
56 Tagebuch, 26. September 1839 und 11. Mai 1840
57 Litzmann, Bd. 1, S. 399
58 ebd. S. 395
59 ebd. S. 408, 410f.
60 *Briefwechsel*, Bd. 2, S. 304
61 Siehe z. B. seinen Brief vom 29. August 1840 in Boetticher (Hrsg.), *Robert Schumann in seinen Schriften und Briefen*, S. 344

KAPITEL 5
EHEJAHRE

1 *Etb* S. 100
2 ebd. S. 160
3 *Hb* 1, S. 175
4 Siegfried Kross (Hrsg.), *Briefe und Notizen Robert und Clara Schumanns*, Bonn 1978, S. 59
5 Clara notierte am 12. November 1839 in ihrem Tagebuch, er habe sich schon in Dresden eingewöhnt. Siehe auch Marie Wieck, *Aus dem Kreise Schumann-Wieck*, Dresden, 2. erw. Aufl. 1914, S. 231–234, 244.
6 Dieser Brief wird bei Litzmann, Bd. 2, S. 9 noch erwähnt, ist aber nach Gerd Nauhaus (in Hb 1, S. 193 und Hb 2, S. 713, Anm. 263) heute unauffindbar.
7 Boetticher (Hrsg.), *Robert Schumann in seinen Schriften und Briefen*, S. 368f.
8 *Etb* S. 177f. und S. 164
9 Joss, S. 79f., s. a. Hb 2, S. 725, Anm. 351
10 Litzmann, Bd. 2, S. 10f.
11 *Hb* 1, S. 237
12 *Etb* S. 254, 256, 258
13 ebd. S. 264
14 Litzmann, Bd. 2, S. 13
15 Schumannhaus, Bonn
16 *Briefwechsel*, Bd. 1, S. 108
17 *Etb* S. 148f.
18 ebd. S. 157
19 Litzmann, Bd. 2, S. 29, Fußn.

20 ebd. S. 40
21 *Etb* S. 200. Siehe u. a. *Hb* 1, S. 206f. und 362
22 Boetticher, a.a.O., S. 359
23 Litzmann, Bd. 2, S. 42f.
24 *Hb* 1, S. 209–212
25 Alle Auszüge aus Briefen zwischen dem 13. März und 22. April 1842 zitiert aus: Boetticher, a.a.O., S. 364–369
26 Joan Bulman, *Jenny Lind*, London 1956, S. 226
27 Boetticher, a.a.O., S. 364
28 Siehe auch *Hb* 1, S. 239f.
29 Niecks, S. 211
30 Litzmann, Bd. 2, S. 57f.
31 Boetticher, a.a.O., S. 392f.
32 ebd. S. 395f. und 399
33 ebd. S. 396f.
34 Litzmann, Bd. 2, S. 85
35 *Etb* S. 120. Einen ähnlichen Ratschlag hatte Clara 1839, als sie schon einmal eine Rußlandreise erwog, erhalten.
36 *Quellenwerk*, Bd. 1, S. 142f.
37 Litzmann, Bd. 2, S. 62
38 *Etb* S. 327
39 *Hb* 1, S. 268
40 *Quellenwerk*, Bd. 1, S. 138
41 ebd. S. 144
42 *Etb* S. 356. Clara verfaßte im Juni 1844 ihren Reisebericht aufgrund der Notizen, die Robert sich unterwegs gemacht hatte.
43 Litzmann, Bd. 2, S. 76

KAPITEL 6
DIE ZEIT IN DRESDEN

1 Litzmann, Bd. 1, S. 416
2 Henry F. Chorley, *Music and Manners in France and Germany*, Bd. 1–3, London 1844, Bd. 3, S. 86
3 Gustav F. Jansen (Hrsg.), *Robert Schumanns Briefe. Neue Folge*, Leipzig 1904, S. 244
4 ebd. S. 519
5 ebd. S. 246
6 Litzmann, Bd. 2, S. 125; Jansen, a.a.O., S. 247
7 Jansen, a.a.O., S. 249
8 ebd. S. 322f.

9 ebd. S. 302
10 *Hb* 1, S. 284 f.
11 ebd. S. 418 f.
12 *Hb* 2, S. 676
13 Litzmann, Bd. 2, S. 174
14 Jansen, a. a. O., S. 251
15 Boetticher (Hrsg.), *Robert Schumann in seinen Briefen und Schriften*, S. 412
16 ebd. S. 413
17 Karl Laux, «Dresden ist doch gar zu schön», in: *Robert Schumann*, hrsg. v. Hans Joachim Moser und Eberhard Rebling, Leipzig 1956, S. 32 f.
18 Wilhelm Löhner (Hrsg.), «Clara Schumann: Unbekannte Briefe an Emilie Steffens», *Zeitschrift für Musik* 97 (1930), S. 177–179
19 Zitiert in Litzmann, Bd. 2, S. 145 f.
20 Jansen, a. a. O., S. 311 f.
21 Litzmann, Bd. 2, S. 219 f.
22 ebd. S. 97
23 Jansen, a. a. O., S. 256, 273
24 ebd. S. 251, 242, 249
25 ebd. S. 318
26 Litzmann, Bd. 2, S. 164

KAPITEL 7
DÜSSELDORF. ROBERT SCHUMANNS TOD

1 Paul Kast (Hrsg.), *Schumanns rheinische Jahre*, Düsseldorf 1981, S. 29
2 Clara Schumann an Pauline Schumann, 10. April 1851, Dickinson-Sammlung, Heinrich-Heine-Institut, Düsseldorf
3 Clara Schumann an Pauline Schumann, 7. Januar 1851, ebd.
4 Renate Federhofer-Königs, *Wilhelm Joseph von Wasielewski im Spiegel seiner Korrespondenz*, Tutzing 1975, S. 39 f.
5 Federick Niecks, *Robert Schumann*, London 1925, S. 302
6 Litzmann, Bd. 2, S. 241
7 ebd. S. 245
8 Jansen, Bd. 2, S. 302
9 Zitat in: Niecks, S. 274
10 Litzmann, Bd. 2, S. 242
11 Wasielewski, S. 284
12 ebd. S. 285 f.
13 Litzmann, Bd. 2, S. 253

14 Niecks, S. 270 f.
15 Litzmann, Bd. 2, S. 254 f.
16 ebd. S. 264 ff.
17 ebd. S. 265
18 ebd. S. 277
19 ebd. S. 279
20 *Hb* 2, S. 637
21 Zitat in: Eugenie Schumann, *Robert Schumann*, S. 357
22 *Briefe von und an Joseph Joachim*, hrsg. von Johannes Joachim u. Andreas Moser, Bd. 1–3, Berlin 1911–1913, Bd. 1, S. 84
23 *NZfM* 39 (1853), S. 185 f.
24 *Hb*, Bd. 2, S. 639
25 Siehe die Auszüge in Kast, S. 130
26 ebd. S. 129 f.
27 Litzmann, Bd. 2, S. 291
28 *Quellenwerk*, Bd. 1, S. 190 f.
29 Litzmann, Bd. 2, S. 299 f.
30 Zitat in: Eugenie Schumann, *Robert Schumann*, S. 391 f.
31 *Schumann-Brahms-Briefe*, Bd. 1, S. 13
32 Die Briefe sind erschienen in Eduard Hanslick, *Am Ende des Jahrhunderts 1895–1899* (*Die Moderne Oper. Teil 8*, 2. Aufl. Berlin 1899, S. 317–342, und in Jansen, S. 397–409. N. B. Die Briefe wurden erst nach Claras Ableben veröffentlicht.
33 Clara Schumann an Bettina von Arnim, 13. April und 25. Mai 1855, Biblioteka Jagiellońska, Kraków. Vgl. auch Joachims Beurteilung der Situation nach Bettinas Besuch in: *Johannes Brahms im Briefwechsel mit Joseph Joachim*, hrsg. v. Andreas Moser, Bd. 1-2, Berlin 1908, Bd. 1, S. 105–108.
34 Siehe Kast, S. 161, 164; Brigitte Berenbruch und Helmut Helberg, *Robert Schumann und Bonn*, Bonn 1980, S. 8
35 Schumann äußerte sich so noch öfter: «Ganz von hier fort!» in einem Brief an Brahms vom 11. März 1855. Vgl. Jansen, S. 406 und Hanslick, S. 339 in bezug auf Brahms' Brief. Hanslick, S. 333 gibt den Brief an Joachim wieder.
36 *Johannes Brahms in seiner Familie. Der Briefwechsel*, hrsg. v. Kurt Stephenson, Hamburg 1973, S. 63, 68
37 Max Kalbeck, *Johannes Brahms*, 4. Aufl. Berlin 1921, Bd. 1, S. 271 f.
38 Joachim, *Briefe*, Bd. 1, S. 165
39 Federhofer-Königs, *Wasielewski im Spiegel seiner Korrespondenz*, S. 69 f.
40 Kalbeck, Bd. 1, S. 168 f.
41 Federhofer-Königs, a. a. O., S. 72

42 Zusammengestellt aus Tagebüchern, Briefen, Kritiken und der Programmsammlung in RSH
43 Litzmann, Bd. 2, S. 387
44 Clara Schumann an Pauline Schumann, 23. März 1856, Dickinson-Sammlung, Heinrich-Heine-Institut, Düsseldorf
45 Schumann-Brahms-Briefe, Bd. 1, S. 96
46 Litzmann, Bd. 2, S. 309
47 ebd. S. 308, 336
48 ebd. S. 415
49 ebd.
50 Peter Ostwald, *Robert Schumann: The Inner Voices of a Musical Genius*, Boston 1985, S. 303–307

KAPITEL 8
DIE KÜNSTLERIN

1 Litzmann, Bd. 1, S. 189
2 Litzmann, Bd. 2, Fußnote S. 48
3 Tagebuch, Dezember 1839
4 Sir George Henschel, *Musings and Memories of a Musician*, New York 1919, S. 41
5 Amy Fay, *Music Study in Germany*, 18th ed. New York 1903, S. 26
6 *NZfM* 41 (1854), S. 250ff.
7 Zitat in: Gordon S. Haight, *George Eliot: A Biography*, New York 1968, S. 156f.
8 Litzmann, Bd. 3, S. 230
9 ebd. S. 231
10 *Dwight's* 8 (December 1855), S. 77
11 *Erinnerungen*, S. 118
12 Litzmann, Bd. 3, S. 285
13 April Fitzlyon, *The Price of Genius: A Life of Pauline Viardot*, New York 1964, S. 11
14 *Hb* 1, S. 192
15 Litzmann, Bd. 2, S. 125
16 ebd. S. 180
17 *Hb* 1, S. 284f. Vgl. auch Ostwald, Robert Schumann, S. 208
18 Jansen, S. 250, 294, 321
19 Veröffentlicht in: *Erinnerungen*, S. 236–251
20 Litzmann, Bd. 3, S. 15
21 ebd. S. 81
22 Clara Schumann an E. Rudorff, 4. September 1866, Rudorff-Archiv.

23 Litzmann, Bd. 3, S. 240, 220
24 Siehe Kap. 2, S. 37, Fußnote
25 Martin Schoppe und Gerd Nauhaus, *Das Robert-Schumann-Haus in Zwickau*, Zwickau 1973, S. 55
26 Clara Schumann an Ernst Rudorff, 10. September 1865, Rudorff-Archiv; Clara Schumann an Elisabeth Werner, 10. September 1865, zitiert in: Litzmann, Bd. 3, S. 183
27 Litzmann, Bd. 3, S. 206
28 Schumann-Brahms-Briefe 1, S. 573
29 ebd. S. 644
30 Litzmann, Bd. 3, Fußnote S. 230
31 ebd. Fußnote S. 278
32 ebd. S. 279
33 ebd. Fußnote S. 125
34 ebd. S. 125
35 ebd. Fußnote S. 228
36 ebd. S. 238
37 ebd. S. 238, 263
38 Ostwald, *Robert Schumann*, S. 29
39 Litzmann, Bd. 3, S. 322
40 Clara Schumann an Pastor Friedrich Grössel, 5. Mai 1877, Stadtarchiv und Wissenschaftliche Stadtbibliothek, Bonn
41 Rudorff-Archiv
42 Clara Schumann an Ernst Rudorff, 1. Februar 1873, Rudorff-Archiv
43 *Schumann-Brahms-Briefe* 2, S. 355
44 Litzmann, Bd. 3, Fußnote S. 528
45 ebd. S. 537
46 Ferdinand Schumann, «Brahms und Clara Schumann», *MQ* 2 (1916), S. 507–515, basiert auf «Erinnerungen an Johannes Brahms», *NZfM* 82 (1915), S. 225–228, 233–236, 241–243; *Reminiscences of Clara Schumann: From the Diary of Her Grandson Ferdinand Schumann*, ed. J. Dickinson, 2d ed. New York 1973, eine Übersetzung (mit vielen Fehlern) von «Erinnerungen an Clara Schumann», *NZfM* 84 (1917), S. 69–72, 77–80, 85–88, 93–96, 101–104
47 Der Titel lautet: *«Johannes Brahms, der Vater von Felix Schumann: Das Mysterium einer Liebe. Eine sehr ernste Parodie auf die Erinnerungen von Eugenie Schumann.* Von Titus Frazeni», Bielefeld 1926
48 Eugenie Schumann, *Erinnerungen*, Stuttgart 1948
49 Litzmann, Bd. 3, S. 424
50 *Schumann-Brahms-Briefe* 2, S. 474
51 *Erinnerungen*, S. 21
52 ebd. S. 82f.

53 Siehe ebd. S. 85–97
54 ebd. S. 95
55 ebd. S. 96
56 *Schumann-Brahms-Briefe* 2, S. 25 f.
57 ebd. S. 109 f.
58 ebd. S. 165 f.
59 Litzmann, Bd. 3, S. 396
60 ebd.
61 *Erinnerungen*, S. 57
62 ebd. S. 181
63 *Schumann-Brahms-Briefe* 2, S. 30
64 Litzmann, Bd. 3, S. 70
65 Joachim, *Briefe*, Bd. 1, S. 211
66 Litzmann, Bd. 3, S. 286
67 ebd. S. 291
68 Joachim, *Briefe*, Bd. 2, S. 85 f.
69 Joachim, *Briefe*, Bd. 3, S. 42 f.
70 Ferdinand Hiller, *Aus Ferdinand Hillers Briefwechsel (1826–1861)*, hrsg. v. Reinhold Sietz, Köln 1958, Bd. 1, S. 85 f.
71 *Schumann-Brahms-Briefe* 2, S. 20
72 *Schumann-Brahms-Briefe* 1, S. 623
73 ebd. S. 458
74 ebd. S. 436
75 Amalie Joachim an Joseph Joachim, 11. November 1872, Transkription, Newberry Library, Chicago
76 *Schumann-Brahms-Briefe* 2, S. 52
77 Litzmann, Bd. 3, S. 389
78 ebd. S. 509 f.
79 Litzmann, Bd. 1, S. 391
80 *Hb* 1, S. 165
81 Joachim, Briefe, Bd. 1, S. 463 f.
82 Litzmann, Bd. 3, S. 578

KAPITEL 9
CLARA SCHUMANN UND JOHANNES BRAHMS

1 Z. B. Alfred Schumann, *Johannes Brahms, der Vater von Felix Schumann.* Obwohl Marie und Eugenie Schumann versuchten, dieses Pamphlet zu unterdrücken, das ein Sohn von Ferdinand Schumann unter dem schlecht gewahrten Pseudonym Titus Frazeni geschrieben hatte, wurde es verlegt und verbreitet. Es entspricht natürlich nicht im

geringsten der Wahrheit. Ähnliche, zwar weniger gehässige, doch ebenso wenig stichhaltige Behauptungen sind in der Massenpresse aufgestellt worden.

2 Kalbeck, Bd. 1, S. 44

3 Florence May, *Johannes Brahms. Die Geschichte seines Lebens*, Leipzig 1911, 1925. Neuaufl. München 1983, S. 76f.

4 *Schumann-Brahms-Briefe* 1, S. 3

5 Joachim, *Briefe*, Bd. 1, S. 154

6 Eugenie Schumann, *Robert Schumann*, S. 358

7 *Hb* 2, S. 649–655, S. 683f.

8 *Johannes Brahms in seiner Familie*, S. 56

9 ebd. S. 60f.

10 Litzmann, Bd. 2, S. 337

11 *Erinnerungen*, S. 181

12 Kalbeck, Bd. 1, S. 231f. und Bd. 3, S. 10f.

13 Artur Holde, «Suppressed Passages in the Joachim-Brahms-Correspondence, Published for the First Time», *MQ* 45 (1959), S. 314

14 Siehe Kalbeck, Bd. 1, S. 115

15 *Schumann-Brahms-Briefe* 1, S. 187

16 *Schumann-Brahms-Briefe* 2, S. 300f. (14. Mai 1886), 315f. (Mai 1887), 321 (August 1887)

17 *Schumann-Brahms-Briefe* 1, S. 186

18 *Erinnerungen*, S. 183

19 Litzmann, Bd. 2, S. 354; *Schumann-Brahms-Briefe* 1, S. 613

20 Litzmann, Bd. 3, S. 230

21 Clara 1890 an Brahms: «... ich fühle mich geistreichen Leuten gegenüber immer schüchtern». (*Schumann-Brahms-Briefe* 2, S. 411). Siehe auch Litzmann, Bd. 3, S. 455

22 Siehe Karl Geiringer, «Schumanniana in der Bibliothek von Johannes Brahms», in: *Convivium Musicorum, Festschrift Wolfgang Boetticher*, hrsg. v. Heinrich Hüschen und Dietz-Rüdiger Moser, Berlin 1974, S. 79–82. S. a. Kurt Hofmann, *Die Bibliothek von Johannes Brahms*, Hamburg 1974

23 Karl Geiringer, *Johannes Brahms. Sein Leben und Schaffen*. 2. Aufl. Zürich 1955, S. 62

24 *Schumann-Brahms-Briefe* 1, S. 339

25 ebd. S. 506

26 Z. B. ebd. S. 337

27 *Schumann-Brahms-Briefe* 2, S. 45, 362, 476, 510

28 ebd. S. 396

29 *Schumann-Brahms-Briefe* 1, S. 413f., 560, 217, 493

30 *Schumann-Brahms-Briefe* 2, S. 476

31 Litzmann Bd. 2, S. 365 f, 381
32 Litzmann, Bd. 3, S. 53, 72
33 ebd. S. 88
34 ebd. S. 120
35 Siehe Kahlbeck, Bd. 1, S. 241–247
36 *Schumann-Brahms-Briefe* 1, S. 50
37 ebd. S. 353 f.
38 Litzmann, Bd. 3, S. 498
39 *Schumann-Brahms-Briefe* 2, S. 128; Litzmann, Bd. 3, S. 498; *Schumann-Brahms-Briefe* 2, S. 526, 530, 516
40 *Schumann-Brahms-Briefe* 2, S. 258
41 ebd. S. 273
42 *Schumann-Brahms-Briefe* 1, S. 300
43 *Schumann-Brahms-Briefe* 2, S. 317
44 ebd. S. 177
45 ebd. S. 179
46 Litzmann, Bd. 3, S. 490; *Schumann-Brahms-Briefe* 2, S. 415, 541f., 395
47 Z. B. Claras Brief an Brahms vom 1.7.1858 (*Schumann-Brahms-Briefe* 1, S. 223), in dem sie ihren Enthusiasmus rechtfertigt.
48 ebd. S. 226
49 *Schumann-Brahms-Briefe* 2, S. 363
50 ebd. S. 517
51 ebd. S. 463
52 ebd. S. 308
53 *Schumann-Brahms-Briefe* 1, S. 560
54 ebd. S. 323, 504 ff.
55 *Schumann-Brahms-Briefe* 2, S. 144
56 ebd. S. 94 ff.
57 *Johannes Brahms im Briefwechsel mit Heinrich und Elisabet von Herzogenberg*, hrsg. v. Max Kalbeck, Berlin 1907, Bd. 2, S. 217, 221, 220
58 *Schumann-Brahms-Briefe* 2, S. 96 ff.; 1, S. 370, 234; *Johannes Brahms im Briefwechsel mit Julius Otto Grimm*, hrsg. v. Richard Barth, Berlin 1907, S. 78
59 Litzmann, Bd. 3, S. 367
60 *Schumann-Brahms-Briefe* 2, S. 109 f.
61 *Schumann-Brahms-Briefe* 1, S. 356
62 ebd. S. 357
63 ebd. S. 576, 579
64 ebd. S. 598 f.
65 *Schumann-Brahms-Briefe* 2, S. 307
66 Litzmann, Bd. 3, S. 481
67 *Schumann-Brahms-Briefe* 2, S. 353–360

68 ebd. S. 464–470
69 ebd. S. 617
70 Florence May, *Johannes Brahms*, S. 296f.
71 *Schumann-Brahms-Briefe* 2, S. 623. Zwar behauptet Kalbeck (Bd. 4, S. 443), die *Vier ernsten Gesänge* seien nicht für Clara geschrieben, doch belegt Brahms' Brief an Marie das Gegenteil.

KAPITEL 10
FREUNDE UND ZEITGENOSSEN

1 Litzmann, Bd. 3, S. 247f.
2 Litzmann, Bd. 1, S. 198
3 Franz Liszt, *Briefe an Marie Gräfin d'Agoult*, hrsg. v. Daniel Ollivier. Dt. Ausgabe Berlin 1933–35, Bd. 1, S. 196
4 *NZfM* 41 (1854), S. 251f.
5 Litzmann, Bd. 1, S. 199
6 *Briefwechsel* 1, S. 159
7 Wieck, *Briefe*, S. 93f.
8 ebd. S. 93f.
9 Boetticher (Hrsg.), *Briefe und Gedichte*, S. 109f.
10 ebd. S. 111 (1. März 1839)
11 *Franz Liszts Briefe*, hrsg. v. La Mara, Leipzig 1893–1904, Bd. 1, S. 26–28
12 Litzmann, Bd. 1, S. 413
13 ebd. S. 417f. Ähnliche Gedanken drückte Clara in ihrem Tagebucheintrag vom 23. März 1840 aus.
14 *Etb* S. 194
15 Litzmann, Bd. 1, S. 414
16 Litzmann, Bd. 2, S. 122
17 ebd. S. 317
18 ebd. S. 263, 268, 351
19 Litzmann, Bd. 3, S. 29
20 ebd. S. 425f.
21 ebd. S. 426
22 ebd. S. 427
23 ebd. S. 326
24 *Schumann-Brahms-Briefe* 1, S. 622
25 Cosima Wagner, *Die Tagebücher*, ediert und kommentiert von Martin Gregor-Dellin und Dietrich Mack. Bd. 1: 1869–1877; Bd. 2: 1878–1883, München 1976/77, z.B. in Bd. 1, S. 286, 294, 595, 894, 909; Bd. 2, S. 88, 107, 113, 258, 360, 381, 387, 394, 773

26 Litzmann, Bd. 3, S. 443
27 Tagebuch, 2. Oktober 1834
28 Tagebuch, 12. September 1835
29 Tagebuch, 16. September 1835
30 Siehe zahlreiche Einträge in *Hb* 1, ab S. 77
31 Felix Mendelssohn Bartholdy an Clara Schumann am 24. November 1845. Staatsbibliothek Stiftung Preußischer Kulturbesitz, Musikabteilung, Berlin
32 Robert Schumann, *Erinnerungen an Felix Mendelssohn Bartholdy. Nachgelassene Aufzeichnungen*, hrsg. v. Georg Eismann, Zwickau 1947, S. 70
33 Litzmann, Bd. 1, S. 423
34 *Etb* S. 113
35 Litzmann, Bd. 2, S. 85
36 ebd. S. 161 f.
37 Jansen, S. 398
38 Litzmann, Bd. 2, S. 278
39 *Hb* 2, S. 809, Anm. 916
40 Litzmann, Bd. 2, S. 321
41 Joachim, *Briefe*, Bd. 2, S. 4 f.
42 Clara Schumann an Ernst Rudorff, 17. Januar 1882, Rudorff-Archiv
43 Joachim, *Briefe*, Bd. 3, S. 24
44 ebd. S. 370
45 Litzmann, Bd. 3, S. 590
46 Litzmann, Bd. 2, S. 326
47 Siehe Julia Wirth, *Julius Stockhausen, der Sänger des deutschen Liedes. Nach Dokumenten seiner Zeit*, Frankfurt a. M. 1927, S. 489–498
48 Litzmann, Bd. 3, S. 114
49 Wirth, a. a. O., S. 150
50 ebd. S. 155
51 Litzmann, Bd. 3, S. 556
52 *Schumann-Brahms-Briefe*, Bd. 1, S. 565
53 April Fitzlyon, *The Price of Genius. A Life of Pauline Viardot*, New York 1964, S. 166

KAPITEL 11
CLARA SCHUMANN ALS KOMPONISTIN UND HERAUSGEBERIN

1 Litzmann, Bd. 3, S. 601. Die *Vorspiele* befinden sich in RSH, 11514-A1. Weitere Präludien in Bds, Mus. Ms. Autogr. C. Schumann 8 und 9

2 Litzmann, Bd. 1, S. 139

3 Tagebuch, 26. August 1835, 9. November 1835, 27. Januar 1837

4 Wieck, *Briefe*, S. 27

5 Litzmann, Bd. 2, S. 274, 139f.

6 Joachim, *Briefe*, Bd. 2, S. 79

7 *Briefwechsel* 2, S. 644

8 ebd. S. 500

9 ebd. S. 577

10 Vergleiche z. B. Joachim, *Briefe*, Bd. 2, S. 86: «Bin ich auch nicht producierend, so doch reproducierend.»

11 Boetticher (Hrsg.), *Robert Schumann in seinen Schriften und Briefen*, S. 338

12 RSH, 5986-A1, 5989-A1

13 Marie Wieck, *Aus dem Kreise Wieck-Schumann*, S. 38

14 Eine Fassung dieses Marsches für Klavier zu zwei Händen befindet sich im RSH, 5993-A1. Eine Fassung für Klavier zu vier Händen, 5994-A1, und eine Orchester-Fassung von Julius Otto Grimm, 5995-A1, sind ebenfalls erhalten.

15 Als wichtigste Erörterung ihres schöpferischen Werks sind zu nennen: ein kurzer Überblick über ihre Werke in: Paula und Walter Rehberg, *Robert Schumann*, 2. Aufl. Zürich 1969, S. 662–671; ein unvollständiger Überblick von Richard Hohenemser (der von den meisten ihrer Werke nicht einmal Drucke aufzufinden imstande war), «Clara Wieck als Komponistin», in *Die Musik* 20 (1905), S. 113–126, und 21 (1906), S. 166–173; zwei Arbeiten von Pamela Susskind, «Clara Wieck-Schumann as Pianist and Composer: A Study of Her Life and Works», Th. D. Diss. University of California, Berkeley 1977, sowie die Einführung zu dem Nachdruck «Selected Piano Music of Clara Schumann (New York, Da Capo). Eine umfassende Untersuchung der Werke für Tasteninstrumente bietet: Janina Klassen, *Clara Wieck-Schumann*, Kassel 1990. Eine wissenschaftliche Erörterung von op. 37/12 gibt Rufus Hallmark, «The Rückert-Lieder of Robert and Clara Schumann», *19th Century Music* 14 (Summer 1990), S. 3–30

16 Quellen für unsere Darstellung sind die veröffentlichten und unveröffentlichten Tagebücher, Briefe und Vermerke in den Manuskripten und Erstdrucken in RSH und Bds.

17 Die Literatur zu diesem Aspekt von Robert Schumanns Schaffen ist sehr umfangreich. Siehe z. B. Wolfgang Boetticher, «Zur Zitatpraxis in R. Schumanns frühen Klavierwerken», in: *Speculum Musicae Artis*, hrsg. v. Heinz Becker und Reinhard Gerlach (München 1970), besonders S. 69–72; Roger Fiske, «A Schumann Mystery», *MT* 105 (1964), S. 574–578; Gregory Harwood, «Robert Schumann's Sonata in F sharp Minor: A Study of Creative Process and Romantic Inspiration», *Current Musicology* 29 (1980), S. 17–30; Eric Sams, «Schumann and the Tonal Analogue», in: *Robert Schumann: The Man and His Music*, hrsg. v. Alan Walker (London 1972), besonders S. 398–405. Siehe auch Klassen, *Clara Wieck-Schumann*, S. 27–37

18 *Iris* 2 (17. Juni 1831), S. 96

19 *RSTb* 1, S. 383, 384, 388

20 Boetticher weist in «Zur Zitatpraxis» auf eine Reihe weiterer Ähnlichkeiten zwischen den *Caprices* und den *Papillons* hin.

21 Litzmann, Bd. 3, S. 617; Bd. 1, S. 61

22 Siehe Claudia Stevens Becker, «A New Look at Schumann's Impromptus», *MQ* 67 (October 1981), S. 568–586, sowie Robert Schumann, [Klavierwerke] *op. 5*, hrsg. v. Hans Joachim Köhler, S. 27–31. Beide Verfasser beziehen sich auf einen Eintrag in *RSTb* 1, S. 321.

23 Siehe Leon B. Plantinga, *Schumann as Critic*, Kapitel 10

24 Tagebuch, 24. Juni 1836; 12. September 1836

25 Clara Schumann, *Romantische Klaviermusik*, hrsg. v. Franzpeter Goebels (Heidelberg: Süddeutscher Musikverlag 1977), Bd. 2, Vorwort, sowie Clara Schumann, *Drei kleine Klavierstücke*, Diletto Musicale Nr. 812, hrsg. v. R. Marciano (Wien: Doblinger 1979), Vorwort.

26 Siehe die Diskussion in: Robert Schumann, [Klavierwerke] *Sonata in F-Moll*, hrsg. v. Hans Joachim Köhler, S. 78 f.

27 Vgl. Klassen, a. a. O., S. 46

28 Robert Schumann, *Gesammelte Schriften*, 4 Bände (Leipzig 1854), Bd. 2, S. 98

29 In: Alfred Dörffel (Hrsg.), *Geschichte der Gewandhausconcerte zu Leipzig vom 25. November 1781 bis 25. November 1881* (Leipzig 1884), Teil 2 «Statistik», S. 77 werden die folgenden Daten für Aufführungen der Werke von Clara Wieck genannt: *Concertsatz für Piano*, 5. Mai 1834; *Concert für Pianoforte*, 9. November 1835 und 8. Oktober 1837. Clara spielte außerdem den *Concertsatz* in einem Benefizkonzert in Leipzig am 11. September 1834.

30 Plantinga, S. 203

31 Siehe Charles Suttoni, «Piano and Opera: A Study of the Piano Fantasies Written on Opera Themes in the Romantic Era», Ph. D. Diss. New York University 1973

32 Plantinga, S. 197
33 Wieck, *Briefe*, S. 68
34 *Briefwechsel* 2, S. 469
35 ebd. S. 617
36 ebd. S. 629
37 Robert Schumann, [Klavierwerke] *Humoreske*, hrsg. v. H. J. Köhler, S. 40–43; Joan Chissell, *Clara Schumann: A Dedicated Spirit* (London 1893), S. 67
38 Robert Schumann, [Klavierwerke] *Humoreske*, hrsg. v. H. J. Köhler, S. 44
39 RSH, 5986-A1, kürzlich veröffentlicht, siehe Werkverzeichnis.
40 Litzmann, Bd. 2, S. 131
41 Nach *Hb* 1, S. 385 und *Hb* 2, S. 749 war der verwendete Text Cherubinis *Theorie des Contrapunktes und der Fuge*.
42 RSH, 5982-A1
43 Gustav F. Jansen (Hrsg.), *Robert Schumanns Briefe. Neue Folge*, 2. Auf. Leipzig 1904, S. 444
44 Ein Faksimile dieses Briefes befindet sich in *Erst- und Frühdrucke von Robert Schumann in der Musikbibliothek Leipzig* (Leipzig 1960), S. 47
45 Konzert in Magdeburg, 25. November 1834 (Programmsammlung Clara Schumann, RSH)
46 *Hb* 2, S. 429
47 RSH, 12886-A1
48 *Schumann-Brahms-Briefe*, Bd. 1, S. 6, Fußn. 2
49 Max Kalbeck, *Johannes Brahms*, Bd. 1, S. 176f. Brahms schätzte offenbar Clara Schumanns Variationen. Er besaß zwei Exemplare: eins war das Autograph mit Widmung, das sie ihm im Juli 1854 geschenkt hatte, das andere ein gedrucktes Exemplar, das er im November 1854 erhalten hatte. Beide Exemplare sind Teil seines Nachlasses in Wgm.
50 RSH, 5990-A1
51 Zwei Autographen, eine Reinschrift (Mus. Ms. Autogr. C. Schumann 10) und das Widmungsexemplar (Mus. Ms. Autogr. C. Schumann 4) befinden sich in Bds.
52 Joachim, *Briefe*, Bd. 1, S. 380
53 W. Boetticher (Hrsg.), *Robert Schumann in seinen Schriften und Briefen*, S. 339
54 RSH 4871/VIII, 4-A3 = 5977-A3 «Gedicht-Abschriftenbuch». Ich bedanke mich bei Rufus Hallmark, daß er mich auf dieses Album aufmerksam gemacht und mir freundlicherweise erlaubt hat, seine Notizen zu dieser Sammlung zu verwenden. Siehe Rufus Hallmark, *The Genesis of Schumann's «Dichterliebe»: A Source Study* (Ann Arbor 1979), S. 21.

55 Litzmann, Bd. 1, S. 411
56 ebd. S. 412
57 *Etb* S. 105
58 Franz Liszt, *Lieder von Robert und Clara Schumann* (Leipzig 1872)
59 Mus. Ms. Autogr. C. Schumann 5
60 Jansen, S. 430f.
61 *Hb* 2, S. 802
62 Impromptu Nr. 17 im *Album du Gaulois* (Paris 1885). Das Album enthält eine Sammlung von 61 Klavierstücken von 61 Komponisten. Die Entstehungsgeschichte des Impromptu ist nicht bekannt, aber daß die Komponistin von seiner Veröffentlichung wußte, ist sicher. Die Sammlung von Briefen an Clara Schumann in der Staatsbibliothek Preußischer Kulturbesitz, Berlin, Musikabteilung, Bd. 5, Nr. 25, enthält einen am 22. September 1886 geschriebenen Brief von Arthur Meyer, dem Direktor von «Le Gaulois» über ihr Werk und seine Aufnahme in diese Sammlung.
63 Jansen, S. 440
64 Martin Schoppe und Gerd Nauhaus, *Das Robert-Schumann-Haus in Zwickau* (Zwickau 1973), S. 52
65 *Schumann-Brahms-Briefe*, Bd. 1, S. 315
66 Eugenie Schumann, «Über das letzte Werk ihres Vaters Robert Schumann», *Schweizerische Musikzeitung* 78 (1. Januar 1938), S. 9. Das Konzert wurde von Schott, Mainz, gedruckt; die beiden Sätze der *F.A.E.*-Sonate erschienen bei Heinrichshofen, Magdeburg, und die Variationen wurden von Hinrichsen, London, veröffentlicht. Siehe *Robert Schumann: Thematisches Verzeichnis* ..., hrsg. v. Kurt Hofmann und Siegmar Keil (Hamburg 1982).
67 Heinrich-Heine-Institut, Düsseldorf. Die Capricen wurden gedruckt bei C. F. Peters in Leipzig, 1941.
68 *Hb* 2, S. 641, 809
69 *Schumann-Brahms-Briefe*, Bd. 1, S. 318, 372
70 *Schumann-Brahms-Briefe*, Bd. 2, S. 100f.
71 ebd. S. 209, 119, 121, 480–488
72 ebd. S. 484
73 Vgl. z. B. Wolfgang Boetticher, «Neue textkritische Forschungen an R. Schumanns Klavierwerk» (*AfMw* 25 [1968], 46–76; Edward A. Lippmann, «Robert Schumann», *MGG*, Bd. 12, Sp. 320; William Newman, *The Sonata since Beethoven*, 2d. ed. (New York 1972), S. 264
74 Vgl. z. B. *Schumann-Brahms-Briefe*, Bd. 2, S. 135, 169
75 Jansen, S. 440
76 *Schumann-Brahms-Briefe*, Bd. 1, S. 359–369; Bd. 2, S. 142
77 Zwei Fachgelehrte haben sich mit dem Problem der Metronombe-

zeichnungen bei Robert Schumann und in Clara Schumanns Ausgabe befaßt. Siehe Dietrich Kämper, «Zur Frage der Metronombezeichnungen Robert Schumanns» *AfMw* 21 (1964), S. 141–155; Brian Schlotel, «Schumann and the Metronome» in *Robert Schumann: The Man and His Music»* ed. Alan Walker (London 1972), S. 109–119

78 *NBMz* 9 (19. Dezember 1855), S. 407

79 Julia Wirth, *Julius Stockhausen*, S. 253. Ihr Brief war die Erwiderung auf einen von Stockhausen, der ihr geschrieben hatte, er finde die Metronombezeichnungen für Schumanns Dritte Sinfonie «furchtbar rasch» und er frage sich, ob Schumanns Metronom korrekt gewesen sei.

80 Siehe z. B. Sir George Henschel, *Personal Recollections of Johannes Brahms* (Boston 1907), S. 78 f.

81 Der vollständige Titel lautet *Klavierwerke von Robert Schumann. Erste mit Fingersatz und Vortragsbezeichnung versehene Instructive Ausgabe. Nach den Handschriften und persönlicher Überlieferung.* Nach Claras Tod wurde das Werk von Carl Reinecke revidiert, trug aber viele Jahre lang weiterhin auf dem Titelblatt ihren Namen. Es wurde auf deutsch, englisch und französisch in zahlreichen Auflagen und revidierten Ausgaben bis hin zum Jahr 1960 verbreitet.

82 *Schumann-Brahms-Briefe*, Bd. 2, S. 252

83 Litzmann, Bd. 3, S. 442

84 Breitkopf & Härtel an Marie Schumann, 26. Januar 1901, RSH

85 *Fingerübungen und Studien aus Carl Czerny's großer Pianoforte-Schule, Op. 500*, hrsg. v. Clara Schumann (Hamburg [1880]). Siehe auch *Schumann-Brahms-Briefe*, Bd. 2, S. 219 f. Laut Anmerkung auf S. 217 war dieses Werk anscheinend die Inspiration für Brahms' eigene *51 Übungen für das Pianoforte* (1893).

86 Robert Schumann, *Quintett, Op. 44, für Klavier vier-händig* (Breitkopf & Härtel, Leipzig [1845]); *Genoveva, Oper in Vier Acten nach Tieck und F. Hebbel ... Clavierauszug von Clara Schumann, geb. Wieck* (C. F. Peters, Leipzig 1850); *30 Mélodies de Robert Schumann, transcrites pour piano* (Durand & Schonewerk, Paris 1873); *Studies for the Pedal Piano from Op. 56 and 58, Arranged for Pianoforte Solo by Clara Schumann* (Novello, Ewer, London 1896).

87 In einem Brief an Philipp Spitta vom September 1874 fragte Brahms im Auftrag von Clara Schumann an, ob Spitta hierzu einen Rat geben könne (*Johannes Brahms im Briefwechsel mit Philipp Spitta*, hrsg. v. Carl Krebs [Berlin 1920], S. 61).

88 Litzmann, Bd. 3, S. 467

89 *Jugendbriefe von Robert Schumann, nach den Originalen mitgetheilt von Clara Schumann* (Leipzig 1885). Die englische Ausgabe *Early*

Letters erschien bei George Bell, London 1888, in der Übersetzung von May Herbert.

KAPITEL 12
DIE KONZERTKÜNSTLERIN

1 Frank Munte, «Robert und Clara Schumann in Hamburg», in: *Brahms-Studien*, Bd. 2, hrsg. v. Helmuth Wirth (Hamburg 1977), S. 9f.

2 Litzmann, Bd. 2, S. 62

3 *Dwight's* 6 (24. März 1855), S. 196

4 Staatsbibliothek Preußischer Kulturbesitz, Musikabteilung, Berlin

5 Litzmann, Bd. 1, S. 311

6 ebd. S. 301

7 ebd. S. 315. Dieses ist das von Berlioz rezensierte Konzert. Vgl. Kap. 4

8 Vgl. Pamela Susskind Pettler, «Clara Schumann's Recitals, 1832–1850», in *Nineteeth-Century Music* 4 (1980), S. 70–76

9 Zum Beispiel spielte sie J. S. Bachs Konzert in d-Moll für drei Klaviere mit Mendelssohn und Rakemann am 11. September 1835 und erneut mit Mendelssohn und Hiller am 30. Oktober 1843. Am 19. Dezember 1861 gab sie gemeinsam mit Moscheles und Reinecke die Uraufführung von Bachs Konzert in C-Dur für drei Klaviere.

10 Litzmann, Bd. 2, S. 401

11 Vgl. Humphrey Searle, «Franz Liszt» in *Grove* 11, Sp. 33 wegen des «Programme général des morceaux exécutés par F. Liszt à ses concerts de 1838 à 1848», zusammengestellt von A. Conradi und Franz Liszt.

12 Vgl. George Kehler (Hrsg.), *The Piano in Concert* (Metuchen, N. J., 1932)

13 Wasielewski, S. 318

14 Litzmann, Bd. 2, S. 273

15 Martin Schoppe, «Schumann-Interpretation Clara Schumanns (Tageskritik und Konzertbericht)» in *3. Schumann-Tage des Bezirks Karl-Marx-Stadt, 1978* (Zwickau 1978), S. 20

16 *Schumann-Brahms-Briefe* 1, S. 237, 246

17 *Briefwechsel* 2, S. 419

18 Litzmann, Bd. 3, S. 448

19 Briefwechsel 2, S. 809f.

20 Briefwechsel 1, S. 105

21 ebd. S. 93, 126

22 Robert Haven Schauffler, *Florestan: The Life and Work of Robert Schumann* (New York 1945), S. 147. Schauffler kannte nur die abge-

kürzte Wiedergabe ihrer Worte bei Litzmann, Bd. 1, S. 372f.; Litzmann ließ drei Sätze aus, beginnend mit «Lebten doch Beethoven und Mozart noch ...»

23 *Briefwechsel* 1, S. 108

24 ebd. S. 126

25 ebd. S. 333. Der ursprünglich letzte Satz wurde im Ergänzungsband (Bd. 14) der *Kritischen Gesamtausgabe* veröffentlicht.

26 *Jugendbriefe*, S. 309

27 Boetticher (Hrsg.), *Robert Schumann in seinen Schriften und Briefen*, S. 320

28 Jansen, S. 422f.

29 *Briefwechsel* 2, S. 368

30 Jansen, S. 434

31 *Briefwechsel* 1, S. 98f.

32 *Briefwechsel* 2, S. 424

33 Jansen, S. 397, 401

34 Schoppe, S. 17, 20

35 Rudorff-Archiv

36 *Schumann-Brahms-Briefe* 1, S. 395

37 Daniel Wladimirowtisch Shitomirski, «Schumann in Rußland», in: *Sammelbände der Robert-Schumann-Gesellschaft* (Zwickau 1961), S. 21

38 Zitiert ebd. S. 22

39 Zitiert ebd. S. 22

40 Zitiert ebd. S. 28

41 Litzmann, Bd. 3, S. 452

42 ebd. S. 500

43 Litzmann, Bd. 1, S. 202; *NmZfB* 1 (21. April 1847), S. 141

44 *AmZ* 44 (1842), S. 16–18

45 Anton Schindler, *Beethoven as I Knew Him*, hrsg. v. Donald W. MacCardle, übers. v. Constance S. Jolly (New York 1966), S. 434, 433 (A. d. Ü.: Auf welcher der unterschiedlichen Auflagen von Schindlers deutsch geschriebener Beethoven-Monographie [Münster 1840] der englische Titel beruht, konnte nicht festgestellt werden.)

46 Abschrift des Briefes an Selmar Bagge in RSH.

47 Budapest 1872. Persönliche Mitteilung von Mária Eckhardt.

48 *AmZ* 44 (1842), S. 80f.

49 *AmZ* 44 (1842), S. 804f.

50 *NZfM* 61 (1865), S. 57

51 Litzmann, Bd. 1, S. 107

52 *AmZ* 34 (1832), S. 532

53 *Schumann-Brahms-Briefe* 1, S. 636

54 Vgl. z. B. die 1850 an Emilie Steffen gerichteten Briefe (Kap. 6), die den in den Kapiteln 2 und 4 zitierten Briefen Friedrich Wiecks überraschend ähnlich sind.

55 Renate Federhofer-Königs, *W. J. v. Wasielewski im Spiegel seiner Korrespondenz*, S. 67. Auszüge aus anderen Briefen an Wasielewski in Kapitel 7.

56 Arthur Loesser, *Men, Women and Pianos: A Social History* (New York 1954), S. 93

57 Eduard Hanslick, *Geschichte des Concertwesens in Wien*, S. 224

58 RSTb 1, S. 337f.

59 Wieck, *Briefe*, S. 39

60 *Journal des Débats*, 22. März 1839.

61 Rita Benton, «Pleyel», in *Grove* 15, Sp. 11

62 *Etb*, S. 104, 180

63 *Briefwechsel* 1, S. 328

64 Litzmann, Bd. 2, S. 273

65 *Schumann-Brahms-Briefe* 1, S. 599

KAPITEL 13
CLARA SCHUMANN ALS LERNENDE UND LEHRENDE

1 Niecks, S. 71f.

2 Louis Spohr, *Lebenserinnerungen*, hrsg. v. Folker Göthel, Tutzing 1968, Bd. 2, S. 88. Bei Reginald Gerig, *Famous Pianists and Their Techniques*, 2d. ed., Washington D. C. 1974, findet sich eine ausgezeichnete Erörterung über Logier und Wieck.

3 Litzmann, Bd. 1, S. 4–6

4 Wieck, *Clavier und Gesang*, S. 9

5 Fay, S. 166

6 Litzmann, Bd. 1, S. 23

7 Litzmann, Bd. 3, S. 585

8 Siehe Peter Cahn, *Das Hoch'sche Konservatorium in Frankfurt am Main (1878–1978)*, Frankfurt a. M. 1979, S. 51

9 Zitiert in: Claus Victor Bock, «Pente Pigadia und die Tagebücher des Clement Harris», *Castrum Peregrini* 50 (1961), S. 15. Den Hinweis auf diesen Artikel verdanke ich Peter Cahn.

10 Mathilde Verne, *Chords of Remembrance*, London 1936, S. 55

11 Marie Fromm, «Some Reminiscences of My Music Studies with Clara Schumann», *MT* 73 (1932), S. 615

12 Zitiert in: Sir George Grove, «Clara Schumann», in: *Grove's Dic-*

tionary of Music and Musicians, ed. H. C. Colles, 3d., ed., New York 1935, Bd. 4, S. 647

13 *Erinnerungen*, S. 122

14 Julia Smith, *Master Pianist: The Career and Teaching of Carl Friedberg*, New York 1963, S. 58

15 *Erinnerungen*, S. 123

16 Adelina de Lara, «Clara Schumann's Teaching», *ML* 26 (1945), S. 145

17 *Erinnerungen*, S. 123

18 Fanny Davies, «On Schumann – and Reading between the Lines», *ML* 6 (1925), S. 215

19 Lara, a. a. O., S. 146

20 Siehe Siu-Wan Chair Fang, «Clara Schumann as Teacher», DMA thesis, University of Illinois, 1978. Diese Dissertation, eine Untersuchung und Analyse der Schmidt Collection, die jetzt in der Butler University, Indianapolis, untergebracht ist, bestätigt das, was viele Schumann-Schüler aufgeschrieben haben. Die Notenausgaben, die Emma Schmidt benutzte, tragen noch Clara Schumanns maßgebliche Bemerkungen und Kommentare betreffend Fingersatz, Phrasierung, Artikulation, Pedalgebrauch, Akzentuierung sowie andere Merkzeichen für den Vortrag.

Bibliographie

UNVERÖFFENTLICHTE QUELLEN

Größere Briefsammlungen *

Bayerische Staatsbibliothek, München, Handschriftenabteilung:
Korrespondenz Clara Schumann. Briefe an verschiedene Empfänger, darunter Hermann Levi und Joachim Raff.

Heinrich-Heine-Institut, Düsseldorf:
Korrespondenz Clara Schumann. Mehr als 300 Briefe von Clara Schumann an Freunde, Verwandte und offizielle Stellen, 1834–96. (Zu dieser grundlegenden Sammlung sind kürzlich weitere Briefe hinzugekommen.)

Robert-Schumann-Haus, Zwickau:
Briefe der Familien Wieck und Schumann, darunter 2278 Briefe von Clara Schumann an Freunde und Verwandte.

Rudorff-Archiv (Privatarchiv v. Gottberg):
Briefwechsel Clara Schumann – Ernst Rudorff. Etwa 221 Briefe von Clara Schumann an Rudorff, 1858–1896

Staatsbibliothek Preußischer Kulturbesitz, Musikabteilung, Berlin:
Briefwechsel Clara Schumann – Johannes Brahms. Briefe nur von Johannes Brahms.** I. 160 Briefe 1854–77; II. 170 Briefe 1878–96
Briefwechsel Clara Schumann – Robert Schumann. I. 106 Briefe 1832–38; II. 191 Briefe 1839; III. 214 Briefe 1840–51
Briefe an Clara Schumann. I. 281 Briefe 1838–59; II. 289 Briefe 1860–69; III. 413 Briefe 1870–79; IV. 363 Briefe 1880–85; V. 286 Briefe 1886–89; VI. 322 Briefe 1890–96
Briefe von Clara Schumann. Rund 170 Briefe an verschiedene Empfänger sowie ähnliche Materialien, 1837–96

Stadtarchiv und Wissenschaftliche Stadtbibliothek Bonn:
Briefe der Familie Schumann. Rund 2000 Familienbriefe, darunter Briefwechsel zwischen Clara Schumann und ihren Kindern und Enkeln.

Stadt- und Universitätsbibliothek Frankfurt am Main, Musik- und Theaterabteilung:
Papiere von Clara Schumann: Programme, Zeitungsausschnitte und

* Mindestens ca. 50 Briefe von Clara Schumann
** 34 Briefe von Clara Schumann an Johannes Brahms, die alle bei Litzmann abgedruckt sind, befinden sich im RSH.

Briefe von Clara Schumann an verschiedene Empfänger, darunter 55 Briefe an Julius Stockhausen 1855–95* und 47 an Mary Fiedler.

Universitätsbibliothek Leipzig, Handschriftenabteilung:

Korrespondenz Clara Schumann. Enthält 53 Briefe an Eduard und Lida Brendemann sowie Briefe an andere Freunde.

Andere unveröffentlichte Quellen

Deutsche Staatsbibliothek Berlin, Musikabteilung:

Musikautographen von Clara Schumann. Titel und Signaturen s. Anhang

Robert-Schumann-Haus Zwickau:

Tagebücher von Clara Wieck (4877-A3,1–4) mit der Transkription von Martin Schoppe. 7 Hefte in 4 Bänden: I. Teil 1 und 2, 247 S., 7.6.1827–16.12.1832; II. Teil 3 und 4, 181 S., 1.1.1833–26.12.1835; III. Teil 5 und 6, 207 S., 1.1.1836–20.4.1838; IV. Teil 7, 217 S., 23.4.1838–13.9.1840

Familien-Urkunden (2174-A3 und A3b). Geburts-, Tauf-, Heirats- und Sterbeurkunden der Familien Wieck, Tromlitz und Schumann.

Prozeßakten (5725-A3c) mit den Transkriptionen von Georg Eismann. Es handelt sich um Kopien der Originale im Staatsarchiv Dresden, Bestand Landgericht Leipzig Nr. 1

Ehetagebücher von Robert und Clara Schumann (7087-1/2-A3) mit Transkriptionen von Gerd Nauhaus. Die Ehetagebücher sind inzwischen veröffentlicht und bilden die Tagebücher 12, 13 und 15 in Robert Schumann, *Tagebücher*, Bd. 2, hrsg. v. Gerd Nauhaus, Leipzig 1987.

Musikautographen von Clara Schumann. Titel und Signaturen s. Anhang.

Programmsammlung Clara Schumann (10463). Die 1299 Programme sind numeriert, mit dem jeweiligen Namen des Aufführungsortes beschriftet und in 5 Bänden zusammengebunden: I. Nr. 1–320, 1828–53; II. Nr. 321–484, 1853–58; III. Nr. 485–709, 1858–64; IV. Nr. 710 bis 1188, 1864–79; V. Nr. 1189–1299, 1880–91.

Veröffentlichte Quellen

Abraham, Gerald (ed.): Schumann: A Symposium. London 1952

Bary, Helene de: Museum. Geschichte der Museumsgesellschaft zu Frankfurt am Main. Frankfurt 1937

Barzun, Jacques: Berlioz and the Romantic Century, 2 vols. Boston 1950

* Größtenteils veröffentlicht in Julia Stockhausen (Hrsg.), Julius Stockhausen, der Sänger des deutschen Liedes. Frankfurt a. M. 1927

Becker, Claudia Stevens: A New Look at Schumann's Impromptus. In: Musical Quarterly 67 (1981)
Benton, Rita: Pleyel. In: The New Grove Dictionary of Music and Musicians, London 1980
Berenbruch, Brigitte und Helmut Hellberg: Robert Schumann und Bonn. Bonn, Stadt Bonn 1980
Berlioz, Hector: Hector Berlioz. A Selection from his Letters. Ed. Humphrey Searle. New York 1973.
Beschreibung von Leipzig für Fremde und Reisende. Leipzig 1816
Billroth, Theodor: Theodor Billroth im Briefwechsel mit Johannes Brahms, hrsg. v. Aloys Greither. München 1964
Bock, Claus Victor: Pente Pigadia und die Tagebücher des Clement Harris. In: Castrum Peregrini 50 (1961)
Boetticher, Wolfgang: Neue textkritische Forschungen an Robert Schumanns Klavierwerk. In: Archiv für Musikwissenschaft 25 (1968)
–: Robert Schumann Klavierwerke. Neue biographische und textkritische Untersuchungen, Teil 1. Wilhelmshaven 1976
–: Robert Schumanns und seine Verleger. In: Musik und Verlag. Karl Vötterle zum 65. Geburtstag am 12. April 1968, hrsg. v. Richard Baum u. Wolfgang Rehm. Kassel 1968
–: Zur Zitatpraxis in R. Schumanns frühen Klavierwerken. In: Speculum Musicae Artis. Heinrich Husmann zum 60. Geburtstag, hrsg. v. Heinz Becker und Reinhard Gerlach. München 1970
– (Hg.): Briefe und Gedichte aus dem Album Robert und Clara Schumanns. Leipzig 1979
– (Hg.): Robert Schumann in seinen Schriften und Briefen. Berlin 1942
Brahms, Johannes: Johannes Brahms in seiner Familie. Der Briefwechsel, hrsg. v. Kurt Stephenson. Hamburg 1973
–: Johannes Brahms im Briefwechsel mit Julius Otto Grimm, hrsg. v. Richard Barth. Berlin 1907
–: Johannes Brahms im Briefwechsel mit Heinrich und Elisabet von Herzogenberg, hrsg. v. Max Kalbeck. Berlin 1907
–: Johannes Brahms im Briefwechsel mit Joseph Joachim, hrsg. v. Andreas Moser, 2 Bde. Berlin 1908
–: Johannes Brahms im Briefwechsel mit Philipp Spitta, hrsg. v. Carl Krebs, Berlin 1920
Brody, Elaine: Schumann's Legacy in France. In: Studies in Romanticism 13 (1974)
Bulman, Joan: Jenny Lind. London 1956
Burk, John: Clara Schumann: A Romantic Biography. New York 1940
Cahn, Peter: Das Hochsche Konservatorium in Frankfurt am Main (1878–1978). Frankfurt a. M. 1979

CALLOMON, F. T.: Unbekannte Briefe Robert und Clara Schumanns. In: Neue Zeitschrift für Musik 118 (1956)
CHISSELL, JOAN: Clara Schumann, A Dedicated Spirit. London 1983
CHOPIN, FREDERIC: Gesammelte Briefe, übers. u. hrsg. v. A. von Guttry. München 1921
CHORLEY, HENRY F.: Music and Manners in France and Germany: A Series of Travelling Sketches of Art and Society, 3 Bde. London 1844
DAVIES, FANNY: On Schumann – and Reading between the Lines. In: Music and Letters 6 (1925)
DEMMLER, FRITZ: Johann Georg Tromlitz (1752–1805). Ein Beitrag zur Entwicklung der Flöte und des Flötenspiels, Diss. F. U. Berlin 1961
DEUTSCH, OTTO ERICH: Mozart, A Documentary Biography. 2d ed. London 1966
DÖRFFEL, ALFRED (Hrsg.): Geschichte der Gewandhauskonzerte zu Leipzig vom 25. November 1781 bis 25. November 1881. Leipzig 1884 (Der 2. Teil des Buches, «Statistik», befindet sich nicht in allen Exemplaren.)
EBERHARDT, HANS: Die ersten deutschen Musikfeste in Frankenhausen am Kyffhäuser und Erfurt, 1810, 1811, 1812 und 1815. Jena 1934
EISMANN, GEORG: Robert Schumanns Ehetagebücher entsiegelt. In: Musik und Gesellschaft 9 (1951) und 10 (1952)
– (Hrsg.): Robert Schumann. Ein Quellenwerk über sein Leben und Schaffen. 2 Bde. Leipzig 1956
ERST- UND FRÜHDRUCKE von Robert Schumann in der Musikbibliothek Leipzig, hrsg. v. Ferdinand Hirsch und Ellen Roeser. Leipzig, Bibl. Veröff. d. Musikbibliothek d. Stadt Leipzig 1960
FANG, SIU-WAN CHAIR: Clara Schumann as Teacher. DMA thesis, University of Illinois 1978
FAY, AMY: Music Study in Germany, 1880. 18th ed. New York 1903
FEDERHOFER-KÖNIGS, RENATE: Der Briefwechsel von Wilhelm Joseph von Wasielewski (1822–1896) in seiner Bedeutung für die Schumann-Forschung. In: Convivium musicorum. Festschrift Wolfgang Boetticher, hrsg. v. Heinrich Hüschen und Dietz-Rüdiger Moser. Berlin 1974
–: Wilhelm Joseph von Wasielewski im Spiegel seiner Korrespondenz. Tutzing 1975
FELLINGER, IMOGEN: Clara Schumann. In: Die Musik in Geschichte und Gegenwart. Kassel 1965
FISKE, ROBERT: A Schumann Mystery. In: Musical Times 105 (1964)
FITZLYON, APRIL: The Price of Genius: A Life of Pauline Viardot. New York 1964.
FRAGER, MALCOLM: The Music of the Schumann Piano Concerto. In: Current Musicology 15 (1973)

FROMM, MARIE: Some Reminiscences of my Music Studies with Clara Schumann. In: Musical Times 73 (1932)
FULLER MAITLAND, JOHN ALEXANDER: Masters of German Music. London 1894
GAL, HANS: Johannes Brahms. 2. Aufl. Frankfurt a. M. 1980
GEIRINGER, KARL: Johannes Brahms. Sein Leben und Schaffen. 2. Aufl. Zürich 1955
–: Schumanniana in der Bibliothek von Johannes Brahms. In: Convivium Musicorum. Festschrift Wolfgang Boetticher, hrsg. v. Heinrich Hüschen und Dietz-Rüdiger Moser, Berlin 1974
GERBER, ERNST LUDWIG: Neues historisches biographisches Lexikon der Tonkünstler, 4 Bde. Leipzig 1812–14
GERIG, REGINALD: Famous Pianists and Their Techniques. 2d ed. Washington D. C. 1974
GREENE, HARRY PLUNKETT: Leonard Borwick: Some Personal Recollections. In: Music and Letters 7 (1926)
GROVE, SIR GEORGE: Clara Schumann. In: Grove's Dictionary of Music and Musicians, 3d ed. New York 1935
GUTMAN, ROBERT: Richard Wagner: The Man, His Mind, His Music. New York 1968
HAIGHT, GORDON S.: George Eliot: A Biography. New York 1968
HALLMARK, RUFUS: The Genesis of Schumann's Dichterliebe: A Source Study. Ann Arbor, Mich. 1979
–: The Rückert Lieder of Robert and Clara Schumann. In: Nineteenth-Century Music 14 (Summer 1990)
HANSLICK, EDUARD: Am Ende des Jahrhunderts, 2. Aufl. Berlin 1899
–: Aus neuer und neuester Zeit, 3. Aufl. Berlin 1900
–: Concerte, Componisten und Virtuosen der letzten fünfzehn Jahre, Berlin 1886
–: Geschichte des Concertwesens in Wien. Wien 1869
HARWOOD, GREGORY: Robert Schumann's Sonata in F sharp Minor: A Study of Creative Process and Romantic Inspiration. In: Current Musicology 29 (1980)
HENSCHEL, SIR GEORGE: Musings and Memories of a Musician. New York 1919
–: Personal Recollections of Johannes Brahms. Boston 1907
HILLER, FERDINAND: Aus Ferdinand Hillers Briefwechsel (1826–1861), hrsg. v. Reinhold Sietz. Köln 1958
HIRSCHBERG, LEOPOLD: Robert Schumann und der Davidsbündler Fritz Friedrich. M. e. Auswahl bisher unveröff. Briefe J. P. Lysers an Schumann. In: Velhagen & Klasings Monatshefte 24 (1909–10)

HIRST, MARGARET: Life of Friedrich List and Selections from His Writings. London 1909
HOFMANN, KURT: Die Bibliothek von Johannes Brahms. Hamburg 1974
–: Die Erstdrucke der Werke von Johannes Brahms. Tutzing 1975
–: Die Erstdrucke der Werke von Robert Schumann. Tutzing 1979
HOHENEMSER, RICHARD: Clara Wieck-Schumann als Komponistin. In: Die Musik 5 (1905–06)
HOLBORN, HAJO: A History of Modern Germany 1648–1840, New York 1964. Deutsch erschienen u. d. T.: Deutsche Geschichte der Neuzeit, 3 Bde. Frankfurt a. M. 1981
HOLDE, ARTUR: Suppressed Passages in the Joachim-Brahms Correspondence Published for the First Time. In: Musical Quarterly 45 (1959)
HÜBNER, RUDOLF: Grundzüge des Deutschen Privatrechts, 3. Aufl. Leipzig 1919
JAHRESBERICHTE des Dr. Hoch'schen Conservatoriums zu Frankfurt am Main. Frankfurt a. M. 1879 bis 1921
JANSEN, GUSTAV F.: Robert Schumanns Briefe. Neue Folge, 2. Aufl. Leipzig 1904
JOACHIM, JOSEPH: Briefe von und an Joseph Joachim, hrsg. v. Johannes Joachim und Andreas Moser, 3 Bde. Berlin 1911–13
JOSS, VICTOR: Der Musikpädagoge Friedrich Wieck und seine Familie. Mit besonderer Berücksichtigung seines Schwiegersohns Robert Schumann. Dresden 1902
KALBECK, MAX: Johannes Brahms. 4. Aufl. 4 Bde. Berlin 1921. Nachdruck Tutzing 1976
KÄMPER, DIETRICH: Zur Frage der Metronombezeichnungen Robert Schumanns. In: Archiv für Musikwissenschaft 21 (1964)
KAST, PAUL: Schumanns rheinische Jahre. Düsseldorf 1981
KEHLER, GEORGE (Hrsg.): The Piano in Concert, Metuchen, N. J. 1982
KLASSEN, JANINA: Clara Wieck-Schumann, die Virtuosin als Komponistin. Studien zu ihren Werken. Kassel 1990
–: Recht Brahms, ernst und humoristisch. Noch ein paar Bemerkungen zu Clara Schumann und Johannes Brahms. In: Brahms-Phantasien: Johannes Brahms – Bildwelt, Musik, Leben. (Ausstellungskatalog) Christian-Albrecht-Universität Kiel 1983
KNESCHKE, EMIL: Das Conservatorium der Musik in Leipzig. Seine Geschichte, seine Lehrer und Zöglinge. Leipzig 1868
KÖHLER, KARL-HEINZ: Felix Mendelssohn (Bartholdy). In: The New Grove Dictionary of Music and Musicians. London 1980
KOHUT, ADOLPH: Friedrich Wieck, ein Lebens- und Künstlerbild. Dresden 1888
KREBS, CARL: Clara Schumann. In: Allgemeine deutsche Biographie 54

KREISIG, MARTIN: Einige Briefe Clara Schumanns. In: Neue Musik-Zeitung 41 (1919)
KROSS, SIEGFRIED (Hrsg.): Briefe und Notizen Clara und Robert Schumanns. Bonn 1978
LARA, ADELINA DE: Clara Schumann's Teaching. In: Music and Letters 26 (1945)
LAUX, KARL: Dresden ist doch gar zu schön. In: Robert Schumann. Aus Anlaß seines 100. Todestages hrsg. v. Hans Joachim Moser u. Eberhard Rebling, Leipzig 1956
LEO, SOPHIE AUGUSTINE: Musical Life in Paris 1817–1848. A Chapter from the Memoirs of Sophie Augustine Leo. In: Musical Quarterly 17 (1931)
LEVEN, LOUISE W.: Clara Schumann's First Visit to England. In: Musical Times 97 (1956)
LIPPMAN, EDWARD: Robert Schumann. In: Die Musik in Geschichte und Gegenwart, Kassel 1965
LISZT, FRANZ: Briefe an Marie Gräfin d'Agoult. Hrsg. v. Daniel Ollivier, 2 Bde., Berlin 1933
–: Franz Liszts Briefe hrsg. v. La Mara. 2. Aufl. 8 Bde., Leipzig 1893 bis 1902
LITZMANN, BERTHOLD: Clara Schumann. Ein Künstlerleben nach Tagebüchern und Briefen. 3 Bde. Leipzig 1902–1908
LOESSER, ARTHUR: Man, Women and Pianos: A Social History. New York 1954
LÖHNER, WILHELM: Clara Schumann. Unbekannte Briefe an Emilie Steffen. In: Zeitschrift für Musik 97 (1930)
LOWDER, JERRY: Friedrich Wieck as a Teacher. In: Clavier 8 (1969)
LYSER, JOHANN PETER: Clara Wieck. In: Caecilia (Hamburg) 1 (1833)
MAY, FLORENCE: The Girlhood of Clara Schumann: Clara Wieck and Her Time. London 1912
–: The Life of Johannes Brahms. 2d ed. 2 vols. London 1905
MEICHSNER, ANNA VON: Friedrich Wieck und seine beiden Töchter, Clara Schumann geb. Wieck und Marie Wieck. Biographische Notizen über dieselben nebst ungedruckten Briefen von H. v. Bülow, Czerny, R. Schumann, Carl Maria von Weber usw. Leipzig 1875
MENDELSSOHN, FELIX: Briefe aus Leipziger Archiven. Hrsg. v. Hans-Joachim Rothe u. Reinhard Szeskus. Leipzig 1972
–: Felix Mendelssohn-Bartholdys Briefwechsel mit Legationsrat Karl Klingemann in London, hrsg. v. Karl Klingemann. Essen 1909
MOSER, ANDREAS: Joseph Joachim. Ein Lebensbild. Neuaufl., 2 Bde. Berlin 1908

Müller-Reuter, Theodor: Bilder und Klänge des Friedens. Musikalische Erinnerungen unf Aufsätze. Leipzig 1919
Munte, Frank: Robert und Clara Schumann in Hamburg. In: Brahms-Studien, hrsg. v. Helmut Wirth. Hamburg 1977
–: Verzeichnis des deutschsprachigen Schrifttums über Robert Schumann, Hamburg 1972
Newman, William: The Sonata since Beethoven, 2d ed. New York 1972
Niecks, Frederick: Robert Schumann. London 1925
Ostwald, Peter: Florestan, Eusebius, Clara, and Schumann's Right Hand. In: Nineteenth-Century Music 4 (1980)
–: Robert Schumann: The Inner Voices of a Musical Genius. Boston 1985
Perenyi, Eleanor: Liszt: The Artist as Romantic Hero. Boston 1974
Pettler, Pamela Susskind: Clara Schumann's Recitals 1832–1850. In: Nineteenth-Century Music 4 (1980)
Platinga, Leon B.: Schumann as Critic. New Haven 1967
Ramshorn, Carl: Leipzig und seine Umgebungen. Braunschweig 1841
Rehberg, Paula und Walter: Robert Schumann. Sein Leben und Werk. 2. Aufl. Zürich 1969
Roesner, Linda Corell: Studies in Schumann Manuscripts: With Particular Reference to Sources Transmitting Instrumental Works in the Large Forms. Ph. D. Diss. New York University 1973
Rudolphi, Caroline: Gemälde weiblicher Erziehung. Heidelberg 1815
Sagarra, Eda: A Social History of Germany. New York 1977
Sams, Eric: Brahms and His Clara Themes. In: Musical Times 112 (1971)
–: Schumann and the Total Analogue. In: Robert Schumann: The Man and His Music, ed. Alan Walker, London 1972
–: Schumann's Hand Injury. In: Musical Times 112 (1971)
–: The Songs of Robert Schumann. 2d. ed. London 1975
Schauffler, Robert Haven: Florestan: The Life and Work of Robert Schumann. New York 1945
Schindler, Anton: Beethoven-Biographie. Münster 1860
Schlotel, Brian: Schumann and the Metronome. In: Robert Schumann: The Man and His Music, ed. Alan Walker. London 1972
Schonberg, Harold C.: The Great Pianists from Mozart to the Present. New York 1963
Schoppe, Martin: Schumann-Interpretationen Clara Schumanns (Tageskritik und Konzertbericht). In: 3. Schumann-Tage des Bezirks Karl-Marx-Stadt 1978. Zwickau: Robert Schumann Gesellschaft 1978
– und Gerd Nauhaus: Das Robert-Schumann-Haus in Zwickau. Zwikkau 1973
Schubert, Franz Peter: Erlkönig: Facsimile of the Autograph Manuscript. New York, Pierpont Morgan Library 1978

Schumann, Alfred: Johannes Brahms, der Vater von Felix Schumann: Das Mysterium einer Liebe. Eine sehr ernste Parodie auf die Erinnerungen von Eugenie Schumann. Von Titus Frazeni (Pseud.). Bielefeld 1926
Schumann, Clara und Johannes Brahms: Briefe aus den Jahren 1853–1896, hrsg. v. Berthold Litzmann, 2 Bde. Leipzig 1927
Schumann, Clara und Robert Schumann; Briefwechsel, Kritische Gesamtausgabe, hrsg. v. Eva Weissweiler, Bd. 1, Basel 1984; Bd. 2, Basel 1987
Schumann, Eugenie: Erinnerungen. Stuttgart 1925
–: Robert Schumann. Ein Lebensbild meines Vaters. Leipzig 1931
–: Über das letzte Werk ihres Vaters Robert Schumann. In: Schweizerische Musikzeitung 1938
Schumann, Ferdinand: Erinnerungen an Brahms. In: Neue Zeitschrift für Musik 82 (1915)
–: Reminiscences of Clara Schumann as Found in the Diary of her Grandson Ferdinand Schumann of Dresden. Ed. June M. Dickinson. 2d ed. New York 1973. (Vermutlich eine Wiedergabe von: Ferdinand Schumann, Erinnerungen an Clara Schumann, in: Neue Zeitschrift für Musik 84 [1917]).
Schumann, Robert: Erinnerungen an Felix Mendelssohn-Bartholdy, hrsg. v. Georg Eismann. Zwickau 1947
–: Gesammelte Schriften. 3. Aufl. Leipzig 1875
–: Jugendbriefe, hrsg. v. Clara Schumann. 2. Aufl. Leipzig 1886
–: (Klavierwerke). Hrsg. v. Hans Joachim Köhler. Leipzig, Peters 1973 –. (Die Klavierwerke in Einzelbänden jeweils mit ausführlichem Kommentar)
–: Robert Schumann: Thematisches Verzeichnis sämtlicher im Druck erschienenen musikalischen Werke mit Angabe des Jahres ihres Entstehens und Erscheinens. Hrsg. v. Kurt Hofmann und Siegmar Keil. 5. Aufl. Hamburg 1982
–: Tagebücher Bd. 1 (1827–1838) hrsg. v. Georg Eismann, Leipzig 1971; Bd. 2 (1836–1854), hrsg. v. Gerd Nauhaus, Leipzig 1987; Bd. 3 (Haushaltbücher 1837–1856), hrsg. v. Gerd Nauhaus, 2 Teile Leipzig 1982
Robert und Clara Schumann: Dokumente zum Düsseldorfer Musikleben, hrsg. v. Joseph Kruse. Düsseldorf, Heinrich-Heine-Institut 1976
Searle, Humphrey: Franz Liszt. In: The New Grove Dictionary of Music and Musicians, London 1980
Shitomirski, Daniel Wladimirowitsch: Schumann in Rußland. In: Sammelbände der Robert-Schumann-Gesellschaft. Zwickau 1961
Slater, Eliot: Schumann's Illness. In: Robert Schumann: The Man and His Music, ed. Alan Walker, London 1972

Smith, Julia: Master Pianist: The Career and Teaching of Carl Friedberg. New York 1963
Smyth, Ethel: Impressions That Remained. New York 1946
Sonneck, Oscar (ed.): Beethoven: Impressions of Contemporaries. New York 1926
Spohr, Louis: Lebenserinnerungen, hrsg. v. Folker Göthel. Tutzing 1968
Stargardt-Wolff, Edith: Wegbereiter großer Musiker. Berlin 1954
Stephenson, Kurt: Clara Schumann 1819–1969. Bonn/Bad Godesberg, Inter Nationes 1969
Susskind, Pamela: Clara Schumann as Pianist and Composer: A Study of Her Life and Works. Ph.D. Diss. University of California, Berkeley 1977
Suttoni, Charles: Piano and Opera: A Study of the Piano Fantasies Written on Opera Themes in the Romantic Era. Ph. D. Diss. New York University 1973
Verne, Mathilde: Chords of Remembrance. London 1936
Wagner, Cosima: Die Tagebücher. Bd. 1 (1869–1877), Bd. 2 (1878–1883), hrsg. v. Martin Gregor-Dellin und Dietrich Mack. München 1976/77
Walker, Alan: Schumann, Liszt, and the C Major Fantasie, Op. 17: A Declining Relationship. In: Music and Letters 60 (1979)
Wasielewski, Wilhelm Joseph von: Robert Schumann. 3. Aufl. Leipzig 1880
Wieck, Friedrich: Briefe aus den Jahren 1830–1838, hrsg. v. Käthe Walch-Schumann. Köln 1968
–: Clavier und Gesang. Didaktisches und Polemisches. 3. Aufl. Leipzig 1878
Wieck, Marie: Aus dem Kreise Wieck-Schumann. 2. Aufl. Dresden 1914
Wirth, Julia: Julius Stockhausen, der Sänger des deutschen Liedes. Frankfurt a. M. 1927

Danksagung

Vor allen anderen bin ich Anna Burton M. D. für ihre treue Freundschaft und Hilfsbereitschaft zu Dankbarkeit verpflichtet. Unsere anregende, fruchtbare Zusammenarbeit hat sich über viele Jahre erstreckt. Als begabte Musikerin und praktizierende Psychoanalytikerin war sie ein stiller Teilhaber der Arbeit an diesem Buch. Dr. Burton verweigerte sich nie, wenn es darum ging, die Fragen und Probleme zu durchdenken, die sich im Lauf meiner Nachforschungen ergaben. Ihr Wissen und ihre tiefe Einsicht haben jede einzelne Seite dieses Buches bereichert.

Für Unterstützung mit Rat und Tat habe ich vielen Kollegen in Europa und den Vereinigten Staten zu danken: Martin Schoppe und Gerd Nauhaus, die mir das Archiv des Robert-Schumann-Hauses großzügig öffneten und sich in jeder Weise hilfreich bezeigten; Hans Joachim Köhler, Leipzig, und Renate und Kurt Hofmann, Hamburg, für erhellende Gespräche; R. Klaus Müller, Käte Pittasch, Leipzig, Brigitte Berenbruch, Bonn, Helga Heim, Hamburg, und Maike Holling-Suhl, Berlin, deren Sympathie und Anteilnahme meine Forschungsarbeit in Europa so angenehm und ertragreich machte; Janina Klassen in Kiel, Mária Eckhardt in Budapest, Maria Zdunaik in Breslau und Peter Cahn, Frankfurt, die mich an ihren Erkenntnissen teilhaben ließen, wie auch Eva Weissweiler, die mir freundlicherweise ihre Transkriptionen der Briefe Clara Schumanns an Bettina von Arnim zur Verfügung stellte.

Des weiteren bedanke ich mich bei Imogen Fellinger, deren verwandtschaftliche Beziehungen zur Familie Schumann mehrere Generationen weit zurückreichen, für ihre richtungweisenden Auskünfte, und bei Herma Stamm-Bargiel, die mir Kopien unveröffentlichter Porträtzeichnungen aus der Familie Tromlitz beschaffte, mich über die Nachkommen der Familien Tromlitz und Bargiel informierte und die Erlaubnis zum Abdruck des Bildnisses von Marianne Bargiel erteilte.

Mit besonderer Dankbarkeit erinnere ich mich an die Gastfreundschaft und das Entgegenkommen von Johannes von Gottberg, der mir das Rudorff-Archiv öffnete und mir gestattete, Auszüge aus den Briefen von Clara Schumann an Ernst Rudorff zu zitieren.

Unter den Freunden und Kollegen in den Vereinigten Staaten gilt mein Dank Marianne von Recklinghausen Bowles und Gabriele Wickert für ihre Hilfe in sprachlichen Dingen sowie Adrienne Block, Gary Golio, Mary Ann Joyce, Gladys Krasner, Karen Miller, Susanna Reich, Judith Tick und Rachel Wade für ihre jahrelange, nie erlahmende Ermutigung und fachliche Beratung. An- und aufregende Gespräche hatte ich mit Dr. Peter Ostwald, der seine Biographie über Robert Schumann zu der Zeit niederschrieb, zu der ich mich mit Clara Schumann befaßte, und dem ich ebenfalls für sein Interesse an meiner Arbeit danken möchte.

Weiterhin schulde ich auch Rufus Hallmark, Mildred Parker und meinen Kolleginnen am Stanford Center for Research on Women, da vor allem Susan Bell, Karen Offen und Marilyn Safir, Dank für ihre Anregungen. Dank auch an Ralph Locke und Jurgen Thym für ihre Mitteilungen bezüglich der Sammlung Dickinson.

Ich habe die Dienste vieler Bibliotheken und Archive in Anspruch genommen und bin den folgenden Personen und Musikbibliotheken in den Vereinigten Staaten sehr verpflichtet: Ruth Hiltun und der New York University Music Library, Rigbie Turner und der Pierpont Morgan Library, New York, Bernard Wilson und der Newberry Library in Chicago, des weiteren den Mitarbeitern der Musikbibliotheken der Columbia University, der Eastman School of Music, der Harvard University, der Library of Congress, der New York Public Library, des Queens College, der Stanford University, der University of California, Berkeley, und der Yale University.

Auch in europäischen Bibliotheken waren die Kollegen aufgeschlossen und hilfsbereit: in England nenne ich die Musikabteilung der British Library, in Deutschland die Stadtgeschichtlichen Sammlungen Baden-Baden, die Bibliothek der Hochschule der Künste, Berlin, die Staatsbibliothek Preußischer Kulturbesitz (Musikabteilung und Handschriftenabteilung), die Musikbücherei im Schumannhaus und das Stadtarchiv, Bonn, das Musikwissenschaftliche Institut der Universität Köln, in Düsseldorf das Heinrich-Heine-Institut, die Robert-Schumann-Forschungsstelle und die Universitätsbibliothek Düsseldorf, die Stadt- und Universitätsbibliothek Frankfurt am Main, die Staats- und Universitätsbibliothek Hamburg Carl von Ossietzki, das Kestner-Museum in Hannover, die Bayerische Staatsbibliothek in München und die Württembergische Landesbibliothek in Stuttgart. In der damaligen Deutschen Demokratischen Republik wurde mir von den Mitarbeitern der Musikabteilung der Deutschen Staatsbibliothek in Berlin, der Universitätsbibliothek Leipzig und des Robert-Schumann-Hauses in Zwickau freundlich Beistand gewährt. Auch bei den Archivaren der Gesellschaft der Musikfreunde, Wien, und der Biblioteka Jagiellońska, Krakau, habe ich mich zu bedanken.

Ein herzliches Dankeschön an Margit McCorkle und die Mitarbeiter am Brahms Cataloging Project in Vancouver, die mir ihre Bibliothek und ihre Arbeitsunterlagen zur Verfügung stellten.

Alan Lippert und Michael Lippert gebührt Dank für die technische Hilfeleistung, Mi-Won Kim für die Herstellung der Notenbeispiele, ganz besonders aber Barbara Salazar von der Cornell University Press für ihre verlegerische Langmut und Hilfe.

Teile der Kapitel 1 bis 4 sind in erheblich anderer Form in *The Musical Quarterly* (Sommer 1984) erschienen. Dem Originalverlag von Berthold Litzmanns Biographie über Clara Schumann und seiner Edition der Schumann-Brahms-Briefe, Breitkopf & Härtel in Wiesbaden, Dank für die Zusammenarbeit; freundliche Erlaubnis zum Abdruck in ihrem Besitz befindlicher Briefstellen und Illustrationen erteilten die folgenden Institutionen: Deutsche Staatsbibliothek in Berlin (Musikabteilung), Robert-Schumann-Haus in Zwickau, Staatsbibliothek Preußischer Kulturbesitz (Musikabteilung) in Berlin, Schumannhaus, Bonn, Heinrich-Heine-Institut in Düsseldorf und Newberry Library in Chicago.

Bei der Überprüfung der Originalzitate für die deutsche Ausgabe des Buches war das Entgegenkommen der Musikbibliothek der Hamburger Öffentlichen Bücherhallen eine unschätzbare Hilfe.

Mit Dank zu erwähnen ist auch die finanzielle Förderung meiner Arbeit durch The National Endowment for the Humanities, durch die Reisestipendien vom Deutschen Akademischen Austauschdienst und vom Penrose Fund of the American Philosophical Society und die Unterstützung durch das Faculty Service Commitee, Manhattanville College.

Ohne die beständige Ermunterung, die Zuversicht und die liebevolle Zuwendung meines verstorbenen Mannes Haskell A. Reich hätte ich dieses Buch nicht schreiben können.

N. B. R.

Personenregister

Adam, Adolphe-Charles (1803–56), Opernkomponist 105
Alkan, Charles-Henri (1813–88), Pianist, Komponist 105
Allgeyer, Julius (1829–1900), Maler 253
Andersen, Hans Christian (1805–75) 139
Ariosto, Ludovico (1474–1533), Dichter 253
Arnim, Achim von (1781–1831), Dichter 185
Arnim, Bettina von (1785–1859), Schriftstellerin 180, 185 f, 374
Arnim, Gisela von (1827–89), Schriftstellerin, Tochter von Bettina 180
Asten, Julie von, Pianistin 230
Auber, Daniel (1782–1871), frz. Opernkomponist 105
Avé-Lallement, Theodor (1806–90), Hamburger Musiker 199, 257

Bach, Johann Sebastian (1685–1750) 22, 79, 131 f, 242, 277, 285 f, 295, 297, 321, 332, 338 f, 346, 351–353, 369 f, 395 f
Bagge, Selmar (1823–96), Wiener Kritikerin 373
Baillot, Pierre (1771–1842), Violinist 105
Banck, Carl (1809–89), Komponist, Kritiker, Gesangslehrer 58, 71, 73, 84, 122
Bargiel (August Anastasius), Adolph (1783–1841), Klavierlehrer, zweiter Ehemann von Marianne 18, 25, 26–30, 80, 114
Bargiel, Marianne Tromlitz Wieck (1797–1872), Mutter von C. S. 17, 24, 25–31, 33, 43, 53, 55, 80 f, 103, 114 f, 118, 121, 167, 190 f, 199 f, 208, 222, 272, 276
Bargiel, Woldemar (1828–97), Komponist, Dirigent, Halbbruder von C. S. 30, 115, 334, 336
Barnum, Phineas T. (1810–91), am. Impresario 142
Basedow, Johann Bernhard (1723–90), Pädagoge 18
Batta, Alexander (1816–1902), Cellist 348 f
Becker, Carl-Ferdinand (1804–77), Komponist, Organist 144
Becker, Ernst Adolf (1798–1874), Rechtsanwalt, Staatsbeamter 85 f, 100, 126, 131, 182, 362
Becker, Ruppert (1830–87), Violinist, Sohn von Ernst 180, 182
Beckerath, Laura von, Freundin von C. S. 272
Beethoven, Ludwig van (1770–1827) 23 f, 60, 73, 79, 131, 158, 176, 191, 242, 258, 280, 288 f, 295, 322, 337, 339, 351–353, 370, 373, 377, 379, 381, 395 f
Belgiojoso, Prinzessin Cristina, frz. Mäzenin 105

Belleville-Oury, Anna Caroline de (1808–80), dt. Pianistin 105, 381, 383
Bellini, Vincenzo (1801–35) 277, 297, 316f, 344, 350f, 370
Bellotto, Bernardo (Pseud. Canaletto) (1720–80), venez. Künstler, Dresdner Hofmaler 154
Bendemann, Lida (1821–95), Freundin von C. S. 272
Bennett, William Sterndale (1816–75), engl. Komponist, Dirigent 79, 131, 346, 371
Bériot, Charles de (1802–70), belg. Violinist, Schwager von P. García-Viardot 106, 350
Berlioz, Hector (1803–69) 105f, 282, 297, 379, 382
Bertha, Haushälterin 199
Bertin, frz. Verleger-Familie 105
Billroth, Dr. Theodor (1829–94) 252, 265
Blahetka, Leopoldine (1811–1877), österr. Pianistin 381
Böger, Dr., Düsseldorfer Arzt 182
Borwick, Leonard (1868–1925), Pianist, Schüler von C. S. 396
Brahms, Elise (1831–92), Schwester von Johannes 203, 242, 251, 254, 270
Brahms, Fritz (Friedrich) (1835–86), Bruder von Johannes 242
Brahms, Johann Jakob (1806–72), Vater von Johannes 241f
Brahms, (Johanna) Christiane (1789–1865), Mutter von Johannes 186, 242, 247, 255
Brahms, Johannes (1833–97) 16, 170, 178–181, 185f, 188–194, 198f, 203, 207, 210f, 213, 219f, 225, 229–231, 233, 235, 239, 241–270, 272, 274, 284, 288–292, 296, 307, 316, 324f, 331–336, 338, 340f, 345, 352, 357, 375, 381f, 384, 392f, 395f
Breitkopf & Härtel, Leipziger Verleger 179, 244, 318f, 321, 324f, 329–331, 335–337, 339–341
Brendel, Franz (1811–68), Schriftsteller und Verleger 166
Brentano, Clemens (1778–1842), Dichter, Bruder von B. von Arnim 185
Brüll, Ignaz (1846–1907), Wiener Pianist 265
Bull, Ole (1810–80), norweg. Violinist 131
Bülow, Hans von (1830–94) 339, 341, 353f, 383
Burnand, Arthur (?–1891), engl. Freund von C. S. 371
Burns, Robert (1759–96) 132, 298, 326
Burton, Dr. Anna 32

Canaletto s. Bellotto, Bernardo
Carl, Emilie (1802–85), Schwester von Marianne Bargiel 130
Caroline Amalie, Königin von Dänemark 330
Carus, Agnes (1802–39), Ehefrau von Ernst August 61, 214
Carus, Ernst August (1797–1854), Leipziger Arzt 42, 60
Carus, (Gustav) Albert (1817–91), Dresdner Hofarzt 157
Chappell, William (1809–88), Verleger 371
Cherubini, Luigi (1760–1842), Komponist 23, 105
Chopin, Frédéric (1810–47) 47f, 52, 69, 272f, 275, 284, 296f, 310,

313, 337, 339, 348, 350–354, 356, 362, 377, 395f
Chorley, Henry F. (1808–72), engl. Kritiker 154, 258
Christel (Charitas), Freundin von R. S. 84
Cimarosa, Domenico (1749–1801), ital. Komponist 148
Clauss-Szarvady, Wilhelmine (1834–1907) 356, 382f
Clementi, Muzio (1752–1832) 396
Cramer, Johann Baptist (1771–1858), Komponist, Pianist 56, 105, 339, 396
Cranz, August (1789–1870), Hamburger Musikverleger 141
Cui, César (1835–1918), Kritiker, Komponist 371
Czerny, Carl (1791–1857) 24, 56, 347, 396

Dante Alighieri (1265–1321) 253
David, Ferdinand (1810–73), Konzertmeister am Gewandhaus 79, 131, 141, 144, 148, 152, 258, 288, 334, 362
Davis, Fanny (1861–1934), Pianistin, Schülerin von C. S. 375, 395f
Dehn, Siegfried Wilhelm (1799–1858), Berliner Musikwissenschaftler 42, 81f
Deutsch, Antonie s. Schumann, Antonie
Diabelli, Anton (1771–1858), Wiener Musikverleger 317
Dietrich, Albert (1829–1908), Komponist, Dirigent 180, 187, 190, 235, 246f, 265, 334
Doehler, Theodor (1814–56) 373f
Donizetti, Gaetano (1797–1848), Opernkomponist 297, 316
Donndorf, Adolph (1835–1916), Bildhauer 150
Dörffel, Alfred (1821–1905), Leipziger Pianist, Schriftsteller 22
Dorn, Heinrich (1804–92), Dirigent, Komponist 41f, 67, 167, 295, 347
Dreischock (Dreyschock), Alexander (1818–69) 373, 383
Dufourd, Claudine, Anstandsdame von C. S. 104, 107
Dumas, Alexandre (Vater) (1802–70) 105

Eibenschütz, Ilona (1873–1967), Pianistin, Schülerin von C. S. 256, 375, 390
Eichendorff, Joseph von (1788–1857), Dichter 249
Eliot, George (Pseud.) (Mary Ann Evans) (1819–80), engl. Schriftstellerin 198
Emilie, Dienstmädchen im Haus Schumann 140
Erard, Madame, Ehefrau von Pierre 105, 350, 369
Erard, Pierre (1796–1855), Klavierbauer 52, 105f, 350
Essipof, Annette (1851–1914), russ. Pianistin 382

Fay, Amy (1844–1928), am. Pianistin 198, 389
Fechner, Eduard (1799–1861), Bruder von Clementine Wieck 48, 50, 52f, 107
Fechner, Samuel Traugott, Pastor, Vater von Clementine Wieck 35

Fétis, François-Joseph (1784–1871), belg. Wissenschaftler, Herausgeber der Revue Musicale 48, 382
Feuerbach, Anselm von (1829–80), Maler 253
Field, John (1782–1837), irischer Komponist, Pianist 25, 313, 370
Fillunger, Marie (1850–1930), Sängerin 230
Fink, Charlotte, Pianistin, Tochter von Gottfried 383
Fink, Gottfried Wilhelm (1783–1846), Herausgeber der AmZ 42
Fischhof, Joseph (1804–57), Schriftsteller und Klavierlehrer 102, 362
Foerster, Henriette (Weicke), Freundin von C. S. 306
Frager, Malcolm (*1935), am. Pianist 396
Franck, Ernst (1847–89), Komponist, Dirigent 336
Frege, Livia (1818–91), Sängerin 145, 152, 174, 230, 235, 257, 259, 272, 330, 381
Fricken, Ernestine von (1816–44), Schülerin von F. Wieck 70–73, 75, 77, 84, 105, 115, 155, 367
Fricken, Ignaz, Baron von (1787–1850), Vater von Ernestine 72, 117
Friedberg, Carl (1872–1955), Pianist 394, 396
Friese, Robert (1805–48), Herausgeber der NZfM 131
Fromm, Marie, Pianistin, Schülerin von C. S. 393
Fuchs, Aloys (1799–1853), Sammler von Musikautographen 362
Gade, Niels Wilhelm (1817–90), dän. Violinist, Dirigent, Komponist 139, 332, 334
Galuppi, Baldassare (1706–85), Komponist 148
García, Manuel (1775–1832), Sänger, Vater von Pauline García-Viardot 142, 292
García-Viardot, Pauline (1821–1910), Sängerin 106f, 199f, 206, 230, 272, 291–293, 328
Garlichs, Marie, Freundin von C. S. 138
Geibel, Emanuel (1815–84), dt. Schriftsteller 298, 324, 326, 330f
Geiringer, Karl 371
Goddard, Arabella (1836–1922), engl. Pianistin 382
Goethe, Johann Wolfgang von (1749–1832) 23, 46, 90, 132, 249, 292
Goethe, Walter von (1817–85), Komponist, Enkel von Johann Wolfgang 131
Goldschmidt, Otto (1829–1907), dt. Pianist, Ehemann von Jenny Lind 206
Good, Edwin M. 341
Grabau, Henriette, Sängerin 347
Graf, Conrad (1782–1851), Wiener Klavierbauer 24, 58, 275
Grieg, Edvard (1843–1907), norweg. Komponist 143
Grillparzer, Franz (1791–1872), österr. Dichter 15, 91
Grimm, Julius Otto (1827–1903), Komponist, Dirigent 189f, 235, 246f, 252, 258, 265, 272, 336
Grössel, Friedrich, Pastor in Colditz 216

Groth, Klaus (1819–99), Dichter 253
Grove, Sir George (1820–1900), Schriftsteller, Herausgeber des Grove's Dictionary of Music and Musicians 394
Grund, Friedrich Wilhelm (1791–1874), Hamburger Dirigent, Komponist 137
Gutenberg, Johann (1397–1468) 23

Halévy, Jacques (1799–1862), frz. Opernkomponist 105
Hallé, Sir Charles (1819–95), dt. Pianist, Dirigent, wohnhaft in England 353
Hammermeister, Heinrich (1799–1860), Sänger 347
Hammers, Ludwig (1822–1902), Bürgermeister von Düsseldorf 181
Hanslick, Eduard (1825–1904), Wiener Musikkritiker 16, 165, 174, 258, 352, 373, 378
Harris, Clement (1871–97), Schüler von C. S. 393
Härtel, Hermann (1803–75), Leipziger Musikverleger 146, 257f
Härtel, Raimund (1810–88), Leipziger Musikverleger 193, 257
Hartmann, Christian Ferdinand (1794–?), Herausgeber der NZfM 70
Hartmann, Mathilde (1817–1907), Sängerin 230
Hasenclever, Dr. Richard (1813–76), Düsseldorfer Arzt 182–184
Haslinger, Wiener Musikverleger 317
Hasse, Johann Adolph (1699–1783), Komponist 156
Hauffe, Louise (1837–82), Pianistin 383
Hauptmann, Moritz (1792–1868), Leipziger Komponist 131, 144, 299
Haydn, Franz Joseph (1732–1809) 143, 239, 295, 317, 322, 351, 396
Heine, Heinrich (1799–1856), Dichter 50, 105, 132, 298, 326, 330
Helena (Paulowna) (1807–73), Großfürstin von Rußland 150
Heller, Stephen (1813–88), Pianist, Komponist 70, 258, 396
Henschel, Sir George (1850–1934), Dirigent, Sänger 197, 265f
Henselt, Adolph v. (1814–99), Pianist, Komponist 131, 148f, 158, 161, 279, 317, 351, 372
Herz, Henri (1803–88), österr. Pianist, Komponist 38, 52, 79, 277, 296, 315, 345, 351, 382
Herzogenberg, Elisabeth von (1847–92), Pianistin, Ehefrau von Heinrich 252f, 265, 268f, 381
Herzogenberg, Heinrich von (1843–1900), Komponist 252, 265, 336, 342
Hiller, Ferdinand (1811–85), Komponist, Dirigent 48, 156–158, 167f, 170, 232, 235, 258, 272, 291, 334
Hoffmann, Ernst Theodor Amadeus (1776–1822), Schriftsteller 249
Hofmann, Kurt 272
Hofmeister, Friedrich (1782–1864), Leipziger Verleger 42, 46f, 82, 141, 273, 306, 365f

Hübner, Julius (1806–82), Dresdner Künstler 214
Hummel, Johann Nepomuk (1778–1837), Komponist, Pianist 23, 65, 67, 313
Hungerford, Bruce (1922–77), am. Pianist 396
Hünten, Franz (1793–1878), Pianist, Komponist 55

Jahn, Otto (1813–69), Altertumswissenschaftler, Mozart-Biograph 258
Janotha, Nathalie (1856–1932), Pianistin 375, 392, 396
Jean Paul s. Richter, Jean Paul
Joachim, Amalie (1839–98), Sängerin, Ehefrau von Joseph 211, 230, 233f, 266, 272, 289f, 345f
Joachim, Joseph (1831–1906), Violinist 152, 170f, 179–181, 185–187, 190f, 193f, 205, 220, 229–231, 235, 238, 242, 244, 246–249, 252, 257f, 261, 264, 267, 272, 274, 288–290, 299, 325, 332–334, 336, 345f, 361, 375, 393
Junge, Elise, Freundin von Rosalie Leser 184, 190

Kalkbrenner, Friedrich (1785–1849), Komponist, Pianist 43, 52, 105, 296, 315, 347, 361, 382
Kämper, Dietrich 339f
Kaskel, Sophie von (1817–94), Dresdner Freundin von C. S. 155
Katharina II. (die Große) (1729–96), Zarin von Rußland 148
Keferstein, Adolph (1799–1861), Theologe, Schriftsteller 131
Kirchner, Theodor (1823–1903), Komponist 272
Kistner, Friedrich (1797–1844), Leipziger Musikverleger 131, 329, 365
Klassen, Janina 324
Klinger, Max (1857–1920), Maler 253, 270
Knorr, Julius (1807–61), Leipziger Pianist 47, 70f, 347
Kossmaly, Carl (1812–93), Komponist, Schriftsteller 364
Kraegen, Carl (1797–1879), Dresdner Pianist 155
Krüger, Eduard (1807–85), Organist, Komponist 202
Kuntsch, Johann Gottfried (1775–1855), Zwickauer Organist 59f, 62

Laidlaw, Robena (1819–1901), engl. Pianistin 84, 340
Lara, Adelina de (1872–1961), engl. Pianistin 375, 394–396
Laurens, Jean-Bonaventure (1801 bis 90), Schriftsteller 180, 244
Leo, Sophie Augustine, Pariser Mäzenin 52
Leser, Rosalie (1812?–96) C. S.s blinde Freundin 183f, 190, 211, 213f, 272, 325
Lessing, Gotthold Ephraim (1729–81) 23
Levi, Hermann (1839–1900), Münchner Hofdirigent 210f, 229f, 252, 265, 284, 336
Lichtenstein, Heinrich Carl (1780–1857), Zoologe 131

Lind, Jenny (1820–87), schwed. Sängerin 142, 206, 235, 257f, 291, 346, 372
Liphardt, Baron Carl von (1808–91), Schwiegervater von F. David 148f
List, Emilie (1818–1902), Freundin von C. S., Tochter von F. List 70, 74, 106, 108, 110f, 134, 138, 204, 272, 328
List, Friedrich (1789–1846), Nationalökonom 70, 107, 142
Liszt, Franz (1811–86) 16, 119, 136, 147f, 154, 171, 191, 198, 231, 242, 258, 273–282, 284, 326, 328, 337, 340, 345, 348, 350–352, 354, 362, 370, 372f, 375, 382, 396
Litolff, Henry Charles (1818–91), Pianist, Komponist, Verleger 373
Litzmann, Berthold (1857–1926), Biograph von C. S. 26, 37f, 48, 85, 175f, 206, 296, 309, 323, 335f, 362, 375
Logier, Johann Bernhard (1777–1846), Klavierlehrer 29, 387
Lorenz, Oswald (1806–89), Organist, Herausgeber der Neuen Zeitschrift 152
Lüttichau, Wolf August von (1786–1863), Dresdner Hofbeamter 155
Lvov, Count Aleksei Fedorovich (1799–1870), Violinist, Komponist, Dirigent 147, 150
Lyser, Johann Peter (1803–70), Maler und Musikautor 43, 50, 79

MacDowell, Edward (1861–1908), Pianist, Komponist 392
Mandyczewski, Eusebius (1857–1929), österr. Musikwissenschaftler 265
Marbach, Leipziger Schullehrerin 41
Marmorito, Eduardo di Radicati (1870–77), Sohn von Julie 208
Marmorito, Roberto di Radicati (1871–1945), Sohn von Julie 208
Marmorito, Graf Vittorio di Radicati (1831–1923), Ehemann von Julie Schumann 208, 210
Marschner, Heinrich (1795–1861), Opernkomponist, Dirigent 42, 283
Marxsen, Eduard (1806–87), Hamburger Komponist 242
Masselos, William (*1920), Pianist 396
Mechetti, Pietro (1777–1850), Wiener Musikverleger 318, 324
Mendelssohn, (Hensel) Fanny (1805–40), Schwester von Felix 287, 326, 381
Mendelssohn (Bartholdy), Felix (1809–47) 46, 52, 70, 74f, 79, 122, 131, 134, 143f, 147, 152, 155, 157f, 161, 166–168, 202, 272f, 276f, 281, 283–287, 292, 296f, 299, 315, 322, 326, 337, 339, 346, 351–354, 356, 362, 370, 374, 377, 381, 383, 395f
Mendelssohn, Lea (1777–1842), Mutter von Felix 83, 197, 287
Mendelssohn, Paul (1813–74), Bankier, Bruder von F. 193, 287
Menter, Sophie (1846–1918) 382
Menuhin, Yaltah (*1922), Pianist 396
Meyerbeer, Giacomo (1791–1864), Opernkomponist 52, 105, 281

Miksch, Johann Aloys (1765–1845), Gesangslehrer 42, 72, 126, 388
Milchmeyer, Johann Peter (1750–1813), Klavierlehrer 18
Molique, Wilhelm Bernhard (1802 bis 69), Violinist, Komponist 150
Moscheles, Ignaz (1794–1870), Pianist, Komponist 131, 345, 362, 382f
Möser, Carl (1774–1851), Dirigent, Violinist 82
Mozart, Leopold (1719–87), Violinist, Vater von Wolfgang 378
Mozart, Wolfgang Amadeus (1756–91) 23, 131, 143, 260, 262, 295, 322, 337, 351, 378f, 396
Mühlfeld, Richard (1856–1907), Klarinettist 263
Müller, Elisabeth Catharina, Pianistin 383

Nanny, Dienstmädchen 81, 94, 100, 103f
Nauhaus, Gerd 179
Nicolaus I. (1796–1855), Zar von Rußland 148, 150
Niecks, Frederick (1845–1924), Violinist, Kritiker 172, 176, 181, 385
Novello, engl. Musikverleger 335

Onslow, George (1774–1853), frz. Komponist 105
Oury, James (1800–83), Violinist, Ehemann von Anna de Belleville 381

Paganini, Niccolò (1782–1840) 15, 52, 83, 273, 297, 333, 357
Paisiello, Giovanni (1740–1816), Opernkomponist 148
Parish, Harriet (1816–64), Pianistin 131
Pasta, Giuditta (1797–1867), Sängerin 148
Pauline, Dienstmädchen 162
Pestalozzi, Johann Heinrich (1746–1827), schweiz. Pädagoge 18
Peters, C. F., Leipziger Musikverleger 321
Peters, Dr., stellv. Direktor in Endenich 185, 195
Pfundt, Ernst (1806–71), Pauker, Neffe von F. Wieck 74, 133
Pixis, Francilla (1816–?), Sängerin, Tochter von Johann 43
Pixis, Johann Peter (1788–1874), Pianist, Komponist 43, 52, 277, 344, 351
Pleyel, Camilla (1811–75), Pianist, Ehefrau von Camille 121, 136, 171, 197, 348, 350, 381f
Pleyel, Camille (1788–1855), Klavierbauer 106, 382
Pohlenz, Christian August (1790–1843), Direktor des Gewandhauses 144
Prinz, Geigenlehrer 41
Probst, Heinrich Albert (1791–1846), Leipziger Musikverleger 42, 107, 365

Raff, Joachim (1822–82), Komponist 291, 391
Rakemann, Louis (1816–?), Leipziger Pianist 74f, 277
Reichmann, Henriette, Freundin von C. S. 105, 107, 114, 390
Reichold, Emilie, Pianistin 43, 383
Reimers, Christian, Cellist 172
Reinecke, Carl (1824–1910), Pianist, Dirigent 334, 341, 383

Reißiger, Carl Gottlieb (1798–1859), Komponist, Dirigent 42, 71, 155
Reményi, Eduard (1830–98), Violinist 242
Reuter, Dr. Moritz (1802–53), Leipziger Arzt 74f, 79, 100, 103, 131, 139f
Richarz, Dr. Franz (1812–87), Direktor in Endenich 185f, 192, 195
Richter, Jean Paul (Pseud. Jean Paul) (1763–1825) 249, 253
Rieffel, Amalie (1822–77), Pianistin 130f, 382
Ries, Ferdinand (1784–1838), Pianist, Komponist 25
Rietz, Julius (1812–77), Dirigent 332, 334
Rollet (Rollett), Hermann (1819–1904), 326, 330
Romberg, Heinrich (1807–65), Cellist, Komponist 148
Rossini, Gioacchino (1792–1868) 23, 297, 316
Rousseau, Jean-Jacques (1712–78) 18
Rubinstein, Anton (1829–94), Pianist 16, 137, 353f, 362, 370, 383
Rückert, Friedrich (1788–1866), Dichter 298, 301, 326, 329f
Rudel, Gottlob (1777–1859), Zwickauer Kaufmann 60
Rudorff, Ernst (1840–1916), Komponist, Pianist 204, 208, 217, 220, 235, 272, 290, 336, 369

Salomon, Hedwig (1819–97) 189
Sams, Eric 87, 259
Samuel, Harold (1879–1937), engl. Pianist 396
Sarti, Giuseppe (1729–1802), Opernkomponist 148
Scarlatti, Domenico (1685–1767) 339, 346, 348, 351, 353, 370
Seckendorff, Baron von 18, 26
Senff, Bartholf (1815–1900), Leipziger Musikverleger 244
Serre, Anton (1789–1863), Major im Ruhestand 126, 155
Serre, Friederike (?–1872), Ehefrau von Anton Serre 155
Shakespeare, William 132
Shitomirski, Daniel Wladimirowitsch 370
Simrock, Fritz (1838–1901), Musikverleger 254, 257
Solomon, Cutner (*1902), engl. Pianist 396
Sommerhoff, Louis (1844–1911), Ehemann von E. Schumann 207
Sophokles 253
Spitta, Philipp (1841–1894), Musikwissenschaftler 72, 336
Spohr, Louis (1784–1859), Komponist, Violinist, Dirigent 19, 23, 310, 379, 387
Spontini, Gasparo (1774–1851), Opernkomponist 82, 317
Sullivan, Arthur Seymour (1842–1900), engl. Komponist 144
Szymanowska, Marie (1790–1832) 313

Schiller, Friedrich von (1759–1805) 23, 253, 292
Schindler, Anton (1795–1864), Beethoven-Biograph 230, 373
Schlotel, Brian 339
Schmidt, Emma 396
Schmidt, Frau Regierungsrat 40, 49
Schnabel, Dr., Onkel von R. S. 149

Schneider, Friedrich (1786–1853), Pianist, Komponist 383
Scholz, Bernhard (1835–1916) 258, 391
Schoppe, Martin 40, 367
Schröder-Devrient, Wilhelmine (1804–60) 156, 388
Schubert, Ferdinand (1794–1859), Bruder von Franz 102
Schubert, Franz (1797–1828), Komponist 60, 92, 100, 291, 306, 326, 328, 337, 339, 346, 351, 396
Schubert, Franz (1808–78), Dresdner Violinist 156
Schubert, Friedrich (?–1853), Dresdner Cellist, Bruder von Franz 156
Schuberth, Julius (1804–75), Leipziger Musikverleger 318, 323, 333, 366
Schulz, Minna, Schülerin von F. Wieck 167
Schumann, Alfred (1877–1944), Sohn von Ferdinand 219
Schumann, Antonie Deutsch (1853–1926), Ehefrau von Ferdinand 217, 219
Schumann, August (1773–1826), Zwickauer Verleger, Vater von R. S. 59f
Schumann, Carl (1801–49), Verleger in Schneeberg, Bruder von R. S. 60, 137, 147
Schumann, Clara (1819–96), passim
Schumann, Eduard (1799–1839), Verleger in Zwickau, Bruder von R. S. 60, 111
Schumann, Elise (1843–1928), Tochter von C. S. 128, 145, 147, 159, 163, 175, 199, 201, 207f, 220, 222, 233
Schumann, Emil (1846–47), Sohn von C. S. 158, 160, 168, 202, 212
Schumann, Emilie (1796–1825), Schwester von R. S. 60
Schumann, Emilie (1810–60), Ehefrau von Julius 61
Schumann, Eugenie (1851–1938), Tochter von C. S. 61, 64, 72, 171, 199, 219–223, 227, 248, 251, 267, 333, 392, 394
Schumann, Felix (1854–79) 190, 199, 204, 206, 210, 221–227, 233, 234, 267f, 271, 287
Schumann, Ferdinand (1849–91), Sohn von C. S. 160, 164, 199, 202–204, 206, 212, 216–221, 223, 227, 234
Schumann, Ferdinand (1875–1954), Sohn von Ferdinand 205, 219, 239
Schumann, (Johanne) Christiane (1767–1836), Mutter von R. S. 59–63, 77, 140
Schumann, Julie (1845–72), Tochter von C. S. 164, 191, 199, 201, 206, 208–212, 219, 227, 234, 252, 268
Schumann, Julie (1874–1955), Tochter von Ferdinand 217
Schumann, Julius (1805–33), Verleger in Zwickau, Bruder von R. S. 60, 67, 69
Schumann, Ludwig (1848–99), Sohn von C. S. 164, 199, 202f, 206, 212–216, 223f, 227, 234, 268
Schumann, Marie (1841–1929), Tochter von C. S. 126, 136f, 147, 159f, 163, 178, 183, 199, 201, 205–207, 210, 219–223, 270, 272, 336, 340–342, 369, 376, 380, 392

Schumann, Robert (1810–56), passim
Schumann, Rosalie (1808–33), Ehefrau von Carl 69
Schumann, Therese (1805–87), Ehefrau von Eduard 61, 79f, 83, 97
Schunke, Ludwig (1810–34), Pianist, Komponist 69f
Schütz, Heinrich (1585–1672) 156

Stamaty, Camille (1811–70), frz. Pianist 133
Stamm-Bargiel, Herma 30
Stassov, Vladimir (1824–1906), Schriftsteller 148
Steffens, Emilie (1837?–1907?), Pianistin 162f
Stegmayer, Ferdinand (1803–63), Leipziger Violinist, Pianist, Komponist 74
Stein, Matthäus Andreas (1776–1842), Wiener Klavierbauer 24
Stockhausen, Clara (1842–?), Ehefrau von Julius 272
Stockhausen, Julius (1826–1906), Sänger 200, 230, 233, 235, 265f, 272, 288–291, 338, 345f, 374, 393
Stockhausen Margarete (1803–77), Mutter von Julius 200
Stoepel, Franz (1794–1836), Klavierlehrer 53
Strauss, Eduard (1835–1916), Komponist 396
Strobel, Johanna (Hanne), Dienstmädchen 26, 29, 33, 55

Tausch, Julius (1827–95), Pianist, Dirigent 173f, 176
Tausig, Carl (1841–71), Pianist 353
Taylor, Franklin (1843–1919), Pianist 394
Tschaikowsky, Piotr Iljitsch (1840–93) 370
Thalberg, Sigismund (1812–71), Pianist, Komponist 15f, 91, 134, 136, 148, 231, 273, 275, 277, 279, 286, 318, 350f, 353, 370, 372–374, 396
Töpken, Theodor (1808–80), Jurist 142
Tromlitz, Christiane Friederike, Mutter von M. Bargiel 24, 29
Tromlitz, Georg Christian Gotthold (1765–1825), Organist, Vater von M. Bargiel 24, 26, 29
Tromlitz, Johann George (1726–1805), Flötist, Großvater von M. Bargiel 24
Tromlitz, Marianne s. Bargiel, Marianne

Ulex, Wilhelm (?–1858), Leipziger Musiklehrer 74, 77, 79
Uzielli, Lazzaro (1861–1945), Pianist 392

Valentin, Madame, Pariser Mäzenin 52
Verhulst, Johann (1816–91), hol. Komponist, Dirigent 122, 131, 157, 168, 202, 257
Verne, Mathilde (1865–1936), Pianistin 393, 396
Viardot, Louis (1800–83), Ehemann von Pauline 148, 206
Viardot, Louise (Héritte) (1841–1918), Gesangslehrer 200
Viardot, Pauline s. García-Viardot, Pauline

Voigt, Henrietta (?–1839), Leipziger Musikliebhaberin 72, 79, 340, 381
Volckland, Alfred (1841–1905), Dirigent 336

Wagner, Cosima (1837–1930), Tochter von F. Liszt, zweite Ehefrau von R. Wagner 230, 284
Wagner, Richard (1813–83) 73, 156, 160, 231, 258, 282–284, 337
Walker, Alan 340
Wasielewski, Wilhelm Joseph von (1822–96), Violinist, Biograph von R. S. 172, 175, 182, 189, 354, 377
Weber, Carl Maria von (1786–1826) 19, 23, 56, 156, 306, 347, 396
Weinlig (Weinlich), Christian Theodor (1780–1842), Komponist 42, 282
Wendler, Emil (1809–?), Pianist, Leipziger Arzt 347
Wenzel, Ernst Ferdinand (1808–80), Pianist 74, 131, 133
Werner, Elisabeth, Familienfreundin 208, 220, 223
Widmann, Joseph Viktor (1842–1911), Schriftsteller 253
Wieck, Adelheid (1817–18), Schwester von C. S. 25
Wieck, Alwin (1821–85), Bruder von C. S. 25, 32–34, 56, 59, 64, 92f, 115, 117, 148, 386, 390
Wieck, Cäcilie (1834–?), Halbschwester von C. S. 35, 71
Wieck, Clara s. Schumann, Clara
Wieck, Clemens (1829–33), Halbbruder von Clara 35
Wieck, Clementine (1805–93), zweite Ehefrau von F. Wieck 33, 35f, 46, 48, 56, 75, 80–82, 85, 92f, 100, 114, 127, 201
Wieck, Friedrich (1785–1873), Vater von C. S., 17–24, passim
Wieck, Gustav (1823–84), Bruder von C. S. 25, 32–34, 59, 64, 92f
Wieck, Marianne s. Bargiel, Marianne
Wieck, Marie (1832–1916), Pianistin, Halbschwester von C. S. 35, 48, 58, 166, 219, 302, 320, 383, 386, 388
Wieck, Victor (1824–27), Bruder von C. S. 26
Wielhorski, Graf Mikhail (1788–1856), Musikmäzen, 150
Wigand, Georg (1808–58), Verleger 179
Wilkinson, Dr. Richard, Schüler von C. S. 390
Wilm, Nicolai von (1834–1911), Komponist 396
Wittgenstein, Fürstin Carolyne (1819–87), Autorin, Gefährtin von F. Liszt 282
Wüllner, Franz (1832–1902), Komponist, Dirigent 334, 336
Wurm, Mary (1860–1938), engl. Pianistin 396

Zedwitz, Baron von (?–1839), Ehemann von E. von Fricken 77
Zimmermann, Pierre (1785–1853), franz. Klavierlehrer 350